国家治理丛书

# 国家学

GUOJIAOXUE

（中卷）

王海明 著

中国社会科学出版社

一　人道总原则：人道主义 …………………………………… (365)
　　二　自由：最根本的人道 …………………………………… (376)
　　三　异化：最根本的不人道 ………………………………… (425)
　　四　自由主义：关于自由社会的人道主义理论 …………… (457)
**上篇总结　国家制度价值标准体系** …………………………… (479)
　　一　二十六条价值标准：国家制度价值标准体系 ………… (479)
　　二　国家制度价值标准发生冲突的取舍原则 ……………… (483)

## 中篇　民主与非民主制国家制度之价值：
## 基于政体不同的四种国家之价值

**导论　评价民主制与非民主制国家制度的科学方法** ………… (495)
　　一　民主与专制：民主与非民主制价值评估之核心 ……… (495)
　　二　制度与治理：民主与非民主制价值科学评估之对象 … (496)
　　三　公正与人道以及道德终极标准：民主与非民主制价值
　　　　评估之标准 ………………………………………………… (498)
**第九章　民主与非民主制的价值：根据国家制度最高价值
　　　　标准与根本价值标准** ………………………………… (502)
　　一　民主与非民主制的价值：根据国家制度最高价值标准 … (502)
　　二　民主与非民主制的价值：根据国家制度根本价值标准 … (519)
**第十章　民主与非民主制的价值：根据国家制度终极价值标准** … (540)
　　导言：运用价值终极标准评估国家制度好坏的科学方法 … (540)
　　一　民主与非民主制的价值：根据全部价值终极标准 …… (543)
　　二　民主与非民主制的价值：根据国民品德状况 ………… (552)
　　三　民主与非民主制的价值：根据国家繁荣进步 ………… (577)
　　四　民主与非民主制国家制度的普世价值 ………………… (591)
**第十一章　专制主义、精英主义与民主主义**
　　　　　　——关于民主制与非民主制价值之理论 ………… (612)

# 目 录

## 中 卷
## 价值论：各种国家应该如何之价值

**导论　国家制度价值评估的科学方法** …………………………（243）

### 上篇　国家制度价值标准体系

**第六章　增减每个人利益总量：国家制度终极价值标准** …………（253）
 一　价值标准：主体目的 ……………………………………（254）
 二　国家目的 …………………………………………………（267）
 三　国家最终目的之量化：国家制度终极价值标准体系 ……（275）
 四　国家制度价值终极标准适用问题 ………………………（288）

**第七章　公正：国家制度根本价值标准** ……………………………（296）
 一　等利害交换：公正的一般问题 …………………………（297）
 二　权利与义务交换：公正根本问题 ………………………（318）
 三　平等：社会公正的根本问题 ……………………………（333）
 四　社会公正理论 ……………………………………………（358）

**第八章　人道：国家制度最高价值标准** ……………………………（365）

一　专制主义、精英主义与民主主义：概念分析 ………… (613)
　二　专制主义、精英主义与民主主义：真谬辨析 ………… (626)
　三　专制主义、精英主义与民主主义：真谬辨析（续）……… (642)

## 下篇　公有制与私有制国家之价值：基于经济形态不同的六种国家制度之价值

**导言** …………………………………………………………… (669)

**第十二章　商品价值** …………………………………………… (672)
　一　商品价值界说：效用价值论定义与劳动价值论定义 …… (673)
　二　商品价值分类：使用价值与交换价值 ………………… (683)
　三　价值规律 ………………………………………………… (691)
　四　商品价值的源泉和实体 ………………………………… (702)

**第十三章　商品价格** …………………………………………… (711)
　一　价格概念 ………………………………………………… (711)
　二　公平价格：与边际成本相等 …………………………… (723)
　三　自由竞争：自由价格与公平价格之实现 ……………… (731)

**第十四章　劳动的价值与价格** ………………………………… (742)
　一　劳动与劳动力之概念 …………………………………… (743)
　二　劳动与劳动力之价值和价格 …………………………… (748)
　三　资本主义剥削之秘密 …………………………………… (758)

**第十五章　商品价值理论：劳动价值论与边际效用论** ……… (771)
　一　劳动价值论 ……………………………………………… (772)
　二　边际效用论 ……………………………………………… (805)

**第十六章　阶级与剥削：基于经济形态不同的六种国家制度之价值** …………………………………………………… (825)
**导言** …………………………………………………………… (826)
　一　阶级与剥削概念 ………………………………………… (828)

二　阶级与剥削的起源及发展 …………………………………（849）
三　阶级与剥削的消灭 ……………………………………………（864）
四　历史必然性与非普世性：基于经济形态不同的六种国家制度之本性 ……………………………………………………（878）

# 中 卷
## 价值论:各种国家应该如何之价值

# 导论　国家制度价值评估的科学方法

**导论提要**

国家制度终极价值标准（增减每个人利益总量）和根本价值标准（公正与平等）以及最高价值标准（人道和自由）是衡量各种国家制度好坏的标准。符合这些标准的国家制度，无论有多少缺点、错误和恶，都是具有正价值的、应该的、好的、善的国家制度；违背这些标准的国家制度，无论有多少优点、正确和善，都是具有负价值的、不应该的、坏的和恶的国家制度；完全符合这些标准的国家制度，就是最好的国家，就是人类的理想国家了。

《国家论》上卷《本性论》研究国家定义、起源和类型，揭示国家根本性质和本质，显现各种国家事实如何之本性，因而名曰《本性论》，亦即研究国家事实如何之本性：《本性论》研究对象就是各种国家事实如何之本性，亦即国家制度价值推导公式"前提1：各种国家制度事实如何（国家制度价值实体）"。完成了对各种国家事实如何之本性的研究，接下来应该研究什么？显然应该像自柏拉图和亚里士多德以降的国家理论那样，研究这些国家应该如何之价值：哪些是具有负价值的、不应该的、坏的、恶的国家；哪些是具有正价值的、应该的、好的、善的国家？哪种国家堪称理想国？这就是《国家论》中卷《价值论》的研究对象。《价值论》的研究对象就是国家制度价值标准体系和各种国家应该如何之价值，亦即国家制度价值推导公式"前提2：国家目的如何（国家制度价值标准）"和"结论1：各种国家制度应该如何（国家制度价值）"。那么，对于二者的研究应该如何进行？国家制度和国家治理好坏价值评估的科学方法究竟如何？

不难看出，要确定各种国家好坏之价值，必须有衡量各种国家价值之标准。我们关于价值标准的研究表明，正如普鲁泰格拉所言：人是万物的标准。更确切些说，人或主体的需要、欲望和目的是衡量一切事物价值之有无、大小、正负、好坏的唯一标准；主体的活动目的是衡量一切事物实在价值之有无、大小、正负、好坏的唯一标准。所以，穆勒说："所有行为都源于某种目的的追求，因而行为的规范应该从它们所从属的目的得到它们一切的性质和色彩。"[①] 沃尔诺克（G. J. Warnock）说得就更清楚了："理解某种评价，实质上就是领会它的目的是什么，为了什么。确实，当且仅当一个人理解了评价的目的，他才能够在任何情况下估定所使用的标准和准则的恰当乃至中肯的程度。"[②]

因此，国家和政府的目的就是衡量各种国家和政府好坏价值之标准。这个道理，先哲多有论述。高纳说得好："一个特殊的政府的优点和弱点的试验，一部分在于它的能力，这就是说，所以要有政府的最重要的目的它到底达到了多少。一部分在于它所行使职权的民众身上，它到底造成了多少教育上的、社会上的和民众上的功效。根据政府所以组织的目的和依照人民的意志而达到这目的的性质判断起来，那么民主政府被认为比其余的政府优良。"[③]

然而，问题的关键在于，国家的目的、政府的目的、政治的目的、法律的目的和道德的目的，如果就其具体的特殊的目的来说，固然有所不同；但就其终极目的来说，无疑完全一样，都是为了增进全社会和每个人的利益。因此，增减全社会和每个人利益总量，既是衡量国家和政府好坏的终极价值标准，也是衡量法律好坏的终极价值标准、政治好坏的终极价值标准、道德好坏的终极价值标准：五者实为同一概念。于是，可以断言，增减全社会和每个人利益总量，乃是衡量各种国家好坏的价值终极标准。增进全社会和每个人利益总量的国家就是具有正价值的、应该的、好的、善的国家；减少全社会和每个人利益总量的国家就是具有负价值的、

---

① J. S. Mill, *Utilitarianism, On Liberty and Representative Government*, Ltd. London: J. M. Dent & Sons Ltd., 1929, p. 2.

② G. J. Warnock, *The Object of Morality*, Lid. London: Methuen & Co Ltd., 1971, p. 15.

③ 高纳：《政治学大纲》，世界书局1935年版，第332页。

不应该的、坏的、恶的国家。对于这个道理，科恩可谓一语中的："政策是否明智，最终要依据所有社会成员的利益来判断。"① 穆勒也曾这样写道："既然我们不得不将社会利益总量这样复杂的一种东西作为检验政府好坏的标准，我们就应该尝试对这些利益作某种的分类。"②

国家价值之终极标准是最普遍、最一般、最抽象的、绝对的价值标准，因而极其稀少、贫乏、简单、笼统，以致只有一个：增减全社会和每个人利益总量。然而，国家类型及其行为却极其复杂、具体、丰富、多样。因此，仅凭终极标准便不可能准确和迅速地衡量各种国家类型的价值和指导国家的各种行为。于是，便须从终极标准引申、推演出与国家类型及其行为相应的复杂、具体、多样的价值标准，从而才可以准确、迅速地衡量各种国家类型价值和指导国家的各种行为。

粗略看来，从国家价值终极标准推导出的价值标准或价值原则似乎有法律原则、政治原则和道德原则等原则之分。但是，细究起来，从国家价值终极标准推导出的普遍的国家价值标准或价值原则，却无不属于道德原则范畴。因为，如果抛开规范所依靠的力量而仅就规范本身来讲，道德的外延显然宽泛于法：一般说来，二者是普遍与特殊、整体与部分的关系。一方面，道德不都是法，如谦虚、谨慎、贵生、勤劳、中庸、节制、勇敢、仁爱等都是道德，却不是法；另一方面，法同时都是道德，如"不得滥用暴力"、"不得杀人"、"不得伤害"、"不可盗窃"、"抚养儿女"、"赡养父母"等岂不都既是法律规则同时也是道德规则吗？所以，法是道德的一部分，道德是法的上位概念。那么，法究竟是道德的哪一部分呢？无疑是那些最低的、具体的道德要求：法是最低的、具体的、具有重大社会效用的道德。这个道理被耶林（Jelling 1851—1911年）概括为一句名言："法是道德的最低限度"。法就是最低的、底线的道德；反之，最低的、底线的道德就是法。因此，最低的、底线的道德与法乃是同一规范；二者的不同并不在于规范，而在于规范所赖以实现的力量：同一规范，若依靠权力实现，即为法，若其实现不依靠权力而依靠舆论、良心等，则是

---

① 科恩：《论民主》，商务印书馆2004年版，第215页。
② John Stuart Mill, *On Liberty · Representative government · Utilitarianism*, Chicago: Encyclopaedia Britannica, Inc. 1952, p. 333.

道德。

可见，抛开规范所依靠的力量而仅就规范本身来讲，一切法都不过是那些具体的、最低的道德，因而也就都产生于、推导于、演绎于道德的一般的、普遍的原则。所以，法自身都仅仅是一些具体的、特殊的、琐琐碎碎的规则，法自身没有原则；法是以道德原则为原则的，法的原则就是道德原则。法的原则、法律原则，如所周知，是正义、平等、自由等。这些原则，真正讲来，并不属于法或法律范畴，而属于道德范畴，属于道德原则范畴。这是不言而喻的，因为谁会说正义是一项法律呢？谁会说平等是一项法律呢？谁会说自由是一项法律呢？岂不是只能说正义是道德、平等是道德、自由是道德吗？正义、平等、自由等道德原则都是法的原则，因而也就应该是政治——政治以法为规范因而应该是法的实现——的原则。这就是为什么法理学和政治哲学的核心问题都是正义、平等、自由的缘故，正义、平等、自由都是法和政治的原则。

法和政治应该如何的价值原则既然都属于道德原则范畴，那么，从国家价值终极标准所推导出的价值标准或价值原则也就没有法律原则、政治原则和道德原则之分，它们都是道德原则。这样一来，一方面，国家价值终极标准——增减全社会和每个人利益总量——与法律价值终极标准、政治价值终极标准和道德价值终极标准虽然是同一概念，但是，说到底，原本属于道德价值终极标准或道德终极标准范畴。另一方面，道德终极标准或道德价值终极标准——道德价值标准与道德标准是同一概念——就是法律价值终极标准、政治价值终极标准和国家价值终极标准；国家价值原则、政治价值原则和法律价值原则就是道德原则。不过，国家价值终极标准与道德终极标准固然是同一概念，但是，道德原则与国家价值原则并非同一概念。因为道德原则纷纭复杂，显然不可能都是衡量国家好坏的价值标准。试想，谁能说勇敢或谦虚是衡量国家好坏的价值标准呢？那么，衡量各种国家好坏价值的道德标准究竟是哪些道德原则？

细究起来，所谓各种类型的国家好坏之价值，显然也就是实行各种类型的国家好坏之价值，也就是各种类型国家的行为及其规范——亦即国家制度——的价值，亦即各种类型国家的治理行为和国家制度的价值。因此，衡量各种国家好坏价值的道德原则，也就是国家治理和国家制度道德原则。但是，没有规矩，不成方圆。各种类型的国家治理行为，说到底，无疑应该是各种类型国家行为规范——亦即国家制度——的实现。因此，国家治理的道德原则、道德标准，说到底，也就是国家制度的道德原则、道德标准，二者实为同一概念。

那么，国家制度或国家治理的道德原则或道德标准究竟是什么？无疑是公正（特别是平等）和人道（主要是自由）两大系列道德原则。因为这两大系列道德原则有一个极其重要的共同点：它们不但都是约束一切人的道德，是每个人的行为所当遵循的道德原则；而且，更重要的，它们都是国家的统治者应该如何治理的道德原则，都是国家制度应该如何的道德原则。诚然，被统治者也有如何公正与人道地善待他人的问题。但是，主要讲来，公正与人道却只是约束统治者而不是约束被统治者的道德。因为公正的主要原则是社会公正，是社会对于每个人的权利与义务的分配的公正，能够对每个人的权利与义务进行分配的岂不只是社会和国家的统治者吗？平等的全部原则不过是社会公正原则的推演，不过是社会和国家对于每个人的比较具体的权利（基本权利、非基本权利、政治权利、经济权利、机会权利）的分配的公正，能够对每个人的这些权利进行分配的岂不也仅仅是社会和国家的统治者吗？人道的主要原则是应该和怎样使人自我实现，是使人自由和消除异化，这些岂不也都仅仅是统治者的行为吗？

因此，公正、平等、人道和自由看似任意排列，实为一有机整体，它们构成了统治者应该如何进行国家治理的价值标准体系：公正——特别是平等——诸原则是衡量国家治理和国家制度好坏的根本价值标准；人道——主要是自由——诸原则是衡量国家治理和国家制度好坏的最高价值标准。这样一来，公正、平等、人道、自由等道德原则，便与仁爱、宽恕和善等道德原则根本不同。仁爱、宽恕和善是约束一切人的道德，是每个人的行为所当遵循的道德原则；而公正等道德原则则主要是约束统治者、领导者、管理者的道德，是衡量国家治理和国家制度好坏的价值标准。最早系统发现和确证这一伟大真理的，是亚里士多德。他曾这样总结道："城邦以正义为原则。由正义衍生的礼法，可凭以判断人间的是非曲直，正义恰正是树立社会秩序的基础。"①

《价值论》研究各种国家的价值，也就是运用国家制度好坏的终极价

---

① 亚里士多德：《政治学》，商务印书馆1996年版，第9页。

值标准（增减全社会和每个人利益总量）和根本价值标准（公正与平等）以及最高价值标准（人道和自由）来衡量各种国家事实如何之本性。符合这些标准的国家，无论有多少缺点、错误和恶，都是具有正价值的、应该的、好的、善的国家；违背这些标准的国家，无论有多少优点、正确和善，都是具有负价值的、不应该的、坏的和恶的国家；完全符合这些标准的国家，就是最好的国家，就是人类的理想国家了。这就是国家制度价值评估的科学方法。罗尔斯《正义论》一开篇就将这一见地概括为一段气势磅礴的宣言："公正是社会制度的首要善，正如真理是思想体系的首要善一样。一种理论，无论多么高尚和简洁，只要它不真实，就必须拒绝或修正；同样，某些法律和制度，无论怎样高效和得当，只要它们不公正，就必须改造或废除。"[①]

因为正如布莱斯所言："所有制度都不是十全十美的"[②]，不可能有十全十美的国家制度。有一利必有一弊，任何一种国家的治理和制度，不论是民主还是专制，都必定既有一些优良的、好的、善的和正确的方面，又有一些恶劣的、坏的、恶的和错误的方面，而不可能全部优良正确或全部恶劣错误。这就是为什么自柏拉图和亚里士多德以降，一直有思想家否定民主而赞成贤人政治或贵族政治的缘故。他们否定民主，因为民主有很多弊端和缺憾；他们赞成贵族政治，因为贵族政治有很多的优越和美好。这样来评估各种国家制度好坏价值的方法是不科学的。按照这种方法，我们既可以说任何制度都是好的、优良的，因为任何制度都有很多优越和美好；也可以说任何国家制度都是坏的、恶劣的，因为任何制度都有很多弊端和缺憾。

因此，评价一种国家制度或国家治理之好坏价值，只能是就其处于基础与核心地位的——亦即具有决定意义——的价值来说。如果处于基础与核心地位的价值是优良的，该国家制度就是优良的；如果处于基础与核心地位的价值是恶劣的，该国家制度就是恶劣的。国家制度好坏的三大价值标准——终极价值标准和根本价值标准以及最高价值标准——无疑构成了

---

① John Rawls, *A Theory of Justice* (Revised Edition), Massachusetts: The Belknap Press of Harvard University Press Cambridge, 2000, p. 3.
② 詹姆斯·布莱斯：《现代民治政体》下册，吉林人民出版社2001年版，第1027页。

衡量国家制度好坏的基础与核心价值的标准：三者所衡量的就是国家制度的基础与核心价值。因此，无论如何，只有符合或违背三者的国家才是好国家或坏国家：三者所构成的价值标准体系是衡量国家制度好坏价值的科学标准。

国家分类的科学依据，如前所述，主要有两个，亦即政体与经济形态。以经济形态为根据，国家分为六大类型：原始国家（原始公有制国家）、奴隶制国家、封建制国家、资本主义国家、社会主义国家和共产主义国家。以政体为根据，国家分为四大类型：民主共和制国家、寡头共和制国家、有限君主制国家和专制君主制国家。因此，研究各种国家之价值，说到底，也就是研究这两大系列十大类型国家之价值，亦即运用国家制度好坏的终极价值标准（增减全社会和每个人利益总量）和根本价值标准（公正与平等）以及最高价值标准（人道和自由），来考量这两大系列十大类型国家的国家治理和国家制度之价值。

这就是中卷《价值论》研究对象。因此，中卷分为上篇、中篇和下篇：上篇研究国家治理和国家制度的价值标准体系，亦即国家治理和国家制度终极价值标准（增减全社会和每个人利益总量）、国家治理和国家制度根本价值标准（公正与平等）以及国家治理和国家制度最高价值标准（人道与自由）；中篇运用这些国家治理和国家制度价值标准衡量以政体为划分根据的四种国家——民主共和制国家、寡头共和制国家、有限君主制国家和专制君主制国家——的国家治理和国家制度之价值；下篇则运用这些国家治理和国家制度价值标准衡量以经济形态为划分根据的六种国家——原始国家、奴隶制国家、封建制国家、资本主义国家、社会主义国家和共产主义国家——的国家治理和国家制度之价值。

# 上　篇
## 国家制度价值标准体系

# 第六章

# 增减每个人利益总量：国家制度终极价值标准

**本章提要**

国家制度终极价值标准是由若干标准——亦即一个总标准和两个分标准——构成的价值标准体系。总标准是国家制度在任何情况下都应该遵循的终极价值标准：增减每个人利益总量。分标准1，是在人们利益不发生冲突而可以两全情况下的终极标准，亦即所谓的帕累托标准：无害一人地增加利益总量。分标准2，则是在人们利益发生冲突而不能两全情况下的终极价值标准："最大利益净余额"和"最大多数人的最大利益"标准。

在我们这个堪称相对主义的时代，人们动不动就说：没有什么绝对的东西，一切都是相对的；没有什么终极的东西，一切都存在于过程之中。那么，我们为什么说存在国家制度价值终极标准？国家制度价值终极标准究竟是什么？

国家制度价值终极标准的提出，源于各种国家制度价值标准之间时常发生冲突。举例说，如果像柏拉图所说的那样，发生了所谓"自由悖论"，亦即一个国家的全体公民的意志竟然是推举一个僭主，委托他进行专制统治，那么，按照全体公民的意志而由这个僭主进行专制统治，虽符合政治自由原则，却违背政治平等原则。政治自由原则与政治平等原则发生了冲突，在这种情况下，应该怎么办呢？

无疑应该牺牲较不重要的价值标准而遵守更为重要的价值标准，最终应该服从国家制度价值终极标准：它是产生、决定、推导出其他一切价值标准的标准，是在一切价值标准发生冲突时都应该服从而不应该违背的价值标准,是在任何条件下都应该遵守而不应该违背的价值标准,是在任何条件下都没有例外而绝对应该遵守的价值标准,因而也就是绝对价值标准,亦即终极价值标准。

显然,国家制度价值终极标准只能是一个。因为如果是两个或两个以上,那么,当它们发生冲突时,只可能遵守一个,而违背另一个。那应该违背者当然不可能是终极标准;而只有那不应该违背者才是终极标准。因此,国家制度价值终极标准必定仅仅是一个。那么,这一个终极标准究竟是什么?围绕这个难题,两千年来,人们一直争论不休。问题的关键在于:不懂一般就不懂个别。因此,解决这些争论从而科学地确立国家制度价值终极标准的起点,无疑是更为一般的难题:价值标准是什么?

## 一 价值标准:主体目的

粗略看来,价值似乎是个不言自明的概念:价值不就是好坏吗?谁不知道好坏是什么呢?确实,价值与好坏是同一概念,价值就是好坏。好亦即正价值,叫做善;坏亦即负价值,叫做恶。可是,细究起来,正如波吉曼所言:"'价值'是一个极为含糊、暧昧、模棱两可的概念"[1] 布赖恩·威尔逊斯(Bryan Wilsons)甚至认为:"即使就全部概念来说,也几乎没有像价值概念这样难以界定的。"[2] 这种困难,恐怕首先表现在:给价值或好坏下定义,必须用"客体和主体"这些本身就相当复杂、一直争论不休的概念。因为所谓价值或好坏,如所周知,是个关系范畴:它们不是某物独自具有的东西,而是某物对于他物来说才具有的东西。我们说石头有价值,是个好东西,必定是对于什么东西——比如一个被狗追赶的人——来说的;离开这些东西,单就石头自身来说,石头是无所谓价值或好坏的。因此,价值总是指"什么东西对什么东西有价值",总是指"什么东西有价值"和"对谁(或对什么东西)有价值"。什么东西有价值,也就是所谓的价值客体问题;对谁有价值或对什么东西有价值,则是所谓

---

[1] Louis P. Pojman, *Ethical Theory: Classical and Contemporary Readings*, USA: Wadsworth Publishing Company, 1995, p. 145.

[2] Bryan Wilsons, *Values Humanities*, Atlantic Highlands: Press International, Inc. 1988, p. 1.

价值主体问题。所以，界定价值概念的前提是界定主体和客体。

**1. 主体与客体：主体性亦即自主性**

主体首先是个关系范畴：一事物只有相对另一事物来说，才可能是主体；离开一定关系，仅就事物自身来说，是无所谓主体的。那么，主体是否只有相对客体来说，才是主体？并不是。主体还可以相对"属性"而言，是属性的本体、承担者，是属性所依赖从属的事物，亦即所谓的"实体"。从主体的词源来看，也是这个意思。主体源出于拉丁语 subjectus，意为放在下面的、作为基础的，引申为某种属性的本体、实体、物质承担者。所以，亚里士多德说："第一实体之所以最正当地被称为第一实体，是因为它们乃是所有其他东西的基础和主体。"[①] 马克思恩格斯也这样写道："物质是一切变化的主体。"[②] 主体还可以相对"宾词"而言，是主词、被述说者："一切可以表述宾词的事物，也可以被用来表述主体。"[③] 主体还可以相对"次要组成部分"而言，指主要组成部分，如我们说"建筑中的主体工程"、"学生是五四运动的主体"等。主体的这些含义，显然不是主体作为价值论范畴的定义。因为作为价值论范畴的"主体"，如所周知，乃是相对"客体"而言的主体。那么，相对客体而言的主体究竟是什么？

不难看出，相对客体而言的主体，是指活动者、主动者。主体是活动者、主动者，客体是活动对象，是被动者。但是，这并不是主体和客体的定义。因为反过来，活动者、主动者并不都是主体；活动对象、被动者也并不都是客体。举例说，火山有活动期。活动期的火山，处于活动状态，是一种活动的东西，是活动者。活动着的火山吞没了一座村子，村子是火山吞没的对象，是火山活动的对象。火山是主动者，村子是被动者。但是，我们显然不能说火山是主体，也不能说村子是被火山所吞没的客体。可见，主体虽然都是活动者、主动者；活动者、主动者却未必都是主体。那么，主体究竟是什么样的活动者、主动者？

---

① 《古希腊罗马哲学》，生活·读书·新知三联书店1957年版，第309页。
② 《马克思恩格斯全集》第2卷，人民出版社1974年版，第164页。
③ 《亚里士多德全集》第一卷，中国人民大学出版社1990年版，第4页。

原来，主体是一种能够自主的东西，是能够自主的主动者、活动者。所谓自主，如所周知，亦即选择之自主、自主之选择。这种选择与达尔文的"自然选择"不同。自然选择是一种自动机械式的自在的选择，是不具有分辨好坏利害能力的选择，是不具有"为了什么"属性的选择，是不能够趋利避害的选择。反之，自主的选择则是具有分辨好坏利害能力的选择，是具有"为了什么"属性的选择，是一种为了保持自己存在而趋利避害的选择，是一种自为的选择。因此，主体是能够自主的活动者，便意味着：主体就是能够自主选择的活动者，就是具有分辨好坏利害能力的活动者，就是具有"为了什么"属性的活动者，就是能够为了保持自己存在而趋利避害的活动者。

试想，为什么吞没村子的活动者、主动者——火山——不是主体，然而洗劫村子的活动者、主动者——土匪——却是主体？岂不就是因为土匪具有自主的能力，而火山不具有自主能力？不就是因为土匪是自主的活动者，而火山不是自主的活动者？不就是因为土匪具有分辨好坏利害能力，而火山不具有分辨好坏利害能力？不就是因为土匪具有"为了什么"的属性，能够为了保持自己存在而趋利避害，而火山则不具有"为了什么"的属性，不能够趋利避害？所以，自主性就是主体之为主体的特性，就是所谓的主体性，它一方面表现为"分辨好坏利害的能力"；另一方面则表现为"为了保持自己存在而趋利避害的选择能力"。这样，相对客体而言的主体便仍然具有实体、本体的一切内涵，因为能够自主的活动者无疑属于实体、本体范畴。但是，主体同实体、本体是种属关系。实体、本体是一切属性的物质承担者；主体则仅仅是"自主"属性的物质承担者，是"分辨好坏利害的能力"和"为了保持自己存在而趋利避害的选择能力"的属性的物质承担者。

随着主体的界定，何谓客体也就迎刃而解了。因为所谓客体，显然就是主体的活动对象，是能够自主的活动者的活动对象，是活动者的自主活动所指向的对象。从客体的词源来看，也是此意。客体源于拉丁语 objicio，意为扔在前面、置诸对面，引申为活动者的活动对象、主体的活动对象。这样，客体范畴就比主体范畴广泛、简单多了。因为一切东西——日月、星球、山河、湖泊、飞禽、走兽、人类、社会、思想、观念、实体、属性等——都可以是主体的活动对象，因而也就都可以是客体。客体既可能是实体，也可能是属性。甚至主体自身也可以是主体的活动对象，因而可以同时既为主体，又为客体。因为主体自身的活动也可以指向自身：自我认识、自我改造——作为认识者、改造者的自我是主体；作为认识对象、改造对象的自我则是客体。

### 2. 价值：客体对主体需要的效用

从主体和客体的基本含义（主体是能够分辨好坏利害的自主的活动者；客体是主体的活动所指向的对象）可以看出，主体的活动之所以指向客体，显然是因为客体事实上具有某种属性，这种属性对主体具有利害好坏之效用，因而引起主体指向它的活动，以便获得有利、有好处的东西，而避免有害、有坏处的东西。然而，究竟何谓好坏利害？

李德顺说："'好'和'坏'合起来，正是包含了正负两种可能的一般'价值'的具体表现。"① 是的，好坏利害，合起来便构成了所谓的价值概念。价值或好坏利害，就其最广泛的意义来说，无疑是主体和客体的一种相互作用、相互关系。② 但是，正如培里（Ralph Barton Perry）所说，价值不是主体对于客体的作用或关系，而是客体对于主体的作用或关系："价值可以定义为客体对于评价主体的关系。"③ 不过，细究起来，价值并不是客体的一切属性对于主体的一切属性的作用。因为，一方面，不言而喻，价值无疑只能是客体的事实属性——而不可能是客体的价值属性——对于主体的作用。另一方面，价值也不是客体的事实属性对于主体的一切东西的作用或关系。那么，价值是客体的事实属性对于主体的什么东西的作用或关系？培里著名的"兴趣说"对此做了极为精辟的回答："现在可以承认，客体的价值在于它对于兴趣的关系"④，"价值可以定义为兴趣的函数"⑤。问题的关键在于，培里的兴趣概念外延极为广泛："兴趣是一连串由对结果的期望所决定的事件。"⑥ 它包括"'欲望''意愿'

---

① 李德顺：《价值论》，中国人民大学出版社1987年版，第12页。
② 李连科：《哲学价值论》，中国人民大学出版社1991年版，第88页。
③ Ralph Barton Perry, *General Theory of Value its meaning And Basic Principles Construed In Terms Of Interest*, New York: Longmans, Green And Company 55 Fifth Avenue, 1926, p.122.
④ Ibid., p.52.
⑤ Ibid., p.40.
⑥ 培里等：《价值和评价》，中国人民大学出版社1989年版，第45页。

或'目的'"① 总之,"'兴趣'一词应被视为下述名称的类名称,诸如,喜欢—不喜欢、爱—恨、希望—恐惧、欲求—避免及其他类似名称。这些名称所表示的意思就是兴趣一词所表示的意思。"② 因此,培里在用兴趣界定价值之后,又写道:"就现在的观点来说,价值最终必须被看做意愿或喜欢的函数。"③

可见,培里所说的"兴趣"之真谛,乃是需要经过意识的各种转化形态;更确切些说,也就是需要及其意识形态,如欲望、意愿、目的、兴趣、喜欢等。因此,我们可以进一步说:价值是客体的事实属性对于主体的需要——及其各种转化形态,如欲望、目的、兴趣等——的作用。因为不言而喻,客体能够满足主体需要的作用,对于该主体来说,便叫做好、利、正价值;客体阻碍满足主体需要的作用,便叫做坏、害、负价值;客体无关主体需要的作用,对于该主体来说,便叫做非好非坏、非利非害等,亦即所谓无价值。客体对于主体的好坏、利害、无利无害、非好非坏,无疑都是客体对主体需要的某种作用,亦即所谓的效用:效用显然属于作用范畴,是对于需要的作用。所以,牧口常三郎说:"价值可以定义为人的生活与其客体之间的关系,它与经济学家们所使用的'效用'和'有效'这些术语没有什么不同。"④

于是,我们可以得出结论说,价值就是客体的事实属性对于主体的需要——及其经过意识的各种转化形态,如欲望、兴趣、目的等——的效用:客体有利于满足主体需要、实现主体欲望、符合主体目的的效用性,叫做正价值,亦即所谓"善"或"好",包括"应该"与"正当";客体有害于满足主体需要和实现主体欲望因而不符合主体目的的效用性,叫做负价值,亦即所谓"恶"或"坏",包括"不应该"和"不正当"。这就是所谓效用论价值定义。这个定义,不但符合常识,而且在学术界也已大体得到公认。然而,许多学者——无论赞成还是反对这一定义——却为什

---

① Ralph Barton Perry, *General Theory of Value its meaning And Basic Principles Construed In Terms Of Interest*, New York: Longmans, Green And Company 55 Fifth Avenue, 1926, p. 27.

② 培里等:《价值和评价》,中国人民大学出版社1989年版,第51页。

③ Ralph Barton Perry, *General Theory of Value its meaning And Basic Principles Construed In Terms Of Interest*, New York: Longmans, Green And Company 55 Fifth Avenue, 1926, p. 81.

④ Tsunesaburo Makiguchi: *Philosophy of Value* Seikyo Press Tokyo 1964, p. 75.

么总是想方设法，极力避免用"效用"来界定价值？

这是因为，经济学关于商品价值是不是商品效用的问题，曾争论了一个多世纪。如果商品价值不是商品对人的效用，那么，从"商品价值不是商品效用"命题之真便可以推知它的矛盾命题"价值是效用"之假，效用论价值定义便被证伪了。因此，效用论价值定义能否成立的关键在于：商品价值究竟是不是商品的效用？答案是肯定的，从而效用论价值定义是能够成立的。因为本书第九章"商品价值"的研究将证明：商品价值是商品效用。只不过，商品使用价值是商品的边际效用，是商品满足人的使用、消费需要的边际效用；而商品交换价值则是商品使用价值对于换取其他商品的交换需要的效用，说到底，也就是商品边际效用——亦即交换价值实体——对于换取其他商品的交换需要的效用罢了。

### 3. 价值定义：主客体关系模式

我们为什么一定要说"价值是客体对于主体需要的效用"？为什么一定要用本身还需要说明的主客体关系模式去界定价值？如果说"价值是一事物对于另一事物的需要的效用"不是更明白吗？或者像大卫·高蒂尔那样，把价值与效用完全等同起来，岂不更简单吗？[①] 舒虹也反对用主客体关系模式来界定价值："按照这个想法，似乎可以给价值下这样一个定义：某一事物对与其有联系的事物存在与发展的意义和作用。"[②] 然而，这些逃避主客体概念的价值定义都是不能成立的；价值只能用主客体关系模式来界定。

这是因为，任何东西——不论是生物还是非生物——都具有需要。因为所谓需要，如所周知，乃是事物因其存在和发展而对某种东西的依赖性。生物需要阳光，意味着，阳光是生物存在和发展的条件、生物的存在和发展依赖阳光。好事的存在和发展对于坏事具有某种依赖性，所以，好事的存在和发展需要坏事，需要和坏事斗争、克服坏事。石头的存在依赖于它与其内外环境的平衡，所以，石头的存在需要它与其内外环境的平衡。可见，需要是一切事物——不论是有机体还是无机物——所共同具有

---

[①] 参阅盛庆琜《功利主义新论》，上海交通大学出版社1996年版，第137页。
[②] 王玉樑主编：《价值和价值观》，陕西师范大学出版社1988年版，第185页。

的普遍属性。

那么，是否可以说，保障一事物的存在和发展因而满足其需要的东西，对于这个事物来说就是好的、有利的、有正价值的？反之，阻碍一事物的存在和发展因而不能满足其需要的东西，对于这个事物来说就是坏的、有害的、有负价值的？答案是否定的。因为虽然任何事物都具有需要，但是，说"满足某物需要的东西对于它是好的、有正价值的"，显然必须以它具有分辨好坏利害的评价能力为前提，必须以它具有趋利避害的选择能力为前提。只有对于具有分辨好坏利害评价能力和趋利避害选择能力的东西来说，才有所谓好坏利害；对于不具有分辨好坏利害的评价能力和趋利避害的选择能力的东西来说，是无所谓好坏利害的。举例说，对于一块铁来说，任何东西显然都无所谓好坏、有价值还是无价值。我们甚至不能说把铁块烧化、使它不复存在对于铁块来说就是坏事。铁块存在还是不存在，对于铁块自身来说是无所谓好坏价值的。为什么？显然只能是因为铁块不具有分辨好坏利害的评价能力和趋利避害的选择能力。反之，对于人来说，生物、植物、动物、大地等一切事物或多或少都具有某种好坏利害的意义、价值。原因何在？岂不就是因为人具有分辨好坏利害的评价能力和趋利避害的选择能力吗？

所以说"价值是一事物对于另一事物的需要的效用"是不确切的。因为一事物对于另一事物的需要的效用并不都是价值；一事物只有对于"具有分辨好坏利害的评价能力和趋利避害的选择能力"的另一事物的需要的效用才是价值。而"分辨好坏利害的评价能力和趋利避害的选择能力"，如上所述，也就是所谓的主体性：主体是具有分辨好坏利害的评价能力和趋利避害的选择能力的活动者。所以，简言之，一事物只有对于主体的需要的效用，才是价值。相对主体的需要来说的那个对于主体需要具有效用的事物，也就是所谓的客体。因此，主客体模式乃是价值之所以为价值的本质；价值只能定义为客体对于主体需要的效用，只能用主客体模式来界定。所以，牧口常三郎一再说："就价值这个概念来说，只有用主体和客体的关系才能加以说明。"[①]

那么，我们为什么一定要说"价值是客体对于主体的需要的效用

---

① Tsunesaburo Makiguchi, *Philosophy of Value*, Tokyo: Seikyo Press, 1964, p. 20.

性"？是否可以更简单地说价值是客体对主体的效用？或者说价值是客体对于主体的其他东西——亦即需要及其各种转化形态之外的东西，如结构和能力等——的效用？李德顺的回答是肯定的："价值可以定义为：客体的存在、属性及其变化同主体的结构、需要和能力是否相符合、相一致或相近的性质。"① 这是不妥的。试想，一个人有当官的能力，他的身体素质和结构也适于饮酒。但是，如果他没有做官和饮酒的需要，那么，官和酒虽然符合他的能力和结构，我们也不能说官和酒对他是有价值的。所以，我们不能说价值是客体对主体的结构或能力的是否相符的效用，也不能泛泛地说价值是客体对主体的效用，而只能说价值是客体对主体的需要——或其各种转化形态，如欲望（需要的觉知）、目的（为了实现的需要和欲望）等——的效用。

### 4. 价值结构：价值实体与价值标准

价值是客体的事实属性对于主体需要的效用性，意味着：价值是客体的……效用性。那么，价值究竟如同形体大小、质量多少一样，是客体的"第一性质"，还是如同重量、颜色一样，是客体的"第二性质"？或者说，价值究竟是客体的不依赖主体而独自存在的"固有属性"，还是客体的依赖主体而存在的"关系属性"？

所谓固有属性，便是事物独自具有的属性。一事物无论是自身独处，还是与他物发生关系，该物都同样具有固有属性。因为这种属性，正如马克思所说，"不是由该物同他物的关系产生，而只是在这种关系中表现出来。"② 反之，关系属性则是事物固有属性与他物发生关系时所产生的属性。因此，一事物自身不具有关系属性；只有该物与他物发生关系，才具有关系属性。电磁波长短是物体独自具有的属性，无论就物体自身还是就物体与眼睛的关系来说，物体都同样具有一定长短的电磁波。所以，电磁波长短是物体固有属性。反之，颜色则是物体的电磁波与眼睛发生关系时所产生的属性，如波长 590—560dmm 的电磁波，经过人眼的作用生成黄色。物体自身仅仅具有电磁波而不具有颜色；只有当电磁波与眼睛发生关

---

① 李德顺主编：《价值学大词典》，中国人民大学出版社 1995 年版，第 261 页。
② 马克思：《资本论》第一卷，上卷，人民出版社 1975 年版，第 103 页。

系时物体才有颜色。所以，颜色是物体的关系属性。

显然，价值与颜色一样，都是客体的关系属性，而不是客体的固有属性。但是，颜色是客体不依主体的需要欲望而转移的关系属性，是客体的事实关系属性。反之，价值则是客体依主体的需要欲望而转移的关系属性，是客体的价值关系属性。于是，一切属性实际上便分为三类：（1）固有属性或固有的事实属性，如质量多少、电磁波长短；（2）关系的事实属性或事实关系属性，如红黄颜色；（3）价值关系属性，如应该、善。如图：

$$\text{属性}\begin{cases}\text{固有属性}\\\text{关系属性}\begin{cases}\text{事实关系属性（如红与黄）}\\\text{价值关系属性（如善与正当）}\end{cases}\end{cases}$$

不难看出，这三种属性的客观性和基本性呈递减趋势。因为固有的事实属性，如质量多少、电磁波长短等，是一事物完全不依赖他物和主体而存在的东西，是完全客观的和独立的东西，因而我们可以像洛克那样，称之为"第一性质（primary qualities）"。事实关系属性，如红黄颜色，是客体不依赖主体的需要、欲望和目的，却依赖主体的某种器官（眼睛）而存在的东西，因而是客体不能独立存在的和不完全客观的东西：它们正如洛克所言，是"第二性质（secondary qualities）"。价值关系属性，如应该、善等，则是事实属性——亦即第一性质和第二性质——与主体需要、欲望和目的发生关系的产物，是客体依赖主体需要、欲望和目的而存在的东西，因而是更加不能独立、更加不基本和更少客观性的东西，我们可以像现代英美哲学家亚力山大和桑塔耶那那样，称之为"第三性质（tertiary qualities）"。

但是，"善、价值、应该、应该如何"毕竟与"是、事实、事实如何"一样，都是存在于客体之中的客体的属性。只不过，"是、事实、事实如何"是客体不依主体需要而具有的属性，是客体无论与主体的需要发生还是不发生关系都具有的属性，是客体的固有属性或事实关系属性，是客体的第一性质和第二性质。反之，"善、价值、应该、应该如何"则是客体依赖主体需要而具有的属性，是客体的"是、事实、事实如何"与主体的需要、欲望、目的发生关系时所产生的属性,是"是、事实、事实如何"对主体的需要、欲望、目的的效用,是客体的价值关系属性,是客体的第三性质。

因此,"应该"、"善"、"价值"的存在便由客体事实属性与主体需要、欲望、目的两方面构成。客体事实属性是"应该"、"善"、"价值"产生的源泉和存在的载体、本体、实体,可以名之为"应该的实体"、"善的实体"、"价值实体";主体需要、欲望、目的则是"应该"、"善"、"价值"从客体事实属性中产生和存在的条件,是衡量客体事实属性的价值或善之有无、大小、正负的标准,可以名之为"应该的标准"、"善的标准"、"价值标准"。

举例说:营养价值是食物的属性,不是人的属性。但它不是食物离开人的需要而独自具有的属性,不是食物的事实属性;而是食物的事实属性与人的饮食需要发生关系时所产生的属性,是食物的事实属性对人的饮食需要的效用,是食物的关系属性。所以,离开人的需要,食物自身并不具有营养;只有当食物与人的需要发生关系时,食物才具有营养。因此,食物的营养价值之存在,是由食物的事实属性与人的饮食需要、欲望、目的构成。前者是食物的营养价值存在的源泉和实体,后者则是食物的营养价值存在的条件,是衡量食物营养价值之有无、大小、正负的标准。

然而,主体的一切目的,如所周知,都产生于主体的需要和欲望:凡是主体的行为目的都是为了满足的主体的需要和欲望;反之,凡是为了满足的主体的需要与欲望也都是主体的行为目的。因此,"目的"与"为了满足的需要与欲望"实为同一概念。这意味着,主体的一切需要和欲望并不都引发行为、产生目的。已引发行为、产生目的的需要和欲望,便是为了满足的需要和欲望,便是目的,可以名之为实在需要和欲望;未引发行为、产生目的的需要和欲望,便不是为了满足的需要和欲望,不是目的,可以称之为潜在的需要和欲望。举例说,一个专心攻读不交女友的青年,其交结女友的需要和欲望便未引发行为、产生目的,因而不是为了满足的需要和欲望,不是目的,所以是潜在的需要;而当他一举成名交结女友时,则其交结女友的需要和欲望便已引发行为、产生目的,是为了满足的需要和欲望,是目的,所以是实在需要和欲望。

目的是实在需要和欲望,因而也就是衡量客体事实属性价值如何的实在价值标准；非目的需要和欲望是潜在需要和欲望，因而也就是衡量客体事实属性价值如何的潜在价值标准。例如，商品所有者也有消费他的商品的需要与欲望，他的商品也能满足他的消费需要与欲望。但他生产商品的目的，却不是消费而是交换。所以，实在说来，商品对于他便没有使用价值，而只有交换价值、价值；使用价值对于他仅仅是潜在的。所以，马克思说："商品所有者的商品对他没有直接的使用价值。一切商品对它们的所有者是非使用价值。"① 这就是说，商品所有者的目的——亦即交换——是衡量其商品价值的实在标准；而其非目的需要——亦即消费——则是衡量其商品价值的潜在标准。

总而言之，价值的存在由客体事实属性与主体需要、欲望、目的的两方面构成：客体事实属性是价值产生的源泉和存在的实体；主体需要、欲望、目的则是价值从客体事实属性中产生的条件和标准——目的是实在价值标准，是价值的实在标准；非目的需要和欲望是潜在价值标准，是价值的潜在标准。

### 5. 国家目的：国家制度和国家治理价值标准

价值存在结构——价值标准和价值实体——之发现，乃是破解休谟难题的钥匙。所谓休谟难题，原本是休谟《人性论》的一个伟大发现："在我所遇到的每一个道德体系中，我一向注意到，作者在一时期中是照平常的推理方式进行的，确定了上帝的存在，或是对人事作一番议论；可是突然之间，我却大吃一惊地发现，我所遇到的不再是命题中通常的'是'与'不是'等连系词，而是没有一个命题不是由一个'应该'或一个'不应该'联系起来的。这个变化虽是不知不觉的，却是有极其重大的关系的。因为这个应该与不应该既然表示一种新的关系或肯定，所以就必须加以论述和说明；同时对于这种似乎完全不可思议的事情，即这个新关系如何能由完全不同的另外一些关系推出来的，也应该指出理由加以说明。不过作者们通常既然不是这样谨慎从事，所以我倒想向读者们建议要留神提防；而且我相信，这样一点点的注意就会推翻一切通俗的道德学

---

① 马克思：《资本论》第一卷，上卷，人民出版社1975年版，第103页。

体系。"①

这就是所谓的"休谟难题"或"休谟法则":"应该"能否由"是(事实)"产生和推导出来?答案是肯定的。因为价值存在结构的研究表明,"是、事实、事实如何"与"价值、善、应该如何"都是客体的属性。只不过,"是、事实、事实如何"是客体不依赖主体需要而具有的属性,是客体无论与主体的需要发不发生关系都具有的属性,是客体的事实属性。反之,"价值、善、应该如何"则是客体依赖主体需要而具有的属性,是客体的"是、事实、事实如何"与主体的需要、欲望、目的发生关系时所产生的属性,是"是、事实、事实如何"对主体的需要、欲望、目的的效用,是客体的关系属性,是客体的价值关系属性。客体事实属性是价值、善、应该如何产生的源泉和存在的实体;主体需要、欲望、目的则是它们从客体事实属性中产生的条件和标准。

这岂不意味着:"价值、善、应该如何"产生于"是、事实、事实如何",是从"是、事实、事实如何"推导出来的吗?只不过,仅仅"是、事实、事实如何"自身绝不能产生"价值、善、应该如何";因而仅仅从"是、事实、事实如何"绝不能推导出"价值、善、应该如何"。只有当"是、事实、事实如何"与主体需要欲望目的发生关系时,从"是、事实、事实如何"才能产生和推导出"价值、善、应该如何":"善、应该、正价值"等于"事实对主体需要欲望目的之符合";"不应该、恶、负价值"等于"事实对主体需要欲望目的之不符合"。

这就是休谟难题之答案,这就是"价值、好坏、应该如何"的产生和推导的过程,这就是好坏、价值、应该如何的发现和证明方法。我们可以将它归结为一个公式而名之为"价值推导公式":

前提1:客体事实如何(价值实体)
前提2:主体需要、欲望、目的如何(价值标准)

结论:客体应该如何(价值)

举例说,人类是主体,燕子是客体。于是,"燕子吃害虫"与"燕子

---

① 休谟:《人性论》下册,商务印书馆1983年版,第509页。

是具有正价值的、善的鸟"都是客体燕子的属性。只不过，"燕子吃害虫"是燕子独自具有的属性，是无论是否与人的需要、欲望、目的发生关系都具有的属性，是燕子的事实属性。反之，"燕子是具有正价值的善的鸟"则不是燕子独自具有的属性，而是"燕子吃害虫"的事实属性与人的需要、欲望、目的发生关系时所产生的属性，是燕子的关系属性。因此，"燕子是具有正价值的善的鸟"便产生于"燕子吃害虫"事实，是从该事实推导出来的。但是，仅仅"燕子吃害虫"事实还不能产生和推导出"燕子是具有正价值的善的鸟"；只有当"燕子吃害虫"事实与人类的需要、欲望、目的发生关系时，从"燕子吃害虫"事实才能产生和推导出"燕子是具有正价值的善的鸟"。这就是善或价值的推导方法，我们可以将它归结为一个公式：

燕子吃害虫（事实）
人类需要消除害虫（主体需要）
燕子吃害虫符合人类需要（事实与主体需要关系）
———————————————————————
燕子是具有正价值的好鸟（善或价值）

这是一切价值的普遍的推导方法，如果将其推演于国家制度价值领域，显然便可以得出结论说，国家制度之应该如何的好坏价值，是通过国家目的——亦即国家制度价值标准——从国家制度事实如何的价值实体中产生和推导出来的：国家制度之应该等于国家制度之事实与国家目的之相符；国家制度之不应该等于国家制度之事实与国家目的之相违。这就是国家制度好坏的价值从国家制度事实之中产生和推导出来的过程，这就是国家制度好坏价值的发现和证明方法。我们可以将它归结为一个公式而名之为"国家制度价值推导公式"：

前提1：国家制度事实如何（国家制度价值实体）
前提2：国家目的如何（国家制度价值标准）
———————————————————————
结论：国家制度应该如何（国家制度价值）

可见，国家目的是国家制度和国家治理好坏的价值标准。因此，布莱斯说:"任何一种制度的好坏功过,也只有与为了类似目的而设的他组制度比较以后,才能鉴别和判定。所有制度都不是十全十美的,事实上的问题,在于问:在许多用以达到同一目标的制度中,哪一种制度表示最少的缺点,最能够获得每一种政治制度的一般目的——即生活在这种制度下的人的幸福。"① 这样一来,确定国家制度价值标准体系的关键便全在于:国家目的究竟是什么?国家目的是否果真如布莱斯所言,是为了生活在这种制度下的每个人的幸福?

## 二 国家目的

### 1. 国家目的:直接目的与终极目的

国家目的,正如加纳所言,有直接目的与终极目的以及理想目的与真实或实在目的之分:"在讨论国家目的之时,我们可以分之为普通目的或基本目的和特殊目的;也可以分之为终极目的和直接目的。德国著作家霍春道夫在其《政治原理》中,分国家目的为真实及理想两种。"② 那么,国家的直接目的与终极目的以及理想目的与实在目的究竟是什么?

国家起源无疑蕴涵国家目的。国家起源的研究表明,一方面,国家起源于每个人对于社会最大化的需要(每个人需要的满足程度与社会的大小规模成正比)和使各种社会成为一个统一整体的需要(最高权力或国家是各种社会成为一个统一体的最根本的必要条件);为了保障各种社会成为一个统一整体从而能够存在发展,最终充分地满足每个人生存和发展需要。于是,每个人不仅需要和追求社会,而且需要和追求社会的统一和最大化,需要和追求统一的和最大的社会,亦即需要和追求国家:国家既是拥有最高权力因而能够保障各种社会成为一个统一整体的至高无上之社会,又是每个人的需要可以获得最完备最充分最优良满足的最大的社会。这显然意味着:国家直接目的是保障各种社会成为统一体从而能够存在发展;国家最终目的则是为了最充分地满足每个人生存和发展需要。因此,加纳在总结国家目的时这样写道:"归言之,国家是有三个目的:一,其

---

① 詹姆斯·布莱斯:《现代民治政体》下册,吉林人民出版社2001年版,第1027页。
② James W. Garner:《政治学大纲》,世界书局1935年版,第60页。

任务是增进个人的幸福；二，应求个人在团体生活中的集合利益；三，应致力发展世界的文化和进步。"①

另一方面，国家起源的研究表明，国家是拥有最高权力的社会，因而哪里有最高权力，哪里就有国家；最高权力的起源和原因就是国家的起源和原因。任何权力无疑必然都产生、形成和起源于社会成员的普遍同意：失去社会成员普遍同意的权力便不再是权力，而仅仅是强制力量；强制力量一旦获得社会成员的普遍同意，就变成了权力，而不仅仅是强制力量。最高权力属于权力范畴，因而必定产生、形成和起源于社会成员的普遍同意。任何两个以上的人就某种利益交换关系所达成的同意无疑都是契约。于是，最高权力或国家便必然直接产生、形成和起源于契约：一种全体社会成员就最高权力所关涉的权利与义务等利益之交换所缔结的契约。国家直接且必然起源于契约，系由全体社会成员的同意缔结而成，显然意味着：国家的最终目的就是为了每个契约的缔结者——亦即每个国民——谋利益。因为任何契约皆为两个以上的人就某种利益交换关系所达成的同意，因而其最终目的都是为了达成每个契约缔结者的利益。

可见，不论从国家的直接起源来看，还是从国家的终极起源来看，国家的最终目的皆如亚里士多德所言，是为了每个国民谋利益、最充分地满足每个人生存和发展需要，使每个人实现"最优良的生活"或"自足而且至善的生活"："城邦是若干生活良好的家庭或部族为了追求自足而且至善的生活，才结合而成的。"②"城邦的目的是人类所可能达到的最优良生活。"③ 由此可以理解，为什么季尔克立斯在考察各种国家目的学说之后得出结论说："至今尚无一说，其完善程度超出亚里士多德之箴言者。"④

然而，这显然只是一切国家的应然的、应有的、应该的、理想的目的；而未必是一切国家的实然的、实有的、实际的、真实的目的：任何国家的目的都应该是——实际上却未必是——为了每个国民谋利益。因为国家目的也就是国家的行为的目的，亦即国家的内政、外交、军事等行为的

---

① James W. Garner：《政治学大纲》，世界书局1935年版，第62页。
② 亚里士多德：《政治学》，商务印书馆1965年版，第140页。
③ 同上书，第364页。
④ R. N. Gilchrist：《政治学原理》，黎明书局1932年版，第547页。

目的。试想，我们能说那些专制暴君和昏君们统治的国家的内政、外交、军事等行为的目的是为了每个国民谋利益吗？显然不能。我们能说那个宣告"朕即国家"的路易十四统治下的法国的种种国家行为的目的是为了每个国民谋利益吗？显然不能。恰恰相反，这些国家的种种国家行为的目的，岂不往往只是为了满足专制者一个人的需要吗？那么，国家目的是否仅仅应该为了每个国民谋利益，而实际上却不可能做到为了每个国民谋利益？否。为了每个国民谋利益，不仅是国家的应然的、应有的、应该的、理想的目的，而且也可能成为国家的实然的、实有的、实际的、真实的目的：它究竟能否成为某个国家的实然的、实有的、实际的目的，主要取决于该国的政体。

只有实行普选制民主的国家的实际目的才可能是为每个国民谋利益。因为，一方面，一个国家的种种国家行为及其目的，显然是由执掌该国最高权力的人决定的。试想，第二次世界大战期间，德国攻打苏联，是德国的国家行为。这种国家行为——行为目的与行为手段——究竟是谁决定的？是希特勒，因为他是当时德国最高权力的执掌者。美国和英国对德宣战是英美两国的国家行为。这种国家行为——行为目的与行为手段——究竟是谁决定的？是英美两国的议会、内阁、国会和总统，因为议会、内阁、国会和总统是当时英美最高权力的执掌者。另一方面，只有普选制民主，才是全体国民共同执掌国家最高权力的政体，才是每个人完全平等地共同执掌国家最高权力的政体。于是，合而言之，只有普选制民主的国家之目的，才是由每个国民完全平等地共同决定的。不言而喻，只有在国家目的由每个国民完全平等地共同决定的条件下，国家目的才可能真正完全平等地为了每个国民谋利益。这样一来，岂不只有普选制民主的国家之目的，才可能是为了每个国民谋利益？岂不只有民主国家的国家目的，才可能完全平等地为了每个国民谋利益？

相反地，其他政体——君主专制和君主立宪以及寡头共和——都不是全体国民共同执掌国家最高权力的政体；而是一个人（君主）或极少数人（寡头）执掌国家最高权力的政体。一个人或极少数人执掌国家最高权力，怎么可能保障国家的目的是为了每个人谋利益？岂不更可能使国家目的只是为了自己或极少数人谋利益吗？质言之，这些非民主国家的国家目的不但不可能是为了每个人谋利益，不但只是为了君主或寡头谋利益，而且还必定是通过剥夺绝大多数人的权益来达到为君主或寡头谋利益的国家目的。

就拿君主国来说。不论君主的品德多么好，不论他的心肠多么仁慈，不论他的功劳多么大，他毕竟为了自己一个人执掌国家最高权力而极端违背政治平等原则，从而剥夺了所有人应该享有的各种平等权利，使所有人都生活于一个极端不平等、不公正的等级社会！他毕竟为了自己一个人执掌国家最高权力而独享政治自由，极端违背政治自由原则，从而剥夺所有人应该享有的各种自由权利，使所有人生活于一个遭受全面的奴役、异化和不自由的国家，丧失个性而不可能实现自己的创造性潜能！他毕竟为了自己一个人执掌国家最高权力，极端违背人权原则、人道原则和公正原则，从而剥夺所有人应该享有的人权、人道和公正的权益，使所有人都生活于一个无人权、不公正和不人道的国家！寡头共和国虽然与君主国根本不同，但也好不了多少：它不过是为了极少数人（而不是一个人）执掌国家最高权力而剥夺绝大多数人（而不是所有人）的权益罢了。

因此，非民主国家的国家目的之本质，就是为了君主或寡头谋利益而剥夺绝大多数人的权益！于是，这种非民主国家的最高权力及其机构，根本说来，不过是维护君主或寡头剥夺绝大多数人权益的工具，不过是镇压绝大多数人反抗的手段，不过是迫使绝大多数人同意和服从的机器：维护君主或寡头利益而剥夺绝大多数人权益乃是非民主国家的政治权力机构之最根本的任务和职能。既然如此，我们还怎么能说这种国家的目的是为了每个人谋利益呢？说这种非民主国家的目的是为了每个人谋利益，岂非如同说圆的方、木的铁？

### 2. 马克思主义国家目的理论：逻辑建构

只有普选制民主的国家之目的，才可能是为了每个国民谋利益。那么，是否一个国家只要实现了普选制民主，该国家的国家目的便是为了每个国民谋利益？马克思主义的回答是否定的。按照马克思主义的观点，民主只是保障国家目的为每个国民谋利益的政体条件；保障国家目的为每个国民谋利益的还需要经济形态条件：消除私有制、阶级和剥削。因为在私有制或阶级社会里，剥削阶级与被剥削阶级的利益在某些重大和根本的方面是对立的：国家如果维护剥削阶级的剥削利益，就不能保护被剥削阶级免于被剥削的利益——只能二者择一，非此即彼。那么国家究竟维护哪一个？在私有制社会，国家显然只能维护私有制，从而只能维护剥削阶级对被剥削阶级的剥削。对于这种马克思主义的国家理论，拉斯基曾有很好的说明：

> 国家由于它本身存在的法则，不能在阶级关系中间保持中立。它不得不有所偏袒，就因为它是一个国家。它的政府必须为那个在经济上掌握着社会生存攸关的生产组织的阶级服务，成为它的一个执行委员会。①

这就是说，在私有制或阶级社会，国家实际上不可能以为全体国民谋利益为目的，国家目的实际上不可能为了每个国民谋利益。因为在私有制或阶级社会，国家最根本的和最重大的目的，就在于维护剥削阶级对被剥削阶级的剥削：维护私有制从而维护剥削阶级对被剥削阶级的剥削乃是阶级社会国家的政治权力机构之最根本的任务和职能。因此，马克思恩格斯一再说，在私有制或阶级社会，国家的政治权力机构乃是维护剥削阶级对被剥削阶级进行剥削的手段或工具，是镇压被剥削阶级反抗的机器，是一个阶级压迫和剥削另一个阶级的机器：

> 现代的国家政权不过是管理整个资产阶级的共同事务的委员会罢了。②
>
> 现代工业的进步促使资本和劳动之间的对立更为发展、扩大和深化。与此同步，国家政权在性质上也越来越变成了资本借以压迫劳动的全国政权，变成了为进行社会奴役而组织起来的社会力量，变成了阶级压制的机器。③

既然国家的政治权力机构不过是剥削阶级压迫和剥削被剥削阶级的手段、工具或机器，那么，国家还怎么可能以为全体国民谋利益为目

---

① 拉斯基：《国家的理论与实际》，商务印书馆1959年版，第86页。
② 《马克思恩格斯选集》第3卷，人民出版社1972年版，第253页。
③ 《法兰西内战》，《马克思恩格斯选集》第3卷，人民出版社1995年版，第53页。

的？国家目的还怎么可能是为了每个国民谋利益？国家的根本的和重大的目的是为了维护剥削阶级对被剥削阶级的剥削，是为了每个剥削者谋利益：这必定是私有制或阶级国家的实然的、实有的、实际的目的；而国家目的是为了每个国民谋利益，则是国家的应然的、应有的、应该的目的——它只可能在无阶级社会而不可能在阶级社会变为实然的、实有的、实际的目的。

### 3. 马克思主义国家目的理论：事实验证

马克思主义的国家目的理论，无疑很合乎逻辑，甚至可以说逻辑力量巨大；然而，却不符合事实。遗憾的是，马克思恩格斯都没有能够活到看见这些事实；否则，他们一定会修正其国家理论。这些事实，就是从20世纪初一直到现在，一百多年的欧洲社会主义政党——社会民主党——执政的资本主义国家制度，特别是福利国家制度。

1918年，英国工党把生产资料公有制写入党章第四条，作为党的奋斗目标。战后，英国工党成为执政党，便一方面开始将第四条付诸实施，掀起了生产资料公有化的高潮；另一方面进行福利国家建设。但是，公有化没有取得预期效果。国有企业效率低下，大都严重亏损，最终不得不放弃废除私有制而代之以公有制的主张。福利国家则获成功。1948年工党首相艾德礼宣布：英国已经建成福利国家。与英国一样，法国等西欧其他社会民主党执政政府，也都一方面经历了公有化企业效率低下，不得不放弃废除私有制而代之以公有制的主张；另一方面则纷纷成功建成福利国家。

社会民主党政府推行生产资料公有化的目的，显然不是为了资产阶级利益；恰恰相反，完全是为了无产阶级和劳动人民的利益。同样，他们创造福利国家的主要目的，也不是为资产阶级谋利益，而是为无产阶级和劳动人民谋利益，是使无产阶级和劳动人民利益最大化，使资本主义剥削和压迫最小化。因为福利国家制度的实质，就是通过累进税，对高收入者和富人课以重税，再由政府通过社会保障方式部分地将税收收入补贴给社会中下层收入者，说到底，也就是剥夺资产阶级和富人相当大的一部分收入，再分配给无产阶级和劳动人民。据英国官方机构对1982年7428个家庭收入的调查，收入最低的20%家庭与收入最高的20%家庭的税前收入之比是1∶120；而税后收入缩小为1∶4。瑞典收入最高的百分之十的国民，与收入最低的百分之六十的国民的贫富差距，税前收入高达144倍；税后收入的贫富绝对平均差距仅3倍。面对这些事实，还能否认资本主义国家目的可以是为无产阶级和劳动人民谋利益吗？

然而，资本主义国家和政府为无产阶级和劳动人民谋利益的明证，恐怕还是瑞典政府所实行的《雇员投资基金法案》。该法案规定，雇员投资基金通过两条途径筹集资金，一是利润分享税，每年对税后利润超过50万克朗的企业征收20%的利润分享税；二是养老税，所有雇主必须支付提高了的养老税金，1984年为各企业工资总额的0.2%，逐步增加到0.5%。雇员投资基金将用于购买瑞典企业的股份。这样一来，据计算，只要企业的利润率为10%—15%，转移到职工名下的雇员投资基金可在25到30年内，占有企业股份的50%。①

该法案被认为是对资本主义的正面进攻，② 资本家则称之为"西方世界从来未目睹过的最大规模的没收举动"③。结果激起资产阶级的强烈反抗，1983年10月4日组织了一次7万5千人游行，抗议《雇员投资基金法案》。但是，瑞典议会还是于1983年12月12日通过了《雇员投资基金法案》，于1984年1月1日开始实行。

该法案的目的显然不是为资产阶级谋利益，而是为无产阶级和劳动人民谋利益。但是，瑞典并不是社会主义国家，而是典型的资本主义国家，94%的生产资料还集中在100家大资本家手中。因此，资本主义国家和政府可以为无产阶级和劳动人民谋利益。不但社会主义政党——社会民主党——执政的资本主义国家如此，资产阶级政党执政的资本主义国家也是如此。因为资产阶级等非社会主义政党执政的欧洲各国，并没有废除社会民主党所创立的福利国家制度。只不过，与社会民主党不同，他们实行福利国家制度是不敢不实行，是惧怕无产阶级和劳动人民的选票，不得已而为之；如果他们胆敢废除经济民主和福利国家制度，就一定会被无产阶级和劳动人民的选票赶下台。所以，不是别的，正是普选制的民主，使国家及

---

① 袁群：《瑞典社会民主党的历史、理论与实践》，云南人民出版社2009年版，第134页。
② 鲁塞弗尔达特等：《欧洲劳资关系——传统与转变》，世界知识出版社2000年版，第240页。
③ 戴维·加尔森：《神话与现实》，工人出版社1986年版，第76页。

其政府的目的，不可能不为——也不敢不为——每个人谋利益。因为普选制民主意味着每个人完全平等地执掌国家最高权力：一个顶一个，不能一个顶两个。这就是为什么，只有实行普选制民主的国家的实际目的，才可能是为每个国民谋利益的缘故。

确实，即使是社会主义政党执政的普选制的资本主义国家及其政府的目的，虽然必定是为无产阶级和劳动人民谋利益，但也并不仅仅为无产阶级和劳动人民谋利益；它也必定为资产阶级谋利益，是为所有阶级和所有公民谋利益：它保护资本主义私有制和发展资本主义，因而是为资产阶级谋利益；它使资本主义的剥削和压迫最小化，使无产阶级和劳动人民的利益最大化，因而是为无产阶级和劳动人民谋利益。

拉斯基和马克思国家目的理论的片面性就在于，只看到资本主义国家维护资本主义私有制及其剥削的方面，而没有看到资本主义国家——特别是社会主义政党执政国家——使资本主义的剥削和压迫最小化方面；只看到以往的非民主制国家统治阶级剥削和压迫被统治阶级的方面，而没有看到现代普选制民主国家为被剥削阶级和劳动人民谋利益的方面；因而误以为资本主义国家目的只是为了资产阶级利益，进而断言资本主义国家是资产阶级剥削和压迫无产阶级的机器：实在是以偏赅全，抓住一点，不及其余。考茨基1927年问世的《唯物主义历史观》，则根据现代普选制民主国家不同于以往国家的特点，发现实行普选制的资本主义国家的目的发生了根本转变，从而可以为被剥削阶级和劳动人民服务：

"现代民主国家不同于以前各种形式的国家的地方是在于，国家机器这样被利用来为剥削阶级服务并不是现代国家的本质所决定的，并不是和现代国家的本质不可分割地联系在一起的。正相反，现代民主国家就其素质而论，并不像以前的国家那样，注定要成为少数人的器官，而毋宁注定要成为多数居民中的、即劳动阶级的器官……愈能这样，民主国家就愈不再仅仅是剥削阶级的工具，国家机器于是在某些情况下就开始转过来反对剥削阶级，也就是开始执行和它至今的活动恰恰相反的职能。它就开始从镇压被剥削者的工具转变为解放被剥削者的工具。"[①]

---

[①] 考茨基：《唯物主义历史观》第五分册，上海人民出版社1964年版，第301—302页。

## 三　国家最终目的之量化：国家制度终极价值标准体系

**1. 增减每个人利益总量：国家制度价值终极总标准**

国家最终目的，如上所述，是增进每个人利益。这样一来，国家的目的与政治的目的、法律的目的和道德的目的，只是就其直接的具体的特殊的目的来说，才有所不同；而就其普遍的终极的目的来说，却完全一样，都是为了增进每个人的利益。究其原因，无非在于国家是拥有最高权力的社会。因为任何权力无疑必然都产生、形成和起源于社会成员的普遍同意：失去社会成员普遍同意的权力便不再是权力，而仅仅是强制力量。任何两个以上的人就某种利益交换关系所达成的同意无疑都是契约。于是，最高权力或国家便与法律、道德和政治一样，必然直接产生、形成和起源于契约：一种全体社会成员就最高权力所关涉的权利与义务等利益之交换所缔结的契约。

国家、政治、法律和道德皆起源于契约，都由全体社会成员的同意缔结而成，显然意味着：国家、政治、法律和道德的最终目的是为了每个契约的缔结者——亦即每个国民——谋利益。因为任何契约皆为两个以上的人就某种利益交换关系所达成的同意，因而其最终目的都是为了达成每个契约缔结者的利益。这就是为什么国家最终目的——增进每个人利益——既是国家最终目的，也是道德最终目的，也是法律最终目的，也是政治最终目的：五者实为同一概念。

这样一来，国家最终目的——增进每个人利益——既是衡量国家好坏的终极价值标准，也是衡量政府好坏的终极价值标准，也是衡量法律好坏的终极价值标准，也是衡量政治好坏的终极价值标准，也是衡量道德好坏的道德终极标准：五者实为同一概念。更正确些说，这一终极价值标准应该量化为：增减每个人利益总量。因为任何标准之为标准，如所周知，都必须是一种可以量化的东西。所以，精确言之，国家制度终极价值标准并非全等于国家最终目的；国家制度终极价值标准乃是国家最终目的之量化：增减每个人利益总量。

"增减每个人利益总量"也就是"增减全社会和每个人利益总量"。

因为每个人利益与个人利益不同。个人利益属于自我范畴,因而与社会利益既可能一致也可能不一致:有利社会却可能有害自我;有利自我却可能有害社会。反之,每个人利益则属于社会范畴,因而与社会利益必定完全一致:凡是有利(或有害)社会的,显然必定有利(或有害)每个自我;凡是有利(或有害)每个自我的,必定有利(或有害)社会。这样,"增减全社会利益总量"与"增减每个人利益总量"是完全一致的:"增减全社会利益总量"就是"增减每个人利益总量";反之亦然。因此,国家制度和国家治理终极价值标准也可以归结为:"增减全社会和每个人利益总量。"

增减每个人利益总量是衡量一切国家制度和国家治理之优劣的终极标准,意味着:增进每个人利益和减少每个人损害总量的国家制度和国家治理,就是好的国家制度和国家治理;减少每个人利益和增进每个人损害总量的国家制度和国家治理,就是坏的国家制度和国家治理。因为所谓利益,正如边沁和穆勒所言,具有双重含义,一方面是积极的,指增进利益或快乐;另一方面是消极的,指避免损害或痛苦:"功利是指任何客体的这么一种属性:它倾向于给利益相关者带来利益、便利、快乐、好处或幸福(所有这些在此是同一概念),或者阻止利益相关者遭受损害、痛苦、灾祸或不幸(这些也同一概念)。"①

这就是说,评价国家制度和国家治理好坏优劣,绝不能看它本身如何,而只能看它对每个人利益的效用如何:哪种国家制度和国家治理对国民的欲望和自由侵犯最少、促进经济和文化发展速度最快、保障人际交往的自由和安全的系数最大、最终增进每个人利益最多、给予每个人的利与害的比值最大,哪种国家制度和国家治理便最优良;反之,则最恶劣。

这恐怕就是关于国家制度和国家治理活动好坏价值终极标准——亦即道德终极标准和法律终极标准以及政治终极标准——的真正堪称精确的表述。我们不妨沿袭传统而称之为"功利原则"或"功利主义原则"。因为正如功利主义大师边沁所指出:"功利原则乃是这样一种原则:赞成或不

---

① Jeremy Bentham, *An Introduction to the Principles of Morals and Legislation*, Oxford: the Clarendon Press, 1823, p. 2.

赞成任何一种行为的根据，是该行为增进还是减少利益相关者之幸福。"①

这样一来，按照功利原则，"增减每个人利益总量"便是衡量一切国家治理和国家制度好坏的终极价值标准，更确切些说，是衡量一切国家治理或国家制度好坏价值的终极总标准。因为这一标准在不同情况下有不同表现，从而衍生出三个道德终极分标准或价值终极分标准："最大利益净余额标准"、"最大多数人最大利益标准"和"无害一人地增进利益总量标准"。

**2. 最大利益净余额：利益冲突条件下的国家制度价值终极标准**

虽然，"增进每个人利益总量"是衡量一切国家制度好坏的终极标准；但是，在人们的利益发生冲突而不能两全的情况下，增进每个人利益总量却是不可能的。因为在这种情况下，要增进一些人的利益，就必然减少另一些人的利益，因而不可能增进每个人利益总量，而只可能增进利益净余额——增进与减少之余额叫做利益净余额——如果增进的利益少于减少的利益，便是减少了利益净余额；如果增进的利益多于减少的利益，便是增进了利益净余额。

在这种利益发生冲突的情况下，粗略看来，"增减利益净余额"是国家制度终极价值标准：增进利益净余额的国家制度，就是好的国家制度；减少利益净余额的国家制度就是坏的国家制度。其实不然。因为在这种情况下，显然应该最小地减少不得不减少的利益，而最大地增进可能增进的利益，从而使利益净余额达到最大限度：最大利益净余额是解决利益冲突的国家制度终极价值标准。举例说，在董存瑞托炸药炸敌人碉堡的情况下——亦即在只能由人去托炸药炸敌人碉堡的情况下——不论一个人还是两个人托炸药炸碉堡，都增进了利益净余额。因为用一个人或两个人的生命换来更多人的生存，都是增进了利益净余额，而不是减少了利益净余额。但是，显然不应两个人而只应该一个人托炸药。原因无疑是：牺牲一个人符合最小地减少不得不减少的利益；而牺牲两个人则不符合最小地减少不得不减少的利益。

---

① Jeremy Bentham, *An Introduction to the Principles of Morals and Legislation*, Oxford: the Clarendon Press, 1823, p. 2.

所以，在人们的利益发生冲突而不能两全的情况下，国家制度终极价值标准"增减每个人利益总量"便具体化为"最大利益净余额"标准："最大利益净余额"是在人们的利益发生冲突而不能两全的情况下，衡量一切国家制度是否优良的终极标准。

因此，最大利益净余额标准具有正与反或积极与消极两方面内容。正的或积极方面，是在增进一方利益同时必定减少另一方利益的情况下的最大利益净余额标准，可以概括为"两利相权，取其重"：应该选择最大的利益而牺牲较小的利益。因为在这种情况下，选择最大的利益而牺牲较小的利益，是最大地增进了利益净余额。例如，要增进老百姓的安全利益，必定要打击扒手、减少和牺牲扒手的利益。在这种情况下，显然应该选择增进老百姓的安全利益而打击和牺牲扒手偷窃利益。因为老百姓的安全利益远远大于扒手的偷窃利益：增进老百姓的安全利益而打击和牺牲扒手偷窃利益，是最大地增进了利益净余额。

"最大利益净余额"的反的或消极的方面，是在不可避免要遭遇到两种以上的损害情况下的最大利益净余额标准，可以概括为"两害相权，取其轻"：选择最小的损害而避免更大的损害。因为在这种情况下，选择最小的损害而避免更大的损害，是最大地增进了利益净余额。就拿今日西方学术界十分流行的"电车"理想实验来说。一辆飞驰而来的电车，如果不驶向左面铁道压死一个人，就必定要驶向右面铁道压死5个人。电车的司机应该驶向哪一条铁道？应该驶向左面铁道压死一个人。因为这样做，是选择最小的损害而避免更大的损害，是最大地增进了利益净余额。

合而言之，"最大利益净余额"便是选择最小损害而避免更大损害、选择最大利益而牺牲最小利益，便是最小地减少不得不减少的利益、而最大地增进可能增进的利益，从而使利益净余额达到最大限度。所以，西季威克在概括最大利益净余额标准时写道："最大幸福意味着：快乐超过痛苦之最大净余额。"[1]

不难看出，最大利益净余额标准不但是解决人们相互间的利益冲突的

---

[1] Henry Sidgwick, *The Methods of Ethics*, London: Macmillan and Co., Limited, St. Martin S Street, 1922, p. 413.

国家制度终极价值标准，也是解决自我利益冲突的价值终极标准：它是解决一切利益冲突的终极标准。举例说，我既想放纵情欲，尽情玩乐；又想健康长寿：二者发生冲突，不可得兼。怎么办？我们都知道，应该选择健康长寿、节制玩乐。可是，理由何在？无非是因为，健康长寿的利益大于尽情玩乐的利益：选择健康长寿而牺牲尽情玩乐，净余额是利；选择尽情玩乐而牺牲健康长寿，净余额是害；选择健康长寿而牺牲尽情玩乐，符合最大利益净余额标准。

最大利益净余额乃是解决一切利益冲突——不论是他人之间的利益冲突，还是己他之间的利益冲突，抑或自我各种利益之间的冲突——的价值终极标准，因而也就是国家治理和国家制度解决一切利益冲突的价值终极标准。不过，人们相互间的一切利益冲突，说到底，无疑可以归结为多数人与少数人的利益冲突。如果是一般的、正常的、常规的情况，多数人的利益的价值显然大于少数人利益的价值，因而当二者发生冲突时，最大利益净余额标准便表现为最大多数人最大利益标准：应该牺牲少数人利益而保全多数人利益。

但是，既有常规必有例外。在例外的、非常的情况下，少数人的利益可能大于多数人的利益，因而当二者发生冲突时，按照最大利益净余额标准，就应该牺牲多数人利益而保全少数人利益。这样一来，最大利益净余额标准就与最大多数人最大利益标准发生了冲突：究竟应该服从哪一个标准？粗略看来，无疑应该服从最大利益净余额标准而牺牲最大多数人最大利益标准，因为最大多数人最大利益标准是从最大利益净余额标准推导出来的分标准或子标准。但是，细究起来，却恰恰相反，应该服从最大多数人最大利益标准而牺牲最大利益净余额标准：最大多数人最大利益标准对于最大利益净余额具有绝对的优先性。原因何在？

### 3. 最大多数人最大利益标准：优先于最大利益净余额标准

当多数人与少数人的利益发生冲突之时，按照国家制度价值终极标准，一般说来，应该保全最大多数人最大利益而牺牲最少数人最小利益。因为在这种情况下，一般说来，保全最大多数人最大利益而牺牲最少数人最小利益，其净余额是最大的利益，符合最大利益净余额标准，因而是应该的、善的、好的和具有正价值的；反之，如果保全最少数人最小利益而牺牲最大多数人最大利益，其净余额是最大的损害，违背最大利益净余额标准，因而是不应该的、恶的、坏的和具有负价值的。这个道理，车尔尼雪夫斯基讲得十分清楚：

"经常有这样的情况，即各个民族同各个等级之间的利益相抵触，或者同全人类的利益相抵触；同样，也经常会有这样的情况，即个别等级的利益同全民族的利益相抵触。在上述一切情况下，便产生关于有利于一些人和有害于另一些人的利益的行为、制度或关系的性质的争论……在这种情况下，理论上的正义性究竟在哪一方，这并不难于解决。全人类的利益高于个别民族的利益，全民族的利益高于个别等级的利益，多数等级的利益高于少数等级的利益。在理论上，这一次序是毋庸置疑的。它只是把几何公理——'整体大于部分'、'大数大于小数'——运用到社会问题上来罢了。"①

可见，在人们利益发生冲突的情况下，应该保全最大多数人最大利益而牺牲最少数人最小利益，从而使利益净余额达到最大限度：这就是所谓"最大多数人的最大利益"或"最大多数人最大幸福"标准。所以，"最大多数人的最大利益"或"最大多数人最大幸福"乃是从最大利益净余额标准推导出来的标准，是其在人们发生利益冲突情况下的体现，是解决利益冲突的最大利益净余额标准，是国家治理和国家制度解决国民利益冲突的价值终极标准。

这个标准，如所周知，原本为边沁所确立。他曾将这一标准概括为一句话："最大多数人最大幸福是正确与错误的衡量标准。"② 但是，他坦然承认："我记得非常清楚，最初我是从贝卡利亚论《犯罪与惩罚》那篇小论文中得到这一原理的第一个提示的。"③ 边沁指的是贝卡利亚这一段话："法律本来应由有德性的冷静的监督者来执行，他们懂得如何将大多数人的行为集中到一点上，使它们只有一个相关的行为目的，即'最大多数人的最大量幸福'。"④

---

① 《十八至十九世纪俄国哲学》，商务印书馆1988年版，第348页。
② 边沁：《政府片论》，商务印书馆1995年版，第92页。
③ 同上书，第38页。
④ 引自周敏凯《十九世纪英国功利主义思想比较研究》，华东师大出版社1991年版，第55页。

"最大多数人最大利益"或"最大多数人最大幸福"标准,也可以叫做"最少数人最小损害"或"最少数人最小不幸"标准。因为不言而喻,按照这一标准,不但应该最大地增进最大多数人的最大利益,而且应该最小地减少最少数人的最小利益,从而使利益净余额达到最大限度。这个道理,也可以用那辆失控电车的理想实验来说明:

如果把它驶向右面铁道,将压死5个人;如果驶向左面铁道,将压死一个人;如果驶向中间铁道,将压死两个人。那么,应该将它驶向哪个铁道?显然应该驶向左面铁道,压死一个人而避免压死5个人或两个人。因为这样的选择导致的是最少数人最小不幸和最大多数人的最大利益,从而使利益净余额达到最大限度,符合最大利益净余额标准。

然而,细究起来,"最大多数人最大利益"或"最大多数人最大幸福"标准,不但直接推导于最大利益净余额标准,是解决人们利益冲突的"最大利益净余额"之终极分标准的体现;而且也直接推导于"增减每个人利益总量"终极总标准,是"增减每个人利益总量"之国家制度价值终极总标准的体现:"最大多数人最大利益"是解决利益冲突的近似的国家制度价值终极总标准。

因为在人们利益发生冲突时,无疑只有保全最大多数人利益而牺牲最少数人利益,才最接近符合"保全每个人利益":保全最大多数人利益,比保全最少数人利益,更接近保全每个人利益;牺牲最大多数人利益,比牺牲少数人利益,更接近牺牲每个人利益。因此,我们可以说,"最大多数人最大利益"或"最大多数人最大幸福"标准,直接推导于"增减每个人利益总量"国家制度价值总标准,是解决人们之间利益冲突的近似的"增减每个人利益总量"标准。

最大多数人最大利益标准既然直接推导于"最大利益净余额"和"增减每个人利益总量"标准,是这两个标准在利益冲突情况下的具体体现,那么,它就蕴涵着两个标准发生冲突的内在可能性。这种可能表现在:最大多数人的利益可能不是最大利益;最大利益可能是少数人利益。这样一来,只有保全少数人利益而牺牲最大多数人利益,才能得到最大利益净余额;反之,如果保全最大多数人利益而牺牲少数人利益,净余额便是负价值。那么,在这种情况下,应该牺牲最大多数人利益而保全少数人利益吗?如果答案是肯定的,那么,"最大多数人最大利益"或"最大多数人最大幸福"标准的名称就是不确切的了,而应该更名为"最大利益"或"最大幸福"标准了。这就是诱使边沁把贝卡利亚和赫起逊的"最大多数人最大幸福"标准更名为"最大幸福"标准的陷阱。就此,蒙塔古曾这样写道:

> 边沁有时把他的原理说成是最大多数人的最大幸福,有时又简单地说成是最大幸福的原理,最后他还是倾向于选用后一个公式。……这种最大量幸福可能是少数人所享受的集中幸福,而不是多数人所享受的分散的幸福。在抽象的意义上,他会认为这是有可能的。他之所以不谈最大多数人,似乎就是受到这一抽象可能性的影响。[①]

那么,果真可以像边沁那样,把"最大多数人最大幸福"标准更改为"最大幸福"标准吗?如果像边沁所说的那样,最大幸福是保全少数人的集中的利益而牺牲多数人的分散的利益,那么,应该保全少数人的集中的利益而牺牲多数人的分散的利益吗?答案是否定的。因为任何价值标准——"最大利益净余额"也不例外——与终极价值总标准"增进每个人利益总量"发生冲突,都应该服从终极总标准。终极总标准"增减每个人利益总量"的关键词,乃是"每个人",而不是"利益总量";因为它与"最大利益净余额"诸终极分标准的区别,显然是"每个人",而不是"利益总量"。因此,如果增进每个人利益,即使比增进一些人的利益而减少另一些人的利益,就利益总量来说,少得多;那么,按照终极总标准,也应该增进每个人利益,而不应该增进一些人的利益、减少另一些人的利益,以求得最大利益净余额。因为国家最终目的、国家制度价值终极标准乃是增进每个人利益总量,而并不是最大利益净余额,也不是增进一些人或大多数人利益总量;最大利益净余额和最大多数人最大利益不过是在利益冲突因而不可能增进每个人利益情况下的权宜之计罢了。

这样,增进一些人利益而减少另一些人利益,不论如何能够增进利益总量,不论如何符合最大利益净余额标准,也都只有在不可能增进每个人利益总量的情况下——亦即在利益发生冲突而不能两全的情况下——才是

---

[①] 边沁:《政府片论》,商务印书馆 1995 年版,第 36 页。

应该的；而在可能增进每个人利益总量的情况下——亦即在利益不相冲突的情况下——则不论增进每个人利益所造成的利益净余额是如何小，不论增进一部分人的利益而减少另一部分人利益会达到何等巨大的利益净余额，也都只有增进每个人利益才是应该的。

这显然意味着，在利益发生冲突时，即使保全少数人利益比保全多数人利益，更能够增进利益总量，更能够使利益净余额达到最大限度，也不应该保全少数人利益而牺牲多数人利益；恰恰相反，即使如此，也应该保全多数人利益而牺牲少数人利益。因为在人们利益发生冲突时，只有保全最大多数人利益和牺牲最少数人利益，才最接近符合"增减每个人利益总量"国家制度价值终极总标准：保全多数人利益，比保全少数人利益，更接近保全每个人利益；牺牲多数人利益，比牺牲少数人利益，更接近减少每个人利益。因此，按照"增减每个人利益总量"国家制度价值终极总标准，在多数人利益与少数人利益发生冲突时，即使少数人利益价值大于多数人利益价值，也应该保全多数人利益而牺牲少数人利益。这样做，虽然违背"最大利益净余额"，却符合"增减每个人利益总量"："最大利益净余额"等任何价值标准与终极价值总标准"增减每个人利益总量"发生冲突都应该服从终极总标准。

这样一来，"最大多数人最大利益标准"虽然推导于"最大利益净余额标准"，却因其最接近于"增减每个人利益总量标准"而对于"最大利益净余额标准"具有绝对的优先性。还是拿那个电车的理想实验来说。假设道岔右边站着的那一个人是伟大的价值极大的爱因斯坦，而右边的那5个人则是加起来价值也远远小于爱因斯坦的芸芸众生，于是压死爱因斯坦的净余额是负价值，而压死5个芸芸众生的净余额是正价值。那么，究竟应该压死谁？正确的答案是：应该压死伟大的爱因斯坦而保全5个芸芸众生！因为压死爱因斯坦而保全5个芸芸众生，虽然违背最大利益净余额标准，却因其符合最大多数人最大利益标准，而最接近符合增减每个人利益总量标准：最大多数人最大利益标准优先于最大利益净余额标准。

因此，在人们利益发生冲突的情况下，首先应该根据最大多数人最大利益标准，保全最大多数人的利益而牺牲最少数人利益；尔后才应该根据最大利益净余额标准，保全最大利益而牺牲最小利益，从而使利益净余额达到最大限度。举例说：

如果在利益冲突的情况下，最大多数一方的人数是90%，就应该保全这90%人的利益而牺牲与其冲突的10%的人的利益；即使相反的选择会达到更大的、最大的利益净余额。如果最大多数一方的人数是51%，就应该保全这51%人的利益而牺牲49%的人的利益；即使相反的选择会达到更大的、最大的利益净余额。只有在冲突双方的人数都是50%的情况下，保全哪一方的利益净余额最大，就应该保全那一方，而牺牲另一方。

但是，这些情况无疑统统都是例外而不是常规。按照常规，最大利益净余额标准与最大多数人最大利益标准是完全一致的。因为按照常规，最大多数人的利益无疑都是最大利益；最少数人的利益，无疑都是最小的利益；因而只要保全最大多数人的利益而牺牲最少数人的利益，就能够得到最大利益净余额：最大利益净余额与最大多数人最大利益是一致的。所以，蒙塔古接着写道："边沁始终认为，实际上，最大量的幸福只有采取措施，谋求最大多数人的幸福时才能达到。"[①]

总之，最大多数人最大利益——亦即应该保全最大多数人最大利益而牺牲最少数人最小利益，从而使利益净余额达到最大限度——是解决人们之间利益冲突的国家制度价值终极标准。按照这一标准，在国民之间利益冲突的任何情况下，都应该保全最大多数人利益而牺牲最少数人利益；即使最大的利益例外的是最少数人的利益，而不是最大多数人的利益。因此，"最大多数人最大幸福"标准的关键词，乃是"最大多数人"，而不是"最大幸福"。所以，这一标准绝不可以省略"最大多数人"而更改为"最大幸福"。因为最大幸福毕竟有可能——不论这种可能性是如何小、如何例外——是少数人的幸福，而不是最大多数人的幸福。

**4. 无害一人地增进利益总量：利益不相冲突条件下的国家制度价值终极标准**

"最大利益净余额"和"最大多数人最大利益"标准，如上所述，都仅仅是利益冲突情况下的国家制度价值终极标准，都仅仅是终极总标

---

[①] 边沁：《政府片论》，商务印书馆1995年版，第36页。

准"增进每个人利益总量"在利益冲突情况下的体现。那么,在人们利益一致、不发生冲突或可以两全的情况下,终极标准是什么?或者说,在这种情况下,终极总标准"增进每个人利益总量"的具体表现是怎样的?

在利益一致不相冲突或可以两全的情况下,终极总标准便具体化为"不损害任何人地增加利益总量"或"无害一人地增进利益总量"标准。按照这一标准,便应该不损害任何一个人地增加人们的利益,便应该无害一人地增进每个人利益或一些人利益,便应该使每个人的境况变好或使一些人的境况变好而不使其他人的境况变坏。这是因为,国家最终目的或国家制度价值终极总标准,如前所述,是增进每个人利益总量,而并不是增进最大利益净余额或最大多数人最大利益:最大利益净余额或最大多数人最大利益不过是在利益发生冲突因而不可能增进每个人利益情况下的无奈选择。因此,在人们利益不相冲突或可以两全的情况下,也就只有无害一人地增进利益总量——亦即使每个人的境况变好或使一些人的境况变好而不使其他人的境况变坏——的国家制度和国家治理,才符合"增进每个人利益总量"之终极总标准,因而才是好的、应该的、具有正价值的;反之,如果为了最大多数人最大利益而牺牲最小少数人最小利益,那么,不论这样做可以使利益净余额达到多么巨大的、最大的程度,不论这样做可以给最大多数人造成多么巨大的、最大的幸福,便都违背了"增进每个人利益总量"之终极总标准,因而便都是不好的、不应该和具有负价值的。

举例说,假设损害一小撮人,某国家就会突飞猛进,从而给最大多数人带来极为巨大的幸福,使利益净余额达到最大限度。反之,如果不损害一小撮人,该国家最大多数人也并不会受到任何损害;但该国家却会发展较慢,从而最大多数人得不到最大幸福、利益净余额达不到最大限度。在这种情况下,怎样做才是应该的?如果选择前者,损害一小撮人而使最大多数人得到最大幸福,那么,既不符合"增进每个人利益总量"之终极总标准,更不符合利益不相冲突情况下的"无害一人地增进利益总量"之终极分标准,因而是不应该的;只有选择后者,不损害任何人,即使该国家因此而停滞不前,也符合"增进每个人利益总量"之终极总标准,符合利益不相冲突情况下的"无害一人地增进利益总量"终极分标准,因而是应该的。

哈曼曾由此设计了两个著名的理想实验，不但难倒了自己，也一直令中西学者困惑不已。一个理想实验是这样设计的：一个医生，如果把极其有限的医药资源用来治疗一个重病人，另外5个病人就必死无疑；如果用来救活这5个病人，那个重病人就必死无疑。医生显然应该救活5人而让那一个重病人死亡。反之，另一个理想实验是这样的。有5个分别患有心脏病、肾病、肺病、肝病、胃病的人和一个健康人。这5个病人如果不进行器官移植，就必死无疑；如果杀死那个健康人，把他的这些器官分别移植于这5个病人身上，这5个病人就一定能活命，而且会非常健康。医生应该怎么办？显然不应该杀死那一个健康人而救活这5个人。① 问题恰恰就在于：为什么第一个案例应该为救活5人而牺牲1人，第二个案例却不应该为救活5人而牺牲1人？

原来，其中的奥妙就在于，在第一个案例中，5个人与1个人的利益发生了冲突：保全5个人的利益必定损害那一个人的利益，5个人要活命必定导致那1个人死；反之亦然。因此，在这种情况下，医生救活5人而让那一个重病人死亡，符合利益冲突时的终极标准——亦即最大多数人最大利益标准和最大利益净余额标准——因而是应该的。反之，在第二个案例中，5个病人与1个健康人的利益并没有发生冲突：保全这个健康人的利益和性命，并没有损害那5个病人的利益和性命；这个健康人的利益和性命并不是用这5个病人的利益和性命换来的。因为并不是那个健康人要活命，就必定导致那5个病人的死；也不是那5个病人的死亡，才换来了那个健康人的活命。那5个人的死亡是他们的疾病所致，而与那一个健康人的活命没有任何关系。没有关系，怎么会发生利益冲突呢？因此，在这种利益不相冲突的情况下，医生如果为救活5个病人而杀死那一个健康人，虽然符合利益冲突时的终极标准（亦即最大多数人最大利益标准和最大利益净余额标准），却违背了利益不相冲突的终极标准（亦即无害一人地增进利益总量），因而是不应该的。这就是为什么第一个案例应该为救活5人而牺牲1人，第二个案例却不应该为救活5人而牺牲1人的

---

① Louis P. Pojman, *Ethical theory：classical and contemporary readings*, second edition, USA：Wadsworth Publishing Company, 1995, pp. 478 - 479.

## 第六章 增减每个人利益总量:国家制度终极价值标准

缘故。

总之,"无害一人地增进利益总量"乃是终极总标准"增进每个人利益总量"在利益一致不相冲突或可以两全条件下的体现,是利益一致不相冲突或可以两全条件下的终极标准,因而也就是国家治理和国家制度在国民利益不相冲突或可以两全条件下的价值终极标准。最早提出这一标准的,恐怕是孟子。他将这一标准概括为一句话:"杀一无辜而得天下,不为也。"[1] 但是,真正确证这一标准的,并非政治学家和伦理学家,而是经济学家帕累托,因而被称为"帕累托标准"(Pareto Criterion)或"帕累托最优状态"(Pareto Optimum)。对于这一标准或状态,帕累托这样写道:

> 我们看到,要取得一个集体的福利最大化,有两个问题待解决。如某些分配的标准为既定,我们就可以根据这些标准去考察哪些状态将给集体的各个人带来最大可能的福利。让我们来考虑任何一种特定状态,并设想作出一个与各种关系不相矛盾抵触的极小变动。假如这样做了,所有各个人的福利均增加了,显然这种新状态对他们每个人是更为有利;相反地,如各个人的福利均减少了,这就是不利。有些人的福利仍旧不变亦不影响这些结论。但是,另一方面,如这个小变动使一些人的福利增加,并使别人的福利减少,这就不能再说作此变动对整个社会为有利的。因此,我们把最大效用状态定义为:作出任何种微小的变动不可能使一切人的效用,除那些效用仍然不变者外,全都增加或全都减少的状态。[2]

可见,所谓"帕累托最优状态"乃是这样一种状态:当且仅当该状态没有一种改变能使一些人的境况变好而又不使至少一个人的境况变坏。这一状态之所以为最优状态的依据,则是所谓的"帕累托标准":应该使每个人的境况变好或使一些人的境况变好而不使其他人的境况变坏,简言之,应该至少不损害一个人地增加社会的利益总量,无害一人地增进利益

---

[1]《孟子·公孙丑章句下》。
[2] 转引自胡寄窗《1870年以来的西方经济学说》,经济科学出版社1988年版,第191页。

总量。

　　这恐怕是新福利经济学大师帕累托高明于旧福利经济学大师庇古的根本之处。庇古根据边际效用递减规律——亦即一个人的财富越多，其边际效用越小——得出著名的"收入应该均等化"的结论："假如有一个富人和十个穷人。从富人拿出一镑钱，并把它给予第一个穷人，总满足量就增加了。但是富人还是比第二个穷人富。所以，再转移一镑钱给第二个穷人，就又增加了总满足量。如此转移，直到原来的富人不比其他任何人富裕为止。"① 庇古的错误，显然在于夸大"最大利益净余额标准"，不懂得这个标准仅仅是利益冲突不能两全情况下的终极标准；却误以为在任何情况下，只要能增进社会的利益净余额，都是应该的。反之，帕累托则确立了利益不相冲突情况下的终极标准：应该至少不损害一个人地增加社会的利益总量——如果损害了哪怕是仅仅一个人的利益，则不论增进了何等巨大的利益净余额，也都是不应该的。

## 四　国家制度价值终极标准适用问题

### 1. 绝对性与相对性：终极标准的适用范围

　　总观国家制度价值终极标准或功利诸标准，可知其并非单一的价值标准；而是由若干标准构成的价值标准体系，是"一总两分"：一个总标准和两种分标准。总标准是在任何情况下都应该遵循的终极标准：增减每个人的利益总量。一种分标准是在人们利益不发生冲突而可以两全情况下的终极标准，亦即所谓的帕累托标准：无害一人地增加利益总量。另一种分标准则是在人们利益发生冲突而不能两全的情况下的终极标准："最大利益净余额"标准和"最大多数人的最大利益"标准。

　　这样，相对性便是国家制度价值终极分标准的基本性质。"无害一人地增加利益总量"标准仅仅适用于利益一致不相冲突的情况，而不可能适用于利益冲突的情况；因为在利益冲突的情况下，不损害任何人的利益是不可能的。反之，"最大利益净余额"和"最大多数人的最大利益"标准则仅仅应该运用于利益冲突的情况，而不应该运用于利益一致不相冲突

---

① 庇古：《福利经济学的几个方面》，《美国经济评论》，1951年6月，第299页。

的情况。因为在利益不相冲突的情况下，牺牲任何人的利益都是不应该的。不过，这些终极分标准的相对适用性有所不同："不损害一人地增加利益总量"既然是利益不相冲突情况下的标准，那么也就应该是恒久的国家制度价值标准；反之，"最大利益净余额"和"最大多数人的最大利益"则因其是利益冲突情况下的标准，因而应该是偶尔的国家制度价值标准。因为任何社会存在和发展的前提无疑是：在这个社会里，人们的利益一致而不相冲突是正常的、常规的、一般的情况，因而是恒久的；反之，人们的利益发生冲突、不可两全则是例外的、非常的情况，因而是偶尔的。

可见，国家制度价值终极分标准都是在一定条件下才应该遵循，而在另外的条件下则不应该遵循的，因而都属于相对价值标准范畴。然而，绝对性原本是国家制度价值终极标准的应有之义：如果它不是绝对的，不是在任何条件下都应该遵循的——而是相对的，是仅仅在一定条件下才应该遵循的——那么，它也就不称其为终极标准了。那么，国家制度价值终极标准的绝对性究竟在哪里？

原来，一方面，终极总标准"增减每个人利益总量"是绝对的；因为在任何条件下，显然都应该遵循终极总标准：增加而不是减少每个人利益总量。另一方面，终极分标准之和也是绝对的；因为在任何条件下，都应该遵循终极分标准之一：不是应该增加最大利益净余额、最大多数人最大利益，就是应该不损害一人地增加利益总量。这样，终极分标准虽然属于相对价值标准范畴，但整体说来，终极分标准之和却属于绝对价值标准范畴。

### 2. 直接性与间接性：终极标准与其他标准的关系

国家制度价值终极标准是最普遍、最一般、最抽象的、绝对的价值标准，因而极其稀少、贫乏、简单、笼统：一个总标准、两个分标准。然而，国家制度和国家治理活动却极其复杂、具体、丰富、多样。因此，仅凭国家制度价值终极标准便不可能准确、迅速地指导国家制度和国家治理活动。于是，便须从国家制度价值终极标准引申、推演出与国家制度和国家治理活动相应的复杂、具体、多样的价值规范，从而才可以准确迅速地指导国家制度和国家治理活动。

举例说，仅凭"增进每个人利益总量"的终极标准，显然不可能准确迅速地衡量经济制度和经济活动应该如何。于是，便须从"增进每个人利益总量"的终极标准引申、推演出与经济制度和经济活动相应的价值标准"经济自由"与"经济平等"：赖有二者，便可以准确迅速地知道经济制度和经济活动究竟应该如何了。

可见，国家制度价值终极标准与其他一切国家制度价值标准是依据和派生、绝对和相对的关系：终极标准是产生、决定和推导出其他一切价值的最终依据、最终标准，是在任何条件下都应该遵循的绝对标准；而其他一切标准——如公正、平等、人道、自由等——都不过是终极标准在各种具体条件下的引申、推演，因而都仅仅是在一定的、具体的条件下才应该遵循，而在另外的、其他的条件下则不应该遵循的标准，于是也就都是相对的，都属于相对价值标准范畴。

那么，这一切相对价值标准究竟在怎样的条件下应该遵循、在怎样的条件下不应该遵循？不难看出，它们只有在一般的、正常的、常规的、典型的条件下才应该遵循；而在例外的、非常的、极端的条件下则不应该遵循。因为它们都是在一般、正常条件下——而不是例外、非常条件下——从国家制度价值终极标准引申、推演出来的：它们只有在一般、正常条件下才符合终极标准；而在例外的、非常条件下则违背终极标准。

就拿公正来说。只有在一般的、正常的情况下应该公正而不应该不公正。因为在一般的、正常的情况下，公正才符合国家制度价值终极标准，而不公正则违背国家制度终极价值标准。然而，在例外的、非常的情况下，公正却可能违背国家制度终极价值标准；不公正则符合国家制度终极价值标准。在这种例外的情况下，便不应该公正而应该不公正。

就拿那个著名的理想实验"惩罚无辜"来说吧。按照这个理想实验，法官明知一个人无辜，但如果遵循公正原则，从而不惩罚和宣判这个无辜者死刑，一定要发生一场必有数百人丧命的全城大骚乱；如果违背公正原则，从而惩罚和宣判这个无辜者死刑，就可以避免那场必有数百人丧命的全城大骚乱。法官应该怎么办？显然应该惩罚无辜。诚然，按照公正原则，善有善报，恶有恶报，因而应该惩罚罪犯，而不应该惩罚无辜：惩罚无辜是不公正、非正义的。因此，如果遵循公正原则，就不应该惩罚无辜，不应该宣判这个无辜者死刑。可是，这样做却是不应该的。

因为遵循公正原则而保全一个无辜者的生命,却必定牺牲数百人的生命,净余额是负价值,因而违背了最大利益净余额的国家制度价值终极标准。反之,违背公正原则牺牲一个无辜者的生命,却能够保全数百无辜者的生命,净余额是正价值,因而符合最大利益净余额的国家制度价值终极标准。这样一来,公正原则与国家制度价值终极标准便发生冲突而不能两全。应该怎么办?显然应该违背公正原则而惩罚无辜,从而遵循最大利益净余额的国家制度价值终极标准,保全数百无辜者的生命。因为任何国家制度价值标准与国家制度价值终极标准发生冲突都应该被放弃,而只应该遵循国家制度价值终极标准:国家制度价值终极标准对于任何国家制度价值标准都具有绝对的优先性。

可见,不论在什么条件下,都应该遵循国家制度价值标准。只不过在一般的、正常的情况下,既应该遵循国家制度价值终极标准,又应该遵循其他价值标准。因为在这种情况下,二者是一致的。反之,在例外的、非常的情况下,则只应该遵循国家制度价值终极标准,而不应该遵循其他价值标准。因为在这种情况下,二者是冲突的。于是,国家制度价值终极标准不论对于正常情况还是对非常情况都同样有意义,它既是正常情况又是非常情况所应遵循的价值标准。反之,其他价值标准则仅仅对正常情况有意义:它们仅仅是正常情况所应遵循的价值标准,其目的仅仅是为正常的国家制度和国家治理提供指导。

因此,在一般的、正常的情况下,为了迅速和准确地做出价值判断,我们不必通过国家制度价值终极标准,而是直接通过它所派生的具体价值标准——如公正和平等以及人道和自由等——来判断国家制度好坏。在这种情况下,国家制度价值终极标准并不直接发生作用,而只是间接的最终的标准。只有在非常的、例外的、极端的情况下,当国家制度价值终极标准与它所派生的具体价值标准发生冲突的时候,我们才应该放弃具体价值标准而直接以国家制度价值终极标准来判断国家制度和国家治理好坏。所以,判断国家制度和国家治理好坏,只有在非常情况下,才直接依据国家制度终极价值标准;而在正常情况下,则直接依据国家制度终极价值标准所派生的其他价值标准。

总之,国家制度价值终极标准、功利标准,对于国家学的价值标准体系具有首要的意义,它不仅在正常情况下是科学地推导、制定其他一切价值标准的唯一标准，而且在例外情况下是解决价值冲突、判断国家制度好坏的唯一标准，是"在各种原则之间发生冲突时进行判决的尺度。"①

**3. 是否导致非正义：对终极价值标准的诘难与反驳**

"增进每个人利益总量"，如前所述，既是国家制度价值终极标准，也是道德终极标准、法律终极标准、政治终极标准：四者是同一概念。但是，迄今只有伦理学研究这一标准，因而仅仅作为道德终极标准。道德终极标准是什么，或许是伦理学最重要且最复杂的难题。因为围绕这个难题，自古以来，人们便一直争论不休，至今却仍然没有多大进展。面对这么多的分歧和这么少的进步，我们不禁油然而生穆勒当年之叹息：

> 在今日人类的知识领域里，即使对于那些最为重大问题的思考仍然踌躇不前，也没有比解决历来争论不休的关于正当和不正当的道德标准问题更少进展、更令人失望了。②

这些五花八门的争论，细考究去，可以归结为两大流派：功利主义与义务论。功利主义就是把功利奉为道德终极标准的流派，说到底，就是把增减每个人的利益总量奉为道德终极标准的流派；义务论则是把道义奉为道德终极标准的流派，说到底，就是把增减每个人的品德的完善程度奉为道德终极标准的流派。然而，国家学领域并没有义务论与功利主义之争。究其原因，恐怕一方面是因为，义务论极具伦理学特色，纯粹属于伦理学理论，而与国家理论毫无关系；另一方面则是因为，增进每个人利益总量之为国家最终目的和国家制度终极价值标准原本为不言而喻之理。但是，将增进每个人利益总量奉为国家制度终极价值标准的国家学理论，毕竟属于功利主义范畴，因而同样遭受功利主义所遭受的质疑、驳斥或诘难。因此，国家学不必考究纯粹属于伦理学的义务论，却必须辨析功利主义——亦即将"增减每个人的利益总量"奉为道德终极标准或国家制度价值终

---

① John Stuart Mill, *Utilitarianism*, China Social Sciences Publishing House Chengcheng Books Ltd., 1999, p. 4.
② Stevn M Cahnand Peter Markie, *Ethics: History, Theory, and Contemporary Issues*, New York: Oxford Univertasity Press, 1998, p. 343.

极标准的理论——所遭受的诘难。

功利主义所遭受的质疑和驳斥之多,亦可谓车载斗量。但真正耐人寻味者,不过是那"功利原则必导致非正义"的诘难。这一诘难有两个著名例证:"奴隶制度"和"惩罚无辜"。[①] 前者是说,如果一个社会实行奴隶制比非奴隶制更能增进最大利益净余额,那么,按照功利原则,实行奴隶制就是应该的。这就意味着,功利原则必导致非正义,因为奴隶制是非正义的。"惩罚无辜"的例证说,法官明知一个人无辜,但如果惩罚、宣判他死刑,便可阻止一场必有数百人丧命的大骚乱,那么,按照功利原则,惩罚这个无辜者便是应该的。所以,功利原则必导致非正义,因为惩罚无辜是非正义的。

然而,细究起来,这两个例证都有两种恰恰相反的可能。一种可能是,这两个例证发生于释放无辜和数百人活命(以及非奴隶制与俘虏生存、社会发展)发生冲突、不能两全的情况下。在这种情况下,不惩罚一个无辜必有数百个无辜丧生;不实行奴隶制则俘虏必被杀死、社会必不能发展。这样,实行奴隶制和惩罚无辜虽然都是非正义的、恶的,却能够避免更大的恶和非正义,因而便都属于两恶相权取其轻,是应该的;绝不是非正义。当然也不能由此说实行奴隶制和惩罚无辜是正义的、公正的:它们仅仅是应该的、善的,而无所谓正义不正义、公正不公正。

另一种可能则是,这两个例证发生于释放无辜和数百人活命(以及非奴隶制与俘虏生存、社会发展)不相冲突而可以两全的情况下。在这种情况下,不惩罚无辜其他人也不会丧生、不实行奴隶制社会也能发展、俘虏也能生存。这样,实行奴隶制和惩罚无辜,便都是在人们的利益不相冲突的情况下,通过损害一部分人的利益,来增进利益净余额的;因而不论达到何等巨大的利益净余额,也都是非正义的。

在这两种情况下,实行奴隶制和惩罚无辜虽然都增进了利益净余额,或者都达到了最大利益净余额;但是,功利主义只赞成前者而反对后者。因为功利主义标准,如前所述,是"增进每个人的利益总量":它在人们利益不发生冲突而可以两全的情况下,表现为"不损害一人地增进利益

---

[①] 参阅 Tom L. Beauchamp *Philosophical Ethics*, New York: McGraw–Hill Book Company, 1982, p. 99。

总量"标准；在人们利益发生冲突而不能两全的情况下，则表现为"最大利益净余额"和"最大多数人最大利益"标准。所以，按照功利主义，"最大利益净余额"标准仅仅适用于利益冲突领域：它在人们利益不发生冲突领域，是个不适用的、错误的标准。准此观之，在释放无辜和数百人活命（以及非奴隶制与俘房生存、社会发展）不相冲突而可以两全的情况下，无论奴隶制和惩罚无辜可以增进多么巨大的利益净余额，功利主义都反对实行奴隶制和惩罚无辜；只有在释放无辜和数百人活命以及非奴隶制与俘房生存发生冲突、不能两全的情况下，功利主义才主张实行奴隶制和惩罚无辜。所以，功利主义绝不会导致非正义。

人们之所以认为功利主义必导致非正义，是因为他们忽略、抹煞了功利主义的"不损害一人地增进利益总量"标准，而把"最大利益净余额"标准完全等同于功利标准、功利主义。功利主义如果真是如此，那么，按照功利主义，不论情况如何，只要奴隶制和惩罚无辜等非正义能够带来最大利益净余额，也就都应该实行奴隶制和惩罚无辜等非正义：功利主义必然导致非正义。罗尔斯等众多思想家都是这样曲解——这种曲解的广泛形成当然与历代功利主义思想家对功利主义表述的缺憾有关——功利主义的：

> 功利主义……其要义是说：如果一个社会的主要制度被安排得能够达到属于它的所有个人的满足总计之最大净余额，那么，这个社会就是被正当地治理的，因而是正义的。①
>
> 这样，原则上就没有理由否定：为什么不应该以一些人的极少损失，换来另一些人的更大收益；或者更严重些，为什么不应该剥夺极少数人的自由而使许多人分享更大的利益。②

可见，罗尔斯等人对功利主义的诘难犯了"抓住一点，不及其余"的错误：抹煞功利主义的"增进每个人利益总量"和"无害一人地增进

---

① John Rawls, *A Theory of Justice* (Revised Edition), Massachusetts: The Belknap Press of Harvard University Press Cambridge, 2000, p. 20.
② Ibid., p. 23.

利益总量"标准，而把功利标准或功利主义完全等同于"最大利益净余额"或"最大多数人最大利益"标准；于是便由这些标准在人们利益不相冲突而可以两全的情况下必导致非正义，而得出"功利主义必然导致非正义"的结论。

然而，"最大利益净余额"虽然在人们利益不相冲突领域必然导致非正义，却是利益冲突领域唯一应该的价值标准。因为在利益发生冲突的情况下，不损害任何人的利益是不可能的，而只可能二者择一：或者损害少数人的利益而保全多数人的利益；或者损害多数人利益而保全少数人利益。当此际，岂不只应该保全最大多数人最大利益而牺牲最少数人最小利益吗？岂不只应该选择最大利益净余额吗？难道还能有其他更好的选择吗？罗尔斯也不得不承认，排除了功利标准，他尚不知道有什么解决利益冲突的价值标准："当义务与义务或责任以及份外善行发生冲突时，应该怎样求得平衡？没有解决这些问题的明确规则。例如，我们不能说哪些义务以一种辞典式的次序优先于份外善行或责任。我们也不能简单地运用功利原则来弄清这些问题。各种对于个人的要求常常是互相反对的，以致将遇到与运用功利标准于各个人时一样的问题；而且如上所述，功利原则已因其导致一种不合逻辑的正当观念而被排除。我不知道将怎样解决这个问题，甚至不知道一个系统的公式化的有用可行的规则是否可能。"①

---

① John Rawls, *A Theory of Justice* (Revised Edition), Massachusetts: The Belknap Press of Harvard University Press Cambridge, 2000, pp. 298-299.

# 第七章

# 公正：国家制度根本价值标准

**本章提要**

公正是同等的利害相交换的行为："等利害交换"是衡量一切行为是否公正的公正总原则。公正的根本问题是权利与义务的交换或分配：权利与义务相等是公正的根本原则。每个人所享有的权利应该与他的贡献成正比而与他所负有的义务相等，则是社会公正根本原则。当我们依据贡献对每个人的权利进行分配时，便不难发现社会公正的根本原则最终可以归结为"平等"：一方面，每个人因其最基本的贡献完全平等——每个人一生下来便都同样是缔结、创建社会的一个股东——而应该完全平等地享有基本权利、完全平等地享有人权，可以名之为完全平等原则；另一方面，每个人因其具体贡献的不平等而应享有相应不平等的非基本权利，也就是说，人们所享有的非基本权利的不平等与自己所作出的具体贡献的不平等的比例应该完全平等，可以名之为比例平等原则。

公正既是今日世界性热点问题，又是伦理学及其在政治学和法理学以及经济学应用中的跨学科难题。这个问题是如此之难，以致博登海墨说："当我们钻研公正问题而努力揭示其令人困惑的秘密时，往往会陷入沮丧和绝望。"[①] 然而，追溯人类以往研究，可以看出，这个难题原本由三大问题合成：公正的一般问题、公正的根本问题和社会公正的根本问题。解

---

[①] Edgar Bodenheimer, Jurisprudence, *The Philosophy and Method of The Law*, Massachusetts: Harvard University Press, Cambridge, 1967, p. 178.

析这些难题的起点显然是：公正究竟是什么？

## 一　等利害交换：公正的一般问题

### 1. 公正界说：等利害交换

公正、正义、公平和公道，如所周知，都是同一概念。只不过，正义一般用在庄严、重大的场合。例如，就战争来讲，大都说正义战争，而不说公道战争、公平战争或公正战争。但是，说公道战争、公平战争或公正战争也不算错：它们与正义战争无疑是一回事。公平与公道，一般用于社会生活的各种日常领域。例如，我们常说公平与效率、公平分配、待人公道，而不说正义与效率、正义分配、待人正义。但是，说正义与效率、正义分配、待人正义也不算错：这两种说辞显然也是一回事。公正则介于正义与公平或公道之间：它比公平和公道更郑重一些，比正义更平常一些，因而适用于任何场合。那么，究竟何谓公正？

柏拉图答曰："正义就是给每个人以适如其分的报答。"[①] 罗马法学家乌尔庇安亦如是说："正义乃是使每个人获得其应得的东西的永恒不变的意志。"[②] 柏拉图和乌尔庇安的定义被后来历代思想家所承认而成为公正的经典界说。按照这一界说，公正就是行为对象应得的行为，是给予人应得而不给人不应得的行为；不公正就是行为对象不应得的行为，是给人不应得而不给人应得的行为。举例说，恶人得了恶报和善人得了善报，都是公正的，因为恶人应得恶报、善人应得善报。反之，恶人若得了善报而善人却得了恶报，则都是不公正的，因为恶人不该得善报、善人不该得恶报。所以，柏拉图在进一步解释"什么是正义所给的恰如其分的报答"时这样写道："正义就是'把善给予友人，把恶给予敌人'"，"假使朋友真是好人，当待之以善，假如敌人真是坏人，当待之以恶，这才算是正义"[③]。

显然，公正就是给人应得：这个经典定义是不错的。但是，这个定义

---

[①] 柏拉图：《理想国》，商务印书馆1994年版，第7页。
[②] 博登海墨：《法理学——法哲学及其方法》，华夏出版社1987年版，第253页。
[③] 柏拉图：《理想国》，商务印书馆1994年版，第8页、13页。

不够明确。因为"应得"并不是一个简单明了的概念：究竟什么叫给人应得？给人应得就是对人做应做的事吗？柏拉图的回答是肯定的："公正就是做应该做的事。"① 然而，二者绝非同一概念。试想，张三对李四做了李四应得之事和张三对李四做了应做之事果真没有区别吗？粗略地看，似无区别。但细究起来，大不相同。因为张三对李四做了李四应得之事，必与李四此前的行为相关：张三所为乃李四此前所为之回报或交换，所以是李四应得的。反之，张三对李四做了应做之事，则不必与李四此前行为相关，不必是李四此前行为的回报，所以不必是李四应得的，而只是张三应做的。比如说，李四卧病在床，张三以钱财相助。我们能否说张三做了李四应得之事？这要看李四此前的行为。如果此前李四曾帮助过张三，便可以说张三做了李四应得之事；否则只能说张三对李四做了应做之事。

可见，所谓应得，必与应得者此前的行为相关：应得乃是一种回报或交换，是应得者此前行为之回报或交换。因此，公正是给人应得经典定义，原本意味着：公正是一种回报或交换。尼采早就看破了这一点："交换是正义的原初特征。"② 不过，滴水之恩涌泉相报和涌泉之恩滴水相报，都是一种回报或交换：这些行为是公正吗？是给人应得吗？显然都不是。那么，公正、给人应得，究竟是一种怎样的回报或交换行为？亚里士多德说，公正就是具有均等、相等、平等、比例性质的那种回报或交换行为："公正就是在非自愿交往中的所得与损失的中庸，交往以前和交往以后所得相等"③；"不正义正是在于不平等——因为一个人打了另一个人，这个人被那个人打了，或者一个人杀人而另一个人被杀，受害与行为是以不平等的份额分配的，而法官的努力在于以刑罚的手段，从攻击者拿走他们攫取的某种东西，使他们恢复平等"④；"公正就是比例，不公正就是违反了比例，出现了多或少"⑤；"例如，拥有量多的付税多，拥有量少的付税少，这就是比例；再有，劳作多的所得多，劳作少的所得少，这也是比

---

① 伯恩·魏德士：《法理学》，法律出版社2003年版，第159页。
② 慈继伟：《正义的两面》，生活·读书·新知三联书店2001年版，第151页。
③ 《亚里士多德全集》第八卷，中国人民大学出版社1997年版，第103页。
④ 同上书，第101页。
⑤ 同上。

例"①。总而言之——阿奎那总结道——"正义全在于某一内在活动与另一内在活动之间按照某种平等关系能有适当的比例。"②

细观这些简明而精深的论述,不难看出:公正是平等(相等、同等)的利害相交换的善的行为,是等利交换和等害交换的善行,是等利(害)交换的善行;不公正则是不平等(不相等、不同等)的利害相交换的恶行,是不等利交换和不等害交换的恶行,是不等利(害)交换的恶行。举例说,救人和杀人,无所谓公正不公正。但是,若出于报恩,救的是自己昔日的救命恩人,便是等利交换,便是公正的行为;若是为父报仇,杀的是曾杀死自己父亲的恶棍,便是等害交换,因而也是一种公正的行为;若是忘恩负义,见昔日恩人有难而坐视不救,便是不等利交换的恶行,便是不公正的行为;若是因对方辱骂自己而竟然杀死对方,便是不等害交换的恶行,因而也是一种不公正的行为。

公正是等利害交换的善行,这一定义还可以从影响深远的休谟关于"公正起源和前提"的理论得到印证。因为休谟将公正的起源和前提归结为两个必要条件:一个是客观条件,亦即财富的相对匮乏;另一个是主观条件,亦即人性的自爱利己。他这样写道:

> 公正起源于人类契约;这些契约的目的在于解决人类心灵的某些性质和外界物品的情况相结合所产生的某些困难。心灵的这些性质就是自利和有限的慷慨;而外界物品的情况则是它们的易于交换,并且对于人类的需要和欲望是供不应求的。③ 如果每个人对他人都充满仁爱之心,或者自然供应的物品能够丰富到满足我们的一切需要和欲望,那么,利益计较——它是公正原则存在的前提——便不存在了;现在人们之间通行的有关财产及所有权的那些区别和限制也就不需要了。因此,人类的仁爱或自然的恩赐如果能够增进到足够的程度,就可以使公正原则毫无用处而代之以更崇高的美德和更有益的祝福。④

---

① 《亚里士多德全集》第八卷,中国人民大学出版社 1997 年版,第 279 页。
② 《西方思想宝库》,吉林人民出版社 1988 年版,第 951 页。
③ David Hume, *A Treatise of Human Nature*, At The Clarendon Press Oxford, 1949, p. 199.
④ Ibid..

试问，为什么财富的匮乏是公正的起源和前提呢？岂不就是因为，公正的要义就是等利交换，而财富的匮乏必然要求等利交换？如果财富不是匮乏而是极大丰富，每个人需要什么就能够拥有什么，那么，人们就不需要斤斤计较的等利交换，就不需要公正了。所以，财富的匮乏是公正的客观的起源和前提意味着：公正的要义就是斤斤计较的等利交换。那么，为什么自利和有限的慷慨又是公正的起源和前提呢？岂不也是因为，公正的要义就是等利交换，而自利和有限的慷慨必然要求斤斤计较的等利交换？如果每个人都爱他人胜过爱自己、为他人胜过为自己，那么，人们显然就不需要斤斤计较的等利交换，就不需要公正原则了。所以，自利和有限的慷慨是公正的主观的起源和前提意味着：公正的要义就是斤斤计较的等利交换。于是，总而言之，休谟关于公正起源和前提的理论意味着：公正亦即等利（害）交换。

### 2. 公正类型：根本公正、社会公正和制度公正

公正是等利害交换，显然意味着，公正有正反两面：等利交换是正面的、肯定的、积极的公正；而等害交换则是反面的、否定的、消极的公正。因此，我们可以沿用格老秀斯和叔本华的术语，将公正分为积极公正与消极公正两大类型：积极公正就是等利交换的公正；消极公正就是等害交换的公正或报复公正。[①]

然而，任何公正无疑都是一种善行，都属于道德善范畴。可是，等害交换却属于复仇、报复、目的害人的行为境界：它怎么能是一种道德善呢？确实，等害交换，就其自身来说，不是善而是恶："报复感情，就其本身来说，并不是道德的"[②]。但是，等害交换，就其结果来说，却是极其巨大的善。因为等害交换意味着：一个人损害社会和别人，他也会受到同等的损害。这样，等害交换便能够使人们避免相互损害，因而极为有利社会发展和人际交往，符合道德目的，是一种极为重要的道德善。因此，就连主张爱仇敌的《圣经》竟然也发出这样的号召："若有伤害，就要以

---

[①] 叔本华：《伦理学的两个基本问题》，商务印书馆1996年版，第243—244页。
[②] Robert Maynard Hutchins, *Great Books of The Western World*, Vol. 43. UTILITARIANISM, by John StuartMill, Encyclop Aedia Britannica, Inc., 1980, p.470.

命偿命，以眼还眼，以牙还牙，以手还手，以脚还脚，以烙还烙，以伤还伤，以打还打"①。

如果说等害交换是一种极为重要的道德善，那么，它是否比公正的另一类型——等利交换——更为重要、更为根本呢？等害交换的价值和意义在于避免互害；等利交换的价值和意义则在于达成互利。这样，等害交换与等利交换原则究竟何者更为根本和重要，说到底，便在于：避免互害与达成互利何者更为根本和重要？哈曼认为前者更为根本和重要："在我们的道德中，避免损害他人比帮助那些需要帮助的人更为重要。"② 这种观点是不能成立的。因为一方面，从质上看，人们结成社会和建立联系，显然完全是为了互利从而增进各自的利益，而绝不是为了互害从而减少各自的利益；完全是为了"我为人人、人人为我"，而绝不是为了"我害人人、人人害我"：互相损害不过是社会合作与人际联系所具有的一种不可避免的副作用罢了。另一方面，从量上看，就全社会的行为总和来说，互害的行为必然少于互利的行为。否则，每个人从社会合作与人际联系中所受到的损害，便多于所得到的利益，那么社会合作与人际联系便必然崩溃而不可能存在了。所以，不论从质上看，还是从量上看，互利都远远比互害更为根本和重要。既然如此，那么，达成互利的公正原则"等利交换"，也就比避免互害的公正原则"等害交换"更为根本和重要了：等利交换是更为根本和重要的公正类型。那么，是否可以说：等利交换都是最根本、最重要的公正？

我们不能说，等利交换都是根本、重要的公正。因为众多的等利交换，如"投之以李报之以桃"或"你给我穿靴我给你搔痒"等，显然无关紧要。等利交换比等害交换更为根本和重要，不过意味着：最根本、最重要的公正只能是一种等利交换，而不能是一种等害交换，等害交换都属于非根本、非重要的公正范畴。那么，最根本、最重要的公正究竟是哪一种等利交换？

人的最根本、最重要、最主要的利益交换，无疑是权利与义务的交

---

① 《西方思想宝库》，吉林人民出版社 1988 年版，第 940 页。
② Louis P. Pojman, *Ethical Theory: Classical and Contemporary Readings*, Wadsworth Publishing Company USA 1995, p. 43.

换：权利与义务的交换是公正的根本问题；非权利义务交换则是公正的非根本问题。更确切些说，所谓根本公正，就是权利与义务相交换的公正，是关于权利义务的公正；而非根本公正则是非权利义务交换的公正，是无关权利义务的公正。举例说，一个人赡养父母，是履行自己的义务，这义务是与他儿时享有被父母养育的权利的平等交换，因而是一种根本公正。反之，他若送钱救助陷入困境的昔日恩人，则不能说是在履行义务，而是一种无关义务权利的等利交换，因而是一种非根本公正。

等利交换与等害交换以及根本公正与非根本公正，显然都是以公正行为本身性质为根据的分类。如果不是以公正行为而是以公正行为者的性质为根据，那么，公正便可以分为个人公正与社会公正：个人公正是个人为行为主体的公正，是个人所进行的等利（害）交换行为，如张三以德报德、以怨报怨等；社会公正则是社会为行为主体的公正，是社会所进行的等利（害）交换行为，如法院判决杀人者偿命、借债者还钱等。然而，社会通常是由能够代表社会意志的特殊的个人所代表的。这种能够代表社会意志的特殊的个人，无疑就是社会的领导者、管理者或统治者，如国王、总统、各种行政和司法长官以及家长、族长等。因此，所谓社会公正，说到底，乃是社会领导者的管理活动的公正，是管理行为的公正。反之，个人公正，说到底，则是被管理的行为的公正，是被领导者的行为和领导者的非领导行为的公正。

这样，如果将社会公正与个人公正两大类型和根本公正与非根本公正两大类型联系起来，便可以看出：公正的根本原则乃是社会公正而不是个人公正。因为所谓根本公正是权利与义务相交换的公正；而权利与义务的交换，显然并不是个人行为，而是社会行为，是社会统治者的分配行为：每个人的权利与义务都是社会统治者分配的，而不是个人相互间自己交换的。这就是说，权利与义务的交换，不属于个人行为范畴，而属于社会统治者的管理行为范畴。于是，所谓根本公正——权利与义务交换的公正——乃是一种社会公正，属于社会和国家分配公正范畴。因此，公正，主要讲来，乃是社会公正而不是个人公正；乃是约束社会和国家统治者的道德，而不是约束被统治者的道德。这就是公正与善、节制、勇敢、诚实等道德规范的不同之处：诚实、勇敢、善等等是约束一切人的道德；公正则主要是约束社会和国家统治者、领导者、管理者的道德。

不过，细究起来，管理行为的公正与社会公正并非同一概念；而且，管理行为的公正，真正讲来，也并非主要的社会公正。因为，没有规矩，不成方圆。社会管理行为，说到底，不过是各种社会行为规范的实现。因此，社会公正，归根结底，乃是社会行为规范的公正，亦即所谓制度公正。因为所谓制度，正如罗尔斯和诺斯所言，是社会制定或认可的一定的行为规范体系，亦即一定的法（包括法律、政策和纪律）和道德的体系。[①] 这样，所谓制度公正，说到底，也就是法律的公正与道德的公正。举例说，主张种族平等和男女平等的法律和道德，是公正的：这种公正，就是一种法律公正和道德公正，说到底，就是一种制度公正。反之，进行性别歧视和种族歧视的法律与道德，是不公正的：这种不公正，就是一种法律不公正和道德不公正，说到底，就是一种制度不公正。

综上可知，公正问题虽然纷纭复杂，但根本讲来，无非权利与义务相交换的公正，说到底，则是社会对于每个人的权利与义务的分配公正：分配制度公正是最根本最重要最主要的公正。因此，自亚里士多德以来，公正便被简单地归结为两大类型：分配公正与报复公正。然而，到了20世纪60年代，学者们开始关注一切公正——特别是分配公正与报复公正——的实现过程或实现手段的公正问题，关注行为的过程、手段的公正与行为的结果、目的的公正的关系。这就是亚里士多德以来的经典思想家所未能问津的更为复杂难解的公正的类型：程序公正与实体公正。

### 3. 公正类型：程序公正与实体公正

何谓程序？法学家说："程序，从法律学的角度来看，主要体现为按照一定的顺序、方式和步骤来做出法律决定的过程。"[②] 这就是说，程序属于行为过程范畴。确实，所谓程序，顾名思义，就是过程的顺序，就是具有一定顺序的行为过程。反之，不具有一定顺序的行为过程，就仅仅是行为过程而不叫做程序。举例说，我每天早晨的体育活动是跑步和打太极拳。但究竟是先打拳后跑步还是相反，是没有一定的。这种没有一定顺序

---

[①] John Rawls, *A Theory of Justice* (Revised Edition), Massachusetts: The Belknap Press of Harvard University Press Cambridge, 2000, p. 47.

[②] 季卫东："法律程序的意义"，《中国社会科学》1993年1期，第85页。

的行为过程，就不叫做程序而仅仅是行为过程。然而，如果我每天早晨一定是先跑步后打拳，那么，我的晨练就是具有一定顺序的行为过程，这种行为过程就叫做"晨练程序"：先跑步后打拳。

行为过程所具有的一定顺序，不仅是时间顺序，也可以是空间顺序。例如，审判过程只能由法院来进行，一切其他机关不得干预审判。这就是审判的一种法律程序：它不是一种时间顺序，而是各法律行为主体的空间相关性，是审判过程的空间关系、空间顺序。这种行为过程的空间顺序，还可以表现为各种具体行为形式的选择。例如，审判过程采取何种形式，是公开的审判，还是秘密审判，也是一种审判的法律程序问题。于是，总而言之，程序乃是具有一定时间和空间顺序的行为过程，是具有一定时空顺序的行为过程："我们可以把'法律程序'初步概括为：人们进行法律行为所必须遵循或履行的法定的时间和空间上的步骤和方式。"①

因此，所谓程序公正，也就是一种行为过程的公正，是具有一定时空顺序的行为过程的公正。反之，这种行为过程所导致的行为结果之公正，则叫做结果公正或实体公正。举例说，"任何人不得做自己案件的法官"和"应该听取双方当事人的意见"，都是审判过程的公正原则，因而都属于程序公正范畴。反之，这种审判过程可能导致的"有罪者受到定罪和无罪者免受刑事追究"的公正的审判结果，则是审判结果的公正，属于结果公正或实体公正范畴。所以，谷口安平写道："当我们说，'公正是社会上不分贫富'，这时我们谈的是实体公正。这里我们关注的是最终结果，而不是取得这种结果的过程。反之，如果我们谈到过程，那就引出了程序公正。"② 不过，为什么我们将结果公正叫做实体公正？程序公正与结果公正或实体公正究竟是何关系？

首先，任何程序或行为过程都是为了达到一定的行为结果，无疑都是达到预期行为结果的手段、方法：程序或行为过程是手段、方法；而预期达到的行为结果则是目的。所以，程序公正是一种手段公正；而结果公正则是一种目的公正。举例说，"任何人不得做自己案件的法官"，是审判的程序公正；而"有罪者受到定罪和无罪者免受刑事追究"，是审判的结

---

① 孙笑侠："法律程序分析"，《法律科学》1993年6期，第3页。
② 宋冰编：《程序、正义与现代化》，中国政法大学出版社1998年版，第356页。

果公正：前者显然是一种手段公正；而后者则是一种目的公正。

其次，手段或方法无疑源于和附属于目的，是被目的所产生和决定的：目的是本源、实体，而手段或方法则是目的所派生的产物、附属物。这样，程序或行为过程与它所要达到的行为结果的关系，便是一种附属与实体的关系。因此，结果公正是一种实体公正，而程序公正则是一种附属的、属性的、依附的公正。所以，边沁将程序法叫做"附属法"，而与追求结果公正的"实体法"相对立。这就是为什么我们将结果公正叫做实体公正的缘故。

最后，行为手段是外在的、看得见的，属于形式和现象范畴；而行为目的则是内在的、看不见的，属于内容和实质范畴。因此，程序公正作为一种手段公正，便是一种看得见的公正，是一种形式公正；而结果公正作为一种目的公正，则是一种内容公正，是一种实质公正。程序公正与结果公正的这种关系，如所周知，被归结为一句古老的法律格言："正义不仅要得到实现，而且要以人们看得见的方式加以实现（Justice must not only be done, but must be to be done）。"这一格言的前半句说的就是结果或目的公正：结果或目的公正是一种看不见的实质公正；而后半句说的则是程序公正：程序公正是一种看得见的形式公正。

总之，程序公正与结果公正是一种手段公正与目的公正、附属公正与实体公正以及形式公正与实质公正的关系。然而，由此绝不能说：程序公正与结果公正是手段和目的的关系。程序公正与结果公正是手段公正与目的公正的关系，却不是手段和目的的关系。诚然，程序是为结果服务的手段。但是，程序公正却不是为结果公正服务的手段。就拿"禁止侵犯个人隐私"来说。这条程序公正原则显然不是达到结果公正的手段。因为，如所周知，禁止侵犯个人隐私在很多情况下，都会成为查明真相和达到结果公正的障碍。那么，究竟为什么程序公正不是结果公正的手段呢？

原来，任何程序都具有内外双重价值：既具有能够达到某种结果和目的的手段价值、外在价值，又具有自身就能够满足人的需要、自身就是人们所欲求的目的的目的价值、内在价值。就拿禁止侵犯个人隐私的程序来说。它可能放纵罪犯从而造成结果不公正，因而是一种坏程序：这是它的手段价值和外在价值。但是，这种程序，就其自身来说，却保障了个人隐私不应该被侵犯的权利，因而是公正的，是公正的程序。这种独立于结果的程序公正，自身就能够满足人的需要，就是人们所欲求的目的：这是它的目的价值、内在价值。最早看到程序这种目的价值和内在价值的，是美国法学家罗伯特·萨默斯。他将程序的内在价值称作"程序价值"："程序价值是指我们据以将一项法律程序判断为好程序的价值标准，而这种价值标准要独立于程序可能具有的任何'好结果效能'之外。"[①]

那么，程序公正是否都是程序的内在价值、目的价值？一目了然，程序公正与否，与它所导致的结果是否公正无关。因为一种程序，比如侵犯个人隐私，不论它所达到的结果如何公正，它都是不公正的程序。反之，禁止侵犯个人隐私，不论它所达到的结果如何不公正，它都是公正的程序。所以，程序公正是一种独立于程序结果的价值：它不是程序对于结果的效用性，不是程序所具有的达到某种结果的手段价值、外在价值；而是程序所具有的一种自身就能够满足人的道德需要的内在价值，是程序所具有的一种自身就是人们所欲求的目的的目的价值。所以，谷口安平和贝利斯写道："程序公正必须被视为独立的价值"[②]，"即使公正、尊严和参与等价值并未增进判决的准确性，法律程序也要维护这些价值。我们可以把这种方法称作一种'程序内在价值'分析方法"[③]。

这样一来，评价一种程序的好坏便具有双重价值标准：如果它能够达到结果公正或实体公正，它便具有好的手段价值和外在价值；如果它自身就是公正的，它便具有好的目的价值和内在价值。显然，一种程序，只有既能够达到结果公正从而具有好的手段价值，又能够自身就是公正的从而具有好的内在价值，它才是真正的好程序。换言之，只有能够达到结果公正的程序公正，才是真正的好程序；达不到结果公正的程序公正，并不是真正的好程序。那么，程序公正是否一定能够达到结果公正？程序公正与结果公正的关系究竟如何？

程序公正，如上所述，不是程序所具有的能够达到某种结果的手段价值、外在价值；而是程序所具有的一种自身就是人们所欲求的目的的目的价值、内在价值。因此，程序虽然是为结果服务的手段，但程序公正却不

---

① 《北大法律评论》，1998 年第一卷第一辑，法律出版社 1998 年版，第 184 页。
② 宋冰编：《程序、正义与现代化》，中国政法大学出版社 1998 年版，第 376 页。
③ 迈克尔·D. 贝勒斯：《法律原则》，中国大百科全书出版社 1996 年版，第 32 页。

是为结果公正服务的手段。程序公正不但不是为结果公正服务的手段，而且是对于为结果公正服务的手段——程序——的一种道德限制：为结果公正服务的程序或手段，应该是公正的、道德的；而不应该是不公正的、不道德的。所以，程序公正的实质是：为了达到公正的、善的、道德的结果和目的，应该采用公正的、善的、道德的手段和程序，而不应该采用不公正的、恶的、不道德的手段或程序。这就是说，程序公正虽然不是结果公正的手段，却能够达到结果公正。可是，程序公正究竟能够在何种程度上达到结果公正？是必然的还是偶然的？是总体的还是全体的？

罗尔斯认为，有些程序公正，如动手切蛋糕的人最后领取自己的一份儿，必定能够导致具有独立于程序公正标准的结果公正；他称之为"完善的程序公正（perfect procedural justice）"。另一些程序公正，未必能够导致具有独立于程序公正标准的结果公正，如刑事审判的程序公正；他称之为"不完善的程序公正（imperfect procedural justice）"。还有一些程序公正，如赌博的程序公正，必定能够导致不具有独立于程序公正标准的结果公正；他称之为"纯粹的程序公正（pure procedural justice）"。[1] 罗尔斯的分类是不科学的。因为这三种程序公正的分类显然违背了同一分类只能依据同一性质或标准的原则，而依据两种性质或标准：是否必定导致结果公正和结果公正是否具有独立于程序公正的标准。

不但此也！细究起来，罗尔斯分类的最大缺憾在于：它未能把握程序公正的本质特征。因为就程序公正与结果公正的关系来看，程序公正的本质特征乃是一种统计性特征或统计学意义上的特征：总体说来，程序公正必定导致结果公正。因为总体说来，公正的、道德的过程和手段，比不公正的、不道德的过程和手段，无疑更能够导致公正的、道德的目的或结果。这显然蕴涵着：总体说来，程序公正比程序不公正更能够导致结果公正。就拿刑事审判程序公正的两条最为根本的原则——"任何人不得做自己案件的法官"和"应该听取双方当事人的意见"——来说，遵循这些原则的程序公正岂不比违背这些原则的程序不公正，更加可能导致"有罪者受到定罪和无罪者免受刑事追究"的结果公正吗？诚然，禁止侵

---

[1] John Rawls, *A Theory of Justice* (Revised Edition), Massachusetts: The Belknap Press of Harvard University Press Cambridge, 2000, p.74.

犯个人隐私的程序公正比侵犯个人隐私的程序不公正,往往更能够导致结果公正。但这无疑是一种极为例外的、局部的、特殊的现象。所以,泰勒说:"在一般情况下,公正的程序比不公正的程序能够产生更加公正的结果。"[1]

因此,总体讲来,程序公正与结果公正必定是一致的;换言之,程序公正,总体讲来,必定导致结果公正;说到底,公正的程序,总体说来,必定是能够导致结果公正的程序,因而必定是真正的好程序。即使在程序不公正比程序公正更能够导致结果公正的情况下,程序公正与结果公正也是可以两全的和一致的。因为用以达到结果公正的程序大都多种多样,一种公正的程序达不到结果公正,并不妨碍其他公正的程序达到结果公正。举例说,禁止侵犯个人隐私的程序公正可能达不到将罪犯绳之以法的结果公正。但是,这并不妨碍其他程序公正,如"任何人不得做自己案件的法官"和"应该听取双方当事人的意见",可以达到将罪犯绳之以法的结果公正。所以,程序公正与结果公正发生不可调和的冲突从而不可两全,是极为罕见的例外。

当程序公正与结果公正没有冲突和可以两全时,当然应该兼顾程序公正与结果公正。但是,当二者发生冲突不能两全时,应该怎么办?无疑应该牺牲价值较小者而保全价值较大者。这样,当程序公正与结果公正发生冲突不可两全时,总体说来,便应该坚持程序公正而牺牲结果公正。因为如上所述:程序公正,总体说来,必定导致结果公正。这就意味着:如果坚持程序公正,总体说来,便既保全了程序公正,又实现了结果公正。反之,如果牺牲程序公正,总体说来,则既牺牲了程序公正,又牺牲了结果公正。一句话,程序公正,总体说来,蕴涵结果公正,因而其价值大于结果公正的价值:程序公正对于结果公正具有总体的优先性。这就是法律格言"程序优先于权利(Process before Rights)"和"公正优先于真实(Justice before Truth)"以及"程序是法律的心脏"之真谛。

因此,美国最高法院大法官杰克逊(Jackson)说:"程序的公平性和稳定性是自由的不可或缺的要素。只要程序适用公平、不偏不倚,严厉的实体法也可以忍受。事实上,如果要选择的话,人们宁愿生活在忠实适用

---

[1] 陈瑞华:《刑事审判原理论》,北京大学出版社 1997 年版,第 99 页。

我们英美法程序的苏联实体法制度下,而不是由苏联程序所实施的我们的实体法制度下。"① 另一位大法官道格拉斯(William Douglas)也这样写道:"权利法案的绝大部分条款都与程序有关,这并不是没有意义的。正是程序决定了法治与任意或反复无常的人治之间的大部分差异。坚定地遵守严格的法律程序,是我们赖以实现人人在法律面前平等享有正义的主要保证。"②

程序公正与结果公正或实体公正的关系,如上所述,十分艰深繁难,因而构成公正理论的一大难题:围绕这一难题,形成了程序工具主义与程序本位主义两大流派。在程序工具主义看来,程序并不具有独立于结果的内在价值和目的价值,而仅仅是为结果服务的手段,仅仅具有用来达到某种结果或目的的手段价值和外在价值。这样一来,程序法与程序公正——二者都属于程序规范范畴——也就不过是为实体法和结果公正服务的手段,因而只具有用来实现实体法或结果公正的手段价值和外在价值。对于这一点,程序工具主义代表边沁讲得十分清楚:"程序法的唯一正当目的,则为最大限度地实现实体法。"③

这是错误的。因为程序固然是为实体法和实体公正或结果公正服务的手段,但程序法和程序公正却不是为结果公正和实体法服务的手段。程序法和程序公正不但不是为结果公正和实体法服务的手段,而且是对于为结果公正和实体法服务的手段——程序——的一种法律和道德的限制:为结果公正和实体法服务的程序或手段,应该是合法的、公正的、道德的;而不应该是不合法、不公正、不道德的。所以,程序法和程序公正的实质是:为了达到公正的、道德的结果和目的,应该采用合法的、公正的、道德的手段和程序,而不应该采用不合法、不公正、不道德的手段或程序。程序工具主义的错误显然在于:将"程序法"或"程序公正"与"程序"等同起来,因而由程序是为结果公正和实体法服务的手段的正确观点,得出了错误的结论:程序公正和程序法是为结果公正和实体法服务的手段。

---

① 宋冰编:《程序、正义与现代化》,中国政法大学出版社 1998 年版,第 375 页。
② 陈瑞华:《看得见的正义》,中国法制出版社 2000 年版,第 4 页。
③ 陈瑞华:《刑事审判原理论》,北京大学出版社 1997 年版,第 28 页。

程序本位主义则正确看到程序既具有用来达到某种结果的手段价值和外在价值，又具有自身就是人们所欲求的目的的目的价值和内在价值，从而纠正了程序工具主义的错误。但是，程序本位主义进而认为程序的内在价值和程序公正是决定性的、本位的，而程序的外在价值和结果公正是被决定的、派生的。因为——程序本位主义代表达尔解释说——程序公正必定导致结果公正；程序不公正必定导致结果不公正："裁判的公正性与产生这一裁判的程序的公正性具有一种内在的关联性。"①

这种观点也是不正确的。诚然，如果程序公正必定导致结果公正，那么，程序公正便决定着结果公正，便是决定性的、本位的；而结果公正则是被决定的、派生的。但是，如上所述，程序公正并非必定导致结果公正；程序公正只是总体说来才必定导致结果公正。因此，只是总体说来，程序公正才是决定性的、本位的，而结果公正才是被决定的、派生的。程序本位主义的错误，显然在于将"总体"夸大成"全体"、"全部"：将"程序公正总体说来必定导致结果公正"的真理，夸大成"程序公正必定导致结果公正"的谬误；将"程序不公正总体说来必定导致结果不公正"的真理，夸大成"程序不公正必定导致结果不公正"的谬误；将"程序公正总体说来是决定性的、本位的"真理，夸大成"程序公正是决定性的、本位的"谬误。

**4. 公正原则的确立和证明：道德价值推导方法**

我们既然已经弄清了公正的定义和类型，那么，从此出发，也就不难确立和制定衡量一切伦理行为是否公正的公正原则了。因为优良道德原则与其定义是同一的：定义就是原则。举例说，勇敢是不畏惧可怕事物的行为，是勇敢的定义。这个勇敢的定义——不畏惧可怕事物的行为——显然就是衡量一切行为是不是勇敢的原则：勇敢定义就是勇敢原则。同理，公正的定义也就是公正的原则：等利害交换就是衡量一切行为是否公正的原则。可是，问题在于，怎样才能科学地证明"等利害交换"是真正公正的或正确的公正原则呢？公正原则如何证明，如所周知，乃是西方学术界至今未能解决的难题。魏因贝格尔甚至说："没有

---

① 陈瑞华：《刑事审判原理论》，北京大学出版社1997年版，第35页。

人能够客观地和确定地知道什么是公正,公正也得不到证明。""不可能肯定地证明什么是公正的。"① 哈耶克也这样写道:"'社会正义'根本就是一个空洞无物、毫无意义的术语。"②

然而,公正乃至一切道德规范,正如休谟所言,无非是一种契约:"公正起源于人类契约。"③ 因为所谓道德,如所周知,乃是一种社会制定或认可的行为应该如何的规范:道德亦即道德规范。这样一来,公正等道德原则也就无非是人们自觉或不自觉地制定或认可的一种契约,是主观任意的,因而有优良与恶劣或正确与错误之分。所以,不独公正原则,而且一切道德规范,都有个如何证明其是正确的、真正的而不是错误的、不正确的问题;只不过公正原则的证明更为复杂和重要罢了。那么,究竟如何才能够证明我们所制定或认可的公正原则——等利(害)交换——是真正公正的或正确的公正原则呢?公正既然是一种道德价值、属于道德价值范畴,那么,对于一种公正原则的真正公正性的证明方法,便是道德价值的发现和证明方法,亦即道德价值推导方法。这种方法,如前所述,可以归结如下:

伦理行为应该如何的道德价值,不过是伦理行为事实如何(道德价值实体),是否符合道德目的之效用。因此,伦理行为应该如何的道德价值便是通过道德目的而从伦理行为事实如何的客观本性中产生和推导出来的:伦理行为应该如何的道德价值等于伦理行为事实如何与道德目的之符合;伦理行为不应该如何的道德价值等于伦理行为事实如何与道德目的之不符合。这就是道德价值的发现和证明方法,我们可以将它归结为一个公式而名之为"道德价值推导公式":

前提1:行为事实如何(道德价值实体)
前提2:道德目的如何(道德价值标准)
---
结论:行为应该如何(道德价值)

---

① 麦考密克、魏因贝格尔:《制度法论》,中国政法大学出版社1994年版,第250、266页。
② 海耶克:《法律、立法与自由》第二、三卷,中国大百科全书出版社2000年版,第163页。
③ David Hume, *A Treatise of Human Nature*, At The Clarendon Press Oxford, 1949, p.199.

准此观之，公正原则虽然是人制定的，但是，只有虚假的、恶劣的、错误的公正原则才可以随意制定；而真正的、优良的、正确的公正原则绝非可以随意制定，而只能通过道德目的（公正的价值标准）从一定类型的伦理行为事实如何（公正的价值实体）推导、制定出来：公正的道德价值就是一定类型的伦理行为所具有的符合道德目的的效用性；正确的公正原则必与这种行为的道德价值相符，因而说到底也就是符合道德目的的一定类型的伦理行为。

这就是说，人们制定或认可的某种公正原则究竟是不是真正的公正原则，只能通过道德目的与一定类型的伦理行为事实而得到科学证明。换言之，评价人们制定的某种公正原则是不是真正公正的原则，只能看这种公正原则是否通过道德目的而从一定类型的伦理行为事实推导出来——进而一方面要看所确定的道德目的是不是道德的真正目的；另一方面要看该类型的伦理行为事实是不是公正的真正的道德价值实体：二者皆真，所制定的公正原则必真。

于是，对公正原则的科学证明实际上便可以归结为对道德的目的和公正的道德价值实体的确定。道德目的，如前所论，是为了保障社会存在发展和增进每个人利益。那么，公正的道德价值实体是什么？确定公正的道德价值实体要比确定善的道德价值实体难得多。因为善的道德价值实体是一切符合道德目的的伦理行为；而公正的道德价值实体则是符合道德目的的一定类型的伦理行为：究竟是哪种类型的伦理行为呢？

所谓伦理行为，如前所述，亦即受利害人自己意识支配的行为。因此，一切伦理行为无非两类：利害自己与利害他人。利害自己显然无所谓公正不公正；公正和不公正必定完全存在于利害他人的伦理行为之中。所以，亚里士多德一再说："公正并不是自己对自己的关系。"[1]"公正是相关于他人的。"[2]那么，公正和不公正究竟是一种怎样的利害他人的行为呢？不难看出，一切利害他人的行为只有两种行为符合道德目的，因而是善的、道德的：一种是等利（害）交换的行为；另一种是仁爱和宽恕，

---

[1]《亚里士多德全集》第八卷，中国人民大学出版社1997年版，第119页。
[2] 同上书，第97页。

属于不等利（害）交换的善行。公正，如所周知，是一种善而非一种恶。因此，公正必居于这两种善行之中。但是，仁爱与宽恕，如所周知，无所谓公正不公正，而是高于公正的分外善行。所以，公正只能是等利（害）交换的行为：二者乃同一概念。这样一来，不公正也就只能是不等利（害）交换——仁爱与宽恕除外——的行为，亦即不符合道德目的的不等利（害）交换，亦即不等利（害）交换的恶行：二者乃同一概念。如图：

$$
\text{伦理行为}\begin{cases}\text{利害他人}=\text{人际利害相交换}\begin{cases}\text{等利害交换}=\text{公正}\\ \text{不等利害交换}\begin{cases}\text{恶的不等利（害）交换的行为}=\text{不公正}\\ \text{善的不等利（害）交换}=\text{仁爱和宽恕}\end{cases}\end{cases}\\ \text{利害自己：无所谓公正不公正}\end{cases}
$$

　　这就是"等利（害）交换"之为正确的、真正的公正原则的证明："等利（害）交换"之为正确的、真正的公正总原则，与人们是否一致同意无关，而完全是通过道德的目的，从伦理行为事实如何的客观本性中推导、制定出来的，因而是客观的、必然的、不依人的意志为转移的。诚然，公正原则并不是一个单一的原则，而是个由若干原则构成的公正原则体系。"等利（害）交换"只不过是其中最一般的公正原则，因而也就是统摄、演绎其他原则的公正总原则罢了。但是，一切公正原则的科学的证明方法，说到底，都是公正总原则的证明方法：都是一种道德价值推导法。因为一切公正原则，无疑皆推演于公正总原则：

　　当运用"等利（害）交换"的公正总原则来衡量、解决权利与义务分配问题，便可从中演绎、推导出"按贡献分配权利"的社会正义根本原则。如果再运用这个原则来衡量、解决基本权利与非基本权利的分配问题，便可从中演绎、推导出两个平等原则：（1）每个人因其基本贡献完全平等（都同样是缔结社会的一个股东）而应该完全平等地享有基本权利；（2）每个人因其具体贡献不平等而应该享有相应不平等的非基本权利；人们所享有的非基本权利的不平等与自己所作出的具体贡献的不平等的比例应该完全平等。

　　这两个平等原则——基本权利完全平等和非基本权利比例平等——其实就是罗尔斯的"两个正义原则"之更为完善的表述。所以，罗尔斯所谓的两个正义原则之所以是正义的原则，乃至一切正义的原则之所以是正义的，实际上都是从正义总原则演绎、推导出来的，因而说到底，都是通过道德目的（正义的价值标准）而从人际利害交换行为（正义的价值实体）中推导出来：任何正义原则的正义性的科学的证明方法，说到底，都是一种道德价值推导法。

**5. 公正的境界和效用——国家制度最根本最重要的价值标准**

显然，就道德境界的高低来说，公正原则远远低于仁爱和宽恕原则：仁爱和宽恕属于无私利他境界，是道德的最高境界，是善的最高境界；而公正则与无私无缘，不属于无私利他境界，不属于最高的道德境界、善的最高境界。那么，公正究竟属于怎样的道德境界？所谓善或道德善，可以分为三大境界：无私利他是善的最高境界，是至善；为己利他是善的基本境界，是基本善；单纯利己是最低善，是善的最低境界。显然，公正既不属于善的最高境界"无私利他"，也不属于善的最低境界"单纯利己"，而属于善的基本境界："为己利他。"

因为一方面，就公正之为等利交换来说，当然不是无偿给予，而是一种利益的有偿交换，是通过给予对方利益，来换取或回报对方的同等利益；给予对方利益完全以对方给予自己同等的利益为条件。因此，公正行为的目的是利己，行为手段是利他，属于为己利他的道德境界。所以，休谟一再说："自爱是公正原则的真正起源"[①]，"公正仅仅起源于人的自利和有限的慷慨，以及自然供以满足人类需要的物品之匮乏。"[②]

另一方面，就公正之为等害交换来说，虽然是一种目的害人的行为，却因其能够使人们避免相互损害，从而极为有利于社会的存在发展，符合道德目的，属于道德的、应该的、善的行为范畴。那么，等害交换究竟属于善的何等境界呢？当然既不会相当于无私利他，也不会相当于单纯利己，因而只能相当于为己利他。确实，等害交换与等利交换的关系，跟宽恕与仁爱的关系一样——仁爱是积极的无偿给予，宽恕是消极的无偿给

---

① David Hume, *A Treatise of Human Nature*, At The Clarendon Press Oxford, 1949, p.199, p.230.

② Ibid., p.199, p.200.

予——等利交换是积极的为己利他,等害交换则是消极的为己利他。换言之,等害交换与等利交换是同一枚硬币的正反面,二者的道德价值和道德境界大体相当,都属于为己利他的道德境界。

公正属于为己利他范畴,因而就其道德境界高低来说,远远低于仁爱和宽恕,远远低于无私利他。但是,就公正的道德价值——亦即公正对于道德目的的效用——的大小轻重来说,却远远大于、重要于仁爱和宽恕,远远大于、重要于无私利他,也大于、重要于其他一切道德:公正是最重要的道德。因为,如前所述,道德目的是为了保障社会存在发展和增进每个人利益。要达此目的,一方面,必须避免人们相互间的伤害。因为,正如斯密所言:"社会不可能存在于那些总是准备相互破坏和伤害的人们中间。当那种伤害开始的时候,当相互间的愤恨和敌意发生的时候,社会就将土崩瓦解。"[1] 另一方面,要达到保障社会存在发展和增进每个人利益的目的,还必须使每个人努力增进社会和他人利益。因为所谓社会,说到底,不过是一种"我为人人、人人为我"的利益合作形式。如果每个人不努力增进社会和他人利益,势必如休谟所言:"社会必定立即解体,而每个人必定陷入野蛮和孤立的状态,这种状态比起我们所能设想的最坏的社会生活要坏过千万倍。"[2]

避免人们相互间的伤害的最重要、最有效的原则,无疑是等害交换的公正原则。因为等害交换意味着:你损害社会和他人,就等于损害自己;你损害社会和他人多少,就等于损害自己多少。这样一来,每个人岂不就能够像不损害自己一样,不损害社会和他人?另一方面,增进社会和他人利益的最重要、最有效的原则,无疑是等利交换的公正原则。因为等利交换意味着:你增进社会和他人利益,就等于增进自己利益;你为社会和他人增进多少利益,就等于你为自己增进多少利益。这样一来,每个人岂不就能够像积极增进自己利益一样,积极增进社会和他人利益?每个人岂不就能够像努力使自己利益最大化一样,努力使社会和他人利益最大化?

当然,如果每个人的恒久行为乃至全部行为都能够达到仁爱和宽恕的

---

[1] Adam Smith, *The Theory Of Moral Sentiments*, Beijing: China Sciences Publishing House Chengcheng Books Ltd, 1979, p. 86.

[2] David Hume, *A Treatise of Human Nature*, At The Clarendon Press Oxford, 1949, p. 199, p. 202.

道德境界，那么，仁爱和宽恕无疑比公正更能够使每个人丝毫不损害社会和他人，更能够使每个人努力增进社会和他人利益。但是，不要忘记，仁爱和宽恕属于无私利他的道德境界；而公正则属于为己利他的道德境界。问题的关键在于，如前所述，我们关于人性的研究表明，任何一个社会，即使是共产主义社会，无论怎样，至多也只能使人们的偶尔行为无私利他，而恒久的行为只可能是为己利他或损人利己。这就是说，任何一个社会，无论怎样，至多只能使人们的偶尔行为无私利他从而达到仁爱和宽恕的境界；人们的恒久行为则只可能为己利他而达到公正的境界。

所以，仁爱和宽恕原则固然远远高于公正原则，是最高道德原则，但却是最高且偶尔道德原则：它只可能指导每个人的偶尔行为；其作用是使每个人偶尔行为达到仁爱和宽恕的至善峰峦，从而也就只能够使每个人的偶尔行为避免相互伤害，只能够使每个人的偶尔行为努力增进社会和他人利益。反之，公正固然远远低于仁爱和宽恕，是基本道德原则，但却是基本且恒久道德原则：它能够指导每个人的恒久行为；其作用是使每个人的恒久行为达到公正的善行大道，从而使每个人的恒久行为避免相互伤害，使每个人的恒久行为努力增进社会和他人利益。这样一来，也就只有公正原则才能够——而仁爱和宽恕原则却不能够——真正保障人们避免相互损害，真正使人们努力增进社会和他人利益，从而真正使道德最终目的——增进每个人利益总量——得到实现。

因此，仁爱和宽恕是最崇高的善，却不是最大的善，不是最重要的善，不是最重要的善原则，不是最重要的道德原则。反之，公正虽然并不崇高而有斤斤计较之嫌，却是最大的善，是最重要的善，是最重要的善原则，是最重要的道德原则。所以，亚里士多德说："在各种德性中，人们认为公正是最重要的。"[①] 斯密说："社会存在的基础与其说是仁慈，毋宁说是公正。没有仁慈，社会固然处于一种令人不快的状态，却仍然能够存在；但是，不公正的盛行则必定使社会完全崩溃。……仁慈是美化建筑物的装饰品而不是支撑它的地基，因而只要劝告就已足够而没有强制的必要。反之，公正是支撑整个大厦的主要支柱。如果去掉了这根柱子，人类

---

[①] 《亚里士多德全集》第八卷，中国人民大学出版社1997年版，第96页。

社会这个巨大而广阔的建筑物必定会在一瞬间分崩离析。"① 罗尔斯则一言以蔽之曰："公众的正义观乃是构成一个组织良好的人类联合体的基本宪章。"②

然而，仅仅看到公正是最重要的道德，还没有真正揭示公正与仁爱等道德原则的根本区别。因为，如上所述，根本的和主要的公正，乃是社会公正而不是个人公正；是社会和国家治理活动的公正，而不是民众和国民被治理活动的公正；是社会和国家制度的公正，而不是个人行为的公正。因此，公正与仁爱、宽恕和善等道德原则根本不同：仁爱、宽恕和善是约束一切人的道德，是每个人的行为所当遵循的道德原则；而公正则主要是约束统治者、领导者、管理者的道德原则和价值标准，是社会和国家治理的道德原则、价值标准，是社会和国家制度的道德原则、价值标准，说到底，是衡量国家治理和国家制度好坏的最根本最重要的价值标准。最早发现和确证这一伟大真理的，是柏拉图和亚里士多德。柏拉图说："当我们建立这个城邦时，从一开始我们就已经确定了一条普遍原则。我想，这条原则，或这条原则的某种形式，就是正义。"③ 亚里士多德也这样写道："城邦以正义为原则。由正义衍生的礼法，可凭以判断人间的是非曲直，正义恰正是树立社会秩序的基础。"④

这样，"公正是最重要的道德"，不但蕴涵着"公正是国家治理和国家制度好坏的最根本的价值标准"；而且"国家治理和国家制度好坏的最根本的价值标准"乃是公正的本质的、根本的、主要的内容和特征：所谓公正，根本地和主要地讲，便是国家治理和国家制度好坏的最根本的价值标准。罗尔斯则将这一见地概括为一段气势磅礴的宣言："公正是社会制度的首要善，正如真理是思想体系的首要善一样。一种理论，无论多么高尚和简洁，只要它不真实，就必须拒绝或修正；同样，某些法律和制

---

① Adam Smith, *the Theory Of Moral Sentiments*, Beijing: China Sciences Publishing House Chengcheng Books Ltd, 1979, p. 86.
② John Rawls, *A Theory of Justice* (Revised Edition), Massachusetts: The Belknap Press of Harvard University Press Cambridge, 2000, p. 5.
③ 柏拉图：《理想国》，商务印书馆1994年版，433A–D。
④ 亚里士多德：《政治学》，商务印书馆1996年版，第9页。

度，无论怎样高效和得当，只要它们不公正，就必须改造或废除。"①

## 二 权利与义务交换：公正根本问题

公正的根本问题，如前所述，是权利与义务的交换或分配。那么，权利与义务究竟应怎样交换或分配才是公正的？或者说，权利与义务交换的公正原则是怎样的？说到底，公正根本原则是什么？这是个极其复杂的问题。研究这一问题的起点显然是：何谓权利与义务？

### 1. 权利与义务界说

权利与义务，真正讲来，是应该受到权力保障的东西。因为权力无疑是一种保障社会存在发展的根本手段；而社会，正如罗尔斯所言，不过是人们对于各自利益的合作形式。② 这种利益合作，一方面是我为人人：我为社会和他人谋取利益，也就是所谓的"贡献"或"付出"；另一方面则是人人为我：我从社会和他人那里得到利益，也就是所谓的"索取"或"要求"。因此，所谓权力，说到底，也就是保障人们利益合作的根本手段，也就是保障或强制人们相互贡献与索取、付出与要求的根本手段。应该受到权力保障的利益、索取或要求，正是所谓的权利：我从社会和他人那里得到的应该受到权力保障的利益、索取或要求，岂不就是我的权利？反之，应该受到权力保障或强制的服务、贡献或付出，正是所谓的义务：我给予社会和他人的应受权力保障的服务、贡献或付出，岂不就是我的义务？但是，权力显然并不保障所有的利益合作，并不保障所有的贡献与索取或付出与要求。细究起来，每个人的索取或要求、每个人从社会和他人那里得到的利益，共有三种类型：

第一种仅仅具有必须性而不具有应该性，是社会和他人必须而非应该给予我的利益，是社会和他人必须而非应该满足我的要求和索取：它是必须的，因为否则便会受到强制力量的惩罚；它是不应该的，因为它违反道

---

① John Rawls, *A Theory of Justice* (Revised Edition), Massachusetts: The Belknap Press of Harvard University Press Cambridge, 2000, p. 3.
② Ibid., p. 4.

德。例如，我持枪抢劫银行，银行职员明知不应该将钱给我，但必须给我，不给我便会遭到我的强制力量的惩罚：枪杀。我的这种类型的利益、索取或要求，显然不应为权力所保障，因而不是我的权利：我没有权利抢劫银行。

第二种类型仅仅具有应该性而不具有必须性，是社会和他人应该而非必须给予我的利益，是社会和他人应该而非必须满足我的要求和索取：它符合道德因而是应该的；但它不具有或被认为不具有重大的社会效用，因而不是必须的，不服从也不会受到强制力量的惩罚。例如，我有难时，朋友帮我渡过难关；或者他人出于对我的爱而赠我财物等。我的这种类型的利益、索取或要求，都符合道德，因而都是应该的。但是，它们却不是必须的，因为我的朋友和他人即使不帮助、不馈赠我，也不会受到暴力惩罚或行政惩罚。我的这种类型的利益、索取或要求，显然也不应为权力所保障，因而也不是我的权利：我没有权利要求他人馈赠和朋友帮忙。

第三种类型则既具有应该性又具有必须性，是社会和他人必须且应该给予我的利益，是社会和他人必须且应该满足我的要求和索取：它符合道德因而是应该的；同时，它又具有或被认为具有重大的社会效用，因而是必须的，不服从便会受到强制力量的惩罚。例如，儿时父母对我的养育、工作时单位付给我工资、年迈时儿女对我的赡养等。我的这种类型的利益、索取或要求，都符合道德，因而是应该的；同时也是必需的，因为否则便会受到强制力量的惩罚。显然，我的这种类型的利益、索取或要求应该受到权力保障，因而便是我的权利：我在儿时有权利要求父母的养育，我工作时有权利要求单位付给我工资，我年迈时有权利要求儿女的赡养。

可见，权利是一种具有或被认为具有重大社会效用的必须且应该的索取或要求，是一种具有或被认为具有重大社会效用的必须且应该得到的利益，是一种具有或被认为具有重大的社会效用的必当得到的利益，因而也就是应该受到权力保障的利益，是应该受到权力保障的索取或要求，也就是应该受到社会管理者依靠权力加以保护的利益、索取或要求，说到底，也就是应该受到政治和法律保障的利益。所以，耶林说："权利就是受到法律保护的一种利益。"[①] 不过，耶林的定义还不够精确。因为权利并不

---

[①] 庞德：《通过法律的社会控制法律的任务》，商务印书馆1984年版，第46页。

都受到法律的保障，如人权在过去就没有受到法律保障，至今在很多国家仍然没有受到法律保障。但是，人权显然是应该受到法律保障的：权利是应该受到法律和政治保障的利益。

权利概念的这一定义使与其恰相对立的义务概念的定义迎刃而解，因为义务概念不过是颠倒过来的权利概念：义务是具有重大或基本社会效用的必须且应该的服务；是具有重大或基本社会效用的必须且应该的贡献或付出；是具有重大或基本社会效用的必须且应该给予社会和他人的利益；是具有重大或基本社会效用的必当付出的利益；是一种具有重大或基本社会效用的必须且应该的服务、贡献付出，因而也就是应该受到权力、法律和政治保障的服务、贡献付出；是应该受到社会管理者依靠权力和法律加以保障的服务、贡献或付出；是不服从便会受到权力和法律惩罚的必须且应该服从的服务、付出或贡献。

这样，义务与责任便是同一概念，都是应该受到社会管理者依靠权力和法律加以保障的服务、贡献或付出，都是不服从便会受到权力和法律惩罚的必须且应该服从的服务、付出或贡献。只不过，义务更强调应该、重在应该、应该重于必须，是应该且必须付出的利益；责任则强调必须、重在必须、必须重于应该，是必须且应该付出的利益。因此，一般说来，一方面，凡是与职务有关的、职务所要求的必须且应该付出的利益，便都因其更强调必须性、强制性、法规性而叫做责任。反之，与职务无关的、不是职务所要求的，则因其更强调应该性、道德性、教育性而都叫做义务。试想，为什么保卫祖国是公民的义务，然而却是战士的责任？岂不就是因为战士的职务要求其必须保卫祖国吗？所以，凡是与职务相连的、职务所要求的任务、付出或贡献都是责任。这就是为什么会有"职责"概念的缘故。

另一方面，任何义务，虽然其应该重于必须，但当其被违反时，其必须性便立即充分显露出来而远远重于其应该性，于是便成为责任了。这样，任何义务，当其被义务人违反时，该义务人便成为责任人；而他所违反的义务，便成为他的责任。例如，不可侵犯他人财产，是义务人张三的义务。如果他违反这一义务而侵害他人财产，那么他便成了责任人而负有侵犯他人财产的责任。所以，吴学义写道："义务与责任，于实质上，均为债务之意义。其所异者，一般负债务之状态，谓之义务；应负担刑事上民事上之制裁时，谓之责任。"①

**2. 权利与义务类型：道德权利义务、法定权利义务和自然权利义务**

权利与义务，以其存在的性质为根据，分为实有权利义务与应有权利义务。所谓实有权利义务，就是实际存在的权利义务，也就是被社会承认和赋予的权利义务，说到底，也就是被社会的各种规范承认和赋予的权利义务：实有权利义务完全存在于社会的各种规范体系之中。这些社会规范，真正讲来，无非两种：法与道德。

法对于权利义务的规定，也就是法所承认、赋予的权利义务，叫做法定权利和法定义务。道德对于权利义务的规定，也就是道德所承认、所赋予的权利义务，叫做道德权利和道德义务。可是，为什么权利与义务既被法承认、赋予同时又被道德承认、赋予？原来，权利与义务的界说——权利是一种具有重大的社会效用的必须且应该的索取和义务是一种具有重大社会效用的必须且应该的贡献——意味着：权利与义务不但是一种道德规范，同时也是一种法律规范。因为法所规范和保障的是具有重大社会效用的行为；而道德所规范和保障的则是一切具有社会效用的行为。这样，诸如权利与义务等具有重大社会效用的行为，因其具有重大社会效用，便既被法规定同时又被道德规定，从而得到法和道德的双重保障。

所以，任何一种权利与义务，就其为权利与义务的本性来说，都应该既是法定权利义务同时又是道德权利义务。但是，有些权利义务，如所谓人权，在一定历史时期，却仅仅被道德承认而不被法律承认，因而仅仅是道德权利义务而不是法定权利义务。反之，另一些权利义务，如暴君和僭主所制定或认可的权利义务，并不被道德承认而仅仅被法律承认，因而仅仅是法定权利义务而不是道德权利义务。显然，这种只是法定的或只是道德的权利义务，都是权利义务的不完善形态，都缺乏完全的保障从而得不到真正的实现。道德权利义务要真正实现，必须得到法的承认从而同时成为法定权利义务；法定权利义务要真正实现，必须得到道德的承认从而同时成为道德权利义务。

---

① 吴学义：《法学纲要》，中华书局1935年版，第95页。

那么，除了法定权利义务和道德权利义务，还有其他社会承认的权利义务吗？没有了。因为法定权利义务的外延比法律权利义务的外延广阔得多。法，如所周知，包括法律、政策、纪律。所以，法定权利义务与法律权利义务不同：法定权利义务包括法律与纪律以及政策所赋予的权利义务；而法律权利义务则仅仅是法律所赋予的权利义务。这样一来，法定权利义务与道德权利义务显然包括了社会所承认的全部的权利义务。所谓政治权利义务、经济权利义务、宗教权利义务，不过是法和道德所规定、赋予的人们进行政治活动、经济活动、宗教活动的权利义务。所谓习惯权利义务，不过是习惯的、不成文的法定权利义务和道德权利义务罢了。

法定权利义务与道德权利义务虽然包括了社会所承认和赋予的全部权利义务，却没有包括全部权利义务。因为有些权利义务虽然并不被社会所承认，亦即并不被法和道德承认，却仍然是权利义务：只不过它们不是实有权利义务，而是应有权利义务罢了。举例说，在奴隶社会，奴隶的人权是社会规范——不论是法还是道德——所不承认的，因而奴隶实际上是没有人权的。但是，奴隶同样是人。他的人权，虽然没有被社会承认却应该被社会承认，虽然没有被法和道德承认却应该被法和道德承认。奴隶的这种实际上没有却应该有的人权，就叫做"应有权利"。因此，所谓应有权利义务，就是未被社会承认和赋予却应该被社会承认和赋予的权利义务，就是未被社会规范——道德与法——承认和赋予却应该被它们承认和赋予的权利义务，说到底，就是实际上没有却应该有的权利义务。

然而，任何权利义务都不能不是被某种规则承认和赋予的。应有权利义务如果不是被社会承认和赋予的，如果不是被社会的法和道德承认和赋予的，那么，它们究竟是被什么承认和赋予的？自然法理论回答了这个问题：应有权利义务是被自然法承认和赋予的。何谓自然法？霍布斯答道："自然法的定义是正确理性的指令。"[①] 在这句话的注释中，霍布斯又对所谓"正确的理性"做了进一步的解释："就人在自然状态中的正确理性而言，许多人意指的是某种永无过失的天赋；而我意指的是理性思考的行为，也即人们对自己行动正确的理性思考……我用'正确的理性思考'这个说法，我的意思是，理性思考是从被正确表述的真实原则得出结论

---

[①] 霍布斯：《论公民》，贵州人民出版社2003年版，第15页。

的。因为对自然法的种种违背都在于错误的理性思考或在于愚妄之极。"①

这就是说,所谓正确理性就是对于人的行为本性的正确的理性思考,就是符合人的行为本性的理性思考,就是符合人的本性的理性思考;所谓正确理性的指令就是符合人的本性的正确的、优良的行为原则。因此,所谓自然法,就是符合人的本性的正确的、优良的行为准则:自然法与正确的优良的行为准则是同一概念。可是,正确的优良的行为准则为什么叫做"自然法"呢?因为,一方面,正确的优良的行为准则必定符合人的本性,而人的本性也是自然本性的一部分,也是一种客观的、必然的、不依人的意志而转移的自然本性。所以,符合人的本性的正确的优良的行为准则也就是符合自然本性的准则,因而叫做"自然法"。另一方面,只有违背人的本性的错误的行为准则,才是主观的、偶然的、依人的意志而转移的;而符合人的本性的正确的优良的行为准则,乃与自然法则一样,是客观的、必然的、不依人的意志而转移的,因而叫做"自然法"。

这样,应有权利义务便是被正确的理性指令赋予的,是被符合人的本性的正确的优良的行为原则赋予的,说到底,是被自然法赋予的,因而便叫做"自然权利义务":自然权利义务与应有权利义务是同一概念。相应地,实有权利义务——法定权利义务和道德权利义务——则是被社会赋予的,是被社会的两种契约或约定法——法和道德——赋予的,因而便叫做"约定权利义务":"自然权利或自然法是相对约定权利或约定法而言的"②。因此,所谓自然权利义务,就是实有权利义务——法定权利义务和道德权利义务——的对立面,就是应有权利义务,就是符合人的本性的正确的优良的行为规范承认和赋予的权利义务,就是未被社会承认和赋予却应该被社会承认和赋予的权利义务,就是未被社会规范——道德与法——承认和赋予却应该被它们承认和赋予的权利义务。

因此,一个社会如果是公正的,便应该以自然权利义务为标准,来制定或认可道德权利义务和法定权利义务,亦即使自然权利义务转变为道德权利义务和法定权利义务,从而最终使道德权利义务、法定权利义务与自

---

① 霍布斯:《论公民》,贵州人民出版社2003年版,第25页。
② Tom L. Beauchamp, *Philosophical Ethics*, New York: McGraw-HillBook Company, 1982, p. 206.

然权利义务完全重合一致。这种转变、制定、认可或重合一致的过程，一般遵循由"自然权利义务—道德权利义务—法定权利义务"的发展变化规律。自然权利义务是未被社会承认和赋予却应该被社会承认和赋予的权利义务，是未被社会规范——道德与法——承认和赋予却应该被它们承认和赋予的权利义务，因而是纯粹应有的权利义务。道德权利义务虽然是被社会承认和赋予的，却仅仅是被社会的道德规范承认和赋予的，而不是被法所承认和赋予的，因而仅仅得到舆论的保障而得不到权力的保障，是一种不完全实有的权利义务。法定权利义务，一般说来，则既得到法的承认和赋予，又得到道德的承认和赋予，既得到权力的保障，又得到舆论的保障，因而是一种完全实有的权利义务。

这样，权利义务由应有到实有的实现过程，也就是由纯粹应有的自然权利义务到完全实有的法定权利义务的演进过程。在这种演进的过程中，往往要经过不完全实有的道德权利义务的中介和过渡。还是拿人权来说。18世纪以前，人权一直是一种自然权利。1776年美国《独立宣言》和1789年法国《人权宣言》发表之后，人权才逐渐得到道德的承认而变成一种约定的、道德的权利。20世纪中叶以来，人权终于成为许多国家宪法的内容，因而在这些国家便不仅是一种道德权利而且是一种法定权利了。所以，人权由自然权利实现为法定权利，经过了200来年的道德权利的中介和过渡。

显然，一个社会，它的自然权利义务向道德和法定权利义务转变越多，该社会未被法和道德承认却应该被它们承认的自然权利义务就越少，该社会的道德权利义务与法定权利义务就越趋于重合一致，该社会就越公正。如果它的自然权利义务已经完全转化为道德和法定权利义务，以致它的自然权利义务等于零，从而道德权利义务与法定权利义务完全重合一致，那么，该社会就达到了完全公正的境界。这就是道德权利义务和法定权利义务应该逐渐接近的终极目的。

**3. 权利与义务类型：人类的权利义务与非人类存在物的权利义务**

所谓人类的权利与义务，无疑是指人类内部的权利义务，也就是人与人之间的权利义务。但是，所谓非人类存在物的权利义务，则并不包括非人类存在物之间的权利义务，而仅仅是指非人类存在物与人之间的权利义务。因为伦理学，如所周知，是一种关于人类行为的科学，是关于每个人应该如何对待社会、他人、自我和动植物等非人类存在物的科学。所以，只有人类与非人类存在物之间的权利义务，才因其属于人类行为范畴而成为伦理学的研究对象。反之，非人类存在物之间的权利义务，比如说，即使存在着鹿王与母鹿们的权利义务或每条狼在狼群中的权利与义务，也因其并不属于人类行为范畴而并非伦理学的研究对象，而是动物行为科学的研究对象。然而，问题的关键在于：在人与非人类存在物之间存在着权利与义务的关系吗？

传统伦理学的回答是否定的，其最有代表性的理论，正如当代动物权利理论著名哲学家汤姆·雷根（Tom Regan）所言，乃是康德的"间接义务论"[1]。按照这一理论，我们与动物之间并没有权利义务关系。我们对于动物的所谓义务，如法律所规定的保护熊猫的义务等，实际上只是我们对人类利益的保护，因而只是我们对于人类的间接义务；正如我们不污染河流的义务，实际上并不是我们对于河流的义务，而只是我们对于人的间接义务一样。我们对于动物不负有义务，显然意味着，动物对于我们不享有权利：动物是没有权利的。

这种否认动物拥有权利的"间接义务论"是不能成立的。就拿康德和雷根所说的那条狗来讲。它长期忠诚地服务于它的主人，甚至在危难之际救了它主人的性命：它给了它的主人巨大利益。那么，主人是否也应该回报它以巨大的利益呢？主人是否应该在它老得无法继续提供服务时，供养它直至死亡呢？是的。然而，主人为什么应该这样做呢？为什么一个有良心的主人如果不这样做而是杀死它，就会内疚而良心不安呢？是像康德所说的那样，因为这样残忍对待狗就有损于对人的仁慈、对人没有尽到义务吗？固然可以这样看，但主要讲来并非如此。一个有良心的主人如果杀死这条狗，就会内疚而良心不安，主要是因为，杀死这条狗，对于这条狗是不公平的、恶的、缺德的，没有尽到对于它应尽的义务；而不是——或主要不是——因为，杀死这条狗，对于人是不公平的、恶的、缺德的，没有尽到对于人应尽的义务。

---

[1] Stevn M Cahn and Peter Markie *Ethics*, *History*, *Theory*, *and Contemporary Issues*, New York: Oxford Univertasity Press, 1998, p. 822.

因为按照公平原则——等利交换——狗给予了主人巨大的利益，主人回报狗以相应巨大的利益，乃是狗所应得的。主人只有给予它这样巨大的利益，才符合等利交换的公平原则，对于它才是公平的、善的，尽到了应尽的义务；因而当主人这样做时，他才会感到良心安宁。否则，如果主人杀死它，便违背了等利害交换的公平原则，对于它是不公平的、恶的、缺德的，没有尽到对于它应尽的义务；因而当主人这样做时，他才会感到内疚而良心不安。所以，范伯格写道："我们不仅应该仁慈地善待动物，而且应该将动物当作目的来仁慈地善待。因为这样的善待是动物所应得的，是我们对于它们所负有的义务。如果我们不这样做，对于动物就是不公平的、不正当的，而决不仅仅是一种伤害。"[①]

主人对于狗负有供养它直至死亡的义务，实际已经蕴涵着：狗享有被主人供养直至死亡的权利。那么，主人给予狗的巨大利益，供养它直至死亡，究竟是不是狗的权利呢？主人给予狗的巨大利益，供养它直至死亡，是狗应该得到的利益，这是毫无疑义的；因为它曾救过主人性命，给予过主人巨大利益。可是，狗应该从主人那里得到的这种利益是不是狗的权利？如果狗的这种利益不仅是应该得到的，而且还是必须得到的，是应该受到法律保障的利益，那么狗的这种利益就是狗的权利了。因为如上所述，权利无非是一种具有重大社会效用的应该且必须得到的利益，因而也就是应该受到法律保障的利益。显然，狗应该得到的这种巨大利益，对于狗的生存和人的生态环境从而对于人类社会，是具有重大效用的，因而便是一种应该且必须得到的利益，便是应该受到法律保障的利益，便是一种权利了。

实际上，早在1641年英国殖民地的《自由法典》就有这样保障动物利益的法律条例："任何人都不可以虐待那些通常对人有用的动物。""必须使那些拉车或耕地的家畜定期得到休息、恢复体力。"[②] 1822年，英国议院则通过了著名的"马丁法案"：《禁止虐待家畜法案》。特别是，美国1972年、1973年先后通过的《海洋哺乳动物保护法》和《濒危物种法》，

---

[①] James E. White, *Contemporary Moral Problems* (Fourth Edition), West Publishing Company, St. Paul 1994, p. 428.

[②] Roderrick Frazier Nash, *The Rights of Nature A History of Environmental Ethics*, The University of Wisconsin Press London 1989, p. 18.

正如皮图拉（Joseph Petulla）所言："体现的是这样一种法理：被列入条款的美国非人类栖息者，就某种特殊的意义来说，得到了生命和自由的保障。"① 这样一来，狗和家畜等动物的利益便不但应该受到而且实际上已经受到法律的保障：狗和家畜等动物拥有应该受到法律保障的利益，因而也就拥有了权利。那么，是否动物乃至一切非人类存在物都拥有权利？

不言而喻，一种非人类存在物，只有具有分辨好坏利害的评价能力和趋利避害的选择能力，才可能拥有权利：分辨好坏利害的评价能力和趋利避害的选择能力是拥有权利的前提。因为不具有分辨好坏利害的评价能力和趋利避害的选择能力的东西，显然不可能具有利益，因而也就不可能拥有权利：权利是应该受到法律保障的利益。那么，是否只有狗和家畜等动物才具有分辨好坏利害的评价能力和趋利避害的选择能力？否。现代生物学表明，分辨好坏利害的评价能力和趋利避害的合目的性选择能力是一切生物——人、动物、植物和微生物——所固有的属性。只不过，生物因其进化的等级不同，所具有的分辨好坏利害的评价能力和趋利避害的选择能力也有所不同罢了。

不过，由此绝不可以得出结论说，一切生物都拥有权利。因为具有分辨好坏利害的评价能力和趋利避害的选择能力，只是具有利益的充分条件，而不是具有权利的充分条件。非人类存在物要拥有权利，不但必须具有分辨好坏利害的评价能力和趋利避害的选择能力从而具有利益，而且还必须对人类有利，给人类带来利益，能够与人类构成一种大体具有互惠关系的利益共同体。因为即使是人，也并不都应该拥有权利。一个人，如果是一个害人精，杀人放火、无恶不作，他就没有权利了。即使一个人是好人，是个战斗英雄，但是，如果他是我们正与之交战的敌人，那么，他就连最低的权利都没有了：他没有生命权。敌人是没有生命权的。所以，我们杀死敌人，不是侵权，不是不道德的。相反地，我们杀死的敌人越多，我们就越是英雄好汉，我们就越拥有美德。人尚且如此，更何况非人类存在物？试想，为什么那条老狗拥有被它的主人供养直至死亡的权利？岂不就是因为它忠诚地为它的主人服务，给它的主人带来了巨大的利益？相反

---

① Roderrick Frazier Nash, *The Rights of Nature A History of Environmental Ethics*, The University of Wisconsin Press London 1989, p. 161.

地，如果它见人就咬，甚至动不动就咬它的主人，它还能拥有这种权利吗？所以，正如范伯格所言：那些能够趋利避害的非人类存在物，只有对人有利，才拥有权利；如果对人有害，就不能拥有权利。①

因此，对人类有利，能够与人类构成一种大体具有互惠关系的利益共同体，乃是非人类存在物拥有权利的依据。非人类存在物所给予人类的这种利益、贡献或服务，无疑具有重大社会效用，乃是一种应该且必须的服务、贡献或付出，因而也就是应该受到法律保障的服务、贡献或付出：它是应该的，因为非人类存在物从人类那里得到了相应的利益和权利；它是必须的，因为否则非人类存在物就将失去从人类那里所得到的这些利益和权利。狗忠诚地为它的主人服务，给它的主人带来利益，是它拥有被它的主人供养直至死亡的权利的依据。狗给予主人的这种利益、贡献或服务，是应该的，因为狗从主人那里得到了相应的利益和权利。狗给予主人的这种利益、贡献或服务也是必须的，因为狗如果不这样做，而是见人就咬，甚至咬它的主人，那么，它就将失去从主人那里所得到的利益和权利，甚至可能被法庭判为死刑。纳什曾告诉过我们："在中世纪，法庭时常对那些动物——因其伤人性命——进行刑事审判。"② 2004 年 10 月，英国的一所法庭也曾因一条狗咬伤了一位过路人的胳膊而被宣判为死刑。

可见，享有权利的非人类存在物所给予人类的利益、贡献或服务，乃是一种具有重大社会效用的应该且必须的服务、贡献或付出，是一种应该受到法律保障的服务、贡献或付出，说到底，也就是非人类存在物对于人类的义务。因为所谓义务，如上所述，就是一种具有重大社会效用的必须且应该的服务、贡献或付出，也就是应该受到法律保障的服务、贡献或付出。这样，对人类有利，能够与人类构成一种大体具有互惠关系的利益共同体，便是非人类存在物对于人类所负有的义务，便是它们拥有权利的依据。

然而，帕斯莫尔等人类中心主义论者与康德一样，认为只有具有自我意识的人类，才可能对自己的行为负责，从而才可能负有义务和享有权

---

① James E. White (St. Cloud State University), *Contemporary Moral Problems* (Fourth Edition), West Publishing Company, St. Paul 1994, p. 428.
② Roderrick Frazier Nash, *The Rights of Nature A History of Environmental Ethics*, The University of Wisconsin Press London 1989, p. 18.

利;没有自我意识的非人类存在物,不可能对自己的行为负责,因而不可能负有义务和享有权利。[①] 这是不能成立的。因为,正如动物权利拥护者们所指出:婴儿、精神病患者和痴呆症患者等不能对自己行为负责的人,同样享有权利和负有义务或责任;只不过他们的权利与义务是由其代理人帮助行使和履行罢了。举例说,精神病患者不能对自己的行为负责,却同样享有自由和生命等权利,也同样负有不剥夺他人的生命和自由的义务。不可剥夺他人的生命和自由,这是正常人的义务,也同样是精神病患者的义务。因为,如果一个精神病患者动不动就打人甚至杀人而剥夺他人的生命和自由,那么,他便与正常人一样会遭到惩罚:他的自由权会遭到剥夺而被看管起来。因此,根据动植物等非人类存在物没有自我意识、不能对自己的行为、反应或效用负责,便断言它们不可能负有义务和享有权利,是不能成立的。它们同样享有权利和负有义务,只不过它们的权利与义务是由其代理者"人类"来帮助其来行使和履行罢了。

于是,总而言之,分辨好坏利害的评价能力和趋利避害的选择能力——生物具有这种能力而非生物则不具有这种能力——是非人类存在物拥有权利的前提;而对人类有利,则是非人类存在物对于人类的义务,是非人类存在物拥有权利的依据。因此,人类与非生物以及有害于人类的生物之间,不存在权利义务关系。人类只有与有利于自己的生物之间,才存在权利义务关系。非人类存在物的权利,就是它从人类那里应该且必须得到的利益,就是它从人类那里得到的应该受到法律保障的利益,说到底,也就是人类对于非人类存在物所负有的义务;非人类存在物的义务,就是它应该且必须给予人类的利益,就是它给予人类的应该受到法律保障的利益,说到底,也就是人类对于非人类存在物所享有的权利。

**4. 权利与义务关系:公正根本原则**

权利与义务显然具有二重关系:一方面是一方的权利与对方的义务的关系,包括每个人与社会和他人的权利义务关系,以及人类与非人类存在物相互间的权利与义务的关系;另一方面则是每方自身的权利与义务的关系,包括一个人的权利与他自己的义务的关系、社会的权利与其自己的义

---

① 参见 John Passmore, *Man's Responsibility for Nature*, London Duckworth Press, 1974, p. 29。

务的关系，以及非人类存在物的权利与它自己的义务的关系。为了表述的方便，我们不妨将权利义务的这种复合的二重关系简化为：一方面是一个人的权利与他人的义务的关系；另一方面是一个人的权利与他自己的义务的关系。

权利义务的界说——权利是应该受到法律保障的利益、索取或要求；义务是应该受到法律保障的服务、贡献或付出——表明，"权利"与"义务"分别属于"索取"与"贡献"范畴，因而不过是同一种利益对于不同对象的不同称谓：它对于获得者或权利主体是权利，对于付出者或义务主体则是义务。举例说，雇工的权利与雇主的义务其实是同一种利益"雇工工资"：它对于雇工是权利，对于雇主则是义务。因此，凯尔森说："一个人以一定方式行为的权利，便是另一个人对这个人以一定方式行为的义务。"①

可见，一个人的权利，必然是他人的义务；反之亦然。因此，权利的规范可以转换为义务的规范；反之亦然。这就是一个人的权利与他人的义务的必然的、客观的、事实如何的关系。这种关系，通常被叫做"权利与义务的逻辑相关性"。然而，一些人，如穆勒，却否认权利与义务的这种逻辑相关性。因为在他看来，"一切义务都赋予他人权利"的相关性原理，不符合"不完全义务不赋予权利"的事实。他这样写道：

> 如所周知，伦理学家把道德义务分为两类：完全义务（duties of perfect）与不完全义务（imperfect obligation）。后者是指那些行为，这些行为是义务，但履行它们的特定场合可以选择，如慈善或仁爱，确实是我们应该做的，但并不是明确针对哪个人，也不是一定得在哪个规定的时间。用法哲学家们更准确的语言来说，完全义务是别人有与它相关的权利的义务；不完全义务，是不赋予任何权利的道德义务。②

---

① 凯尔森：《法与国家的一般理论》，中国大百科全书出版社1996年版，第87页。
② Robert Maynard Hutchins, *Great Books of The Western World*, Vol. 43. UTILITARIANISM, by John StuartMill, Encyclop Aedia Britannica, Inc., 1980, p. 468.

确实，所谓不完全强制性义务或不完全义务不赋予他人权利。但是，这种所谓不完全义务或不完全强制性义务，如慈善或仁恩等，实际上并非义务。因为慈善和仁恩等等显然都是不应该被权力或法律强制和保障的付出，都仅仅是应该而绝非必须付给他人的利益；义务则是应该被权力或法律强制和保障的必须且应该付给他人的利益。因此，慈善和仁恩等所谓不完全义务，正如罗尔斯所说，并不是什么义务，而是分外善行。[①] 因此，穆勒以所谓不完全义务不赋予他人权利的事实来否定"一切义务必赋予他人权利"的相关性原理是不能成立的。

一个人享有什么权利，对方便负有什么义务；一个人负有什么义务，对方便享有什么权利。这是事实，是必然；而不是应该，不是应然。那么，一个人为什么应该享有权利而使对方承担义务？显然只能是因为他负有义务而使对方享有权利。因此，一个人所享有的权利只应该是对他所负有的义务的交换：他从对方那里得到的权利只应该是用他从对方那里承担的义务换来的。反过来，一个人为什么应该负有义务而使对方享有权利？显然也只能是因为他享有权利而使对方承担义务。因此，一个人所负有的义务只应该是对他所享有的权利的交换：他从对方那里承担的义务只应该是用他从对方那里得到的权利换来的。

可见，一个人所享有的权利与他所负有的义务只应该是一种交换关系，完全基于和推导于权利与义务的逻辑相关性原理。否则，如果权利与义务不具有逻辑相关性，如果一个人享有的权利可以不使别人承担义务，那么，他享有的权利就不是他应该承担义务而使别人享有权利的理由，因而他的权利和他的义务就不应该是一种交换关系。因此，只有"一个人的权利必定是他人的义务"的必然的、事实的相关性，才能产生和决定"一个人所享有的权利与他所负有的义务应该是一种交换关系"的应然的、道德的相关性。

于是，权利与义务的关系便可以归结为两种相关性：一种是"一个人的权利必然是他人的义务"的必然的、事实的相关性，叫做"权利义务的逻辑相关性"；另一种是在这种相关性基础上产生的"一个人的权利

---

① John Rawls: *A Theory of Justice* (Revised Edition), Massachusetts: The Belknap Press of Harvard University Press Cambridge, 2000. p. 100.

应该是对他的义务的交换"的应然的、应该的相关性,因而可以称之为"权利义务的道德相关性"。那么,权利与义务的道德相关性的具体内容究竟如何?也就是说,一个人的权利与他自己的义务究竟应该是一种怎样的交换关系?应该权利多于义务还是义务多于权利抑或权利义务平等?这是个相当复杂的问题。因为一个人的权利与他的义务,细究起来,具有双重关系:一方面是他所享有的权利与他所负有的义务的关系;另一方面则是他所行使的权利与他所履行的义务的关系。

一个人所享有的权利与他所负有的义务,显然不是他自己能够自由选择的,而是社会分配给他的。所以,"一个人所享有的权利与义务"和"社会分配给一个人的权利与义务"是同一概念。那么,社会应该如何分配呢?黑格尔答道:"一个人负有多少义务,就享有多少权利;他享有多少权利,也就负有多少义务。"[1] 确实,社会分配给一个人的权利与义务只有相等才是公正的、应该的;如果不相等,则不论权利多于义务还是义务多于权利,都是不公正、不应该的。

因为权利义务的逻辑相关性表明:一个人的权利就是对方的义务;一个人的义务就是对方的权利。这样,如果社会分配给一个人的权利多于其义务,那么,对方的义务所赋予他的权利就多于他的义务赋予对方的权利,他从对方获得的权利就多于他给予对方的权利,他就侵占了对方的权利,因而是不公正的。反之,如果社会分配给一个人的义务多于其权利,那么,他的义务赋予对方的权利就多于对方的义务赋予他的权利,他赋予对方的权利就多于对方赋予他的权利,他的权利就被对方侵占了,因而同样是不公正的。于是,社会只有分配给一个人的义务与权利相等,他的义务赋予对方的权利才等于对方的义务赋予他的权利,他赋予对方的权利才等于对方赋予他的权利,因而才是公正的:公正就是等利(害)交换。

因此,每个人所享有的权利与所负有的义务相等,乃是社会对于每个人的权利与义务进行分配的公正原则;反之,每个人所享有的权利与所负有的义务不相等,则是社会对于每个人的权利与义务进行分配的不公正原则。社会对于权利与义务的分配,如前所述,乃是社会公正的根本问题。所以,一个人所享有的权利与所负有的义务相等,不但是一种社会公正,

---

[1] 黑格尔:《法哲学原理》,商务印书馆1962年版,第652页。

而且是根本的社会公正，是社会公正的根本原则。反之，一个人所享有的权利与负有的义务不相等，不但是一种社会不公正，而且是根本的社会不公正，是社会不公正的根本原则。

与此相反，一个人所行使的权利与他所履行的义务，则是他自己能够自由选择的：他能够放弃所享有的一些权利而使所行使的权利小于所享有的权利，也能够不履行所负有的一些义务而使所履行的义务小于所负有的义务。不言而喻，一个人所行使的权利应该至多等于所履行的义务。换言之，一个人所行使的权利应该等于或小于而不应该多于他所履行的义务。因为一个人所行使的权利如果多于他所履行的义务，显然是不应该的；如果等于所履行的义务，无疑是公正的；如果小于所履行的义务，则无所谓公正不公正，而是高于公正的分外善行。每个人行使权利与履行义务，如前所述，乃是个人公正的根本问题。所以，一个人行使权利等于所履行的义务，不但是一种个人公正，而且是根本的个人公正，是个人公正的根本原则；反之，一个人所行使的权利大于所履行的义务，不但是一种个人不公正，而且是根本的个人不公正，是个人不公正的根本原则。

综上可知，权利与义务——不论是人类之间的权利义务，还是人与非人存在物之间的权利义务；也不论是法定权利与法定义务，还是道德权利与道德义务——具有二重关系。一方面是事实、是必然性的关系，即一个人的权利与他人或非人存在物的义务必然相关：一人的权利就是他人或非人存在物的义务，反之亦然；另一方面则是应该，是应然性关系，即一个人所享有的权利应该等于他所负有的义务，而他所行使的权利则应该至多等于他所履行的义务。一个人所享有的权利与他所负有的义务相等，是社会公正的根本原则，是国家治理和国家制度好坏的根本价值标准；一个人所行使的权利与他所履行的义务相等，是个人公正的根本原则；权利与义务相等是公正的根本原则，是国家治理和国家制度好坏的根本价值标准。

## 三 平等：社会公正的根本问题

不难看出，社会公正根本原则"社会分配给每个人的权利应该与其义务相等"是不完善的。因为它显然是对公正根本原则"权利与义务相等"的直接推演、演绎，而没有与公正根本原则不同的新东西，亦即没有社会对权利与义务进行分配的源泉和依据。因此，与其说它是社会公正根本原则，不如说它是公正根本原则——若把它作为社会公正根本原则，显然是有缺欠的、不完善的。

完善的社会公正根本原则必须具有公正根本原则所没有的新东西，即社会对权利义务进行分配的源泉与依据。那么，社会对权利义务进行分配的源泉与依据究竟是什么？无疑是贡献：贡献是权利的源泉和依据。换言之，社会应该按照贡献分配权利，按照权利分配义务；说到底，社会分配给每个人的权利应该与他的贡献成正比而与他的义务相等：这就是所谓"贡献原则"，堪称完善的社会公正根本原则。因为权利与义务，如前所述，分属"索取"与"贡献"概念而同属"利益"范畴：权利是应受权力保障的应该且必须得到的利益，是应该且必须的索取；义务则是应受权力保障的应该且必须付出的利益，是应该且必须的贡献。一目了然，贡献在先，索取在后：贡献是索取的源泉。因为每个人只有先为社会贡献利益（贡献），尔后社会才有利益分配给每个人（索取）。社会分配给每个人的利益，无非是每个人所贡献的利益，无非是每个人所贡献的利益之交换而已。因此，社会分配给每个人多少利益，也就只应该依据每个人贡献了多少利益：贡献是索取和权利的依据。所以，哈耶克说："每个人所享有的利益应当与其他人从他的活动中获得的利益相称。"[①]

然而，当我们依据贡献原则对每个人的权利——基本权利与非基本权利——进行分配时，便会发现，最为完善的社会公正的根本原则乃是依据贡献原则的"平等原则"：一方面，每个人所享有的基本权利应该完全平等；另一方面，每个人所享有的非基本权利应该比例平等。这就是最重要的公正原则：平等总原则。

### 1. 平等总原则

所谓基本权利，也就是人们生存和发展的必要的、起码的、最低的权利，是满足人们政治、经济、思想等方面的基本的、起码的、最低的需要的权利；而非基本权利则是人们生存和发展的比较高级的权利，是满足人

---

① Friedrich A. Hayek, *The Constitution of Liberty*, Chicago: The University of Chicago Press 1978, p. 94.

的政治、经济、思想等方面的比较高级需要的权利。举例说，一个人能否享有选举权与被选举权，就是个能否享有最低的、起码的、基本的政治权利问题；至于他能否当选或担任何种官职，则是个能否享有比较高级的、非基本的政治权利问题。吃饱穿暖是最低的、起码的、基本的经济权利；而精食美服则是比较高级的、非基本的经济权利。言论出版自由是最低的、起码的、基本的思想权利；但究竟能否在某学术会议上发言，或在某出版社出书以及高稿酬还是低稿酬等，则都是比较高级的、非基本的思想权利了。

可见，基本权利与非基本权利的分类非常简单。然而，这两种权利的源泉和依据问题却极为复杂难解；以致从亚里士多德到罗尔斯两千年来，思想家们一直努力探寻：究竟为什么每个人应该享有基本权利和非基本权利？每个人享有基本权利与非基本权利的源泉和依据究竟是什么？这个难题至今没有得到可以自圆其说的解析。我们解决这个问题的困难首先在于：一切权利，如前所述，都只应依据于贡献而按贡献分配。于是，每个人所享有的基本权利也就只应依据每个人对社会的贡献而按贡献分配。可是，如果说基本权利应该完全平等地分配，那岂不意味着：每个人不论贡献如何都应该完全平等地分有基本权利？这岂不自相矛盾？

原来，每个人都应该完全平等地享有基本权利的依据乃在于：每个人都是缔结、创建社会的一个成员。因为，正如无数先哲所论，人是社会动物。脱离社会，人便无法生存。所以，每个人的一切利益，说到底，便都是社会给予的：社会对于每个人具有最高效用、最大价值。而社会又不过是每个人的结合，不过是每个人所结成的大集体。因此，每个人不论如何，只要他生活在社会中，便为他人作了一大贡献：缔结、创建社会。任何人的其他一切贡献皆基于此！因为若没有社会，任何人连生存都无法维持，又谈何贡献？没有社会，贝多芬能贡献命运交响曲、曹雪芹能写出《红楼梦》、瓦特能发明蒸汽机吗？

所以，缔结社会在每个人所作出的一切贡献中是最基本、最重要的贡献。不仅此也，须知每个人的这一贡献还是以自己蒙受相应的损失、牺牲为代价的。因为人们结成任何一个集体，都会有得有失。比如，结婚就会失去单身汉的自由，但能生儿育女，得到家庭的温馨。人类社会也是由一个个人所结成的集体，只不过这个集体并不是每个人自愿结成，而是生来就有、不可选择的罢了。也就是说，从历史上看，人类并不是先有脱离社会的自然状态，尔后这些自然状态的个人通过契约而结成社会。但是，正如罗尔斯所说，历史上不存在的东西，并不妨其在逻辑上存在。从逻辑上看，每个人脱离自然状态而结成社会，也同样有得有失，如失去自然自由等。这一点，社会契约论者已经说得很清楚了。那么，每个人在社会中能得到什么呢？显然，每个人不论贡献如何，最低都应该得到作为人类社会的一员、一分子、一个人所应该得到的东西。可是，作为人类社会的一员、一个人究竟应该得到什么呢？无疑至少应该得到生存和发展的必要的、起码的、最低的权利，即享有所谓基本权利。

每个人不仅应该享有基本权利，而且应该完全平等地享有基本权利。因为虽然人的才能有大小、品德有高低、贡献有多少，但在缔结、创建社会这一最基本最重要的贡献和因其所蒙受的损失上却完全相同。因为每个人并不是在成为总统或平民、文豪或文盲之后才来缔结、创建社会的，而是一生下来就自然地、不可选择地参加了社会的缔结、创建。而每个人一生下来显然完全同样地是结成社会的一分子、一股东，完全同样地参加了社会的缔结、创建。每个人之所以不论具体贡献如何都应该完全平等地享有基本权利，就是因为并且仅仅是因为每个人参与缔结社会这一最基本、最重要的贡献和因此所蒙受的损失是完全相同的。所以，分配给那目不识丁的老百姓与那名震寰宇的大总统同样多的基本权利，就绝不是什么恩赐，而是必须偿还的债务。潘恩说得好："社会并未白送给他什么。每个人都是社会的一个股东，从而有权支取股本。"①

可见，基本权利平等分配不但未违背而且恰恰是依据按贡献分配权利的原则：基本权利是每个人因其同样是缔结社会的一股东而应平等享有的权利；是每个人因其同样是结成人类社会的一个人而应平等享有的权利。因此，基本权利又被叫做"人权"：人权是每个人因其同样是结成人类社会的一个人而应平等享有的基本权利。问题的关键还在于，每个人只要一生下来，就自然地、不可选择地参加了社会的缔结、创建而成为人类社会一股东。所以，人权或基本权利是人人与生俱来、自然赋予的：天赋人

---

① 《潘恩选集》，商务印书馆1963年版，第143页。

权。一句话，基本权利、人权、天赋权利三者是同一概念。彼彻姆说："'人权'一语是新近的表述，传统上一直称之为'自然权利'，更古远一些则被叫做'人的权利'。这种权利通常被当做是人人平等享有、不可转让的。"①

不过，从上可知，所谓天赋人权，是说人权乃每个人与生俱来的天生的缔结社会的贡献所赋予的。然而，遗憾的是，几乎所有天赋人权论者均以为人权是每个人作为人所具有的共同人性天然赋予的："人权是所有的人因为他们是人就平等地具有的权利。"② 这是错误的。因为照此说来，一个人，只要还活着，只要还是人，他便应该享有人权：人权在任何情况下都绝对不可剥夺而为每个人无条件享有。这样，一个人不管做了多大坏事，不论他给社会和他人造成多大损害，他的人权也不应该被剥夺，他也应该与好人一样享有人权。因为他再坏，也与最好的人一样的是人，一样的具有那普遍的完全相同的人性。

可是，面对现实，这些天赋人权论者又不得不承认：并非一切人都应享有人权。他们说，每个人一生下来便应该享有人权。但是，如果他做坏事做到一定程度，侵犯了他人的人权，那么他的人权便应该被剥夺，他便不应该再享有人权了。一个杀人犯，夺去了他人性命，他自己的生命权也就应该被剥夺了。所以法国《人权宣言》说："每个人行使天赋的权利以必须让他人自由行使同样的权利为限。"这是非常正确的。可是这样，这些天赋论者便自相矛盾了：既说凡是人都应该享有人权，又说坏人不应该享有人权。摆脱之法显然只有否定其一。而凡是人都应该享有人权否定不得，于是只好否定坏人是人了。邱本先生便这样写道："坏人只有坏到不是人的时候，才可以剥夺其人权。"③ 坏人难道会坏到不是人的程度吗？坏人再坏，不也是坏人，不也与好人共有同样的人性，不也同样是这些天赋人权论者作为人权依据的人吗？

其实，杀人犯等坏人之所以不应享有人权，并非因为他们不再是人，而是因为他们对他人和社会的损害已超过了他们参与缔结创建社会的贡

---

① Tom L. Beauchamp, *Philosophical Ethics*, New York: McGraw-HillBook Company, 1982, p. 206.
② 沈宗灵、黄楠森主编：《西方人权学说》下，四川人民出版社 1994 年版，第 116 页。
③ 邱本：《无偿人权和凡人主义》，《哲学研究》，1997 年第 2 期，第 41 页。

献。严格说来，任何人，只要他给社会和他人的损害大于或等于其贡献，以至净余额是损害或零，那么，他就不应该再享有人权——他至多只应享有人道待遇，享有他作为人所应享有的利益而非权利。设有一人，生下来便孤零零生活于深山老林而与世完全隔绝，因而对社会对他人毫无贡献，其净余额是零。那么，我们若是在深山与他相遇，难道我们竟会负有义务而必须使他享有选举权等基本权利、必须使他享有人权吗？显然，我们不应该负有这种义务；他也不应该享有这种权利。我们应该负有的只是一种对同类的博爱之心，出于这种爱心，我们只应该而非必须为他谋取利益。所以，每个人作为人，只应享有利益而不应享有权利；每个人作为缔结人类社会的一个人，才不仅应该享有利益而且应该享有权利，即享有人权。

可见，人权虽是天赋的，应该人人平等享有，但每个人享有人权，也如同享有其他权利一样，是以负有一定的义务为前提的。这种义务，如前所述，一方面是积极的，即每个人必须与他人一起共同作出缔结社会的贡献，这是人人平等享有人权的源泉、依据；另一方面是消极的，即每个人不得损害他人人权，这是人人平等享有人权的保障、条件。野人逃避了前者、坏人违反了后者，所以都不应该享有人权。

总而言之，可以得出结论说，每个人因其最基本的贡献完全平等——每个人一生下来便都同样是缔结、创建社会的一个股东——而应完全平等地享有基本权利、完全平等地享有人权。这就是人权、基本权利完全平等原则，也就是所谓的"人权原则"。因此，"人权原则"不过是解决"人作为人类社会的一个人应该得到什么"问题的公正原则。进言之，人权原则是最重要的公正。因为，如前所述，公正是给每个人以其所应得。每个人所应得的一切东西，其实不外两个方面。一方面是他作为与其他人一样的人、人类社会一员所应得的东西；另一方面是他作为与其他人不同的自己所应得的东西。于是，公正便不外两大类型。一类叫做人权原则，是给予每个人作为人所应得的行为；另一类是给予每个人作为他自己所应得的行为：前一类型的公正显然重要于后一类型的公正。因此，人权原则、给予每个人作为人所应得的行为，便是最重要的公正。而公正，如前所述，是人类社会最重要的道德，是国家制度最重要的价值标准。所以，人权原则便因其是最重要的公正，而是人类社会最最重要的道德，是国家制度最重要的价值标准。

每个人应该完全平等享有人权、基本权利，似乎意味着：每个人应该不平等地享有非人权权利、非基本权利或比较高级的权利。其实不然。因为平等之为权利分配原则意味着：任何权利分配的不平等都是不道德的。那么，非基本权利究竟应该如何分配？应该比例平等！"比例平等"首创于亚里士多德。对于这个概念，他曾这样解释说："既然公正是平等，基于比例的平等就应是公正的。这种比例至少需要有四个因素，因为'正如A对B，所以C对D。'例如，拥有量多的付税多，拥有量少的付税少，这就是比例；再有，劳作多的所得多，劳作少的所得少，这也是比例。"①

观此可知，所谓非基本权利比例平等，不过是说，谁的贡献较大，谁便应该享有较大的非基本权利；谁的贡献较小，谁便应该享有较小的非基本权利：每个人因其贡献不平等而应享有相应不平等的非基本权利。这样，人们所享有的权利虽是不平等的，但每个人所享有的权利的大小之比例与每个人所作出的贡献的大小之比例却应该完全平等；或者说，每个人所享有的权利的大小与自己所作出的贡献的大小之比例应该完全平等。这就是非基本权利比例平等原则。举例说，张三作出一份贡献，应享有一份权利；李四作出三份贡献，便应享有三份权利。这样，张三与李四所享有的权利是不平等的。但是，张三与李四所享有的权利之比例与他们所作出的贡献之比例却是完全平等的；换言之，他们所享有的权利与自己所作出的贡献的比例是完全平等的：

$$张三\frac{一份权利}{一份贡献}等于李四\frac{三份权利}{三份贡献} \quad 或者 \quad \frac{张三一份权利}{张三一份贡献}等于李四\frac{李四三份权利}{李四三份贡献}$$

非基本权利应该比例平等原则表明，社会应该不平等地分配每个人的非基本权利。但是这种权利不平等的分配应该完全依据贡献的不平等，从而使人们所享有的权利与自己所作出的贡献的比例达到平等。为了做到这一点，在这种权利不平等的分配中，正如罗尔斯的补偿原则所主张的，获利较多者还必须给较少者以相应的补偿权利："社会和经济的不平等，如财富和权力的不平等，只要其结果能给每个人——特别是那些最少受益的

---

① 《亚里士多德全集》第八卷，中国人民大学出版社1992年版，第279页。

社会成员——带来补偿利益，它们就是正义的。"①

那么，为什么获利较多者必须给较少者以补偿权利？因为获利多者比获利少者较多地利用了双方共同创造的资源："社会"、"社会合作"。并且，获利越少者对共同资源"社会合作"的利用往往便越少，因而所得的补偿权利便应该越多；获利最少者对"社会合作"的利用往往便最少，因而便应该得到最多的补偿权利。举例说，那些大歌星、大商贾、大作家，是获利较多者。他们显然比工人农民们等获利较少者较多地使用了双方共同创造的资源："社会"、"社会合作"。若是没有社会、社会合作，这些大歌星大商贾大作家们统统都会一事无成；若非较多地使用了社会合作，他们也绝不可能作出那些巨大贡献。这些获利较多者的贡献之中既然包含着对共同资源的较多使用，因而也就间接地包含着获利较少者的贡献。于是，他们因这些巨大贡献所取得的权利，便含有获利较少者的权利。所以，便应该通过个人所得税等方式从获利较多者的权利中，拿出相应的部分补偿、归还给获利较少者。否则，获利多者便侵吞了获利少者的权利，是不公平的。

然而，诺齐克反对补偿原则，认为恰恰是它侵犯了个人权利。他举例说："假设威尔特·张伯伦有巨大的票房价值而为篮球队急需。他和一个球队签订了如下契约：在家乡的每场比赛中，从每张门票的票价里抽出25美分给他。适逢旺季，人们欢天喜地来看他的球队的比赛。他们买票时，每次都把从每张门票分出来的25美分投进一个写有张伯伦名字的专门箱子里。他们观赏他的表演而兴奋激动；花这些钱对他们来说是值得的。假设一个旺季有一百万人观看了他的比赛，张伯伦得到了25万美元，这是一个比平均收入大得多的数字，甚至多于任何人。他有权利享有这笔收入吗？"② 诺齐克的回答是肯定的。既然张伯伦有权拥有这25万美元，那么，补偿原则却要通过个人所得税而从张伯伦这25万美元收入中拿出一定部分进行再分配，岂不侵犯了张伯伦的权利？

诺齐克的反对是不能成立的。因为体现补偿原则的个人所得税并没有

---

① John Rawls, *A Theory of Justice* (Revised Edition), Massachusetts: The Belknap Press of Harvard University Press Cambridge, 2000, p. 13.

② Robert Nozick, *Anarchy, State And Utopia*, Beijing: China Sciences Publishing House Chengcheng Books Ltd, 1999, p. 161.

侵犯张伯伦的权利。张伯伦25万美元的巨额个人收入,固然源于其巨额贡献。可是,若没有社会,张伯伦能做什么呢?恐怕不如一个目不识丁的农民,甚至连自己的命都保不住。他之所以能作出巨大贡献,显然是因为他与农民等人共同创造了社会,特别是因为他比那些农民等人较多地使用了"社会"这个共同的资源。因而,在他那巨额贡献中,也就间接地包含了农民等人的贡献;在他那25万美元巨额收入中也就间接含有农民等人的收入。所以,通过个人所得税而从张伯伦25万美元收入中拿出相应的部分归还给农民等人,并没有侵犯张伯伦的权利;相反地,如果不这样做,而让张伯伦独享25万美元,恰恰是侵犯了农民等人的权利。

不过,罗尔斯忽略了强者比弱者较多地利用"社会合作"是强者应该给弱者补偿的根本理由;而认为强者之所以应该转让一部分收入给弱者,是因为强者的较多收入依靠与弱者的合作。[1] 这个理由很不充分,因为弱者的收入显然也完全依靠与强者的社会合作。如果强者因为依靠社会合作而应该转让一部分收入给弱者,那么,弱者岂不也应该因为依靠社会合作而转让一部分收入给强者?诺齐克正是这样反驳罗尔斯差别补偿原则的:"差别原则无疑提出了那些弱势者愿意合作的条件。但这是一个那些弱势者能够期望得到别人自愿合作的公平协议吗?就社会合作的收益来说,情况是匀称的。强势者是通过与弱势者的合作而受益;而弱势者也是通过与强势者的合作而得益。然而,差别原则在两者之间却不是中立的。这种不匀称从何而来?"[2] 这种不匀称(强者给弱者补偿,而弱者却不给强者补偿)的真正理由,显然并不在于强者利用了社会合作,而在于强者较多地利用了社会合作。诺齐克认为补偿原则侵犯个人权利,说到底,也是因为他看不到强者较多地利用了社会合作,而误以为强者和弱者同等地利用了社会合作。

不难看出,基本权利完全平等分配原则优先于与非基本权利比例平等分配原则:当二者发生冲突时,应当牺牲后者以保全前者。举例说,当一个社会的物质财富极度匮乏时,如果人人吃饱从而平等享有基本权利,那

---

[1] John Rawls, *A Theory of Justice* (Revised Edition), Massachusetts: The Belknap Press of Harvard University Press Cambridge, 2000, p. 88.
[2] Robert Nozick, Anarchy, State And Utopia, China Sciences Publishing House Chengcheng Books Ltd, Beijing, 1999, p. 192–193.

么，就几乎不会有人吃好而享有非基本权利。这样，每个人就几乎完全平等享有经济权利，因而便违反了比例平等原则，侵犯了有大贡献者在经济上所应该享有的非基本权利。反之，如果一些有大贡献者吃好而享有非基本权利，那么，就会有人饿死而享受不到基本权利。这样，基本权利便不是人人平等享有的，因而便违反了完全平等原则，侵犯了一些人的基本权利。在这种情况下，应该怎么办？显然应该违反比例平等原则而侵犯某些有大贡献者的非基本权利"吃好"，以便遵循完全平等原则而保全每个人的基本权利"吃饱"：人权是神圣、优先、不可侵犯、不可剥夺的。严格说来，任何一个社会，如果它是公平的、正义的，那么，在这种社会里，只要有一个人不能吃饱、没有享受到人权，那么，任何人，不管他的贡献有多大，便都不应该吃好、不应该享有非基本权利。

然而，为什么一个人不论多么渺小，他的人权也优先于另一个人——不管他多么伟大——的非基本权利？这是因为，正如罗尔斯所说，社会不过是"一个目的在于增进每个成员利益的合作体系"①。每个人都是这个合作体系、合作集体的一个股东。在这个大集体中，毫无疑义，贡献多者所享有的权利应该多；贡献少者所享有的权利应该少。但是，一个人的贡献再少，也与贡献最多者同等是缔结社会的一个股东，因而至少也应该享有最低的、起码的、基本的权利，即人权。反之，那些有大贡献者的贡献再大，也完全是以社会的存在为前提，因而也就完全是以每个人缔结社会这一最基本的贡献为前提。所以，有大贡献者究竟应否享有非基本权利，也就完全应该以每个人是否已享有基本权利为前提。一句话，每个人的人权、基本权利之所以是优先的、神圣不可侵犯的，就是因为赋予这一权利的每个人参加缔结社会的这一基本贡献，优先于、重要于任何其他贡献。不过，人权的神圣性、优先性、不可侵犯性、不可剥夺性并不是绝对的、无条件的，而是相对的、有条件的。因为，如前所述，一个人如果完全逃离社会或侵犯了他人的人权，那么，他也就不应该享有相应的人权了。他的人权只有相对于其他人的非基本权利来说，只有在与其他人的非基本权利发生冲突的条件下，才是优先的、神圣的、不可侵犯、不可剥夺的。

---

① John Rawls, *A Theory of Justice* (Revised Edition), Massachusetts: The Belknap Press of Harvard University Press Cambridge, 2000, p. 4.

完全平等与比例平等不过是权利平等原则的两个侧面。合而言之，可以得出结论说：一方面，每个人因其最基本的贡献完全平等——每个人一生下来便都同样是缔结、创建社会的一个股东——而应该完全平等地享有基本权利、完全平等地享有人权，这是完全平等原则，亦即所谓人权原则；另一方面，每个人因其具体贡献的不平等而应享有相应不平等的非基本权利，也就是说，每个人所享有的非基本权利的不平等，与自己所作出的具体贡献的不平等的比例应该完全平等，这是比例平等原则，是非人权权利分配原则。这就是权利平等总原则的两个方面，这就是平等总原则。这就是衡量、指导国家治理和国家制度好坏的最根本最重要的价值总标准。它之所以被称为平等总原则、总标准，乃是因为从中可以推导出一系列跟更为具体的平等原则或标准，如政治平等原则、经济平等原则和机会平等原则等。

**2. 政治平等原则**

所谓政治平等原则，亦即政治权利平等原则。政治权利，显而易见，也就是掌握政治权力进行政治统治的权利。这种权利，细究起来，分为两大类型：直接统治权利与间接统治权利。直接统治权利是担任政治职务的权利：担任政治职务而成为统治者，也就能够对被统治者进行直接统治了。间接统治权利则是所谓的参政权，主要包括选举、罢免、创制、复决四种权利。这是通过管理统治者而间接统治被统治者的权利；说到底，也就是被统治者反过来对统治者进行管理，从而使统治者按照被统治者自己的意志进行统治的权利。因此，这种权利，正如马克思所说，也就是所谓的"政治自由"[①]。因为政治自由非他，正是公民使国家政治按照自己意志进行的权利，是被统治者使统治者按照自己意志进行统治的权利。

然而，人们往往把政治自由与政治权利完全等同起来。凯尔森亦如是说："我们所了解的政治权利就是公民具有参加政府、参加国家'意志'形成的可能性。用实在话来说，这就意味着公民可以参与法律秩序的创造。"[②] 这种观点是片面的，因为政治自由仅仅是政治权利的一个子项；

---

① 《马克思恩格斯全集》第一卷，人民出版社 1956 年版，第 436 页。
② 凯尔森：《法与国家的一般理论》，中国大百科全书出版社 1996 年版，第 95 页。

政治权利还有另一个子项,即政治职务。政治权利既然分为政治自由与政治职务权利两大类型,那么,根据"基本权利应该完全平等、非基本权利应该比例平等"的平等总原则,不难看出,人们应该完全平等地享有政治自由权利、比例平等地享有担任政治职务的权利。因为一目了然,政治自由是人权、是最低的基本的政治权利;政治职务则不是人权,而是比较高级的、非基本的政治权利。

诚然,细究起来,政治自由乃是全体公民使国家政治按照自己的意志来进行的自由,因而也就只有执掌国家最高权力才能办到:享有政治自由的权利也就是决定国家政治命运的权利,也就是执掌国家最高权力的权利。由此观之,政治自由岂不是最高级的政治权利?非也!因为政治自由并不是一个人独享最高权力,而是全体公民共享最高权力。而正如马起华先生所说,权力的大小与同一权力享有者的人数成反比:"就同一权力行使的人数言,人数愈少,每人权力愈大;人数愈多,每人权力愈小。所以独任制首长的权力大于合议制首长的权力。"① 因此,享有政治自由的全体公民共同享有的,固然是最高最大的权力;但分散到每个公民自己所享有的,却并非最高最大权力,而是最低最小的权力了。它比最低等的官吏所拥有的权力还小:它不过是亿万张选票中的一张选票的权力罢了。所以,每个人所享有的政治自由权利,是最低最小的权利,是基本权利,是人权;反之,一个人所享有的担任政治职务的权利,则是较高较大的权利,是非基本权利而不是人权。

政治自由是一种人权。所以,根据人权应该完全平等原则,每个人都应该完全平等地享有政治自由。换言之,每个人都应该完全平等地共同决定国家政治命运。说到底,每个人都应该完全平等地共同执掌国家最高权力:"每个人只顶一个,不准一个人顶几个。"② 这就是政治权利完全平等原则,这就是政治人权原则,这也就是所谓的人民主权原则,因而也就是民主政治的基本依据之一。

根据这一原则,纵使真像专制论者所说的那样:民主有多少多少缺憾而专制有多少多少优点,我们也应该民主而不应该专制。因为民主乃是每

---

① 马起华:《政治理论》第二册,台湾商务印书馆1977年版,第163页。
② 《潘恩选集》,商务印书馆1963年版,第145页。

个人的人权,是每个人因完全平等地作为缔结社会的一个股东而应完全平等地拥有的神圣不可侵犯的政治人权。所以,科恩一再说:"如果为民主的辩护完全无需估价它的后果,那这种辩护必须以无可怀疑的原则为基础。在目前这种辩护的情况下所依据的,是人人平等以及政治社会中人皆享有平等权的主张"①;"平等是民主合理性的关键"②;"平等是最接近民主的理论核心的。如果不允许或不承认成员享有基本平等,所有人平等参与管理的精神就会荡然无存。……只有在平等的情况下,才有理由相信应该实行民主,相信那是组织社会公共事务的正确的与适当的方式"③。

不难看出,一方面,这一原则所规定的平等或民主,乃是实现人与人相互间一切平等的根本保障。因为,如果实行民主,从而每个人都完全平等的共同执掌国家最高权力,那么,每个人的其他平等,如经济平等和机会平等,能否实现,便完全取决于自己的意志,因而是有保障的。反之,如果不实现民主,国家最高权力不是完全平等地掌握在每个人手中,而是仅仅掌握在一个人或一些人手中,那么,每个人的其他平等能否实现,便完全取决于握有最高权力的那一个人或那一些人的意志,而不是取决于自己的意志,因而是无保障的。所以,民主或最高权力的平等,决定其他一切平等,是实现一切其他平等的根本保障。

另一方面,这一原则所规定的平等或民主,无疑是人与人之间的最重要最根本的平等。因为,按照这一原则从而实行民主,每个人便完全平等地共同执掌国家最高权力,每个人便完全平等地是国家的最高权力的掌握者,每个人便完全平等地是国家的最高统治者,每个人便是完全平等地握有最高权力的国家的主人。这样一来,人们相互间便真正达到了平等;即使他们相互间的贫富贵贱相当悬殊,毕竟没有主奴之分,而同样是握有最高权力的国家的主人,因而根本说来是完全平等的;反之,如果违背这一原则而不实行民主,从而国家最高权力掌握在一个人或一些人手中,那么,便只有最高权力的执掌者才是主人,而其他人则都是最高权力执掌者的奴隶,因而不论如何,人们相互间毕竟是一种主奴关系,因而根本说来

---

① 科恩:《论民主》,商务印书馆 1988 年版,第 271 页。
② 同上书,第 278 页。
③ 同上书,第 279 页。

是极不平等的。

那么，每个公民完全平等握有国家最高权力的平等原则，是否就是所谓的政治平等原则？否。每个公民都应该完全平等握有国家最高权力，还不是政治平等原则的全部内容。它仅仅是政治平等原则的一部分，亦即政治自由、政治人权之平等原则；而不是其另一部分，亦即不是政治职务平等原则：政治平等原则一分为二为政治自由平等原则与政治职务平等原则。如上所述，与政治自由恰恰相反：政治职务不是人权而是非基本权利。所以，根据非基本权利比例平等原则，人们应该按其政治贡献大小而比例平等地享有担任政治职务的权利。也就是说，谁的政治贡献大，谁便应该担任较高的政治职务；谁的政治贡献小，谁便应该担任较低的政治职务：每个人因其政治贡献不平等而应担任相应不平等的政治职务。这样，人们所享有的担任政治职务的权利虽是不平等的，但每个人所享有的担任政治职务的权利与自己的政治贡献之比例却是平等的。如图：

$$\text{张三} \frac{\text{较高政治职务权利}}{\text{较高政治贡献}} \text{等于} \text{李四} \frac{\text{较低政治职务权利}}{\text{较低政治贡献}}$$

推此可知，一方面，不应该仅仅按照政治才能分配政治职务，即不应该"任人唯才"。因为如果一个人有才无德，政治才能高而道德品质坏，那么，他不但不会为社会和他人作出政治贡献，反而会严重危害社会和他人。另一方面，也不应该仅仅按照道德品质分配政治职务，即不应该"任人唯德"。因为如果一个人有德无才，道德品质好而政治才能低，那么，他不但不可能为社会和他人作出较大政治贡献，反而往往会好心办坏事，同样严重危害社会和他人。于是，也就只应该兼顾德才分配政治职务，即"任人唯贤"：一个人只有德才兼备，只有政治才能高又道德品质好，才能为社会和他人作出较大政治贡献。

合而言之：每个人因其政治贡献（政治才能+道德品质）的不平等而应担任相应不平等的政治职务。换言之，每个人所担任的政治职务的不平等与自己的政治贡献（政治才能+道德品质）的不平等的比例应该完全平等。这就是政治权利比例平等原则，这就是政治职务分配原则。最早确立这一原则的是亚里士多德。他这样写道："合乎正义的职司分配应该考虑到每一受任的人的才德或功绩。"①

综观政治权利平等原则,可以得出结论说:一方面,每个人不论具体政治贡献如何,都应该完全平等地享有政治自由,亦即完全平等地共同执掌国家最高权力从而完全平等地共同决定国家政治命运;另一方面,每个人又因其具体政治贡献(政治才能+道德品质)的不平等而应该担任相应不平等的政治职务,从而使每个人所担任的政治职务的不平等与自己的政治贡献(政治才能+道德品质)的不平等的比例完全平等。这就是政治平等总原则,这就是衡量、指导国家治理和国家制度好坏的政治平等标准。

### 3. 经济平等原则

确立政治平等原则的关键,如上所述,在于厘定"政治权利"和"政治贡献"两个概念。同理,要确立经济平等原则,首先也必须廓清"经济权利"与"经济贡献"。不难看出,每个人在经济上所享有的权利与其在经济上所作出的贡献或义务,说到底,实为同一事物,即都是每个人所提供的产品:我的经济贡献,是我给予社会和他人的产品;而我的经济权利,则是社会和他人给予我的产品。所以,社会对于每个人经济权利的分配过程,无非是每个人所提供的产品的互相交换的过程。准此观之,按照等利交换的公正原则,应该根据每个人所贡献的产品的交换价值,而分配给他含有等量交换价值的产品或经济权利:等价分配、等值分配或等价值分配是经济权利平等原则。

然而,问题的关键在于,产品的交换价值因生产资料所有制不同而不同。在私有制社会,产品中所凝结和耗费的生产三要素——劳动、资本和土地等自然资源——是创造和决定产品交换价值的终极源泉和实体。边际效用论发现,这些生产要素所创造的交换价值份额,即其边际产品价值:单位劳动所创造的价值量=劳动边际产品价值量;单位资本所创造的价值量=资本边际产品价值量;单位土地所创造的价值量=土地边际产品价值量。这样一来,根据等利交换的公正原则,显然应该按照每个人所提供的生产要素的边际产品价值,而分配给他含有等量交换价值的产品或经济权

---

① 亚里士多德:《政治学》,商务印书馆1996年版,第136页。

利。这就是所谓按生产要素分配：按生产要素分配是私有制社会的经济权利平等原则。

诚然，在私有制社会，按生产要素分配——按劳分配与按资分配——不过是一个理想的原则，只可能接近于实现，而不可能完全地、真正地实现。因为私有制或财富就意味着权力，权力就意味着不平等。私有制或财富使资本家（劳动买方）有权成为支配和领导工人（劳动卖方）的雇主，使工人成为被领导、被支配和必须服从的雇员。劳动的买方与卖方地位的不平等，势必导致对于劳动价格的决定作用的不平等：雇主或劳动买方必定是价格的决定者和控制者；而雇员或劳动卖方则只能是价格的接受者。这就是所谓劳动市场的买方垄断，结果必定导致劳动力价格或工资低于劳动力价值，低于劳动的边际产品。

工资低于劳动力价值或劳动的边际产品的差额，就是劳动者所创造的被资本家无偿占有的剩余价值。因此，私有制社会经济权利的分配，必定违背按生产要素分配——亦即按劳分配与按资分配——原则而导致经济不公正：按劳分配必定是所得少于贡献；按资分配则必定是所得多于贡献。这也就是为什么应该废除私有制而代之以公有制的缘故。那么，在公有制社会，按生产要素分配必定能够真正得到实现吗？亦非也！

因为生产资料——资本和土地等自然资源——公有制，显然意味着：每个人使用资本和土地等自然资源，就如同使用自己的东西一样，都无需代价，都是无偿的；只有劳动才是个人私有的，因而只有劳动才是有偿的，才是需要支付代价的。这样一来，资本、土地和劳动固然是创造产品价值的三个源泉和实体，但是，产品的交换价值却显然与资本和土地等无需支付代价的公有物无关，而仅仅决定于需要支付代价的劳动：劳动是创造和决定交换价值的唯一的源泉或实体。

劳动是创造和决定交换价值的唯一的源泉或实体，意味着：产品的交换价值量决定于产品的创造所需要的社会必要劳动时间。于是，在公有制社会，最终说来，便应该按照每个人所提供的产品的社会必要劳动时间，分配给他含有等量社会必要劳动时间的产品：按劳分配是公有制社会经济权利平等原则。马克思论及这一原则时便这样写道：

这里（即按劳分配——引者）通行的是商品等价物的交换中也通行的同一原则，即一种形式的一定量的劳动可以和另一种形式的同量劳动相交换①;于是,"每一个生产者……以一种形式给予社会的劳动量,又以另一种形式全部领回来"②。

按生产要素分配与按劳分配原则虽然根本不同,却都属于比例平等原则范畴。因为按生产要素分配和按劳分配,每个人所享有的经济权利虽因各自的资本、土地和劳动量不平等而是不平等的;但每个人所享有的经济权利与自己所贡献的资本、土地和劳动量的比例却是完全平等的。如图:

$$\text{张三} \; \frac{\text{三份经济权利}}{\text{三份资本或土地或劳动量}} = \text{李四} \; \frac{\text{一份经济权利}}{\text{一份资本或土地或劳动量}}$$

然而,比例平等,如前所述,仅仅是非基本权利分配原则。所以,按生产要素分配与按劳分配也就仅仅是非基本经济权利分配原则。那么,基本经济权利、经济人权的分配原则是什么?是按需分配。因为根据"基本权利应该完全平等"的平等总原则可以推知:每个人不论劳动多少贡献如何,都应该完全平等享有基本经济权利、完全平等享有经济人权。而完全平等分配基本经济权利,也就是按人类基本物质需要分配基本经济权利。这一方面是因为基本经济权利就是满足每个人基本物质需要的权利;另一方面则是因为人们物质需要的不同或不平等仅仅存在于非基本的、比较高级的领域,而基本的、最低的、起码的物质需要则是相同的、平等的:"自然需要对所有人都是一样的。"③

进言之,按基本物质需要分配基本经济权利,实际上又等于按需要分配基本经济权利:按需分配。诚然,按基本需要分配经济权利与按需要分配经济权利根本不同。但是,基本经济权利与经济权利不同:基本经济权利仅仅能满足人的基本物质需要,而不可能满足人的非基本物质需要。因此,按需分配基本经济权利与按基本物质需要分配基本经济权利便是同一概念,正如按需分配食品与按生理需要分配食品是同一概念一样。

总之,按需分配是基本经济权利、经济人权的完全平等分配原则;按

---

① 《马克思恩格斯选集》第三卷,人民出版社1972年版,第11页。
② 同上书,第11页。
③ Mortimer J. Adler, *Six Great Ideas*, New York: A Touchstone Book Published by Simon & Schuster, 1997, p. 180.

劳分配和按生产要素分配则是非基本经济权利、非人权经济权利的比例平等分配原则。于是，根据人权优先原理可知，按需分配优先于按劳分配和按生产要素分配：当其发生冲突时应该牺牲后者以保全前者。举例说，原始社会生产力低下、物质财富匮乏。如果按需分配（即按每个人基本物质需要平均分配）从而人人平等享有基本经济权利，那么，多劳者便不可能多得而享有非基本经济权利。这就违背了按劳分配原则。反之，如果按劳分配从而多劳者多得而享有非基本经济权利，那么就会有人饿死而享受不到基本经济权利。这就违背了按需分配原则。怎么办？原始社会是牺牲按劳分配而实行按需分配。这样做显然是公正的、正确的。

可见，按需分配优先于按劳分配和按生产要素分配，而按劳分配和按生产要素分配则以按需分配为前提。所以，根据按劳分配和按生产要素分配，固然应该多劳多得、少劳少得，固然应该投资多者多得、投资少者少得；但是，一些人所劳再少、投资再少，他们的所得也不能少于满足其最低的、起码的、基本的物质需要而妨碍按需分配。反之，一些人的所劳再多、投资再多，他们的所得也不能多到影响他人的最低的、起码的、基本的物质需要的满足而冲击按需分配。这个道理，艾德勒说得很透辟：按劳分配从属于按需分配。①

> 贡献较大的人比贡献较小的人有权利得到较多的财富。但是，对于这一原则，必须立即附以两个限制。第一，必须以某种方式使所有人在经济底线上达到平等。这个底线由足够满足人的最低限度经济需要的财富所决定。享有这些财富，是每个人的自然权利。第二，由于可分配的财物数量有限，谁都不应该根据他过多的贡献而挣得——正是挣得而不是去偷或抢——过多财富，以致没有足够的财富使所有个人或家庭以某种方式维持在经济底线以上。总之，不平等的财富分配即使被个人贡献的不平等证明为公正，也不应该造成任何人的贫困。②

---

① Mortimer J. Adler, *Six Great Ideas*, New York: A Touchstone Book Published by Simon & Schuster, 1997, p. 181.
② Ibid., p. 178.

综上可知,一方面,在任何社会,每个人不论劳动多少、贡献如何,都应该按人类基本物质需要完全平等地分配基本经济权利(即按需分配)。另一方面,在私有制社会,应该按照每个人所提供的生产要素的边际产品价值,而分配给他含有等量交换价值的非基本经济权利,以便使每个人所享有的非基本经济权利的不平等与自己所贡献的生产要素的边际产品价值的不平等的比例,完全平等(即按生产要素分配);在公有制社会,则应按每个人所贡献的社会必要劳动时间,而分配给他含有同量社会必要劳动时间的非基本经济权利,以便使每个人所享有的非基本经济权利的不平等与自己所贡献的社会必要劳动时间的不平等的比例,完全平等(即按劳分配)。这就是经济平等总原则,这就是国家治理和国家制度好坏的经济平等之价值标准。

### 4. 机会平等原则

机会平等原则与政治、经济平等原则一样,也是一种权利平等原则。但是,一方面,这种权利并非政治或经济等具体权利本身,而是获得这些具体权利之机会;另一方面,该原则所关涉的权利之机会,仅仅是竞争非基本权利——主要是社会的职务和地位、权力和财富——之机会,而不是竞争基本权利之机会,因为基本权利应该人人完全平等享有:它的获得既不须竞争,也不须机会。

由此观之,在某种程度上可以说:机会平等原则已隐含于政治平等与经济平等原则。因为机会平等,如所周知,相对结果平等而言。而政治平等与经济平等原则所确立的,虽然都是结果平等,即结果的完全平等和比例平等,但也隐含机会平等。更确切些说,从基本的政治、经济权利分配原则(即每个人不论贡献如何,都应该完全平等地享有基本的政治、经济权利)所确立的平等来看,显然不但完全是结果平等,而且是结果的完全平等。反之,从非基本的政治、经济权利分配原则(即每个人因其贡献——才能加品德——不平等而应享有相应不平等的非基本政治、经济权利)所确立的平等来看,则不但仅仅是结果比例平等,而且还是一种机会平等。因为这个原则说的是:不管对谁,一切非基本权利都应该平等地并且仅仅地按照他所作出贡献(才能+品德)来分配。这样,所有人虽不能同等获得各种非基本权利,却同等有机会获得各种非基本权利:每个人获得非基本权利的机会是平等的。这也就是罗尔斯所说的"地位和职务向所有人开放"、"事业向才能开放"、"事业向才能开放的平等。"①

但是，政治、经济比例平等原则所隐含的这种机会平等并非机会平等的全部，而仅仅是一种表层的、形式的机会平等。因为非基本权利平等地按每个人的贡献（才能＋品德）来分配，固然意味着所有人获得非基本权利的机会平等。但是，更进一步看，一些人才德较差、贡献较少从而享有较低的非基本权利，往往是因为他们缺乏发展才德、作出贡献的机会；反之，另一些人才德较高、贡献较大从而享有较多非基本权利，则往往是因为他们充分享有发展才德、作出贡献的机会。由此可见，机会平等分为两类：一类是竞争非基本权利的机会平等，它是形式的、表层的机会平等；另一类则是发展才德、作出贡献的机会平等，它是实质的、深层的机会平等。这两类机会平等可以从道格拉斯·雷所援引的例子得到很好说明："假设某个社会，武士阶层的成员享有巨大威望，因为他们的职责要求有巨大体力。该阶层过去只从富家子弟中征募；但平等主义改革者们改变了征募原则，按照新的原则，武士们可以面向社会所有阶层征募而依据适当的竞争结果。然而，这样做的后果却是，富有家庭实际上仍然提供全部的武士，因为其他民众由于贫穷而如此营养不良，以至他们的体力与那些营养良好的富家子弟相比，总是低下的。"② 这个例子生动表明，当时平等主义改革只做到了形式的表层的机会平等：武士职业向所有人开放、每个人都同样有机会担任武士，这属于竞争非基本权利的机会平等；但没有做到实质的深层的机会平等：每个人都可能营养良好而同样有培养自己巨大体力的机会，这属于发展才德、作出贡献的机会平等。道格拉斯·雷则将这两类机会平等叫做"关于前途的机会平等"与"关于手段的机会平等"："1. 关于前途的机会平等：两个人，J 和 K，有竞争 X 的平等机会，如果他们有得到 X 的同样可能。2. 关于手段的机会平等：两个人，J

---

① John Rawls: *A Theory of Justice* (Revised Edition), Massachusetts: The Belknap Press of Harvard University Press Cambridge, 2000, p. 53/57.
② Rae, Douglas W.: *Equalities*, Cambridge, Mass.: Harvard University Press, 1981, p. 74, p. 65 – 66.

和 K，有竞争 X 的平等机会，如果他们有得到 X 的同样工具。"①

萨托利对机会平等的分析也以这种分类为前提："我建议将机会平等再细分为平等通路和平等起点"②，"平等通路是指在进入和提升方面没有歧视，为平等的能力提供平等的通路……平等起点的概念说的是一个完全不同的和开端性的问题，即如何平等地发展个人潜能"③。

综上所述，可以得出结论说，机会平等分为两类。一类叫做"竞争权利的机会平等"，它是竞争非基本权利的目标的机会平等，主要是获得职务和地位、权力和财富的机会平等。这种机会平等可以归结为"职务和地位唯才德是举而向所有人开放"，它是形式的、表层的机会平等。另一类则叫做"发展潜能的机会平等"，它是竞争非基本权利的手段的机会平等，主要是受教育的机会平等。这种机会平等可以归结为"每个人的才德都有平等的机会发挥"，它是实质的、深层的机会平等。

机会平等的这种分类无疑具有重要意义：它使我们在确立机会平等原则时，不仅应该关注竞争职务和地位、权力和财富等非基本权利的目标的机会平等；更应该注重良好教育、发展潜能等竞争非基本权利的手段的机会平等。但是，这种分类，充其量，只能表明机会平等的深浅度；却不能表明机会平等的道德性，不能表明机会平等是应该还是不应该。机会平等是否应该？是否一切机会皆应平等抑或只是某些机会才应平等？这并不取决于机会平等是形式的还是实质的。不！机会平等的道德性，真正讲来，并不取决于机会平等本身的性质如何；而完全取决于机会的提供者是谁。机会从其提供者的情形来看，也可以分为两类：政府提供的机会与非政府提供的机会。非政府提供的机会，比较复杂，主要包括：家庭提供的机会、天资提供的机会、运气提供的机会。

罗尔斯认为，家庭、天资、运气等自己无法负责的因素所提供的机会不平等是不应得的、不应该的、不公平的："自然赋予我们所固有的那些不同的天资不是我们所应得的，正如我们在社会中最初的不同的出发点并

---

① Rae, Douglas W., *Equalities*, Cambridge, Mass.: Harvard University Press, 1981, p.74, pp.65－66.

② Giovanni Sartori, *The Theory Democracy Revisited*, New Jersey: Chatham House Publisher, Inc. Chartham, 1987, p.344.

③ Ibid., pp.346－347.

不是我们所应得的一样。"① 为什么家庭、天资等自己无法负责的因素所提供的机会不平等是不应得、不公平的？原来，在罗尔斯看来，"'公平机会原则'可以归结为：谁都不应该因其无法负责的因素而获得社会利益；换言之，谁都不应该因其无法负责的因素而被剥夺社会利益。"② 这就是说，每个人只应该因自己能够负责的自由的选择和努力获得权利，而绝不应该因自己无法负责的因素——家庭、天资、运气等——获得权利。这就是罗尔斯所谓的"机会公平平等"或"公平机会原则"。这显然是一种机会应该完全平等的主张，因而无疑是美好的、完美的、理想的：然而却是不现实、不公平的。现实地看，机会不但不可能完全平等，而且家庭、天资、运气等自己无法负责的因素所提供的机会不平等是应得的、公平的，而使其平等却是不公平的。

首先，出身于不同的家庭，则所享有的竞争非基本权利的机会是不平等的。萨缪尔森曾就此写道："到了一周岁时，出身富有家庭并经双亲精心照料的孩子在经济和事业地位的竞争中已经略占上风。到了进小学一年级时，城市近郊的六岁儿童比贫民窟或农村同龄儿童具有更大的领先地位。在以后的12到20年中，已经领先的人越来越走在前面。"③ 家庭所提供的这种机会不平等，不但罗尔斯，而且许多人，如奥肯，都认为是不公平的。因为"当一些人面前障碍重重时，另一些竞争者已经率先起跑了。各种家庭的社会地位与经济地位不同，使得这场赛跑并不公平。"④ 奥肯等人不懂得，人生的赛跑乃是一场世代相沿的无休止的接力赛。每个人的起点不在一条起跑线上并非不公，因为他们的最初祖先们的起点是在同一条起跑线上的。更确切些说，家庭提供的竞争非基本权利的机会，无非是家庭成员之间的一种权利转让。子女所享有的机会，是父母转让的权利，因而也就转化为子女自己的权利。诺齐克的"转让正义原则"谈的就是这个道理："符合转让的公正原则，而从对所有享有权利的所有者那

---

① John Rawls: *A Theory of Justice* (Revised Edition), Massachusetts: The Belknap Press of Harvard University Press Cambridge, 2000, p. 89.
② Tom L. Beauchamp: *Philosophical Ethics*, New York: McGraw-HillBook Company, 1982, p. 252.
③ 萨缪尔森:《经济学》下，商务印书馆1982年版，第232页。
④ 阿瑟·奥肯:《平等与效率》，华夏出版社1987年版，第38页。

里，获得一种所有的人，对这一所有是有权利的。"① 家庭提供的机会，既然是机会享有者的权利，那么，这种机会不平等便是应得的、公平的；而使其平等，便侵犯了机会所有者的权利，便是不公平不应该的。我们不妨拿诺齐克的例子来说。一个富翁的儿子，自幼便享有在自己家里的游泳池训练跳水的机会；而一个穷人的儿子却无此机会。这种机会不平等来自家庭成员之间的权利转让，因而是公平的。反之，若关闭游泳池或令富翁给穷人的儿子也修一座同样的游泳池，从而使他们的机会平等，便侵犯了富翁及其儿子的权利，因而是不公平的。

其次，天资不同的人，竞争职务和地位、权力和财富等非基本权利的起点和获胜的机会显然也是不平等的。这种机会不平等也是应得的、公平的。因为社会，说到底，不过是每个人获得利益的合作形式。每个人的天资、努力等便是其入股社会的股本。因此，正如诺齐克所说，每个人对其股本"天资和努力"及其收益"职务和地位、机会和财富"等都是有权利的："人们有权拥有其自然资产，并且也有权拥有来自其自然资产的东西。"② 这样，每个人因其天资不平等所带来的机会不平等，便是他应得的权利；若使其平等，便侵犯了他的权利而是不公平不应该的。

最后，人们竞争非基本权利的机会不平等，往往是个人的运气所致。布坎南对此曾有十分生动的论述："耕种家庭农田的农民以标准的方式务农，并没有选择别人在他农田下面会发现石油，他完全靠运气。另外一些人由于运气不好，眼看他们的产业遭洪水、火灾或遭疫病而化为乌有。……我的论点是：运气在一定程度上是已有定论的偶然影响因素，它在比赛中为所有人提供'本来可能'的机会。"③ 那么，运气所提供的机会不平等是否公平？布坎南的回答是："运气并不破坏基本公正的准则。"④ 这个回答很对。因为，如前所述，社会公平的根本原则

---

① Robert Nozick, *Anarchy, State And Utopia*, Beijing: China Sciences Publishing House Chengcheng Books Ltd., 1999, p. 151.
② Ibid., p. 226.
③ 詹姆斯·M. 布坎南：《自由、市场和国家》，北京经济学院出版社 1989 年版，第 130 页。
④ 同上。

是：按照贡献分配权利。而任何人的贡献、成就，正如曾国藩所说，都含有运气因素，都是天资、努力、运气诸因素配合的结果。① 因此，运气也就与天资、努力一样，可以通过产生贡献而带来权利；运气所带来的收益，也就与天资和努力所带来的收益一样，乃是收益者的权利。农民有权利拥有运气带给他的收成，岂不正如他有权利拥有灾年的收成？所以，运气所提供的收益、所提供的机会不平等，确是幸运者的权利；若剥夺幸运者的机会而使其平等，便侵犯了幸运者的权利，便是不公平、不应该的。

家庭、天资、运气等非社会提供的机会，总而言之，是幸运者的个人权利，因而无论如何不平等，社会和他人都无权干涉。但是，幸运者在利用较多机会去作贡献、获权利的过程中，必定较多地使用了与机会较少者共同创造的资源：社会、社会合作。反之，机会较少者对社会合作的利用自然较少。机会较多者的贡献之中既然包含着对共同资源的较多使用，因而也就间接地包含着机会较少者的贡献。于是他们因这些较大贡献所取得的权利，便含有机会较少者的权利。所以，便应该通过高额累进税、遗产税、社会福利措施等方式从他们的权利中，拿取相应部分补偿、归还给机会较少者。这样，机会较多者的权利与其义务才是相等的、公平的；否则，机会较多者便侵吞了机会较少者的权利，是不公平的。

政府提供的机会，与家庭、天资、运气提供的机会根本不同。家庭、天资、运气所提供的机会，如前所述，皆属私人权利，都是机会享有者的个人权利；反之，政府提供的机会，则属于公共权利，是全社会每个人的权利。更确切说，则正如杰弗逊所指出的：政府提供的机会乃是全社会每个人的基本权利，是每个人的人权。② 因为，如前所述，机会平等原则所说的"机会"，并不是竞争基本权利的机会——基本权利不须竞争而为人人完全平等享有——而是竞争非基本权利的机会。而政府所提供的竞争非基本权利的机会，显然不是非基本权利，而是基本权利、是人权。这样，根据基本权利、人权应该完全平等的原则，政府所提供的竞争非基本权利

---

① 参阅《三松堂全集》第四卷，河南人民出版社1988年版，第681页。
② 艾德勒、范多伦编：《西方思想宝库》，吉林人民出版社1988年版，第1047页。

的机会,也就应该为人人完全平等享有:人人应该完全平等享有政府所提供的发展自己潜能的受教育机会;人人应该完全平等享有政府所提供的作出贡献的机会;人人应该完全平等享有政府所提供的竞争权力和财富、职务和地位等非基本权利的机会。因此,哈耶克说:"欲使所有的人都始于同样的机会,这既不可能也不可欲。"① 但是,"公正确实要求:那些被政府决定的生活条件,应该平等地提供给每个人"②。

然而,罗尔斯却认为政府所提供的机会不应该平等,而应该不平等:"由于出身和天资的不平等是不应得的,对于这些不平等就应该以某种方式予以补偿。这种补偿原则主张,为了平等对待所有人,从而达到真正的机会平等,社会就必须更多关注那些天资较低和出身的社会地位较差的人们。这一主张就是要按照平等的导向纠正那些偶然因素所造成的偏差。遵循这一原则,较大的资源应该花费在智力较低而非较高的人们的教育上——至少在一生的某一阶段,如早期学校教育。"③ 这是错误的。因为家庭和天赋所提供的机会本身,如前所述,完全是幸运者的个人权利,丝毫不包含也丝毫未侵犯机会较少者的权利,因而不应该给机会较少者补偿丝毫机会。反之,幸运者利用较多机会去创获权利,如前所述,却必定较多地使用了与机会较少者共同创造的资源"社会合作",因而应该补偿给机会较少者以相应权利。所以,机会较多者应给机会较少者补偿的,是机会的利用,而不是机会的占有;是利用机会所创获的权利,而不是机会本身。罗尔斯却把机会的利用和机会的占有、权利补偿与机会补偿等同起来,从而以为机会较多者应补偿给机会较少者以机会,因而主张政府应该通过提供不平等的机会来补偿家庭和天赋所提供的机会不平等。然而,政府提供的机会,如前所述,乃是全社会每个人的基本权利,是每个人的人权;如若不平等分配,给出身不利、天赋较低的人以较多机会,岂不侵犯了出身有利、天赋较高的人的人权?

可见,罗尔斯犯了一种相反相成的双重错误:一方面,他误以为家

---

① 哈耶克:《自由秩序原理》,生活·读书·新知三联书店1997年版,第172页。
② Friedrich A. Hayek, *The Constitution of Liberty*, The University of Chicago Press, 1978, p. 99.
③ John Rawls, *A Theory of Justice* (Revised Edition), Massachusetts: The Belknap Press of Harvard University Press Cambridge, 2000, p. 86.

庭、天资、运气等自己无法负责的因素所提供的机会不平等是不应该、不公平的；于是，另一方面，便误以为社会所提供的机会应该相反地不平等，以便补偿家庭等因素所造成的机会不平等，从而使每个人的机会"真正地"、完全地平等：机会应该完全平等的美好理想是导致这一双重错误之根源。

综观上述，可以得出结论说：政府所提供的发展才德、作出贡献、竞争职务和地位以及权力和财富等非基本权利的机会，是全社会每个人的基本权利，是全社会每个人的人权，应该人人完全平等。反之，家庭、天赋、运气等非社会所提供的机会，则是幸运者的个人权利，无论如何不平等，他人都无权干涉；但幸运者利用较多机会所创获的较多权利，却因较多地利用了共同资源"社会合作"而应补偿给机会较少者以相应权利。这就是机会平等原则，这就是衡量国家治理和国家制度好坏的机会平等之价值标准。

## 四　社会公正理论

社会对于每个人权利与义务的分配究竟如何才是公正的？这不但是社会公正的根本问题，而且是伦理学、政治哲学、法哲学和经济哲学最根本的跨学科难题。围绕这个难题，从柏拉图和亚里士多德到罗尔斯和诺齐克，一直争论不休。这些争论可以归结为四种理论：贡献论、需要论、平等主义和自由公正论。

### 1. 贡献论

所谓贡献论，顾名思义，就是将贡献作为权利分配依据的社会公正理论，也就是将"按贡献分配权利"奉为社会公正原则的理论。贡献论的代表人物圣西门，曾将这一原则概括为一句话："使每个社会成员按其贡献的大小，各自得到最大的富裕和福利"[①]。贡献论者阿德勒论及这一原则时也这样写道："根据每个人对大家合作生产的全部财富所作出的贡献

---

① 《圣西门选集》第2卷，商务印书馆1982年版，第293页。

进行分配。"①

贡献无疑有潜在与实在之分：潜在贡献就是才能、品德等自身内在的贡献因素和运气、出身等非自身的外在贡献因素，是导致贡献的因素、原因，是尚未作出但行将作出的贡献，是可能状态的贡献；实在贡献则是德才、运气、出身诸贡献因素相结合的产物，是已经作出来的贡献，是现实状态的贡献。因此，主张按照才能分配权利的"才能论"和按照品德分配权利的"品德论"都属于"贡献论"范畴，只不过都是片面的"贡献论"而已。

贡献论的奠基者是亚里士多德，因为他通过大量论证得出结论说："正义的分配是以应该付出恰当价值的事物授予相应收入的人。这个要旨我已经在《伦理学》中讲过了。② 按照这个要旨，合乎正义的职司分配（'政治权利'）应该考虑到每一受任的人的才能或功绩（'公民义务'）"③ 亚里士多德以降，两千多年来，贡献论近乎不言而喻之公理：它不但被历代贤明的统治者奉为治理国家的金科玉律，而且为众多的思想家所倡导。

确实，一方面，"权利"属于"索取"范畴，因而"按照贡献分配权利"，也就是贡献与索取相交换，符合"等利交换"的公正总原则，堪称社会公正的根本原则。另一方面，德与才是潜在贡献，是权利分配的潜在依据；而贡献则是德与才的实在结果，是权利分配的实在依据。所以，德才原则无非是潜在的贡献原则，是社会根本公正的潜在原则；而贡献原则则是社会根本公正的实在原则。因此，贡献论是真理；而才能论和品德论则是片面真理。因为品德和才能只有结合起来，才是决定贡献的必然因素、充分条件；反之，德与才若分离独立，也就与运气、出身一样，是偶然导致贡献的因素和必要条件：一个人不论是有德无才还是有才无德，都同样既可能作出也可能作不出贡献。所以，如果把德与才分离开来，单独作为权利分配的依据，便可能导致不做贡献而享权利，因而也就背离了按

---

① Mortimer J. Adler, *Six Great Ideas*, New York: A Touchstone Book Published by Simon & Schuster, 1997, p. 178.
② 亚里士多德在他所写的《伦理学》中这样写道："应该各自的价值分配才是公正。"《亚里士多德全集》第八卷，中国人民大学出版社1992年版，第100页。
③ 亚里士多德：《政治学》，商务印书馆1996年版，第136页。

贡献分配权利的公正原则。因此，社会公正的根本原则既不是按照才能分配权利，也不是按照品德分配权利，而是兼顾德才分配权利：才能论和品德论是片面真理。

### 2. 需要论

所谓"需要论"，也就是将"按需分配"奉为社会公正根本原则的理论。这种理论的倡导者虽然灿若繁星、不胜枚举，但主要是社会主义和共产主义的思想家，如莫尔、康帕内拉、温斯坦莱、葛德文、摩莱里、马布利、欧文、卡贝、德萨米、布朗以及科学社会主义的创立者马克思和恩格斯。马克思科学社会主义与这些空想社会主义的区别，如所周知，在于如何实现以及依靠谁来实现社会主义和共产主义，而并不在于共产主义分配原则。所以，斯大林说，在共产主义社会，"产品将按旧时法国共产主义者的原则实行分配，就是'各尽所能，按需分配'"[1]。今日西方仍然有众多的思想家，如迈克尔·沃尔泽、戴维·米勒和伯纳德·廉斯等，将按需分配当作社会公正根本原则。[2]

殊不知，按需分配实际上并不是公正原则，而或者是个高于公正的仁爱原则，或者是个不公正原则——它究竟是个什么原则完全取决于实行它的社会是个什么社会。如果一个社会的全体成员的基本联系是各自的利益而不是相互间的爱，那么，该社会的成员便会计较利益得失。因此，贡献较多而需要较少者也就不会把自己按照公正原则所应分有的较多权利自愿转让、馈赠给贡献较少而需要较多者。这样，如果实行按需分配，便是对贡献多而需要少者的按照公正原则所应多得的权利的强行剥夺，便侵犯了贡献多需要少者的权利，因而是不公正的。所以，按需分配如果实行于以利益为基础的社会，便是个不公正的原则。反之，如果一个社会——如家庭——全体成员的基本联系是相互间的爱而不是各自的利益，那么，该社会的成员便不会计较利益得失，而会心甘情愿按需分配。这样，虽然贡献多需要少者分有较少权利，而贡献少需要多者分有较多权利，却并非不公

---

[1] 《斯大林全集》第11卷，人民出版社1954年版，第117页。
[2] 参阅沃尔泽《正义诸领域》，译林出版社2002年版，第25页；米勒《社会正义原则》，江苏人民出版社2001年版，第28页；Robert Nozick, *Anarchy, State And Utopia*, Beijing: China Sciences Publishing House Chengcheng Books Ltd., 1999, p.233。

正。因为贡献多需要少者是出于对贡献少需要多者的爱，而完全自愿按需分配，因而也就是自愿把自己按照公正原则所应多得的权利转让、馈赠给了贡献少需要多者。反之，贡献少需要多者也就只是接受而并未侵犯贡献多需要少者所转让、馈赠的权利。这样一来，按需分配如果实行于以爱为基础的社会，便是个高于公正、超越公正而无所谓公正不公正的仁爱原则。所以，范伯格说：

> "各尽所能，按需分配"……这个著名的社会主义口号，无论如何，都不是用来表述一种分配正义的原则。它乃是旨在对抗当时囿于公正的各种思想的一种人人皆兄弟的伦理原则。因为早期社会主义者认为，从某种意义上讲，给予那些为我们的财富作出了巨大贡献的人以不成比例的较少产品份额是不公正的；但是，在新的社会主义社会中，仁爱、共有、不贪婪的精神会战胜这种斤斤计较公正的资产阶级观念，并将其置于适当的（从属的）位置。①

### 3. 自由公正论

"自由公正"原本是海耶克公正理论的一个基本范畴，这个范畴的内涵可以归结为一句话：自由与公正是同一概念。诚然，这种与公正为同一概念的自由，在哈耶克那里，乃是一种特殊的自由，亦即他所谓的"法治下的自由"（the conception of freedom under the law），也就是自由的法治原则，说到底，亦即自由的原则：自由的原则就是正义的原则，就是自由正义原则。② 其实，这种自由与公正的等同乃是海耶克、诺齐克和罗尔斯等自由主义论者的社会公正理论的根本特征。因此，我们就用"自由公正论"来称谓这些思想家所主张的社会公正理论：这种理论的典型特征就是将自由与公正等同起来从而将权利分配的自由原则奉为社会公正原则。

罗尔斯是这种自由公正论的真正大师。在他看来，他所提出的两个正

---

① Joel Feinberg, *SOCIAL PHILOSOPHY*. 1973 by PRENTICE HALL, INC. Englewood Cliffs, New Jersey, p. 114.

② Friedrich A. Hayek, *The Constitution of Liberty*, The University of Chicago Press 1978, p. 153.

义原则之所以是正义的，并不是因为它们依据于每个人的贡献；而是因为它们是一种社会契约，人人一致同意就是它们的正义性的证明："某些正义原则被证明，是因为它们在一种平等的原初状态中能够得到一致同意"①。这样，罗尔斯就将自由的原则等同于正义的原则。因为自由的原则的根本特征，无疑就在于人人一致同意：自由的原则就是人人一致同意的原则。罗尔斯将自由的原则等同于正义的原则，因而由正义原则的自由性的证明是人人一致同意而得出结论说：正义原则的正义性的证明是人人一致同意。他的《正义论》的基本内容，如所周知，就是对他的两个正义原则如何是处于原初状态的人们人人一致同意的原则之证明：这就是罗尔斯对于这两个正义原则正义性的契约论证明。所以，罗尔斯对于两个正义原则正义性的契约论证明，完全基于自由原则与正义原则之等同。那么，将"自由的原则"与"正义的原则"等同起来究竟是对还是错？

所谓自由的原则，也就是人人一致同意的原则。这就是说，一种原则是不是自由的原则，只能看该原则是否被人人一致同意：人人一致同意的原则，就是自由的原则；并非人人一致同意的原则，就是不自由的原则。因为所谓自由，如所周知，就是能够按照自己的意志进行的活动。所以，一种原则，如能直接或间接得到全社会人人一致同意，从而成为"公共意志"的体现，那么，每个人对它的服从，也就是在服从既属于别人也属于自己的意志，因而也就是自由的：真正自由的原则就是人人直接或间接一致同意的原则。反之，一种原则，如不能直接或间接得到全社会人人一致同意、不能成为公共意志的体现，那么，不同意者对它的服从，也就仅仅是在服从别人的意志而不是服从自己的意志，因而也就是不自由的：不自由的原则就是不能直接或间接取得人人一致同意的原则。

这样一来，一种原则是不是自由的原则与一种原则是不是正义的原则显然根本不同：自由的原则既可能是正义的、优良的原则，也可能是非正义的、恶劣的原则。因为任何原则，不管它多么不正义、多么恶劣，只要人人一致同意，就是自由的原则；不论多么正义、多么优良，只要不能取得人人一致同意，就是不自由的原则。设有一个 300 人结成的社会，这

---

① John Rawls, *A Theory of Justice* (Revised Edition), Massachusetts: The Belknap Press of Harvard University Press Cambridge, 2000, p. 19.

300人一致同意制定这样一个原则：均财富、等贵贱。这是个自由原则，却不是正义原则；因为它违反了"按贡献分配权利"的社会正义原则。因此，我们可以得出结论说：自由的原则与正义的原则根本不同。这样一来，罗尔斯对于两个正义原则的正义性的证明便是根本不能成立的：人人一致同意的契约论证明，只能证明这两个正义原则的自由性，却不能证明这两个正义原则的正义性。这种证明的根本错误，显然在于等同正义的原则与自由的原则，因而由正义原则的自由性的证明是人人一致同意的正确前提，而得出错误的结论：正义原则的正义性的证明是人人一致同意。

### 4. 平等主义

所谓平等主义（egalitarian），顾名思义，就是将社会对于每个人权利的平等分配原则奉为社会公正原则的理论。这种理论可以分归结为两大类型：极端平等主义或绝对平等主义——亦即所谓平均主义——与相对平等主义。平均主义是将一切权利完全平等分配奉为社会公正原则的理论，其代表人物，主要有莫尔、闵采尔、马布利、康帕内拉、摩莱里、葛德文、狄德罗、巴贝夫和邦纳罗蒂以及旧福利经济学家庇古等。平均主义显然违背社会公正根本原则——亦即按贡献分配权利原则——因而是根本错误的。反之，相对平等主义则是反对一切权利完全平等而将权利相对平等——如基本权利完全平等和非基本权利比例平等——奉为社会公正原则的理论。这种理论，以权利分配的相关项或相关性质为依据，又具体分为四种类型：需要论的平等主义、人性论的平等主义、自由正义论的平等主义和贡献论的平等主义。

所谓需要论的平等主义，为主张按需分配的社会公正理论所倡导，因而主要为社会主义和共产主义思想家所倡导。这种平等主义显然是需要论与平等主义的结合，也就是将每个人的需要作为权利分配依据的平等主义，也就是主张按需分配的平等主义，也就是将按照需要分配权利的事实平等（或真正平等）原则奉为社会公正原则的平等主义：它其实是一种仁爱理论而并不属于公正理论范畴。人性论的平等主义——17世纪以来西方社会的主流意识形态——也就是将人人完全相同的人性作为权利分配的依据的平等主义。这种平等主义是不能成立的，因为照此说来，一个人不论多么坏，也因其是人而应该与好人——好人与坏人同样是人——平等享有权利。自由正义论的平等主义主要以罗尔斯为代表,这种平等主义无非是自由正义论与平等主义的结合,也就是将自由作为权利分配正义性的依据的平等主义,换言之,也就是将人人一致同意作为权利分配正义性的依据的平等主义,说到底,也就是将人人一致同意作为权利平等原则正义性的依据的平等主义。它的根本缺憾在于:将自由的原则等同于正义的原则。贡献论的平等主义则主要以亚里士多德为代表,是贡献论与平等主义的结合,也就是将按照贡献分配权利的平等原则——基本权利完全平等和非基本权利比例平等——奉为社会公正原则的平等主义:恐怕只有这种平等主义才因其符合"等利交换"的公正总原则而堪称社会公正理论之真理。

# 第八章

# 人道:国家制度最高价值标准

**本章提要**

　　人道是视每个人的创造性潜能的实现为最高价值而使人实现自己的创造性潜能的行为,也就是视人的自我实现为最高价值而使人自我实现的行为,简言之,就是"使人成为人"的行为:"使人成为人"是衡量一切行为是否人道的总原则,是衡量国家治理和国家制度好坏的最高价值总标准。自由是自我实现的根本条件,二者成正相关变化:一个人越自由,他的个性发挥得便越充分,他的创造潜能便越能得到实现,他的自我实现的程度便越高。因此,自由是最根本的人道,因而国家治理和国家制度好坏的最高价值标准,说到底,乃是自由。

## 一　人道总原则:人道主义

　　何谓人道?《左传》云:"天道远,人道迩。"①《易经》云:"《易》之为书也,广大悉备,有天道焉,有人道焉,有地道焉。"②"天道亏盈而益谦,地道变盈而流谦,鬼神害盈而福谦,人道恶盈而好谦。"③《礼记》云:"亲亲、尊尊、长长、男女之有别,人道之大者也。"④ 照此看来,所谓人道,也就是人之道,是人所当行之道,是人的一切行为规范总和,因

---

① 《左传·召公十八年》。
② 《系辞下传·第十章》。
③ 《周易上经·谦》。
④ 《礼记·丧服小记》。

而包括三纲五常、忠孝节义、仁礼智信、杀人偿命、借债还钱等一切道德和法律规范。所以，司马迁云："人道经纬万端，规矩无所不贯，诱进以仁义，束缚以刑罚，故德厚者位尊，禄重者宠荣，所以总一海内而整万民也。"①

可见，我国古代的人道概念，外延十分宽泛且混合道德与法于一体。这种笼统含糊的概念，显然不适合分门别类的科学研究，不具有科学价值；因而随着科学的发展，逐渐分化为法与道德，并被二者取代而逐出科学王国。

今日中文的"人道"概念，如所周知，外延已演进得相当狭窄——它仅仅是"人道主义"概念中的"人道"，因而仅仅是一种道德原则，亦即人道主义道德原则："人道"与"人道主义道德原则"是同一概念。这样，一方面，今日中文的人道概念便适合于分门别类的科学研究，从而具有了科学价值，它已是伦理学的基本范畴；另一方面，这种人道概念与西文的人道概念是一致的。因为西文的人道（humanity）概念，并不具有"人之道"的含义，不具有法律的含义；而与人道主义（humanism）概念一样，只具有道德含义，只是一种有关某种道德原则的概念。不过，这样一来，人道概念便变得十分具体复杂了：要界定"人道"，首先必须界定歧义丛生、众说纷纭的"人道主义"。

### 1. 人道主义：关于人是最高价值的思想体系

人道主义的思想渊源，正如阿森纳斯·若日所言，可以追溯到古代希腊罗马："人道主义者受到古代思想和艺术的鼓舞激励，因为后者本身就是人道主义的一种表现形式和一个历史阶段……由赫拉克利特、德谟克利特、亚里士多德、伊壁鸠鲁、菲狄亚斯、欧里庇得斯等大师所代表的希腊进步思想和艺术就是人道主义的一个光辉的阶段。"② 但是，作为一种系统的理论，人道主义无疑形成于文艺复兴运动而为其主导思想。就这种人道主义产生和发展的历史过程来看，如所周知，分为三大阶段。第一阶

---

① 《史记·卷二十三·礼书第一》。
② 沈恒炎、燕宏远主编：《国外学者论人和人道主义》第三辑，社会科学文献出版社1991年版，第745页。

段，是 14 至 16 世纪文艺复兴运动的人道主义，其代表人物，当推但丁、伐拉、皮科、庞波那齐、斐微斯、爱拉斯谟、路德、托玛斯·莫尔、蒙台涅、布鲁诺。第二阶段，是 17 至 18 世纪启蒙时期的人道主义，其代表人物，主要是培根、笛卡儿、格老秀斯、帕斯卡、斯宾诺莎、洛克、沙甫慈伯利、孟德斯鸠、伏尔泰、卢梭、狄德罗、爱尔维修、霍尔巴赫、梅叶、摩莱里、马布里、斯密、边沁、葛德文。第三阶段，是 19 至 20 世纪的人道主义，其代表有空想社会主义者圣西门、傅立叶、欧文；有德国启蒙思想家和古典哲学家赫尔德、康德、费尔巴哈；有俄国革命民主主义者赫尔岑、车尔尼雪夫斯基；以及其他多如繁星的自由主义论者和社会主义论者：一切自由主义论者当然都是人道主义论者，而社会主义论者几乎也都是人道主义论者。

可见，人道主义恐怕是人类思想史上最为庞大的流派：历代大思想家差不多都可以算作人道主义论者。那么，究竟何谓人道主义？人道主义的系统理论虽然诞生于 14 世纪兴起的文艺复兴运动，但那时并没有人道主义一词，而只有 humanitas：该词是拉丁文，本意指人的世俗教育。Humanitas 源于 humanus（人的、人性的、人道的、文明的），大约在 19 世纪初，才演化为人道主义一词：Humanismus（德文）和 humanism（英文）。因此，人道主义一词迟至 19 世纪才出现。这样，人道主义的含义，就其词源来说，就是人文主义，就是人文教育、世俗教育，就是通过古典的人文科学教育而最大限度地发展人的精神才智。因此，人道主义与人文主义的词源含义是完全相同的。这就是为什么 humanism 既可以被译为人道主义，也可以被译为人文主义的缘故。但是，人道主义的定义与其词源含义并不完全相同：人道主义与人文主义并非同一概念。就定义来说，人道主义并不完全像其词源那样，意指复兴古典人文教育；而是指复兴古典人文教育的那种新精神、新态度和新信念。这种新精神、新态度和新信念就在于：人本身，特别是人的创造性潜能之实现，乃是最高价值；因而应该善待一切人，特别是应该使每个人的创造性潜能得到实现。

人道主义，就其定义来说，首先是指这样一种思想体系，这种思想体系的根本观点，是认为人本身是最高的价值或尊严："人是最高的价值和宝贵的社会财富。无论过去还是现在，这条原则对于以人道主义为取向的哲学来说，都是经久不衰的原则。"① 可是，为什么人本身是最高的价值或尊严？这可以从两方面来看。一方面，正如霍尔巴赫和斯宾诺莎诸多先哲所言，对于人来说，人本身之所以是最高价值，乃是因为人最需要的东西就是人，因而人对于人具有最高效用、最高价值："在所有的东西中间，人最需要的东西乃是人。"② 人最需要的东西之所以是人，则是因为——正如阿德勒等无数先哲所论——每个人的一切利益，都是人类社会给予的：人类社会对于每个人具有最高效用、最高价值。人类社会又不过是每个人之和。所以，人类社会是每个人的最高价值，归根结底，便意味着，每个人对于每个人具有最高价值：人对于人具有最高价值。

另一方面，对于人来说，人本身之所以是最高价值，则是因为人本身或每个人是社会的目的；而社会则不过是为人本身或每个人服务的手段而已。这一真理的最为系统而深刻的阐述，当推康德那"人本身就是目的"的著名理论："人，实则一切有理性者，所以存在，是由于自身是个目的，并不是只供这个或那个意志任意利用的工具；因此，无论人的行为是对自己的或是对其他有理性者的，在他的一切行为上，总要把人认为是目的。"③ 人是社会的目的，因而也就是社会的价值尺度，是评价社会一切事物的价值标准而超越于社会一切事物的价值之上：人是最高的价值或尊严。因为正如康德所言："一个有价值的东西能被其他东西所代替，这是等价；与此相反，超越于一切价值之上，没有等价物可代替，才是尊严。"④

既然人本身是最高价值，那么，不言而喻，对于任何人，不管他多么坏，对他的坏、他给予社会和他人的损害，固然应予相应的惩罚，应把他当做坏人看；但首先应因其是人、是最高价值而爱他、善待他、把他当人看：这是善待他人的最高道德原则。所以，人们大都将"博爱"或"把人当人看"与"人本身是最高价值"并列，作为人道主义根本特征，来界说人道主义："人道主义包括某种形式的博爱主义"⑤，"用一句话来简

---

① 《哲学译丛》，1991年第6期，第20页。
② 周辅成：《西方伦理学名著选辑》下卷，商务印书馆1987年版，第89页。
③ 罗国杰编：《人道主义思想论库》，华夏出版社1993年版，第449页。
④ 康德：《道德形而上学原理》，上海人民出版社1986年版，第87页。
⑤ 保罗·库尔茨：《保卫世俗人道主义》，东方出版社1996年版，第74页。

单地说，人道主义就是主张要把人当做人来看待。人本身就是最高目的，人的价值也在于他自身"①。

可见，人道主义堪为颠扑不灭之真理。因为一方面，人道主义是视人本身为最高价值的思想体系，这是真理，这是人道主义"事实如何"方面的根本特征；另一方面，人道主义是把"将人当做人看"奉为善待他人最高原则的思想体系，这也是真理，这是人道主义"应该如何"方面的根本特征。合而言之，人道主义便是视人本身为最高价值从而将"善待一切人、爱一切人、把一切人都当做人来看待"奉为善待他人最高原则的思想体系；简言之，便是视人本身为最高价值从而将"把人当人看"奉为善待他人最高原则的思想体系。

然而，人们往往将人道主义与人类中心主义等同起来，以为人道主义就是一种人类中心主义。戴维·埃伦费尔德在《人道主义的僭妄》中，便援引《韦氏新世界词典》来这样界定人道主义："人道主义是以人类利益和价值为中心的一种学说、一组态度或一种生活方式。"② 殊不知，人道主义与人类中心主义貌似而神非。人道主义与人类中心主义貌似，因为二者确实都可以看做是一种"以人的利益和价值为中心"的学说。这是因为，人是最高价值无疑意味着，应该以人的利益和价值为中心；反过来，以人的利益和价值为中心无疑也意味着，人是最高价值："以人的利益和价值为中心"与"人是最高价值"实为同一概念。但是，人道主义与人类中心主义貌似神非，因为人道主义的"人是最高价值"或"以人的利益和价值为中心"，仅仅是相对人来说的，仅仅是相对人类社会来说的：人对于人具有最高价值和人是社会的目的。因此，人道主义的"人是最高价值"或"以人的利益和价值为中心"意味着：人是社会和人的一切活动的中心。既然如此，那么，对于任何人，不管他多么坏，对他的坏、他给予社会和他人的损害，固然应予相应的惩罚，应把他当做坏人看；但首先应因其是人、是最高价值而爱他、善待他、把他当人看：人道主义是一种关于人应该如何对待人的学说；反之，人类中心主义的"以

---

① 汝信：《人道主义就是修正主义吗》，载《人性、人道主义问题讨论集》，人民出版社1983年版，第21页。
② 戴维·埃伦费尔德：《人道主义的僭妄》，国际文化出版公司1988年版，第201页。

人的利益和价值为中心"或"人是最高价值",则是绝对的,是对于宇宙万事万物来说的:只有人类才是目的,而一切非人类存在物都不过是为人类利益服务的手段。因此,人类中心主义的"以人的利益和价值为中心"或"人是最高价值"意味着:人类是宇宙万事万物的中心。既然如此,那么,每个人也就只有如何对待人类,才有所谓道德不道德的问题;而如何对待非人类存在物,是杀死吃掉还是供养它们,则无所谓道德不道德的问题:人类中心主义是一种关于人应该如何对待非人存在物的学说。

### 2. 人道主义:关于人的自我实现是最高价值的思想体系

细究起来,作为最高价值的"人本身"是个十分笼统含糊的概念。因为人的缺点、残忍、嫉妒、病痛、不幸等也是"人本身"的东西。这些东西若说有价值,也只是负价值,而根本谈不上什么最高价值。有感于此,帕斯卡疾呼:"让人尊重自己的价值吧。让他热爱自己吧。因为在他身上有一种足够美好的天性。可是让他不要因此也爱自己身上的卑贱吧。"① 显然,作为最高价值的"人本身",并非"人本身"的全部东西,而只是其中的部分东西。培里已经看到了这一点:"人道主义把人看做值得赞美的对象……因而使得我们发问,是人的什么东西被认为是值得赞美的……"② 是什么东西呢?皮科答道:作为最高价值的人本身,主要是指人本身的发展、完善、自我选择、自我实现,是指人的创造性潜能的实现,是人充分发挥、实现自己的创造性潜能从而使自己成为可能成为的最完善的人。③ 这种观点——人本身的发展、完善和自我实现是最高价值——能成立吗?

答案是肯定的。因为,一方面,人本身的自我实现所满足的乃是每个人的最高需要。现代心理学——特别是马斯洛心理学——的成果表明:人有五种基本需要,按照从低级到高级的顺序,依次是:生理需要、安全需要、爱的需要、自尊需要、自我实现需要。人本身的自我实现所满足的既然是人的最高需要,因而也就具有最高价值:最高价值岂不就是满足最高

---

① 罗国杰编:《人道主义思想论库》,华夏出版社1993年版,第359页。
② 同上书,第509页。
③ 周辅成编:《从文艺复兴到十九世纪资产阶级哲学家政治思想家有关人道主义人性论言论选辑》,商务印书馆1965年版,第33—34页。

需要的价值？另一方面，人本身的自我实现能够最大限度地满足全社会和每个人的一切需要。因为任何社会的财富，不论是物质财富还是精神财富，统统不过是人的活动的产物，不过是人的能力之发挥、潜能之实现的结果。所以，人本身的自我实现越充分、人的潜能实现得越多，社会的物质财富和精神财富便越丰富，社会便越繁荣进步，而每个人的需要也就会越加充分地得到满足。反之，人本身的自我实现越不充分、人的潜能实现得越少，社会的物质财富和精神财富便越贫乏，社会便越萧条退步，而每个人的需要的满足也就越不充分。所以，人本身的自我实现乃是一切财富的源泉，是最根本、最重要、最伟大的财富，因而也就能够最大限度地满足全社会和每个人的需要，从而具有最高价值。

可见，说包含着诸多负价值（缺点、残忍、病痛、嫉妒、不幸等）的人本身是最高价值，实乃浅层的外在的皮相的初级的真理；而内在的深层的本质的高级的真理则是：人本身的自我实现是最高价值。既然如此，那么不言而喻：应该使人自我实现，使人发展、实现自己的创造性潜能而成为可能成为的最有价值的、最完善的人——亦即所谓"使人成其为人"——这是善待他人的最高原则。因此，人道主义论者大都把"使人成其为人"与"人本身的自我实现是最高价值"并列，一起作为人道主义的根本特征来界定人道主义。培里写道："人道主义是那样一些抱负、活动和成就的名称，自然人由于它们而加上了超自然的东西。人道主义的范围既不是自然人，也不是超自然的替代物。精确地说，它是由自然人和他的超越的可能性所构成的一种二重性。自然人的命运就是发展他的种种潜在可能性。"①

可见，人道主义确为真理。因为一方面，人道主义是认为人本身的发展、完善、自我实现是最高价值的思想体系，这是真理，这是人道主义"事实如何"方面的根本特征；另一方面，人道主义是把人本身的发展、完善、自我实现奉为善待他人最高原则的思想体系，这也是真理，这是人道主义"应该如何"方面的根本特征。合而言之，人道主义便是认为人本身的发展、完善、自我实现是最高价值，从而把人本身的发展、完善、自我实现奉为善待他人最高道德原则的思想体系；便是认为人本身的自我

---

① 罗国杰编：《人道主义思想论库》，华夏出版社1993年版，第509页。

实现是最高价值，从而把"使人自我实现而成为可能成为的最有价值的人"奉为善待他人最高道德原则的思想体系。简言之，人道主义便是视人本身的自我实现为最高价值从而把使人自我实现奉为善待他人最高道德原则的思想体系。

### 3. 人道主义与人道实质：国家制度最高价值标准

显然，人道主义有两个定义：广义的与狭义的。广义人道主义是视人本身为最高价值从而将"善待一切人、爱一切人、把一切人都当做人来看待"当做善待他人最高原则的思想体系。所以，广义人道主义是一种博爱主义，是视人本身为最高价值的博爱主义，不妨名之为"人道博爱主义"或"博爱的人道主义"。反之，狭义人道主义则是认为人本身的自我实现是最高价值从而把"使人自我实现而成为可能成为的最有价值的人"奉为善待他人最高道德原则的思想体系。所以，狭义人道主义是一种自我实现理论，是视人本身的自我实现为最高价值的自我实现理论，不妨名之为"人道自我实现论"或"自我实现的人道主义"。对于人道主义的这种双重定义，大卫·戈伊科奇曾有所见："罗马帝国的格利乌斯时代，曾经对两类人道主义做出重要区分：一类意指'善行'，另一类意指'身心全面训练'。……善行从普罗米修斯式的人道主义中产生。身心全面训练则从智者的人道主义中产生。……而文艺复兴时期的人道主义，成为以往一切身心全面训练的人道主义范例。"① 那么，广义人道主义与狭义人道主义的关系如何？

人本身是最高价值，如前所述，不过是外在的、浅层的、皮相的、初级的真理；而内在的、深层的、本质的、高级的真理则是：人本身的自我实现是最高价值。准此观之，广义人道主义（视人本身为最高价值从而主张善待一切人的思想体系）便是外在的浅层的皮相的初级的人道主义；反之，狭义人道主义（视人本身的自我实现为最高价值从而主张使人成为人的思想体系）则是内在的深层的本质的高级的人道主义。这一点，赫尔达已经看到。他在《关于人道主义的通信集》中这样写道："对我们人类弱点所施的温柔同情——我们通常称之为仁慈——不是人道的全部内

---

① 大卫·戈伊科奇等编：《人道主义问题》，东方出版社1997年版，第2—3页。

容。"不但不是全部内容，而且不是实质内容。那么，人道主义的实质是什么？赫尔达答道：是使人自我实现，"是尽一切可能以培育人类，并使它完美化。这是人道者的理想实质。"① 吕大吉先生说得就更明白了："在人际关系中做到仁慈友爱、温厚大度，甚至忍恶勿争、以德报怨，当然是一种人道主义美德。不过，……这些道德规范只是属于人道主义的较低层次。更高层次的人道主义，或者说，人道主义的根本意义，是实现人的本质，使人在社会中按照人的本质生活，成为一个真正的人。"②

从人道主义的广义与狭义及其关系可以看出，所谓人道，就其作为伦理学的基本范畴来说，亦即就其作为人道主义道德原则来说，亦即就其作为规范人的行为应该如何的道德原则来说，也具有相应的广义与狭义。一方面，就广义的人道来说，人道乃是视人本身为最高价值而善待一切人、爱一切人、把任何人都当人看待的行为，是基于人是最高价值的博爱行为，是把人当人看的行为：这是善待他人的最高原则；反之，不人道、非人道则是无视人本身为最高价值而虐待人的行为，是残忍待人的行为，是把人不当人看的行为。就拿对待俘虏来说。如果首先把俘虏当做人来善待，其次当做俘虏对待，从而供其衣食、不予虐待，便叫做人道。反之，若将俘虏只当做俘虏而不当做人，从而残忍加以虐待，便叫做不人道、非人道。推而广之，任何人，不管他多么坏，对他的坏，固然应予以相应惩罚；但首先应该因其是人、是最高价值而善待他：这就是人道。反之，若只把他当作坏人惩罚而不当做人来善待，便是不人道、非人道。这就是广义的因而也就是浅层的、初级的、皮相的、外在的人道与非人道。

另一方面，就狭义的人道来说，人道乃是视人本身的完善为最高价值而使人成为可能成为的完善的人的行为，亦即视人的创造性潜能的实现为最高价值而使人实现自己的创造性潜能的行为，说到底，也就是视人的自我实现为最高价值而使人自我实现的行为：这是善待他人的最高原则。简言之，人道便是使人实现自己创造性潜能的行为，便是使人自我实现的行为，便是使人成其为人的行为；反之，非人道、不人道也就是使人不能实现自己创造性潜能的行为，是使人不能自我实现的行为，是使人不能成其

---

① 罗国杰编：《人道主义思想论库》，华夏出版社1993年版，第447页。
② 吕大吉：《人道与神道》，上海人民出版社1990年版，第120页。

为人的行为。这就是狭义的、深层的、内在的、本质的、高级的人道与非人道。举例说，如果一位父亲十分疼爱儿女，为了他们的前途不惜倾家荡产。然而他却不允许儿女按照他们自己的意志努力，而处处强迫他们按照他的设计奋斗，遂使儿女们不能自我选择、自我实现。这位父亲之所为便属于狭义的、深层的、高级的非人道行为；反之，另有一位父亲，虽然时时处处培育关心教导儿女，却十分尊重他们的自由，允许他们按照他们自己的意志自我选择、自我实现。那么，这位父亲之所为就是狭义的、深层的、高级的人道行为。

人道与非人道之广狭定义表明，一方面，"把人当人看（即视人本身为最高价值而把任何人都首先当做人来善待）"是衡量一切行为是否人道的广义的、浅层的、初级的总原则：凡是把人当人看的行为，都是广义的、浅层的、初级的人道行为；凡是广义的、浅层的、初级的人道行为，也都是把人当人看的行为。所以，"把人当人看"是广义人道总原则。反之，凡是"把人不当人看（无视人本身为最高价值而残忍待人）"的行为，都是广义的、浅层的、初级的非人道行为；凡是广义的、浅层的、初级的非人道行为，也都是把人不当人看的行为："把人不当人看"是广义非人道总原则。

另一方面，"使人成为人（即视人本身的自我实现为最高价值从而使人自我实现而成为可能成为的最有价值的人）"则是衡量一切行为是否人道的狭义的、深层的、高级的总原则：凡是使人成为人的行为，都是狭义的、深层的、高级的人道行为；凡是狭义的、深层的、高级的人道行为，也都是使人成为人的行为。所以，"使人成为人"是狭义人道总原则。反之，凡是使人不能成其为人的行为，都是狭义的、深层的、高级的不人道行为；凡是狭义的、深层的、高级的不人道行为也都是使人不能成其为人的行为："使人不能成其为人"是狭义非人道的总原则。

综观上述，不难看出：人道主义与其他道德理论，如利己主义与利他主义，有所不同。因为人道主义不仅与这些道德理论一样，是关于某种道德原则的理论；而且还与社会主义一样，是关于某种社会和国家的理论。社会主义，如所周知，是一种关于公有制的理想的社会和国家的理论。同理，人道主义则是一种关于人道的理想的社会和国家的理论，是关于将人道奉为国家治理和国家制度最高价值标准的理想的社会、理想国家的理论,是关于把"将人当人看与使人成为人"奉为国家治理和国家制度最高价值标准的理想社会、理想国家的理论:在这种社会和国家中,一方面,每个人都被当做人、当做最高价值来善待;另一方面,每个人都能够实现自己的创造潜能、成为一个可能成为的最有价值的人。最能说明这一点的是,历代人道主义思想家努力追求的,并不是每个人如何善待他人的道德问题,而是要实现一种理想的社会和国家,一种人道的社会和国家,一种将人当人看和使人成为人的社会和国家。14 至 16 世纪文艺复兴时期的人道主义,正如宫岛肇所言,并不是每个人如何善待他人的道德理论,而是一种通过复兴古典文化来反对封建专制和宗教统治,从而"成为开辟人类历史新时代和新社会的社会革新的原理"。[①] 17 至 18 世纪启蒙时期的人道主义,如所周知,乃是废除封建社会而代之以新的市民社会的资产阶级革命理论。19 至 20 世纪的人道主义——特别是社会主义的人道主义——则是一种关于克服资本主义各种弊端的新的人道社会的理论。

可见,所谓人道主义,固然是一种关于道德原则的理论;但是,就其实质来说,乃是一种关于理想社会和国家的理论,是一种关于人道社会和国家的理论,是一种将人道奉为社会和国家治理最高价值标准的理论,是一种将人道奉为社会和国家制度最高价值标准的理论。相应地,所谓人道,固然是一种应该如何善待他人的最高道德原则;但是,就其实质来说,乃是统治者应该如何善待被统治者的最高价值标准,是统治者应该如何治理社会和国家的最高价值标准,是社会和国家治理的最高价值标准,是社会和国家制度的最高价值标准。因此,赫尔德写道:"人类的一切机构,所有科学和艺术——如果它具有合理性——的唯一目的,就是使我们人类人道化,这就是将野蛮的和半野蛮的人改造成人,使我们人类首先从小部分起,达到理智所承认的、义务所要求的、我们的愿望所羡慕的形式。"[②] 潘扎鲁说得就更明白了:"人道主义已经获得了一种政治纲领的意义……一种组织和管理社会的标准和法则。"[③] 这样一来,正如宫岛肇所

---

[①] 沈恒炎、燕宏远主编:《国外学者论人和人道主义》第三辑,社会科学文献出版社 1991 年版,第 735 页。

[②] 罗国杰编:《人道主义思想论库》,华夏出版社 1993 年版,第 448 页。

[③] 沈恒炎、燕宏远主编:《国外学者论人和人道主义》第三辑,社会科学文献出版社 1991 年版,第 37 页。

说，哪里有国家和社会制度，哪里有统治者和被统治者，哪里就会有人道主义："无论什么时代、什么社会，只要有国家这样一种社会组织，并由此形成某种程度的学术文化，大致都可以看到这种人道主义的先兆。因为我们必须承认，国家和社会的各种制度一旦出现，就由此产生统治者与被统治者、客观制度与个人欲求之间的对立和差别，人性的被歪曲和压抑，在某种程度上就必然地接踵而来。"[①]

这就是说，人道主义乃是关于任何历史条件下的最一般、最抽象、最普遍的社会和国家治理、国家制度的价值标准的理论，是一种超历史、超时代、超阶级的社会和国家理论，是适用于一切社会和国家的普遍理论，因而可以应用于各种具体的、特殊的社会和国家，而与这些具体的、特殊的社会和国家理论结合起来，形成各种具体的人道主义：它可以应用于资本主义社会，与资本主义结合起来，形成资产阶级人道主义；也可以应用于社会主义社会，与社会主义结合起来，形成社会主义人道主义。然而，越是普遍越是抽象的东西，内涵也就越少。那么，人道主义是否如此一般、抽象、普遍，以致可以将其归结为十个字：将人当人看、使人成为人？

答案是否定的。因为将人当人看与使人成为人仅仅是广义与狭义的人道总原则，而并不是人道根本原则。诚然，狭义人道总原则——使人成为人——就是人道的最为根本的总原则。但是，狭义人道总原则只是教导我们应该使人自我实现、应该使人成为人。可是，它未能指明：究竟怎样才能使人成为人、使人自我实现？人道主义对于这个问题的深入回答是：应该使人自由。因为自由乃是每个人实现自己的创造潜能、从而成为一个可能成为的最有价值的人的根本条件，是每个人自我实现的根本条件：自由是最根本的人道。

## 二 自由：最根本的人道

### 1. 自由概念：自由与利用自由的能力以及积极自由与消极自由

不言而喻，要知道自由是什么，须知道自由在何处。谁都知道，非生

---

[①] 沈恒炎、燕宏远主编：《国外学者论人和人道主义》第三辑，社会科学文献出版社1991年版，第734页。

物界无所谓自由，我们不能说一座山或者一条河是自由的还是不自由的。植物界也无所谓自由，我们不能说一棵树是自由的还是不自由的。自由显然仅仅存在于动物界：动物是能够自由运动的生物。不过，动物的一切运动并非皆为自由。心脏跳动是自由的还是不自由的？血液循环是自由的还是不自由的？显然都无所谓自由不自由。那么，自由究竟存在于动物的什么领域？无疑存在于受心理、意识、意志支配的活动领域。所以，洛克说："自由要前设理解和意志——一个网球不论为球拍所击动，或静立在地上，人们都不认为它是一个自由的主体。我们如果一研究这种道理，就会看到，这是因为我们想象网球不能思想，没有意欲，不能选择动静的缘故"，"因此，离了思想，离了意欲，离了意志，就无所谓自由"[①]。

可见，自由是一种受心理、意识或意志支配的活动。这样，自由便属于行为范畴；因为如前所述，行为就是有机体受意识支配的实际活动。那么，自由是一种什么行为？自由就是能够按照自己的意识进行的行为，亦即按照自己的知（认知、理解）情（愿望、理想）意（意志、目的）进行的行为；不自由则是不能按照自己的意识进行的行为，亦即不能按照自己的知、情、意进行的行为。不过，一般讲来，我们往往说自由是能够按照自己的意志进行的行为，而不说自由是能够按照自己的思想或愿望所进行的行为。这是为什么？原来，自由必与意志相关，而未必与知、情相关。试想，一个人即使没有能力做某件事，也会极想望、愿望做某事。因此，他若不能按照自己的思想、愿望做某事，便可能不是因为他不自由，而是因为他无能力。举例说，我的腿跌断了。但是，看见别人踢球，我便也极想望去踢；可我却不能按照我想望的去踢：由此显然不能说我无踢球自由，而只能说我无踢球能力。反之，一个人只有在他认为有能力做某事时，才会有去做某事的意志。因此，他若不能按照自己的意志去做某事，一般说来，便不是因为他无能力，而是因为他无自由。试想，我的腿摔断了，我便只会有踢足球的想望，而绝不会有去踢足球的意志。只有在我的腿痊愈而能踢足球时，我才会产生踢足球的意志。此时我若不能按照我的意志去踢足球，便不能说我无踢足球的能力，而只能说我无踢足球的自由。所以，说自由是能够按照自己的理解和愿望进行的行为，固然不错；

---

[①] 洛克：《人类理解论》，商务印书馆1958年版，第208页。

但是，说自由是能够按照自己的意志进行的行为，就更加精确了。这就是为什么我们常说"自由是能够按照自己的意志——而不是自己的想望——进行的行为"的缘故。

然而，细究起来，"自由是能够按照自己的意志进行的行为"的定义，仍然需要进一步精确化。一个人的行为之所以能够按照自己的意志进行，显然是因为不存在按照自己意志进行的障碍。所以，范伯格说："自由即无约束。"① 伯林也这样写道："自由的根本含义，是免于桎梏、免于监禁、免于被他人奴役。其余的含义，则是这一含义的引申或隐喻。力争自由就是设法去掉障碍。"② 于是，自由也就是因强制或障碍的不存在而能够按照自己的意志进行的行为。然而，问题在于，按照自己的愿望或意志进行的行为之障碍，正如范伯格所言，既可能存在于自己身外，是外在障碍或限制，如他人、法律、舆论和社会的压力等；也可能存在于自身之内，是内在障碍或限制，如贫困、无知、身体不佳和自己不能驾驭的感情等。③ 那么，这两种障碍的存在是否都意味着不自由？

如果使一个人不能按照自己的意志进行的障碍或强制存在于自己身内，是内在限制，那么，我们不能说他不自由，而只能说他无能力：没有利用自由的能力。只有当一个人不能按照自己的意志进行的障碍或强制存在于自己身外，是外在限制，我们才可以说他不是无能力，而是不自由。举例说，在一个可以随意出国旅行的自由的国家，一个公民不能按照自己的意志出国旅行的障碍，不是存在于自身之外，不是因为国家不准出国旅行；而是存在于自身，是因为自己无钱。那么，我们便不能说他没有出国旅行的自由，而只能说他没有出国旅行的能力：他完全有出国旅行的自由，而只是没有利用出国旅行的自由的能力。反之，一个公民不能按照自己的意志出国旅行的障碍，不是存在于自身（他很有钱、很健康，也有闲暇和兴趣）；而只是存在于自身之外，比如说，是因为国家不准出国旅行。那么，他便不是没有出国的能力，而是没有出国的自由。

因此，一个人自由与否，与他实行自己意志的自身的、内在的障碍无

---

① 范伯格：《自由、权利和社会正义》，贵州人民出版社1998年版，第3页。
② Isaiah Berlin, *Four Essay on Liberty*, New York: Oxford University Press, 1969, p. lvi.
③ 范伯格：《自由、权利和社会正义》，贵州人民出版社1998年版，第14页。

关，而只与他自身之外的外在障碍有关：自由亦即不存在实行自己意志的外在障碍；而不存在内在障碍并不是自由，而是利用自由的能力或条件。这个"自由"与"利用自由的条件"之区分，乃是伯林的伟大贡献。他写道："辨别自由与利用自由的条件是很重要的。如果一个人太贫穷或太无知或太衰弱，以致无法利用他的合法权利，那么，这些权利赋予他的自由对于他实际上等于零，但他所享有的自由却并不因此而消灭。"[①] 然而，正如伯林所言，许多人却将"利用自由的条件"与"自由"等同起来，因而由人们因为穷困等内在障碍而没有"利用自由的条件"，便断言他们是不自由的："有一种似乎很有理的说法：如果一个人穷得负担不起法律并不禁止他的东西——如一片面包、环球旅游或诉诸法院——他也就和法律禁止他获得这些东西一样的不自由。"[②]

诚然，对于因自身内在障碍的存在而没有"利用自由的能力或条件"的人来说，自由是毫无价值毫无意义的。但是，这并不等于不自由。举例说，如果北京的玉泉山开放了，每个人都可以随意去爬这座山了。但是，不幸的是，我此时却患上严重的关节炎，它是我爬山的内在障碍，使我不能按照我的渴望去爬玉泉山了。这样，我便并不是没有爬玉泉山的自由，而是没有利用爬玉泉山的自由之能力、条件。当然，事实上，对于我来说，这与没有爬玉泉山的自由是一样的。但是，由此并不能说我没有爬玉泉山的自由，而只能说爬玉泉山的自由对我毫无用处：没有自由和有自由而毫无用处是根本不同的。试想，我有一台电脑，因为无知我不会使用它，它对我毫无用处；有没有它对于我来说事实上是完全一样的。但是，我不能因此就说我没有它。同样，对于那些目不识丁、穷困潦倒的人来说，思想自由和政治自由是毫无价值、毫无意义的：拥有这些自由与没有这些自由实际上是一样的。但是，我们不能因此就说他们没有思想自由和政治自由，就说他们思想不自由和政治不自由，就说他们遭受了思想奴役和政治奴役。

可见，自由与实行自我意志的障碍之消除，并不完全相同：自由仅仅是实行自我意志的自身之外的外在障碍之消除；实行自我意志的自身内在

---

① Isaiah Berlin, *Four Essay on Liberty*, New York: Oxford University Press, 1969, p. liii.
② Ibid., p. 122.

障碍之消除，并不是自由，而是利用自由的能力或条件。换言之，自由与否，乃是一个人的身外之事，而不是他身内之事；若是他的身内之事，则属于他的利用自由的能力范畴而无所谓自由不自由。这一"自由与利用自由的能力或条件"之辨，不仅具有极大的理论意义，而且具有莫大的现实意义。因为一个社会，如果那里的群众因为贫困和无知等自身内在障碍而没有利用自由的能力和条件，因而自由对于他们毫无用处，那么，我们当然应该努力为群众获得物质财富和教育而奋斗，应该努力实现公正与平等。但是，我们绝不可以将这些使自由从无用变得有用的能力和条件，当做自由本身；更不可顾此失彼，将自由弃置一旁。因为自由乃是达成自我创造性潜能之实现和社会进步的最为根本的必要条件，从而是社会繁荣兴盛的最为根本的必要条件。这样，长久说来，人们只有生活在一个自由的社会，才能真正摆脱贫困与无知：公正与平等是个如何分配蛋糕的问题，而自由则是如何将蛋糕做大的问题。

然而，即使是西方，多年来，许多政党、改革家与革命家，所考虑的也只是如何使人民摆脱贫困与无知；并且将这些使自由从无用变得有用的能力和条件，当做自由本身，从而将自由弃置一旁。这一点使伯林甚为忧虑，他一再说："我们必须要创造一些条件，以使那些合法拥选择自由权利却没有条件利用这些权利的人，有条件利用它们。没有用的自由应该变得有用；然而这些自由却和利用自由所不可或缺的条件不同：这并不是一种学究式的区分。因为忽视这种分别，选择自由的意义与价值便易于被贬抑。人们在热诚创造使自由具有真实价值的社会的与经济的条件时，往往会忘记自由本身；而且，如果我们不健忘的话，在这种情况下，自由很容易被弃置一旁而被代之以那些改革家或革命家所朝思暮想的价值。"[①]

总而言之，说不自由是不能够按照自己的意志进行的行为，是不够精确的。因为不能够按照自己的意志进行的行为，既可能是由于行为者自身内在障碍的存在，也可能是由于行为者自身之外的外在障碍的存在：只有后者才是不自由，而前者则是没有利用自由的能力或条件。因此，精确地说，不自由乃是因有外在强制而不能按照自己的意志进行的行为；而自由则是没有外在强制而能够按照自己的意志进行的活动。这是自由与不自由

---

[①] Isaiah Berlin, *Four Essay on Liberty*, New York: Oxford University Press, 1969, p. liv.

的精确定义。对于这个定义,霍布斯已说得很清楚:"自由的含义,精确讲来,是指不存在障碍。所谓障碍,我指的是动作的外部阻碍。……但是,当动作的阻碍存在于事物本身的构成之中时,我们通常不说它缺乏自由,而只说它缺乏动作的能力,如静止的石头或卧床的病人。"① 然而,今日学者,无论中西,几乎都将霍布斯关于自由的这一定义,看做是"消极自由"的定义;而认为在这种自由之外还存在什么"积极自由"。这种自由概念理论的代表,便是伯林著名的"两种自由概念"。试问,霍布斯与伯林,究竟谁是谁非?

最早明确提出"积极自由"与"消极自由"的学者,固然是格林(T. H. Green),但其思想渊源,却源远流长、由来久矣。可以说,这是两千多年来思想家们关于自由概念的一种思想传统。仅就这一思想传统的西方大师来说,便有苏格拉底、柏拉图、斯宾诺莎、伏尔泰、康德、费希特、黑格尔。这些思想泰斗们看到,自由与公正、仁爱等人类的善不同:公正与仁爱都是纯粹的善,都是纯粹的好东西;而自由却不是纯粹的善,不是纯粹的好东西。因此,他们热衷于辨析自由概念而试图确立所谓"真正的自由"。结果,格林发现:真正自由就是积极自由,而消极自由则不是真正的自由。那么,究竟何谓积极自由与消极自由?

伯林引述格林的话说:"'仅仅消除限制,仅仅使一个人能做他喜欢做的事,与真正自由还相距甚远……真正自由的理想,是人类社会的所有成员都能够使他们自己处于最佳状态的最大限度之能力。'这是积极自由的经典陈述;其关键词当然是'真正自由'和'他们自己的最佳能力'。"② 由此看来,所谓积极自由,也就是行为者自身所具有的进行和享受值得享受的事物的能力,是按照自己意志进行的行为者自身内在障碍之消除,因而也就是享有自由的能力;反之,消极自由则是按照自己意志进行的行为者自身之外的外在障碍、限制(如法律限制)之消除。这一定义,在格林下面的一段话里也可以得到印证:"当我们提及自由时,我们应该谨慎地考虑它的含义。我们所谓的自由并不仅仅是不受强制的自由……我们言及自由指的是一种积极的(positive)权利或能力,从而可

---

① Thomas Hobbes, *Leviathan*, New York: Simon & Schuster Inc., 1997, p. 159.
② Isaiah Berlin, *Four Essay on Liberty*, New York: Oxford University Press, 1969, p. xlix.

以做或享受某种值得做或享受的事。"萨拜因在叙述格林的自由理论时说得就更清楚了:"像格林所说,边沁的立场默认法律是对自由的唯一限制;然而,除非把自由武断地说成不要法律限制,这种说法也并不正确。与这种格林称之为'消极自由'的概念相反,他提出一个'积极的'定义:自由是'从事值得去做或享受值得享受的事物的一种积极的力量或能力。'自由必须不只是意味法律上的自由,而是按照现有条件发展人的能力的实际可能性,是个人真正增加分享社会有价值事物的权利,并且是为了共同利益扩大作出贡献的能力。"[1]

可见,在格林看来,一方面,无外在障碍的自由只是消极自由:消极自由是因没有外在障碍而能够按照自己意志进行的行为;另一方面,积极自由则是无内在障碍的自由:积极自由是因没有内在障碍而能够按照自己意志进行的行为,是行为者自身所具有的某种能力。然而,积极自由与消极自由的这种含义是根本不能成立的。因为这种所谓的积极自由——亦即按照自己意志进行的行为者自身内在障碍之消除——并不是什么自由,而是利用自由的能力或条件;反之,这种所谓的消极自由——亦即按照自己意志进行的行为者自身之外的外在障碍之消除——也就并不是什么消极自由,而是全部的自由,是自由本身。因此,伯林曾就这种含义的消极自由与积极自由发问道:"积极自由与消极自由区分的可能与可取之处如何?这种区分跟更为深远的自由与自由的条件之区分关系如何?"[2]

是的,在格林那里,积极自由与消极自由之分,实际上就是利用自由的能力与自由本身之分。他的错误,就在于将利用自由的能力或条件,当做一种自由,而名之为"积极自由"。这是错误的,因为利用自由的能力,如上所述,并不是自由,并不属于自由范畴,因而也就根本不可能是什么积极自由。格林此误,推究起来,实在荒唐。因为,如果确如格林所言,行为者自身所具有的某种能力——亦即利用自由的能力——就是积极自由而属于自由范畴,那么,一个最为健康、智慧和富有的、具有最大的利用自由的能力却又枷锁在身的伟大囚徒,便是一个最自由的人了。因为

---

[1] 萨拜因:《政治学说史》下册,商务印书馆 1986 年版,第 799 页。
[2] Isaiah Berlin, *Four Essay on Liberty*, New York: Oxford University Press, 1969, p. x.

按照格林的积极自由的定义，他拥有最大的积极自由。显然，格林所赋予的积极自由与消极自由的这种含义是根本不能成立的。

那么，伯林对于积极自由与消极自由的理解，是否跟格林一样呢？让我们听听伯林自己是怎么说的吧："消极自由，关涉回答这样的问题：'主体——一个人或一群人——在怎样的限度内，是或应该被允许做他所能做的事或成为他所能成为的人，而不受到他人的干涉？'……积极自由则关涉回答这样的问题：'什么东西或什么人，是决定某人去做什么或成为什么的控制和干涉之根源？'"[①] 这就是说，积极自由是主动的自由，是自己做主的自由，是自己赋予自己的自由，是自己使自己自由的那种自由；反之，消极自由则是一种被容许的、被动的自由，是我得到别人的容许而被动地得到的自由，是别人做主而给予我的自由，是别人不干涉我从而赋予我的自由。举例说，颐和园园长是个冬泳爱好者。他作出决定：颐和园可以冬泳。那么，他所享有的冬泳自由，便是主动的自由，是自己作主的自由，是自己赋予自己的自由，是自己使自己自由的那种自由，因而叫做积极自由。反之，游客当中的冬泳爱好者所享有的冬泳自由，则是一种被容许的、被动的自由，是得到园长的容许而被动地得到的自由，是园长做主而给予我的自由，是园长不干涉我从而赋予我的自由，因而叫做消极自由。

这样，在一个民主国家，每个人所享有的自由便都是积极自由。因为所谓民主，就是每个公民共同地、平等地掌握国家最高权力的政体；因而在民主国家，每个人所享有的自由——不论是政治自由还是经济自由抑或思想自由——便都是每个人自己做主的自由，都是自己赋予自己的自由，是自己使自己自由的那种自由，亦即积极自由。反之，在专制国家，由于最高权力掌握在专制君主一个人手中，因而只有君主一个人所享有的自由，才是自己做主的自由，都是自己赋予自己的自由，是自己使自己自由的那种自由，亦即积极自由；而其余一切人所享有的自由，则都是一种被容许的、被动的自由，是得到君主的容许而被动地得到的自由，是君主做主而给予的自由，是君主不干涉我从而赋予我的自由，因而都是消极自

---

① Isaiah Berlin, *Four Essay on Liberty*, New York: Oxford University Press, 1969, pp. 121-122.

由。因此，伯林写道："'谁统治我？'和'我被政府干涉多少？'从逻辑上看是根本不同的。积极自由与消极自由的根本区别，说到底，就存在于这种不同之中。因为要知道积极自由是什么，需要回答的问题就是'谁统治我'，而不是'我可以自由地做什么和成为什么'"①。

不难看出，伯林这种含义的积极自由与消极自由是能够成立的：这是积极自由与消极自由的最为基本的含义。因为积极的无疑是主动的，而消极的则是被动的：积极自由显然是一种主动的自由，是自己做主的自由，是自己赋予自己的自由；反之，消极自由则是一种被容许的、被动的自由，是我经过别人的容许而被动地得到的自由，是别人做主而给予我的自由。但是，从这种含义，我们显然不能得出结论说，积极自由是一种行为者没有内在障碍的自由；而只能得出结论说，积极自由与消极自由都是一种行为者没有外在障碍的自由。只不过，积极自由（亦即主动的、自己做主的自由）的外在障碍，是行为者自己消除的，因而这种自由是自己给予自己的；反之，消极自由（亦即被动的、非我做主的自由）的外在障碍，则是他人消除的，因而这种自由是他人给予自己的。就拿言论自由来说。民主国家的言论自由是每个人自己做主的自由，是积极自由；专制国家的言论自由则是君主做主而给予每个人的自由，是消极自由。但是，这两种自由岂不同样是一种没有外在障碍（如规定言论不可自由的法律之限制）的自由？只不过，民主国家的积极的言论自由的外在障碍，是每个人自己消除的，因而这种自由是自己给予自己的；反之，专制国家的消极的言论自由的外在障碍，则是专制者消除的，因而每个人的这种自由是专制者给予自己的。

可见，关于积极自由与消极自由，伯林与格林的定义根本不同。可是，为什么伯林却说：对于格林的积极自由与消极自由的定义——亦即不存在外在障碍的自由只是消极自由，而积极自由则是没有内在障碍的自由——"我没有什么不同意见"②。原来，伯林在进一步界说自由概念时，深受柏拉图与斯宾诺莎以及康德与黑格尔的影响。可是，这些思想泰斗们在寻求真正的自由时，却误入歧途。因为他们竟然一致认为：真正的自

---

① Isaiah Berlin, *Four Essay on Liberty*, New York: Oxford University Press, 1969, p.130.
② Isaiah Berlin, *Four Essay on Liberty*, New York: Oxford University Press, 1969, p.xlviii.

由，亦即自主，更确切些说，是理智自主，是理智支配情欲从而能做明知当做之事而不做明知不当做之事；真正的不自由则是不自主，是理智不自主，是情欲支配理智从而去做明知不当做之事而不做明知当做之事。对于自由的这一定义，斯宾诺莎的表述最为清楚："受情感或意见支配的人，与为理性指导的人……我称前者为奴隶，称后者为自由人"①，"我把人在控制和克制情感上的软弱无力称为奴役。因为一个人为情感所支配，行为便没有自主之权，而受命运的宰割。在命运的控制之下，有时他虽明知什么对他是善，但往往被迫而偏去作恶事"②。

柏林完全接受了这种所谓真正自由的定义的思想传统，而名之为"积极自由"：积极自由就是自主，亦即自己的理智自主或理智支配感情。他写道："认为自由即是'自主'的'积极'的自由观念，实已蕴涵自我的分裂和斗争，在历史上、理论上、实践上，均轻易地将人格分裂为二：一是超验的、理智的、支配的控制者，另一则是被它训导的一大堆经验界的欲望与激情。"③ 如果这种所谓真正自由或积极自由的定义——真正的、积极的自由就是自己的理智自主或理智支配感情——能够成立，那么，这种自由确实就是一种自身的内在障碍——亦即自己的感情、激情——之消除，因而也就可以名之为积极自由，从而消除外在障碍的自由也就只能是消极自由了。所以，伯林写道："自由就是自主，就是实行自我意志的障碍之消除；而不论这些障碍是什么——自然的对抗、自己的不能驾驭的感情、不合理的制度、他人与我相反的意志和行为。"④ 这段话显然意味着：如果这障碍是存在自己身外的"自然的对抗"、"不合理的制度"、"他人与我相反的意志和行为"，则该障碍的消除之自由，便是消极自由；如果这障碍是存在自己身内的"自己不能控制的感情"，则该障碍的消除之自由，便是积极自由。

可见，正是理智自主的自由定义，使伯林回到了格林的积极自由与消极自由之错误定义：积极自由是不存在内在障碍之自由；消极自由是不存在外在障碍之自由。因此，问题的关键在于：自己的理智自主或理智支配

---

① 斯宾诺莎：《伦理学》，商务印书馆1962年版，第205页。
② 同上书，第154页。
③ Isaiah Berlin, *Four Essay on Liberty*, New York: Oxford University Press, 1969, p. 122.
④ Ibid., p. 146.

感情，究竟是不是自由？如果是，那么，这种自由确实就是一种自身的内在障碍——亦即自己的感情——之消除，因而也就确实存在着两种自由：消除内在障碍的自由与消除外在障碍的自由；反之，如果理智支配感情并不是自由，那么，由此就不能说存在着内在障碍之消除的自由，就不能否定自由与外在障碍之消除是同一概念。那么，理智支配感情究竟是不是自由？

答案是否定的。因为理智作主、理智支配情欲，并不是自由，而是自制或节制：自制或节制就是理智支配情欲；因其受理智支配，故能做明知当做之事而不做明知不当做之事。反之，情欲作主、情欲支配理智，并非不自由，而是不自制或放纵：放纵或不自制就是情欲支配理智；因其受情欲支配，故做明知不当做之事而不做明知当做之事。这样，一个人实行自己意志的障碍，如果是存在于自身的内在障碍，是自己不能控制的感情，那么，他并不是没有自由，而是没有能力：没有自制力。就拿一个醉鬼来说，他决心戒酒的意志的障碍，是内在障碍，是自己不能控制的饮酒的情欲。他受这种情欲支配而做明知不当做之事：饮酒不止。我们显然不能说他没有自由，而只能说他没有能力：没有自制力。反之，一个人所消除的实行自己意志的障碍，如果是存在于自身的内在障碍，是自己极难控制的感情，那么，他所拥有的并不是自由，而是自制能力。还是拿戒酒来说。一个戒酒成功的人，他所克服的决心戒酒的意志的障碍，是内在障碍，是自己极难控制的饮酒的情欲。他终于克服了这种障碍，从而受理智支配而不做明知不当做之事：不再饮酒。我们显然不能说他有自由，而只能说他有能力：有自制力。

因此，认为理智支配情欲就是自由而情欲支配理智就是不自由的观点，是错误的：它将自制与自由、不自制与不自由等同起来。这种观点不但错误，而且荒谬。试想，如果自制——理智支配情欲——就是自由，那么，一个人只要自制力极强，即使他是个毫无自由可言而身戴枷锁的苦役犯，他也是最自由的人了；反之，如果没有自制力——亦即没有理智支配情欲的能力——就是不自由，那么，一个人只要极端缺乏自制力，即使他是个拥有最多自由的专制君主，他也是个最不自由的人了。这样一来，在一个极其自由的宪政民主的社会里，却生活着极不自由的人们：如果这个社会的人们极端放纵而缺乏自制力的话。反之，在一个毫无自由可言的专制的社会里，却生活着极为自由的人们：如果这个社会的人们极端理智而富有自制力的话。这岂不荒谬之至！

认为理智支配情欲就是自由、亦即所谓积极自由的观点之荒谬，还在于：它势必导致专制。因为正如伯林所言："我的理智若要胜利，便必须消除和压抑那些使我堕为奴隶的我的'低下'的本能、激情、欲望；同样地，社会上那些高贵者——受过更好教育、更为理智而为同时代最有见识者——也就可以强制那些不理智的成员，使他们变成理智的人。"① "如果这种积极的自由观念导致专制，即使是最好的最开明的君主专制，毕竟还是专制；正如'魔鬼'一剧中萨拉斯特罗的殿堂，毕竟还是炼狱一样。然而，这种专制原来却又与自由是一回事。那么，是否这个论证的前提有什么缺陷？或是这些基本假定本身出了什么错误？"② 是的，从上可知，柏林的前提确实发生了错误：导致专制的前提"理智做主而支配情欲"，并不是什么"自由"，而是"自制"："自制"可以导致专制；"自由"怎么能导致专制呢？

由此看来，柏拉图、斯宾诺莎、康德和黑格尔诸位旷世大师，认为真正的自由就是自己的理智做主从而支配感情，是大错特错的：理智支配感情乃是自制而绝不是自由；自制与自由根本不同。这样，一方面，伯林从"理智支配感情就是自由"的错误前提出发，认为这种自由就是积极自由，积极自由就是一种自身的内在障碍——亦即自己的感情——之消除，是不能成立的。另一方面，他由此认为存在着两种自由——亦即消除内在障碍的积极自由与消除外在障碍的消极自由——也是不能成立的。当然，柏林与格林的错误，并不在于区分自由为积极与消极两大类型——自由无疑可以分为积极自由与消极自由两大类型——而只在于他们对积极自由与消极自由的定义：他们都误将一个人自己所具有的利用自由的能力——亦即他实行自己意志的自身内在障碍之消除——当做积极自由，进而误将他实行自己意志的外在障碍之消除——亦即自由本身——当做消极自由。换言之，他们都误将利用自由的能力与自由本身等同起来，因而误将前者叫做积极自由、后者叫做消极自由。只不过，格林是直接将利用自由的能

---

① Isaiah Berlin, *Four Essay on Liberty*, Oxford University Press, 1969, p. 134.
② Ibid., p. 154.

力——亦即实行自己意志的自身内在障碍之消除——叫做积极自由；而伯林虽然反对将利用自由的能力与自由本身等同起来，但是，由于他误将理智支配感情当做自由，因而也就间接地将利用自由的能力——亦即实行自己意志的自身内在的感情障碍之消除——叫做积极自由罢了。伯林和格林关于积极自由与消极自由的定义之错误，进一步表明霍布斯关于自由的定义是真理：自由仅仅是实行自我意志的自身之外的外在障碍之消除；实行自我意志的自身内在障碍之消除，并不是自由，而是利用自由的能力或条件。

伯林和格林的积极自由与消极自由的定义既然是错误的，那么，正确的定义究竟是怎样的？不难看出，积极自由与消极自由具有双重含义。一方面，如上所述，积极自由与消极自由无疑具有主动的自由与被动的自由之意：所谓积极自由，亦即主动的自由，也就是自己做主的自由；反之，所谓消极自由，亦即被动自由，也就是非我做主的自由，是他人做主而赋予我的自由，亦即他人不干涉我而赋予我的自由。这样，积极自由与消极自由便都是一种行为者没有外在障碍的自由：只不过，积极自由（亦即主动的、自己做主的自由）的外在障碍，是行为者自己消除的，因而这种自由是自己给予自己的；反之，消极自由（亦即被动的、非我做主的自由）的外在障碍，则是他人消除的，因而这种自由是他人给予自己的。

另一方面，积极自由无疑是进行某种活动的自由，是按照自己的意志而进行某种行为的自由；消极自由是不进行某种活动的自由，是按照自己的意志而不进行某种行为的自由。比如说，我今天愿意上课，如果我能够按照自己的意志去上课，我就获得了积极自由：它是我进行某种行为的自由。相反地，我今天不愿意上课，如果我能够按照自己的意志不去上课，我就获得了消极自由：它是不进行某种行为的自由。从这种含义来看，显然也不能说积极自由（进行某种活动的自由）是消除内在障碍的自由，而消极自由（不进行某种活动的自由）是消除外在障碍的自由。二者显然都是一种行为者没有外在障碍的自由：只不过，积极自由的外在障碍，是进行某种活动的障碍；而消极自由的外在障碍，则是不进行某种活动的障碍罢了。

这些就是积极自由与消极自由的真正含义吗？是的。不过，"积极自由"的英文是 positive liberty；"消极自由"的英文是 negative liberty：二者也可以汉译为"否定的自由"与"肯定的自由"或者"正面的自由"与"负面的自由"。这些自由的含义比较模糊。一方面，它们可以具有积极自由与消极自由的含义。因为确实可以说，如果我能够按照自己的意志去上课，我就获得了积极的、肯定的、正面的自由；如果我能够按照自己的意志不上课，我就获得了消极的、否定的、负面的自由。另一方面，"肯定的自由"与"否定的自由"以及"正面的自由"与"负面的自由"显然又具有正确的、正价值的、应该的自由与错误的、负价值的、不应该的自由之意。因为确实可以说，如果我能够按照自己的意志帮助了别人，我就获得了肯定的或正面的自由：这种自由是正确的、正价值的、应该的；如果我能够按照自己的意志损害了别人，我就获得了否定的或负面的自由：这种自由是错误的、负价值的、不应该的。从这种含义来看，显然不能说，肯定的或正面的自由（亦即正确的、应该的自由）是行为者没有自身内在障碍的自由；而否定的或负面的自由（亦即错误的、不应该的自由）是行为者没有自身之外的外在障碍的自由：这两种自由的不同，显然仅仅在于二者的道德效用，而与实行意志的障碍究竟是什么障碍——内在障碍还是外在障碍——无关。

综上可知，自由确实可以分为"积极自由与消极自由"、"肯定的自由"与"否定的自由"以及"正面的自由"与"负面的自由"：这些自由同样都是实行自我意志的自身之外的外在障碍之消除；而不是实行自我意志的自身内在障碍之消除。实行自我意志的自身内在障碍之消除，乃是利用这些自由的能力或条件，而并不是这些自由本身：自由，就其本身来说，就是实行自我意志的自身之外的外在障碍之消除，就是不存在外在障碍因而能够按照自己意志进行的行为。但是，不言而喻，仅仅辨析自由概念是远远不够的；还必须在自由概念的基础上进一步把握自由的价值：只有知道了自由的价值，才能知道自由为什么应该是一种国家制度价值标准和究竟应该是一种怎样的价值标准。那么，自由究竟有何价值？

### 2. 自由价值：自我实现和社会进步最根本的必要条件

"生命诚可贵，爱情价更高，若为自由故，二者皆可抛。"谁人不晓得这首诗？哪首诗能比这首流传得更广？从古到今，几乎无人不热爱、追求和颂扬自由。可是——柏林问得好——"自由有什么价值？它是不是人类的一种基本需要的反应？或只是达成其他一些基本需求的先决条件？"①

自由确是人类的一种基本需要。因为，正如巴甫洛夫所说，任何形态的物质之所以能够保持自身的存在，都同样有赖于自身内部诸因素之间及其复合体与外界环境之间的平衡。而物质形态越高级复杂，它内外平衡的保持便越困难，它保持平衡的条件也就越复杂高级。②石头的平衡几乎在任何条件下都可以保持。植物则需要阳光、水分、营养。动物比植物更高级，那么，它所特有的保持平衡、维持生存的根本条件是什么呢？是自由运动能力：动物是能自由运动的生物；植物是不能自由运动的生物。植物不具有自由能力，是因为没有自由能力，它们也可以生存：植物不需要自由。反之，动物若不具有自由能力，便不可能维持生存。就拿那笨猪来说吧。若是它真笨得完全丧失自由能力，而像一棵树那样，固定在某个地方不动，任凭风吹日晒雨淋，它还能生存吗？所以，动物的生存需要自由：自由是动物生存的根本条件、根本需要。巴甫洛夫说："自由反射当然是动物的一种共同特性，一种普遍的反应，而且也是最重要的先天反射之一。缺少这种反射，一个动物所面临的每一细微障碍，都会完全阻碍它的生活过程。这是我们很熟知的；因为一切动物，当剥夺了它们的通常自由，便奋力于解放自己，特别是野生动物在第一次被擒获时是如此的。"③

动物所固有的，人无不具有。自由是动物的基本需要，也就不能不是人类的基本需要。而且人类对自由的需要程度，远比其他动物更为基本、更为重要。因为，如前所述，低级物质形态没有自由的需要和自由的能力；自由是物质形态发展到动物阶段才产生的高级需要、高级能力。推此可知，在动物进化的阶梯上，越是低级的动物，对自由的需要就越少、越不重要、越不基本；越是高级的动物，对自由的需要就越多、越重要、越基本。人是最高级的动物，所以人对自由的需要便最多、最重要、最基本：自由是最深刻的人性需要。

---

① Isaiah Berlin, *Four Essay on Liberty*, Oxford University Press, 1969, p. lix.
② 巴甫洛夫：《条件反射演讲集》，人民卫生出版社，第3页。
③ 同上书，第224页。

那么，具体说来，自由在人类需要的层次上究竟占有怎样深刻、基本的地位呢？马斯洛说："至少有五种目标，我们可以称之为基本需要。扼要地说，这就是生理、安全、爱、尊重和自我实现。"① 自由需要的基本程度大体与安全和爱相当，自由不及生理需要基本。柏林说："埃及农民对于衣物和医药的需要优先于、强烈于对个人自由的需要。"② 但自由的需要比尊重和自我实现更基本。因为一个人即使尊重丧尽、碌碌无为，他总还是能够活着；若是自由丧尽，像植物一样，那他要生存便万万不能了。所以，汤因比说："没有最低限度的自由，人就不可能生存，正如没有最低限度的安全、公正和食物便不能生存一样。"③

自由是人类的一种基本需要。而有什么需要，便会有什么欲望；有什么欲望，便会有什么目的：欲望是对需要的觉知；目的是为了实现的欲望。所以，全面地看，应该说：自由是人类的一种基本需要、基本欲望、基本目的。换言之，人类活动的基本目的之一，便是为了满足自由需要、实现自由欲望、达成自由目的。这就是为什么在人类历史上，会有那么多自由的斗士，他们不惜从事生死搏斗，为的只是自由。这就是为什么即使自由带来灾难和痛苦，这种自由本身也是让人快乐的好事情；纵令奴役带来幸福和快乐，这奴役本身也是令人痛苦的坏东西："任何人生来都渴求自由、痛恨奴役状况"④。一句话，人们往往是为自由而求自由：自由是目的而不是手段。萨特甚至认为，人的一切活动根本说来都应该以自由为目的："当我宣称：在每一具体环境下，自由不外是以自己的要求为目的的。这时候，如果有人一旦明白了他是在孤寂中估价事物，那么他除了要求把自由这一件事情作为一切价值的基础之外，不复再有其他要求。这一点，绝不是说他是抽象地要求自由，而只是说：老实人的行为的最根本的意思是：就自由而求自由。我们要求的是以自由为目的的自由，是在各种特殊环境下均有的自由。"⑤

---

① 马斯洛等：《人的潜能与价值》，华夏出版社 1987 年版，第 176 页。
② Isaiah Berlin, *Four Essay on Liberty*, Oxford University Press, 1969, p. 124.
③ Edgar Bodenheimer, *Jurisprudence*: The Philosophy and Method of The Law, Massachusetts: Harvard University Press, Cambridge, 1967, pp. 201－202.
④ 博登海默：《法理学——法哲学及其方法》，华夏出版社 1987 年版，第 272 页。
⑤ 萨特：《存在主义是一种人道主义》，上海译文出版社 1988 年版，第 21 页。

萨特此论未免褊狭。自由不可能是人的一切活动的根本目的，因为人类还有其他基本需要。但是，自由确是人类活动的基本目的之一。因此，自由有价值，根本说来，并不是因为它是达成其他有价值的、可欲的事物之手段；而是因为自由本身就是有价值的、可欲的。或者说，自由内在地就是宝贵的，自由具有内在价值。用冯友兰的话说，自由首先是"内有的好"，而不是"手段的好"："好可有二种：一种是内有的好，一种是手段的好。凡事物，其本身即是可欲的，其价值即在其自身，我们认为其为内有的好。……凡事物我们要用之为手段以得到内有的好者，我们即认其为手段的好。"① 但是，由此不能说自由的价值仅仅是内在的、内有的。内有的好，内在善，只是自由价值的一方面。自由还有另一方面价值，那就是，它还是手段的好、手段善、外在善，还具有外在价值：自由还是达成其他有价值的事物的一种手段。

自由所能达成的有价值事物，不胜枚举；更确切些说，自由乃是获得一切有价值的事物的必要条件。因为，如前所述，自由就是没有外在障碍而能够按照自己的意志进行的行为：自由是一种能够的、可能的行为，是行为的可能性，亦即行为的机会。这就是说，自由的价值乃在于提供种种机会。所以，哈耶克说："自由能够给予个人的只是种种机会。"② 菲利普斯（H. B. Phillips）也这样写道："在一个进步的社会，对于自由的任何限制，都会减少可尝试事情之数量，从而降低社会进步的速度。"③ 因此，如果有自由，就有获得一切有价值的事物的机会，就可能获得各种有价值的事物；如果没有自由，就没有获得一切有价值的事物的机会，就不可能获得各种有价值的事物：自由乃是获得一切有价值的事物的必要条件。所以，洛克说："自由是所有其他一切东西的基础。"④ 哈耶克说："自由并不仅仅是许许多多价值中的一个，而是一切价值的根源。"⑤

---

① 冯友兰：《三松堂全集》第一卷，河南人民出版社1985年版，第566页。
② Friedrich A. Hayek, *The Constitution of Liberty*, The University of Chicago Press 1978, p. 71.
③ Ibid., p. 9.
④ John Locke, *Two Treatises on Civil Government*, London: GEORGE ROUTLEDGE AND SONS, LTD., 1884, p. 200.
⑤ 霍伊：《自由主义政治哲学》，生活·读书·新知三联书店1992年版，第40页。

## 第八章 人道：国家制度最高价值标准

自由是获得一切有价值的事物的必要条件，而其中最重要的事物，则正如人道主义论者所说，乃是自我实现。所谓自我实现，亦即自我完善、自我成就，是充分发挥、实现自己的潜能，从而使自己成为一个可能成为的最有价值的人。马斯洛说："自我实现是指人的自我完善的渴望，也就是使自己的潜能得以实现的倾向。这种倾向也就是越来越成为一个独特的人的渴望，成为他能够成为的那个人。"① 现代心理学发现，创造能力是每个人与生俱来的一种潜能，只不过大多数人后天逐渐丧失了它。② 因此，每个人的自我实现，真正讲来，乃是实现自己的创造潜能。因为所谓创造性，也就是独创性：创造都是独创的、独特的；否则便不是创造，而是模仿了。这样，一个人的创造潜能的实现，实际上便以其独特个性的发挥为必要条件，二者成正相关变化：一个人的个性发挥得越充分，他的创造潜能便越能得到实现，他的自我实现的程度便越大；他的个性越是被束缚，他的创造潜能便越难于实现，他的自我实现的程度便越低。这就是为什么古今中外那些大学者、大发明家、大艺术家、大文豪们，大都是些特立独行的怪物；而越是不能容忍个性的社会，就越缺乏首创精神："一个社会中的特立独行的数量，一般来说，总是和该社会中所拥有的天才、精神力量以及道德勇气的数量成正比。"③ 所以穆勒大声疾呼："只有个性的培养才造就——或者才能造就——充分发展的人类。"④ 马斯洛也热情洋溢地写道："自我实现的人虽然不缺乏任何一种基本需要的满足，但是，他们仍然有动力。他们奋斗，他们尝试，他们雄心勃勃，但这一切都不同寻常。他们的动机只是发展个性、实现个性，成熟、发展，一句话，就是自我实现。"⑤

那么，一个人的个性究竟如何才能得到充分发挥呢？不难看出，一个人个性的发挥和实现程度，取决于他所得到的自由的程度。因为，正如存

---

① Abraham H. Maslow, *Motivation And Personality* (second edition), New York: Harper & Row, Publishers, 1970, p. 46.
② Ibid., p. 172.
③ John Stuart Mill, "On Liberty", Robert Maynard Hutchins, *Great Books of The Western World*, Vol. 43, Encyclop Aedia Britannica, Znc. 1980, p. 299.
④ Ibid., p. 297.
⑤ Robert Maynard Hutchins, Great Books of The Western World, Vol. 43. On Liberty, by, John Stuart Mill, Encyclop Aedia Britannica, Inc., 1980, p. 159.

在主义所说，一个人的个性如何、他究竟成为什么人，不过是他自己的行为之结果："人从事什么，人就是什么"①。于是，一个人只有拥有自由，能够按照自己的意志去行动，他所造成的自我，才能是具有自己独特个性的自我；反之，他若丧失自由、听任别人摆布，按照别人的意志去行动，那么，他所造就的便是别人替自己选择的，因而也就不可能具有自己独特个性的自我。

这样，自我实现的根本条件是个性的发挥；个性发挥的根本条件是自由。于是，说到底，自由便是自我实现的根本条件，二者成正相关变化：一个人越自由，他的个性发挥得便越充分，他的创造潜能便越能得到实现，他的自我实现的程度便越高；一个人越不自由，他的个性发挥便越不充分，他的创造潜能便越得不到实现，他的自我实现程度便越低。所以，洪堡说："人的真正目的——不是变幻无定的喜好，而是永恒不变的理智为他规定的目的——是把他的力量最充分地和最均匀地培养为一个整体。为进行这种培养，自由是首要的和不可或缺的条件。"②穆勒则一再说："自我实现的个人比普通人拥有更多的自由意志和更少的屈从他人"③，"这些人较少屈服于压抑、限制和束缚，一句话，较少屈从社会化"④，"他们可以被叫做自主者，他们受自己的个性法则而非社会规则支配"⑤，"按照促进自我实现或健康的观点，良好环境应该如此：供应全部必需的原料，然后退至一旁，让机体自己道出自己的希望和要求，并做出自己选择"⑥。

然而，有些人，如柏林，却怀疑自由是每个人充分发挥潜能的必要条件。因为他们看到，在不自由社会里，并不乏才华横溢之士："如果这一点是事实，那么穆勒认为人的创造能力的发展是以自由为必要条件的观点，就站不住脚了"⑦。确实，不自由的社会也可见到不少才华横溢之士。

---

① 海德格尔：《存在与时间》，生活·读书·新知三联书店 1987 年版，第 288 页。
② 洪堡：《论国家的作用》，中国社会科学出版社 1998 年版，第 30 页。
③ John StuartMill, "On Liberty", Robert Maynard Hutchins, *Great Books of The Western World*, Vol. 43, Encyclop Aedia Britannica, Znc. 1980, p. 162.
④ Ibid., p. 171.
⑤ Ibid., p. 174.
⑥ Ibid., p. 277.
⑦ Isaiah Berlin, *Four Essay on Liberty*, Oxford University Press, 1969, p. 128.

但是，这些人之所以能够发挥自己的才能，绝不是因为他们听任他人摆布而失去自由；恰恰相反，乃是因为他们勇于反抗而争得自由。因此，柏林以不自由社会常有才华充分发挥者为根据，否定每个人才能充分发挥系以自由为必要条件，是不能成立的。任何社会，都存在才华横溢者，只是因为任何社会人们都有可能得到自由。只不过，在自由社会，人们得到自由无需反抗和牺牲，因而人人都有自由，于是也就人人都有可能发挥自己的创造潜能而自我实现。反之，在不自由社会，人们要得到自由，便必须反抗和牺牲，如牺牲健康、幸福、人格、爱情乃至生命。因而在这种社会，也就只有极少数人才可能争得自由而自我实现——这极少数人便是那可歌可泣的裴多菲式的自由斗士，他们能以自己的行动证明：生命诚可贵，爱情价更高，若为自由故，二者皆可抛。

自由是每个人自我实现、发挥创造潜能的根本条件，同时也就是社会繁荣进步的根本条件。因为社会不过是每个人之总和。每个人的创造潜能实现得越多，社会岂不就越富有创造性？每个人的能力发挥得越充分，社会岂不就越繁荣昌盛？每个人的自我实现越完善，社会岂不就越进步？所以，杜威说："自由之所以重要，是因为它是发挥个人潜力和促进社会发展的条件。"① 诚然，自由不是社会进步的唯一要素。科学的发展、技术的发明、生产工具的改进、政治的民主化、道德的优良化等都是社会进步的要素。但是，所有社会进步的要素，统统不过是人的活动的产物，不过是人的能力发挥之结果，因而说到底，无不以自由——潜能发挥的根本条件——为根本条件。因此，自由虽不是社会进步的唯一要素，却是社会进步的最根本的要素、最根本的条件。所以，穆勒把自由精神叫做"前进精神"或"进步精神"而一再说："进步的唯一无穷而永久的源泉就是自由。"② 这样，若要社会进步，根本说来，便应该给人以自由；若是压抑自由，便从根本上阻碍了社会进步。换言之，自由的社会，必定繁荣进步；不自由的社会，必定停滞不前——若是它还能进步，那并不是因为它不自由，恰恰相反，乃是因为在这不自由的社会里，存在着勇于反抗而不

---

① 张品兴主编：《人生哲学宝库》，中国广播电视出版社 1992 年版，第 237 页。
② Robert Maynard Hutchins, Great Books of The Western World, Vol. 43. On Liberty, by, John StuartMill, Encyclop Aedia Britannica, Inc., 1980, p. 300.

畏牺牲的自由的斗士们。

这个道理，如果简单比较一下中西社会发展之异同，就更清楚了。为什么春秋战国时代中西同样繁荣进步？岂不就是因为那时的中国和西方同样崇尚自由：西方有普罗泰戈拉、苏格拉底、柏拉图、亚里士多德等百花齐放；中国有孔孟、老庄、墨子、韩非子等百家争鸣。为什么中世纪中西同样萧条停滞？岂不是因为中西同样专制而丧失了自由？为什么近代以来，西方突飞猛进，中国却极大地落伍了？岂不是因为西方摆脱了专制争得了自由，而中国却未能摆脱专制而争得自由？

综观自由价值可知，一方面，自由是可欲的，因为它本身就是可欲的，它是人类的一种基本需要、基本欲望、基本目的，这是自由的内在价值；另一方面，自由是可欲的，因为它是达成自我实现和社会进步的根本条件，这是自由的外在价值。自由的价值，特别是其外在价值，使其成为人道根本原则。因为自由是使人自我实现的根本条件显然意味着：使人自由是使人自我实现的根本原则。而使人自我实现，如前所述，乃是人道深层总原则。于是可以得出结论说：自由是人道的根本条件；使人自由则是人道的根本原则，简言之：自由是人道根本原则。所以，当代著名人道主义思想家保罗·库尔茨一再说："在人道主义捍卫的价值标准中，个体的自由是最基本的"①，"人道主义的基本原则是保卫个人自由"②，"人道主义首要原则是致力于自由的探索"③，"人道主义的核心价值观是个人自由"④。

自由不但是人道根本原则，而且更重要的，乃是社会和国家治理的最高价值标准，是社会和国家制度最高价值标准。因为，一方面，人的自我实现，如前所述，乃是最高价值。所以，自由是自我实现的根本条件，便意味着：归根结底，自由是最高价值，因而也就是社会和国家治理的最高价值标准，是社会和国家制度最高价值标准。另一方面，人道，如前所述，乃是社会和国家治理的最高价值标准，是社会和国家制度最高价值标准。所以，自由是人道根本原则，便意味着：归根结底，自由是社会和国

---

① 保罗·库尔茨：《保卫世俗人道主义》，东方出版社1996年版，第8页。
② 同上书，第78页。
③ 同上书，第17页。
④ 同上书，第254页。

家治理的最高价值标准,是社会和国家制度最高价值标准。人道主义大师但丁已经发现了伦理学和政治学的这个至关重要的原理,他一再说:"好的国家是以自由为宗旨的"①,"这一个关于我们所有人的自由的原则,乃是上帝赐给人类的最伟大的恩惠:只要依靠它,我们就能享受到人间的快乐;只要依靠它,我们就享受到像天堂那样的快乐。如果事情确实如此,那么,当人们能够充分利用这个原则的时候,谁还会说人类并没有处在它最好的境况之中呢"②,"当人类最自由的时候,就是它被安排得最好的时候"③。从这些真知灼见出发,阿克顿和哈耶克等自由主义思想家们系统论证了自由之为社会和国家制度最高价值标准的道理。通过这些论证,他们得出结论说:"自由的理念是最高贵的价值思想——它是人类社会生活中至高无上的法律"④,"自由并不是达到更高的政治目的的手段,它本身即是最高的政治目的"⑤,"自由是一个国家的最高善"⑥。

这样,自由的价值便使自由成为一种规范人的行为应该如何的价值标准,亦即所谓"自由原则":自由原则是一种极其重要的道德原则,是人道根本原则和国家制度最高原则。可是,究竟怎样才能使人自由从而使自由原则——亦即人道根本原则和国家制度的最高原则——得到实现呢?人是个社会动物;他所过的生活,乃是一种社会生活。因此,每个人能否得到自由,便完全取决于他们所生活于其中的社会和国家,究竟是个什么样的社会和国家:只有当每个人生活于自由的社会和国家,每个人才能真正获得自由,从而使自由原则得到实现。所以,伯林说:"如果我要保障我的自由……我就必须建立一个这样的社会,在这个社会中,必须确立某种任何人都不可侵犯的自由的边界。"⑦

于是,所谓自由原则——亦即人道根本原则和国家制度的最高价值标

---

① 周辅成编:《从文艺复兴到十九世纪资产阶级哲学家政治思想家有关人道主义人性论言论选辑》,商务印书馆1973年版,第21页。
② 同上书,第20页。
③ 同上书,第19页。
④ 阿克顿:《自由与权力》,商务印书馆2001年版,第307页。
⑤ 同上书,第49页。
⑥ F. A. HAYEK, *Law*, *Legislation and Liberty*, Vol. , Beijing: China Social Sciences Publishing House Chengcheng Books Ltd. , 1999, p. 94.
⑦ Isaiah Berlin, *Four Essay on Liberty*, New York: Oxford University Press, 1969, p. 164.

准——实乃自由社会和自由国家的原则或标准，亦即自由—人道国家的原则或标准。更何况，自由是国家制度的最高价值标准，显然意味着，自由之为价值标准，并不是用来约束和指导个人的行为原则，而是用来约束和指导国家治理的原则，是约束和指导国家的原则：自由原则就是自由国家原则，就是自由—人道国家的原则。自由国家原则当然并不是那种简单的、单一的价值标准，而是由多种价值标准组合而成的相当复杂的价值标准体系。这种价值标准体系，细究起来，原本由两大类型、六大原则构成，亦即自由的法治原则、自由的平等原则和自由的限度原则三大自由国家的普遍原则以及政治自由原则、经济自由原则和思想自由原则三大自由国家的具体原则。

### 3. 自由原则：自由的法治原则、自由的平等原则和自由的限度原则

**自由的法治原则** 任何社会都不可能没有强制而完全自由。那么，究竟怎样的社会才是自由的社会？社会不过是由无数人组成的大集体。所以，自由集体的特征也就是自由社会的特征。然而，怎样的集体才是自由的集体？不难看出，自由的集体乃是这样的集体，在这个集体中，所有的强制都是全体成员一致同意服从的。这样，该集体虽有强制，但每个人对它的服从，乃是在服从自己的意志，因而也就是自由的。举例说，打扑克、下象棋，都有种种必须服从的强制规则。可是，每个人都不感到不自由。为什么？岂不就是因为，这些强制规则是每个人都同意服从的？社会也是如此。如果一个社会的所有强制都符合该社会全体成员一致同意或认可的行为规范，那么，每个人对该社会强制的服从，同时也是在服从自己的意志，因而也就是自由的。

不过，一个社会、国家的全体成员往往数以亿计，怎样才能取得一致同意或认可？无疑只有实行民主政治，从而通过代议制和多数裁定原则而间接地取得一致同意。这样，代表们所制定的行为规范可能是很多公民不同意的；但代表既然是他们自己选举的，那么，这些他们直接不同意的规范，却间接地得到了他们的同意。多数代表所确定的规范，可能是少数代表不同意的；但他们既然同意少数服从多数的原则，那么，这些他们直接不同意的规范，也就间接地得到了他们的同意。这种直接或间接得到全社会每个成员同意的行为规范（法和道德）便是所谓的"公共意志"。所

以，只要实行民主政治，那么，不管一个社会有多少成员，该社会的法和道德都可以直接或间接得到每个成员的同意而成为"公共意志"；从而每个人对它的服从，也就是在服从既属于别人也属于自己的意志，因而也就是自由的。因此，卢梭写道："人是自由的，尽管屈服于法律之下。这并不是指服从某个个人，因为在那种情况下我所服从的就是另一个人的意志了；而是指服从法律，因为这时候我们服从的就只不过是既属于我自己所有、也属于任何别人所有的公共意志。"①

可见，所谓自由国家，须具备两个条件。第一个条件是，该国家必须是法治而不能是人治。也就是说，统治者必须按照法律和道德进行管理，而不能违背法律和道德而任意管理。所以，哈耶克说："最能清楚地将一个自由国家的状态和一个在专制政府统治下的国家的状态区分开的，莫过于前者遵循着被称为法治的这一伟大原则。"② 第二个条件是，该国家的法律和道德必须由全体成员或其代表制定或认可，从而是公共意志的体现；而不能是个别人物意志的体现。里查德·普赖斯（Richard price）说得好："将自由界定为'法律的统治而非人的统治'，是极不完善的。如果一个国家的法律是由一个人或由某个小集团——而不是由公共意志——制定，那么，这种'法律的统治'无异于奴役。"③ 合而言之，一个自由—人道国家的任何强制，都必须符合该国家的法律和道德；该国家的所有法律和道德，都必须直接或间接得到全体成员的同意。这就是自由的法治原则，这就是衡量一个国家是否自由、是否人道的法治标准，这就是国家治理和国家制度是否自由和人道的法治标准。

**自由的平等原则** 如果一个国家所有的强制都符合其法律和道德，并且所有的法律和道德都是公共意志的体现，那么，该国家就是个自由的、人道的国家吗？还不够。自由的、人道的国家还须具备另一个条件，那就是：人人都必须同样地、平等地服从强制；同样地、平等地享有自由。否则，如果一些人必须服从法律，另一些人却不必服从法律；一些人能够享有自由，另一些人却不能够享有自由，那么，这种国家显然不是个自由国

---

① 卢梭：《社会契约论》，商务印书馆1994年版，第24页。
② 哈耶克：《通往奴役之路》，中国社会科学出版社1997年版，第73页。
③ Friedrich A. Hayek, *The Constitution of Liberty*, The University of Chicago Press 1978, p. 174.

家。所以，霍布斯说："在假定法治保证全社会享有自由时，我们是假定法治是不偏不倚、大公无私的。如果一条法律是对政府的，另一条是对百姓的，一条是对贵族的，另一条是对平民的，一条是对富人的，另一条是对穷人的，那么，法律就不能保证所有的人都享有自由。就这一点来说，自由意味着平等。"① 亚当·弗格森说："自由……是使一切公正的限制最有效地适用于自由社会的全体成员，不管他们是权贵还是平民。"② 哈耶克也这样写道："为自由而斗争的伟大目标，一直是法律面前人人平等。"③

自由应该为人人平等享有的依据，不仅在于自由是人道之本，是发挥人的创造性潜能从而使人成其为人的根本条件；而且还在于自由是一种人权，是每个人作为人类社会的一员、一分子、一个人所应该得到的最低的、起码的、基本的权利。所以，《人权宣言》第 2 条说："任何政治结合的目的，都在于保护人的天赋和不可侵犯的权利。这些权利就是自由、财产、安全和反抗压迫。"自由既然是一种人权，也就应该为人人平等享有：在自由面前人人平等。最早揭示这一原则的是霍布斯。他这样写道："每个人应该享有与别人同样多的自由，恰如他允许别人相应于他自己所享有的那么多的自由一样。"④ 这一原则在当代哲学家罗尔斯那里得到系统论述，并被叫做"正义的第一原则"而表述为："每个人对最大限度的平等的基本自由之完整体系——或与其一致的类似的自由体系——都应该享有一种平等的权利。"⑤ 而平等地享有自由同时也就意味着：平等地服从强制、平等地服从法律。用西方的话来说就是：在法律面前人人平等；用中国的话来说则是：王子犯法，与庶民同罪。

于是，合而言之，人人应该平等地享有自由：在自由面前人人平等；人人应该平等地服从强制：在法律面前人人平等。这就是自由的平等原则，这就是衡量一个国家是否自由、是否人道的平等标准，这就是国家治

---

① 霍布斯：《自由主义》，商务印书馆 1996 年版，第 10 页。
② 哈耶克：《致命的自负》，中国社会科学出版社 2000 年版，第 5 页。
③ Friedrich A. Hayek, *The Constitution of Liberty*, The University of Chicago Press 1978, p. 85.
④ 霍布斯：《利维坦》，商务印书馆 1987 年版，第 170 页。
⑤ John Rawls, *A Theory of Justice* (Revised Edition), Massachusetts: The Belknap Press of Harvard University Press Cambridge, 2000, p. 266.

理和国家制度是否自由和人道的平等标准。

**自由的限度原则** 一个国家,如果实现了自由的法治标准和平等标准,就是个自由的、人道的国家吗?为了弄清这个问题,让我们假设有这样一个国家,该国家全体成员都愿意像军人一样生活,从而一致同意制定并且完全平等地服从最严格的法律。如是,这个国家确实实现了自由的法治标准和平等标准,但它显然不是个自由的、人道的国家:它的强制的限度过大,而自由的限度过小。所以,自由、人道国家之为自由、人道国家,还含有一个要素:强制和自由的限度。

毫无疑义,若是没有一定的强制,任何国家都不可能维持其存在。不过,强制有两种。一种是坏的、恶的,如杀人越货;另一种则是好的、善的、必要的,如枪杀凶手、惩罚罪犯。然而,若从自由的价值来看,所谓好的、善的、必要的强制,仅仅是就其结果来说的;若就强制自身性质来说,则同样因其使人失去自由而不能不是恶,只不过是必要的恶罢了。必要的恶之必要性,无非有二。一是可以防止更大的恶。如阑尾炎手术,割开肚子,是害、是恶。但这种恶是必要的,因为它可以防止更大的恶:死亡。二是可以求得更大的善。如冬泳寒水刺骨,苦不堪言,是害、是恶。但这种恶是必要的,因为它可以求得更大的善:健康长寿。那么,国家必要的强制之必要性,究竟在于防止更大的恶,还是在于求得更大的善,抑或兼而有之?

国家强制这种恶的必要性,只在于防止更大的恶,而不在于求得更大的善。因为国家强制只能防止国家灭亡而保障国家的存在,却不能促进国家发展。这是因为,自由价值的研究表明:自由是每个人创造性潜能的实现和全社会发展进步的最为根本的必要条件。这岂不意味着:强制、不自由是每个人创造性潜能的实现和全社会发展进步的根本障碍?于是,合而观之,可以断言:长久地看,强制只能维持人类和社会的存在;而只有自由才能促进人类和社会的发展。

这就是说,在国家能够存在的前提下,国家的强制越多、自由越少,则每个人的创造性潜能的实现便越不充分;而国家的发展进步,长久地看,便越慢;因而人们也就越加不幸。反之,国家的强制越少、自由越多,则每个人的创造性潜能的实现便越充分;而国家的发展进步,长久地看,便越快;因而人们也就越加幸福。于是,我们可以得出结论说:一个国家的强制,应该保持在这个国家的存在所必需的最低限度;一个国家的自由,应该广泛到这个国家的存在所能容许的最大限度。这就是自由的限度原则,这就是衡量一个国家是否自由、是否人道的自由限度之标准。哈耶克认为这是自由国家的最为根本的标准和原则,因而在《自由宪章》一开篇他就这样写道:"本书研究的是人的这样一种状况:人际之间的强制被减少到可能少的最低限度。我们就将这样的国家叫做自由国家。"①

然而,最低限度与最大限度都是相对的、不确定的概念。因此,对于一些人来说是最低限度的强制,对于另一些人来说,却可能是过高过大限度的强制;反之亦然。所以,一些人,如所谓极端自由主义论者,主张"守夜人"式的国家而认为:"管得越少的政府,就是最好的政府。"反之,另一些人,如所谓新自由主义论者,则认为这样少的强制不足以保障国家存在,国家的存在所必需的最低限度的强制要强大和广泛得多。这就要求:一方面,自由国家的强制必须有一个绝对的、确定的最低限度原则;另一方面,自由国家的自由也必须有一个绝对的、确定的最大限度原则。

最早系统阐述这一原则的,大概是洪堡。他将这一原则归结为"强制只可用来防止恶而不可用来取得善",并将其作为国家作用的第一条原则:"第一条原则必然是:国家不要对公民正面的福利作任何关照,除了保障他们对付自身和对付外敌所需要的安全外,不要再向前迈出一步:国家不得为了其他别的最终目的而限制他们的自由。"②

穆勒同意洪堡此见,并将其奉为他的自由主义代表作《论自由》的宗旨:"本书的目的是肯定一条相当简单的原则,使社会对于个人的任何强制和控制,不论是合法惩罚形式的物质力量,还是公众舆论的道德强制,都应该且必须绝对以它为标准。这条原则就是,人类对其成员的行动自由进行干涉——个别地或集体地——只有在其目的是自我防卫的条件下,才能被证明为正当。这就是说,对于文明群体中的任何一个成员,可以实施权力反对其意志而不失为正当,唯一的目的只能是为了阻止他对他

---

① Friedrich A. Hayek, *The Constitution of Liberty*, The University of Chicago Press, 1978, p.11.

② 洪堡:《论国家的作用》,中国社会科学出版社1998年版,第54页。

人的损害。即使是为了他本人的利益——不论是物质的还是精神的——都不能被充分证明为正当。"①

洪堡与穆勒关于自由与强制的限度原则——任何国家强制只应用来防止更大的恶，而不应用来求得更大的善——的理论，粗略看来，极近偏颇之论；但细究起来，却堪称最具逻辑力量的真知灼见。因为从自由的价值——自由是每个人创造性潜能的实现和全社会发展进步的最为根本的必要条件——确实可以得出结论：长久地看，强制只能维持国家的存在；而只有自由才能促进国家的发展。由此确实可以断言：长久说来，只要国家能够存在，国家的强制便应该等于零而完全自由。换言之，强制只应该用来维持国家的存在，而不应该用来促进国家的发展；只有自由才应该用来促进国家的发展。这就是自由限度的绝对原则，这就是衡量一个国家是否自由、是否人道的自由限度的绝对标准，这就是国家治理和国家制度是否自由和人道的自由限度标准。

综上可知，自由的法治、平等与限度三大原则，乃是自由—人道国家的普遍原则，是衡量任何社会和国家是不是自由和人道的普遍标准：符合三者的社会和国家便是自由的、人道的社会和国家；只要违背其一，便不配享有自由、人道社会和国家的美名。从这些普遍原则出发，便可望解决人类社会极其复杂的具体自由难题——政治自由、经济自由与思想自由——从而确立更为重要的三大具体的自由原则：政治自由原则、经济自由原则与思想自由原则。

### 4. 自由原则：政治自由原则与经济自由原则以及思想自由原则

**政治自由原则**　所谓自由，如上所述，亦即因没有外在强制而能够按照自己的意志进行的活动。推此可知，政治自由亦即因没有外在强制而能够使政治按照自己的意志进行的活动。举例说，在一个君主专制的国家，能够使国家政治按照自己意志进行的，只有君主一个人。因此，在这种国家里，正如卢梭所言，只有君主才有政治自由，而其他任何人的政治自由都是零："在这里一切个人之所以是平等的，正是因为他们都等于零。臣

---

① John StuartMill, "On Liberty", Robert Maynard Hutchins, *Great Books of The Western World*, Vol. 43, Encyclop Aedia Britannica, Znc. 1980, p. 271.

民除了君主的意志以外没有别的法律；君主除了他自己的欲望以外，没有别的规则"①。反之，在一个民主国家，能够使国家政治按照自己意志进行的，是每个公民。因此，在民主国家，每个公民都享有政治自由。

那么，如何才能使政治按照自己的意志进行从而享有政治自由呢？无疑必须拥有政治权力。因为所谓政治，如前所述，亦即权力统治、权力管理。这样，任何人要想使政治按照自己的意志进行，便必须拥有权力：没有权力，怎么能够进行权力管理或权力统治呢？所以，一个人只有拥有政治权力，才能使政治按照自己的意志进行，才能有政治自由；如果他没有政治权力，便不可能使政治按照自己的意志进行，不可能有政治自由。试想，为什么君主专制国家只有君主一人拥有政治自由而其他人都没有政治自由？岂不就是因为君主专制之为君主专制，就在于国家最高权力只掌握在君主一人手中？为什么民主国家每个人都拥有政治自由？岂不就是因为民主之为民主，就在于国家的最高权力掌握在每个公民手中？

谁拥有政治权力，谁就拥有政治自由。因此，谁拥有最高的政治权力，谁就拥有最高的政治自由；谁拥有较低级的政治权力，谁就拥有较低级的政治自由；谁没有政治权力，谁就没有政治自由。这样，精确讲来，君主专制国家并不是只有君主一人拥有政治自由；而是只有君主一人拥有最高的政治自由。君主之外的各级官吏所没有的只是最高的政治权力，却拥有其他各级政治权力，因而也就拥有最高政治自由之外的各级政治自由：省长拥有使一个省的政治在某种程度上按照自己的意志进行的政治自由、市长拥有使一个市的政治在某种程度上按照自己的意志进行的政治自由、县长拥有使一个县的政治在某种程度上按照自己的意志进行的政治自由、乡长拥有使一个乡的政治在某种程度上按照自己的意志进行的政治自由。

然而，不论任何国家，权力都仅为统治者、管理者所拥有；而被统治者、被管理者是不可能拥有权力的：被统治者、被管理者只拥有权利而不可能拥有权力。因为所谓权力，如前所述，乃是仅为社会的统治者或管理者拥有且被社会承认的迫使被统治者或被管理者服从的强制力量。这是不难理解的。试想，为什么人们是那么想当官呢？岂不就是因为只有当官才

---

① 卢梭：《论人类不平等的起源和基础》，商务印书馆1962年版，第146页。

有权力，而不当官就没有权力吗？官越大，权力就越大；官越小，权力就越小；没有官职的平民百姓也就没有权力而只可能拥有权利。所以，只有社会的统治者、管理者才拥有政治权力；而被统治者、被管理者是不可能拥有政治权力的。这样一来，也就只有社会的统治者、管理者才拥有政治自由，而被统治者、被管理者是不可能拥有政治自由的。这是不足为怪的。因为政治就是权力统治、权力管理；政治自由就是权力统治之自由或权力管理之自由：政治自由不过是一种统治的自由、管理的自由。统治的自由、管理的自由当然只能为统治者、管理者拥有，而不可能为被统治者、被管理者拥有。

政治自由必定只能为拥有政治权力的人所享有，因而必定只能为社会的统治者所享有。这显然仅仅是政治自由之事实如何的客观本性，而不是政治自由之应该如何的价值标准。那么，政治自由是否只应该为统治者享有而不应该为被统治者享有？否！如所周知，每个公民——不论统治者还是被统治者——都应该享有政治自由：这就是关于政治自由的价值标准。这样，一方面，政治自由事实如何的客观本性是：政治自由只能为统治者所享有；另一方面，政治自由应该如何的价值标准却是：政治自由应该为每个公民所享有，应该为被统治者所享有。这岂不自相矛盾？岂不是圆的方、木的铁？非也！

诚然，政治自由只能为统治者所拥有，被统治者不可能拥有政治自由：这是政治自由的不依人的意志而转移的客观本性。但是，如果有这样一种国家，这种国家的被统治者能够反过来对统治者进行管理，从而变成统治者的管理者和统治者，那么，这种国家的被统治者岂不就与统治者一样拥有了政治自由？是的。被统治者就其是被统治者来说，是不可能拥有政治自由的；被统治者拥有政治自由，绝不是因为他们是被统治者，而是因为他们在某种意义上变成了统治者。那么，一个国家，究竟怎样才能使被统治者同时也是统治者呢？只有一条途径，那就是：全体公民都直接或间接掌握国家最高权力。这样，被统治者就能够与统治者同样直接或间接掌握国家最高权力，同样是最高权力的掌握者，同样是国家的最高统治者，同样使国家的政治按照自己意志进行，因而同样拥有最高的政治自由。可是，一个社会，究竟怎样才能使全体公民都直接或间接掌握国家最高权力呢？

答案无疑也只有一个：民主。因为，正如科恩所说："民主即民治""民主是一种人民自治的制度"，"民主即人民自己管理自己，人民即统治者"①。更确切些说，民主是全体公民直接或间接掌握最高权力的政治，是被统治者与统治者一样直接或间接掌握最高权力的政治，是被统治者与统治者一样是最高统治者的政治，是被统治者能够与统治者一样直接或间接地使国家政治按照自己的意志进行的政治，因而也就是被统治者与统治者一样拥有最高政治自由的政治。所以，科恩接着写道："只有以民主方式管理社会时才能充分实现社会自主——人与人相互关联的个人生活中的自主。只有在民主政体下，全体社会成员才能拿出自己的规则来管理共同事务，并将自己置于这些规则的约束之下。"② 这样，民主政体通过使被统治者反过来成为统治者，便解决了"每个公民——不论统治者还是被统治者——都应该拥有政治自由的价值标准"与"政治自由事实上只能为统治者所拥有的客观本性"之矛盾，从而使这一价值标准得以确立。

这一政治自由价值标准是区分政治自由国家与政治奴役国家的标准：一个国家如果符合该标准，从而每个公民——不论统治者还是被统治者——都拥有政治自由，便是所谓政治自由国家：政治自由国家就是每个公民都拥有政治自由的国家。反之，如果违背这一标准，从而只是部分公民拥有政治自由——亦即只是统治者拥有政治自由而被统治者没有政治自由——便是所谓的政治不自由或政治奴役的国家：政治奴役或政治不自由国家就是只有统治者拥有政治自由而被统治者没有政治自由的国家。

不过，任何国家的各级统治者，如上所述，必定都拥有——或高或低或多或少——政治自由。所以，一个政治自由国家区别于政治奴役国家的特征，说到底，乃在于被统治者是否拥有政治自由：被统治者拥有政治自由的国家，就是政治自由国家；被统治者没有政治自由的国家，就是政治奴役国家。因此，作为应该如何的价值标准的政治自由或政治国家的政治自由，正如威尔逊总统所言，实乃被统治者的自由，是被统治者使统治者按照自己的意志进行统治的自由，是每个公民使国家政治按照自己意志进

---

① 科恩：《论民主》，商务印书馆1988年版，第6页。
② 同上书，第274页。

行的自由:"政治自由是被统治的人使政府适合他们的需要和利益的那种权利"①。

可见,所谓政治自由国家,亦即民主国家:二者实为同一概念。因为凡是民主——不论是自由民主还是极权民主——的国家,必定都是全体公民掌握最高权力,因而被统治者必定与统治者同样拥有最高权力、同样是最高统治者。这样,不论该国家如何不自由,该国家的政治却必定是按照每个公民自己的意志进行的,因而每个公民必定拥有政治自由,该国家必定是一个政治自由国家。反之,如果没有实现民主,最高权力必定没有掌握在每个公民或被统治者手中,被统治者必定只是被统治者而不是最高统治者。那么,不论该国家如何自由,该国家的政治却必定不是按照被统治者的意志进行的,因而被统治者必定没有政治自由,该国家必定是一个政治奴役而非政治自由的国家。一句话,民主与政治自由互为充分且必要条件,因而实为同一事物。

那么,究竟为什么应该建设政治自由国家?或者说,为什么每个人都应该拥有政治自由?说到底,政治自由的价值标准的依据究竟是什么?不难看出,每个公民都应该拥有政治自由之价值标准,具有"人道"与"人权"双重根据。从人道方面来看,政治自由无疑是最重要的社会自由,从而是自由—人道社会的根本特征。这不仅因为政治是最重要的社会强制,因而政治自由所给予每个公民的也就是最重要的社会自由;而且更主要的是因为,政治自由社会或每个公民都拥有政治自由意味着:统治者必须按照全体公民自己的意志进行统治。这样,每个公民的其他社会自由,如言论自由、出版自由、经济自由等,能否实现,便完全取决于自己的意志,因而是有保障的。反之,如果政治不自由,那么,统治者便不是按照全体公民的意志而是按照自己的意志进行统治。这样,每个公民的其他社会自由能否实现,便完全取决于统治者的意志而不是取决于自己的意志,因而是无保障的。所以,政治自由决定其他社会自由,是实现其他自由的根本保障,因而也就是自由—人道国家的根本保障。萨托利说:"政治自由不是心理的、思想的、道德的、社会的、经济的或法律的自由。但

---

① 《资产阶级政治家关于人权、自由、平等、博爱言论选录》,世界知识出版社1963年版,第210页。

这些自由均以政治自由为先决条件。"① 于是，一个国家若要成为自由、人道的国家，根本说来，必须使每个公民拥有政治自由，实现政治自由国家。

从人权方面来看，每个人之所以应该拥有政治自由，是因为政治自由乃是每个人的人权。马克思说："人权的一部分是政治权利，只有同别人一起才能行使的权利。这种权利的内容就是参加这个共同体，而且是参加政治共同体，参加国家。这些权利属于政治自由的范畴。"② 政治自由是人权，因而根据人权应该完全平等原则，每个人都应该完全平等地享有政治自由。换言之，每个人都应该完全平等地共同执掌国家最高权力，完全平等地使国家政治按照自己的意志进行。这是政治自由原则，也是政治自由的权利平等原则，亦即政治人权原则，说到底，亦即所谓的人民主权原则，因而也就是民主政治的基本依据之一。

总而言之，每个公民——不论是统治者还是被统治者——都应该同样直接或间接掌握国家最高权力，应该同样是国家的最高统治者，应该同样使国家的政治按照自己意志进行，说到底，应该同样拥有最高的政治自由。换言之，一个国家的政治，应该直接或间接地得到每个公民的同意，应该直接或间接地按照每个公民自己的意志进行，说到底，应该按照被统治者自己的意志进行。这就是政治自由原则，这就是政治自由国家的标准，这就是衡量一个国家是否自由、是否人道的政治标准，这就是国家治理和国家制度是否自由和人道的政治自由标准。

**经济自由原则** 经济自由，顾名思义，就是每个人从事经济活动——生产、分配、交换和消费——的自由，就是每个人没有外在强制从而能够按照自己的意志进行的经济活动。因此，如果人不是社会动物，而是像鲁滨逊那样，生活在一个荒岛上，那么，他的经济活动必定完全是按照自己的意志进行的，因而必定完全享有经济自由。但是，正如马克思所说，人是社会动物，他的经济活动必定与他人和社会有关，必定是一种社会活动："孤立的一个人在社会之外进行生产——这是罕见的事，偶然落到荒

---

① Giovanni Sartori, *The Theory Democracy Revisited*, New Jersey: Chatham House Publisher, Inc. Chartham, 1987, p.298.
② 《马克思恩格斯全集》第一卷，人民出版社 1956 年版，第 436 页。

野中的已经内在地具有社会力量的文明人或许能做到——就像许多个人不在一起生活和彼此交谈而竟有语言发展一样,是不可思议的"①。这样,每个人究竟能否享有经济自由,便完全取决于他所生活于其中的国家的经济体制;正如他能否享有政治自由完全取决于他所生活于其中的国家的政治体制一样。政治自由,如上所述,与民主政体互为充分且必要条件:当且仅当民主政体,每个人才能享有政治自由。那么,究竟什么经济体制才能够使每个人都享有经济自由?

人类社会的经济形态虽然纷纭复杂,但总而言之,无非自然经济与交换经济;后者又分为计划经济与市场经济。至于商品经济,则与市场经济是同一概念。因为商品经济也就是市场配置资源的经济,因而也可以叫做市场经济。只不过,商品经济有两个定义:"商品经济是市场配置资源的经济"是以经济运行的手段特征为根据的定义;"商品经济是为了交换价值而发生的经济"是以经济运行的目的特征为根据的定义。这样一来,经济形态实际上便分为自然经济、计划经济与市场经济或商品经济三类。

所谓自然经济,如所周知,亦即自给自足经济,其基本的特征在于:生产是为了直接满足生产者个人或经济单位的需要而不是为了交换。那么,在这种经济体制下,每个人是否享有经济自由呢?从人类社会发展史来看,答案基本是否定的。因为如所周知,典型的自然经济乃是奴隶社会和封建社会的经济体制。奴隶社会自然经济的根本特征,是劳动者的人身占有;封建社会自然经济根本特征,是劳动者的人身依附:二者显然意味着经济奴役、经济不自由。即使自然经济是自由的,如原始社会的自然经济,也绝非人类理想社会的经济自由。因为自给自足的经济无论如何自由,都是人类社会效率最低、最低级、最落后的经济体制,它是人类在生产力低下和社会分工不发达的历史阶段所不得不生活于其中的经济体制。

因此,经济自由论者分析经济形态类型时,大都排除自然经济,而认为只有计划经济与市场经济或商品经济两类。弗里德曼说:"根本说来,只有两种方法统筹千百万人的经济活动。一个是包括使用高压政治手段的中央指挥:军队和现代极权主义国家的方法。另一个是个人自愿的结合:

---

① 《马克思恩格斯选集》第二卷,人民出版社 1977 年版,第 87 页。

市场配置的方法。"① 瓦尔特·欧肯也这样写道："标志着'集中领导的经济'的经济体制是：根据一个中心地方的计划来控制一个共同体整个的日常经济生活。然而，如果社会经济由两个或者许多个个别经济构成，其中的每一个都提出并执行经济计划，那么就存在着交换经济的经济体制。除了这两种经济体制之外，在现在和过去的经济实际中都不可能找到别的经济体制的痕迹；也确实不能想象，可以找到别的经济体制。"② 那么，究竟在哪一种经济体制下，每个人才能够享有经济自由？

市场经济与计划经济同样是自然经济的对立面，都属于"非自然经济"或"交换经济"范畴。二者的根本区别，如所周知，只在于资源的配置者。计划经济亦即统制经济、命令经济，是由政府依靠国家政权掌握资源，决定物价，通过强制命令，亦即指令性计划，来配置资源，解决经济活动的三大问题：生产什么和生产多少、如何生产、为谁生产。相反地，市场经济则是非统制经济、非指令经济，它不是由政府的权力控制，而是通过以价格机制或价值法则为核心的市场机制，自发地调节经济资源在社会生产的各个部门之间的分配，解决经济活动的三大问题：生产什么和生产多少、如何生产、为谁生产。计划经济是统制经济、命令经济，显然意味着，在这种经济体制下，每个人不可能享有经济自由：他生产什么和生产多少、如何生产、为谁生产都不是由自己决定的。反之，市场经济是一种没有外在强制的自发的、自愿的经济，意味着，在这种经济体制下，每个人都享有经济自由：他生产什么和生产多少、如何生产、为谁生产都是由自己决定的。

但是，问题的关键在于，没有政府的指挥，市场经济仅仅依靠自身是否能够存在发展？如果能够，那么，在没有政府的指挥的市场经济体制下，每个人的经济活动便完全是按照自己的意志进行的，每个人便享有完全的经济自由：经济自由是没有政府指挥的市场经济的结果；如果不能够，市场经济就必须在政府的指挥下才能存在发展，那么，即使在市场经济体制下，每个人也不可能享有经济自由：经济自由注定是不可能的。那么，没有政府的指挥，市场经济仅仅依靠自身是否能够存在发展？

---

① Milton Friedman, *Capitalism and Freedom*, the University of Chicago Press, 1962, p. 13.
② 瓦尔特·欧肯：《国民经济学基础》，商务印书馆1995年版，第107页。

没有政府的指挥，市场经济仅仅依靠自身能够存在发展。因为就市场经济本性来说，就是不必政府指挥而能够自发地存在发展的经济。这是——萨缪尔森说——斯密的最伟大的贡献："亚当·斯密的最伟大贡献在于他在经济学的社会世界中抓住了牛顿在天空的物质世界中所观察到的东西，即：自行调节的自然秩序。斯密所传达的福音是：'你认为，通过动机良好的法令和干预手段，你可以帮助经济制度运转。事实并非如此。利己的润滑油会使齿轮奇迹般地正常运转。不需要计划。不需要国家元首的统治。市场会解决一切问题'"①。

可是，没有政府的指挥，市场如何能够自行协调千百万人的经济活动呢？原来——斯密发现——这是一只"看不见的手"引导的结果："每个人……既不打算促进公共利益，也不知道自己是多么大地促进着这种利益……他所算计的只是他自己的赢利。但是，在这里像在其他许多场合一样，他受着一只看不见的手的指导，去尽力达到一个并非他想要达到的目的。目的不是为了社会，对于社会来说，也不会比为了社会更差。他为了自己的利益，往往使他能够比为了社会利益更有效地促进社会利益。"②

斯密所说的"看不见的手"，如所周知，就是"自由竞争"：自由竞争是可以导致资源配置效率最佳状态的"看不见的手"。那么，究竟为什么自由竞争可以导致资源配置效率最佳状态？原来，自由竞争乃是实现自由价格和公平价格——避免强制价格和不公平价格——从而导致资源配置效率最佳状态的唯一途径。首先，不难看出，完全自由竞争——亦即今日经济学所谓的"完全竞争"——条件下的市场价格既是自由价格又是公平价格。因为正如迈克易切恩所言，在完全竞争条件下，厂商数目众多、各厂商都出售无差别的同质产品、进出行业都很容易、所有参与者都同样无力控制价格、价格由市场供求决定："如果一个市场上存在这些条件，那么单个参与者则无法控制价格。价格由市场供求决定。一个完全竞争厂商被称为价格接受者。"③ 这就是说，在完全竞争条件下，一方面，每个经济人，不论是厂商或卖者还是消费者或买者，对于价格的决定作用是完

---

① 萨缪尔森：《经济学》下册，商务印书馆1990年版，第290页。
② Adam Smith, *An Inquiry into The Nature And Causes of The Wealth of Nations*, vol. 1, Fifth Edition, London: Methuen & Co. Ltd. 1930, p. 421.
③ 威廉·A. 迈克易切恩：《微观经济学》，财经科学出版社2004年版，第226页。

全平等的，都同样是价格接受者，谁也强制不了谁，不存在任何强制，因而都是同样自由、无强制、心甘情愿——而不是被迫、被强制、不自由、不情愿——地按照完全由市场供求关系决定的价格进行商品的买卖交换。因此，在完全竞争条件下，这种完全由市场供求关系决定的市场价格乃是自由价格，而不是强制价格。

另一方面，在完全竞争条件下，价格完全由供求关系决定，亦即由市场需求曲线和市场供给曲线的交点决定。于是，每个厂商面临的需求曲线都是一条高度等于市场价格的水平线。这样一来，便正如萨缪尔森所发现，厂商为了利润最大化，势必将产量确定在边际成本等于价格的产量水平上："在完全竞争条件下企业的供给法则是：当企业将其产量定在边际成本等于价格的水平时，就实现了利润的最大化。"① "最大化利润的产量，就是边际成本等于价格的产量。这一命题的根据是：只要价格高于最后一个单位的边际成本，竞争企业总是能够获得额外利润。当出售增加的产量不能获得任何额外的利润时，总利润就达到了顶点：最大化。在最大利润点，生产最后一个单位产品带来的收入额恰恰等于该单位成本。增添的收入是多少？它等于每单位的价格。增添的成本是多少？它等于边际成本。"②

完全竞争条件下的市场价格等于边际成本，意味着：完全竞争条件下的市场价格就是公平价格。因为，如所周知，所谓公平价格，直接说来，是与商品价值相等的价格；根本说来，也就是与商品边际效用相等的价格，因而也就是供求关系所决定和支配的价格；最终说来，则是与边际成本相等的价格。价格等于边际成本，不但是公平价格，而且意味着资源配置效率最佳状态。因为边际成本与边际效用应该相等，因而价格等于边际成本，亦即价格等于边际效用。这样一来，就实现了资源配置效率最佳状态：一方面，厂商因价格等于边际成本而实现了利润最大化；另一方面，消费者因价格等于边际效用而获得了最大满足。对于这个道理，萨缪尔森曾有极为精辟的阐述："效率实现的条件是：a 当消费者得到最大化的满

---

① Paul A. Samuelson, William D. Nordhaus, *Microeconomics* (16th Edition), Boston: TheMcGraw‒Hill Companies, Inc. 1998, p. 140.

② Ibid. p. 139.

足时，边际效用恰好等于价格。b 当竞争的生产者供给物品时，他们选择使边际成本恰好等于价格的产量。c 既然 MU = P 且 MC = P，那么 MU = MC。这样，在完全竞争条件下，生产一物品的边际社会成本，正好等于它的边际效用价值。社会从最后一单位的消费中获得的边际收益等于社会生产最后一单位产品的成本，这一条件保证了竞争的均衡是有效率的。"①

因此，正如斯密和李嘉图所言，市场经济——由于自由竞争这只"看不见的手"的作用——乃是没有政府的指挥而能够自发地存在发展的经济。甚至反对自由放任而主张混合经济的萨缪尔森也这样写道："竞争的市场和价格制度——不论它在其他方面如何，不论它的作用是如何地不完善——不是一个混乱和无政府的制度。它有一定的秩序，是有条不紊的。它行得通。竞争制度是一架精巧的机构，通过一系列的价格和市场，发生无意识的协调作用。它也是一具传达讯息的机器，把千百万不同个人的知识和行动汇合在一起。虽然不具有统一的智力，它却解决着一种可以想象到的牵涉到数以千计未知数和关系的最复杂的问题。没有人去设计它，它自然而然地演化出来：像人类的本性一样，它总在变动。但是，它经受了任何社会组织的最基本的考验——它可以生存。"②

没有政府的指挥，市场经济能够自发地存在发展。这是否意味着，没有政府的任何干预，市场经济也能够自发地存在发展？否。因为任何社会，小到家庭，大到国家，如果没有道德和法律规范，都是不可能存在发展的。市场经济没有政府的指挥而能够自发地存在发展，无疑以其遵循自由、平等和公正等市场经济制度道德及其法律为前提：自由、平等和公正等市场经济制度道德及其法律乃是市场机制有效调节市场经济存在发展的必要条件。这个道理，经济学者早有所见："为使市场机制能成为真正有效的机制，必须具备一定的必要条件：一是这个市场应该是开放的，所有市场主体都可以在同等公平条件下自由进入市场交易；二是必须由处于公开、公平、公正竞争的市场条件下，形成市场价格；三是各个地区内的市场体系必须是完善的。"③

---

① Paul A. Samuelson, William D. Nordhaus, *Microeconomics* (16th Edition), Boston：TheMcGraw-Hill Companies, Inc. 1998，p. 152.
② 萨缪尔森：《经济学》上册，商务印书馆 1990 年版，第 61 页。
③ 邵祥能等主编《商品经济新论》第一卷，中国财政经济出版社 2008 年版，第 302 页。

制定市场经济制度道德及其法律并保障其实行，无疑是政府职责之所在。因此，市场经济存在发展固然可以离开政府的指挥，却离不开政府的适当干预：制定和保障市场经济制度道德及其法律的实行。如果没有政府的这种适当干预，没有市场经济制度道德及其法律而完全放任自由，市场机制势必导致既不公正又不自由的结果，最终市场经济也就不成其为市场经济而被非市场经济所取代。这可以从两方面看。一方面，市场经济自由竞争的结果，势必导致垄断。垄断违背市场经济的最高原则：经济自由。然而，这却是自由竞争所固有的内在矛盾，是市场机制自身无法解决的。在这种情况下，应该怎么办呢？显然必须政府出面干预，制定和实行反垄断法，从而保障自由竞争和经济自由。

另一方面，市场经济自由竞争的结果，势必导致两极分化，致使弱者的经济人权被强者剥夺。这种剥夺固然符合经济自由原则，却违背经济公正和经济平等原则：经济公正和经济平等是市场经济的根本原则。在这种情况下，应该怎么办呢？显然应该由政府出面干预，限制强者的经济自由，并通过个人所得税等而从强者的收入中拿出一部分补偿给弱者，从而使人们遵循经济公正原则，做到每个人完全平等地分享基本经济权利：公正对于自由具有优先性。

因此，没有政府适当干预，市场经济势必违背经济自由、经济平等和经济公正等制度道德及其法律，从而走向自己的末日，被非市场经济所取代。因此，市场经济的存在发展，离不开政府的干预。但是，政府的干预应该限于确立和保障市场经济运行规范，从而建立完善的市场经济体制，最终保障市场机制有效调控市场经济的存在发展；而绝不应该取代和违背市场机制，绝不应该指挥市场经济活动：政府应该是经济活动规范的制定者与仲裁者，而不应该是经济活动的指挥者。这就是政府适当干预的"适当"概念之界限。这也就是经济自由主义名言"政府应该是仲裁者而不应该是当事人"[1]之真谛。因为对于这句名言，自由放任主义论者弗里德曼曾这样解释道：

> 自由市场的存在当然并不排除对政府的需要。相反地，政府的必

---

[1] 弗里德曼：《自由选择》，商务印书馆1982年版，第10页。

要性在于，它既是"游戏规则"的论坛和制定者，又是解释和强制执行这些既定规则的裁判者。[1]

可见，政府只应该适当干预而绝不应该指挥：政府干预与政府指挥根本不同。所谓政府指挥，实乃计划经济之本质，乃是指政府下达命令和计划，强制市场经济行为者的经济活动。萨缪尔森将这些经济活动概括为四大问题：生产什么和生产多少、如何生产、为谁生产。因此，政府指挥也就是政府强制市场经济经营者生产什么和生产多少、如何生产、为谁生产。这就取代和违背了市场机制，特别是违背了极其重要的市场机制：主体自由决策机制。

相反地，所谓政府适当干预，则仅仅是确立和贯彻市场经济自由且公正的运行规范，从而建立完善的市场经济体制，最终保障市场机制有效调控市场经济的存在发展；而丝毫不计划经济，丝毫不取代和违背市场机制，丝毫不干预市场经济主体的经济活动，丝毫不干预经营者生产什么和生产多少、如何生产、为谁生产。政府适当干预的"适当"的界限就在于，每个人的经济活动，他生产什么和生产多少、如何生产、为谁生产，完全是他的自由，绝不可以干预，而只由市场机制自行解决："竞争的价格制度使用供给和需求的市场来解决基本的经济问题：生产什么、如何生产和为谁生产"[2]。因此，政府干预丝毫不具有计划经济成分，完全属于市场经济范畴，而不属于计划经济范畴。

当然，政府并不是完全不介入、不进行任何市场经济活动。但是，政府只应该承办那些市场机制调控失灵的区域，那些市场机制不能有效发挥作用或政府不做就根本不会做的经济活动。斯密曾将这些活动归结为："建设并维持某些公共工作和公共机构的义务——这些绝不是为了任何个人或任何少数人的利益——因为这些工作和机构由大社会经营时，常能补偿所费而有多有余利，但由个人或少数人经营，就决不能补偿所费。"[3]可是，当政府进行这些经济活动时，它就平等地与每个商品生产者一样，

---

[1] Milton Friedman, *Capitalism and Freedom*, the University of Chicago Press, 1962, p. 15.
[2] 萨缪尔森：《经济学》上册，商务印书馆1990年版，第66页。
[3] Adam Smith, *An Inquiry into The Nature And Causes of The Wealth of Nations*, vol. 2, Clarendon Press. Oxford, 1979, p. 688.

是一种市场经济活动的生产者，而并不是市场经济活动的指挥者，因而也就不属于政府指挥的范畴了。

这样一来，"存在政府适当干预的市场经济"与"存在政府指挥的市场经济"便根本不同了。"存在政府适当干预的市场经济"，属于典型市场经济、纯粹市场经济或自由市场经济范畴，因为政府干预的界限和目的全在于完善市场机制，从而建立自由且公正的市场经济。相反地，"存在政府指挥的市场经济"则属于市场经济与计划经济的结合，可以称之为"混合经济"，如所谓"有计划商品经济"、"政府主导型市场经济"和"以市场为基础的政府导向型市场经济"等。

然而，如果真像主张计划调节与市场调节相结合的混合经济论者所认为的那样，有政府的指挥和指令性计划，市场经济就能够避免其内在缺陷，从而更好地存在发展，那么，是否应该有政府的指挥和计划呢？是否应该建立混合经济呢？是否应该建立有计划的商品经济呢？否。任何类型的混合经济都是不应该的，而唯有典型的、纯粹的、没有政府指挥的市场经济才是应该的。因为只有不存在政府指挥的市场经济，才是自由的市场经济，才符合经济自由等国家制度价值标准，每个人才真正享有经济自由；而存在政府指挥的市场经济或计划的市场经济，则不是自由的经济形态，违背经济自由等国家制度价值标准，每个人不可能真正享有经济自由。

经济活动应该由市场机制自行调节，而不应由政府强制指挥，政府的干预应仅限于确立和保障经济规则；而在这些经济规则的范围内，每个人都应该享有完全按照自己的意志进行经济活动的自由，都享有完全按照自己的意志进行生产、分配、交换和消费等经济活动的自由。这就是经济制度的经济自由原则，这就是衡量一种经济形态、经济制度是否自由的国家制度价值标准，这就是衡量一个社会和国家是否自由、是否人道的经济标准：一个社会和国家，如果符合这一标准，实行非由政府指挥的市场经济体制，从而每个人都享有经济自由，那么，该社会和国家便是经济自由社会、自由国家，便达到了自由—人道国家的经济标准；反之，如果违背这一标准，实行非市场经济体制或政府指挥的市场经济体制，从而只是某一部分人享有经济自由，那么，该社会和国家便是所谓的经济不自由或经济奴役的社会和国家，便违背了自由—人道国家的经济标准。

这一经济自由原则的发现者和确立者,如所周知,乃是亚当·斯密,他称之为"自然自由制度":

> 一切特权的或限制的制度一旦完全被废除,简单而显著的自然自由制度就会自动建立起来。每一个人,只要不违反公正的法律时,就应该容许他完全自由地用自己的方法追求自己的利益,以其勤勉和资本而与任何其他人或阶级相竞争。[1]

可是,究竟为什么市场经济应该自发地存在与发展,而政府的干预应该只限于确立和保障市场经济规则?为什么计划经济以及任何类型的混合经济都是不应该的,而唯有典型的纯粹的市场经济才是应该的?为什么每个人应该享有完全按照自己的意志进行经济活动的自由?说到底,经济自由原则的依据究竟是什么?

原来,经济自由之国家制度价值标准,具有"公正"、"人权"、"人道"与"效率"四重根据。首先,从公正方面来看,唯有自由竞争才能够实现等价交换或公正,而垄断势必导致不等价交换或不公正。因为在完全自由竞争条件下,厂商为了利润最大化,势必将产量确定在边际成本等于价格的产量水平上:"在完全竞争条件下企业的供给原则为:当企业将其产量确定在边际成本等于价格的水平上时,就实现了利润的最大化。"这就是说,自由竞争条件下的商品价格等于边际成本——亦即等价交换——具有必然性:等价交换是自由竞争的价格规律。反之,垄断条件下的商品价格势必远远高于边际成本:"垄断的最大祸害并不是它榨取垄断利润,而是它规定的垄断价格远远高于社会按照边际成本所决定的价格。"这就是说,垄断价格高于边际成本——亦即不等价交换——具有必然性:不等价交换是垄断价格规律。

其次,从人权方面来看,每个人应该享有经济自由,是由于经济自由乃是每个人的一种经济人权。因为如所周知,经济权利分为两类。一类是满足人们必要的、起码的、最低的物质需要的经济权利,亦即所谓经济人

---

[1] Adam Smith, *An Inquiry into The Nature And Causes of The Wealth of Nations*, vol. 2, Clarendon Press. Oxford, 1979, p. 687.

权；另一类则是满足人们比较高级的物质需要的经济权利，亦即所谓非人权经济权利。经济自由无疑只是一个人获得物质财富的前提、条件或机会，而并不就是物质财富之获得：一个拥有经济自由的人可能仍然是个极其穷困的人。因此，经济自由就其自身来说并不能满足人们的任何物质需要，更不用说满足人们的高级的物质需要；正如哈耶克所言，自由仅仅为满足这些需要提供了可能、条件和机会："自由所能向个人提供的只是种种机会"[1]。因此，经济自由绝不是什么高级的经济权利，而是每个人的最为基本的经济权利，是每个人必要的、起码的、最低的经济权利，是每个人的经济人权。经济自由是人权，因而根据人权应该完全平等原则，每个人都应该完全平等地享有经济自由。这就是为什么，纵使真像混合经济论者所说的那样，唯有计划经济与市场经济结合才能克服市场机制的内在缺陷，我们也应该选择典型的纯粹的市场经济而不要混合经济的缘故：只有后者才能实现经济自由，而经济自由乃是每个人的人权，是每个人因完全平等地作为缔结社会的一个股东而应完全平等地拥有的神圣不可侵犯的经济人权。因此，斯密写道："不论如何，禁止大众制造他们自己能够制造的东西，不准他们把资财与劳动投放到他们认为对自己最有利的地方，这是对神圣人权的公然侵犯。"[2]

再次，从人道方面来看，经济自由乃是自由—人道国家的基本特征。因为自由—人道国家的"自由的限度原则"要求：一个国家的强制，应该保持在这个国家的存在所必需的最低限度；一个国家的自由，应该广泛到这个国家的存在所能容许的最大限度；说到底，只要国家能够存在，国家的强制便应该等于零而完全自由。这样，政府对于经济活动进行强制计划、指令或指挥的依据便全在于：没有政府的指挥，经济活动便不能存在。因此，如果没有政府的指挥，经济活动也能够存在，那么，政府的指挥就违背了自由—人道国家的自由限度原则，因而就是不正当的。市场经济，如上所述，没有政府指挥，也能够存在发展；没有政府确立和保障市场经济规则，则不可能存在发展。所以，市场经济便应该自发地存在与发

---

[1] Friedrich A. Hayek, *The Constitution of Liberty*, The University of Chicago Press 1978, p. 71.
[2] Adam Smith, *An Inquiry into The Nature And Causes of The Wealth of Nations*, vol. 2, Clarendon Press. Oxford, 1979, p. 582.

展,而政府的干预应该只限于确立和保障市场经济规则。否则,如果国家的干预不限于确立和保障市场经济规范,却进而指挥、命令市场经济活动,那么,这种国家就不是一个自由——人道的国家了。

最后,从效率方面看,经济自由有效率,而经济不自由则无效率。这个问题比较复杂,可以从两方面看。一方面,自由价值的研究表明:自由乃是每个人实现创造性潜能和社会发展进步的根本条件;反之,强制、不自由则是每个人实现创造性潜能和社会发展进步的根本障碍。这样,在经济活动能够存在的前提下,政府的指挥或强制越多而自由越少,则经济的发展进步,长久地看,必越慢;政府的指挥或强制越少而自由越多,则经济的发展进步,长久地看,必越快。这就是为什么自由的市场经济必定是一种高效率经济的缘故。另一方面,在一个复杂的社会,千百万人生产着、交换着和消费着千百万种商品。每个人究竟应该生产什么和如何生产、如何交换以及如何消费,正如斯密所言,并不是政府——不论它拥有多少专家——的智慧或知识所能够正确解决的:"这是人类的智慧或知识在任何时候都做不到的"①。这既是计划经济必然失败的根本原因,也是市场经济必然成功的根本原因。因为这种政府不可能正确解决的难题,市场机制自身却能够自然而然地予以正确解决:"市场经济的高明之处就在于,它允许每个人在日常的生产、消费活动中自由地运用他们拥有的具体知识。无数个人根据个别的和高度分散的知识作出的形形色色的决策,通过价格机制的'信号',在法治的框架内协作。只有这种协调现有知识并创造新知识的分散机制,能有效地满足复杂社会中成千上万个人的各种各样的欲望和需求"②。因此,只有选择市场经济,才是正确的,因而是有效率的;而选择政府指挥市场经济,必定是错误的,因而是无效率的:经济自由是经济繁荣昌盛的必要的、根本的条件。这就是为什么我们到处看到,哪个国家实行市场经济而经济自由,哪个国家的经济便繁荣昌盛,老百姓的生活水平便得到极大提高;哪个国家实行统制经济而经济不自由,哪个国家的经济便停滞不前,老百姓的生活水平便极其低下的缘故。

---

① Adam Smith, *An Inquiry into The Nature And Causes of The Wealth of Nations*, vol. 2, Clarendon Press. Oxford, 1979, p. 687.

② 拉齐恩·萨丽:《哈耶克与古典自由主义》,贵州人民出版社 2003 年版,第 5 页。

这样一来，经济自由便是一个极其重要的国家制度价值标准，它不但是衡量一种经济形态是否自由的国家制度价值标准，而且也因此是衡量一种经济形态是否拥有人权、是否公正、是否人道和是否有效率的标准。一种经济形态，如果符合经济自由原则，实行虽有政府适当干预却非政府指挥的市场经济，亦即实行典型的纯粹的市场经济，从而每个人都享有经济自由，那么，该经济形态便是自由的、人权的、公正的、人道的和高效率的经济形态；反之，如果违背经济自由原则，实行非市场经济或混合经济，从而只是某一部分人享有经济自由，那么，该经济形态便是不自由、非人道、无人权、不公正和低效率的经济形态。这就是为什么，即使政府指挥或混合经济能够避免市场机制的内在缺陷，也绝不应该选择政府指挥或混合经济的缘故。

准此观之，人类社会显然只有一种经济形态，亦即没有政府指挥——但有政府适当干预——的市场经济，符合经济自由原则，因而是自由的、人权的、公正的、人道的和高效率的经济形态，是符合国家制度价值标准的经济形态；其他一切经济形态（计划经济和自然经济以及存在政府指挥的市场经济或混合经济）都不符合经济自由原则，因而都是不自由、非人道、不公正、无人权和低效率的经济形态，都是违背国家制度价值标准的经济形态。一句话，没有政府指挥——但有政府适当干预——的市场经济乃是唯一符合国家制度价值标准的经济形态，是人类社会唯一理想的经济形态。

**思想自由原则**　何谓思想自由原则？人们往往顾名思义，以为思想自由原则所说的思想自由，就是思想自由，就是主张应该有思想的自由，而不应该限制和禁止思想。这是错误的。因为，一方面，思想自由原则是一种道德原则，因而它与一切道德原则一样，只能规范每个人的行为，而不可能规范每个人的思想：思想自由原则是每个人的行为应该如何的原则，而不可能是每个人的思想应该如何的原则。另一方面，正如伯里所言，任何社会或国家显然都不可能限制和禁止人们思想什么："一个人无论思想什么，只要想在肚里秘而不宣，总没人能禁止他的。"[①] 确实，只有行为——做什么和说什么——才可能被限制或禁止；而思想——想什么——

---

① J. B. 伯里：《思想自由史》，吉林人民出版社1999年版，第1页。

是不可能被限制和禁止的。

于是，合而言之，思想自由作为一种道德原则，必定是指一种行为应该如何的自由，而不是指思想应该如何的自由：思想自由原则是一种行为应该如何的原则，而不是思想应该如何的原则。那么，思想自由原则所说的思想自由，究竟是指一种什么行为呢？伯里认为，是指传达思想的行为：思想自由是指言论自由。他这样写道："私自思想的天赋自由是无甚价值的。一个人既有所思，若不许他传之他人，那么，他就要觉得不满足，感到痛苦，而对于他人也无价值可言了……所以，思想自由，从它的任何价值的意义看来，是包含着言论自由的。"① 更确切些说，所谓思想自由，也就是获得与传达思想活动的自由。而思想获得与传达的主要途径，如所周知，是言论与出版。所以，思想自由，主要讲来，便是言论自由与出版自由。

不言而喻，任何人的思想，都不可能在强制和奴役的条件下得到发展。思想自由，确如无数先哲所论，是思想发展的根本条件而与其成正相关变化：一个社会的言论和出版越自由，它所能得到的真理便越多，它的科学与艺术便越繁荣兴旺，它所获得的精神财富便越先进发达；一个社会的言论和出版越不自由，它所能得到的真理便越少，它的科学与艺术便越萧条荒芜，它所创获的精神财富便越低劣落后。因此，阿克顿说："自由是真理得以诞生的条件。"②

那么，言论和出版是否越自由便越好因而应该完全自由而不受任何限制呢？是的。伯里说得好："历史已经证明，在希腊思想完全自由的时期，知识就生长了。到了近代，因为禁止思想的法律完全取消了，所以知识进步的速率，在中世纪的教会的奴仆看来，简直疑为由于恶魔的作弄。这样看来，要使得社会习惯制度和方法能适应新需要和新环境，自然必得有辩驳和批评社会习惯、制度和方法以及发表最违俗的思想的完全自由，固不必顾虑是否触犯着流行的思想。假使文化史对我们有一点教训，那么，就是这样：有一个完全可由人力获得的精神进步与道德进步的最高条

---

① J. B. 伯里：《思想自由史》，吉林人民出版社1999年版，第1页。
② 阿克顿：《自由与权力》，商务印书馆2001年版，第309页。

件，就是思想和言论的绝对自由。"①

进言之，言论和出版应该完全自由，不仅因为思想的发展与自由的程度成正比，而且还因为对于言论和出版自由的任何限制都违背自由、人道国家的普遍标准。首先，按照自由、人道国家的法治标准，一个国家的任何强制，都必须符合该国家的法律和道德，最终都必须得到全体成员的同意。这样，任何人，不论他的思想、意见多么荒谬危险，便都应该允许他发表；否则，谈何全体成员的同意？所以，不论禁止何人发表何种意见、思想，便都违背了自由、人道社会的法治标准。科恩说："如果我们要保持民主，言论必须完全自由。批评的自由、发表反对意见的自由，不论如何不受欢迎，尽管可能有害或违反常情，但在民主国家中是绝不可少的。这种绝对性不是来自直觉或其他任何官能论据，而是来自参与管理时工作上的需要。各方面对社会关心的所有问题进行自由与公开的讨论，这是充分有效参与的条件。"② 其次，按照自由、人道国家的平等标准，人人应该平等地享有自由；平等地服从强制。准此，在思想自由面前便应该人人平等。于是，任何人，不论他的地位多么低、思想多么荒谬危险，便都应该允许他自由发表；否则，便意味着只允许一些人享有思想自由，便违背了自由人道社会的平等标准。最后，按照自由、人道国家的自由限度标准，一个国家的强制，应该保持在这个国家的存在所必需的最低限度。能够危及国家存在的显然只有行动；而任何思想，不论多么荒谬危险，绝不会危及国家存在。所以，科恩说："在民主国家中可以随心所欲地说和写，但不能随心所欲地做。"③ 只有行动的自由才应该有所限制，而思想自由则不应该有任何限制；否则，便违背了自由人道国家的自由限度标准。

因此，自由、人道的著名斗士和经典文献大都主张言论和出版完全自由。罗伯斯庇尔说："通过语言、文字或出版来表达思想的权利无论如何也不应受到妨碍或限制……新闻自由应该是完整的无限的，否则就是没有新闻自由。"④ 潘恩说："出版自由以及使用其他表达思想手段的自由，是

---

① J. B. 伯里：《思想自由史》，吉林人民出版社 1999 年版，第 127 页。
② 科恩：《论民主》，商务印书馆 1988 年版，第 141 页。
③ 同上书，第 149 页。
④ 《资产阶级政治家关于人权、自由、平等、博爱言论选录》，世界知识出版社 1963 年版，第 105 页。

不能取消、停止和限制的。"① 罗斯福则进而以美国为例说："这种自由除了受到美国人民的良知的限制以外，确实是丝毫没有限制的。"② 美国《弗吉尼亚权利法案》已规定："出版自由是自由的重要保障之一，任何政府，除非是暴虐政府，绝不应加以限制。"美国《人权法案》第一条便这样写道："国会不得制定关于下列事项的法律：确立宗教或禁止信仰自由；剥夺人民言论或出版自由。"我国孙中山先生召集的国民党第一次全国代表大会宣言亦如是说："确定人民有集会、结社、言论、出版、居住、信仰之完全自由。"

总之，每个社会成员都应该享有获得与传达任何思想的自由。或者说，每个社会成员获得与传达任何思想都不应该被禁止。说到底，言论与出版应该完全自由而不应该受到任何限制；否则便不是真正的思想自由，便不是个真正自由、真正人道的国家。这就是思想自由原则，这就是衡量一个国家是否自由、是否人道的思想标准，这就是国家治理和国家制度是否自由和人道的思想自由标准。

不言而喻，思想自由原则不如政治自由原则重要，也不如经济自由原则基本。但是，正如穆勒所言："人类一切福利都有赖于精神福利。"③ 思想自由乃是一个国家的科学、艺术和文化的繁荣兴盛的根本条件，是一个国家的精神财富得以发展的根本条件，因而也就是一个国家的物质财富得以增进的根本条件，说到底，也就是国家的一切进步的最根本的条件。这样，思想自由原则便远远高于经济自由和政治自由原则：思想自由是自由的最高原则，是国家治理和国家制度是否自由和人道的最高价值标准。所以，波普说："思想自由和讨论自由是自由主义的最高价值"，伯里说："思想自由原则是社会进步的最高条件"④，密尔顿也这样写道："让我有自由来认识、抒发己见、并根据良心作自由的讨论，这才是一切自由中最重要的自由"⑤。

---

① 《资产阶级政治家关于人权、自由、平等、博爱言论选录》，世界知识出版社 1963 年版，第 53 页。

② 同上书，第 283 页。

③ John StuartMill, "On Liberty", Robert Maynard Hutchins, *Great Books of The Western World*, Vol. 43, Encyclop Aedia Britannica, Znc. 1980, p. 292.

④ J. B. 伯里：《思想自由史》，吉林人民出版社 1999 年版，第 129 页。

⑤ 密尔顿：《论出版自由》，商务印书馆 1996 年版，第 44 页。

诚然，言论与出版完全自由往往会产生一些有害后果，如种种谬论流传而引人误入歧途。反对言论与出版完全自由的理由，说来说去，亦莫过于此：禁止错误思想。然而，这个理由，正如无数先哲所论，是不能成立的：一方面，禁者未必正确，被禁者未必错误，我们今天禁止的所谓错误，往往便是明天的真理；另一方面，就算被禁者是错误，也不应禁止，因为真理只有在同错误的斗争中才能发展起来，没有这种斗争，真理便会丧失生命力而成为僵死的教条。所以，穆勒说："我们绝不能确定我们所力图窒息的意见是一种错误的意见；即使我们能确定，要窒息它也仍然是一种罪恶。"①

因此，如果因言论和出版完全自由的危害而限制其自由，那么，这种限制所带来的危害，便远远大于言论与出版完全自由所带来的危害。诺兰说得好："言论自由的代价是，有许多这样的思想会发表出来：它们不仅不正确，而且从长远看来还会有助于那些有害的行动。我们相信这是一个昂贵的代价。但是如果不付这一代价，那么我们就得准许一个社会或社会中某些强权组织有权随时排除那些他们感到不能接受的观点。这种权利被滥用的可能远远超过对言论自由权的滥用。"② 所以，托克维尔说："假如有谁能在思想的完全自由和俯首听命之间指出一个可使我相信的中间立场，也许我会站在这个立场上。但是，谁能找到这个中间立场呢？""在出版问题上，屈从和许可之间没有中庸之道。为了能够享用出版自由提供的莫大好处，必须忍受它所造成的不可避免的痛苦。"③ 是啊！思想完全自由的危害与其所带来的巨大利益相比又算得了什么呢？难道人类不得不以小害而求大利的行为还少见吗？

那么，是否有不通过限制言论和出版完全自由的方法来防止其危害呢？有的。一种方法是提高听众和读者的鉴别力。诺兰说："建立一个信息灵通并且具有批判性敏感的社会，是防止言论自由所带来的风险的最好方式。"④ 而这样的社会显然只有通过思想完全自由才能建立起来。所以，

---

① John StuartMill, "On Liberty", Robert Maynard Hutchins, *Great Books of The Western World*, Vol. 43, Encyclop Aedia Britannica, Inc. 1980, p. 275.
② R.T. 诺兰：《伦理学与现实生活》，华夏出版社 1988 年版，第 365 页。
③ 托克维尔：《论美国的民主》下卷，商务印书馆 1996 年版，第 203—207 页。
④ R.T. 诺兰：《伦理学与现实生活》，华夏出版社 1988 年版，第 379 页。

思想完全自由的有害后果，通过思想自由本身便可逐渐防止。另一种方法是追究言论者和出版者的责任：每个人都必须对自己的言论和出版的有害后果承担责任。潘恩说："人想说什么话，事先无需得到许可，但事后却要为自己说的话所铸成的大错负责。同样地，如果一个人在出版物中发表错误言论，他也要像亲口说出的那样对错误负责。"① 对自己言论和出版的危害性后果承担责任的恐惧，无疑既能有效防止自己言论和出版的危害性，同时又没有限制言论和出版的完全自由。所以，法国《人权宣言》规定："自由传达思想和意见是人类最宝贵的权利之一。因此，各个公民都有言论、著述和出版的自由。但在法律所规定的情况下，应对滥用此项自由负担责任。"这是对思想自由原则的绝妙表述。

## 三 异化：最根本的不人道

### 1. 异化概念

"异化"（Alienation）一词源于拉丁语 Alienatio，意为疏远、脱离、转让、他者化，主要指某者成为他者、某者将自己推诿于他者、某者把自己的东西移让给他者。② 从此出发，该词逐渐作为科学术语固定下来而分裂为二：一是作为普通的、一般的科学术语；二是作为特殊的、具体的科学术语，即作为人道主义思想体系的基本概念。

作为普通的、一般的科学术语的异化，也就是事物向他物的变化，就是事物自己向异己物的变化，就是事物自身向异于自身的他物的变化。黑格尔用来构建其哲学体系的"异化"概念就是此意：自然界是绝对精神的自我异化。费尔巴哈揭示基督教本质的核心概念"异化"，也是此意。上帝是人的本质的异化、外化、对象化："上帝的人格性是手段，人借以使他自己的本质之规定及表象成为另一个存在者、一个外在于他的存在者之规定及表象。上帝的人格性，本身不外就是人之被异化了的、被对象化了的人格性。"③ 马克思也常把异化与对象化、外化、物化并列使用而将

---

① 《资产阶级政治家关于人权、自由、平等、博爱言论选录》，世界知识出版社 1963 年版，第 52 页。
② 参阅日本《现代马克思列宁主义事典》，"异化"词条。
③ 《费尔巴哈哲学著作选集》下，商务印书馆 1984 年版，第 267 页。

其理解为事物向与自身对立、差别、非同一的他物之变化：异化"这个范畴又是反思的规定，它可以被理解为对立、差别、非同一等"①。

不过，作为这种一般科学术语的异化之典型概念，还是生物学上相对"同化"而言的"异化"。生物学对于这个概念的解释是："新陈代谢是生命的基本特征之一，其一般定义是指生物体内所有化学作用的总和，包括同化作用（或合成代谢）和异化作用（或分解代谢）。生物从外界摄取物质，经过复杂的化学变化而转变为自身的组成物质的吸能过程称为同化作用；生物分解自身的组成物质而释放能量的过程称为异化作用。"②这就是说，异化与同化都是变化，只不过同化是他物向自身的变化，而异化则是自身向他物的变化罢了。

可见，作为一般科学术语的"异化"，不过是一种具体的变化概念，完全隶属、依附于变化范畴而不具有独立的科学研究价值，因而也就不能独立作为科学对象而被任何科学专门研究。具有科学研究价值而成为科学专门研究对象的"异化"，乃是作为特殊的、具体的科学术语的"异化"，即作为人道主义思想体系基本概念的"异化"。那么，这种异化的含义是什么？

如果说黑格尔和费尔巴哈著作中的"异化"主要还是指一物向他物的变化，那么，马克思和恩格斯著作中的"异化"则主要是指人的不自由、受奴役、被强制的行为。《经济学哲学手稿》多次如是说："劳动的异化性质明显地表现在，只要肉体的强制或其他强制一停止，人们就会像逃避鼠疫那样逃避劳动。"③《资本论》也一再这样写道："工人本身不断地把客观财富当作资本，当作同他相异化的统治他和剥削他的权力来生产。"④特别是，自1932年首次发表马克思的《经济学哲学手稿》，半个世纪以来，国外学术界一直兴而不衰的"异化热"也是这样来理解异化的：

异化主要是"指人的命运不由自身主宰，而受外界力量、他人命运、

---

① 《马克思恩格斯全集》第三卷，人民出版社1971年版，第316页。
② 吴浩源主编：《生物小辞典》，科学技术文献出版社1984年版，第287页。
③ 马克思：《1848年经济学哲学手稿》，人民出版社1985年版，第51页。
④ 马克思：《资本论》第一卷下，人民出版社1975年版，第626页。

他人运气或一定制度等的支配时所产生的感受"①,"异化是一种体验方式,在这种体验方式中个人觉得自己是一个外人,或如人们所说的他变得和自己疏远起来。他体验不到自己是自我世界的中心、自己行动的创造者——而他的行动和行动的结果却变成了他的主人,他要服从它们,甚至他要崇拜它们"②。

总之,异化是人的不自由、受奴役、被强制的行为。这就是作为人道主义思想体系基本概念的异化。因为人道主义的根本原则,如前所述,就是使人自由:自由是人道主义正面的基本概念;那么,异化——不自由、受奴役、被强制的行为——岂不就是人道主义负面的基本概念?不过,能否由此便把作为人道主义基本概念的异化定义为不自由、受奴役、被强制的行为呢?否。因为如果这样,异化岂不就与不自由、受奴役、被强制是同一概念?异化岂不就失去了独立存在的必要?如果这样,为什么不自由、受奴役、被强制诸概念简单明了,而异化却如此扑朔迷离、众说纷纭?更何况,不自由、受奴役、被强制与异化词义相距甚远。那么,异化的定义究竟是什么?让我们再看马克思对异化的分析:

> 劳动的异化性质明显地表现在,只要肉体的强制或其他强制一停止,人们就会像逃避鼠疫那样逃避劳动。外在的劳动,人在其中使自己外化的劳动,是一种自我牺牲、自我折磨的劳动。最后,对工人说来,劳动的外在性质,就表现在这种劳动不是他自己的,而是别人的;劳动不属于他;他在劳动中也不属于他自己,而是属于别人。在宗教中,人的幻想、人的头脑和人的心灵的自主活动对个人发生作用是不取决于他个人的,也就是说,是作为某种异己的活动、神灵的或魔鬼的活动的,同样,工人的活动也不是他的自主活动。他的活动属于别人,这种活动是他自身的丧失。③

这就是说,所谓异化劳动,乃是这样一种劳动,这种劳动是劳动者在

---

① [英]《不列颠百科全书》,"异化"词条。
② 弗罗姆语。参阅《国外学者论人和人道主义》第一卷,社会科学文献出版社 1991 年版,第 226 页。
③ 马克思:《1848 年经济学哲学手稿》,人民出版社 1985 年版,第 51 页。

被强制的条件下做出的，因而便具有这样的特点：它虽是劳动者做出的却并不属于劳动者而属于强制者，是劳动者做出的不是自己的、异于自己的、异己的劳动："自己做出异于自己"的劳动，是异化劳动区别于非异化劳动的根本特点；而"强制"则是产生这种异化劳动的原因。

所以，被强制、受奴役、不自由并非异化，而是异化发生的原因；异化则是自己做出的而又异于自己的行为。试想，一个人为什么会自己做出不是自己的行为而异化？岂不就是因为有外在强制存在而不自由、受奴役，因而不能按照自己的意志、却只能按照他人的意志行事？自己做出异己行为之原因、异化之原因乃在于不自由：一切丧失自由而受他人奴役的行为，都是自己做出而又异于自己的异化行为：就行为者是自己来说，该行为是自己做出的；就行为意志不是自己的来说，该行为又不是自己的，而是非己的、异己的行为。

可见，不自由、受奴役、被强制是异化发生的原因；异化则是在不自由受奴役被强制的情况下，自己做出而又异于自己的行为，是自己做出的异己的、非己的行为，是自己做出的不是自己的行为。这就是作为人道主义基本概念的异化之定义。

因此，作为人道主义基本概念的异化，也是指一种事物（某行为主体的行为）向异于自身的他物（非某行为主体的行为）的变化，因而也就隶属于作为一般科学术语的异化概念（事物向异于自身的他物的变化）：前者是种概念，后者是类概念。不过，作为一般科学术语的异化，其异化者是任何事物，是任何事物的变化：异化是一物向异于自身的他物的变化；而作为人道主义基本概念的异化，其异化者则只能是人，是人的行为：异化是行为者自己做出而又异于自己的行为。所以，确切些说，作为人道主义基本概念的异化，乃是作为一般科学术语的异化在人的行为上的具体推演，因而说到底也就与后者一样，都是异化词义（疏远、脱离、转让、他者化）的具体引申。对此，美国《哲学百科全书》说得很清楚："异化这个术语在日常生活、科学和哲学中具有多种不同含义。其中大部分含义都可以看成是由词义学和语源学所提出来的一种广泛含义的修正；就此种含义来说，异化就是一种活动或活动结果，某物或某人由于这种活动结果变得同某物或某人疏远了。"

国外学术界已热了半个世纪的"异化"和国内争论多年的"异化"，

如所周知，都是作为人道主义基本概念的"异化"，而不是作为一般科学术语的"异化"。国内外学者们对于这种异化所下的定义，虽然形形色色、五花八门，但根本说来却完全一致，都认为：异化是自己的活动及其产物成为统治、支配、奴役自己的异己力量的变化过程。沙夫讲得最有代表性："所谓异化就是指能动的人同自己活动的产物之间的一种社会关系，在这一关系中，这种社会化了的、对象化了的并被纳入到一定社会体制中的产物不仅独立地（即不顾创造者的意志）起作用，而且在一定条件下，同创造者的意志和愿望相对立，甚至威胁创造者的利益和存在。"[①] 苏联《哲学百科全书》也写道："异化是反映人的活动及其结果客观地转化为统治人本身且与人敌对的独立力量的哲学社会学范畴，以及与此相联系，人由社会过程的积极主体变为客体。"[②] 我国学者亦如是说："异化就是人本身的活动变成一种独立于人的异己的力量，如宗教、权力、资本等，并且这种力量反过来剥夺了人的自由，使人从属于它，变为它的工具。"[③]

这就是异化的流行定义。这个定义是错误的。首先，这个定义所界说的并不是异化概念，而是奴役概念。更确切说，该定义所描述的并不是异化，而是人的被强制、受奴役、不自由的一种类型。因为人的被奴役、人的自由的丧失无非有两种类型。一种是被自己的活动及其结果所奴役，如工人被自己所创造的资本奴役。另一种则是被自己的活动及其结果之外的力量所奴役，如亡国奴被侵略者所奴役。异化的流行定义所描述的，正是人被自己的活动及其结果所奴役的类型。这并不是异化，而只是奴役，只是异化发生的一种原因。因为所谓异化，如前所述，乃是由于被奴役而做出的不是属于自己而是属于异于自己的，即属于奴役者的行为。

其次，也是更重要的，异化的这个流行定义是片面的。因为按照这个定义，只有被自己的活动及其产物奴役的行为才是异化；而被他人的活动及其产物所奴役的行为就不是异化了。这种片面性，从高尔太对异化的解释可以看得十分清楚："异化是人的自由的丧失，但并非一切自

---

① 《国外学者论人和人道主义》第三卷，社会科学文献出版社1991年版，第276页。
② 《国外学者论人和人道主义》第二卷，社会科学文献出版社1991年版，第739页。
③ 《人是马克思主义的出发点》，人民出版社1981年版，第164页。

由的丧失都是异化。战争、监狱和酷刑并不能把人变成非人，它们至多只能杀死人、虐待人，但它们所杀死所虐待的仍然是人。这不是异化。异化必须是人自己造成的对自己的否定。这种否定的力量不来自外间世界，而来自必然地颠倒了主客体关系的物结构。……主体由于自己的活动而转化为自己的对立物，这才是异化。"[1] 照此说来，一个工人被资本家奴役的行为是不是异化，就要看奴役他的资本是怎么来的：如果是这个工人自己创造的，就是异化；如果不是这个工人自己创造的，比方说，是资本家自己积攒的或是外资或是别的什么人创造的，那就不是异化了。这说得通吗？

其实恰好相反：被奴役的行为之所以是异化，恰恰因为奴役者不是自己而是他人。因为被奴役、不自由，如前所述，并非异化，而是异化的原因、前提：只有在被奴役、不自由的情况下所做出的行为才是异化。为什么在被奴役、不自由的情况下所做出的行为是异化呢？只是因为一个人在被奴役、不自由的情况下所做出的行为不是属于自己的行为，而是属于异于自己的他人（奴役者）的行为：异化是自己做出而又异于自己的行为。如果奴役者是自己，那么，被奴役的行为就是自己做出的属于自己的行为，就不是异化了；只有奴役者是他人，被奴役的行为才是自己做出的不属于自己的，而属于异己的他人的行为，才是异化。

然而，这是不是说被自己的活动及其产物奴役的行为不是异化？并不是。被自己的活动及其产物奴役的行为可以是异化，但必须在自己的活动及其产物已成为独立于自己，因而不属于自己而属于他人或他物等外在力量的前提下。举例说，资本是工人创造的，是工人剩余劳动的产物。工人被资本奴役而发生劳动异化，完全是以资本独立于自己、不属于自己而属于他人、即属于资本家为前提的。只有在资本属于资本家的前提下，工人被资本家奴役而做出的行为才是"自己做出的不属于自己而属于异于自己的资本家"的异化行为。反之，如果资本属于工人，那么工人被自己的资本所奴役而做出的行为，便是"自己做出的属于自己的行为"，便不是异化行为了。

可见，异化不能发生于被自己奴役，而只能发生于被外在力量（他

---

[1] 《人是马克思主义的出发点》，人民出版社1981年版，第165页。

人或属于他人的物)所奴役。只不过,这奴役自己的外在力量,既可能是自己活动的结果,如奴役工人的资本;也可能不是自己活动结果,如侵华日军。因此,相应地,异化也就分为两类:一类是被自己活动及其结果所奴役的异化,如工人的异化劳动;另一类则是被自己的活动及其结果之外的力量所奴役的异化。流行的异化定义只承认前者而不承认后者为异化,因而犯了以偏赅全的错误。"被自己活动的产物所奴役的异化"与"被自己活动的产物之外的力量所奴役的异化",虽然是异化的一种分类;但其意义——从上可知——并不在于划分异化,而在于定义异化。那么,对于划分异化具有重要意义的异化分类是怎样的?

异化依其原因"不自由"的性质而分为三类:被迫异化、自愿异化、不觉异化。被迫异化源于"被迫的、纯粹的不自由";这种不自由是无奈的、不自愿的、无可逃避的。例如,犯人在管教看管下劳动、良家妇女被流氓胁迫卖淫、孩童为父母强迫读书等,都是行为者在一种无奈的、不自愿的、无可逃避的不自由情况下所进行的异己的、异化的行为,都是源于被迫的、纯粹的不自由之异化,因而便都叫做"被迫异化":被迫异化是被迫放弃自己意志而遵从他人意志的异化。

自愿异化则是自愿放弃自己意志而遵从他人意志的异化。这种异化源于"自愿不自由"。所谓自愿不自由,也就是可以逃避却不逃避的不自由,是自愿承受乃至主动争取的不自由。例如,工人为了工资,自愿违己而屈从资本家的意志,在资本家看管下劳动;人们为了自己的前途,自愿违己而屈从领导的意志,按领导意志行事;都是行为者在一种可以逃避却不逃避的不自由的情况下,自愿进行的异己的、异化的行为,因而便都叫做自愿异化。所以,自愿异化,说到底,正如马克思所言,乃是一种把不自由、受奴役、被强制当作手段而发生的异化:"异化劳动把自主活动、自由活动贬低为手段"①。

然而,人们往往以为,"自愿的不自由"是个悖论:自愿的、自己同意的不自由便不再是不自由;自愿的、自己同意的被奴役便不再是被奴役。对于这种观点,柏林曾有极为俏皮机智而又十分令人信服的反驳:"众人一致同意牺牲自由,这个事实,也不会因为它是众人所一致同意

---

① 马克思:《1844年经济学哲学手稿》,人民出版社1985年版,第54页。

的，便奇迹似地把自由保存了下来。如果我同意被压迫，或以超然及嘲讽的态度，来默许我的处境，我是不是因此就算是被压迫得少一点？如果我自卖为奴，我是不是就不算是个奴隶？如果我自杀了，我是不是不算真正的死了，因为我是自动结束我的生命？"①

自愿不自由不仅仍然是不自由，而且比不自愿的不自由离自由更远。因为人们的不自由、受奴役若是不自愿的，便会竭力争得自由，因而总会得到自由；若是自愿的，岂不就放弃了自由而永无自由之日？所以，麦克法伦说："知道枷锁何在，乃是迈向自由的第一步，一个人如果忽视这个枷锁，或喜欢这个枷锁，那他就永远不会有自由的一天了。"② 因此，就异化的感受来说，自愿不自由、自愿异化的痛苦固然轻于被迫不自由、被迫异化；但若就异化的程度来说，前者却深于后者。

"不觉异化"也就是所谓的自我遗忘、自我丧失、自我沉沦，是丧失了自己意志而把他人意志当作自己意志的异化。这种异化源于"不觉不自由"。不觉不自由与自愿不自由不同。自愿不自由者只是压抑、放弃自己意志而尚有自己意志，因而还感到不自由；于是虽放弃了自由而仍可能争得自由、摆脱异化。反之，不觉不自由者则已经丧失了、没有了自己意志，而把他人意志当作自己意志，因而也就不觉得不自由，于是自己也就根本不可能争得自由、摆脱异化了：不觉异化是最深重的异化，是异化之极，是完全异化。不妨拿我国的那句老话"外圆内方"来说。一个人如果外圆内方，行为不得不遵照他人意志而心里自有主张，那么，他就仍有自我意识，他便是自愿不自由，他的行为便是自愿异化。反之，他若丧失了自我意志而内外皆圆、个性泯灭、随波逐流、乐在其中，那么，他便达到了不觉不自由的境界，他的行为便是不觉异化、完全异化了。

自愿的异化和不自由之痛苦，虽然小于被迫的异化和不自由之痛苦，但毕竟有异化和不自由之感，因而仍感受到痛苦。反之，不觉异化和不觉不自由则已完全丧失异化和不自由之感，因而也就丝毫感受不到痛苦了。所以，异化的程度与其感受成反比：异化程度越轻，便越痛苦；异化程度

---

① Isaiah Berlin, *Four Essay on Liberty*, Oxford University Press, 1969, p. 164, p. xxxix.
② Ibid..

越重，便越不痛苦；完全异化，则毫无痛苦——被迫异化痛苦最甚，是初级的、初始的异化；自愿异化痛苦较轻，是中级的、局部的异化；不觉异化毫无痛苦，是高级的、完全的异化。这好比：被迫异化是急性疾患，自愿异化是慢性疾患，不觉异化则是不治之疾患也。

### 2. 异化价值

从异化概念出发，便不难看出：异化究竟是应该的、善的、好的和具有正价值的，还是不应该的、恶的、坏的和具有负价值的？这首先取决于被异化者意志的价值。如果被异化者是坏人，他要干的事是坏事，也就是说，它的意志有害于人而具有负道德价值，那么，使他放弃自己意志而屈从他人有利于人的意志而发生的异化行为，显然具有正道德价值。简言之，剥夺坏人做坏事的自由而使其异化是应该的。举例说，强制罪犯劳动改造，使其做出不受自己损人意志支配、而受他人利人意志支配的异己的、异化的行为，无疑具有正价值，是应该的。反之，给罪犯以损人自由从而消除其异化，则具有负价值，是不应该的。

然而，如果被异化者是好人，他自己的意志无害于人，那么，使其行为发生异化，是否仍可能具有正价值？是的，这种异化仍可能具有正价值。因为我们常常看到，成年人往往无法说服而只好强迫儿童放弃其不理智的意志、屈从成人意志。我们也常常看到有识者、优秀者有时无法说服而只好强制无知者、愚蠢者放弃其错误的意志、屈从正确意志。儿童、无知者、愚蠢者们的这些异化行为不论对自己还是对社会无疑都有很大好处，因而具有很大的正价值。

异化的好处和价值无论如何巨大，也都只可能是暂时的、局部的、非根本的；根本地、长久地、全局地看，异化只能具有负价值。因为异化是自己因受奴役、不自由而做出的不受自己意志支配而受他人意志支配的异己的、非己的行为。所以，一目了然，异化乃是自我实现的根本障碍，二者成负相关变化：一个人越是异化，他受他人意志支配的异己的、非己的行为便越多，那么，他便越缺乏个性，他的独创潜能便越得不到发挥，他的自我实现程度便越低；一个人越不异化，他的受他人意志支配的异己行为便越少，那么，他便越具个性，他的独创潜能便越能得到发挥，他的自我实现程度便越高。所以卢卡奇说："异化首先意味着对于形成完整的人的一种障碍"①，异化是"阻碍人成为真正的人、真正的个性的诸多最大障碍当中的一个障碍"②。异化是自我实现的根本障碍，便使异化对于国家和国民具有最高和最大负价值。这可以从两方面看：

一方面，自我实现所满足的乃是每个国家国民的最高需要。现代心理学——特别是马斯洛心理学——的成果表明：人有五种基本需要，按照从低级到高级的顺序，依次是：生理需要、安全需要、爱的需要、自尊需要、自我实现需要。异化所阻碍满足的既然是每个人的最高需要，因而对于每个国民也就具有最高负价值，是每个国民的最高不幸：最高负价值岂不就是阻碍满足最高需要的负价值？最高不幸岂不就是最高需要得不到实现的不幸？

另一方面，自我实现能够最大限度地满足整个国家和每个国民的一切需要。因为任何社会的财富，不论是物质财富还是精神财富，统统不过是人的活动的产物，不过是人的能力之发挥、创造性潜能之实现的结果。所以，自我实现越充分、人的创造性潜能实现得越多，国家的物质财富和精神财富便越丰富，国家便越繁荣进步，而每个国民的需要也就会越加充分地得到满足。反之，自我实现越不充分、国民的潜能实现得越少，国家的物质财富和精神财富便越贫乏，国家便越萧条退步，而每个国民的需要的满足也就越不充分。所以，自我实现乃是一切财富的源泉，是最根本、最重要、最伟大的财富，因而也就能够最大限度地满足整个国家和每个国民的需要，从而具有最大价值。这样，作为自我实现根本障碍的异化，岂不就是对整个国家和每个国民利益的最大损害？岂不就是整个国家和每个国民的最大不幸？对整个国家与每个国民岂不就具有最大负价值？

异化对于整个国家和每个国民具有最高和最大的双重负价值意味着：对整个国家与每个国民异化的正价值只可能是暂时的、局部的、非根本的；而负价值则必定是长远的、全局的、根本的。于是，消除异化便是国家制度和治理的极其重要的价值标准。

那么，这一标准在国家制度价值标准体系中究竟占何位置？我们知

---

① 卢卡奇：《关于社会存在的本体论》下卷，重庆出版社1993年版，第644页。
② 同上书，第676页。

道,"使人自我实现"是人道总原则;"使人自由"是人道根本原则;二者是国家制度好坏的最高价值标准。准此观之,一方面,异化便因其为自我实现的根本障碍而是最为根本的不人道;另一方面,"消除异化"则与"使人自由"相当,因而也是人道根本原则:使人自由是人道正根本原则,是国家制度好坏的正面最高价值标准;消除异化则是人道负根本原则,是国家制度好坏的负面最高价值标准。于是,消除异化也就与使人自由一样,是相对的、有条件的价值标准,二者均以自我意志无害他人为前提:有害他人的行为应该异化;无害他人的行为应该自由。所以,所谓使人自由,只是给人以无害他人行为之自由;所谓消除异化也只是消除无害他人行为之异化。

可是,究竟怎样才能消除无害他人的行为之异化?如前所述,不自由、受奴役、被强制是异化发生的原因:异化无非是在不自由、受奴役、被强制的情况下,自己做出而又异于自己的行为。因此,废除奴役、强制、不自由,便是消除异化的基本原则。然而,究竟应该怎样废除无害他人的行为之不自由、受奴役、被强制从而消除其异化呢?这是个极其复杂的问题。要解决这个问题,首先要具体地看该异化究竟是何种异化:是世俗异化还是宗教异化?是经济异化,还是政治异化抑或是社会异化?

### 3. 经济异化

何谓经济异化?一方面,所谓经济,众所周知,也就是人们关于物质财富的生产、交换、分配、消费,也就是人们创获物质财富的活动总和。所以,经济异化或异化经济必定是一种关于物质财富的异化行为。另一方面,所谓异化,如前所述,乃是自己做出的不属于自己的行为。于是,合而言之,可以得出结论说:所谓经济异化或异化经济,也就是自己做出不属于自己的关于物质财富的行为,主要讲来,也就是自己创造不属于自己的物质财富的劳动,也就是创造不属于自己而属于异于自己的他人的物质财富的劳动,也就是创造异己物质财富的劳动:经济异化、异化经济、劳动异化、异化劳动四者是同一概念。

马克思正是这样来界定经济异化的:"生产力,一般财富等,知识等的创造,表现为从事劳动的个人本身的异化,他不是把他自己创造出来的东西当作他自己的财富的条件,而是当作他人财富和自己贫困的条件。"①所以,经济异化之为经济异化,就在于把物质财富的创造者和享有者分离开来:创造者并非享有者;享有者并非创造者。于是经济异化的基本表现便是:自己创造的物质财富越多,反倒越贫穷,创造与享有成反比。因此,马克思一再说:"工人在他的对象中的异化表现在:工人生产得越多,他能够消费的越少;他创造价值越多,他自己越没有价值、越低贱"②;"工人生产的财富越多,他的产品的力量和数量越大,他就越贫穷"③;"劳动为富人生产了奇迹般的东西,但是为工人生产了赤贫。劳动创造了宫殿,但是给工人创造了贫民窟"④。

可见,经济异化属于劳动范畴,其种差(根本性质)便是自己劳动创造的财富被他人占有,亦即所谓的"被剥削"。因此,经济异化便与其他异化一样,也起因于强制,是一种被强制的行为。所以,马克思说:异化"劳动不是自愿的劳动,而是被强制的劳动。……劳动的异化性质明显地表现在,只要肉体的强制或其他强制一停止,人们就会像逃避鼠疫那样逃避劳动。"⑤那么,产生经济异化的强制究竟是什么?换言之,经济异化的起因是什么?

经济异化的起因,从历史发生的顺序来看,首先是非经济强制,尔后是经济强制。原始社会前期,生产力极其低下,没有剩余产品,没有剥削,因而也没有经济异化。原始社会后期,发生第一次社会大分工,生产率显著提高,从而使人的劳动能够生产出剩余产品。于是,战争俘虏便不再被杀死,而作为奴隶被强迫劳动创造剩余产品,从而发生了劳动异化、经济异化:经济异化、劳动异化最初起因于奴隶主对奴隶的人身占有之非经济强制。到了封建社会,经济异化则主要源于农民对地主的人身依附之非经济强制。对此,马克思曾这样写道:"要能够为名义上的地主从小农身上榨取剩余劳动,就只有通过超经济的强制……所以这里必须有人身的

---

① 《马克思恩格斯列宁斯大林论人性、异化、人道主义》,清华大学出版社1983年版,第224页。
② 马克思:《1848年经济学哲学手稿》,人民出版社1985年版,第49页。
③ 同上书,第47页。
④ 同上书,第50页。
⑤ 同上书,第51页。

依附关系，必须有不管什么程度的人身不自由和人身作为土地的附属物对土地的依附，必须有真正的依附制度。"①

只是到了资本主义社会，经济异化才主要起因于经济强制。因为在资本主义制度下，工人的人身是完全自由的，只是由于没有生产资料，为了生存，才被迫为资本家劳动、创造剩余价值而发生经济异化：资本、私有财产或经济权力垄断之经济强制是劳动者经济异化的起因。因为资本、私有制使资本家有权成为支配和领导工人的雇主，使工人成为被领导、被支配和必须服从的雇员，势必导致双方对于劳动价格的决定作用的不平等：雇主或劳动买方是价格的决定者和控制者；而雇员或劳动卖方则是价格的接受者。因此，资本主义劳动市场不可能是完全自由竞争市场，而必然是买方垄断市场。任何垄断，不论是产品市场的卖方垄断，还是劳动市场的买方垄断，都同样意味着垄断者在一定程度上控制价格，因而势必导致价格与价值的背离，导致不等价交换：不等价交换是垄断价格规律，正如等价交换是自由竞争的价格规律一样。只不过，产品市场的卖方垄断导致的是价格高于价值或边际成本。反之，劳动市场的买方垄断导致的则是价格低于价值，亦即劳动价格或工资低于劳动价值，低于劳动的边际产品。工资低于劳动价值或劳动的边际产品的差额，就是劳动者所创造的被资本家无偿占有的剩余价值，也就是所谓资本主义剥削，亦即资本主义经济异化。因此，资本主义经济异化的根源，直接说来，是劳动市场买方垄断之经济强制；归根结底，则是资本主义私有制，亦即资本主义生产资料垄断之经济强制。

可见，经济异化具有双重起因：人身占有、人身依附等非经济强制和私有财产或资本等经济权力垄断之经济强制。不过，资本、私有财产等经济强制在成为经济异化原因之前，先是其结果。因为正如马克思所言，一切资本、私有财产归根结底，都是劳动者自己创造的，都是劳动者的劳动之物化，都是劳动者的异化劳动之结果："通过异化的、外化的劳动，工人生产出一个跟劳动格格不入的、站在劳动之外的人同这个劳动的关系。工人同劳动的关系，生产出资本家同这个劳动的关系。从而私有财产是外

---

① 《马克思恩格斯全集》第 25 卷，人民出版社 1971 年版，第 891 页。

化劳动即工人同自然界和自身的外在关系的产物、结果和必然后果"[1]。所以"与其说私有财产表现为外化劳动的根据和原因，还不如说它是外化劳动的结果，正像神原先不是人类理性迷误的原因，而是人类理性迷误的结果一样。后来，这种关系就变成相互作用的关系。"[2]

总之，经济异化的起因可以表示如图：

非经济强制（人身占有、人身依附等）→经济异化→经济强制（私有财产、资本等经济权力垄断）→经济异化

经济异化的起因告诉我们，经济异化的消除可以归结为三大原则：一是消除人身占有；二是消除人身依附；三是消除私有制。私有制、经济权力垄断虽然根本说来是经济异化的结果，但反过来不但成为经济进一步异化的原因，而且随着社会的发展，越来越成为经济异化的主要原因。所以，要消除经济异化，不但必须消除人身占有、人身依附等非经济强制，而且更重要的、越来越重要的，是必须消灭私有制、废除经济权力垄断。因此，马克思一再把劳动异化的消除归结为消灭私有制："私有财产的积极扬弃，作为对人的生命的占有，是一切异化的积极扬弃"[3]；"共产主义是私有财产即人的自我异化的积极的扬弃"[4]。

### 4. 政治异化

强制意味着不自由，意味着异化。政治，不言而喻，不仅是一种强制统治，而且是最重要、最严重、最高度的社会强制统治。那么，由此是否可以说，被统治者对任何政治的服从行为，都是一种放弃自己意志而屈从统治者意志的政治异化行为？否。因为被统治者对于政治强制的服从是不是政治异化，完全取决于该政治强制是否体现被统治者的意志。如果一个国家的政治强制是全体社会成员意志的体现，那么，被统治者对该政治强制的服从，同时也是在服从自己的意志，因而也就是在享受政治自由而非

---

[1] 《马克思恩格斯全集》第25卷，人民出版社1971年版，第57页。
[2] 同上。
[3] 同上书，第78页。
[4] 同上书，第77页。

政治异化。反之，如果一个国家的政治强制不是全体社会成员的意志的体现，也就是说，只是统治者的意志而非被统治者的意志的体现，那么，被统治者对该政治强制的服从，便是放弃自己意志而屈从统治者意志的政治异化了。因为所谓政治异化，与政治自由——政治自由是使政治按照自己的意志进行的活动——恰恰相反，就是服从只体现他人意志而不体现自己意志的政治强制的行为，是服从那种体现异己意志的政治强制的行为，是按照他人意志而不是按照自己意志进行的政治行为，说到底，是自己做出的异于自己的政治行为。

那么，究竟在什么情况下，政治强制是全体公民的意志的体现，从而避免政治异化？又在什么情况下，政治强制不是全体公民的意志的体现，从而发生政治异化？显然，问题的关键全在于国家最高权力是否为全体公民执掌。因为，如前所述，能否使政治按照自己的意志进行从而享有政治自由，完全取决于是否拥有政治权力。一个人只有拥有政治权力，才能使政治按照自己的意志进行，才能有政治自由而避免政治异化；如果他没有政治权力，便不可能使政治按照自己的意志进行，不可能享有政治自由而必定发生政治异化。因此，政治异化的根源全在于政体：当且仅当实行民主，每个公民才能享有政治自由而避免政治异化；如果实行其他政体，必定只有极少数人享有政治自由而绝大多数公民必定发生政治异化。

因为民主就是全体公民平等执掌国家最高权力，就是被统治者与统治者一样掌握最高权力，亦即被统治者与统治者一样是最高统治者，说到底，亦即被统治者能够与统治者一样使国家政治按照自己的意志进行，因而每个公民——被统治者与统治者——都能够平等享有政治自由而避免政治异化。只不过，民主分为普选制民主与限选制民主。普选制民主意味着所有国民都是公民；限选制民主则意味着只是部分国民才是公民。

这样一来，一个国家如果实行限选制民主，那么，就只有一部分国民——亦即所有公民——才拥有政治权力、享有政治自由而避免政治异化；不是公民的那部分国民则毫无政治权力，不能享有政治自由权利，因而处于政治异化和政治奴役状态。古希腊雅典民主堪称典型的限选制，因为当时雅典奴隶和女人都不是公民而毫无政治权力，处于政治异化和政治被奴役状态；只有十分之一左右的人是公民而享有政治自由。只有实行普选制民主，全体国民才都是公民而平等执掌最高权力，才都享有政治自由而避免政治异化。第二次世界大战以后，公民资格才逐渐为民主国家的每个国民所平等拥有，才逐渐实行普选制民主，每个国民才都享有政治自由而避免了政治异化。

至于非民主政体——君主专制和有限君主制以及寡头共和制——则都不是全体公民共同执掌国家最高权力；而是一个人（君主）或极少数人（寡头）执掌国家最高权力。寡头共和或贵族共和是少数人平等地共同执掌最高权力而使政治强制按照自己意志进行，从而享有政治自由而避免政治异化；而绝大多数公民对政治强制的服从，则不是服从自己意志，而仅仅是在服从主权者的意志，因而所进行的便不是按照自己意志的属于自己的行为，而是按照主权者意志的属于主权者的行为，是自己做出的异于自己的行为，是政治异化。

君主专制是一个人独掌最高权力，亦即一个人不受他人及其组织限制地执掌最高权力；有限君主制是一人为主而与他人及其组织——如议会、等级会议、教会、贵族、领主或地方割据势力等——不平等的共同执掌最高权力，亦即一个人受到他人及其组织限制地执掌最高权力。二者均使政治强制按照君主一人意志进行，只不过程度有所不同罢了。因此，一个国家如果实行君主政体——不论是君主专制还是君主立宪——那么，除了君主一人，所有人对政治强制的服从，便都不是服从自己意志，而是屈从君主意志；因而所进行的，便都不是按照自己意志的属于自己的政治行为，而是按照君主意志的属于君主的行为，便都是自己做出的异于自己的政治行为，便都是政治异化。

诚然，精确言之，专制等非民主制并不是只有执掌最高权力的君主一个人或几个寡头拥有政治自由；而是只有君主一人或几个寡头拥有最高的政治自由。因为君主或几个寡头之外的各级官吏所没有的只是最高的政治权力，却拥有其他各级政治权力，因而也就拥有最高政治自由之外的各级政治自由。譬如说，省长拥有使一个省的政治在某种程度上按照自己的意志进行的政治自由，乡长拥有使一个乡的政治在某种程度上按照自己的意志进行的政治自由。

因此，在专制等非民主制国家，只有庶民才毫无政治权力和政治自由而完全处于政治异化状态；相反地，各级官吏则都拥有最高权力之外的某种政治权力和政治自由。这样一来,专制等非民主制国家就存在着政治权力垄断,存在着因政治权力垄断所导致的两大群体、两大阶级:垄断政治权力的群体(官吏阶级)与毫无政治权力的群体(庶民阶级)。庶民阶级毫无政治权力,因而毫无政治自由而完全处于政治异化和政治被奴役状态。官吏阶级则因垄断政治权力而垄断政治自由:专制者一人或几个寡头执掌国家最高权力,享有最高的和完全的政治自由而得以完全避免政治异化和政治被奴役;各级官吏则拥有最高权力之外的各级政治权力,因而拥有最高政治自由之外一定的各级政治自由。因此,每个官吏虽然都是专制者一人或几个寡头的奴才而处于政治异化状态,却又都是役使极其众多的奴才——亦即全部庶民——的主人,从而享有程度不等的政治自由。

可见,与经济异化源于经济权力垄断一样,政治异化则源于政治权力垄断。只有实行民主,全体公民才因共同执掌最高权力而消除政治权力垄断,从而享有政治自由,不会发生政治异化。相反地,实行民主之外的任何政体,则政治权力皆为官吏阶级垄断,而庶民阶级则毫无政治权力,因而只有官吏阶级才能享有政治自由,而庶民阶级则只能处于政治异化状态。一言以蔽之,专制等非民主制的政治权力垄断,乃是政治异化的根源;而民主共和制则是消除政治权力垄断和政治异化的唯一途径。所以,马克思在谈到政治异化时说:"君主制是这种异化的完整的表现,共和制则是这种异化在它自己的领域内的否定"[①]。

### 5. 社会异化

社会异化,顾名思义,也就是违背自己意志而屈从社会意志的行为;是自己所进行的不是按照自己意志的属于自己的行为,而是屈从社会意志的属于社会的行为。可是,社会也有意志吗?有的。因为,如前所述,所谓社会,亦即团体、集体,是有组织的人群,更确切些说,是因一定人际关系而结合起来的人群,是两个以上的人因一定人际关系而结合起来的共同体。所以,所谓社会意志也就是人群意志、集体意志、他人意志;所谓社会异化也就是违己而屈从群众意志、集体意志、他人意志的行为。因

---

① 《马克思恩格斯全集》第一卷,人民出版社1971年版,第283页。

此，与外延比较单纯、狭窄的经济异化和政治异化不同，社会异化的外延十分广阔、复杂，而且大量表现在日常生活之中。所以，卢卡奇说："一个优秀的、明智的、富有牺牲精神的斗士，他虽然能看清劳动中的异化，并理所当然地反抗它，但在与妻子的关系中，他却连想也不会想到要去摆脱异化的锁链。因此，只有在个人日常生活的活动中，才能最终克服社会异化。"①

可见，从屈从爱人、父母、朋友的意志到屈从同事、群众、单位领导、社会规范的意志，统统都属于社会异化范畴。那么，在如此纷纭杂乱的社会异化中，是否有一些类型比较重要而具有代表性？是的。首先，社会既然是人群、集体，那么社会意志的基本表现无疑便是所谓的众人意志、公众意见、常人要求。因此，社会异化的基本表现便是违己从众、屈从众人意志。卢梭、尼采、海德格尔、萨特诸先哲所揭示的正是这种社会异化：

> 野蛮人过着他自己的生活，而社会的人则终日惶惶，只知道生活在他人的意见之中，也可以说，他们对于自己生存的意义的看法都是从别人的判断中得来的。②

> 在众人中，我像众人那样生活，不像自己在思想；而且渐渐地总感到人家想把我从自己中驱逐出来，将我的灵魂劫走。③

> 不是他自己存在；他人从他身上把存在拿去了。他人……是个中性的东西：常人。……常人展开了他的真正的独裁：常人怎样享乐，我们就怎样享乐；常人对文学艺术怎样阅读怎样判断，我们就怎样阅读判断；竟至常人怎样从"大众"中抽身，我们也就怎样抽身；常人对什么东西愤怒，我们就对什么东西愤怒。④

一句话说完："地狱就是别人。"

其次，社会既然是人群、集体，那么社会意志的代表显然是所谓的领导意志、长官意志：领导是集体的代言人。所以，社会异化的典型表现便

---

① 卢卡奇：《关于社会存在的本体论》上卷，重庆出版社1993年版，第232页。
② 卢梭：《论人类不平等的起源和基础》，商务印书馆1962年版，第148页。
③ 尼采：《朝霞》，商务印书馆2007年版，第491节。
④ 海德格尔：《存在与时间》，生活·读书·新知三联书店1987年版，第155页。

是违己从上、屈从长官意志。孔夫子早已有言:"上好礼,则民莫敢不礼;上好义,则民莫敢不服;上好信,则民莫敢不用情。"① 民的这些"莫敢不",亦即违己从上,正是社会异化的典型表现。

领导意志和众人意志之为社会意志的表现,均有一个弱点:它们大都不具有恒久性和普遍性而是一种易变的特殊的东西。因此二者均非社会意志的标准表现。那么,什么是社会意志的标准表现?显然是社会所制定的行为标准、准则、规范,是法律和道德:法律和道德具有恒久性和普遍性,因而是社会意志的标准表现。这样,当法律和道德等社会规范并非每个公民的意志——因而也并非我的意志——的体现的时候,我服从这些规范,便是标准的社会异化:社会异化的标准表现,便是违己而循规蹈矩、屈从社会规范。就拿专制社会所盛行的利他主义道德来说。它要我勿为自己而无私奉献:为自己者是小人,而为他人者是君子。我明知这种道德是恶劣的。但是,我若违背它便无法在社会立足。因此我不得不遵从这种道德,甚至胡编一些自己如何无私忘我的谎话。我的这些行为便构成了标准的社会异化。

从众、从上、遵守社会规范、服从社会意志,如所周知,均属于所谓"社会异化"。所以,说到底,社会异化属于社会化范畴:社会异化是违背自己意志的社会化,是被迫的违心的社会化。那么,造成这种异化的原因是什么?系统研究过这个问题的,恐怕只有存在主义论者。但是,他们的结论却很极端:社会异化是社会生活的本性。

尼采对于这个结论的论证,是他的"末人论"。这一理论认为,异化的根源就是社会;一个人只要生活于社会,和他人在一起,便不能不听任社会和他人宰治、失去选择自由而异化为没有自我的平庸的"末人":"人与人之间——'社会上'——的一切接触总是陷入不可避免的非纯洁性之中。整个社会总是使人以某种方式,在某地、某时变成平庸。"②

海德格尔的论证,可以称之为"常人论"。这一理论详尽说明,人与人之间的本质关系,乃是消除相互差别和突出之处从而使人人沦为彼此相同、平均的常人之关系:"平均状态是一种常人的生存论性质。常人本质

---

① 《论语·宪问》。
② 尼采:《善恶彼岸》,商务印书馆2007年版,第12节。

上就是为这种平均状态而存在。……平均状态先行描绘出了什么是可能而且容许去冒险的东西,它看守着任何挤上前来的例外。任何优越状态都被不声不响地压住。一切源始的东西都在一夜之间被磨平为早已众所周知的了。一切奋斗得来的东西都变成唾手可得了。任何秘密都失去了它的力量。这种为平均状态之烦又揭开了此在的一种本质性的倾向,我们称之为对一切存在可能性的平整。保持距离、平均状态、平整作用,都是常人的存在方式,这几种方式组建着我们认之为'公众意见'的东西。"① 这样,一个人只要生活于社会、人群之中,便不能不失去自由、听任常人摆布,从而所造就的便是常人为自己选择的自我,便是没有独特个性的、非本己的、非本真的自我;而不是自己为自己选择的自我,不是具有独特个性的、本己的、本真的自我:常人、他人、社会是我发生社会异化之根源。

萨特对此的论证,则是其著名的"注视论"。按照这一理论,只要我生活于社会和他人之中,那么,在他人注视下,我便会失去选择自由而成为一个他人所要求的自在存在。这样,不论他人对我如何,他人的注视、他人的存在,客观上便使我失去选择自由而异化;反过来,我的存在、我的注视,客观上也同样使他人失去选择自由而异化:"于是,尊重他人自由是一句空话:即使我们能假定尊重这种自由的谋划,我们对'别人'采取的每个态度也都是对于我们打算尊重的那种自由的一次践踏"②。不但如此,实际讲来,我主观上也力图使他人屈从我的意志;他人主观上也力图使我屈从他的意志。所以,我和他人的本质关系,便是旨在互使对方失去选择自由而异化的诡计关系:"我经常关心的是使他人保持其客观性,而我与对象——他人的关系本质上是由旨在使其保持为对象的诡计所造成的。"③ 因此,无论如何,他人总是我发生异化的根源,因而实乃我之地狱:"地狱,就是别人"④。

总之,在存在主义看来,社会和他人乃是我发生社会异化的根源。那么,我要消除社会异化,也就只有逃离社会和他人了。不过,尼采比较激进,认为要消除社会异化须做一个出世的隐居者:"隐居起来罢!那样你

---

① 海德格尔:《存在与时间》,生活·读书·新知三联书店1987年版,第156页。
② 萨特:《存在与虚无》,生活·读书·新知三联书店1987年版,第528页。
③ 同上书,第390页。
④ 柳鸣九编选《萨特研究》,中国社会科学出版社1981年版,第303页。

第八章 人道：国家制度最高价值标准　445

才能够过真正属于自己的生活"①。反之，海德格尔与萨特则比较温和，主张做一个入世的孤独者。萨特用来显示自己生活结构的《厌恶》主角洛根丁，就不是个远离世俗的隐士，而是生活在世俗之中的孤独者："我孤零零地在这一片快乐和正常的人声中"②。因为——海德格尔早就指出——人生即在世、入世，逃避社会、远离世人是不可能的。③

这就是存在主义的异化论：既非经济异化论，亦非政治异化论，而是社会异化论。存在主义首次描述社会异化现象、揭示社会异化根源、确立社会异化消除原则，在异化思想史上无疑具有划时代的、原创性的重大意义。但存在主义断定社会异化是社会生活的本性、社会是社会异化的根源，确系以偏赅全。因为社会异化并非社会生活的本性，而只是某种社会生活的本性：社会异化是非法治、不民主、无人权的社会生活的本性；社会异化的根源并不是社会，而只是某种社会：是非法治、不民主、无人权的社会。

首先，如果一个社会是法治的，那么，该社会的任何强制，如前所述，便均须符合其社会规范（法与道德）："法治意味着：政府除非执行众所周知的规则绝不可以强制个人。"④ 其次，如果一个社会是民主的，那么，该社会的全体社会成员便能够通过代议制和多数裁定原则而直接或间接掌握社会管理的最高权力，从而直接或间接地使社会管理按照自己的意志进行、直接或间接地使社会意志得到自己的认可而成为公共意志、直接或间接地使社会行为规范得到自己的同意而成为公共意志的体现："只有以民主方式管理社会时才能充分实现社会自主——人与人相互关联的个人生活中的自主。只有在民主政体下，全体社会成员才能拿出自己的规则来管理共同事务，并将自己置于这些规则的约束之下。"⑤

这样，在法治的民主的社会，社会意志、领导意志、众人意志对我的任何强制，便均须符合直接或间接得到全体社会成员同意的社会规范，因而也就是包括我自己的意志在内的公共意志的体现。于是，我服从社会意

---

① 尼采：《快乐的科学》第338节，中国和平出版社1987年版。
② 萨特：《厌恶及其他》，上海译文出版社1987年版，第6页。
③ 海德格尔：《存在与时间》，生活·读书·新知三联书店1987年版，第354页。
④ Friedrich A. Hayek, *The Constitution of Liberty*, The University of Chicago Press 1978, p. 205.
⑤ 科恩：《论民主》，商务印书馆1988年版，第274页。

志同时也是服从自己意志、遵守社会规范同时也是实行自己意志、从众从上同时也是从己、社会化同时也是个性化。于是，我的行为便是自由的，便不是社会异化。反之，在非法治、不民主的社会，则社会管理只能按照统治者的意志进行，而不能按照全体社会成员的意志进行；社会意志只是统治者的意志而不是全体社会成员的意志；社会规范也只是统治者意志的体现，而不是全体社会成员的公共意志的体现。因此，我服从社会意志同时便是放弃自我意志；遵守社会规范同时便是压抑自我意志；从众从上同时便是违己；社会化同时便是无个性化。这样，我进行的便不是属于自己的而是属于社会和他人的行为，便是社会异化了。

可见，人们之所以发生社会异化，并非如存在主义所说，是因为他们创造了社会、生活于社会中，而是因为他们创造了非法治不民主社会、生活于非法治不民主社会：非法治、不民主的社会管理是社会异化的起因、根源。于是，消除社会异化的方法、原则，也就并非如存在主义所主张，需逃离社会——既无需做一个出世隐居者，亦无需做一个入世孤独者——而是实现法治和民主的社会管理。

然而，是否只要实现法治和民主，就足以消除社会异化？否！因为即使在法治和民主的社会，不言而喻，一方面，任何人也总难免有大量的社会规范所不能规范或不能明确规范的行为；另一方面，任何人也总难免有大量背离社会规范的行为。这样，在法治的民主的社会，自我意志、他人意志、领导意志、众人意志之间发生大量冲突而不能两全的情况也就在所难免。那么，在这种情况下，一个人须如何才能实行自我意志而避免社会异化？须有两个条件——一是客观条件即他必须享有人权二是主观条件：他必须有自我实现的热烈追求。

为什么一个人必须享有人权才能避免社会异化？原来——马斯洛心理学成就表明——一方面，人的基本需要由低级到高级地分化为五类，依次是：生理需要、安全需要、爱的需要、自尊需要、自我实现需要；另一方面，比较低级的需要优先于、强烈于比较高级的需要，而比较高级需要的产生则是比较低级的需要得到相对满足的结果。自由的需要虽然是人的基本需要，但显然不及生理需要更基本、更低级、更强烈、更优先。所以，拉斯基说："那些了解穷人的日常生活的人，那些了解他们时时刻刻有大祸临头之感的人，那些了解他们不时追求美的事物但始终得不到它的人，就会很好地体会到：没有经济保障，自由是不值一文的。"① 这样，一般说来，当一个人的自我意志与他人意志（领导意志、众人意志、社会意志）发生冲突而不能两全时，如果他"不服从便不得食"，那么，他便不能不服从、不能不发生社会异化；他只有在"不服从而亦得食"的情况下，才可能不服从，才可能坚持自我意志而避免社会异化。

可是，"不服从者不得食"的社会究竟是个什么社会？是无人权的社会。反之，"不服从者亦得食"的社会，则是有人权的社会。因为所谓"人权"，如前所述，乃是一个人只要是结成人类社会的一个成员、一个人，就应享有的满足经济、政治、思想等方面的基本需要的权利。所以，在享有人权的社会，任何人只要不侵犯他人的人权而与他人同样是缔结社会的一员，那么，不管他劳动多少、贡献大小，更不管他惯于服从还是不服从他人意志、众人意志、领导意志，他都同样享有人权、同样享有满足基本物质需要的权利：服从者得食、不服从者亦得食。反之，在一个社会，如果服从者得食而不服从者不得食，那么，这个社会便违反了"只要是人类社会的一员，就应该享有满足基本物质需要的权利"的人权原则，因而是个无人权的社会。

因此，人们只有生活在享有人权的社会，才不会有"不服从者不得食"的恐惧，才敢于不服从而避免社会异化。反之，若是生活在没有人权的社会，便会因不服从者不得食而不敢不服从，因而不能不发生社会异化。所以，一个社会，仅仅是法治和民主的，还不能消除社会异化；要消除社会异化，它还必须是有人权的。那么，是否可以说，一个人只要生活于法治、民主、人权的社会，他就不会发生社会异化？

否。实现法治、民主、人权，只是消除社会异化的客观条件；一个人要避免社会异化，还须有主观条件：他必须追求自我实现因而热爱自由。因为在法治、民主、人权的社会，不服从固然亦可得食，但比起服从来说，无疑仍会损失许多利益。这样，一个人如果没有自我实现的热烈追求，他为什么不顺从领导、群众从而得到更大的好处呢？显然，他只有追求自我实现因而十分热爱自由，才可能忍受因走自己的路而不从上从众所带来的损失和苦难，才可能不发生社会异化。所以，卢卡奇说："异化归

---

① 哈耶克：《通往奴役之路》，中国社会科学出版社1997年版，第128页。

根结底是一种社会现象,因此只有通过社会途径才能克服这种社会现象。"① 但是,"在社会的必然性的范围之内,人们的生活过程终究是人们自己的事情;人们是想物化和异化地生活,还是想通过自己的行为而实现自己真正的个性,这取决于人们自己。"②

可见,一个人自我实现的热烈追求乃是他避免社会异化的必要条件。这个条件在消除社会异化中的重要作用从一事实可以看出,这个事实就是:任何社会均存在非社会异化者。区别仅在于,在法治、民主、人权的社会,人们若要不发生社会异化,无需顽强反抗和重大牺牲,因而人人都能够不发生社会异化。反之,在非法治、不民主、无人权的社会,人们要想不社会异化,便必须进行顽强反抗和遭受重大牺牲,因而也就只有极少数人才能够不发生社会异化——这极少数人,便是尼采、庄子所盛赞的出世隐居者;便是海德格尔、萨特所乐道的入世孤独者;便是马克思所欣赏的"走自己的路,让人们去说吧"的特立独行者。

综上可知,社会异化与经济异化、政治异化有所不同。经济异化和政治异化的起因都是社会的、客观的,而不是个人的、主观的:经济异化起因于人身占有、人身依附之非经济强制和私有制之经济强制或经济权力垄断;政治异化则起因于专制等非民主制的政治权力垄断。因此,二者的消除原则均为改造社会而非改造个人:经济异化的消除原则是消灭人身占有、人身依附和废除私有制、消除经济权力垄断;政治异化的消除原则是实行民主、消除政治权力垄断。反之,社会异化的起因则既是社会的、客观的,又是个人的、主观的——社会异化,客观地说,源于社会的非法治、不民主、无人权;主观地看,则源于个人缺乏自我实现的热烈追求。因此,社会异化的消除原则也是双重的:创造法治、民主、人权的社会,是消除社会异化的客观条件、客观原则;培养热烈追求自我实现的个人,则是消除社会异化的主观条件、主观原则。

## 6. 宗教异化

宗教异化无疑是个极为复杂的概念;要弄清它,必须从头说起:究竟

---

① 卢卡奇:《关于社会存在的本体论》上卷,重庆出版社1993年版,第231页。
② 卢卡奇:《关于社会存在的本体论》下卷,重庆出版社1993年版,第810页。

何为宗教？就西文来说，宗教 religion 一词，源自拉丁文 religare 或 religio：前者意为"联系"，指人与神的联系；后者意为"敬重"，指人对神的敬重。[①] 就中文来说，"宗"，本意为尊崇祖先神灵："宗，尊祖庙也。从宀从示"，"示，天垂象见吉凶所以示人也，从二。三垂，日、月、星也。观乎天文以察时变示神事也"[②]。"宗教"则指用神灵来教化人："圣人以神道设教而天下服矣"[③]，"合鬼与神，教之至也"[④]。

可见，不论中西，从词源上看，宗教均为信仰神灵的活动。那么，宗教是否可以定义为信仰神灵的活动？回答是肯定的：宗教的定义与其词源完全一致。因为宗教之为宗教、宗教区别于人类其他活动的根本特征，正如缪勒所说，就在于承认神灵的存在："一切宗教的基本要素之一，就是承认有神灵的存在。"[⑤] 这种承认，一方面主观地表现为信仰神灵的思想观念和感情体验；另一方面则客观地表现为信仰神灵的行为、组织、制度。对此，施米特曾有极为透辟的阐述："宗教的定义有主观和客观之别。从主观来说，宗教是人对于一个或多个超世而具有人格之力的知或觉；根据这种知识或感觉，人与此力有一种相互的交际。从客观来说，宗教即是表现这主观宗教之一切动作的综合，如祈祷、祭献、圣事、礼仪、修行、伦理的规条等。"[⑥]

然而，由此不能说宗教有主观的和客观的两个定义。因为信仰神灵的主观的思想观念、感情体验和客观的行为、组织、制度，说到底，都属于"人类活动"范畴，都是人类信仰神灵的活动。所以，宗教的定义便可一言以蔽之：信仰神灵的活动。可是，神灵又是什么？

所谓神灵，也就是神、魔、鬼、精灵、灵魂等一切超自然存在的总称。因为，正如泰勒所说，神、魔鬼、精灵、灵魂实质是相同的："灵魂、恶魔和天使虽然带有不同的名字，但其实质是相同的"[⑦]。那么，这些超自然存在的相同的实质究竟是什么呢？是精神性实体：神灵是精神性

---

① 参见何光沪《多元化的上帝观》，贵州人民出版社 1991 年版，第 1 页。
② 《说文》。
③ 《易·观》。
④ 《礼记·祭义》。
⑤ 麦克斯·缪勒：《宗教的起源与发展》，上海人民出版社 1989 年版，第 16 页。
⑥ 施米特：《比较宗教史》，辅仁书局 1948 年版，第 2 页。
⑦ 爱德华·泰勒：《原始文化》，上海文化出版社 1992 年版，第 575 页。

实体。所谓实体，如所周知，是能够独立存在的事物。所谓精神性实体，则既包括非物质的纯粹精神（知、情、意）实体，又包括具有精神（知、情、意）及其性质（摸不着看不见、虚幻、不可捉摸等）的物质实体：前者如基督教三位一体的上帝；后者如当代欧洲农民把灵魂看作"像雾一样的不可捉摸的物体"。①

所以，神灵便既像精神一样，具有知、情、意，是其所寓于其中的形体的一切活动的支配者、主宰者；又能够进入和离开一切形体——人或动物的肉体乃至任何物体——而独立生存：神灵是能够支配、进入和离开一切形体而独立生存的具有知、情、意的精神性实体。从神灵具有知、情、意的属性来说，神灵是人格化的，神灵的本质是人的本质的异化；从神灵是能够进入和离开一切形体而独立存在的精神性实体来说，神灵则是幻想的、不真实的超自然的存在：神灵是人格化的超自然的存在。

任何神灵——不论是灵魂还是精灵抑或是神魔——都是精神性实体，都是人格化的超自然存在。他们的区别只不过在其存在的场所、形式和机能作用：存在于人等动物形体中的神灵大都叫做灵魂；存在于物体中的神灵大都叫做精灵；存在于广漠空间统治众灵魂和精灵的神灵则大都叫做神或魔。泰勒经过对世界各民族所信仰的众多神灵的详尽考察便这样写道："正如灵魂被认为是人的通常的生命和活动的原因一样，和人的灵魂相似的东西——精灵是一切使人类幸福和不幸的事件及外在世界形形色色的物理现象的原因"②；"最高级的神们在下级的精灵们之间所占的那种地位，就像长官和皇帝在人们中间所占的地位一样。它们跟灵魂和最小的灵物不同。但是这种差别与其说是本质的，不如说是程度的。它们是那些君临于个体精灵之上的个体精灵"③。

可见，信仰神魔还是精灵抑或灵魂并无本质不同，都是信仰精神性实体、信仰人格化的超自然存在、信仰神灵，因而都属于宗教范畴：宗教是信仰神灵的活动，这是宗教的表层定义；宗教是信仰精神性实体的活动，是信仰人格化的超自然存在的活动，则是宗教的深层定义。准此观之，无

---

① 爱德华·泰勒：《原始文化》，上海文艺出版社 1992 年版，第 443 页。
② 同上书，第 574 页。
③ 同上书，第 688 页。

神灵的宗教是不可能有的，无神的宗教却可能存在。无神的宗教，从上可知，主要有两种。一种是信仰精灵的宗教，如美拉尼西亚人的"玛纳"崇拜。另一种则如泰勒所说，是信仰灵魂的宗教："对死人阴魂的尊敬构成了人类宗教的广大支脉之一。"①

弄清了宗教和异化概念，何谓宗教异化也就不难理解了：宗教异化就是奴役者为神灵的异化；而奴役者为人的异化，则可以称之为世俗异化。世俗异化，如上所述，主要包括经济异化和政治异化以及社会异化：经济异化也就是所谓的被剥削，是自己创造不属于自己的物质财富的行为，是创造不属于自己而属于异于自己的他人的物质财富的行为，是创造异己物质财富的行为；政治异化也就是所谓的被压迫，是对政治强制的屈从，是服从那种只体现他人意志而不体现自己意志的政治强制的行为，是服从那种体现异己意志的政治强制的行为；社会异化也就是违心的社会化，是违己而屈从社会意志（群众意志、集体意志、他人意志）的行为。

宗教异化概念——亦即奴役者为神灵的异化——看似简单，实则相当复杂。因为它具有二重性：宗教异化实际上不是一个概念，而是两个概念。这是被异化概念的二重性所决定的。异化，如前所述，作为科学术语分裂为二：一是作为一般科学术语的异化，指事物向异己物的转化、变化；一是作为人道主义基本概念的异化，指自己做出而又异于自己的异己的、非己的行为。相应地，宗教异化作为科学术语也分裂为二。一个是作为一般科学术语的宗教异化，指神灵、宗教无非是人的本质的异化形态、转化形态："上帝的人格性本身不外就是人之被异化了的、被对象化了的人格性"②。另一个是作为人道主义概念的宗教异化，指人们按照神灵意志而非按照自己意志进行的行为；是自己所进行的不是服从自己意志的、属于自己的行为，而是服从神灵意志的、属于神灵的行为。我们所要研究的当然是这种作为人道主义概念的宗教异化。

这种"宗教异化"就其内在本性来说，显然属于"自愿异化"：它是信教者自愿放弃自己意志而屈从神灵意志的异化。然而，信教者为什么自愿放弃自己意志而屈从神灵意志？如所周知，是因为信徒们以为自己的祸

---

① 爱德华·泰勒：《原始文化》，上海文艺出版社1992年版，第577页。
② 《费尔巴哈哲学著作选集》下，商务印书馆1984年版，第534页。

福凶吉均为神灵所掌握。信徒们为了摆脱苦难获得幸福而自愿放弃自己意志、遵从神灵意志是异化,正如工人为了工资而自愿放弃自己意志、遵从资本家意志是异化一样。而二者之所以均为异化,则因为二者均起因于强制,均是一种被强制的行为。经济异化起因于资本家握有资本:资本是一种强制力量;宗教异化则起因于神灵握有祸福:握有祸福岂不更是一种强制力量?

遵从神灵意志行为的被强制、受奴役、不自由之性质,充分体现在《圣经·申命记》上帝所说的一段话:"'你若不听从耶和华神的话,不谨守遵行他的一切戒命律例,就是我今日所吩咐你的,这以下的咒诅都必追随你,临到你身上:你在城里必受咒诅,在田间也必受咒诅;你的筐子和你的抟面盆都必受咒诅;你身所生的、地所产的,以及牛犊、羊羔都必受咒诅。你出也受咒诅,入也受咒诅。耶和华因你行恶离弃他,必在你手里所办的一切事上,使咒诅、扰乱、责罚临到你,直到你被毁灭,迅速地灭亡。耶和华必使瘟疫贴在你身上,直到他将你从所进去得为业的地上灭绝。耶和华要用痨病、热病、火症疟疾、刀剑、旱风霉烂攻击你,这都要追赶你,直到你灭亡。'"

可见,信教者放弃自己意志而听从神灵意志的宗教异化行为,实质上是一种被神灵握有祸福的力量所强制的行为;是一种被强制、受奴役、不自由的行为。只不过,这种被强制是一种自愿的被强制,是信教者自愿地把放弃自己意志、听从神灵意志当做得福避祸手段的行为,自愿地把受神灵支配、奴役、强制当做得福避祸的手段的行为,因而属于自愿异化:就它是被强制来说,它是异化;就它是自愿被强制来说,它是自愿异化。宗教异化的这种自愿被强制的性质,斯特伦说得很清楚:"宗教传统的信奉者和追随者们,全都根据这一终极的背景(神灵的意志——引者)来限定或约束自己的生活……强迫自己按照已意识到的生活模式去生活。"[①]

那么,人们究竟为什么信仰神灵这种根本不存在的、幻想的、超自然的东西呢?原因无非有二:一是理智迷信;一是情感渴求。何谓理智迷信?原来,人们所以会有信仰神灵的宗教活动,首先是因为他们认为神灵

---

[①] 斯特伦:《人与神》,上海人民出版社1991年版,第3页。

真实存在。而他们所以认为神灵真实存在，则是因为他们认为灵魂真实存在。因为正如泰勒所说，人类所有神灵观念，均源于灵魂观念："我们实际上指出了关于灵魂、恶魔、神以及其他类灵物的概念，这在本质上是相类似的观念，而关于灵魂的观念仅仅是这个链条的原始的一环。……很明显，关于人类灵魂的概念在人们的头脑中出现一次之后，就成了一种形式，或一种典型；根据它不只形成了其他关于其他低等灵魂的概念，而且也形成了关于一般灵物的观念：从日尔曼人的那个在高高的青草地上玩耍的微末的埃尔夫（自然神）起，到天的创造者和世界的主宰者，北美印第安人的巨灵。"①

然而，人们为什么会认为存在灵魂呢？原因很多，但主要讲来，则在于对梦幻和死亡的误解。这种误解，大体表现为两方面：一方面认为出现在梦幻中的人的影像，就是人的灵魂；另一方面则由这些影像能够脱离身体独立活动，进而认为灵魂乃是人活着便与身体结合、死亡就离开身体而独立生存的精神性实体。② 这是个产生于人类的远古时代而历代相沿、至今仍极难破除的永恒迷信："灵魂的信仰，扎根于蒙昧人的低级文化层中，不间断地通过野蛮时期，并在现代的文明环境中完全而深深地保留下来"③。灵魂乃至一切神灵存在的信仰，如果进一步动态地看，则亦如泰勒所言，源于人们对于命运和万物动因的误解："正如灵魂被认为是人的通常的生命和活动的原因一样，和人的灵魂相似的东西——精灵是一切使人类幸福和不幸的事件及外在世界形形色色的物理现象的原因。"④

可是，在现代社会，科学已能够充分说明梦幻、死亡、命运以及外在世界形形色色物理现象，从而表明灵魂、神灵的存在纯属无稽之谈；为什么许许多多的人，特别是那些科学家们，仍然相信灵魂、神灵的存在？这是因为，人们信仰神灵，除了源于对梦幻和死亡以及命运的认知错误，还源于其情感渴求：对神灵的渴求驱使理智迷信明知不存在的神灵之存在。对于这一点，麦克斯·缪勒曾援引荷马的话说："所有的人都

---

① 爱德华·泰勒：《原始文化》，上海文化出版社1992年版，第575页。
② 同上书，第416页。
③ 同上书，第505页。
④ 同上书，第574页。

有一种对神的渴望。"① 这是为什么呢？原来，正如无数先哲所论，人生的目的和意义，无非是为了追求幸福和快乐、避免不幸和苦难。然而，人生却注定蒙受许许多多的深重苦难和不幸。这些苦难和不幸，正如弗洛伊德所说，既来自每个人的自身肉体，又来自其外在环境——自然和社会："我们受到来自三个方面的痛苦的威胁：来自我们的肉体，它注定要衰老和死亡，而且，如果我们的肉体失去了疼痛、焦虑这些警告信号，它甚至就不可能存在；来自外部世界，它可能毫不留情地以摧枯拉朽的破坏势力与我们抗争；来自人际关系。人际关系方面的痛苦大概比前两个更厉害。"②

每个人遭受这些苦难——死亡恐惧、自然灾祸、社会压迫——的程度及其主观感受程度，无疑存在着不同。那些更为不幸或对不幸的感受更为强烈的人们，会感到在真实的、人间的世界实在不可能摆脱不幸和苦难、求得幸福和快乐，因而感到人生没有意义，无法再生活下去。在真实的人间的世界无法生活下去，那么也就只有求之于神灵的虚幻的世界了。于是，他们便在感情上渴求进而在理智上迷信神灵的存在和拯救，从而寄希望于未来和来世；他们便为了未来和来世的幸福而放弃自己意志、遵从神灵意志。这样，宗教和宗教异化便使他们看到了人生意义，因而能够忍受现实的人间的不幸和苦难而继续生活下去了：宗教和宗教异化乃是人们摆脱在现实世界无法摆脱的苦难的手段，是人们求得在现实世界无法求得的幸福的象征性补偿和替代性满足。

所以，斯特伦在给宗教下定义时说："宗教是实现根本转变的一种手段。定义中的'根本转变'是什么意思呢？所谓根本转变是指人们从深陷于一般存在的困扰中，彻底地转变为能够在最深刻的层次上，妥善地处理这些困扰的生活境界。这种驾驭生活的能力使人们体验到一种最可信和最深刻的终极实体……并以这样的情感去为最终领悟的实体（上帝的意志、佛性、道）服务。"③ 保罗·普鲁伊塞说得更妙："宗教就像一种营救工作……宗教是在有人喊'救命'这样的情况下产生的。"④

---

① 麦克斯·缪勒：《宗教的起源与发展》，上海人民出版社 1989 年版，第 22 页。
② 弗洛伊德：《文明及其缺憾》，安徽文艺出版社 1987 年版，第 16 页。
③ 斯特伦：《人与神》，上海人民出版社 1991 年版，第 3—4 页。
④ 梅多·卡霍：《宗教心理学》，四川人民出版社 1990 年版，第 5 页。

综观宗教和宗教异化的起因,可知其具有双重性:它们一方面源于尘世的苦难(死亡恐惧、自然灾祸和社会压迫)所引发的对宗教和宗教异化的情感渴求——宗教和宗教异化是人们摆脱在现实社会无法摆脱的苦难的手段,这是宗教起源的目的因;另一方面则源于人们的理智迷信——神灵的存在是人们对梦幻、死亡、命运的错误认识的结果,这是宗教起源的非目的因。于是,更具体些说,宗教和宗教异化便有四大起因:一是理智迷信;二是死亡恐惧;三是自然压迫;四是社会苦难。

宗教和宗教异化之起因表明,它们能够有效地给绝望而无法生活下去的人以生活下去的希望,因而对于人生具有非常重要的意义和价值。对于宗教和宗教异化的这种意义和价值,梁漱溟曾有很好的论述:"对于人的情志方面加以勉慰,可以说无论高低和如何不同的宗教所作皆此一事,更无二事。例如极幼稚低等的拜蛇黄鼠狼乃至供奉火神河神瘟神种种,其仙神的有无,且无从说他,礼拜供奉的后效能不能如他所期,也不得而知。却有一件是真的;就是他礼拜供奉了,他心里便觉安宁舒帖了,怀着希望可以往下生活了。……在当初像是无路可走的样子。走不下去——生活不下去——的样子。现在像是替他开出路来,现在走得下去了。质言之,不外使一个人的生活得以维持而不致于溃裂横决,这是一切宗教之通点。宗教盖由此而起,由此而得在人类文化中占很重要一个位置,这个我们可以说是宗教在人类生活上之所以必要。"①

不过,宗教和宗教异化的这种意义和价值充其量也只是非根本的、局部的、暂时的;根本地、全局地、长远地看,则宗教和宗教异化只具有负价值。因为摆脱苦难求得幸福从而使人生具有意义,存在着两种根本不同的行为方式。一种是正视现实,因而发展科学、改造社会、变革苦难的现实世界,从而实现自己意志、获得真实的幸福。这是非宗教和非宗教异化的行为,是根本地、真正地摆脱苦难求得幸福的行为,因而从根本上说也就是唯一正确的、应该的、具有正价值的行为方式。反之,另一种行为方式则是逃避现实,信仰神灵的存在和拯救,放弃自我意志而屈从神灵的意志,从而获得虚幻的希望和幸福。这是宗教和宗教异化的行为方式。

宗教和宗教异化确实能够使人生有意义、给人们以安慰。但是,这种

---

① 《国内近十年来之宗教思想》,京华印书局1927年版,第113—114页。

意义和慰藉却不是通过使人得到真实的、能够实现的希望和幸福来实现的；而是通过信仰神灵世界的幻觉来实现的：它使人们陷入欺骗的、幻想的、根本不可能实现的来世的希望与幸福，从而安于苦难现实生活、放弃变革苦难世界要求。所以，正如马克思和弗洛伊德等先哲所说，宗教实际上是一种麻醉精神的毒药；而宗教异化则是一种吸毒行为：它们的正价值显然是非根本、局部的、暂时的，而负价值则是根本的、全局的、长远的。因此，应该废除宗教、消除宗教异化。

要消除宗教和宗教异化，据其四大起因，显然应循由四大原则：一是发展科学，破除引发神灵信仰的理智迷信；二是正确对待死亡，避免引发神灵信仰的死亡恐惧；三是提高生产力，消除导致神灵信仰的自然压迫；四是改造社会，摆脱造成神灵信仰的社会苦难。前三个原则一目了然毋庸赘述，后一个原则却比较复杂。这个原则确立的依据是宗教和宗教异化的社会根源：宗教和宗教异化是人们摆脱在真实的世界里无法摆脱的社会压迫、社会苦难的手段。

那么，人们所遭受的这种社会压迫、社会苦难究竟是什么？如所周知，主要是经济剥削、经济异化和政治压迫、政治异化以及社会压迫、社会异化。所以，宗教异化的社会根源主要在于经济异化和政治异化以及社会异化：宗教异化是人们摆脱在真实的世界里无法摆脱的经济异化和政治异化以及社会异化的手段。这显然意味着：要消除宗教异化，便必须消除经济异化、政治异化、社会异化。于是，消除宗教异化的第四原则，更确切些说，便应该具体地修改为："消除经济异化和政治异化以及社会异化，摆脱造成神灵信仰的社会苦难"。

可见，消除宗教和宗教异化的四大原则，说到底，可以归结为马克思那段名言："废除作为人民幻想的幸福的宗教，也就是要求实现人民的现实的幸福。要求抛弃关于自己处境的幻想，也就是要求抛弃那需要幻想的处境。因此，对宗教的批判就是对苦难世界——宗教是它的灵光圈——的批判的胚胎。"[①]

然而，不论我们如何贯彻宗教消除四原则而努力消除宗教，宗教只可能日趋衰弱，却永远不会完全消亡。宗教可能趋于衰弱，是因为宗教的源

---

[①] 《马克思恩格斯选集》第一卷，人民出版社1972年版，第2页。

头可能趋于衰弱：一方面，随着科学发展，宗教起因的理智迷误可能趋于消亡；另一方面，随着社会发展，宗教的情感起因之自然苦难和社会苦难（经济异化、政治异化、社会异化）可能趋于消亡。宗教永远不会完全消亡，是因为成为宗教情感起因的第三大苦难"死亡"恐惧必将永存。人必有一死，不但是宗教一大源头，而且是最重要、最根本的源头。因为人生的最重大、最根本的苦痛和不幸，真正讲来，无过于意识到自己总有一天要死亡。于是，总会有一些人，在这些人看来，如果没有来世，那譬如朝露转瞬即逝的人生又有什么意义呢？人必一死无疑是人们渴望灵魂不死和神灵存在的终极原因、永恒源头。所以，费尔巴哈说："如果人是不死的，如果人永远活着，因而世界上根本没有死这回事，那么也就不会有宗教了。"①

## 四 自由主义：关于自由社会的人道主义理论

**1. 自由主义的分析方法：完备的科学的自由主义与不完备不科学的自由主义**

自由主义（Liberalism）一词，一般以为出现于19世纪："现在通行的看法是，'自由主义'这一称号只是在十九世纪才第一次被用来称呼一种政治运动。1810年西班牙议会中，主张英国式宪政主义的政党被称作'自由主义'的（Liberal）。"② 但是，依阿克顿勋爵所见，自由主义名词出现于18世纪："自由主义——1707年英国坎特伯雷大主教首次使用这个词。"③ 不过，自由主义作为一种系统的理论肇始于17世纪英国革命，它的奠基者是洛克，却是众所公认的。尔后四百年来，自由主义一直是西方思想界的主流意识形态。因此，自由主义思想家多如繁星，不胜枚举。古典自由主义的代表人物，当推斯宾诺莎、洛克、弥尔顿、孟德斯鸠、卢梭、潘恩、杰弗逊、汉密尔顿、贡斯当、托克维尔、康德、休谟、柏克、斯密、边沁、穆勒、斯宾塞等；新自由主义的代表人物，则有格林、鲍桑

---

① 《费尔巴哈哲学著作选集》下，商务印书馆1984年版，第534页。
② 李强：《自由主义》，中国社会科学出版社1998年版，第16页。
③ 阿克顿：《自由与权力》，商务印书馆2001年版，第364页。

葵、布拉德雷、霍布豪斯、杜威等；当代自由主义的代表人物，主要是哈耶克、弗里德曼、奥克肖特、波谱、柏林、罗尔斯、诺齐克、德沃金、布坎南、萨托利等。

这些人都是自由主义的代表人物，是没有争议的。但是，这些人的自由主义理论是如此不一致，如此灵活多变、歧见纷呈、难以把握，以致直到今日，许多学者仍然认为无法界说自由主义，甚至认为给自由主义下定义是不可能的。萨托利亦有此见，他说："如果我们用'自由主义'这个标签与那些和它相近的概念比较，如民主、社会主义、共产主义，那么，自由主义在有一点上是无可匹敌的：它是所有概念中最不确定、最难以被准确理解的术语。"① 然而，这些自由主义者的观点不论如何不同，却不可能毫无共同点或普遍性：不可能存在毫无共同点或普遍性的事物。那么，这些自由主义理论所特有的——亦即区别于极权主义和社会主义等理论的——共同点或普遍性究竟是什么？

综观这些自由主义思想家的著作，不难看出，一切自由主义理论所特有的共同点是：它们都是一种主张实现自由社会的思想体系；正如一切共产主义理论不论如何不同，都是一种主张实现公有制社会的思想体系一样。自由主义是主张实现自由社会的理论，蕴涵着它必须解决三大问题：其一，何谓自由社会？这是自由社会的原则问题；其二，为什么应该实现自由社会？这是自由或自由社会的价值问题；其三，如何实现自由社会？这是自由社会或其原则的实现途径问题。这就是自由主义的全部研究对象。因此，自由主义，作为一种完整的理论体系，原本由三部分构成：自由的价值理论、自由社会的原则理论和自由社会及其原则的实现途径理论。

由此看来，自由主义乃是真理。因为如果自由主义——主张实现自由社会的思想体系——不是真理，那就意味着：否定自由社会的思想体系，如极权主义和专制主义，是真理。极权主义和专制主义等否定自由社会的思想体系，无疑是谬误。因此，自由主义必定是真理：处于相互否定的矛盾关系的两种思想体系，必定一真一假。但是，这并不是说，一切自由主义理论都是真理。自由主义的研究对象——自由的价值、自由社会的原则

---

① 李强：《自由主义》，中国社会科学出版社 1998 年版，第 14 页。

和自由社会的实现途径——无疑都是人类思想史上最为复杂深邃的难题，以致迈克尔·欧克肖特写道："什么是一个自由的社会？随着这个问题，通向无穷遁词之夜的门打开了。"① 所以，自由主义者们对于这些问题的研究难免歧见纷呈，因而其观点必定有真与假、全与偏、完备与不完备以及空想与科学等之不同；正如各种社会主义理论必定有真与假、全与偏、完备与不完备以及空想与科学之不同一样。但是，就同一研究对象来说，谬误可能无数，而真理必定一个。所以，作为谬误的、不完备的、空想的自由主义理论可有无数；而真理的、完备的、科学的自由主义只有一个。谬误，说到底，不过是达于真理的某种过程或阶段。所以，各种谬误的、不完备的、空想的自由主义理论，都可以看做是达到真理的、完备的、科学的自由主义的某种过程或阶段。

这样，正如各种谬误的、不完备的、空想的社会主义不能成立，并不能证明社会主义不能成立，而只有完备的、科学的社会主义不能成立，才能证明社会主义不能成立一样；各种谬误的、不完备的、空想的自由主义理论不能成立，也不能证明自由主义不能成立，而只有完备的、科学的自由主义不能成立，才能证明自由主义不能成立。因此，对于自由主义的评价，便应该以完备的、科学的自由主义为准；而不应该以不完备、不科学的自由主义为准。正如对于社会主义的评价，应该以完备的、真理的、科学的社会主义为准；而不应该以不完备、不科学的、错误的社会主义为准一样。由此可以理解，为什么萨托利强调，对于自由主义的评析，乃是对一种自由主义——而不是许多自由主义——的评析："难道我们必须屈从于这种观点，认为不存在一种自由主义而是存在许多种不同的自由主义吗？进言之，难道这些自由主义必须分成古典的、民主的、社会的、国家主义的、人道主义的、社会主义的等若干种类吗？我不这样看。因为照此说来，也就可以断言：并不存在一种民主，而是存在许多种民主，每一个国家都有一种，并且每一种民主都一代一代地变化着。然而，事实上我们是以单数形式谈论现代民主的。同样，我们完全有理由以单数形式谈论自由主义——我们就依此见地去

---

① 迈克尔·欧克肖特：《政治中的理性主义》，上海译文出版社 2003 年版，第 107 页。

寻找并发现这种自由主义。"①

**2. 自由主义的理论体系：自由价值论、自由原则论与宪政民主论**

自由主义理论的出发点，无疑是自由的价值问题。对此，正如萨皮罗所言，不论自由主义论者的观点如何不同，却必定都崇尚自由、歌颂自由、倡导自由，认为自由具有非常重大的价值："自由主义在所有时代的典型特征，是它坚定地相信自由对于实现任何一个值得追求的目标都是不可或缺的。"② 胡适亦云："自由主义就是人类历史上那个提倡自由、崇拜自由、争取自由、充实并推广自由的大运动。"③ 确实，如果否认这一点，否认自由具有重大价值，那么毫无疑义，他就不是自由主义者了。当然，重大价值与极大价值、最大价值不同；与最高价值、至上价值也不同。但是，这些价值无疑都属于重大价值范畴。一切自由主义论者都认为自由具有重大价值，却并不都认为自由具有最大价值，也并不都认为自由具有至上价值。但是，就自由主义的科学的、完备的形态来说，却认为自由具有至上价值：就自由主义的科学的、完备的形态来说，自由主义（Liberalism）亦即自由至上主义（Libertarianlism）。因此，自由主义者斯皮兹（David Spitz）在他临终前所写下的自由主义的十大信条之第一条就是："尊崇自由甚于其他价值，即使超过平等及正义"④。

为什么说自由至上主义是一种科学的、完备的形态的自由主义观点？因为，如上所述，每个人的自我实现——亦即他的创造性潜能之实现——具有最高价值。使人自我实现的条件和途径固然很多，但最根本的条件和途径无疑只有一个，那就是使人自由：自由乃是自我实现的最根本的条件和途径。因此，说到底，自由具有最高价值。但是，最高价值未必是最大价值。自由是最高价值，自由的价值远远高于面包的价值。但是，正如伯林所言，自由的价值不如衣食的价值大："埃及农民对于衣物和农药的需要优先于、强烈于对于个人自由的需要"。所以，斯皮兹说得不错：自由

---

① Giovanni Sartori, *The Theory Democracy Revisited*, New Jersey: Chatham House Publisher, Inc. Chartham, 1987, p. 376.
② 李强：《自由主义》，中国社会科学出版社1998年版，第19页。
③ 胡适：《自由主义》，光明日报出版社2001年版，第68页。
④ 顾肃：《自由主义基本理念》，中央编译出版社2003年版，第3页。

的价值高于平等及正义。但是，自由的价值未必大于平等和正义的价值。

既然自由具有最高价值，那么，显然应该使人自由：自由应该是国家制度和治理的最高原则。所以，阿克顿一再说："自由的理念是最高贵的价值思想——它是人类社会生活中至高无上的法律"①，"自由乃至高无上之法律。它只受更大的自由的限制"②。然而，真正讲来，人究竟怎样才算获得自由？人是社会动物；他所过的生活，乃是社会生活。因此，只有当人们所生活于其中的社会是个自由的社会，人们才算真正获得了自由。所以，哈耶克说："一旦自由的利益被认识，人们便会去完善和扩展自由的领域。为此，他们将探究怎样才能构建一种自由社会。自由理论的这种发展主要是在18世纪而肇始于英法两国。"③

但是，究竟何谓自由社会？或者说，自由社会的原则是什么？这是自由主义的核心问题：自由主义，主要讲来，就是一系列自由原则体系，就是一系列自由社会的原则体系。所以，哈耶克写道："19世纪自由主义的一位知识分子领袖贡斯当曾把自由主义描述为一种'原则体系'，他指明了问题的实质。自由不仅是一种政府的所有行为都受其指导的原则体系，而且是一种除非作为所有具体立法法案的最高原则来接受否则就不能维持的理想。"④ 这就是自由主义为什么属于伦理学对象的缘故：自由主义，根本说来，乃是一系列的原则和规范体系，亦即国家制度和治理的道德原则的体系。因此，阿克顿写道："自由作为道德问题的紧迫性远远大于其作为政治问题的紧迫性。"⑤

细究起来，自由主义所确立的自由原则——亦即自由社会原则——体系，原本由自由社会的普遍原则与自由社会具体原则两大系列构成：前者主要是自由的法治原则、自由的平等原则与自由的限度原则；后者主要是政治自由原则、经济自由原则与思想自由原则。不论自由主义论者的观点如何不同，却必定都主张或承认这些自由原则；否则，他就不是自由主义者了。但是，这些原则的具体内容究竟如何，自由主义者们却往往意见纷

---

① 阿克顿：《自由与权力》，商务印书馆2001年版，第307页。
② 同上书，第310页。
③ Friedrich A. Hayek, *The Constitution of Liberty*, The University of Chicago Press 1978, p. 54.
④ Ibid., p. 68.
⑤ 阿克顿：《自由与权力》，商务印书馆2001年版，第309页。

纭，莫衷一是。我们的考察，当然以最为完备的、科学的自由主义观点为准。

一个社会的任何强制，都必须符合该社会的法律和道德；该社会的所有法律和道德，都必须直接或间接得到全体成员的同意。这是自由主义的"自由的法治原则"。对于这一原则，霍布斯曾这样写道："自由的第一步实际上正是要求法治。……自由统治的首要条件就是：不是由统治者独断独行，而是由明文规定的法律实行统治。"① 哈耶克进一步说："所谓法治下的自由概念，亦即即当我们遵守法律时，我们并不是屈从其他人的意志，因而是自由的。"②

人人应该平等地享有自由：在自由面前人人平等；人人应该平等地服从强制：在法律面前人人平等。这是自由主义的"自由的平等原则"。所以，哈耶克写道："自由意味着，也只能意味着，我们的所作所为并不有赖于任何人或如何权威机构的批准，只能为同样平等适用于人人的抽象规则所限制。"因此，"为自由而斗争的伟大目标，一直是法律面前人人平等"③。

一个社会的强制，应该保持在这个社会的存在所必需的最低限度；一个社会的自由，应该广泛到这个社会的存在所能容许的最大限度。这是自由主义的"自由的限度原则"。对此，波普讲得很清楚："自由主义的原则要求，社会生活所必要的对每个人自由的种种限制应当减少到最低限度。"对于这一原则，自由主义论者们是没有异议的。否则，他就不是自由主义者了。但是，最低限度与最大限度都是相对的、不确定的概念。因此，对于一些自由主义者来说是最低限度的强制，对于另一些自由主义者来说，却可能是过高的强制；反之亦然。所以，一些自由主义者主张"守夜人"式的国家，断言"管得越少的政府，就是最好的政府。"反之，另一些自由主义者则认为这样少的强制不足以保障社会存在，社会的存在所必需的最低限度的强制比这些要强大复杂得多，因而主张国家应该积极干预经济生活和社会生活。

---

① 霍布斯：《自由主义》，商务印书馆 1996 年版，第 9 页。
② Friedrich A. Hayek, *The Constitution of Liberty*, The University of Chicago Press 1978, p. 153.
③ Ibid., p. 85.

一个社会的政治，应该直接或间接地得到每个公民的同意，应该直接或间接地按照每个公民自己的意志进行，说到底，应该按照被统治者自己的意志进行。这是自由主义的"政治自由原则"。杰弗逊在《独立宣言》中将这一原则归结为一句话："政府的正当权力系得自被统治者的同意。"被伯林称为"不折不扣的自由主义者"的威尔逊总统也这样写道："政治自由是被统治的人使政府适合他们的需要和利益的那种权利。"[①] 阿克顿则认为这是自由主义的大政方针："麦迪逊、亚当斯、富兰克林、杰弗逊、汉密尔顿等人在《独立宣言》中表达了建构一种新的政府理论的观点：在一个实践领域里由被统治者决定政府的大政方针。"[②]

经济活动只应由市场机制自行调节，而不应由政府强制指挥，政府的干预应仅限于确立和保障经济规则；而在这些经济规则的范围内，每个人都应该享有完全按照自己意志进行经济活动的自由。这是自由主义的经济自由原则。这一原则的发现者和确立者，如所周知，乃是亚当·斯密，他称之为"自然自由制度"："一切特权的或限制的制度一旦完全被废除，简单而显著的自然自由制度就会自动建立起来。每一个人，只要不违反公正的法律时，就应该容许他完全自由地用自己的方法追求自己的利益，以其勤勉和资本而与任何其他人或阶级相竞争。"[③]

每个社会成员都应该享有创获与传达任何思想的自由；或者说，每个社会成员创获与传达任何思想都不应该被禁止；说到底，言论与出版应该完全自由而不应该受到任何限制。这是自由主义的"思想自由原则"。对于这一原则，潘恩这样写道："出版自由以及使用其他表达思想手段的自由，是不能取消、停止和限制的。"[④] 罗斯福则进而以美国为例说："这种自由除了受到美国人民的良知的限制以外，确实是丝毫没有限制的。"[⑤] 美国《弗吉尼亚权利法案》已规定："出版自由是自由的重要保障之一，

---

[①] 《资产阶级政治家关于人权、自由、平等、博爱言论选录》，世界知识出版社1963年版，第210页。

[②] 阿克顿：《自由与权力》，商务印书馆2001年版，第398页。

[③] Adam Smith, *An Inquiry into The Nature And Causes of The Wealth of Nations*, Vol. 2, Clarendon Press. Oxford, 1979, p. 687.

[④] 《资产阶级政治家关于人权、自由、平等、博爱言论选录》，世界知识出版社1963年版，第53页。

[⑤] 同上书，第283页。

任何政府，除非是暴虐政府，绝不应加以限制。"美国《人权法案》第一条便这样写道："国会不得制定关于下列事项的法律：确立宗教或禁止信仰自由；剥夺人民言论或出版自由。"

这些就是自由主义关于自由社会的六大原则：自由的法治、平等、限度三大普遍原则与政治自由、经济自由、思想自由三大具体原则。那么，究竟怎样才能实现这些原则从而使社会成为自由社会？这是关于自由社会原则的实现途径的问题，简言之，亦即自由社会的实现途径的问题。这是自由主义理论的第三部分——亦即最后一部分——的研究对象。自由主义对于这个问题的比较完备的、科学的理论，如所周知，便是所谓"宪政民主论"：宪政民主是实现自由社会的充分且必要条件。

自由主义论者看到，民主是实现政治自由从而保障实现其他一切社会自由的唯一政体。所以，阿克顿说："自由被认为是与民选政府相关联的产物。"① 哈耶克也一再说："民主本身虽然不是自由，却是自由的最为重要的保障。"② 然而，自由主义论者十分清楚：民主仅仅是实现政治自由或政治自由社会的充分且必要条件，而不是实现自由社会的充分且必要条件——民主只是实现自由社会的必要条件而非充分条件。这是因为：

一方面，民主就其本质来说，固然是全体公民掌握最高权力的政治，但就其实现来说，却势必是多数公民掌握最高权力的政治。这样，多数公民便可能滥用他们所握有的最高权力，去反对他们的对手："如果多数不团结得像一个人似地行动，以在观点上和往往在利益上反对另一个也像一个人似地行动的所谓少数，那又叫什么多数呢？但是，如果你承认一个拥有无限权威的人可以滥用他的权力去反对他的对手，那你有什么理由不承认多数也可以这样做呢？"③ 托克维尔将这种多数对于他们所掌握的最高权力的滥用，叫做"多数暴政"。多数暴政的民主社会显然不是自由社会。

另一方面，即使民主不导致多数对于少数的暴政，却仍然可能导致暴政：一种侵犯每个人的个人自由和个人权利的暴政。因为最高权力就其本

---

① 阿克顿：《自由与权力》，商务印书馆2001年版，第310页、316页。
② F. A. HAYEK, *Law, Legislation and Liberty*, Vol. 2, Beijing: China Social Sciences Publishing House Chengcheng Books Ltd., 1999, p. 5.
③ 托克维尔：《论美国的民主》上卷，商务印书馆1996年版，第288页。

性来说即与无限权力相通,极易演进为无限权力,因而托克维尔指出,社会的最高权力无论掌握在君主手里,还是掌握在人民手里,都可能成为无限权力而沦为暴政:"当我看到任何一个权威被授以决定一切的权力和能力时,不管人们把这个权威称作人民还是国王,或者称作民主政府还是贵族政府,或者这个权威是在君主国行使还是在共和国行使,我都要说,这是给暴政播下了种子。"①

合而言之,民主之所以是自由社会的必要条件而不是充分条件,只是因为民主的政权可能是无限的,因而违背了自由原则,导致民主的暴政。这样,民主的政权如果能够得到限制,遵循自由原则,那么,民主的社会便是自由的社会:最高权力受到自由原则有效限制的民主,是实现自由社会的充分且必要条件。这种最高权力受到自由原则有效限制的民主,不是别的,就是自由主义所主张的"宪政民主"。因为,如所周知,就宪政思想的传统来说,宪法的主要法案——强调分权原理的政府的组织机构法案和强调人权原理的权利法案——所体现和遵循的,乃是自由原则。因此,就宪政思想的传统来说,宪政民主就是限制民主的权力而使之遵循自由宪法的民主,就是自由的宪政民主,因而也就是自由社会的充分且必要条件:一切宪政民主的社会,都是自由的社会;一切自由的社会,都是宪政民主的社会。所以,萨托利一再说:"无论过去和现在,立宪制度事实上就是自由主义制度。可以说,自由主义政治就是宪政。"②

### 3. 自由主义的理论归属:最根本的人道主义与制度化的人道主义

综观自由主义的自由价值论与自由原则论以及宪政民主论可知,自由主义,就其普遍形态来说,乃是一种关于自由社会的思想体系,是关于自由的价值、原则及其实现途径的思想体系。或者说,自由主义就是关于自由社会的原则及其实现途径的思想体系,就是关于自由社会的理论:凡是主张构建自由社会的理论,都属于自由主义范畴。但是,自由主义,就其完备的形态来说,则是这样一种理论,它视人的自由为最高价值,从而一方面将自由奉为国家制度和治理最高原则——亦即将自由的法治原则、自

---

① 托克维尔:《论美国的民主》上卷,商务印书馆1996年版,第289页。
② 转引自刘军宁编《民主与民主化》,商务印书馆1999年版,第73页。

由的平等原则、自由的限度原则以及经济自由、政治自由、思想自由等一系列自由原则奉为国家制度和治理最高原则——另一方面则将宪政民主奉为实现这些原则的途径,亦即奉为自由社会的实现途径。简言之,自由主义就是将自由奉为国家制度和治理最高原则的思想体系。

这样,自由主义就其完备的、科学的形态来说,便与社会主义等一切关于社会理想的理论一样,既是一种理论、一种学说、一种意识形态、一种政治思潮,又是一种运动、一种组织、一种政党纲领、一种制度、一种国家组织形式;它们的共同点乃在于:都视自由为最高价值,从而一方面将自由奉为国家制度和最高原则,另一方面则将宪政民主奉为实现这些原则的途径。因此,拉吉罗通过对于欧洲自由主义史的考察,得出结论说:"对自由主义的各种界定已经给出。它可以被称为一种方法,一个政党,一种统治艺术,一种国家组织形式。"① 萨托利进一步说:"可以非常简洁地断言,自由主义就是通过宪政国家而对个人政治自由和个人自由进行司法保护的理论与实践。"② 科林伍德也这样写道:"'自由主义'一词,在其所从来的本国,用于宪政自由与代议制政府原则之名,长久以来,整个英语世界的所有政党共享着这一财富。"③ 朱高正先生总结道:"所谓自由主义乃是泛指一切的理念、理论、运动或组织,其主张乃在于建构或维持一个——奠基于个人的自主和自由之上的、并以实现和保障此个人的自主和自由为目的的——政治、经济及社会秩序。"④

准此观之,自由主义显然属于人道主义范畴:自由主义是一种人道主义。因为,如前所述,人道主义有广义的、皮相的、初级的与狭义的、深刻的、高级的之分。广义的、皮相的、初级的人道主义,亦即博爱的人道主义,是视人本身为最高价值从而将"善待一切人、爱一切人、把一切人都当做人来看待"当做善待他人和国家制度的最高原则的思想体系;而狭义的、深刻的、高级的人道主义,亦即自我实现的人道主义,是认为人本身的自我实现是最高价值从而把"使人自我实现而成为可能成为的

---

① 圭多·德·拉吉罗:《欧洲自由主义史》,吉林人民出版社2001年版,第334页。
② Giovanni Sartori, *The Theory Democracy Revisited*, New Jersey: Chatham House Publisher, Inc. Chartham, 1987, p.380.
③ 圭多·德·拉吉罗:《欧洲自由主义史》,吉林人民出版社2001年版,第1页。
④ 《朱高正作品精选集》第二卷,里仁书局1895年版,第16页。

完善的人"奉为善待他人和国家制度最高原则的思想体系。

当我们进一步探究这种狭义的、深刻的、高级的人道主义时,便会发现,它蕴涵着一种更为根本、深刻的人道主义:自由主义。因为狭义人道主义比广义人道主义固然深刻得多,但它也只是说明应该使人自我实现,而未能说明怎样才能使人自我实现。那么,究竟怎样才能使人自我实现呢?使人自我实现的条件和途径固然很多,但最根本的条件和途径只有一个:使人自由。因为如上所述,自由乃是自我实现——亦即实现自己的创造潜能——的最根本的条件和途径。这样,一方面,狭义人道主义关于人的自我实现是最高价值的理论,说到底,便意味着:人的自由是最高价值;另一方面,狭义人道主义关于使人自我实现是国家制度和治理最高原则的理论,说到底,便意味着:自由是国家制度和治理的最高原则。因此,狭义人道主义大师但丁一再说:"好的国家是以自由为宗旨的"[1];"这一个关于我们所有人的自由的原则,乃是上帝赐给人类的最伟大的恩惠:只要依靠它,我们就能享受到人间的快乐;只要依靠它,我们就享受到像天堂那样的快乐。如果事情确实如此,那么,当人们能够充分利用这个原则的时候,谁还会说人类并没有处在它最好的境况之中呢"[2];"当人类最自由的时候,就是它被安排得最好的时候"[3]。

这种视人的自由为最高价值从而将自由奉为国家制度和治理最高原则的观点,如上所述,正是自由主义的根本特征。所以,自由主义蕴涵于人道主义,是一种更为深刻、更为根本的人道主义:自由主义是最根本的人道主义,正如自由是最根本的人道一样。因此,当代著名人道主义思想家保罗·库尔茨一再说:"人道主义者基本确信自由主义和多元民主是我们的首要原则"[4];"在人道主义捍卫的价值标准中,个体的自由是最基本的"[5];"人道主义的首要原则是致力于自由的探索"[6];"人道主义的基本

---

[1] 周辅成编:《从文艺复兴到十九世纪资产阶级哲学家政治思想家有关人道主义人性论言论选辑》,商务印书馆1973年版,第21页。
[2] 同上书,第20页。
[3] 同上书,第19页。
[4] 保罗·库尔茨:《保卫世俗人道主义》,东方出版社1996年版,第4页。
[5] 同上书,第8页。
[6] 同上书,第17页。

原则是保卫个人自由"①;"人道主义首要原则是致力于自由的探索"②;
"人道主义的核心价值观是道德自由:把个人从过度的束缚中解放出来,
以便他们能够实现他们的潜能,最大限度地做出自由选择"③。因此,保
罗·库尔茨将自由主义叫做"自由主义的人道主义"④。而约翰·杰温斯
波干脆将自由主义叫做"自由人道主义"⑤。柏林等自由主义思想家则经
常将自由主义与人道主义相提并论,而称之为"人道与自由主义传统
(Humanie and liberal tradition)"、"人道的自由主义(Humanitarian liberalism)"⑥。

这样一来,人道主义便是一种极为复杂的原则体系:粗略看来,只有
广义人道主义与狭义人道主义之分;细究起来,则可以分为三大类
型——广义人道主义,亦即博爱的人道主义;狭义人道主义,亦即自我实
现的人道主义;最根本的人道主义,亦即自由的人道主义,亦即自由主
义。自由主义不仅是最根本的人道主义,同时也是制度化、组织化的人道
主义,是具有真正实现途径的人道主义,是人道主义和人道社会的实现。
因为自由主义,如上所述,不仅是一种理论、一种学说、一种意识形态、
一种政治思潮;同时又是一种运动、一种组织、一种政党纲领、一种制
度、一种国家组织形式。因此,自由主义不仅是真理,而且是人类所发现
的最伟大的真理之一。因为正如波普所说:"从封闭社会到开放社会的过
渡,显然可以描述为人类所经历的一场最深刻的革命。"⑦

于是,自由主义的思想渊源固然可以追溯到古希腊和罗马,但其直接
的思想来源,乃是狭义的人道主义,亦即自我实现的人道主义,因而也就
是文艺复兴时期的人道主义。因为如前所述,文艺复兴的人道主义就是狭
义的、自我实现的人道主义。这一点,弗洛姆讲得很清楚:"我以为人道
主义的狭义,正是指 15、16 世纪那种回复到古典学术和希腊语、希伯来

---

① 保罗·库尔茨:《保卫世俗人道主义》,东方出版社 1996 年版,第 78 页。
② 同上书,第 17 页。
③ 同上书,第 100 页。
④ 同上书,第 75 页。
⑤ 邓正来主编《布莱克维尔政治学百科全书》,中国政法大学出版社 1992 年版,第 417 页。
⑥ Isaiah Berlin, *Four Essay on Liberty*, New York: Oxford University Press, 1969, pp. 17 – 15.
⑦ 波普:《开放社会及其敌人》,山西高校联合出版社 1992 年版,第 185 页。

语以及拉丁语的人道主义运动。"这种狭义人道主义的根本特征,就是人本身的潜能的自我实现:"文艺复兴人道主义的伟大人物,如爱拉斯谟、彼科·德拉·米朗多拉、波斯泰尔以及其他许多人,都认为人道主义是这样一个概念:它强调人本身,强调所有的人和强调完全的人,认为人的职责就是充分地施展自己的那些潜力。"① 总之,正如阿伦·布洛克所说:"人文主义的中心主题是人的潜在能力和创造力。"②

这种狭义的人道主义,如上所述,蕴涵着自由主义。因此,自由主义实乃文艺复兴人道主义的应有之义,是文艺复兴人道主义的核心与根本。对于这一点,人道主义思想家培里讲得很清楚:"人道主义把人看作值得赞美的对象,而且,作为一种信条,它受到古代知识复兴的启示并在历史上被看作是对中世纪某些流行思潮的反叛。因而使得我们要问,是人的什么东西被认为是值得赞美的并且在希腊和罗马的生活和文学里提供了这种东西的著名的范例和支持这种东西的著名的事例?本书支持这样一种主张,即人所特有的尊严——它使人值得得到这样的荣誉——乃在于他的鉴识自由的能力。"③ 但是,最具说服力的,恐怕还是文艺复兴人道主义大师彼科在《论人的尊严的演说》中所假托上帝的那段名言:

> 上帝认定人是本性不定的生物,并赐他一个位居世界中央的位置,又对他说:"亚当,我们既不曾给你固定的居处,亦不曾给你自己独有的形式或特有的功能,为的是让你可以按照自己的愿望、按自己的判断取得你所渴望的住所、形式和功能。其他一切生灵的本性,都被限制和约束在我们规定的法则的范围之内。但是我们交与你一个自由意志,你不为任何限制所约束,可凭自己的自由意志决定你本性的界限。我们把你安置在世界中心,使你从此可以更容易观察世间的一切。我们使你既不属于天堂,又不属于地上,使你既非可朽,亦非不朽,使你好像是自己的塑造者,既有自由选择,又有光荣,能将你

---

① 转引自罗国杰编《人道主义思想论库》,华夏出版社 1887 年版,第 734 页。
② 阿伦·布洛克:《西方人文主义传统》,生活·读书·新知三联书店 1997 年版,第 45 页。
③ 沈恒炎、燕宏远主编:《国外学者论人和人道主义》第一辑,社会科学文献出版社 1991 年版,第 188 页。

自己造成你所喜欢的任何模样。"①

### 4. 自由主义理论基础：自由主义与个人主义

自由主义的理论基础，从上可知，可以归结为人道主义的三个基本命题。第一个命题：人的价值至高无上。这是广义人道主义的基本命题。第二个命题：人的自我实现的价值至高无上。这是狭义人道主义基本命题。第三个命题：人的自由的价值至高无上。这是自由人道主义（亦即自由主义）基本命题。然而，所谓"人"，就其外延来说，当然是指各个人、每个人，是各个人的总和，是每个人的总和：人，说到底，就是各个人，就是每个人。所以，人的价值至高无上，也就是每个人的价值至高无上；人的自我实现的价值至高无上，也就是每个人的价值至高无上；人的自由的价值至高无上，也就是每个人的自由的价值至高无上。那么，由此是否可以说，自由主义的理论基础是个人主义？

萨托利力排众议，反对将个人主义视为自由主义的理论基础："我不强调个人主义，不仅因为这个概念时下用得太滥，而且因为个人主义要么不足以表达自由主义的特征，要么会极其褊狭地把自由主义限定为它可能有的许多含义之一。自由主义无疑相信个体和全人类的价值，并且如所周知，将他们理解为各个个人。但是，即使这种所谓抽象的个人概念被去掉——不管这种个人是'占有性的'还是'社会性'的，是社会的创造者还是被社会所创造——自由主义依然是自由主义。"② 确实，自由主义与个人主义没有内在的、必然的联系，自由主义的理论基础绝非个人主义：与其说是个人主义，毋宁说是集体主义，说到底，实为功利主义。

就拿自由主义关于人的自由的价值至高无上的命题来说。每个人的自由当然同样都是至高无上的。然而，遗憾的是，人们的自由往往发生冲突而不可两全。一个人要有深夜引吭高歌的自由，众人就不能有深夜安静睡觉的自由。剥削者要有剥削的自由，被剥削者就不能有不被剥削的自由。

---

① 周辅成编《从文艺复兴到十九世纪资产阶级哲学家政治思想家有关人道主义人性论言论选辑》，商务印书馆1973年版，第34页。

② Giovanni Sartori, *The Theory Democracy Revisited*, New Jersey: Chatham House Publisher, Inc. Chartham, 1987, p. 381.

在这种情况下，无疑应该遵循功利主义原则：应该牺牲一个人的自由而保全若干人的自由，因为一个人的自由的价值必定小于、低于若干人的自由的价值；应该牺牲少数人的自由而保全多数人的自由，因为少数人的自由的价值必定小于、低于多数人的自由的价值；应该牺牲多数人的自由而保全所有人或每个人的自由，因为多数人的自由的价值必定小于、低于所有人或每个人的自由的价值：所有人或每个人的自由的价值至高无上。

可见，在人们的自由发生冲突而不可两全的情况下，只有所有人或每个人的自由的价值才具有至高无上性，而一个人、少数人甚至多数人的自由的价值都并不具有至高无上性。这就蕴涵着：在利益发生冲突不可两全的情况下，只有集体利益具有至高无上性，而一个人、少数人甚至多数人的利益并不具有至高无上性。因为自由无疑是一种利益，属于利益范畴。所有人或每个人的自由，便属于所有人或每个人的利益范畴。问题的关键在于，所谓集体利益，如所周知，也就是所有人或每个人的共同的、根本的利益，属于每个人或所有人的利益范畴。因此，集体利益与每个人或所有人的利益必定完全一致：凡是有利（或有害）集体的，必定有利（或有害）每个人或所有人；凡是有利（或有害）每个人或所有人的，必定有利（或有害）集体。反之，集体利益，就其本性来说，不属于自我利益或少数人利益以及多数人利益范畴。因为集体利益与这些利益既可能一致也可能不一致：有利集体的，却可能有害自我、有害少数人、有害多数人；反之亦然。这样，所有人或每个人的自由的价值至高无上，意味着：所有人或每个人利益的价值至高无上；而所有人或每个人利益的价值至高无上，又意味着：集体利益——集体利益就是所有人或每个人的共同的、根本的利益——的价值至高无上。这不就是集体主义原则吗？

可见，人的自由的价值至高无上，亦即每个人的自由的价值至高无上，意即每个人的利益的价值至高无上，说到底，也就是集体利益的价值至高无上。因此，自由主义的理论基础——人的价值至高无上、人的自我实现的价值至高无上、人的自由的价值至高无上——可以归结为集体主义：集体主义是自由主义的直接理论基础；功利主义则是自由主义的最终理论基础。然而，为何人们大都以为自由主义的理论基础是个人主义呢？这是因为，如所周知，一方面，人们大都以为自由主义的理论基础是个人至高无上（个人价值至高无上、个人自我实现的价值至高无上和个人自由的价值至高无上);另一方面,人们大都以为个人主义就是认为个人至高无上的理论。合而言之,自由主义的理论基础当然就是个人主义了。

但是,这种流行的观点犯有双重错误。一方面,每个人价值至高无上与个人价值至高无上不同,每个人自我实现的价值至高无上与个人自我实现的价值至高无上不同,每个人自由的价值至高无上与个人自由的价值至高无上不同。因为个人与每个人根本不同。个人是相对集体而言的范畴,与集体或社会是对立的,因而固然可以含有每个人和每个自我之意,但是,一般来说,却仅仅是指自我:个人与自我,一般来说,是同一概念。所以,个人与集体或社会的利益既可能一致也可能不一致:有利社会却可能有害个人;有利个人却可能有害社会。反之,每个人或各个人并不是相对集体或社会而言的范畴,恰恰相反,就其本性来说,却属于社会或集体范畴:社会或集体就是每个人或各个人的总和。因此,每个人与社会或集体的利益必定完全一致:凡是有利(或有害)社会的,必定有利(或有害)每个人;凡是有利(或有害)每个人的,必定有利(或有害)社会。因此,个人价值至高无上,意味着集体的价值不具有至高无上性,因而意味着集体主义之否定。反之,每个人的价值至高无上,如上所述,并不否定集体的价值至高无上,相反地,倒蕴涵着集体的价值至高无上,因而蕴涵着集体主义。以为自由主义理论基础是个人主义观点的错误,就在于混淆每个人与个人,从而由自由主义理论基础是每个人价值至高无上之真理,得出错误的结论:自由主义的理论基础是个人价值至高无上,因而集体的价值不具有至高无上性。真可谓差之毫厘而谬以千里也!

另一方面,即使自由主义的理论基础是个人价值至高无上,也不能由此断言自由主义的理论基础是个人主义。因为个人主义是一种道德总原则理论,其真正的或纯粹代表人物颇为罕见,公认的恐怕只有中国古代哲学家杨朱和庄子等道家以及现代西方哲学家尼采、海德格尔、萨特等存在主义论者。这种理论的主要特征,可以归结为三个分命题。第一个命题:每个人的一切行为目的都是为了自我,而根本不存在无私利他的行为目的。杨朱曰:"身者,所为也,天下者,所以为也。"[①] 尼采亦如是说:"忘我

---

[①] 《吕氏春秋·贵生》。

的行为根本没有。"① 第二个命题：道德目的只是为了增进自我利益。杨朱曰："道之真以持身。"萨特亦如是说："价值，就是自我。"② 第三个命题：单纯利己是评价行为善恶的道德总原则。这个总原则被杨朱概括为一句名言："拔一毛而利天下不为也"。萨特用来显示他所主张的道德总原则的《厌恶》主角洛根丁也是这样的一个人："我是孤零零地活着，完全孤零零一个人。我永远也不和任何人谈话。我不收受什么，也不给予什么。"③

因此，个人主义并不是认为个人价值至高无上的理论，而是认为自我价值至高无上的理论：二者根本不同。因为个人纯粹相对集体而言，因而不但有"自我"之意，而且还可能有其他的自我、其他的个人之义：它既可以指自我一个人，也可以指自我之外的其他个人。反之，自我则相对他人和集体而言，只能指称自己一个人。因此，个人与自我属于上位概念与下位概念的关系：自我都是个人，个人却不都是自我：个人可以等于自我加上其他非我的个人。这样，自我价值至高无上，意味着：他人、社会和集体的价值都不具有至高无上性。反之，个人价值至高无上则可能意味着：集体和社会的价值不具有至高无上性，而他人与自我的价值同样都具有至高无上性。这样，个人价值至高无上与自我价值至高无上便是根本不同的。所以，即使由自由主义的理论基础是认为个人价值至高无上，断言自由主义的理论基础是个人主义，也是不能成立的：个人主义并不是认为个人价值至高无上的理论，而只是认为自我价值至高无上的理论。

认为自由主义的理论基础是个人主义，不仅理论上不通，而且事实上也是荒唐的。因为在自由主义多如繁星的公认的代表人物中，恐怕找不到一个真正具有个人主义思想的思想家。试问，哪一个自由主义者会同意个人主义的那些命题？哪一个自由主义者会认为自我价值至高无上？会认为每个人的一切行为目的都是为了自我，而根本不存在无私利他的行为目的？会认为道德目的只是为了增进自我利益？会同意单纯利己是评价行为

---

① 周辅成编：《西方伦理学名著选辑》下卷，商务印书馆1987年版，第815页。
② 萨特：《存在与虚无》，生活·读书·新知三联书店1987年版，第798页。
③ 萨特：《厌恶及其它》，上海译文出版社1987年版，第36页。

善恶的道德总原则？古典自由主义的代表人物，如斯宾诺莎、洛克、弥尔顿、孟德斯鸠、卢梭、潘恩、杰弗逊、汉密尔顿、贡斯当、托克维尔、康德、休谟、柏克、斯密、边沁、穆勒、斯宾塞等，无疑没有一个会同意这些命题。新自由主义的代表人物，如格林、鲍桑葵、布拉德雷、霍布豪斯、杜威等，就更不会同意这些命题了。当代自由主义的代表人物，如哈耶克、弗里德曼、奥克肖特、波普、柏林、罗尔斯、诺齐克、德沃金、布坎南、萨托利等，当然也不会同意这些命题。真的，恐怕再也没有比说康德、布拉德雷、休谟、边沁、穆勒、斯密、斯宾诺莎、斯宾塞是个人主义论者更荒唐更无知更可笑的了。试问，谁见过哪怕只是一个伦理学家说这些人是个人主义论者？

综上可知，自由主义与个人主义，就两者的本性来说，是势不两立的。因为个人主义，就其本性来说，乃是一种认为自我价值至高无上的理论，是一种敌视社会、集体和他人的道德总原则理论，是一种主张出世而隐居或入世而孤独的道德总原则理论，是一种逃离社会和集体的隐士哲学。反之，自由主义，就其本性来说，则是一种社会治理的道德原则的理论，是一种积极入世的理论，是一种爱社会、爱集体和爱他人的人道主义理论，是一种积极建构自由的社会和自由的集体的理论。因此，自由主义，就其本性来说，不可能建立在个人主义的基础上，而只能建立在集体主义的基础上。这恐怕就是为什么找不到一个具有真正的个人主义思想的公认的自由主义代表人物的缘故。

**5. 自由主义的具体实现：自由主义与社会主义**

自由主义与社会主义虽然都是一种社会理论，但二者的研究对象根本不同。自由主义，如上所述，就其完备的、科学的形态来说，乃是一种超所有制与超阶级的社会理论，是一种关于政体——而不是国体——的社会理论，是关于任何历史条件下的一般社会形态的理论，是一种超历史、超时代、超阶级的社会理论，是适用于一切社会的普遍的社会理论。试想，在任何社会——不论是资本主义还是社会主义——自由岂不都是最高价值？岂不都应该是国家制度和治理的最高原则？岂不都应该将自由的法治原则、自由的平等原则、自由的限度原则以及经济自由、政治自由、思想自由等一系列自由原则奉为国家制度和治理最高原则？岂不都应该实现宪政民主？所以，伯恩斯坦说，自由主义是一种"普遍的社会原则"①。反之，社会主义，如所周知，就其完备的、科学的形态来说，则是一种关于生产资料公有制的社会的理论，是关于一种特定的所有制的社会理论，是关于一定历史条件下的具体的社会形态的理论，是关于一种特殊的、具体的社会的理论，因而具有历史性、时代性、阶级性。

自由主义是一般的、普遍的社会理论，因而可以应用和实现于任何具体的、特殊的社会，而与这些具体的、特殊的社会理论结合起来：它可以应用和实现于资本主义社会，与资本主义结合起来，形成资本主义自由主义或资产阶级自由主义；也可以应用和实现于社会主义社会，与社会主义结合起来，形成社会主义自由主义或无产阶级自由主义。自由主义作为一种系统的社会理论，如所周知，诞生于17世纪，最初是与资本主义相结合，是资本主义自由主义、资产阶级自由主义。但是，这并不妨碍它与社会主义结合。因为它与社会主义的关系，和它与资本主义的关系一样，都是普遍理论与具体理论的关系，因而不可能是矛盾的、不相容的：只有关于同一对象的不同理论才可能是矛盾的、不相容的。自由主义不仅可以与社会主义相结合，形成社会主义的自由主义；而且只有社会主义的自由主义，才能够使自由主义原则得到完全的实现：资本主义的自由主义并不能使自由主义原则得到完全实现。最能说明这个道理的，就是自由主义基本原则：经济自由。

按照经济自由原则，经济活动只应由市场机制自行调节，而不应由政府强制指挥，政府的干预应仅限于确立和保障经济规则；而在这些经济规则的范围内，每个人都应该享有完全按照自己意志进行经济活动的自由。这一原则无疑是既适用于私有制社会也适用于公有制社会的普遍原则。但是，它在私有制社会不可能得到完全实现；而只有在公有制社会才可能得到完全实现。因为私有制经济，即使没有政府的强制或指挥，每个人也不可能享有完全按照自己的意志进行经济活动的自由。这是因为，正如斯密所言，私有财产乃是一种权力，是迫使无产者不得不服从的强制的、支配的力量："财富就是权力……财产直接且即刻赋予所有者的权力，是购买

---

① 伯恩斯坦：《社会主义的前提和社会民主党的任务》，生活·读书·新知三联书店1973年版，第200页。

力,是对于市场上各种劳动或劳动产品的某种支配权。这种支配权的大小与他的财产的多少恰成比例;或者说,他能够购买和支配的他人劳动量或他人劳动产品量的大小,与他的财产的多少恰成比例。"① 一句话:"占有巨大的财富就意味着掌握了统治男人、女人和物质的权力。"②

因此,在私有制经济活动中,即使没有政府的指挥或干预,有产者也因其财产而拥有一种迫使无产者不得不服从的强制的、支配的力量:这就是所谓的经济强制。这种力量,正如无数社会主义论者所言,势必一方面使有产者享有剥削无产者的自由;另一方面则使无产者相应丧失不被有产者剥削的自由,从而发生经济异化:"财产所有者可以不受限制地自由支配无财产者的劳动,这是与后者自身对自由的要求直接矛盾的。就整个经济来说,生产资料的私人占有导致由所有的人共同创造的财富不公正地集中在少数生产资料占有者手中,因为利润的使用和工资水平是由他们决定的。对生产资料的纯粹私人占有阻碍对生产和分配实行任何对整体经济负责的调控,因为这种占有只允许财产所有者享有对生产和分配作出决定的权利。"③

这样,在私有制市场经济社会,只有私有者才可能拥有完全的经济自由;而无产者则不可能拥有完全的经济自由:他们势必发生经济异化而不可能拥有不被有产者剥削的经济自由。于是,只有废除私有制、实现社会主义、建立公有制市场经济,每个人才可能获得不被剥削的完全的经济自由,从而使经济自由原则得到完全的实现。所以,迈尔写道:"从早期社会主义者,如法国的傅立叶和圣西门,英国的欧文,德国的魏特林和莫泽斯·赫斯,经过工人运动早期的伟大理论家马克思、恩格斯、拉萨尔和后来的卢森堡,直到世纪之交时期的伯恩斯坦和饶勒斯为止,对于他们来说,指导他们对现实的批判,启发他们制定解释这一现实的理论以及鼓舞他们提出建设新社会的政治纲领的,都是这同一个本源思想,即关于一个自由和平等的人的社会理想。他们统统得出这一结论:只有在政治民主之外再加上对生产资料使用的社会控制以及为整个社会的利益调控经济发展

---

① Adam Smith, *An Inquiry into The Nature And Causes of The Wealth of Nations*, Vol. 1, Clarendon Press. Oxford, 1979, p. 48.
② 拉斯基:《思想的阐释》,贵州人民出版社 2002 年版,第 255 页。
③ 托玛斯·迈尔:《社会民主主义的转型》,北京大学出版社 2001 年版,第 11 页。

和财富分配的时候,这样一个社会才能实现。"①

可见,只有社会主义的自由主义,才能够使自由主义的基本原则得到完全的实现;而资本主义的自由主义并不能使自由主义原则得到完全实现。正如拉斯基所言,这也就是自由主义遭到社会主义攻击的根本原因:"这种攻击的本质是,自由主义理想虽然保证了中产阶级拥有最大可能的特权,但无产阶级却仍然是锁链加身,这么说并非是偏执的强调。社会主义的努力就是为了纠正这个不当的事实。"② 但是,这种攻击并不完全正确。因为这些弊端和局限只是资产阶级自由主义所特有的,而并不是自由主义的弊端和局限。因此,这种攻击如果针对资产阶级自由主义,无疑是正确的;如果针对自由主义,就是不正确的了。拉斯基等社会主义论者的错误就在于将资产阶级自由主义与自由主义完全等同起来,因而由资产阶级自由主义仅仅保障有产者的自由的正确前提,得出错误的结论:自由主义仅仅保障有产者的自由。

自由主义并不仅仅保障有产者的自由。因为自由主义是一种超阶级、超时代、超历史的极其普遍的社会理论,因而不仅可以与资本主义结合,形成资本主义自由主义;也可以与社会主义结合,形成社会主义自由主义;而且自由主义的基本原则只有在社会主义社会才可能得到完全实现。所以,伯恩斯坦一再说:"自由主义在历史上有过打碎中世纪的受束缚的经济及相应的法律制度对于社会的继续发展所加桎梏的任务。它最初获得的固定形态是资产阶级自由主义,这并不妨碍它在事实上表现一个更为深远得多的普遍社会原则,这一原则的完成将是社会主义";"说到作为世界历史性运动的自由主义,那么社会主义不仅就时间顺序来说,而且就精神内容来说,都是它的正统的继承者";"事实上没有任何自由主义思想不属于社会主义的思想内容的"③。

然而,这只是说,只有社会主义才可能完全实现自由主义;而并不是说,社会主义必定能够实现自由主义。因为社会主义是关于一定历史条件下的具体的社会形态的理论,因而可能与各种普遍的社会理论结合起来:

---

① 托玛斯·迈尔:《社会民主主义的转型》,北京大学出版社2001年版,第8页。
② 拉斯基:《思想的阐释》,贵州人民出版社2002年版,第240页。
③ 伯恩斯坦:《社会主义的前提和社会民主党的任务》,生活·读书·新知三联书店1973年版,第200、197、198页。

它既可能与自由主义结合而形成自由主义的社会主义,也可能与极权主义结合而形成极权主义的社会主义。对于这个道理,熊彼特在他那本经过四十年思考与研究而写成的著作中,论述颇丰,并且得出结论说:"一个社会可能是完全和真正的社会主义,但仍受一个专制统治者的领导,或者以所有可能方法中最民主的方法组织起来。"① 世界各国的社会主义实践则表明:生产力不发达的社会主义更容易与极权主义结合,而不是与自由主义结合。

但是,哈耶克由此断言社会主义是"通往奴役之路",显然是错误的。社会主义并不必定通往奴役;正如它并不必定通往自由一样。社会主义可能选择专制政体,也可能选择民主政体;可能选择自由主义及其宪政民主,从而实现自由主义的社会主义,也可能违背自由主义及其宪政民主而选择极权主义,沦为极权主义的社会主义。这是社会主义者所应该记取的最为惨痛的教训:社会主义如果不与自由主义相结合,必定与极权主义相结合。因此,社会主义必须与自由主义结合起来:纯粹的自由主义或纯粹的社会主义都是片面的真理,而只有自由主义的社会主义与社会主义的自由主义才是全面真理。

---

① 约瑟夫·熊彼特:《资本主义、社会主义与民主》,商务印书馆1999年版,第262页。

# 上篇总结　国家制度价值标准体系

## 一　二十六条价值标准：国家制度价值标准体系

国家制度价值标准，总而观之，可以归结为 22 条：

1. 增减每个人利益总量：在任何情况下都应该遵循的国家制度与国家治理终极价值标准。

2. 无害一人地增加利益总量：利益不发生冲突或可以两全情况下的国家制度与国家治理终极价值分标准。

3. 最大利益净余额：利益发生冲突而不能两全情况下的国家制度与国家治理终极价值分标准。

4. 最大多数人的最大利益：多数人与少数人之间发生利益冲突而不能两全情况下的国家制度与国家治理终极价值分标准。

以上 4 条属于国家治理和国家制度终极价值标准：增减每个人利益总量。下面 8 条原则属于国家制度与国家治理根本价值标准：公正。

5. 公正总原则：等利害交换。

6. 公正根本原则：权利与义务应该相等，亦即一个人所享有的权利应该等于他所负有的义务；而他所行使的权利则应该至多等于他所履行的义务。

7. 贡献原则，亦即社会根本公正实在原则：社会分配给一个人的权利应该与他的贡献成正比而与他的义务相等。

8. 德才原则，亦即社会根本公正潜在原则：社会应该用人如器，根据每个人所具有的品德与才能的性质而分配与其相应的职务等权利。

如果运用这些社会公正原则解决每个人的各种具体权利的分配问题，那么，便不难从中推导出如下4个社会公正分原则，亦即四大平等原则。

9. 平等总原则：一方面，每个人因其最基本的贡献完全平等——每个人都同样是缔结、创建社会的一个股东——而应该完全平等地享有基本权利、完全平等地享有人权（这是完全平等）；另一方面，每个人因其具体贡献的不平等而应享有相应不平等的非基本权利、非人权权利，也就是说，人们所享有的非基本权利、非人权权利与自己所作出的具体贡献的比例应该完全平等（这是比例平等）。

10. 政治平等原则：一方面，每个人不论具体政治贡献如何，都应该完全平等地享有政治自由，亦即完全平等地共同执掌国家最高权力从而完全平等地共同决定国家政治命运；另一方面，每个人又因其具体政治贡献（政治才能+道德品质）的不平等而应该担任相应不平等的政治职务，从而使每个人所担任的政治职务的不平等与自己的政治贡献（政治才能+道德品质）的不平等的比例完全平等。

11. 经济平等原则：一方面，每个人不论劳动多少、贡献如何，都应该按人类基本物质需要完全平等地分享基本经济权利（即按需分配）。另一方面，在私有制社会，应该按照每个人所提供的生产要素的边际产品价值，而分配给他含有等量交换价值的非基本经济权利，以便使每个人所享有的非基本经济权利的不平等，与自己所贡献的生产要素的边际产品价值不平等的比例，完全平等（即按生产要素分配）；在公有制社会，则应按每个人所贡献的社会必要劳动时间，而分配给他含有同量社会必要劳动时间的非基本经济权利，以便使每个人所享有的非基本经济权利的不平等与自己所贡献的社会必要劳动时间的不平等的比例，完全平等（即按劳分配）。

12. 机会平等原则：政府所提供的发展才德、作出贡献、竞争职务和地位以及权力和财富等非基本权利的机会，是全社会每个人的基本权利，是全社会每个人的人权，应该人人完全平等。反之，家庭、天赋、运气等非社会所提供的机会，则是幸运者的个人权利，无论如何不平等，他人都无权干涉；但幸运者利用较多机会所创获的较多权利，却因较多地利用了共同资源"社会合作"而应补偿给机会较少者以相应权利。

以上 8 条公正和平等原则构成国家制度与国家治理根本价值标准体系；下面 14 条人道、自由和异化原则构成国家制度与国家治理最高价值标准体系：

13. 广义的人道总原则：把人当人看（视人本身为最高价值而把任何人都首先当作人来善待的行为）。

14. 狭义的人道总原则：使人成为人（视人本身的自我实现为最高价值而使人实现自己的潜能，从而成为可能成为的最有价值的人的行为）。

15. 人道正面根本原则："使人自由"。该原则具体表现为以下 5 个原则：

16. 自由法治原则：一个国家的任何强制，都必须符合该国家的法律和道德；该国家的所有法律和道德，都必须直接或间接得到全体成员的同意。

17. 自由平等原则：人人应该平等地享有自由：在自由面前人人平等；人人应该平等地服从强制：在法律面前人人平等。

18. 自由限度原则：一个国家的强制，应该保持在该国家的存在所必需的最低限度；该国家的自由，应该广泛到这个国家的存在所能容许的最大限度。

19. 政治自由原则：一个国家的政治，应该直接或间接地得到全体成员的同意，应该直接或间接地按照每个成员自己的意志进行，说到底，应该按照被统治者自己的意志进行。

20. 经济自由原则：经济活动应由市场机制自行调节，而不应由政府强制指挥，政府的干预应仅限于确立和保障经济规则；而在这些经济规则的范围内，每个人都应该享有完全按照自己的意志进行经济活动的自由，都享有完全按照自己的意志进行生产、分配、交换和消费等经济活动的自由。

21. 思想自由原则：每个社会成员都应该享有创获与传达任何思想的自由。或者说，每个社会成员创获与传达任何思想都不应该被禁止。说到底，言论与出版应该完全自由而不应该受到任何限制。

22. 人道负面根本原则："消除异化"。该原则具体表现为以下 4 个原则：

23. 经济异化原则：经济异化起因于人身占有、人身依附等非经济强制和私有财产、经济权力垄断等经济强制；所以其消除可以归结为三个原则：一是消除人身占有、二是消除人身依附、三是消除私有制。

24. 政治异化原则：政治异化源于非民主制的政治权力垄断。因为非民主制意味着政治权力皆为官吏阶级垄断，而庶民阶级则毫无政治权力；因而只有官吏阶级才能享有政治自由，而庶民阶级则只能处于政治异化状态。因此，消除政治异化的原则是实现民主；只有实行民主，全体公民才因共同执掌最高权力而消除政治权力垄断，从而享有政治自由而避免政治异化。

25. 社会异化原则：社会异化源于社会之非法治、不民主、无人权和个人之缺乏自我实现的热烈追求，所以其消除原则是：创造法治、民主、人权的社会和培养热烈追求自我实现的个人。

26. 宗教异化原则：宗教异化一方面源于人们的情感渴求：神灵的信仰是人们摆脱在现实社会无法摆脱的苦难的手段；另一方面则源于人们的理智迷信：神灵的信仰是人们对于梦幻、死亡、命运等错误认识的结果。所以，宗教异化的消除便可以归结为四大原则：一是发展科学，破除引发神灵信仰的理智迷信；二是正确对待死亡，避免引发神灵信仰的死亡恐惧；三是提高生产力，消除导致神灵信仰的自然压迫；四是消除经济异化和政治异化以及社会异化，摆脱造成神灵信仰的社会苦难。

从这些价值标准可以看出，它们有一个极其重要的共同点：它们不但都是国民应该如何相互善待的道德原则；而且，更重要的，它们都是社会和国家的统治者应该如何治理的道德原则，都是国家治理和国家制度好坏的价值标准。诚然，被统治者也有个如何公正与人道地善待他人的问题，也有个在道德规范发生冲突时如何运用道德终极标准的问题。但是，主要讲来，它们只是约束统治者而不是约束被统治者的道德，只是国家治理和国家制度好坏的价值标准。

因为道德终极标准主要是增减全社会和每个人利益总量、最大多数人最大利益、无害一人地增进社会利益总量：这些岂不主要是规范社会治理和国家制度的价值标准吗？公正的主要原则是社会公正，是社会对于每个人的权利与义务的分配的公正：能够对每个人的权利与义务进行分配的岂不只是社会的统治者、国家治理者和国家制度吗？平等的全部原则不过是社会公正原则的推演，不过是社会对于每个人的比较具体的权利（基本权利、非基本权利、政治权利、经济权利、机会权利）的分配的公正：能够对每个人的这些权利进行分配的岂不也仅仅是社会的统治者、国家治理者和国家制度吗？人道的主要原则是应该和怎样使人自我实现，是使人自由和消除异化：这些岂不也都仅仅是统治者的行为吗？所以，增减每个人利益总量、公正、平等、人道和自由看似任意排列，实为一有机整体：它们构成了统治者应该如何进行国家治理和国家制度应该如何制定的价值标准的体系：增减每个人利益总量——特别是最大多数人最大利益和无害一人地增进利益总量——是国家治理和国家制度应该如何的终极价值标准；公正——特别是平等——诸原则是国家治理和国家制度应该如何的最基本且最重要的价值标准；人道——主要是自由——诸原则是国家治理和国家制度应该如何的最高且最完美的价值标准。

## 二 国家制度价值标准发生冲突的取舍原则

增减每个人利益总量——特别是最大多数人最大利益和无害一人地增进利益总量——4条标准是国家治理和国家制度应该如何的终极价值标准；公正——特别是平等——8条标准是国家治理和国家制度应该如何的基本价值标准；人道——主要是自由——14条标准是国家治理和国家制度应该如何的最高价值标准：这三大系列26条标准融合起来，便构成了国家治理和国家制度应该如何的价值标准体系。但是，正如伯林所言，这些价值标准有时可能发生冲突而不能两全："并非所有的善都相容一致，人类的全部理想就更难完全相容。"[①] 那么，在这种情况下，应该如何取舍？

究竟言之，最终无疑应该诉诸国家制度终极价值标准，特别是最大利益净余额。按照这一标准，如前所述，应该保全和遵循价值较大的价值标准，而牺牲和违背价值较小的价值标准，从而使价值净余额达到最大化。可是，公正、平等与人道、自由究竟何者的价值大呢？最重要的东西的价

---

① Isaiah Berlin, *Four Essay on Liberty*, Oxford University Press, Oxford New York, 1969, p. 165.

值，无疑是最大的。因此，公正和平等是社会治理的最重要的价值标准，便意味着，公正和平等的价值大于人道和自由的价值，因而当二者发生冲突而不能两全时，应该牺牲人道和自由而保全公正和平等，亦即应该违背人道和自由原则而遵循公正和平等原则：公正和平等对于人道和自由来说，具有神圣不可侵犯性的绝对优先性。

首先，我们考察公正与人道的冲突。试以按需分配为例。真正讲来，按需分配只应该实行于以爱为基本联系的社会，而不应该实行于以利益为基本联系的社会。因为，如果一个社会，比如家庭，它的成员相互间的基本联系是爱，而不是各自的利益，那么，该社会的成员便都不会计较利益得失，而会心甘情愿按需分配。这样，虽然按照公正原则，贡献较多者的所得应该较多，而贡献较少者的所得应该较少；但是，在家庭中，贡献多而需要少者分有较少权利，而贡献少需要多者分有较多权利，并不是不公正，并没有违背公正原则。因为在家庭中，贡献多而需要少者，是出于对贡献少而需要多者的爱，而完全自愿按需分配，因而也就是自愿把自己按照公正原则所应多得的权利转让、馈赠给了贡献少而需要多者。所以，按需分配如果实行于以爱为基础的社会，虽然不是公正的，但也不是不公正的：它是一个高于公正、超越公正因而无所谓公正不公正的仁爱原则、人道原则。这就是按需分配的人道原则应该实行于以爱为基本联系的社会的依据：它并不违背公正原则。

然而，如果一个社会，比如某工厂，它的全体成员的基本联系是各自的利益，而不是相互间的爱，那么，该社会的成员便会计较利益得失。因此，贡献较多而需要较少者，也就不会把自己按照公正原则所应分有的较多权利，自愿转让、馈赠给贡献较少而需要较多者。于是，如果实行按需分配，便是对贡献多而需要少者的按照公正原则所应多得的权利的强行剥夺，便违背了公正原则，是不公正的。这样，按需分配的人道原则便与公正原则发生了冲突。在这种情况下应该怎么办？显然应该违背人道原则而放弃按需分配，从而遵循按贡献分配的公正原则。这就是按需分配之人道原则不应该实行于以利益为基本联系的社会的依据：它违背了公正原则，是不公正的。

可见，遵循人道原则是以不违背公正原则为条件的：只有当其不违背公正原则时，才应该遵循；而当其违背公正原则时，则应该牺牲人道原则而遵循公正原则。这就是说，当人道与公正发生冲突不能两全时，应该违背人道原则而遵循公正原则。公正原则的这种神圣不可侵犯性的优先性，在它与自由原则发生冲突时，就更加明显了。因为公正显然是纯粹的善原则：符合公正原则的行为，必定是应该的、善的、好的，必定具有正价值。同样，平等原则也是如此。当然，平等未必是善的、公正的、应该的。但是，平等原则，如前所述，与平等根本不同：平等原则是最重要的公正原则。因此，平等原则也是纯粹的善原则：符合平等原则的行为，必定是善的、应该的，必定具有正价值。

相反地，自由原则并不是纯粹的善原则，而可能是善也可能是恶，但净余额是极其巨大的善的原则。因为自由的行为或符合自由原则的行为，未必是应该的，未必具有正价值。恰恰相反，杀人、放火、奸淫、抢劫等数不胜数的罪恶，无疑都可能是自由的结果。因此，罗兰夫人当年感叹道："自由啊自由，多少罪恶假汝以行！"。这是因为，所谓自由，如前所述，亦即没有外在障碍因而能够按照自己的意志进行的行为。按照自己意志进行的行为或自由的行为，无疑既可能符合善原则，从而是善的、应该的；也可能违背善原则，从而是恶的、不应该的。然而，无论自由或符合自由原则的行为可能造成的罪恶或负道德价值是何等严重和众多，也都只是局部的、暂时的、非根本的，而它的正道德价值则是根本的、长久的、全局的。因为，如上所述，自由乃是每个人的创造性潜能得到实现和社会繁荣进步的最根本的必要条件：自由具有最高价值。于是，自由的行为或符合自由原则的行为的净余额，便是极其巨大的善了。这就是自由为什么被确立为社会治理最高道德原则的缘故。

然而，能否由此——自由是社会治理最高道德原则——便断言自由不受其他任何价值标准限制，而只受更大的自由限制？阿克顿的回答是肯定的："自由乃至高无上之法律。它只受更大的自由的限制。"[①] 这一次是阿克顿错了。因为自由原则所倡导的自由，无疑是无害他人、符合善原则的自由，是善的、应该的自由；而不是有害他人、违背善原则的自由，不是恶的、不应该的自由：只有符合善原则的行为方可自由，而违背善原则的行为则不可自由。一句话，所谓自由原则，只是给人以无害他人、符合善

---

[①] 阿克顿：《自由与权力》，商务印书馆2001年版，第310页。

原则的行为之自由。

因此,自由原则之为价值标准——亦即自由原则之为社会治理的最高价值标准——完全是以接受善和公正等价值标准的限制为前提的,是以符合这些价值标准为前提的:只要自由或自由原则受到其他价值标准——特别是善和公正原则——的限制,从而符合善和公正等价值标准,那么,自由或自由原则就是纯粹的善了。这一道理,至为明显,以致自由主义大师贡斯当也承认,公共意志、人民主权或政治自由原则必须受到公正原则的限制:"人民主权并非不受限制;相反,它应被约束在正义和个人权利所限定的范围之内。即使全体人民的意志也不可能把非正义变成正义。"①这样一来,当自由原则与公正原则或平等原则发生冲突不能两全时,显然应该违背自由原则而遵循公正或平等价值标准:公正与平等原则对于自由原则具有绝对的优先性。举例说:

按照自由原则,一个社会的任何强制——特别是对于每个人的权利与义务的分配——必须直接或间接得到全体成员的同意。按照公正原则,社会应该任人唯贤,根据每个人所具有的品德与才能而分配与其相应的职务等权利。一般说来,这两个原则当然是一致的。但是,全体成员同意的,未必就是公正的:公共意志有时可能是不公正的。可以设想,有一个社会的全体成员一致同意制定这样一个原则:所有长官的任免均由财产的多少决定。如果照此行事,无疑符合自由原则,却违背了"任人唯贤"的公正原则:自由原则与公正原则发生了冲突。在这种情况下,应该怎么办呢?显然不应该按照财产而应该任人唯贤,亦即应该违背自由原则而遵循公正原则:公正原则对于自由原则具有绝对的优先性。平等原则——平等原则是最重要的公正原则——对于自由原则当然也具有同样的绝对优先性,试以经济平等原则与经济自由原则的冲突为例:

按照经济平等原则,一方面,每个人不论劳动多少、贡献如何,都应该完全平等地分享基本经济权利(亦即经济人权);另一方面,则应按每个人所贡献的社会必要劳动时间,而分配给他含有同量社会必要劳动时间的非基本经济权利(亦即非人权经济权利),以便使每个人所享有的非基

---

① 贡斯当:《古代人的自由与现代人的自由》,商务印书馆1999年版,第63页。

本经济权利的不平等与自己所贡献的社会必要劳动时间的不平等的比例，完全平等。按照经济自由原则，经济活动应由市场机制自行调节，而不应由政府强制指挥，政府的干预应仅限于确立和保障经济规则；而在这些经济规则的范围内，每个人都应该享有完全按照自己的意志进行经济活动的自由，都享有完全按照自己的意志进行生产、分配、交换和消费等经济活动的自由。

一般说来，这两个原则当然是一致的。但是，如果强者的经济自由剥夺了那些运气不好的弱者的经济人权，那么，这种剥夺虽符合经济自由原则，却违背经济平等原则：经济自由原则与经济平等原则发生了冲突。在这种情况下，应该怎么办呢？显然应该牺牲经济自由原则而保全经济平等原则，亦即应该由政府干预和限制强者的经济自由——确立和保障经济规则的活动属于政府应该干预的领域——通过个人所得税等而从强者的收入中拿出一部分补偿给弱者，从而使人们遵循经济平等原则，做到每个人完全平等地分享基本经济权利：平等原则对于自由原则具有优先性。平等原则对于自由原则所具有的这种优先性，在政治平等原则与政治自由原则的冲突中表现得更为复杂和曲折：

按照政治平等原则，每个公民应该完全平等地享有政治自由权利，亦即完全平等地享有共同执掌国家最高权力的权利，从而完全平等地享有共同决定国家政治命运的权利。按照政治自由原则，一个社会的政治，应该直接或间接得到每个公民的同意，应该直接或间接按照每个社会成员自己的意志进行，说到底，应该按照被统治者自己的意志进行。这两个原则显然是一致的。但是，正如托克维尔所言，多数公民可能滥用权力，从而导致对于少数公民的暴政。那么，按照多数公民的意志而实施对于少数公民的暴政，虽符合政治自由原则，却违背政治平等原则：政治自由原则与政治平等原则发生了冲突。在这种情况下，应该怎么办呢？显然应该牺牲政治自由原则而保全政治平等原则，亦即应该违背多数公民的意志、废除对于少数公民的暴政，从而遵循政治平等原则，做到每个人完全平等地享有共同执掌国家最高权力的权利：平等原则（亦即所谓权利原则）对于自由原则具有绝对的优先性。

因此，自由主义大师伯林在论及多数的暴政时写道："唯有权利——而不是权力——才可以被当作绝对的东西。这样，所有的人才拥有绝对的权利拒绝从事非人的行为，而不论他们是被什么权力所统治。"①　就自由主义宪政思想传统来看，宪法的权利法案所体现和遵循的，也是这种权利原则——亦即平等原则——对于政治自由原则的绝对优先性："权利法案的真正宗旨，就是要把某些事项从变幻莫测的政治纷争中撤出，将其置于多数派和官员们所能及的范围之外，并将其确立为由法院来适用的法律原则。人的生命权、自由权、财产权、言论自由权、出版自由、信仰和集会自由以及其他基本权利，不可以受制于投票：它们不依赖于任何选举之结果。"②

然而，最能显示平等原则对于自由原则优先性同时也最令人困惑的，乃是波普所谓的"自由悖论"。这种悖论，在波谱看来，首先由柏拉图成功地用来反对自由和民主原则："柏拉图在批评民主以及他对僭主的出现的叙述中，暗含地提出了如下问题：如果人民的意志是他们不应该执行统治，而应该由一个僭主来统治，这又如何呢？柏拉图提示，自由的人可以行使他的绝对自由，起先是蔑视法律，最后是蔑视自由本身，并吵吵嚷嚷地要求一个僭主。这并非完全不可能，而且已经发生过多次了；而每次出现都使那些把多数或类似的统治原则为政治信条的基础的民主派处在理亏的境地。"③

柏拉图的这种自由悖论，果然如波普所言，成功地否定了民主的原则——亦即政治自由原则——吗？当然没有。自由悖论只是表明：当政治自由原则与政治平等原则发生冲突时，应该否定政治自由原则而遵循政治平等原则。因为，如果像柏拉图所说的那样，发生了所谓自由悖论，亦即一个国家的多数公民的意志竟然是推举一个僭主，委托他进行专制统治，那么，按照多数公民的意志而由这个僭主进行专制统治，虽符合政治自由原则，却违背政治平等原则：政治自由原则与政治平等原则发生了冲突。在这种情况下，应该怎么办呢？显然应该牺牲政治自由原则而保全政治平等原则，亦即应该违背多数公民的意志、废除僭主专制而遵循政治平等原则，从而做到每个人完全平等地共同执掌国家最高权力：政治平等原则对

---

① Isaiah Berlin, *Four Essay on Liberty*, Oxford University Press, Oxford New York, 1969, p. 165.
② 埃尔斯特：《宪政与民主》，生活·读书·新知三联书店1997年版，第224页。
③ 波普：《开放的社会及其敌人》，山西高校联合出版社1992年版，第130页。

于政治自由原则具有优先性。

可见，公正和平等既是国家制度和治理的最重要的价值标准，又是纯粹的善原则。反之，人道与自由虽然是国家制度和治理的最高价值标准，却不是最重要的价值标准；并且，自由原则是兼有善恶而只是净余额为善的原则：自由原则之为纯粹的善原则，是以符合公正和平等诸价值标准为前提的。因此，当公正、平等与自由、人道发生冲突而不能两全时，应该违背人道和自由原则而遵循公正和平等原则：公正与平等原则对于自由与人道原则具有绝对的优先性。所以，自由主义论者罗尔斯也这样写道："公正是社会制度的首要善，正如真理是思想体系的首要善一样。一种理论，无论多么高尚和简洁，只要它不真实，就必须拒绝或修正；同样，某些法律和制度，无论怎样高效和得当，只要它们不公正，就必须改造或废除。每个人都享有一种基于公正的不可侵犯性，这种不可侵犯性即使是社会全体的幸福也不得逾越。"①

然而，公正与平等并非对于任何价值标准都具有绝对的优先性；对于任何价值标准都具有绝对优先性的价值标准只能是国家制度终极标准。因为国家制度终极标准之为终极标准，就在于它是在任何条件下都应该遵守的绝对标准。这意味着：任何标准如果与国家制度终极标准发生冲突，都应该牺牲该标准，而遵循和保全国家制度终极标准。因此，当公正或平等原则与国家制度终极标准发生冲突而不能两全时，便应该牺牲公正与平等，而遵循和保全国家制度终极标准：国家制度终极标准是解决国家制度价值标准发生冲突的最终取舍原则。

就拿那个著名的理想实验"惩罚无辜"来说吧。按照这个理想实验，法官明知一个人无辜，但如果遵循公正原则，从而不惩罚和宣判这个无辜者死刑，一定要发生一场必有数百人丧命的全城大骚乱；如果违背公正原则，从而惩罚和宣判这个无辜者死刑，就可以避免那场必有数百人丧命的全城大骚乱。法官应该怎么办？显然应该惩罚无辜。诚然，按照公正原则，善有善报，恶有恶报，因而应该惩罚罪犯，而不应该惩罚无辜：惩罚无辜是不公正、非正义的。因此，如果遵循公正原则，就不应该惩罚无

---

① John Rawls: *A Theory of Justice* (Revised Edition), The Belknap Press of Harvard University Press Cambridge, Massachusetts, 2000, p.3.

辜，不应该宣判这个无辜者死刑。可是，这样做却是不应该的。

因为遵循公正原则而保全一个无辜者的生命，却必定牺牲数百人的生命，净余额是负价值，因而违背了最大利益净余额的国家制度终极标准。反之，违背公正原则牺牲一个无辜者的生命，却能够保全数百无辜者的生命，净余额是正价值，因而符合最大利益净余额的终极标准。这样一来，公正原则与国家制度终极标准便发生冲突而不能两全。应该怎么办？显然应该违背公正原则而惩罚无辜，从而遵循最大利益净余额的国家制度终极标准，保全数百无辜者的生命。因为任何价值标准与国家制度终极标准发生冲突都应该被放弃，而只应该遵循国家制度终极标准：国家制度终极标准对于任何价值标准都具有绝对的优先性。

罗尔斯等众多思想家反对功利主义的理由，真正讲来，无非是因为遵循功利主义必然导致非正义。[1] 殊不知，功利主义和义务论虽然相反，却同样是关于道德终极标准（道德终极标准与国家制度价值终极标准是同一概念）的理论，因而必定同样必然导致非正义。因为只要正义与道德终极标准——不论是功利主义道德终极标准还是义务论道德终极标准——发生冲突，就应该违背正义而遵循道德终极标准。否则，如果遵循正义而违背道德终极标准，那么，道德终极标准也就不是在任何条件下都应该遵循的道德标准，因而也就不称其为道德终极标准了。因此，不论是功利主义还是义务论的道德终极标准，只要它是道德终极标准，就必定导致非正义——当然是在正义与道德终极标准发生冲突而不能两全的条件下。

遵循功利主义和义务论的道德终极标准不但可能导致非正义，而且可能导致不平等、非人道、不自由、不诚实、不谦虚、不自尊、不勇敢等。一句话，不论是公正和平等，还是人道和自由，总而言之，任何道德原则、道德规范，只要与道德终极标准发生冲突都应该被否定、被违背和被牺牲，都必死无疑！这样一来，遵循功利主义或义务论道德终极标准何止必定导致非正义？岂不必定导致违背和否定所有道德规范——当然是在它们与道德终极标准发生冲突而不能两全的条件下！

遵循功利主义或义务论道德终极标准势必导致非正义，甚至势必导致

---

[1] John Rawls: *A Theory of Justice* (Revised Edition), The Belknap Press of Harvard University Press Cambridge, Massachusetts, 2000, p. 20.

违背和否定所有道德规范。但是，这种非正义、不道德和不应该，仅仅是行为的局部的、部分的性质，而不是行为的全局的、整体的性质。就行为的整体和全局性质来说，却不是非正义和不应该的，而是应该的和善的。因为惩罚无辜等固然是非正义、不应该和恶的，却能够避免更大的非正义和恶，净余额是正价值，符合最大利益净余额道德终极标准，因而就行为整体和全局的性质来说是应该的和善的。既然是应该的和善的，就绝不会是非正义的，因为非正义属于不应该和恶的行为范畴；正义属于善、应该的行为范畴。

这样一来，惩罚无辜等非正义的行为，仅仅就其局部和部分性质来说，才是非正义、不应该和恶的；而就其全局和整体性质来说，却是善的和应该的。整体大于部分，全局大于局部。因此，遵循道德终极标准所必然导致的惩罚无辜等违背正义、平等、人道和自由以及所有道德规范的行为，统统属于善的、应该的行为，而绝不属于恶的、不应该的行为：它们都是为了遵循更重要的道德终极标准不得已而为之的必要的牺牲。当然也不能由此说惩罚无辜等是正义的、公正的：它们仅仅是应该的和善的，而无所谓正义不正义、公正不公正。

# 中 篇

民主与非民主制国家制度之价值：
基于政体不同的四种国家之价值

# 导论　评价民主制与非民主制
# 国家制度的科学方法

**导论提要**

　　国家制度与国家治理是根本一致的。国家制度是大体，是决定性的、根本性的和全局性的；国家治理是小体，是被决定的、非根本的和非全局性的。国家制度的优劣好坏决定国家治理优劣好坏；国家治理的优劣好坏表现国家制度的优劣好坏。如果一个国家的国家治理活动出了问题、错误、恶劣和罪恶，就表明国家制度存在缺陷，就可以归咎于国家制度存在缺陷、恶劣和罪恶。真正堪称好的、优良的国家制度，一定是这样的制度，在这种制度下，就是坏的和恶的国家统治者也只能做好事，而无法为非作歹。

## 一　民主与专制：民主与非民主制价值评估之核心

　　不难看出，衡量以政体为划分根据的四种国家——民主共和制国家、寡头共和制国家、有限君主制国家和专制君主制国家——的价值，主要是衡量民主与专制两种国家的价值。这不仅因为民主与专制是主要的国家类型，而且更重要的是因为这四种国家类型的划分根据，乃是执掌最高权力的公民人数：民主或民主共和是多数公民或所有公民平等地共同执掌最高权力；寡头、寡头共和或贵族共和是少数公民平等地共同执掌最高权力；专制、君主专制或无限君主制是一个公民独掌最高权力；有限君主制或分权君主制是一人为主而与其他公民共同执掌最高权力，是一个公民受到其他公民及其组织限制地执掌最高权力。这样一来，四种国家的价值便完全决定于执掌最高权力的公民人数，因而必定围绕执掌最高权力的公民人数的两极——全体公民与一个公民——而上下波动。因此，说到底，四种国家的价值必定围绕民主的价值与专制的价值——民主与专制是四种国家的两个极端——而上下波动。

因此，只要确定了民主和专制的价值，介于其间的两种国家——寡头共和制与有限君主制——的价值也就迎刃而解：越是接近民主，岂不就越接近具有民主的价值？越是背离民主岂不就越接近具有专制的价值？如果民主具有什么价值，相应地，寡头共和制的价值必定次之，有限君主制更次之；如果专制具有什么价值，有限君主制必定次之，寡头更次之。因此，柏拉图说："有两种典型的国家形式，其他国家形式可以说都是从这两种典型推演而来；我们称一种为君主制，称另一种为民主制；波斯体现了前一种类型，雅典体现了后一种类型。我可以这样说，所有其他国家，都是不同程度地按照这两种形式构成的。"①

波普也这样写道："只存在两种政府制度：规定不流血的政府更迭的，和没有规定这种更迭的。但是，如果政府不流血就不能更迭，那么在大多数情况下，这种政府就不会被替换。我们不必在语词上争论不休，我们也不必在像'民主政体'这个词的真正的或根本的意义这种假问题上争论不休。对这两种类型政府，你高兴怎么叫都可以。我个人喜好称那种不用暴力即可推翻的政府为'民主政体'，另一种则叫'专制政体'。"②

## 二 制度与治理：民主与非民主制价值科学评估之对象

综观先贤评估某种国家制度，不论民主还是专制，大都不免将国家制度和国家治理混淆起来。所谓国家制度，就是民主制、君主制和寡头制等国家制度，波普称之为"建构的因素"；所谓国家治理，就是在某种国家制度中统治者的治理活动，波普称之为"人的因素"。波普发现，民主的

---

① 《西方法律思想史资料选编》，北京大学出版社1983年版，第22页。
② 波普：《猜想与反驳》，上海译文出版社1988年版，第491页。

批评者犯了一个错误，就是将民主制国家中统治者的治理活动的缺点（人的因素）归咎于民主（建构因素）："在一个社会中，人的因素和建构的因素之间的区别，是民主的批评者们往往忽略的问题……把某民主国家的政治缺点归咎于民主是不对的。我们倒应该归咎于自己，即归咎于这个民主国家的公民。"① 波普此见能成立吗？

答案是否定的。因为国家制度与国家治理——亦即建构因素与人的因素——是根本一致的。国家制度或所谓建构因素是大体，是决定性的、根本性的和全局性的；国家治理或所谓人的因素是小体，是被决定的、非根本的和非全局性的。国家制度的优劣好坏决定国家治理的优劣好坏；国家治理的优劣好坏表现国家制度的优劣好坏。因此，邓小平说："制度好可以使坏人无法任意横行，制度不好可以使好人无法充分做好事，甚至会走向反面。即使像毛泽东同志这样伟大的人物，也受到一些不好的制度的严重影响，以至于对党对国家对他个人都造成了很大的不幸——不是说个人没有责任，而是说领导制度、组织制度问题更带有根本性、全局性、稳定性和长期性。"②

因此，如果一个国家的国家治理活动出了问题、错误、恶劣和罪恶，就表明国家制度存在缺陷，就可以归咎于国家制度存在缺陷、恶劣和罪恶。真正堪称好的、优良的国家制度，一定是这样的制度，在这种制度下，就是坏的和恶的国家统治者也只能做好事，而无法为非作歹。休谟的"无赖假设"讲的也是这个道理："许多政论家已经将下述主张定为一条格言：在设计任何政府体制和确定该体制中的若干制约、监控机构时，必须把每个成员都设想为无赖之徒，并设想他的一切作为都是为了谋取私利，别无其他目标。我们必须利用这种个人利害来控制他，并使他与公益合作，尽管他本来贪得无厌，野心很大。不这样的话，他们就会说，夸耀任何政府体制的优越性都会成为无益的空谈，而且最终会发现我们的自由或财产除了依靠统治者的善心，别无保障，也就是说根本没有什么保障。因此，必须把每个人都设想为无赖之徒确实是条正确的政治格言。"③

---

① 波普：《开放的社会及其敌人》，山西高校联合出版社1992年版，第134页。
② 《邓小平文选》第二卷，人民出版社1994年版，第333页。
③ 刘军宁编：《民主二十讲》，中国青年出版社2008年版，第40页。

确实，好的、优良的国家制度一定是使坏的、恶劣的统治者也无法作恶的国家制度；相反地，坏的、恶劣的国家制度一定是使好的、贤达的统治者也无法不作恶的国家制度。试想，在一个专制的国家里，即使专制者能够像柏拉图所说的"哲学王"那样的贤达，他有可能不剥夺全体公民的政治自由和政治平等的权利吗？他有可能不剥夺全体公民原本神圣不可侵犯的人权吗？他有可能不使国民丧失人权和免于政治被奴役吗？显然不可能。否则，他就不是独掌国家最高权力，他就不是专制者了。因此，国家制度与国家治理乃是一枚硬币的两面：制度是内容和实质；治理是形式和现象。这样一来，评估任何一种国家制度，既不应该像以往批评家那样混淆制度与治理；也不应该像波普那样，将治理或人的因素看成与制度或建构根本不同的东西；而应该既看制度又看治理，二者不可偏废。

## 三 公正与人道以及道德终极标准：民主与非民主制价值评估之标准

评估四种国家的价值的关键是民主与专制的价值；而评估民主与专制的价值的关键则是民主：民主制度与民主治理。因为专制的价值显然远不如民主的价值复杂。柯尔说："在我们这个时代，几乎人人都偏爱民主政治。几乎每一个人都是'民主主义者'，各种各样的社会制度和学说都借民主政治的名义来维护。"[①] 柯尔此言，似言今日。然而，这却是他1920年——亦即民主化第一次浪潮末期——出版的《社会学说》里面的话。那时，世界上不过30几个民主国家。二战之后，出现了民主化第二次浪潮，到20世纪60年代末，世界上约有三分之一国家成为民主国家。1974年的葡萄牙的"尉官运动"拉开了第三次民主化浪潮的序幕。今天，世界上约有60%以上的国家是民主国家，真可谓：民主潮流，浩浩荡荡，顺之者昌，逆之者亡。

然而，这一事实正应了列宁所喜爱的歌德的那句名言：理论是暗淡的，而生活之树是长青的。姑且不说全人类在其历史的百分之九十九以上的时间里都生活于民主制——历经二、三百万年的原始社会实行的无疑是

---

[①] 柯尔：《社会学说》，商务印书馆1960年版，第67页。

民主制——就是自梭伦和伯里克利所开创的古希腊民主制以来,民主的实际存在也已有 2500 年的历史。但是,从西方国家理论传统来看,自赫拉克利特、苏格拉底、柏拉图和亚里士多德以降,2000 多年来,民主制度一直遭到断然否定。到了 20 世纪初,埃米尔·法盖还这样写道:"几乎所有 19 世纪的思想家都不是民主派。当我写《十九世纪的政治思想家》一书时,这令我十分沮丧。我找不到一个民主派,尽管我很想找到这么一位,以便能介绍他所阐述的民主学说。"① 中国的传统文化自不待言:诸子百家——儒家、墨家、法家和道家——竟然无不主张专制主义。

民主化浪潮席卷世界以来,充分肯定民主价值和热诚追求民主制度的,与其说是理论家们,不如说是人民大众。因为正如穆勒所言:民主潮流的兴起"并不是思想家们鼓吹的结果,而是由于几大股社会群体已变得势不可挡"②。相反地,即使是民主主义理论家,如熊彼特、波普和哈耶克等,对于民主的价值也多有言辞激烈的否定和批判;以致极力推崇民主价值并予以系统证明的科恩,也不得不在为民主辩护之前,小心翼翼地宣布:"首先,我要声明我不打算为所有社会的民主辩护,或为一切情况下一定社会的民主辩护。过去曾经有过,将来有一定会有,不宜或不能实行民主的社会。"③

那么,民主究竟有何弊端?它的价值究竟如何?此乃——正如科恩所言——国家类型价值理论最复杂的难题:"为什么要有民主?这是现在民主面临的重大问题中最难回答的。"④ 细察思想家们对于民主价值的批判与辩护,可知评估民主价值的科学方法是破解这一难题的钥匙。西方否定民主价值的传统,虽然包罗了柏拉图、亚里士多德、阿奎那、霍布斯、洛克、孟德斯鸠、熊彼特和海耶克等几乎所有伟大的政治理论家,但是,他们对民主价值的否定根本不能成立。因为他们否定民主的方法是不科学的。他们的否定,无非是——数说民主有多少多少弊端;如政治是一门艺术和科学,优良政体的统治者必须是德才兼备的政治家,而这样的人只可能是少数,因而民主不可能是优良的,如此等等。即使这些确确实实是民

---

① 王绍光:《民主四讲》,生活·读书·新知三联书店 2008 年版,第 26 页。
② 同上书,第 32 页。
③ 科恩:《论民主》,商务印书馆 2004 年版,第 209 页。
④ 同上书,第 208 页。

主的弊端，由此否定民主也是不科学的。

因为，正如布莱斯所言说："所有制度都不是十全十美的。"[①] 不可能有十全十美的国家制度。有一利必有一弊，任何一种国家制度，不论是民主还是专制，都必定既有一些优良的、好的、善的和正确的方面，又有一些恶劣的、坏的、恶的和错误的方面。因此，通过枚举民主的众多弊端来否定民主的方法是不科学的：按照这种方法，我们既可以说任何制度都是好的、优良的，因为任何制度都有很多优越和美好；也可以说任何国家制度都是坏的、恶劣的，因为任何制度都有很多弊端和缺憾。那么，评估民主价值的科学方法究竟是什么？科恩将评估民主价值的科学方法归结为"辩护"与"辩白"：

> 可以为民主辩护，也可以为民主辩白。为它辩护即举出某些本身值得想望的或相对而言值得想望的事态是实行民主可能带来的结果。为它辩白在于依据某一原则或某些明显或公认为正确的原则，论证其正确性。[②]

科恩所谓"辩护"，就是枚举民主的优良的、好的、善的和正确的方面，因而——如上所述——是不科学的。但他所谓"辩白"，是依据民主符合公认的价值标准，大体说来是科学的。因为所谓公认的价值标准，显然可以理解为衡量国家制度好坏的基础与核心价值的标准。评价一种国家制度或国家治理之好坏价值，如前所述，确实只能是就其处于基础与核心地位的——亦即具有决定意义——的价值来说的：如果处于基础与核心地位的价值是优良的，该国家制度无论有多少弊端，也都是优良的；如果处于基础与核心地位的价值是恶劣的，该国家制度无论有多少优点，也都是恶劣的。那么，科恩用以评价民主的价值标准是什么？科恩答道：

> 有三个关键性的原则，它们对于民主的辩词都起决定性作用。它们是：（1）同等的人应平等相待；（2）在基本方面人皆平等；（3）

---

[①] 詹姆斯·布莱斯：《现代民治政体》下册，吉林人民出版社2001年版，第1027页。
[②] 科恩：《论民主》，商务印书馆2004年版，第245页。

人皆平等这一面正是证明民主在国家中的合理性所必需的。①

科恩将评价民主的价值标准归结为平等是极其片面的。试想，如果民主符合平等标准却违背自由和人道乃至公正标准，能说民主优良吗？如果民主符合平等标准，却违背道德终极标准，能说民主优良吗？评价民主国家制度和国家治理的价值标准，无疑应该是衡量一切国家制度和国家治理好坏的基础与核心价值的普遍标准，因而应该包括：国家制度和国家治理好坏的终极价值标准（亦即道德终极标准：增减全社会和每个人利益总量）和根本价值标准（公正与平等）以及最高价值标准（人道和自由）。这三大系列价值标准所衡量的，如前所述，就是一切国家制度和国家治理的基础与核心价值，因而也就是衡量民主的国家制度和国家治理好坏的科学的价值标准：如果民主违背这些标准，那么，无论民主有多少优点、正确和善，民主都具有负价值，都是不应该的、坏的和恶的国家制度和国家治理；如果民主符合这些标准，那么，无论民主有多少缺点、错误和恶，民主都具有正价值，都是应该的、好的、善的国家制度和国家治理。

然而，细究起来，民主与非民主制的价值又分为自身内在价值与外在适用价值。试想，如果民主制符合国家制度价值标准，因而具有正价值，是好东西，那么，民主是否对于全世界一切时代的一切社会都是好东西？民主是否普适全世界一切时代的一切社会？假如非民主制不符合国家制度价值标准，因而具有负价值，是坏东西，那么，非民主制是否对于全世界一切时代的一切社会都是坏东西？非民主制的负价值是否普适全世界一切时代的一切社会？民主与非民主制的自身价值（value-in-itself），就叫做民主与非民主制的内在价值（Intrinsic value）或自身内在价值；民主与非民主制的适用价值，就叫做民主与非民主制的外在价值（extrinsic value）或外在适用价值。

---

① 同上书，第246页。

# 第九章

# 民主与非民主制的价值：根据国家制度最高价值标准与根本价值标准

**本章提要**

唯有民主制符合国家制度核心价值标准——亦即国家制度终极价值标准"增减全社会和每个人利益总量"和国家制度根本价值标准"公正与平等"以及国家制度最高价值标准"人道和自由"——而非民主制都程度不同地违背这些国家制度核心价值标准：专制极端违背、有限君主制次之、寡头共和又次之。因此，不论何种民主制，不论民主制有多少弊端，民主制都是唯一具有正价值的、唯一应该的、唯一优良的、唯一好的、唯一善的和唯一正确的国家制度；不论何种专制等非民主制，不论专制等非民主制有多优越，也都是不应该的、具有负价值的、恶劣的、坏的、恶的和错误的国家制度。

## 一 民主与非民主制的价值：根据国家制度最高价值标准

### 1. 民主与非民主制的价值：根据政治自由标准

所谓政治自由，如前所述，乃是每个公民应该享有的权利，因而属于政治权利范畴；而所谓政治权利，则是掌握政治权力进行政治统治的权利。这种权利，细究起来，分为两大类型：直接统治权利与间接统治权利。直接统治权利是担任政治职务的权利：担任政治职务而成为统治者，也就能够对被统治者进行直接统治了。间接统治权利则是所谓的参政权，主要包括选举、罢免、创制、复决等权利。这是通过管理统治者而间接统治被统治者的权利;说到底,也就是被统治者反过来对统治者进行管理,从而使统治者按照被统治者自己的意志进行统治的权利。

这种被统治者所享有的使统治者按照自己意志进行统治的权利,就是所谓的政治自由:政治自由就是公民使国家政治按照自己意志进行的权利,说到底,就是被统治者使统治者按照自己意志进行统治的权利。因此,美国威尔逊总统说:"政治自由是被统治的人使政府适合他们的需要和利益的那种权利。"[①] 换言之,一个国家的政治,应该直接或间接地得到每个公民的同意,应该直接或间接地按照每个公民自己的意志进行,说到底,应该按照被统治者自己的意志进行。这就是衡量国家制度和国家治理好坏价值的政治自由标准。

可是,如何才能使政治按照自己的意志进行从而享有政治自由呢?无疑必须拥有政治权力。因为政治就是权力统治、权力管理。这样,任何人要想使政治按照自己的意志进行,便必须拥有权力:没有权力,怎么能够进行权力管理或权力统治呢?所以,一个人只有拥有政治权力,才能使政治按照自己的意志进行,才能有政治自由;如果他没有政治权力,便不可能使政治按照自己的意志进行,不可能有政治自由。因此,全体公民或被统治者要使国家政治按照自己的意志来进行,从而享有政治自由权利,也就只有执掌国家最高权力才能办到:享有政治自由的权利也就是执掌国家最高权力的权利。

这样一来,全体公民要使国家政治按照自己的意志来进行,从而享有政治自由权利,无疑必须全体公民共同执掌国家最高权力。被统治者要使国家政治按照自己的意志来进行,从而享有的自由权利,也必须全体公民共同执掌最高权力。因为,如果执掌最高权力的是全体公民,那么,在这些公民中,低级官员必定多于高级官员;没有官职的庶民或被统治者必定多于低级官员从而处于绝大多数状态:这是不言而喻之理。这意味着,如果执掌最高权力的是全体公民,那么,在执掌最高权力的公民中,没有官职的庶民或被统治者必定居于绝大多数,因而必定起决定性作用,从而成

---

① 《资产阶级政治家关于人权、自由、平等、博爱言论选录》,世界知识出版社 1963 年版,第 210 页。

为最高权力的真正控制者。因此，所有公民共同执掌最高权力，实际上就是没有官职的庶民或被统治者控制最高权力。那么，一个国家，究竟怎样才能做到所有公民共同执掌国家最高权力呢？

答案无疑是：只有实行民主。因为民主就是所有公民共同执掌国家最高权力，说到底，就是没有官职的庶民或被统治者控制最高权力，就是没有官职的庶民或被统治者的统治："民主即人民自己管理自己，人民即统治者。"[①] 更确切些说，民主是全体公民直接或间接掌握最高权力的政治，是被统治者与统治者一样直接或间接掌握最高权力的政治，是被统治者与统治者一样是最高统治者的政治，是被统治者能够与统治者一样直接或间接地使国家政治按照自己的意志进行的政治，因而也就是被统治者与统治者一样拥有政治自由的政治。所以，科恩接着写道："只有以民主方式管理社会时才能充分实现社会自主——人与人相互关联的个人生活中的自主。只有在民主政体下，全体社会成员才能拿出自己的规则来管理共同事务，并将自己置于这些规则的约束之下。"[②]

因此，民主就是政治自由的实现；民主完全符合政治自由标准。究竟言之，所谓政治自由社会，亦即民主社会：二者实为同一概念。因为只要实行民主制，那么，不论统治者如何治理，不论是自由民主还是极权民主，必定都是全体或多数公民掌握最高权力，因而被统治者与统治者必定同样拥有最高权力、同样是最高统治者。这样，不论该社会的统治者如何治理，不论该社会如何不自由，该社会的政治却必定是按照每个公民自己的意志或被统治者的意志进行的，因而每个公民或被统治者必定拥有政治自由，该社会必定是一个政治自由社会。相反地，一个社会，如果没有实现民主，最高权力必定没有掌握在每个公民或被统治者手中，被统治者必定只是被统治者而不是最高统治者。那么，不论该社会的统治者如何治理，不论该社会如何自由，该社会的政治却必定不是按照被统治者的意志进行的，因而被统治者必定没有政治自由，该社会必定是一个政治奴役而非政治自由的社会。一句话，不论从民主的制度来说，还是就民主的治理来讲，民主与政治自由都是互为充分且必要条件，因而实为同一事物：民

---

① 科恩：《论民主》，商务印书馆1988年版，第6页。
② 同上书，第274页。

主完全符合政治自由标准。这个道理,就是极不欣赏古代民主的贡斯当也不得不承认而一再说,古代斯巴达和罗马的民主制国家公民虽然极不自由,却享有完全的政治自由:

> 社会权威机构干预那些在我们看来最为有益的领域,阻碍个人意志。在斯巴达,特藩德鲁斯不能在他的七弦琴上加一根弦,以免冒犯五人长官团的长官。而且,公共权威还干预大多数家庭的内部关系。年轻的斯巴达人不能自由地看望他的新娘。在罗马,监察官密切监视着家庭生活。法律规制习俗,由于习俗涉及所有事物,因此,几乎没有哪一个领域不受法律的规制。因此,在古代人那里,个人在公共事务中几乎永远是主权者,但在所有私人关系中却是奴隶。作为公民,他可以决定战争与和平;作为个人,他的所有行动都受到限制、监视与压制;作为集体组织的成员,他可以对执政官或上司进行审问、解职、谴责、剥夺财产、流放或处以死刑;作为集体组织的臣民,他也可能被自己所属的整体的专断意志剥夺身份、剥夺特权、放逐乃至处死。①

相反地,所有非民主制度——专制、寡头和有限君主制——无不违背政治自由标准:无论从制度来说,还是就治理活动来看。首先,无论寡头共和或贵族共和的国家治理活动如何自由,然而,就其国家制度来说,毕竟只能是少数公民平等地共同执掌最高权力,因而在寡头共和国,无论如何治理,也都只有少数人享有政治自由,而多数人的政治自由都被剥夺而处于政治奴役状态。这样一来,寡头共和制便严重违背政治自由标准,具有重大的负价值,在相当严重的程度上是不应该的、坏的和恶的国家制度。有限君主制则具有更加重大的负价值,在更加严重的程度上是不应该的、坏的和恶的国家制度。因为有限君主制无论治理活动如何,就其国家制度来说,也都是一人为主而与其他公民共同执掌最高权力,是一人受到其他公民及其组织限制地执掌最高权力。这显然意味着:无论治理如何,在有限君主制国家,虽然限制君主独裁——因而分掌某些最高权力——的

---

① 贡斯当:《古代人的自由与现代人的自由》,商务印书馆1999年版,第27页。

极少数人享有一定的政治自由；但是，主要讲来，无疑只有君主一人享有政治自由，而这些极少数人仍然与其他所有人一样，都处于政治奴役状态。

诚然，最坏的还是专制。因为专制是一个人不受限制地独掌国家最高权力的政体。这意味着，不论专制君主如何开明、贤达和仁慈，不论他将国家治理得如何自由，却毕竟与最不自由的暴君昏君一样，国家的最高权力必定执掌于君主一人之手。因此，尧舜禹等开明的君主国的国家的政治，也就都与夏桀商纣等暴君昏君的国家政治一样，只能按照君主自己一个人的意志进行，而不可能按照其他所有人的意志进行；从而也都只有君主自己一个人拥有政治自由，所有人都没有政治自由而处于政治被奴役状态。否则，假设专制君主如此热爱臣民的自由，以致与臣民共同执掌最高权力，共同享有政治自由，那就不是专制而是民主了。所以，不论从治理活动来说，还是从制度来说，任何专制国家都同样是只有君主一个人享有——而其他所有人都不享有——政治自由，都同样完全地、极端地违背政治自由标准，因而同样具有极端的、极大的负价值，是极不应该的、极坏的和极恶的国家制度和国家治理。

### 2. 民主与非民主制的价值：根据全部自由标准

不难看出，民主仅仅完全符合政治自由标准，仅仅是实现政治自由的充分且必要条件，仅仅是实现政治自由社会的充分且必要条件；而未必完全符合其他自由标准——如经济自由和思想自由以及自由的限度标准等——因而不是实现其他自由标准的充分且必要条件，不是实现自由国家的充分且必要条件。因为所谓自由国家乃是符合自由全部标准——亦即自由的法治标准、平等标准、限度标准三大普遍标准和政治自由、经济自由、思想自由三大特殊标准——的社会。但是，政治自由无疑是最重要最根本最主要最具决定性的自由，从而是真正实现其他全部自由标准和真正自由国家的最根本的必要条件。

这不仅因为政治是最重要最根本最主要最具决定性的强制，因而政治自由所给予每个公民的也就是最重要最根本最主要最具决定性的自由；而且更主要的是因为，政治自由国家或每个公民都拥有政治自由意味着：全体或多数公民掌握最高权力，因而国家政治按照全体或多数公民自己的意志进行。这样，每个公民的其他社会自由，如言论自由、出版自由、结社自由、经济自由和自由的限度标准等，能否实现，便完全取决于自己的意志，因而是有保障的。反之，如果政治不自由，那么，国家最高权力便不是执掌于全体或多数公民，而是执掌于专制者或寡头，因而国家政治便是按照专制者或寡头统治者的意志进行，而不是按照全体或多数公民自己的意志进行。这样，每个公民的其他自由能否实现，便完全取决于专制者或寡头的意志，而不是取决于自己的意志，因而是无保障的。

可见，政治自由决定经济自由和思想自由等其他一切自由，是实现经济自由和思想自由等一切其他自由的根本保障。所以，萨托利说："政治自由不是心理的、思想的、道德的、社会的、经济的或法律的自由。但这些自由均以政治自由为先决条件。"[①] 贡斯当也一再警告只关注个人自由而忽略政治自由的现代人："让我再重复一遍，个人自由是真正的现代自由。政治自由是个人自由的保障，因而也是不可或缺的。"[②] "离开政治自由，我们从哪里寻求保障呢？先生们，放弃政治自由将是愚蠢的，正如一个人仅仅因为居住在一层楼上，便不管整座房子是否建立在沙滩上。"[③]

这样，一个国家，不论治理得如何自由，如果它不是民主国家，那么，它一定不是拥有政治自由的国家，因而它的一切自由都是无保障的。没有保障的自由，不是取决于自己意志的自由，因而随时随地都可能不由自主地丧失的自由，显然算不上真正的自由。拥有这种自由的国家显然不是真正的自由国家。所以，没有民主，就不会有真正的自由国家：民主是实现真正自由国家的最根本的必要条件，是实现真正经济自由和思想自由等一切自由的最根本的必要条件。所以，就民主制度的本性来看，民主不但是实现政治自由标准的充分且必要条件，因而完全符合政治自由标准；而且是真正实现其他一切自由最根本的必要条件，因而从根本上符合其他一切自由标准。

诚然，民主只是实现全部自由标准的必要条件，只是实现自由国家的必要条件，而不是其充分条件。这是因为，一方面，所谓民主，就其本性

---

① Giovanni Sartori, *The Theory Democracy Revisited*, Chatham House Publisher, Inc. Chartham, New Jersey, 1987, p. 298.
② 贡斯当：《古代人的自由与现代人的自由》，商务印书馆1999年版，第41页。
③ 同上书，第45页。

来说，固然是全体公民掌握最高权力的政治；但是，就其实现和治理活动来说，却势必只能是多数公民掌握最高权力的政治。所以，托克维尔写道："民主政府的本质，在于多数对政府的统治是绝对的，因为在民主制度下，谁也对抗不了多数。"① 这样，亦如托克维尔所言，在民主的治理活动中，多数公民便可能滥用他们所握有的最高权力，去反对他们的对手："如果多数不团结得像一个人似地行动，以在观点上和往往在利益上反对另一个也像一个人似地行动的所谓少数，那又叫什么多数呢？但是，如果你承认一个拥有无限权威的人可以滥用他的权力去反对他的对手，那你有什么理由不承认多数也可以这样做呢？"② 托克维尔将这种多数对于他们所掌握的最高权力的滥用，叫做"多数暴政"。多数"暴政"的称谓虽然言过其实，不够恰当，但它所称谓的多数滥用权力的民主社会，显然不是自由社会。

另一方面，即使民主不导致多数对于少数的"暴政"，却仍然可能导致"暴政"：一种侵犯每个人的个人自由和个人权利的"暴政"。因为最高权力就其本性来说即与无限权力相通，极易演进为无限权力；因而正如托克维尔所言，社会的最高权力无论掌握在君主手里，还是掌握在人民手里，都可能成为无限权力而沦为"暴政"③ 对于这种侵犯每个人的个人自由和个人权利的所谓民主暴政，在贡斯当那鼎鼎有名的"古代人的自由与现代人的自由之比较"的论文中，曾有极为深刻的论述。他发现，在古代的斯巴达和罗马等民主共和国，政治是按照全体公民的意志进行的，符合政治自由标准；但是，这种政治的权力却毫无限制："除雅典外，在所有其他地方，社会的管理权都毫无限制。正如孔多塞所言，古代人没有个人自由概念。"④

我们显然不能说这种古代的民主国家是自由国家，因为这种国家的公民仅仅拥有政治自由，却极其缺乏其他自由。诚然，正如贡斯当所言，这些其他方面的不自由和被奴役是该民主国家的全体公民都同意

---

① 托克维尔：《论美国的民主》上卷，商务印书馆1996年版，第282页。
② 同上书，第288页。
③ 同上书，第289页。
④ 贡斯当：《古代人的自由与现代人的自由》，商务印书馆1999年版，第28页。

的：他们"为了政治自由而牺牲所有个人自由"①。但是，奴役或不自由之为奴役或不自由，并不因被奴役者同意而不再是奴役，不再是不自由。柏林在论及贡斯当这篇文章时说得好："众人一致同意牺牲自由，这个事实，也不会因为它是众人所一致同意的，便奇迹似地把自由保存了下来。如果我同意被压迫，或以超然及嘲讽的态度，来默许我的处境，我是不是因此就算是被压迫得少一点？如果我自卖为奴，我是不是就不算是个奴隶？如果我自杀了，我是不是不算真正的死了，因为我是自动结束我的生命？"②

可见，权力就其本性来说——不论它掌握在谁的手里——便倾向于被滥用而趋于无限与绝对，最终侵犯个人自由与个人权利而沦为所谓"暴政"。由此，阿克顿说出了他那广为传颂的格言："权力导致腐败，绝对权力导致绝对腐败。"③ 这样，实现民主从而使政治按照全体公民自己意志进行，仅仅是自由国家的必要条件，而并不是自由国家的充分条件：民主国家仍然可能不是自由国家。然而，柏林却由此进而断言："个人自由和民主统治之间，并没有什么必需的联系。'谁统治我'和'政府干涉我多少'从逻辑上看，是截然不同的两个问题。"④ 他的具体根据，众所周知，可以归结为：民主国家不但仍然可能是个不自由的国家，而且还可能比君主制和贵族制更不自由；人们在懒散无能、同情自由的、仁慈的专制君主国所享有的个人自由可能多于不尚宽容的民主国家。

确实，就国家治理来看，国民有时在某些君主制和寡头或贵族制等非民主制国家所享有的自由可能多于某些民主国家。但是，不论民主国家的治理如何不自由，不论民主社会的自由是多么少，却必定完全拥有政治自由。这样一来，民主制国家每个公民能否享有其他自由，如言论自由、出版自由、经济自由等，便完全取决于自己的意志，因而是有保障的。他们没有这些自由，完全是因为他们自己不要这些自由，完全是他们认识和实践的历史的局限性所致，是他们对这些自由错误的认识所致：他们误以为这些自由最终有害于己，特别是有害于自己所享有的政治自由；而不知道

---

① 贡斯当：《古代人的自由与现代人的自由》，商务印书馆1999年版，第41页。
② Isaiah Berlin: *Four Essay on Liberty*, Oxford University Press, 1969, p. 164, p. xxxix.
③ 阿克顿：《自由与权力》，商务印书馆2001年版，第342页。
④ Isaiah Berlin: *Four Essay on Liberty*, Oxford University Press, 1969, p. 130.

既能够拥有政治自由也能够保全其他自由的现代民主或宪政民主为何物。贡斯当论及古代人放弃个人自由时便这样写道:

> 古代人随时准备作出许多牺牲,以维护他们的政治权利以及分享管理国家的权力。每个人都因为自己的投票具有价值而自豪,他们从这种个人重要性的感觉中发现巨大的补偿。[①]
> 
> 我们会惊奇且有趣地发现,为什么我们今天赖以庇护自由与和平的惟一的政府形式,却全然不为古代自由民族所知。[②]

然而,真理是人类生存的根本条件;因而错误必定是真理之母,是达于真理的一个阶段:人类不可能恒久生活于谬误之中。因此,人类的民主治理实践活动或迟或早必定会改正错误而把握真理,从而使人民正确认识到经济自由、思想自由和个人自由等自由并不有害于政治自由;恰恰相反,这些自由都有利于政治自由,有利于每个人。一旦执掌最高权力的人民认识这一真理,他们便必定会选择经济自由和思想自由等其他一切自由。因为最高权力执掌者必然有使自己利益最大化的行为趋势;也就是说,在最高权力执掌者看来,怎样的行为能够给他们带来最大利益,他们就必然会怎样行动;或者说,最高权力执掌者认为怎样的行为能够给他们带来最大的利益,他们就必然会怎样行动。

因此,如果实行民主从而人民执掌最高权力,那么,只要人民认识到经济自由和思想自由等其他一切自由都有利于政治自由,有利于人民,有利于每个人,那么,人民或全体国民便必定会选择经济自由和思想自由等其他一切自由。因此,民主不但意味着必定完全拥有政治自由,而且——长远和恒久说来——意味着必定完全拥有其他自由。民主国家人民没有这些自由的状态必定是短暂的,必定是非常的特例;而不可能是恒久的,不可能是常规。这就是为什么古代民主国家的自由可能仅仅是政治自由,而现代民主国家的自由则必定是全面自由的缘故。

相反地,不论专制等非民主国家的自由多么多,却必定完全没有政

---

① 贡斯当:《古代人的自由与现代人的自由》,商务印书馆1999年版,第33页。
② 同上书,第24页。

治自由。否则，就会导致"专制悖论"。因为，专制是一个人独掌最高权力，从而使国家政治按照专制者自己一个人的意志进行。但是，如果说专制国家人民拥有政治自由，岂不就意味着专制者的意志是让人民执掌最高权力，从而使国家政治按照人民的意志进行？这就是专制悖论：专制是一个人独掌最高权力又不是一个人独掌最高权力。专制悖论意味着：专制国家人民不可能有政治自由，否则就不是专制国家了。专制等非民主国家人民不可能拥有政治自由，意味着，在专制等非民主的国家治理中，人民所享有的自由无论多么多，都只能是非政治自由，如经济自由和思想自由等。人民所享有的这些自由，完全取决于专制者或少数人的意志，因而毫无保障、随时都会丧失。这些自由必定是暂时的，是非常特例；而不可能是恒久的，不可能是正常惯例。因为任何自由，不论是经济自由还是思想自由，都根本违背专制的制度本性，因而或多或少都会导致专制悖论。

试想，政治的主要的任务和对象就是管理创造物质财富的活动（经济）和创造精神财富的活动（言论出版等思想的创造和传播活动）。我们可以像列宁那样，将政治对创造物质财富活动的权力管理叫做"经济领域的政治"；因而也可以将政治对创造精神财富方面的权力管理叫做"思想领域的政治"。如果说专制国家的治理使人民拥有经济自由和思想自由，岂不意味着国家经济和思想领域的政治按照人民的意志进行？岂不意味着人民执掌了经济和思想领域的最高权力？这就是专制悖论：专制是一个人独掌最高权力又不是一个人独掌最高权力。如果说政治自由的专制悖论意味着专制国家人民绝对不可能拥有政治自由，那么，经济自由和思想自由的专制悖论则意味着：专制国家人民不可能恒久拥有经济自由和思想自由。否则，就不是专制国家了。

实际的治理也是如此。试问，有哪一个专制国家拥有经济自由、言论出版自由或思想自由？即使有，无疑也仅仅是非常特例而不可能是正常惯例。因为人类社会的历史和现实岂不已经充分显示：只有经济不自由和言论出版不自由或思想不自由才是专制国家治理的正常惯例？确实，在人类历史上，专制国家曾有一次思想自由：中国古代的大动荡、大过渡时期——春秋战国时代——诸种因素的奇特巧合造成了思想完全自由。但是，这个"大过渡时期"在中国专制社会的漫长历史中，实不过昙花一现；取而代之的则是秦始皇的焚书坑儒。自此以降，专制中国便开始了惨绝人寰的文字狱，"言论思想极端自由之空气于是亡矣"。① 就拿主持编纂《四库全书》并一再表白"朕从不以语言文字罪人"的乾隆皇帝来说，仅他一个朝代，文字狱竟多达 135 起。每一起往往都有多人乃至数十人被处死；甚至上百人、上千人遭祸。② 鲁迅在分析这些惨案的来由时曾这样写道："有的是卤莽，有的是发疯，有的是乡曲迂儒，真的不识讳忌，有的则是草野愚民，实在关心皇家。而命运大抵很悲惨，不是凌迟、灭族，就是立刻杀头，或者'斩监候'。"③ 这岂不充分说明，专制就其制度本性来说，完全违背政治自由标准、剥夺每个公民的政治自由从而使所有人都生活于一个政治奴役的社会，势必在治理活动中恒久违背经济自由和言论出版自由等一切自由标准，从而恒久剥夺每个公民的一切自由，使所有人都恒久生活于一个全面奴役和全面不自由的国家？

可见，柏林的断言是不能成立的。个人自由和民主统治之间，"谁统治我"和"政府干涉我多少"之间，存在着必然的联系：专制等非民主制的国家必定是不自由的国家，必定违背政治自由标准、经济自由标准和思想自由标准等全部自由标准；自由的国家必定是民主国家，符合政治自由标准、经济自由标准和思想自由标准等全部自由标准的国家只能是民主制国家。民主就其制度本性来说，是实现政治自由从而保障实现其他一切自由的唯一政体，因而虽然不是自由国家的充分条件，却是自由国家的最根本必要条件，是实现思想自由和经济自由等一切自由标准的最根本的必要条件，因而根本说来符合思想自由和经济自由等全部自由标准。所以，阿克顿说："自由被认为是与民选政府相关联的产物。"④ 海耶克也一再说："民主本身虽然不是自由，却是一种对自由的最重要的保障。"⑤ 那么，自由国家的实现究竟还需要什么条件？或者说，实现自由国家的充分且必要条件是什么？

---

① 冯友兰：《中国哲学史》上卷，河北人民出版社 1988 年版，第 32 页。
② 胡奇光：《中国文祸史》，上海人民出版社 1993 年版，第 175 页。
③ 鲁迅：《且介亭杂文·隔膜》，中国人民大学出版社 2006 年版。
④ 阿克顿：《自由与权力》，商务印书馆 2001 年版，第 316 页。
⑤ F. A. HAYEK, *Law, Legislation and Liberty*, Vol. 2, Beijing: China Social Sciences Publishing House Chengcheng Books Ltd., 1999, p. 5.

答案是：宪政民主。宪政民主制度完全符合政治自由标准、经济自由标准和思想自由标准等全部自由标准。试想，为什么民主是自由国家的必要条件而不是充分条件？为什么实现了民主的国家却可能仍然是个不自由的国家？原因只有一个：民主的政权可能是无限的（unlimited democracy），因而违背了自由原则、导致民主的暴政。民主的政权如果能够得到限制，遵循自由原则，那么，民主的国家便是自由的国家；反之，自由国家也就是最高权力受到自由原则有效限制的民主的国家：最高权力受到自由原则有效限制的民主，是实现自由国家的充分且必要条件。这种最高权力受到自由原则有效限制的民主，不是别的，正是所谓"宪政民主（Constitutional democracy）"。

因为就宪政思想的传统来说，宪法的主要法案——强调分权原理的政府的组织机构法案和强调自由等人权原理的权利法案——所体现和遵循的，乃是自由原则和平等标准。因此，就宪政思想的传统来说，宪政民主就是限制民主的权力而使之遵循自由和平等的宪法的民主，就是自由平等的宪政民主，因而也就是自由社会的充分且必要条件：一切宪政民主的国家，都是自由的国家；一切自由的国家，都是宪政民主的国家。换言之，宪政民主完全符合政治自由标准、经济自由标准和思想自由标准等全部自由标准。所以，萨托利一再说："不论过去还是现在，事实上，立宪制度就是自由主义制度。可以说，自由主义政治就是宪政。"[①] "只有作为不受个人感情影响的管理手段的立宪制度，才一直是并将仍然是自由社会的捍卫者。"[②] 由此可以理解，为什么今日西方学者干脆将宪政民主叫做"自由民主"："自由民主一词的'自由'不是指谁来统治，而是指如何实施统治。它尤其意味着政府的权力和行使权力的方式受到了限制，特别是受到根本法或宪法的约束，但归根到底是受到个人权利的限制。"[③]

---

① Giovanni Sartori, *The Theory Democracy Revisited*, New Jersey: Chatham House Publisher, Inc. Chartham。1987, p. 309.

② Ibid., p. 328.

③ 马克·普拉特纳：《自由主义与民主：二者缺一不可》，转引自刘军宁编《民主与民主化》，商务印书馆1999年版，第73页。

### 3. 民主与非民主制的价值：根据人道标准

民主符合全部自由标准，意味着：民主符合人道标准。反之，专制等非民主制违背全部自由标准，意味着：专制等非民主制违背人道标准。因为所谓人道，如前所述，可以归结为两条标准："把人当人看"与"使人成为人"。把人当人看，就是把每个人都当作最高价值来善待的行为：它是衡量国家制度和国家治理是否人道的浅层的、初级的总标准。使人成为人，就是把每个人的创造性潜能的实现当作最高价值，使每个人都实现自己的创造性潜能，从而成为可能成为的最有价值的人的行为：它是衡量国家制度和国家治理是否人道的深层的、高级的总标准。于是，自由便是最根本的人道。因为自由是每个人创造性潜能实现的最根本的条件，二者成正相关变化：一个人越自由，他的个性发挥得便越充分，他的创造潜能便越能得到实现，他的自我实现的程度便越高。因此，自由的六大标准，说到底，乃是人道的根本标准。这样一来，民主完全、根本符合自由的全部标准，便意味着：民主符合人道标准。因此，波普说："民主的基础必须在于对理性的信念，在于人道主义。"① 相反地，专制等非民主制违背全部自由标准，剥夺人民的政治自由、经济自由和思想自由，使每个人的个性得不到发挥、创造性潜能得不到实现，从而——正如马克思所言——完全违背了人道标准："专制制度的唯一原则就是轻视人类，使人不成其为人。"②

确实，只有民主才符合人道标准。因为民主是多数或全体公民执掌最高权力，说到底，也就是没有官职的庶民或被统治者控制最高权力，就是老百姓控制最高权力，就是平民百姓控制最高权力，就是没有官职的庶民的统治。因此，民主就其制度本性来看，显然就是唯一能够防止暴政和捍卫人道的国家制度。因为侵犯人道的暴政无疑源于政治权力垄断。非民主制的实质，说到底，都可以归结为政治权力垄断。因为非民主制——君主专制和寡头共和以及有限君主制——都是一个人或少数公民执掌最高权力，都不是没有官职的庶民执掌最高权力，因而实质上都形成了政治权力

---

① 波普：《开放的社会及其敌人》，山西高校联合出版社1992年版，第197页。
② 《马克思恩格斯全集》第一卷，人民出版社1956年版，第411页。

垄断集团和毫无政治权力集团的对立：多数人或老百姓构成没有任何政治权力的集团；少数有官职或政治职务的人构成政治权力垄断集团。政治权力垄断集团与没有政治权力集团的根本关系必然是压迫和剥削关系：没有权力的群体，必定遭受相应的有权群体的压迫和剥削而不得自由；垄断权力的群体，必定压迫和剥削相应的无权群体而剥夺其自由。对于这个道理，休谟曾有深刻揭示：

> 人们天生野心很大，他们的权欲永远不能满足。如果一个阶层的人在追求自己的利益时能够掠夺其他一切阶层，他们肯定会这么干，并使自己尽可能地专断一切，不受制约。[1]

因此，专制等非民主制的国家治理不论如何自由和人道，这种国家制度所固有的压迫、剥削、不自由和非人道的本性决定了，这些自由和人道都必定是表面的、短暂的、偶尔的和无关根本的；而从恒久和根本说来，无权群体必定遭受权力垄断群体非人道的压迫和剥削而不得自由。因此，专制等非民主制国家无论从国家制度来看，还是就国家治理来说，实质上都是非人道的，必定违背人道标准。相反地，民主制是没有官职的庶民控制最高权力，因而使没有官职或政治职务的老百姓，与占有官职的人一样执掌最高权力，从而消除了政治权力垄断，消除了政治权力垄断群体与没有政治权力群体之分。这样一来，也就消除了政治权力垄断群体对无权群体的压迫、剥削和剥夺自由的非人道行为：民主制是唯一符合人道标准的国家制度。

然而，托克维尔却认为，国家的最高权力无论掌握在君主手里，还是掌握在人民手里，都可能成为无限权力而沦为暴政："当我看到任何一个权威被授以决定一切的权力和能力时，不管人们把这个权威称作人民还是国王，或者称作民主政府还是贵族政府，或者这个权威是在君主国行使还是在共和国行使，我都要说，这是给暴政播下了种子。"[2] 海耶克也一再说："再说一遍，我认为，不是民主，而是不受限制的民主，同任何不受

---

[1] 刘军宁编：《民主二十讲》，中国青年出版社 2008 年版，第 41 页。
[2] 托克维尔：《论美国的民主》上卷，商务印书馆 1996 年版，第 289 页。

限制的政府相比好不了多少。"①

这种观点是不能成立的。民主制就其制度本性来说绝不会导致暴政，而只有非民主制才会导致暴政。确实，非民主制——特别是专制——就其制度本性来说必定导致暴政。因为就制度本性来看，非民主制是一人或少数人执掌最高权力，是一人或少数人对绝大多数人的统治。一人或少数人依靠什么迫使多数人服从其统治呢？根本说来，只能依靠暴力。所以，非民主制统治的本性就是暴力，就是暴政，就是非人道，就是违背人道标准。想一想中国四千年和西方一千年的专制统治吧！岂不是充满惨绝人寰的血腥的非人道的历史？

相反地，民主的制度本性就是避免暴政，就是人道，就是符合人道标准。因为民主的制度本性就是多数公民执掌最高权力，就是多数人的统治。多数人依靠什么迫使少数人服从其统治呢？根本说来，显然不需要依靠暴力。因此，拉里·戴蒙德说："在所有的政府形式中，唯独民主政体依赖于最少的强制和最多的同意。"② 民主的制度本性，进言之，乃是没有官职的老百姓执掌最高权力，是没有官职的老百姓的统治，是没有官职的老百姓对占有官职的人的统治。试问，没有官职的老百姓能够将拥有官职的人怎么样呢？民主的制度本性，说到底，就是消除政治权力垄断。没有了政治权力垄断，人人都完全平等地拥有最高权力，怎么会出现暴政呢？

因此，波普甚至将暴政和流血看作是民主与专制的根本区别而一再说："民主政体和专制政体的区别是：在民主政体下，可以不流血地推翻政府；在专制政体下则不可能。"③ 达尔对于民主的人道本性与专制的非人道本性的论述更加深刻和系统。特别是，他列举民主十大价值之首，就是"避免暴政"："为什么要民主？民主有令人向往的结果：避免暴政。"④ 接着，他论述道：

---

① 海耶克：《经济、科学与这只能》，江苏人民出版社2000年版，第426页。
② 刘军宁编：《民主二十讲》，中国青年出版社2008年版，第207页。
③ 波普：《猜想与反驳》，上海译文出版社1988年版，第500页。
④ Robert A. Dahl, *On Democracy*, New Haven & London: Yale University Press, 1998, p. 44 – 45.

## 第九章 民主与非民主制的价值:根据国家制度最高价值标准与根本价值标准　517

民主有助于避免独裁者暴虐和邪恶的统治。避免独裁统治,也许是政治学最为根本且永恒的话题……专制统治使人类付出的代价,超过了疾病、饥荒和战争。想一想20世纪的几个事例。斯大林统治下的苏联（1929—1953）,有数百万人因政治缘故被捕入狱,往往是因为斯大林对各种反对他的阴谋怀有一种臆想的恐惧。据估计,死于劳动营和由于政治原因被处决或者死于斯大林强迫农民加入国营农庄所造成的饥荒（1932—1933）的总人数达到两千万之多,还有两千万斯大林统治的牺牲品虽然侥幸活下来,但都受到残酷迫害。再看纳粹德国的独裁者希特勒（1933—1945）,且不论二战造成的数千万军人和百姓的死亡,他对集中营中六百万犹太人的死,还有不计其数的反对派、波兰人、吉普赛人、同性恋者以及其他他希望灭绝的团体成员的死,负有直接的责任。红色高棉在波尔布特的独裁领导下（1975—1979）,屠杀了柬埔寨四分之一的人口。①

试问,民主统治的历史曾有过哪怕是一次这样的暴政吗？没有！民主的暴政几乎是不可能的:民主的暴政岂不就是每个人自己对自己的暴政？所谓民主暴政,如前所述,具有双重含义:一方面是多数人对少数人的暴政;另一方面是侵犯每个人的个人自由和个人权利的暴政。民主制国家的统治侵犯每个人的个人自由和个人权利,如贡斯当所枚举的"不准在七弦琴上加一根弦"、"不许自由地看望自己的新娘"等,无疑是作为统治者的人民自己对自己的个人自由和个人权利的限制、侵犯。这种限制和侵犯,显然不过是错误的认识所致,根本算不上是暴政:自己怎么可能对自己施行暴政呢？同样,在民主制国家,每个人属于多数还是属于少数,并不是固定不变的:他今天是多数派,明天就可能是少数派。因此,多数人如果对少数人实行暴政,实无异于对明天的自己实行暴政:自己怎么可能对自己施行暴政呢？

可是,流放和处死还不是暴政吗？特别是令人发指的对贤达政治家的流放和处死,难道还不是民主的暴政？民主暴政论者最主要的根据恐怕就是:甚至最伟大的雅典民主也曾一次次流放和处死那些无辜的贤达俊杰！

---

① Robert A. Dahl, *On Democracy* [M]. New Haven & London: Yale University Press, 1998, p.46.

确实，民主制国家的统治者处死贤达政治家，如果仅就处死事件本身来说无疑是暴政。但是，不要忘记，民主国家的统治者处死贤达的政治家，是因为民主国家的统治者认为该政治家权力过大，威胁民主，不处死他，民主就会被他颠覆而转化为专制。因此，他们处死贤达政治家固然是暴政；但这种暴政却防止了更可怕的暴政：专制。这样一来，处死贤达政治家就是以恶制恶，就是以小恶防止打恶，就是不要恶，就是善，因而也就不是暴政了。对于这个道理，波普曾有很好的解释：

> 从历史上看来，雅典民主，至少在伯里克利与修昔底德的心目中，其实强调的不是多数统治，而是不计任何代价避免独裁统治。这代价很高，也许是太高了，所以雅典民主维持不到100年。所谓的代价就是经常被误解的'流放制度'。在雅典，任何人无需犯罪，只要太受人民欢迎，就会被流放。几位善于控制人心的政治家，阿里斯提得斯、地米斯托克利都是因此遭到流放……流放制度先发制人，杜绝他往独裁的方向继续前进。[①]

遍观人类社会民主制被专制取代的历史，我们不但不会说这是雅典民主制的暴政，恰恰相反，我们不仅衷心赞叹雅典民主"流放制度"的明智、美妙和高瞻远瞩。因为历史告诉我们，一个政治家过于伟大和受人欢迎，确实是民主的心腹大患。因此，流放极为受人欢迎的伟大政治家固然是一种暴政，是一种恶；但是，这种恶却能够有效防止更大的恶，这种暴政能够有效防止远远更加可怕的专制的暴政，岂不就是一种莫大的善政？岂不是一种必要的恶？当然，流放制度无疑具有历史局限性：它仅仅在国家制度还极不完善的古老的雅典时代是一种必要的恶。如果将这种流放制度拿到今天来实行以防止专制，无疑是一种不必要的恶，是一种纯粹的暴政了。因为今天我们已经有远为完善的防止专制的方法，如多党制和宪政民主等。

诚然，民主制国家的治理活动只是几乎不会出现暴政，而不是完全不可能出现暴政。我们恐怕无论如何也不能否定，雅典民主制的统治者处死

---

[①] 刘军宁编：《民主二十讲》，中国青年出版社2008年版，第146页。

苏格拉底是民主的暴行。但是，民主就其制度本性来说，与暴政无缘；因而就其治理活动来说，暴政的出现只能是偶尔的非常的特例，而不可能是恒久的正常的经常的常规。相反地，专制等非民主制就其本性来说，就是暴力，就是暴政，就是非人道，就是违背人道标准，因而就其治理活动来说，暴政的出现必定是恒久的正常的经常的常规，而决非偶尔的非常的特例。这个道理，王绍光曾有论述，最后得出结论说："有产者和他们的代言人对民主最大的恐惧是所谓'多数暴政'。客观上讲，有史以来，如果有什么'暴政'的话，在绝大多数地方和绝大多数时间里都是少数人对多数人的暴政。但有产者和他们的代言人对这个简单事实视而不见，却对偶发的'多数暴政'大加鞭笞。"[①]

## 二 民主与非民主制的价值：根据国家制度根本价值标准

### 1. 民主与非民主制的价值：根据政治平等标准

民主完全符合政治自由标准，也就完全符合最根本、最重要、最具决定性的政治平等标准：政治自由完全平等标准。因为所谓政治平等，亦即政治权利平等。政治权利分为政治自由权利与政治职务权利。政治自由是多数公民或被统治者使国家政治按照自己的意志来进行的自由，因而也就只有执掌国家最高权力才能办到：享有政治自由的权利也就是执掌国家最高权力的权利。权力的大小与同一权力拥有者的人数成反比：拥有某种权力的人数愈多，每人所拥有的权力就愈小。因此，全体公民或被统治者共同拥有的固然是最高最大的权力；但分散到每个公民自己所享有的，却变成最低最小的权力了。它比最低等的官吏所拥有的权力还小：它或许不过是亿万张选票中的一张选票的权力罢了。所以，每个人所享有的政治自由权利，是最低最小的权利，是基本权利，是人权；反之，一个人所享有的担任政治职务的权利，则是较高较大的权利，是非基本权利而不是人权。

---

① 王绍光：《民主四讲》，生活·读书·新知三联书店2008年版，第31页。

政治自由权利属于人权范畴。所以，根据人权应该完全平等原则，每个人都应该完全平等地享有政治自由权利，说到底，每个人都应该完全平等地享有共同执掌国家最高权力的权利。这就是衡量国家制度和国家治理好坏价值的"政治权利完全平等标准"、"政治人权完全平等标准"或"政治自由完全平等标准"：三者是同一概念。那么，一个国家，究竟怎样才能做到每个人都完全平等地执掌国家最高权力，从而完全平等地享有政治自由权利呢？只有实行民主。

因为民主就是所有公民共同执掌国家最高权力，说到底，就是没有官职的庶民或被统治者控制最高权力。没有官职的庶民、被统治者或多数公民控制最高权力的最主要、最重要、最根本的方式，众所周知，就是投票。这样一来，民主岂不就意味着：每个公民完全平等地共同执掌最高权力？因为民主显然意味着每个人都完全平等享有一张票的权利："每个人只顶一个，不准一个人顶几个。"① 因此，民主意味着每个公民完全平等地执掌国家最高权力，从而完全平等地享有政治自由权利：民主就是政治自由完全平等标准的实现，完全符合政治权利完全平等标准，完全符合政治人权完全平等标准。

究竟言之，所谓政治权利完全平等的国家，亦即民主国家，二者实为同一概念。因为只要实行民主制，那么，不论统治者如何治理，不论是自由民主还是极权民主，必定都是没有官职的庶民或被统治者控制最高权力，因而必定是每个公民完全平等地共同执掌最高权力，从而每个公民完全平等地享有政治自由权利。如果没有实现民主，那么，不论该国家的统治者如何治理，不论该国家如何平等，该国家最高权力的执掌者必定仅仅是一人或少数人，而不可能是绝大多数公民，因而必定违背政治权利完全平等标准。一句话，不论从民主的制度来说，还是就民主的治理来讲，民主与政治权利完全平等标准都是互为充分且必要条件：民主完全符合政治权利完全平等标准。

相反地，所有非民主制度——专制、寡头和有限君主制——无不违背政治权利完全平等标准。寡头共和或贵族共和制只能是少数公民平等地共同执掌最高权力，因而无论如何治理，也都只有少数人享有政治自由权

---

① 《潘恩选集》，商务印书馆1963年版，第145页。

利。有限君主制是一人为主而与其他公民共同执掌最高权力,因而无论治理如何,主要讲来,无疑也只有君主一人享有政治自由权利。专制是一个人不受限制地独掌国家最高权力的国家制度。一个人不受限制地独掌国家最高权力,岂不意味着,一个人拥有全部最高权力而所有人拥有的都是零?岂不意味着"一个人顶所有人,而所有人都等于零"?这岂不最大限度地、最极端地违背"每个人只顶一个,不准一个人顶几个"的政治权利完全平等标准?岂不最大限度地、最极端地违背"每个人都应该完全平等地共同执掌国家最高权力"的政治自由完全平等标准?因此,正如卢梭所言,专制意味着最极端的、最大限度的政治权利不平等:"这里是不平等的顶点……在这里一切个人之所以是平等的,正是因为他们都等于零。臣民除了君主的意志以外没有别的法律;君主除了他自己的欲望以外,没有别的规则。"①

因此,只有民主符合政治权利完全平等标准;而所有非民主制无不违背政治权利完全平等标准:寡头共和严重违背政治权利完全平等标准;有限君主制更加严重违背政治权利完全平等标准;专制完全且极端地违背政治权利完全平等标准。这是只有民主制才具有正价值——而所有非民主制皆具有负价值——的最根本的依据。

因为,如果实行专制等非民主制,那么,无论如何治理,无论明君贤臣如何倡导平等,国家最高权力毕竟掌握在一个人或少数人手中。这样一来,无论如何,岂不只有执掌最高权力的君主或寡头才是真正的主人,而其他人则都是最高权力执掌者的真正的奴隶?遍观古今中外专制国家,真正的主人岂不只有君主一人?这就是为什么只有他一人才被叫做"主公"的缘故。其他所有人,包括所谓"一人之下万人之上"的国家第二领导人,如宰相等,岂不都是专制者可以任意摆布和宰杀的奴才?所以,S.E.芬纳在给"专制"下定义时这样写道:"专制是一种统治者与被统治者的关系是主奴关系的统治形式。"② 因此,专制等非民主制国家,不论治理如何,人们相互间毕竟是一种地地道道的主奴关系,因而根本说来

---

① 卢梭:《人类不平等的起源和基础》,商务印书馆 1962 年版,第 146 页。
② 戴维·米勒等编:《布莱克维尔政治学百科全书》,中国政法大学出版社 1992 年版,第 194 页。

是极不平等的。

只有实行民主，每个公民才能够完全平等地执掌国家最高权力，每个人才能够完全平等地享有政治自由权利，每个人才能够完全平等地是国家的最高权力的掌握者，每个人才能够完全平等地是国家的最高统治者，每个人才能够完全平等地是握有最高权力的国家的主人。这样一来，人们相互间才能够真正达到平等；即使他们相互间的贫富贵贱相当悬殊，毕竟没有主奴之分，而同样是握有最高权力的国家的主人，因而根本说来是完全平等的。

想一想那些真正实现了民主——从而每个人完全平等地共同享有执掌国家最高权力的权利——的国家吧，谁能看出来总统与教授有多少不同吗？谁能看出来总统与平民有多少不同吗？真的，克林顿算个什么呀！他究竟有多大的权力啊！那个蹦蹦跳跳的布什简直就像个地地道道的网球手！他们与美国的教授、平民有什么不同？美国的平民百姓谁怕他们啊！就是那些最有权威最伟大的总统，如华盛顿、杰斐逊、麦迪逊、林肯等，真正讲来，与普通百姓也何其相似乃尔！他们与百姓的不平等，毫无疑义，远远不及专制社会的一个小小县太爷与百姓的不平等！为什么民主社会人与人之间是如此平等？说到底，岂不就是因为，民主社会的每个人都是完全平等地握有最高权力的国家的主人？

这就是为什么只有民主制才具有正价值——而所有非民主制皆具有负价值——的最根本原因：非民主制违背政治权利完全平等标准，因而非民主制国家人与人的关系必定是地地道道的主奴关系；而只有民主制才符合政治权利完全平等标准，因而只有民主制国家人与人的关系才是名副其实的平等关系。所以，科恩一再说："如果为民主的辩护完全无需估价它的后果，那这种辩护必须以无可怀疑的原则为基础。在目前这种辩护的情况下所依据的，是人人平等以及政治社会中人皆享有平等权的主张。"[①] "平等是民主合理性的关键。"[②] "平等是最接近民主的理论核心的。如果不允许或不承认成员享有基本平等，所有人平等参与管理的精神就会荡然无存。……只有在平等的情况下，才有理由相信应该实行民主，相信那是组

---

[①] 科恩：《论民主》，商务印书馆1988年版，第271页。
[②] 同上书，第278页。

织社会公共事务的正确的与适当的方式。"①

然而,政治权利完全平等标准还不是政治平等标准的全部内容。它仅仅是政治平等标准的一半,亦即政治自由权利或政治人权之完全平等标准;政治平等标准还有另一半,亦即政治权利比例平等标准:它是政治职务分配的平等标准。因为政治权利分为政治自由权利与政治职务权利。政治自由权利是最低的权利,是基本权利,是人权;政治职务权利则是比较高级的权利,是非基本权利,是非人权权利。因此,根据非基本权利比例平等标准,应该按照人们政治贡献大小而比例平等地享有担任政治职务的权利:每个人因其政治贡献(政治才能+道德品质)的不平等而应担任相应不平等的政治职务。换言之,每个人所担任的政治职务的不平等与自己的政治贡献(政治才能+道德品质)的不平等的比例应该完全平等。这就是衡量国家制度和国家治理好坏价值的"政治权利比例平等标准",亦即政治职务分配标准。那么,是否也只有民主制才符合——而所有非民主制无不违背——政治职务分配标准?

不难看出,非民主制无不违背政治职务分配标准。因为非民主制国家人与人的关系根本讲来必定是一种主奴关系。特别是专制,只有执掌最高权力的君主一人是主人,而其他所有人——包括所谓"一人之下万人之上"的国家第二领导人——都是专制者可以任意摆布和宰杀的奴才。因此,从专制制度的本性来看,一方面,理想的、有道的君主就是"明君"、"贤君"。有道的君主或明君、贤君就是德才兼备的国家和国民的主人,因而其首要且根本含义——正如孔子所言——就是一人独掌国家最高权力:"天下有道,则礼乐征伐自天子出,天下无道,则礼乐征伐自诸侯出……天下有道,则政不在大夫,天下有道,则庶人不议。"②

另一方面,官吏首要的美德便是"忠君"、"忠臣",亦即好奴才;官吏首要的才能就是"能臣",亦即能干的奴才;官吏首要的贡献就是维护专制统治。于是,专制国家政治职务分配的依据就必定是奴才的德才和奴才的贡献,亦即奴才对于主人或专制者的贡献,奴才为主人或专制者服务的美德和才能。要奴才而不要人才,说到底,要平庸的奴才而不要贤良的

---

① 科恩:《论民主》,商务印书馆1988年版,第279页。
② 《论语·季氏》。

奴才，原本是专制制度的本性。这样一来，所谓明，说到底，就是能够分辨好奴才（忠臣）和坏奴才（奸臣），因而能够远离坏奴才而将政治职务分配给好奴才。所谓昏，说到底，就是不能够分辨好奴才（忠臣）和坏奴才（奸臣），因而远离好奴才而将政治职务分配给坏奴才。

因此，任何专制统治，无论是制度还是治理，无论明君还是昏君，无论清明还是腐败，都必定极端违背政治职务分配标准。因为按照该标准，作为政治职务分配依据的政治贡献和德才，无疑是为国家服务的政治贡献和德才。国家的目的应该是增进每个国民的利益：当国民利益发生冲突不能两全时，应该保全最大多数人的最大利益。因此，作为政治职务分配依据的政治贡献和德才，说到底，也就是为每个国民服务的政治贡献和德才，亦即增进每个国民利益的政治贡献和德才。然而，在专制国家，忠臣和能臣之所以为忠臣和能臣，首要且根本的贡献和德才，却是维护专制统治，也就是维护君主一人独掌国家最高权力。这意味着：忠臣和能臣首要且根本的贡献和德才，就是既能够帮助专制者一人剥夺所有国民的各种平等权利，又能够使所有国民安乐于一个极端不平等、不公正的等级社会；就是既能够帮助专制者一人剥夺所有国民各种自由权利，使所有国民彻底丧失个性而不可能实现自己的创造性潜能，又能够使他们安乐于一个遭受全面的奴役、异化和不自由的社会。

这固然不是忠臣和能臣的全部贡献和德才，却必定是其首要且根本的贡献和德才。因此，任何专制，无论如何，都必定极端违背政治职务分配标准。因为即使是最好的专制统治，即使统治者都是明君、忠臣和能臣，他们分配政治职务的依据，首要和根本讲来，也绝不可能是为每个国民服务的贡献和德才，绝不可能是增进每个国民利益的政治贡献和德才；而只可能是维护专制统治的贡献和德才，只可能是维护君主一人独掌国家最高权力——从而剥夺所有国民各种自由和平等权利——的贡献和德才。更何况，这还是在假定明君和忠臣最好统治的条件下！

事实上，人无千日好，花无百日红。因此，专制统治下的政治职务分配，只是偶尔说来，才可能符合维护专制统治的贡献和德才标准；恒久说来，难免违背维护专制统治的贡献和德才标准，而充满君主一人主观好恶的任意性。试问，不用说昏君和暴君，即使在明君统治下，又能有几个忠臣和能臣有好下场的？翻阅历史，我们往往会看到这样令人唏嘘不已的史实：正是在明君的统治下，当忠臣和能臣听到自己被任命为一人之下万人之上的宰相时，居然会失声痛哭、坚辞不就。因为他深知，无论自己怎么做，无论自己的贡献有多么大，最后下场必定是不得好死；贡献越大越是难免被明君赐死。在不听命上任就会立刻被明君处死的威逼下，不得不上任之后，尽管他被恩赐免死牌，尽管他战战兢兢，如临深渊，如履薄冰，最后还是被明君赐死了。

不独专制，任何非民主制，不论是寡头共和制还是有限君主制，无论如何治理，也都必定违背政治职务分配标准。因为寡头共和制是少数寡头执掌最高权力；有限君主制是一人为主而与寡头共同执掌最高权力。因此，即使是最好的寡头和君主的最好的治理，寡头共和和有限君主制分配政治职务的依据，首要和根本讲来，也决不可能是为每个国民服务的贡献和德才，决不可能是增进每个国民利益的政治贡献和德才；而必定是维护寡头和君主统治的贡献和德才，必定是维护寡头和君主执掌国家最高权力——从而剥夺绝大多数国民各种自由和平等权利——的贡献和德才。

这岂不意味着：只有民主符合政治职务分配标准？确实如此。因为民主的最深刻的本性就是全体公民完全平等地共同执掌国家最高权力。这样一来，人与人相互间就真正达到了平等；即使他们相互间的贫富贵贱相当悬殊，毕竟没有主奴之分，而同样是握有最高权力的国家的主人，因而根本说来是完全平等的。因此，民主制国家分配政治职务的依据，必定是为全体国民——而不像专制等非民主制那样是为一人和少数人——服务的政治贡献和德才，必定是增进每个国民——而不是一人和少数人——利益的政治贡献和德才：谁作出增进全体国民利益的政治贡献，谁具有增进全体国民的美德和才能，大权在握的全体国民显然就会选择谁来担任政治职务；谁作出较大增进全体国民利益的政治贡献，谁具有较大增进全体国民的美德和才能，大权在握的全体国民显然就会选择谁来担任较大的政治职务。因此，民主就其制度本性来说，不但必定完全符合政治自由权利完全平等标准，而且因此必定完全符合政治职务权利比例平等标准：根据增进全体国民利益的政治贡献和德才的不平等，而分配相应不平等的政治职务。

民主必定完全符合政治职务分配标准的制度本性，决定了民主制国家治理活动，恒久说来，必定符合政治职务分配标准。因为正如穆勒所言：

"每个人是他自己的权利和利益的唯一可靠捍卫者。"① 谁增进全体国民利益的政治贡献究竟如何？谁增进全体国民利益的政治品德和政治才能究竟如何？究竟应该选择谁担任何种政治职务来增进全体国民利益？唯一可靠的判断者、选择者和捍卫者只能是全体国民自己，只能是民主。因此，民主是唯一能够可靠保障"政治职务分配活动依据增进全体国民利益的政治贡献和德才"的国家制度，是唯一能够可靠保障"政治职务分配活动符合政治职务分配标准"的国家制度。

诚然，任何人任何活动都难免犯错误。民主制分配政治职务的活动也难免错误而违背政治职务分配标准。但是，一方面，错误是真理之母，是达成真理的一个阶段。另一方面，正如波普所言，民主与非民主制根本不同，具有改正自己错误从而更换政府及其官吏的机制和制度："我们可以区分两种类型的政府。第一种类型所包括的政府是可以不采取流血的办法而采取例如普选的办法来更换的那些政府；这就是说，社会建构提供一些手段使被统治者可以罢免统治者，而社会传统又保证这些建构不容易被当权者所破坏。第二种类型所包括的政府是被统治者若不通过成功的革命就不能加以更换的那些政府——这就是说，它们在绝大多数情况下是根本不能除掉的。我建议，'民主'这个词是第一种类型的简略代号，而'专制'或'独裁'是第二种类型的简略代号。"② 因此，民主必定会不断地改正错误，正确识别和选择真正能够增进国民自己利益的政府和官吏，因而恒久说来，必定符合政治职务分配标准。

### 2. 民主与非民主制的价值：根据全部平等标准

就其制度本性来说，民主不但完全符合政治平等标准，而且必定因此符合经济平等标准和机会平等标准乃至全部平等标准；专制等非民主制不但违背政治平等标准，而且必定因此违背经济平等标准和机会平等标准乃至全部平等标准。因为政治平等是实现人与人相互间一切平等的根本保障。试想，如果实行民主从而实现政治平等标准，那么，每个人便完全平

---

① John Stuart Mill, *On Liberty · Representative government · Utilitarianism*, Chicago: Encyclopaedia Britannica, Inc., 1952, p. 344.

② 波普：《开放的社会及其敌人》，山西高校联合出版社1992年版，第132页。

等地共同执掌国家最高权力。这样一来,每个人所应该享有的其他平等权利,如经济平等权利和机会平等权利等,能否实现,便完全取决于自己的意志,因而是有保障的。反之,如果实行非民主制,国家最高权力不是掌握在每个人手中,而是仅仅掌握在一个人或一些人手中,那么,每个人的其他平等权利能否实现,便完全取决于握有最高权力的那一个人或那一些人的意志,而不是取决于自己的意志,因而是无保障的。特别是专制国家,每个人不但根本没有什么平等权利可言,甚至根本没有什么权利可言。因为每个人的一切,正如管子所言,都完全取决于专制君主的意志:"明王之所操者六:生之、杀之、富之、贫之、贵之、贱之。"① 试问,生活在这样的国度里,还可能有什么平等权利可言?纵使有,也显然毫无保障、随时都会丧失。

民主就其制度本性来说,不但是实现全部平等标准的根本保障,而且是实现全部平等标准的充分且必要条件。因为民主意味着每个国民完全平等地共同执掌国家最高权力。这样一来,国家如何给每个人分配权利便是由全体国民完全平等地共同决定的。那么,全体国民究竟会决定如何分配权利呢?我们知道,最高权力执掌者的行为具有使自己利益最大化的必然趋势:怎样的行为能够给他们带来最大利益,他们就必然会怎样行动。因此,怎样分配权利对全体国民最有利,全体国民就必定会怎样分配权利。那么,怎样分配权利对全体国民最有利呢?

不难看出,一方面,按照每个人对全体国民的经济贡献来分配经济权利,能够使全体国民的利益最大化。因为按照每个人对全体国民的经济贡献来分配经济权利,意味着:谁对全体国民付出较多的劳动等经济贡献,谁就会享有较多的经济权利。这样一来,每个人为全体国民贡献经济利益,就等于为自己谋取经济利益,因而每个人都会像为自己那样积极为全体国民谋取利益,最终使全体国民的利益最大化。因此,民主制经济权利分配必定根据每个人对全体国民的经济贡献,因而必定符合经济平等标准:谁对全体国民付出较多的劳动等经济贡献,谁就会享有较多的经济权利;谁对全体国民作出较少的经济贡献,谁就会享有较少的经济权利。这样,每个人所享有的经济权利的多少,与他为全体国民所付出的劳动量等

---

① 《管子·任法》。

经济贡献的多少的比例完全平等。这岂不就是经济平等标准？

另一方面，国家或政府所提供的发展才德、作出贡献、竞争职务和地位以及权力和财富等非基本权利的机会，只有人人平等，才能够使全体国民的利益最大化。因为机会人人平等，意味着：人人都有机会发挥自己的潜能和德才，从而作出自己所能够作出的贡献，成为可能成为的最有价值的人。这样一来，岂不就使全体国民的利益最大化？相反地，如果机会不能人人平等，则意味着：仅仅一些人有机会——而另一些人则没有机会——发展自己的潜能和德才，仅仅一些人有机会——而另一些人则没有机会——作出自己所能够作出的贡献，仅仅一些人有机会——而另一些人则没有机会——成为可能成为的最有价值的人。这样一来，岂不就不能使全体国民的利益最大化？因此，就制度本性来说，民主制对于机会权利的分配必定符合机会平等标准：国家或政府所提供的发展才德、作出贡献、竞争职务和地位以及权力和财富等非基本权利的机会，是每个国民的基本权利，是全社会每个人的人权，应该人人完全平等。

相反地，就制度本性来说，专制等非民主制不但必定违背政治平等标准，而且必定违背全部平等标准。因为非民主制国家最高权力执掌者是君主和寡头。君主和寡头使自己利益最大化的行为，无疑是维护自己对绝大多数人的统治。君主和寡头维护统治的首要行为，无疑是获得各级官员——特别是高级官员——的拥护。君主和寡头获得各级官员——特别是高级官员——的拥护的首要途径，无疑是使他们——特别是高级官员——获得在民主制得不到的巨大利益。否则，他们怎么会甘愿维护君主一人——或极少数寡头——独掌国家最高权力？他们怎么会帮助专制者一人或极少数寡头剥夺所有国民的各种自由和平等权利？他们怎么会同意自己应该与所有人共同执掌的最高权力被剥夺而甘愿做君主和寡头的奴才呢？

因此，君主和寡头要使自己利益最大化，要维护自己对绝大多数人的统治，就必定要对政治权利、经济权利和机会权利等一切权利进行不平等的分配，必定要赋予各级官吏——特别是高级官员——在民主制得不到的巨大的经济权利、机会权利等权利，因而必定要剥夺绝大多数人应该享有的政治权利、经济权利和机会权利等各种权利，严重违背政治平等标准、经济平等标准和机会平等标准。因此，宋翔凤论及中国专制社会的财富分配时这样写道:"三代以下,未有不仕而能富者。"① 这就是为什么非民主制——特别是专制——社会必定是一种极端违背全部平等标准的等级制社会的缘故。

可是,有学者以中国专制社会的千年科举制度为例,断定专制可能符合机会平等标准,从而否定专制必定违背全部平等标准。诚然,科举制度体现了机会平等精神,完全是一种机会平等。但若由此断言中国的专制和科举制度符合机会平等标准,是不能成立的。其一,机会平等标准所确立的机会平等,是赋予每个人的机会平等:国家或政府所提供的机会是全社会每个人的人权,应该人人完全平等。可是,科举制度所提供的平等机会却不是给予每个人的,如清代规定:"凡出身不正,如门子、长随、小马、驿地车夫、皂隶、马快、步快、盐快、禁卒、弓兵之子孙,均不准应试。"② 其二,机会平等标准所确立的平等机会,乃是政府所提供的竞争政治和经济等全部权利的全部机会。可是,科举制度所提供的平等机会,却仅仅是竞争政治职务的机会,亦即所谓"入仕机会平等"。其三,机会平等标准所确立的竞争政治职务的机会平等,乃是竞争全部政治职务的机会。可是,科举制度所提供的并不是担任全部政治职务的机会平等,并不包括最高政治职务,而只是竞争最高政治职务之外的政治职务的机会平等,亦即所谓"王位之下的众人平等"。其四,机会平等标准所确立的竞争政治职务的机会平等,乃是竞争政治职务的全部机会。可是,科举制度所提供的平等机会仅仅是竞争政治职务的一种机会,而不是全部机会,如有些人通过皇帝和朝廷的特别任命而无需科举考试就可以获得官位。最后,机会平等标准所确立机会平等,包括两类机会平等。一类叫做"竞争权利的机会平等",它是竞争非基本权利的目标的机会平等,主要是获得职务和地位、权力和财富的机会平等。这种机会平等可以归结为"职务和地位唯才德是举而向所有人开放"。它是形式的、表层的机会平等。另一类则叫做"发展潜能的机会平等",它是竞争非基本权利的手段的机会平等,主要是受教育的机会平等。这种机会平等可以归结为"每个人的才德都有平等的机会发挥"。它是实质的、深层的机会平等。中国专制

---

① 刘泽华:《中国的王权主义》,上海人民出版社 2000 年版,第 58 页。
② 何怀宏:《选举社会及其终结》,生活·读书·新知三联书店 1998 年版,第 109 页。

和科举制度所提供的显然仅仅是形式的、表层的机会平等，而不是实质的、深层的机会平等。因为那时没有公共教育制度，绝大多数穷人显然没有能力承担多年读书应考的费用。因此，王亚南批驳钱穆讴歌科举制度的平等精神时这样写道：

> 官人举士之法，历代并不限于科举。宋代对于科举异常重视，且于科举制度之改革，贡献尤多，但"宋开国时，设官分职，尚有定数。其后荐辟之广，恩荫之滥，杂流之猥，祠禄之多，日增月益，遂至不可纪极"（赵翼著《二十二史札记》，宋）。官从这些方面杂滥取得的多了，而从科举入仕的就少了。其他不讲，仅恩荫一项，就多到了可怕的程度。依宋任子制：一人入仕，其子孙亲族，俱可得官，官愈大，所荫愈多。甚有荫及本宗以外之异姓，荫及门客、医生的。高宗时，中书舍人赵思诚曾力言恩荫妨碍仕途之弊，谓"孤寒之士，留在选部，皆俟数年之阙。大率十年不得一任。今亲祠之岁，任子约四千人，是十年之后，增万二千员，科举取士不与焉，将见寒士有三十年不调者矣"（《文献通考》，选举考七）。明、清两代在形式上，虽惩宋之弊，把恩荫的方式变缓和了，但明初荐举盛行，此后亦杂流并用，清以科目、贡监、荫生为正途，荐举、捐纳、吏员为异途。特别是捐纳一项，明有纳粟监之例，清自嘉道以后，内官至郎中，外官自道府而下，皆可报捐。恩荫既行，不仅为变相世袭之继续，且还推恩于贵者之亲故；而捐纳之设，又无异为富者大开方便之门。我们历史学家讴歌之"平等社会"，原来如此。①

可见，中国专制及其科举制度固然可以体现某种机会平等精神，甚至确立了一种至关重要的机会平等，亦即所谓"入仕机会平等"；但是，这些机会平等并不符合机会平等标准。专制就其制度本性来说，绝不可能符合机会平等标准。因为机会平等标准是专制的死敌，如果中国的专制及其科举制度符合和贯彻机会平等标准，那就推翻专制统治了。试想，如果一个皇帝按照机会平等标准，实行包括竞争最高政治职务——亦即帝位——

---

① 王亚南：《中国官僚政治研究》，中国社会科学出版社1981年版，第87页。

第九章　民主与非民主制的价值：根据国家制度最高价值标准与根本价值标准　531

的机会平等，岂不意味着自己放弃帝位？如果一个专制者按照机会平等标准，实行竞争全部权利的全部机会完全平等，从而剥夺官吏们——特别是高级官员——的种种特权，那么，他们怎么会维护专制者一人独掌国家最高权力？他们怎么会帮助专制者一人剥夺所有国民的各种自由和平等权利？他们怎么会同意自己应该与所有人共同执掌的最高权力被剥夺而甘愿做专制者的奴才呢？对此，王亚南曾有鞭辟入里的激愤之辞：

> 一个把专制君主顶在头上，还需要各种封建势力来支撑场面的官僚社会，它如何能允许真正选贤任能的考试制度！它又如何能允许全国的用人大权，都交给旁人去执行！专制君主及其大臣们施行统治，没有用人的特殊权力，没有任意提拔人的特殊权力，就根本无法取得臣下的拥戴。任何人走上仕途，如全凭考试，他们就不会对上峰表示特殊恩遇，这与以前经九品官人法安流平进的人士，不肯"竭智尽心，以耀恩宠"一样。所以，任一施行科举制的王朝，都必得为专制君主保留钦定的制举方式，必得为其他大官僚保留诠选、选授、衡鉴一类的拔用方式，所有这些，再加前述的荫补、捐纳，不但会影响到科举的名额，并会多方限制已录取待任用及已录用待升迁者的做官机会。一面昌言科举取士，一面又用种种方式抵消科举取士的作用，不是非常矛盾么？[①]

因此，中国的专制及其科举制度不可能符合机会平等标准，而只能实行这样一种特殊的机会平等，只能体现这样一种特殊的机会平等精神，这种机会平等和机会平等精神之所以特殊，就在于它使庶民精英一门心思跳出庶民阶级的火坑，而挤进高高耸立于庶民之上的官吏阶级；因而它只可能加强而决不会消除专制所必需的政治、经济和社会地位极端不平等的等级制度，从而更好地维护专制统治。这就是中国专制和科举制度所具有的特殊的机会平等之真谛：它能够加强专制所赖以生存的等级制度从而有利于专制统治。因此，王亚南说：

---

[①] 王亚南：《中国官僚政治研究》，中国社会科学出版社1981年版，第88—89页。

我们不否认科举制也希望能达到选贤任能的目的，但它的更大目的，却在于把人的思想拘囚于一定范式中；在于使人的意志集中到一定目标上；在于以形式平等的手段，模糊知识水准逐渐提高了的一般人士的种族或阶级意识。如其说，它对于前一目的的达成，过于有限，但对于后一更大目的的成就，就确不算小了：试想，纲常教义自中世分立局面以后，不是重复成为我国的正统思想么？社会进步了，文化也逐步开展，一般"居仁有义"、吟诗作赋的有识之士，不是日益薰心于利禄，而不复以国家、民族、人民的安危死活为念么？统治者是异族，他们就忠于异族（虽然其间也有少数不仕异族的坚贞人士），统治者是同族，他们就做同族的官。做官第一主义，本来由儒家的政治哲学立下了坚实的基础，但其充分发挥，却是由于科举制。①

总而言之，专制等非民主制必定违背全部平等标准；而唯有民主符合全部平等标准。诚然，这只是就制度本性——而不是就治理活动——来说的。就治理活动来说，民主制国家的治理活动无论如何完善，也决不可能完全符合全部平等标准；而必定存在各种违背平等标准的政治不平等、经济不平等和机会不平等现象。但是，这种不平等必定是偶然的、偶尔的、非常的和局部的特例，而不可能是恒久的、必然的、正常的和整体的惯例。因为这种不平等不是制度问题，而纯粹是统治者和治理活动的问题，说到底，是统治者的错误和治理活动的错误之结果，如认识失误、实践失败、用人不当、徇私舞弊、贪赃枉法等。相反地，非民主制国家治理活动违背平等标准的政治不平等、经济不平等和机会不平等现象，决不是偶然的、偶尔的、非常的和局部的特例，而必定是恒久的、必然的、正常的和整体的惯例，以致宋翔凤断言："三代以下，未有不仕而能富者。"② 究其实，显然因为这种不平等是制度问题，而不仅仅是统治者和治理活动的问题。

---

① 王亚南：《中国官僚政治研究》，中国社会科学出版社1981年版，第89页。
② 刘泽华：《中国的王权主义》，上海人民出版社2000年版，第58页。

## 3. 民主与非民主制的价值：根据人权和公正标准

民主符合全部平等标准，意味着：民主符合人权标准。反之，专制等非民主制违背全部平等标准，意味着：专制等非民主制违背人权标准。因为，如前所述，平等标准就是权利平等分配标准，说到底，就是人权（亦即基本权利，如政治自由权利、经济自由权利、思想自由权利和机会平等权利等）与非人权权利（亦即非基本权利、比较高级的权利，如高官的政治权利和富豪的财产权利等）平等分配标准：一方面，每个人因其最基本的贡献完全平等——每个人一生下来便都同样是创建社会的一个股东——而应该完全平等地享有基本权利、完全平等地享有人权，这是完全平等标准，亦即所谓人权标准；另一方面，每个人因其具体贡献的不平等而应享有相应不平等的非基本权利，也就是说，每个人所享有的非基本权利的不平等，与自己所做出的具体贡献的不平等的比例应该完全平等，这是比例平等标准，是非人权权利分配标准。这样一来，人权标准便完全属于平等标准，是平等标准的一部分。因此，民主符合平等的全部标准，便意味着：民主完全符合人权标准；相反，专制等非民主制违背全部平等标准，便意味着：专制等非民主制完全违背人权标准。

不但此也！民主符合全部平等标准，意味着：民主符合公正标准。反之，专制等非民主制违背全部平等标准，意味着：专制等非民主制违背公正标准。因为仅仅平等还不是道德原则和价值标准。如果平等违背公正，平等就具有负价值，就是不应该、不道德的，就是恶的，决不可能是道德原则和价值标准；只有在平等符合公正的条件下，平等才具有正价值，才是善的，才是应该如何的道德原则和价值标准。所以，全部平等标准都从属于公正范畴：平等标准是一种特殊的公正标准，亦即最根本、最重要的公正标准。这可以从两方面看：

一方面，公正的核心和基础问题，正如穆勒所言，乃是权利分配："公正观念的本质就是个人权利。"[①] 德沃金甚至将公正归结为权利分配：

---

① Robert Maynard Hutchins, *Great Books of The Western World*, Volume. 43. UTILITARIANISM, by, John StuartMill, Encyclop Aedia Britannica, Inc., 1980, p. 473.

"正义是给予每个人按权利应当获得的东西。"① 另一方面，平等标准就是权利分配标准，就是权利平等标准，可以归结为权利分配五大标准：平等总标准——基本权利完全平等和非基本权利的比例平等标准——以及政治权利平等标准、经济权利平等标准和机会权利平等标准。因此，法国《人权宣言》说："平等就是人人能够享有相同的权利。"我国《辞海》亦如是说："平等是人们在社会上处于同等的地位，在政治、经济、文化等各方面享有同等的权利。"

于是，合而言之，可以得出结论说：平等标准是最根本最重要的公正标准。所以，亚里士多德说："所谓公正，它的真实意义，主要在于平等。"② 这样一来，民主符合平等的全部标准，便意味着：民主，根本且主要讲来，完全符合公正标准；相反，专制等非民主制违背全部平等标准，根本且主要讲来，完全违背公正标准。因此，科恩说："所有政体之中，民主是最可能保证社会各成员及各阶层获得公正待遇的。"③ 精确言之，毋宁说：只有民主才符合公正标准；而专制等非民主制都违背公正标准。

确实，最根本最主要的权利分配无疑是政治权利分配，说到底，亦即政治自由权利分配。因为政治自由权利乃是执掌国家最高权力从而使国家政治按照自己意志进行的权利：政治自由权利就是执掌国家最高权力的权利。因此，政治自由权利便是获得其他一切权利的根本保障，因而是最根本、最主要的权利。这样一来，政治自由权利分配的公正就是最根本、最主要的公正；政治自由权利分配的不公正就是最根本、最主要的不公正。政治自由权利属于人权范畴，因而对它的公正分配只能是人人完全平等：每个人都应该完全平等地执掌国家最高权力，从而完全平等地使国家政治按照自己的意志进行，亦即完全平等地享有政治自由。这就是政治自由权利完全平等标准，亦即政治人权标准，说到底，亦即政治自由权利分配的公正标准。

因此，唯有民主制符合政治人权标准和政治自由权利分配的公正标

---

① 德沃金：《认真对待权利》，中国大百科全书出版社1999年版，第264页。
② 亚里士多德：《政治学》，商务印书馆1996年版，第153页。
③ 科恩：《论民主》，商务印书馆1988年版，第218页。

准；而非民主制无不违背政治人权标准和政治自由权利分配的公正标准。因为所谓民主，可以顾名思义，就是没有官职的庶民或被统治者控制国家最高权力，就是被统治者与统治者完全平等地执掌国家最高权力，从而完全平等地拥有政治自由。因此，民主制——并且唯有民主制——完全符合政治人权标准和政治自由权利分配的公正标准。非民主制则无不违背政治人权标准和政治自由权利分配的公正标准：专制是一人独掌国家最高权力，因而极端违背政治人权标准和政治自由权利分配的公正标准；寡头共和与有限君主制是一人或寡头执掌国家最高权力，因而严重违背政治人权标准和政治自由权利分配的公正标准。

因此，民主制本身就是政治自由权利的公正分配，就是政治人权的实现，就是人类社会最根本、最重要、最主要的人权和公正之实现；专制等非民主制本身就是政治自由权利的不公正分配，就是对国民政治人权——亦即国民最根本、最重要、最主要的人权——的剥夺，就是人类社会最根本、最重要、最主要的不公正。所以，一个国家的治理活动不论如何不公正和无人权，只要实行民主制，那么，该国家也实现了政治自由权利分配的公正，因而也就实现了最根本、最重要、最主要的人权，也就实现了最根本、最重要、最主要的公正：该国就其最根本、最主要、最重要的方面来说是一个完全公正和享有人权的国家。相反地，一个国家的治理活动不论如何公正和有人权，如果实行专制，那么，该国便极端违背政治自由权利分配的公正标准，因而该国就其最根本、最重要、最主要的方面来说，必定是一个极端不公正和无人权的国家。

究其实，不论治理活动如何，民主制国家，恒久说来，决不可能不公正和无人权：不论是政治权利分配的不公正和无人权，还是经济等其他权利分配的不公正和无人权。因为民主制国家是人民执掌最高权力，因而每个公民不但必定享有政治自由、政治人权和政治公正，而且每个公民能否享有其他自由、人权和公正，如思想自由、经济自由和经济公正等，便完全取决于自己的意志，因而是有保障的。因此，如前所述，民主国家人民没有这些自由、人权和公正的状态必定是短暂的特例；而不可能是恒久的常规。

相反地，专制等非民主制国家，恒久说来，决不可能公正和有人权：不论是政治权利分配的公正和人权，还是经济等其他权利分配的公正和人权。因为专制等非民主制国家是一人或寡头执掌国家最高权力，因而人民所享有的自由、人权和公正无论多么多，都只能是非政治自由、非政治人权和非政治公正，如经济自由和思想自由等。人民所享有的这些自由、人权和公正，完全取决于专制者一人或少数寡头的意志，因而毫无保障、随时都会丧失。因此，如前所述，这些自由、人权和公正必定是暂时的特例；而不可能是恒久的惯例。

如果说违背全部人权标准和全部公正标准是专制等非民主制国家的恒久惯例，那么，违背经济公正标准则与违背政治公正标准一样，乃是专制等非民主制国家的必然的、绝对的和无条件的固有特征。因为专制等非民主制国家必定剥夺国民的政治人权和违背政治自由权利分配的公正，不是所有人共同执掌最高权力，而仅仅是一人或寡头执掌国家最高权力，因而必定形成政治权力垄断：垄断政治权力的群体不但必定压迫——而且必定剥削——没有政治权力的群体。

因为剥削的真正源头就是权力——经济权力与政治权力——垄断。经济权力垄断，众所周知，可以分为两大类型：产品市场的卖方垄断与劳动市场的买方垄断。这两种垄断之所以是剥削的根源，正如萨缪尔森所言，乃是因为垄断意味着垄断者在一定程度上控制价格，因而势必导致价格与价值的背离，导致不等价交换：不等价交换是垄断价格规律，正如等价交换是自由竞争的价格规律一样。只不过，产品市场的卖方垄断因其是卖方垄断，所导致的价格与价值的背离，当然是价格高于价值或边际成本："垄断所导致的 P 与 MC 的脱离意味着对劳动的'剥削'……工会在垄断企业中提高工资的行动并不能消除这种剥削。受到剥削的是整个社会，改变这种状况是反托拉斯政策的一个任务。"①

劳动市场的买方垄断因其是买方垄断，所导致价格与价值的背离，则显然是价格低于价值，亦即劳动价格或工资低于劳动价值，低于劳动的边际产品。工资低于劳动价值或劳动的边际产品的差额，无疑是劳动者所创造的被资本家和地主无偿占有的剩余价值，因而也就是资本家和地主对劳动者的剥削。因此，地主和资本家对劳动者的剥削——亦即工资低于劳动价值或劳动的边际产品的差额——正如萨缪尔森所言，乃是劳动市场买方

---

① 萨缪尔森：《经济学》中册，商务印书馆 1986 年版，第 171 页。

垄断的必然结果:"剥削来源于雇主在购买劳动时的垄断力量(即所谓'买方垄断')。"①

因此,剥削源于经济权力垄断,亦即源于劳动市场的买方垄断与产品市场的卖方垄断。那么,剥削的主要根源是否可以归结为产品市场的卖方垄断与劳动市场的买方垄断? 萨缪尔森和罗宾逊的回答是肯定的。② 殊不知,剥削源于权力垄断,因而势必与所垄断的权力的高低大小强弱成正比:权力越高越强越大,剥削便越深重;权力越低越弱越小,剥削便越轻浅。一个国家的最高权力无疑属于政治权力范畴,因而政治权力统治和支配经济权力,高于大于重于经济权力,是最高最大最强的权力。因此,如果经济权力垄断必定导致剥削,那么,政治权力垄断就必定导致更加深重的剥削。对此,马拥军已有所见:"没有民主,政治权力被部分人所垄断,是政治剥削延续的社会基础。"③

如果说经济权力垄断主要通过控制价格实现剥削,那么,政治权力垄断的剥削方式是什么?马拥军答曰:"政治剥削集中表现为特权,即对公共资源的垄断。享有特权的个人借对公共资源的垄断无偿占有其他个人的劳动成果。"④ 诚哉斯言!政治权力垄断的剥削方式,主要讲来,确实是对公共资源的控制,亦即控制税收和国有资源、公共资源。当然,不论任何国家,政治权力都控制税收和国有资源、公共资源。但是,政治权力对税收和国有资源、公共资源的控制未必导致剥削。因为实行民主制的国家,每个人完全平等地执掌最高权力,从而每个人也就完全平等地控制税收和国有资源、公共资源。每个人都完全平等地控制税收和国有资源、公共资源,显然不会导致剥削。

相反地,实行专制等非完全民主制的国家,一部分人垄断了最高权力和政治权力,另一部分人则没有政治权力,因而分为两大群体:垄断政治权力的群体和没有政治权力的群体。这样一来,便只有政治权力垄断群体

---

① 萨缪尔森:《经济学》中册,商务印书馆1986年版,第232页脚注。
② 同上书,第232—233页;罗宾逊:《不完全竞争经济学》,商务印书馆1961年版,第236页。
③ 马拥军:《论剥削的历史形式》,《福建省社会学2006年年会论文集》,第352页,中国期刊网期刊全文数据库。
④ 同上。

才能控制税收和国有资源、公共资源，因而势必通过控制税收和国有资源、公共资源而无偿占有没有政治权力的群体的利益：控制税收和国有资源、公共资源是政治权力垄断的主要剥削方式。对于这个道理，赖特曾有详尽论述。通过这些论述，他得出结论说："国家官僚精英占有剩余的能力建立在他们对社会生产性资源的有效控制的基础上。"①

剥削显然意味着经济不公正：剥削岂不就是含有无偿占有的不公正的利益交换活动？因此，专制等非民主制国家，不论治理活动如何，不但必定政治不公正，而且必定因政治不公正而导致经济不公正：政治和经济双重不公正是非民主制国家的必然的、绝对的和无条件的固有特征。相反地，实行民主制的国家，每个人都完全平等地执掌国家最高权力，从而不但实现了最根本的政治公正，而且消除了政治权力垄断，因而也就消除了政治权力垄断所必然导致的经济不公正。

诚然，生产资料私有制的民主国家不可能——只有公有制的民主制国家才能够——消除经济权力垄断，从而消除经济权力垄断所必然导致的剥削和经济不公正。但是，在生产还不够高度发展和国民思想觉悟尚未普遍提高的历史条件下，私有制和剥削或经济不公正虽然是恶，却能够避免更大的恶——效率低下和公有制的全权（政治权力＋经济权力）垄断的剥削——因而是必要恶。必要恶属于善的范畴，因而不属于不公正：不公正只能属于恶的范畴。这意味着，在生产还不够高度发展和国民思想觉悟尚未普遍提高的历史条件下，经济不公正只有一个来源：非民主制的政治权力垄断。因此，在这种历史条件下，一个国家只要实现了民主——而不必实现公有制——就意味着实现了经济公正。

只有在生产高度发展和国民思想觉悟普遍提高的历史条件下，私有制及其剥削或经济不公正才是有害无益的纯粹恶，因而才真正属于经济不公正范畴。只有在这种历史条件下，仅仅民主制还不能实现经济公正，而必须"民主制＋公有制"才能够实现经济公正。但是，真正讲来，即使在这种历史条件下，只要实行民主制，恒久说来，就必定实现了经济公正。因为在这种历史条件下，如果实现了民主制，那么，最高权力实际上必定执掌于没有生产资料或经济权力的人民大众手里。人民大众显然不会长久

---

① 赖特：《后工业社会中的阶级》，辽宁教育出版社 2004 年版，第 36 页。

忍受对自己有害无益的私有制及其所造成经济不公正,而必定废除私有制,消除经济权力垄断,从而实现经济公正。因此,不论在任何历史条件下,民主制就意味着经济公正:民主制国家,恒久说来,必定实现经济公正。

# 第十章

# 民主与非民主制的价值：
# 根据国家制度终极价值标准

**本章提要**

　　一方面，衡量国家制度和国家治理好坏的价值终极标准，是增减全社会和每个人利益总量；而增减全社会和每个人利益总量，归根结底，取决于国民品德状况和国家繁荣进步而与其成正比：国民品德越加良好，国家越加繁荣进步，必定越加增进全社会和每个人利益总量，因而必定符合价值终极标准；国民品德越加败坏，国家越加停滞不前，必定越加减少全社会和每个人利益总量，因而违背价值终极标准。另一方面，民主制不但是国民总体品德良好的直接且终极原因，而且是国家繁荣进步的根本原因，因而极大地增进全社会和每个人利益总量，极其符合国家制度价值终极标准；相反地，专制等非民主制不但是国民总体品德败坏的直接且终极原因，而且是国家停滞不前的根本原因，因而极端减少全社会和每个人利益总量，极端违背国家制度价值终极标准。

## 导言　运用价值终极标准评估国家
## 　　　制度好坏的科学方法

　　当我们运用国家制度和国家治理的终极价值总标准——增减全社会和每个人利益总量——来评估民主与专制等非民主制的价值的时候，就会感到全社会和每个人利益总量过于笼统，难以准确衡量民主与专制的价值。

怎么办？科学的方法恐怕是首先对全社会和每个人利益总量进行分类；然后用所划分出来的更加具体的利益评估民主与专制的价值，就可以准确无误了。这个道理，穆勒曾有十分精辟的论述："既然不得不将社会利益总量这样一个复杂东西作为衡量政府好坏的标准，我们就应该尝试对这些利益作某种的分类……如果我们弄清了社会利益是由如此这般的因素组成，问题就很容易解决了；这些因素之一要求这样的条件，另一因素要求其他条件；那么，能够最大程度地将所有这些条件结合一起的政府就必定是最好的政府。"①

可是，应该将全社会和每个人利益总量分成哪些具体种类呢？穆勒发现，以往学者的分类可以归结为"秩序"和"进步"。这种分类在穆勒看来是不科学的；因为秩序"虽然是一个必要条件，却不是政府的目的。"②因此，穆勒说："在好政府的定义中如果略去'秩序'而代之以'最有助于进步'，从哲学上说就更正确些。"③但是，穆勒认为衡量国家制度好坏的最根本的因素还不是国家的繁荣进步，而是国民品德状况：

> 如果我们自问，好政府就其所有的意义——从最低微到最崇高——来说，究竟依靠什么原因和条件，我们就发现其中主要且高于其他一切的，是作为统治对象的组成社会的人们的品质……好政府的第一要素既然是组成社会的人们的美德和智慧，那么，任何政府形式所能具有的最重要的优点就是促进人们本身的美德和智慧。对任何政治制度来说，首要问题就是，它们究竟能在何种程度上有助于培养社会成员的各种可向往的品质，亦即道德的和智力的，或者——按照边沁更完全的分类——道德的、智力的和积极的。在这方面做得最好的政府，就意味着在其他一切方面是最好的，因为政府的实际工作中一切可能的优点正是有赖于这些品质。因此，我们认为可以把政府在增进被统治者的好品质的总和方面所能达到的程度，看作区别政府好坏的

---

① John Stuart Mill, *On Liberty · Representative government · Utilitarianism*, Chicago: Encyclopaedia Britannica, Inc., 1952, p. 333.
② Ibid.
③ Ibid., p. 335.

一个标志。①

确实，国家制度和国家治理好坏的终极价值总标准，可以归结为国家繁荣进步与国民品德状况：民主和专制等非民主制的价值，归根结底，取决于它们对国民品德和国家繁荣的效用。因为国家制度好坏的价值终极总标准，是增减全社会和每个人利益总量；而增减全社会和每个人利益总量，归根结底，无疑取决于国民品德状况和国家繁荣进步而与其成正比：国民品德越加良好，国家越加繁荣进步，必定越加增进全社会和每个人利益总量，因而必定符合价值终极总标准；国民品德越加败坏，国家越加停滞不前，必定越加减少全社会和每个人利益总量，因而违背价值终极总标准。

确如穆勒所言，国民品德状况是更加根本的标准。因为国民品德状况与国家繁荣进步显然是原因与结果、始源与派生或决定与被决定关系。究竟言之，不独国家，任何一个社会，小至家庭，大至国家，能否繁荣进步，皆取决于其成员的品德：如果每个人品德良好，都积极谋求该社会的利益，该社会必定繁荣进步；如果每个人品德败坏，都偷盗拐骗而不去谋求该社会的利益，该社会怎么可能繁荣进步？每个人的品德如果败坏到一定程度，该社会岂不就必定瓦解崩溃而不复存在？更不用说繁荣进步了。因此，国家繁荣进步还是停滞不前，直接决定全社会和每个人利益总量的增减，因而也就是符合还是违背国家制度价值终极总标准的直接指标，是国家制度好坏的直接指标。相反地，国民品德状况直接决定国家是否繁荣进步，从而最终决定全社会和每个人利益总量的增减，因而是符合还是违背国家制度价值终极总标准的根本指标，是国家制度好坏的根本指标。

然而，国民品德状况和国家繁荣进步仅仅是终极价值总标准的具体化；而并非全部终极价值标准的具体化。因为，如前所述，"增减全社会和每个人的利益总量"仅仅是价值终极总标准：它在国民利益不发生冲突而可以两全情况下表现为"无害一人地增加利益总量"价值终极分标准；它在国民利益发生冲突而不能两全的情况下表现为"最大多数人的最大利益"价值终极分标准。显然，这两个价值终极分标准与笼统空泛

---

① John Stuart Mill, *On Liberty · Representative government · Utilitarianism*, Chicago: Encyclopaedia Britannica, Inc., 1952, pp. 336–337.

的价值终极总标准不同，本身已经足够具体，可以直接准确无误地衡量民主与专制的价值。这样一来，运用价值终极标准评估国家制度好坏的科学方法最终可以归结为三个层次：首先，根据全部价值终极标准，主要是全部价值终极分标准，特别是最大多数人的最大利益标准；其次，根据国民品德状况；最后，根据国家繁荣进步。与这三个层次相应的标题是：（1）民主与专制的价值：根据全部价值终极标准；（2）民主与专制的价值：根据国民品德状况；（3）民主与专制的价值：根据国家繁荣进步。

## 一 民主与非民主制的价值：根据全部价值终极标准

### 1. 专制的价值：使人不成其为人

专制是一个人不受限制地独掌国家最高权力的政体。这意味着，不论专制君主如何开明、贤达和仁慈，不论他将国家治理得如何好，却毕竟与最坏的暴君昏君一样，国家的最高权力必定执掌于君主一人之手。因此，专制国家，不论治理如何，不论是尧舜禹等开明的君主专制统治，还是夏桀商纣等暴君昏君的专制统治，同样都不能不保全一个人独掌国家最高权力的利益，而剥夺和损害所有人应该平等地共同掌握国家最高权力的利益。这岂不极端违背"应该无害一人地增加利益总量"价值标准？岂不极端违背"最大多数人的最大利益标准"？岂不极端违背"增进每个人利益总量"的"国家制度终极价值总标准"？

专制国家，不论治理如何，都同样不能不保全一个人独掌国家最高权力的利益，而违背政治平等、经济平等和机会平等原则，从而剥夺和侵犯所有人应该享有的各种平等权利，使所有人生活于一个极端不平等、不公正的等级社会，岂不极端违背"应该无害一人地增进利益总量"标准？岂不极端违背"应该保全最大多数人最大利益而牺牲最少数人最小利益"的"最大多数人的最大利益标准"？岂不极端违背"增进每个人利益总量"的"国家制度终极价值总标准"？

专制国家，不论治理如何，都同样不能不保全一个人独掌国家最高权力的利益，违背政治自由、经济自由和思想自由原则，从而剥夺和侵犯所有人应该享有的各种自由权利，使所有人都生活于一个遭受全面的奴役、异化和不自由的社会，完全丧失个性因而不可能实现自己的创造性潜能，岂不极端违背"应该无害一人地增进利益总量"标准？岂不极端违背"最大多数人的最大利益标准"？岂不极端违背"增进每个人利益总量"的"国家制度价值终极总标准"？

专制国家，不论治理如何，都同样不能不保全一个人独掌国家最高权力的利益，而违背人权原则、人道原则和公正原则，从而剥夺所有人应该享有的人权、人道和公正的权益，使所有人都生活于一个无人权、不公正和不人道的社会，岂不极端违背"应该无害一人地增进利益总量"标准？岂不极端违背"最大多数人的最大利益标准"？岂不极端违背"增进每个人利益总量"的"价值终极总标准"？

可见，专制，即使是明君的专制，即使在明君的最好的治理情况下，也都极端违背国家制度和国家治理终极价值标准，极大地损害和减少每个国民利益总量：剥夺所有人应该享有的各种平等权利，使所有人生活于一个极端不平等、不公正的等级社会；剥夺所有人应该享有的各种自由权利，使所有人都生活于一个遭受全面的奴役、异化和不自由的社会，完全丧失个性而不可能实现自己的创造性潜能，从而使所有人不成其为人；剥夺所有人应该享有的人权、人道和公正的权益，使所有人都生活于一个无人权、不公正和不人道的社会。然而，那些王道的、仁慈的、开明的专制君主和专制主义论者却大谈什么"爱民"和"为民"：何等的伪善、无耻和自相矛盾啊！

更何况，所谓明君又能有几人？明君的所谓开明治理又能有几时？因为正如阿克顿所言：权力就意味着腐败，绝对权力意味着绝对腐败。专制统治岂不多为庸君、昏君和暴君的统治？庸君、昏君和暴君的专制统治对于每个国民的损害，无疑远远深重于明君的专制统治，因而往往达到国民无法忍受的地步：这才是历代人民起义的最根本原因。但是，正如马克思所言："专制制度的唯一原则就是轻视人类，使人不成其为人……专制制度必然具有兽性，并且和人性是不相容的。兽的关系只能靠兽性来维持。"[①] 专制统治的根本特点，就是将人不当人看，就是使人不成其为人。明君与昏君的专制统治同样将人不当作人，同样将人当作奴才、牛羊和牲

---

① 《马克思恩格斯全集》第一卷，人民出版社1956年版，第411、414页。

畜。只不过，昏君暴君不知爱惜奴才、牛羊和牲畜，却任意凌辱和虐待奴才、牛羊和牲畜，因而逼迫奴才、牛羊和牲畜反叛；而明君的专制统治则知道爱惜和善待奴才、牛羊、牲畜，哄骗奴才、牛羊和牲畜不思反叛罢了。这就是王道的、仁慈的、开明的专制君主和专制主义论者所谓"爱民"和"为民"之真谛。

总而言之，无论治理活动如何，专制都极端违背国家制度和国家治理终极价值标准；因为无论如何治理，专制国家都只有一个主人，亦即专制者自己；而所有人毫无例外都是奴才、奴仆、牛羊、牲畜。然而，或许令人困惑：一个人究竟是怎样将所有人都变成他的奴才、奴仆、牛羊、牲畜而服从其专制统治的呢？答案无疑是：等级制！等级制是专制者将所有人都变成奴才、奴仆、牛羊、牲畜而服从其专制统治的诀窍。

### 2. 等级制：专制等非民主制统治的诀窍

所谓等级制，首先意味着政治权力垄断，它将国人分为两大群体：垄断政治权力或政治职务的群体和没有政治权力或政治职务的群体。垄断政治权力或政治职务的群体，亦即所谓"官"、"官僚阶级"、"官吏阶级"，占国人的极少数，叫做统治阶级；没有政治权力或政治职务的群体，亦即所谓"民"、"庶民"、"人民"，占国人的绝大多数，叫做被统治阶级。等级制，说到底，意味着特权："等级制度的遗传密码是什么呢？就是特权。"[①] 这可以从两方面看。一方面，等级制意味着官民之间等级森严：统治阶级或政治权力垄断群体享有他们在民主制中得不到的巨大的政治权利、经济权利和机会权利等权利。想想看，就拿专制国家小小的七品芝麻官县长来说吧。他可是父母官、县太爷呀！他所享有的权利，从很多方面来说，恐怕都远远大于和多于一个民主国家的总统！至于专制国家的高官所享有的特权之大就更不必说了。因为等级制的另一方面，就意味着官吏之间等级森严：官越大，对于专制统治能否稳定的作用就越大，所享有的权利就越大；宰相等高官所享有的权利，就某些方面说，已经很接近君主了。中国传统的专制社会的等级制无疑是专制所固有的等级制的典范。对于这种等级制，葛承雍曾有很好论述：

---

① 葛承雍：《中国古代等级社会》，陕西人民出版社1992年版，第5页。

中国古代社会历经战乱颠沛、列朝兴亡，绵延数千年，直到跨入近代门槛时，发展最充分、最完备而又世代相沿的核心制度，是等级制度。而等级制度在古代中国人眼中，就是神圣、尊贵的"官"。成功者，被信任者，必委以官职，事业成功却无官职的人，则往往会感到脸面无光。人们追求和向往的，就是入仕做官。官的特权，官的等级，官的待遇实在太具有诱惑力了，某些人无法不趋之若鹜。中国古代虽然入仕参政有多元途径，但唯有步入官场、攀上官座是有价值的正途。从这个意义上说，古代中国是一个官国，等级与相应地权力意味着一切。①

这样一来，专制者一人虽然剥夺了所有人各种自由权利、平等权利和人权，使所有人都沦为他的奴才；但是，每个官员毕竟有"得"有"失"，而"得"远远多于"失"。因为他不但必然获得在民主制中得不到的巨大的权益，而且他虽然不免是奴才，却同时也是主人；更何况他只是一个人、几个人或少数人的奴才，却是极其众多的奴才的主人。因为他的下级和所有的庶民都是他可以役使的奴才，亦即奴才的奴才，甚至是奴才的奴才的奴才的奴才，不胜枚举。即使他是小小的七品县令芝麻官，他也仍然是全县所有人的主人、父母官嘛。

这就是专制者将所有人都变成奴才、奴仆、牛羊、牲畜而使其服从专制统治的秘密：专制国家的每个官员都享有他在民主制中不可能得到的巨大特权和权益。因此，专制国家的官吏阶级、统治阶级或政治权力垄断群体，必然要维护自己如此巨大的特权和权益，因而必然维护专制统治，必然反对民主，从而成为维护专制统治的主要力量。这就是为什么，等级制是专制统治的诀窍，是专制所固有的必然的普遍的不以人的意志而转移的根本特征。这就是为什么专制制度极难废除的最根本原因。对于这个道理，王亚南在其杰作《中国官僚政治研究》曾有精辟论述：

"官僚政治是一种特权政治。"② "在专制政治出现的瞬间，就必然会

---

① 葛承雍：《中国古代等级社会》，陕西人民出版社1992年版，第316页。
② 王亚南：《中国官僚政治研究》，中国社会科学出版社1981年版，第162页。

使政治权力把握住官僚手中,也就必然会相伴而来官僚政治。官僚政治是专制政治的副产物和补充物。"①

确实,官吏阶级或垄断政治权力群体因等级制而从专制统治中获得了他们在民主制中必定要失去的巨大的特权和权益,他们怎么可能不极力反对民主而维护专制统治呢?专制者、独掌国家最高权力的那个人,乃是赋予他们在民主制中必定要失去的巨大的特权和权益的大恩人,他们怎么可能反对自己的大恩人呢?确实,正像人们常说的那样,专制者是独夫民贼,更正确些说,专制者只是民贼之酋,而专制统治的整个官吏阶级则是民贼集团:民贼怎么可能反对自己的贼酋呢?反对专制统治而赞成民主的力量,无疑只能是在专制统治中遭到掠夺、压迫和剥削的那些没有政治职务或政治权力的平民百姓群体。可是,这一群体没有政治职务或政治权力,他们的反对——除了造反而夺取政权——又有什么力量呢?更何况,他们之中的精英都只是一门心思挤进专制官吏阶级而享有特权,因而带头造反亦不过是使自己成为专制官吏阶级一员的手段而已。这就是为什么中国自大禹和他的儿子启开创家天下的专制制度,直至清朝,四千年一直未变的最根本原因:等级制是专制统治的诀窍。

显然,专制及其所固有的等级制极端违背国家制度和国家治理终极价值标准,特别是极端违背"最大多数人的最大利益"价值终极标准。因为等级制赋予统治阶级或政治权力垄断群体多少特权,就意味着被统治阶级或平民百姓被剥夺和丧失多少权利,就意味着被统治阶级或平民百姓被强加多少不公正的义务。这样一来,被统治阶级或平民百姓所应该享有的权利,便因专制统治而遭受双重的剥夺和侵犯:一方面是被专制者所剥夺的各种自由权利、平等权利和人权等权利;另一方面是被整个统治阶级的特权所剥夺的各种政治权利、经济权利、机会权利和社会权利等权利。结果势必如恩格斯所言,被统治阶级所应该享有的权利几乎丧失殆尽,而获得的几乎完全是义务;相反地,统治阶级所得到的几乎完全是权利:"几乎把一切权利赋予一个阶级,另一方面又几乎把一切义务推给另一个阶级。"②

可见,不论专制国家的治理如何,不论专制君主如何仁慈明智,专制

---

① 王亚南:《中国官僚政治研究》,中国社会科学出版社1981年版,第4页。
② 《马克思恩格斯全集》第21卷,人民出版社1971年版,第202页。

统治势必为了专制者一人和极少数人（亦即官僚阶级或政治权力垄断群体）的利益，而无所不用其极地极端残酷地榨取绝大多数人的利益，势必使专制者一人和极少数人依靠他们所垄断的政治权力，尽其所能地极端残酷地压迫和剥削绝大多数人；否则，专制者必定失去政治权力垄断群体的支持而垮台。因此，专制极端地完全地违背了国家制度和国家治理终极价值标准：极端违背"应该无害一人地增进利益总量"价值终极分标准标准，极端违背"最大多数人的最大利益"价值终极分标准标准，极端违背"增进每个人利益总量"价值终极总标准。

不独专制，所有非民主制——君主专制和有限君主制以及寡头共和制——无不违背国家制度和国家治理终极价值标准。因为有限君主制与寡头共和制的最高权力执掌者，虽然不是一人，却也不过是一人加上寡头。因此，有限君主制与寡头共和制，不论治理如何，同样都不能不保全一人和寡头执掌国家最高权力的利益，而剥夺和损害绝大多数人应该与他们完全平等地共同掌握国家最高权力的利益。这意味着，有限君主制与寡头共和制，不论治理如何，同样都只有一人加上寡头才是的主人；而绝大多数人都是奴才、奴仆。毫无疑义，一人加上寡头将绝大多数人都变成奴才而服从其统治的诀窍，必定也只能是等级制：等级制是非民主制所固有的必然的普遍的不以人的意志而转移的根本特征。这个道理，托克维尔早有所见："贵族制度为了长期存在下去，就要以不平等为原则，事先使不平等合法化，并在社会实行不平等的同时将它带进自己的家庭。凡与合情合理的公平截然相反的东西，只有依靠压制的办法强加于人。"[①] 因此，有限君主制与寡头共和制，不论治理如何，都必定与专制统治一样，为了极少数人（亦即官僚阶级或政治权力垄断群体）的利益，而无所不用其极地极端残酷榨取绝大多数人的利益，因而违背国家制度和国家治理终极价值标准，特别是直接违背"最大多数人的最大利益"价值终极标准。

### 3. 民主的价值：唯一符合国家制度终极标准的制度

只有民主制符合国家制度和国家治理终极价值标准。因为，如前所述，只有民主制符合公正与平等以及人道和自由等国家制度的根本价值标

---

[①] 托克维尔：《论美国的民主》上卷，商务印书馆1996年版，第466页。

## 第十章 民主与非民主制的价值:根据国家制度终极价值标准

准和最高价值标准;只有民主制才能保障每个人应该享有的各种平等权利和各种自由权利以及人权、人道和公正的权益;只有民主制才能使每个人都生活于一个自由和平等以及公正和人道的社会;只有民主制才能因每个公民完全平等地共同执掌最高权力而消除政治权力垄断和等级制,消除政治权力垄断群体与没有政治权力群体之分以及人与人之间的主奴之分,从而消除政治权力垄断群体和等级制对没有政治权力群体的压迫和剥削。这岂不意味着,只有民主制,才能符合"增进每个人利益总量"的价值终极总标准?这岂不意味着,在人们利益不发生冲突情况下,只有民主制才能符合"应该无害一人地增进利益总量"终极价值标准?这岂不意味着,在人们利益发生冲突情况下,只有民主制才能符合"最大多数人的最大利益"价值终极标准?

因此,就制度本性来说,只有民主制才能符合国家制度和国家治理终极价值标准。就治理活动来说,也是如此。因为民主即使是所有公民共同执掌国家最高权力,但说到底,仍然是多数公民共同执掌国家最高权力,因而也就是没有官职的庶民或被统治者控制最高权力。这样一来,在人们利益发生冲突而不能两全的情况下,民主国家的统治者必定牺牲少数人的利益而保全多数人的利益,从而符合"应该保全最大多数人最大利益而牺牲最少数人最小利益"的"最大多数人的最大利益标准"。因为执掌最高权力者的行为必然使自己的利益最大化。民主制国家执掌最高权力者是多数人,因而使自己利益最大化的行为就是保全多数人的利益而牺牲少数人的利益。这就是民主制国家治理活动必定符合"最大多数人的最大利益标准"的缘故。相反地,非民主制国家最高权力执掌者是一人和寡头,因而使自己利益最大化的行为就是保全少数人的利益而牺牲多数人的利益。这就是非民主制国家治理活动必定违背"最大多数人的最大利益标准"的缘故。因此,托克维尔说:

> 我认为,统治者没有同被统治者大众的利益相反或不同的利益是十分重要的;但我决不认为,统治者具有同全体被统治者的利益一致的利益也很重要,因为我还不知道哪里有过这样的利益。迄今为止,还未见过对社会各阶级都一视同仁地促进它们兴旺和繁荣的政体。在一个国家里,有几个社会阶级就像有几个不同国家;而且经验也已证

明，把其他阶级的命运完全交给一个阶级去掌管，其危险并不亚于让国家中的一个民族充当另些民族的仲裁者。当只有富人统治国家时，穷人的利益总要受到损害；而在穷人立法时，富人的利益便要遭到严重的危险。那么，民主的好处究竟是什么呢？民主的真正好处，并非像人们所说是促进所有阶级的兴盛，而只是对最大多数人的福利服务。①

托克维尔此言，显然是以富人与穷人利益发生冲突而不能两全的情况为前提。与此不同，在阿奎那和基佐等民主的批评者看来，不论富人与穷人利益是否发生冲突而不能两全，民主国家的治理活动由于执掌最高权力的多数人必定是下层人、穷人，因而势必滥用权力侵犯居于少数地位的富人和上层人："民主……是多数下层人反对少数上层人的旗帜。"② 果真如此，显然违背"在人们利益不发生冲突条件下应该无害一人地增进利益总量"的终极价值标准。然而，事实决非如此。因为民主就其实现途径来说，是多数人控制国家最高权力，因而就是没有官职的庶民或被统治者控制最高权力。因此，民主意味着：一方面，控制最高权力的多数人实际上是庶民、穷人或人民，是既没有经济权力又没有政治职务的人，是没有官职或政治职务的人，亦即被统治者；另一方面，富人、上层人、官员、担任政治职务的人或统治者属于不能控制最高权力的少数人范畴。

诚然，在民主制度下，富人和上层人并非都担任政治职务，并非都是官员；但是，官员或担任政治职务的人，正如迈克尔·帕伦蒂所言，无疑主要是富人和上层人，亦即上层精英集团及其代表。③ 因此，熊彼特一再说，民主政治就是政治家的政治："就'人民'和'统治'两词的任何毋庸置疑的意义而言，民主并不意味也不可能意味人民实际上在统治。民主的意思只能是：人民有机会接受或拒绝谁将来统治他们。但是，因为人民也能用完全不民主的方式来做出这一决定，我们不得不增加一个进一步识别民主方式的标准，来限定我们的定义，那就是：可能的领导人自由竞争

---

① 托克维尔：《论美国的民主》上卷，商务印书馆1996年版，第266页。
② 王绍光：《民主四讲》，生活·读书·新知三联书店2008年版，第25页。
③ Michael Parenti, *Democracy for the Few* (5th Edition), New york: St. Martin's Press, 1988, pp. 196–212.

选民的选票。这样一来,定义的一个方面可以用这么一句话来表达:民主就是政治家的统治。"①

这样一来,断言民主势必使人民、庶民滥用权力侵犯居于少数地位的富人和上层人,便无异于说:民主使没有政治职务的居于多数人地位的被统治者能够滥用权力侵犯居于少数地位的统治者,亦即使没有政治职务的庶民、被统治者能够滥用权力侵犯统治者,说到底,亦即使被统治者滥用权力侵犯统治者。试问,被统治者怎么可能滥用权力侵犯统治者?说被统治者滥用权力侵犯统治者,岂非无稽之谈!恰恰相反,岂不是只有统治者才可能滥用权力侵犯被统治者?说到底,岂不是只有富人、上层人和上层精英集团及其代表才可能侵犯穷人、下层人?民主,在某种意义上,岂不正如熊彼特所言,只是赋予被统治者接受或拒绝谁来统治他们,从而保障被统治者不被统治者侵犯?因此,萨托利一再说,民主的本质是"防卫性、保护性或对抗性",是赋予人民以"控制权力的权力,关注权力承受者的权力",从而使人民"有可能运用较小的权力去抵御较大的权力,否则就会——或者无论如何都能——被这种权力轻易压倒。"②

当然,并不是说民主国家的治理活动必定都符合国家制度和国家治理的终极价值标准。民主国家的治理活动也难免违背终极价值标准:不但难免违背人们利益不发生冲突条件下的"不害一人地增加社会利益总量"标准,而且难免利益发生冲突条件下的"最大多数人最大利益"标准。因为民主治理不但可能出现多数人滥用权力侵犯少数人,而且可能出现侵犯包括自己在内的每个人的个人自由和个人权利,如古代雅典民主。但是,这种对价值终极标准的违背必定是偶然的、偶尔的和局部的;因为这种违背主要源于认知和实践的错误,而不是制度本性和阶级以及等级的权益使然。相反地,非民主制国家治理活动对于价值终极标准的违背,却是必然的、恒久的、全局的和整体的;因为这种违背主要是制度本性和阶级以及等级的权益使然,而不是源于认知和实践的错误。对于这个道理,托克维尔曾有十分深刻的论述:

---

① Joseph A. Schumpeter, *Capitalism, Socialism, and Democracy*, (3rd Edition) New York: Harper & Brothers Publishers, 1950, pp. 284 – 285.

② Giovanni Sartori, *The Theory Democracy Revisited*, New Jersey: Chatham House Publisher, Inc. Chartham, 1987, p. 302.

民主的法制一般趋向于照顾大多数人的利益，因为它来自公民之中的多数。公民之中的多数虽然可能犯错误，但它没有与自己对立的利益。贵族的法制与此相反，它趋向于使少数人垄断财富和权力，因为贵族生来总是少数。因此，一般可以认为民主立法的目的更有利于人类……而且，在民主制度下，一个行政首长的不良政绩不过是孤立现象，只能在其短暂任期内发生影响。腐化和无能，决非来自可以把人们经常联系在一起的共同利益……但是，在贵族国家的政府中，官员就受到他们的阶级利益支配了。他们的阶级利益只是有时与多数人的利益一致，而在大多数情况下，则是与多数人的利益相反的。这个阶级利益，在官员之间形成一条共同而耐久的纽带，促使他们把力量联合和结合起来，以奔向总是不让绝大多数人幸福的目标……因此，在民主制度中，有一种隐秘的趋势在不断引导人们于纠正错误与缺点之中走向普遍繁荣；而在贵族制度中，则有时存在一种潜藏的倾向在勾引官员们滥用他们的才德去为同胞们制造苦难。可见，在贵族政府中，官员做了坏事可能出于无心；而在民主政府中，公务人员做了好事可能并非有意。①

## 二 民主与非民主制的价值：根据国民品德状况

考究历史和现实，往往令人困惑：为什么一些国家的国民品德高尚，而另一些国家的国民，不但同样是人，甚至是更勤劳更聪明的人，可是，他们品德却极其败坏？在这些道德现象的深处是否有规律可循？是的，任何现象都是某种规律或本质的表现，绝对不存在不表现规律或本质的现象。隐藏在这些国民品德高低变化现象背后的本质或规律，可以归结为一句话，亦即国民总体的品德状况，直接说来，完全决定于国家制度：民主制国家国民总体品德，恒久说来，必定良好淳美；专制国家国民总体品德，恒久说来，必定腐败堕落。细究起来，决定国民总体品德的国家制

---

① 托克维尔：《论美国的民主》上卷，商务印书馆 1996 年版，第 264—266 页。

度，显然包括四大方面：经济活动或物质财富制度、言论出版或精神财富制度、政治制度和道德制度。这样一来，国民品德高低变化规律便因国民品德与国家四大方面制度的内在联系而展现为四条规律："德富律：国民品德状况与经济制度的内在联系"；"德福律：国民品德状况与政治制度的内在联系"；"德道律：国民品德状况与道德制度的内在联系"；"德识律：国民品德与言论出版制度的内在联系"。

### 1. 民主与非民主制的价值：根据国民品德状况与经济制度的内在联系

德富律，顾名思义，亦即国民品德与物质财富的内在联系，是关于国民品德的个人道德感情方面发展变化的规律。个人道德感情分为两大类型：一类是人所特有的，它依赖于道德的存在，是每个人或多或少都具有的遵守道德从而做一个好人的道德需要、道德欲望、道德愿望和道德理想；另一类是人与其他一些动物所共有的，它不依赖于道德的存在，是每个人自然具有的爱恨心理反应，包括爱人之心、同情心和报恩心以及恨人之心、妒嫉心和复仇心等。不难看出，每个人所具有的做一个好人的道德需要和道德欲望，是决定性的个人道德感情，因而也就是品德发展变化的最根本的决定性因素。因为，如果一个人做一个好人的道德需要、欲望强大多厚，那么，他自然具有的爱恨心理反应便会向善的方向发展，他个人道德感情便趋于善良，这些道德感情所引发的伦理行为便趋于善良，从而他的品德便趋于高尚；反之，如果一个人做一个好人的道德需要、欲望弱小少薄，那么，他自然具有的爱恨心理反应便会向恶的方向变化，他个人道德感情便趋于恶毒，这些道德感情所引发的伦理行为便趋于邪恶，从而他的品德便趋于恶劣。一言以蔽之，国民品德高低发展变化取决于他们做一个好人的道德需要、欲望的强弱多少，二者成正比例关系。那么，每个人做一个好人的道德需要和欲望的强弱、多少又取决于什么？

现代心理学的回答是：取决于人的物质需要或生理需要——二者显然是同一概念——的相对满足是否充分。马斯洛认为，人的需要及欲望由低级到高级地分化为五种：生理、安全、爱、自尊、自我实现。他发现，比较低级的需要优先于、强烈于比较高级的需要，而比较高级的需要则是比较低级的需要得到相对满足的结果：安全需要是生理需要相对满足的产物；爱的需要是生理和安全需要相对满足的产物；尊重需要是生理、安全、爱的需要相对满足的产物；自我实现需要是生理、安全、爱、尊重需要相对满足的产物。于是，人的一切需要和欲望最终便都是在生理需要基础上产生的，都是生理需要相对满足的产物。[①]

因此，每个人做一个好人的道德需要、欲望便是在他的生理需要、物质需要基础上产生的，是他的生理需要、物质需要相对满足的结果：他的生理需要、物质需要满足越充分，他做一个好人的道德需要欲望便越多；他的生理需要、物质需要满足越不充分，他做一个好人的道德需要欲望便越少；他的生理需要如果得不到满足，他便不会有做一个好人的道德需要和道德欲望；只有他的物质需要得到了相对的满足，他才会有做一个好人的道德需要和道德欲望。这个道理，我们的祖宗早已知晓，故曰："衣食足则知礼仪，仓廪实则知荣辱。"

可是，一个人的生理需要、物质需要相对满足的充分不充分又取决于什么？显然，一个人的生理需要、物质需要相对满足的充分不充分，不仅取决于他所拥有的物质财富的多少，而且取决于他的物质需要的多少：他的物质需要越少、物质财富越多，他的物质需要的相对满足便越充分；反之，他的物质需要越多、物质财富越少，他的物质需要的相对满足便越不充分。换言之，一个人的生理需要、物质需要相对满足的充分不充分，取决于物质财富和物质需要双重因素：一方面取决于他所拥有的物质财富的多少而与之成正比；另一方面则取决于他的物质需要的多少而与之成反比。

准此观之，也就并非只有在物质财富极大丰富的社会，人们的物质需要才会得到相对的满足。在任何社会，人们的物质需要都可能得到相对的满足，也都可能得不到相对的满足。因为社会发展的较高阶段，物质财富固然较多；但是，人们的物质需要也较多，因而他们的物质需要也可能得不到相对的满足。反之，社会发展的较低阶段，物质财富固然较少；但人们的物质需要也较少，因而他们的物质需要也可能得到相对的满足。

那么，人们的物质需要能否得到相对满足究竟取决于什么？取决于人

---

① 参阅 Abraham H. Maslow, *Motivation And Personality*, second edition, New York: Harper & Row, Publishers, 1970, p. 59。

们所生活于其中的社会的经济发展速度:经济发展慢,财富的增加便慢,因而便不能适应人们物质需要的不断增长,不能满足人们不断增长的物质需要;经济发展快,财富的增加便快,因而便能够适应人们物质需要的不断增长,便能够满足人们不断增长的物质需要。那么,人们物质需要的相对满足,是否仅仅取决于经济发展速度呢?

否!人们的物质需要是否得到满足,还取决于物质财富的分配是否公平。因为,一个社会的经济发展迅速、物质财富增加得快,但是,如果该社会对于这些财富的分配却不公平,应该多得者得的却少,应该少得者得的却多,那么,人们也决不会感到满足,即使他们拥有的财富并不算少;只有不仅经济发展迅速和社会财富增加得快,而且分配公平,应该多得者得的多,应该少得者得的少,那么,人们才会感到满足,即使他们拥有的财富并不算多。因此,我们往往看到,一个社会虽然经济发展比以往快得多,物质财富增加比以往多得多,但人们还是不满足,虽然他们的所得比以前翻了几翻。究其原因,岂不就在于分配不公?岂不就在于应该多得者得的却少,应该少得者得的却多?

因此,人们的生理需要、物质需要满足与否,一方面取决于经济发展、物质财富增加的速度而与之成正比,其他方面则取决于这些物质财富分配的公平性而与之成正比:社会的经济发展越快、物质财富增加的速度越快,对于这些物质财富的分配越公平,人们的生理需要、物质需要的相对满足的程度便越充分;社会的经济发展越慢、物质财富增加的速度越慢,对于这些物质财富的分配越不公平,人们生理需要、物质需要的相对满足便越不充分。

于是,总而言之,可以得出结论说:一个社会的经济发展越快,物质财富增加得越多,对于这些物质财富的分配越公平,国民的生理需要、物质需要的相对满足的程度便越充分,因而人们做一个好人的道德需要和欲望便越多,国民的品德便越高尚;反之,经济发展越慢,物质财富的增加越少,对于这些物质财富的分配越不公平,国民生理需要、物质需要的相对满足便越不充分,因而国民做一个好人的道德需要和欲望便越少,国民的品德便越恶劣。这个品德高低发展变化的规律,关乎人们的道德需要、道德欲望与经济以及物质财富的关系,属于品德的道德感情因素高低变化的前提和基础之规律,因而可以名之为"德富律:国民品德与经济的内在联系"。

这一规律，说到底，应该名之为"德富律：国民品德与经济制度的内在联系"。因为按照该规律，国民品德状况取决于经济发展速度和财富分配的公平程度。可是，一个国家的经济发展速度和财富分配的公平程度又取决于什么？不难看出，任何社会的经济发展速度和财富分配的公平程度，固然取决于劳动者和管理者的个人品质，但是，根本说来，则取决于国家的经济制度。因为一目了然，劳动者和管理者的个人品质不过是经济发展快慢和财富分配是否公平的偶然的、特殊的根源；而国家的经济制度则是经济发展快慢和财富分配是否公平的普遍的、必然的根源。那么，能够保障经济迅速发展和财富公平分配的经济制度究竟是怎样的呢？无疑是符合国家制度价值标准——经济自由、经济平等或经济公正标准——的经济制度，是实现了经济自由、经济平等或经济公正的经济制度，说到底，也就是没有政府指挥的市场经济制度。

因为如前所述，没有政府指挥的市场经济乃是唯一符合经济自由等国家制度价值标准的经济制度；而经济自由和自由竞争，正如斯密所发现，乃是唯一可以导致资源配置效率最佳状态的一只"看不见的手"。因为在自由竞争条件下，商品价格完全由供求关系"盲目"决定，确实是这样一只看不见的"盲目"的手，它可以并且只有它才可以导致自由价格、公平价格和资源配置效率最佳状态：看不见的手意味着自由、公平、效率和善。反之，任何看得见的手——亦即人为控制价格从而使价格不再"盲目"由供求关系决定——都意味着强制价格、不公平价格和无效率，因而就其自身来说都是一种恶。垄断是一只"看得见的手"，因为垄断说到底无非是对价格的人为控制从而使价格不再"盲目"由供求关系决定。垄断这只"看得见的手"就其自身和结果来说都是恶，是一只纯粹的罪恶的手。政府的价格管制是另一只"看得见的手"，这只"看得见的手"就其自身来说也是一种恶，但它可能是一种必要恶，如果它能够防止更大的恶：垄断。

确实，如果没有政府干预，仅凭市场经济自身不但不能完全实现经济公正，不能完全实现公正的收入分配；而且不能够完全实现经济自由：市场经济自身无法自动消除垄断。因此，为了实现自由而公正的市场经济，政府必须干预市场经济活动。但是，政府的干预应该只限于确立和实现市场经济自由且公正地运行的规范,而不应该指挥市场经济活动:政府应该是经济活动规范的制订者与仲裁者,而不应该是经济活动的指挥者。这就是政府适当干预的"适当"概念之界限。这也就是经济自由主义名言"政府应该是仲裁者而不应该是当事人"① 之真谛。因为对于这句名言,自由放任主义论者弗里德曼曾这样解释道:"自由市场的存在当然并不排除对政府的需要。相反地,政府的必要性在于,它既是'游戏规则'的论坛和制定者,又是解释和强制执行这些既定规则的裁判者。"②

因此,没有政府指挥——但有政府适当干预——的市场经济制度,乃是唯一符合经济自由与经济公正或经济平等标准的经济制度。这种经济制度,恒久说来,只可能实现于民主制国家,而不可能实现于非民主制国家,特别是不可能实现于专制国家。因为非民主制——君主专制和有限君主制以及寡头共和制——国家最高权力执掌者不过是一人加上寡头,因而只有一人加上寡头才是主人;而绝大多数人都是奴才、奴仆。一人加上寡头将绝大多数人都变成奴才而服从其统治的诀窍,只能是等级制。因为等级制的本质,说到底,就在于赋予每个官员都享有他在民主制中不可能得到的巨大特权和权益。因此,专制等非民主制国家的官吏阶级、统治阶级或政治权力垄断群体,必然要维护自己如此巨大的特权和权益,因而必然维护专制等非民主制的统治。这就是为什么,等级制是专制等非民主制统治的诀窍,是非民主制所固有的必然的普遍的不以人的意志而转移的根本特征。

等级制显然意味着经济不自由与经济不公正或经济不平等,因为等级制赋予统治阶级或政治权力垄断群体多少经济特权,就意味着被统治阶级或平民百姓被剥夺和丧失多少经济权利,就意味着被统治阶级或平民百姓被强加多少不公正的经济义务。因此,专制等非民主制国家不可能实行经济自由与经济平等或经济公正标准,不可能实行没有政府指挥的市场经济制度。只有民主制才能因每个公民完全平等地共同执掌最高权力而消除了政治权力垄断和等级制,消除了政治权力垄断群体与没有政治权力群体之分以及人与人之间的主奴之分,消除了政治权力垄断群体和等级制对没有

---

① 弗里德曼:《自由选择》,商务印书馆1982年版,第10页。
② Milton Friedman, *Capitalism and Freedom*, the University of Chicago Press, 1962, p. 15.

政治权力群体的压迫和剥削，从而能够实现经济自由与经济平等或经济公正标准，实行没有政府指挥的市场经济制度。

因此，一个国家只有实行民主制，才能够实行没有政府指挥——但有政府适当干预——的市场经济制度。这样一来，该国的经济便必定迅速发展、物质财富必定迅猛增加，对于这些财富的分配必定公正，从而国民的物质需要必定得到相对充分的满足，因而做一个好人的道德需要和欲望必定强烈，最终势必导致国民品德的普遍提高：民主制是国民品德良好的根本原因。相反地，如果实行专制等非民主制，便不可能实行没有政府指挥的市场经济制度。这样一来，该国的经济，恒久说来，必定停滞不前，物质财富增加必定缓慢，对于这些财富的分配必定不公正，从而国民的物质需要必定得不到相对充分的满足，因而做一个好人的道德需要和欲望必定淡漠，最终势必导致国民品德的普遍下降：专制等非民主制是国民品德败坏的根本原因。

**2. 民主与非民主制的价值：根据国民品德状况与政治制度的内在联系**

按照"德富律"，人们物质需要的相对满足，只是一个人做一个好人的道德需要得以产生和发展的必要条件，二者成正比例关系发展变化。这就是说，没有物质需要的相对满足，一个人便不会有——或不会较多地具有——做一个好人的道德需要；但有了物质需要的相对满足，一个人未必会有——或未必会较多地具有——做一个好人的道德需要。确实，我们到处看到，那些丰衣足食、生活富裕的人们，不但没有强烈的做一个好人的道德需要，而且竟是些地地道道的坏人！所以，使人们具有强烈的做一个好人的道德需要，除了必须使他们的物质需要得到相对满足，还必须具备一些其他条件。那么，这些条件究竟是什么？主要是德福一致：越有美德便越有幸福。

原来，物质需要的相对满足只是做一个有美德的好人的道德需要产生、发展的前提和基础；而获得幸福则是做一个有美德的好人的道德需要产生、发展的目的和动力：幸福是美德的唯一动力。因为一个人所具有的做一个有美德的好人的道德需要，具体表现为两个方面：一方面是把美德作为利己的手段的需要，另一方面是把美德作为目的的需要。美德自身是对自我的欲望和自由的一种限制、约束、侵害，因而一个人最初决不会以美德为目的，为美德而美德；相反，他最初只可能把美德作为求得利益和幸福的手段，为了利己而求美德。美德之所以会成为一个人利己的手段，无非因为人是个社会动物，每个人的生活都完全依靠社会和他人：他的一切利益都是社会和他人给的。所以，能否得到社会和他人的赞许，便是他一切利益中最根本最重大的利益：得到赞许，便意味着得到一切；遭到谴责，便意味着丧失一切。不言而喻，能否得到社会和他人的赞许之关键，在于他的品德如何：如果社会和他人认为他品德好，那么，他便会得到社会和他人的赞许和给予；反之，则会受到社会和他人的谴责和惩罚。

这就是一个人最初为什么会有做一个有美德的人的道德需要的缘故：他需要美德，因为美德就其自身来说，虽然是对他的某些欲望和自由的压抑、侵犯，因而是一种害和恶；但就其结果和目的来说，却能够防止更大的害或恶（社会和他人的唾弃、惩罚）和求得更大的利或善（社会和他人的赞许、赏誉），因而是净余额为善的恶，是必要的恶。因此，美德乃是他求得幸福的最根本、最重要的手段：他对美德的需要是一种手段的需要。但是，逐渐地，他便会因美德不断给他莫大利益而日趋爱好美德、欲求美德，从而便为了美德而求美德，使美德由手段变成目的；就像他会爱金钱、欲求金钱、使金钱由手段变成目的一样。这时，他对美德的需要便不再是把它们作为一种手段的需要，而是把它们作为一种目的的需要了。

可见，一个人以美德为目的的道德需要，源于以美德为手段的道德需要；而以美德为手段的道德需要又源于个人的利益和幸福，源于社会和别人因他品德的好坏所给予他的赏罚。因此，说到底，一个人做一个有美德的好人的道德需要，不论是以美德为手段的需要，还是以美德为目的的需要，均以个人的利益和幸福为动因、动力。[1] 换言之，个人利益和幸福虽然不是一切美德的目的，却必定是一切美德的动因、动力。这意味着：

如果德福背离，有德无福、无德有福，那么，美德便失去了动因、动力，人们便不会追求美德了；如果德福一致，有德有福、无德无福，那么

---

[1] 参阅 Robert Maynard Hutchins, *Great Books of the Western World*, Volume. 43. American State Papers The Federalist, by, J. S. Mill, Encyclop Aedia Britannica, Inc CHICAGO (1952), p. 463.

美德便有了动因、动力，人们便必定会追求美德了。因此，德福越一致——越有德便越有福、越无德便越无福——那么，人们追求美德的动力便越强大，他们做一个有美德的好人的道德愿望便越强大，他们善的动机便越强大以致能够克服恶的动机和实现善的动机的内外困难，他们的道德意志便越强大，他们的品德便越高尚；反之，德福越背离——越有德便越无福，越无德便越有福——那么，人们追求美德的动力便越弱小，他们做一个有美德的好人的道德愿望便越弱小，他们善的动机便越弱小以致难以克服恶的动机和实现善的动机的内外困难，他们的道德意志便越弱小，他们的品德便越低劣。

各个社会人们德福一致的程度，如所周知，主要取决于各个社会的政治状况：社会的政治越清明，人们的德福一致程度便越高，便越接近德福完全一致，以致每个人越有德便越有福，越无德便越无福；社会的政治越腐败，人们的德福一致程度便越低，便越接近德福背离，以致一个人越有德却可能越无福，而越无德却可能越有福。于是，综上所述，可以得出结论说，人们的品德高尚与否，归根结底，取决于社会的政治清明与否。

一个国家的政治越清明，人们的德福便越一致，人们做一个有美德的人的动力便越强大，他们做一个有美德的好人的道德愿望便越强大，他们善的动机便越强大以致能够克服恶的动机和实现善的动机的内外困难，他们的道德意志便越强大，他们的品德便越高尚；一个国家的政治越腐败，人们的德福便越背离，人们追求美德的动力便越弱小，他们做一个有美德的好人的道德愿望便越弱小，他们善的动机便越弱小以致难以克服恶的动机和实现善的动机的内外困难，他们的道德意志便越弱小，他们的品德便越低劣。这个品德高低发展变化的规律，关乎人们做一个好人的道德需要、道德欲望、道德意志与政治以及幸福的关系，属于品德的道德感情和道德意志因素高低变化之规律，主要属于品德的道德感情因素高低变化的目的和动力之规律——德富律则是关于国民品德的道德感情因素发展变化的前提和基础规律——因而可以名之为"德福律：品德与政治的内在联系"。

这一规律，说到底，应该名之为"德福律：国民品德与政治制度的内在联系"。因为按照该规律，国民品德状况取决于国家政治清明抑或腐败以及德福一致与否。一个国家的政治之清明抑或腐败，正如中外史实所表明，无疑与统治者的个人品德有关：昏君在位，必定小人当道、政治腐败，从而邪佞者有福而忠良者有祸；明君在位，必定贤人当道、政治清明，从而忠良者有福而邪佞者有祸。然而，依阿克顿勋爵所见，政治腐败与否，根本说来，并不取决于诸如昏君与明君等统治者的个人品质，而取决于政治制度本身所固有之本性。他将这一思想归结为一句广为传颂的至理名言："权力导致腐败，绝对权力导致绝对腐败。"① 诚哉斯言！不过，精确言之，毋宁说，政治腐败与否之偶然的特殊的原因，在于统治者个人品质；而政治腐败与否之普遍的、必然的根源，显然与统治者个人的偶然品质无关，而全在于政治制度的固有本性：民主，就其本性来说，是政治清明的普遍的必然的根源；专制等非民主制，就其本性来说，是政治腐败的普遍的必然的根源。这恐怕就是"绝对权力导致绝对腐败"之真谛。

不难看出，只有民主制才可能保障政治清明和德福一致而防止政治腐败和德福背离。这可以从两方面看。一方面，只有民主制才符合政治自由和政治平等两大国家制度价值标准。因为只有在民主制中，每个人才能完全平等地共同执掌国家最高权力，从而完全平等地享有政治自由，亦即完全平等地使国家的政治按照自己意志进行：一个顶一个，不能一个顶几个。这就是为什么民主制能够保障政治清明的缘故：政治平等和政治自由——每个人完全平等地共同执掌国家最高权力——无疑是政治清明和德福一致的普遍的必然的根源。反之，非民主制——君主专制和有限君主制以及寡头共和制——显然皆违背政治自由和政治平等两大国家制度价值标准。尤其君主专制，乃是一个人不受限制地独掌国家最高权力的政体：一个人独掌国家最高权力，岂不意味着一个人拥有全部最高权力而所有人拥有的都是零？岂不意味着只有专制君主自己一个人拥有政治自由，而所有人都没有政治自由？岂不意味着极端的政治不自由和政治不平等？而政治不平等和政治不自由——一个人或少数人掌握最高权力——岂不是政治腐败和德福背离的普遍的必然的根源？

更何况，只有民主政体符合政治自由和政治平等两大国家制度价值标准，意味着：只有民主政体才是道德的、善的、应该的、具有正道德价值

---

① 阿克顿：《自由与权力》，商务印书馆2001年版，第342页。

的;反之,其余政体皆违背——君主专制则极端违背——政治自由和政治平等两大国家制度价值标准,意味着:其余政体——特别是君主专制政体——是不道德的、不应该的、恶的、具有负道德价值的。本身就是恶的、不道德的政体——君主政体和寡头政体——怎么能不是政治腐败和德福背离的普遍的必然的根源呢?岂不只有本身是道德的、善的政体——民主政体——才可能是政治清明和德福一致的普遍的必然的根源吗?因此,一旦国家的最高权力落入一个人的手中而成为君主专制,那么,不论他是明君还是昏君,普遍讲来,便必定——如卢梭所言——导致政治腐败、德福背离和道德沦丧:"从这个时候起,无所谓品行和美德问题了。因为凡是属于专制政治统治的地方,谁也不能希望从忠贞中得到什么。专制政治是不容许有任何其他主人的,只要它一发令,便没有考虑道义和职责的余地。最盲目地服从乃是奴隶们所仅有的唯一美德。"①

另一方面,民主制意味着国家最高权力完全平等地共同掌握在每个公民手中,因而造成最高权力最大限度地分散和分立,使立法、行政和司法等政治权力互相分立、牵制、监督和抗衡,从而能够有效防止各级官员的腐败和德福背离而保障其清廉和德福一致。反之,其他政体——特别是君主专制——则使最高权力掌握在一个人或少数人手中,造成最高权力的集中、独立和绝对,没有可以监督它而与之抗衡的权力,岂不势必导致政治腐败和德福背离?

更何况,正如马起华所言,权力的大小与同一权力享有者的人数成反比:"就同一权力行使的人数言,人数愈少,每人权力愈大;人数愈多,每人权力愈小。所以独任制首长的权力大于合议制首长的权力。"② 这样一来,民主政体是全体公民完全平等地共同执掌国家最高权力的政体,便意味着,全体公民共同掌握的固然是最高最大的权力,但分散到每个公民自己所享有的,却并非最高最大权力,而是最低最小的权力了:最低最小的权力岂不难以腐败?反之,其他政体其他政体——特别是君主专制——则使最高权力掌握在一个人或少数人手中,因而使最高权力趋于无限和绝对:绝对的权力导致绝对的腐败。

---

① 卢梭:《论不平等的起源和基础》,商务印书馆 1959 年版,第 145 页。
② 马起华:《政治理论》第二册,台湾商务印书馆 1977 年版,第 163 页。

可见，只有民主的政治体制才可能保障政治清明和德福一致而防止政治腐败和德福背离。因此，如果一个国家实现了民主，那么，恒久说来，该国的政治必定清明，国民的德福必定一致，他们做一个有美德的好人的动力必定强大，他们做一个有美德的好人的道德愿望必定强大，他们善的动机必定强大以致能够克服恶的动机和实现善的动机的内外困难，他们的道德意志必定强大，最终势必导致国民品德的普遍提高：民主制，恒久说来，是国民品德良好的根本原因。相反地，如果一个国家实行专制等非民主制，那么，恒久说来，该国的政治必定腐败，国民的德福必定背离，他们做一个有美德的好人的动力必定弱小，他们做一个有美德的好人的道德愿望必定弱小，他们善的动机必定弱小以致不能够克服恶的动机和实现善的动机的内外困难，他们的道德意志必定弱小，最终势必导致国民品德的普遍下降：专制等非民主制，恒久说来，是国民品德败坏的根本原因。

### 3. 民主与非民主制的价值：根据国民品德状况与言论出版制度的内在联系

一个国家国民品德高低变化，不仅取决于该国经济发展的快慢和财富分配的公平不公平以及政治的清明与否，而且取决于该国精神财富或文化事业的发达程度：精神财富或文化事业越发达，国民品德便越高尚；精神财富或文化事业越不发达，国民品德便越沦丧。因为品德原本由个人道德认识、个人道德感情和个人道德意志三因素构成。品德的个人道德认识成分极为复杂多样，包括每个人所获得的有关道德的一切科学知识、个人经验和理论思辨。它的核心问题是：一个人为什么应该做和究竟如何做一个有道德、有美德的人的认识？显然，一个人只有具有为什么应该做一个有道德、有美德的人的道德认识，才可能具有相应的做一个有道德、有美德的人的道德愿望和道德感情，才可能进行相应的做一个有道德、有美德的人的道德行为，从而才可能具有相应的品德。一句话，个人道德认识是品德和道德愿望形成的必要条件、必要因素。因此，品德必定与个人道德认识成正相关变化：一个人的个人道德认识越加提高，他的品德便必定会越加提高；反之，他的个人道德认识越降低，他的品德便必定会越降低。

其实，就理论的推导来说，仅凭个人道德认识是品德的一个因素，显然就可以得出结论说：品德必定与个人道德认识成正相关变化。然而，实际上，我们却到处可以看到似乎恰恰相反的现象：个人道德认识比较高者，品德却比较低；品德比较高者，个人道德认识却比较低。一个终生都在研究伦理学的专家，道德认识可谓高且深矣！但他却明明是个妒贤嫉能、忘恩负义的卑鄙小人。反之，一个目不识丁的农民，个人道德认识可谓低且浅矣！但他却极地地道道是个忠厚善良的好人。那么，由此岂不可以否定品德与个人道德认识呈正相关变化？造成这种理论与实际的"悖论"的原因究竟何在？

不难看出，这种所谓"悖论"现象的成因在于：个人道德认识并不是构成品德的唯一因素，而仅仅是其一个因素；除了个人道德认识，构成品德的还有个人道德感情和个人道德意志两因素。更何况，个人道德认识虽然是品德的一个部分、因素和环节，却只是品德的必要条件、指导因素和首要环节，而不是品德的动力因素、决定性因素；品德的动力因素、决定性因素是个人道德欲望、个人道德感情。这样一来，虽然一个人个人道德认识高因而品德必定相应的高；但是，如果他的个人道德感情低，那么，他的品德必定也相应的低。那么，如果一个人的道德认识很高而道德感情却很低——或者恰好相反——他的品德究竟是高还是低？

问题的关键在于，品德的决定因素是个人道德感情，而不是个人道德认识。品德的决定因素是个人道德感情，意味着，一个人的品德的总体水平必定与其道德感情水平一致：个人道德感情高者，品德必高；品德高者，道德感情必高。反之，品德的决定因素不是个人道德认识，则意味着，一个人的品德的总体水平与其道德认识水平未必一致：个人道德认识水平高者，品德未必高；品德高者，个人道德认识未必高。合而言之，品德的决定因素是个人道德感情而不是个人道德认识。所以，一个人的品德的总体水平必定与其道德感情水平一致，而未必与其道德认识一致：个人道德感情高者，即使其道德认识低，品德必高；个人道德认识水平高者，如其道德感情低，其品德必低。

因此，个人道德认识高的人所以品德低，完全不是因为他的道德认识高，而仅仅是因为他的品德的其他方面——如道德感情——低。反之，个人道德认识低的人所以品德高，完全不是因为他的道德认识低，而仅仅是因为他的品德的其他方面——如道德感情——高。如果人们的道德感情相同，如果人们的品德的其他方面相同，如果人们只有个人道德认识不同而其余条件完全一样，那么毫无疑义，个人道德认识高者，品德必高；品德高者，个人道德认识必高。换言之，仅仅从个人道德认识与品德的关系来看，二者完全成正比例变化：个人道德认识越高，品德便越高；个人道德认识越低，品德便越低。

可见，个人道德认识越高，其品德必定越高；但是，个人道德认识高的人，其品德未必高。他的品德低，并不是因为他的道德认识高，而是因为他的品德的其他因素低。反之，个人道德认识越低，其品德必定越低；但是，个人道德认识低的人，其品德未必低，却可能很高。他的品德高，并不是因为他的道德认识低，而是因为他的品德的其他因素高。这样，个人道德认识高者品德反倒很低——或个人道德认识低者品德反倒很高——的现象，并没有否定品德高低与个人道德认识高低成正相关变化：二者决非悖论。

既然人们的品德高低必定与其个人道德认识高低成正相关变化，那么，人们的个人道德认识高低究竟又决定于什么呢？就一个国家国民普遍的个人道德认识水平来说，显然与该国的科教文化水平有必然联系。因为个人道德认识极为复杂多样，包括每个人所获得的有关道德的一切科学知识、个人经验和理论思辨。一个国家国民的这种个人道德认识水平，普遍讲来，无疑取决于该国国民普遍的认识水平。我们很难想象，一个国民普遍愚昧无知的国家，他们的道德认识和道德知识水平，普遍说来，却会很高；国民道德认识和知识水平普遍高的国家，岂不必定是那些认识和知识水平高的国家？而一个国家认识和知识水平当然取决于该国科教文化发展水平：一个国家的科教文化越发达，该国国民普遍的认识水平便越高，国民普遍的道德认识水平便越高；反之，一个国家的科教文化越不发达，该国国民普遍的认识水平便越低，国民普遍的道德认识水平便越低。

这样一来，一个国家国民品德高低变化，不仅取决于该国经济发展的快慢和财富分配的公平不公平以及政治的清明与否，而且取决于该国精神财富或科教文化事业的发达程度：一个国家的精神财富或科教文化越发达，该国国民普遍的认识水平便越高，国民普遍的道德认识水平便越高，国民的品德便越高尚；一个国家的精神财富或科教文化越不发达，该国国民普遍的认识水平便越低，国民普遍的道德认识水平便越低，国民的品德便越败坏。这个规律,关乎国民的个人道德认识与其精神财富或科教文化事业的关系,属于品德的个人道德认识方面的规律,因而可以名之为"德识律:国民品德状况与精神财富制度的内在联系"。

这一规律表明,国民品德状况取决于一个国家的精神财富或科教文化发达程度。那么,一个国家的精神财富或科教文化发达与否又取决于什么?无疑取决于该国是否有思想自由,亦即是否有获得与传达思想之自由,说到底,是否有言论与出版——言论与出版是思想获得与传达的主要途径——之自由:思想自由是科教文化迅速发展的根本条件,是精神财富繁荣兴盛的根本条件,是真理得以诞生的根本条件。因为不言而喻,任何人的思想,都不可能在强制和奴役的条件下得到发展。

思想自由,确如无数先哲所论,是思想发展的根本条件而与其成正相关变化:一个社会的言论和出版越自由,它所能得到的真理便越多,它的科学与艺术便越繁荣兴旺,它所获得的精神财富便越先进发达;一个社会的言论和出版越不自由,它所能得到的真理便越少,它的科学与艺术便越萧条荒芜,它所创获的精神财富便越低劣落后。因此,阿克顿说:"自由是真理得以诞生的条件。"[1] 波谱说:"思想自由和讨论自由是自由主义的最高价值。"伯里说:"思想自由原则是社会进步的最高条件。"[2] 密尔顿也这样写道:"让我有自由来认识、发抒己见、并根据良心作自由的讨论,这才是一切自由中最重要的自由。"[3]

不难看出,一个国家能否实行言论出版自由或思想自由,恒久说来,取决于该国能否实行民主。因为民主意味着每个公民完全平等地执掌国家最高权力,因而每个公民能否享有言论出版自由或思想自由,便完全取决于自己的意志,因而是有保障的。这样一来,一个民主国家即便没有思想自由,也必定是短暂的,必定是非常的特例;而不可能是恒久的,不可能是常规。因为思想自由乃是民主之所以是民主的根本条件,是民主的最深刻的本性和要求,是民主能够存在和成功的最根本的必要条件。

试想,民主之所以是民主,民主区别于非民主的根本特征,岂不就是

---

[1] 阿克顿:《自由与权力》,商务印书馆2001年版,第309页。
[2] J. B. 伯里:《思想自由史》,吉林人民出版社1999年版,第129页。
[3] 密尔顿:《论出版自由》,商务印书馆1996年版,第44页。

国家政治完全平等地按照每个人意志进行，完全平等地得到每个国民的同意？因此，任何人，不论他的思想、意见多么荒谬危险，便都应该允许他发表；否则，谈何每个国民的同意？所以，政府不论禁止何人发表何种意见、思想，便都意味着国家政治并不是按照每个人意志进行，并不是得到每个国民的同意，因而也就不是名副其实的民主制了。因此，托克维尔说："出版自由和人民主权，是相互联系极为密切的两件事；而出版检查和普选则是互相对立的两件事，无法在一个国家的政治制度中长期并存下去。生活在美国境内的1200万人，至今还没有一个人敢于提议限制出版自由。"[1] 科恩也这样写道：

"如果我们要保持民主，言论必须完全自由。批评的自由、发表反对意见的自由，不论如何不受欢迎，尽管可能有害或违反常情，但在民主国家中是绝不可少的。这种绝对性不是来自直觉或其他任何官能论据，而是来自参与管理时工作上的需要。各方面对社会关心的所有问题进行自由与公开的讨论，这是充分有效参与的条件。"[2]

相反地，专制等非民主制意味着：国家最高权力便不是执掌于全体或多数公民，而是执掌于专制者或寡头，因而国家政治便是按照专制者或寡头统治者的意志进行，而不是按照全体或多数公民自己的意志进行。因此，每个公民能否享有言论出版自由或思想自由，便完全取决于专制者或寡头的意志，而不是取决于自己的意志，因而是无保障的。这样一来，专制等非民主制国家即便有言论出版自由或思想自由，也必定是短暂的，必定是非常的特例；而不可能是恒久的，不可能是常规。因为禁止言论出版自由或思想自由乃是专制等非民主制的最深刻的本性和要求，是专制等非民主制能够存在和成功的最根本的必要条件。

这是因为，专制等非民主制，不论专制者和寡头如何贤达仁慈明智，就其制度本性和治理活动来说，都不可能不是一人或寡头执掌国家最高权力，因而都不可能不剥夺绝大多数人应该享有的各种平等权利，使绝大多数人生活于一个极端不平等、不公正的等级制社会；不可能不剥夺绝大多数人应该享有的各种自由权利，使绝大多数人都生活于一个遭受全面的奴

---

[1] 托克维尔：《论美国的民主》上卷，商务印书馆1996年版，第205页。
[2] 科恩：《论民主》，商务印书馆1988年版，第141页。

役、异化和不自由的社会，完全丧失个性而不可能实现自己的创造性潜能，从而使绝大多数人沦为奴才和牲畜而不成其为人；不可能不剥夺绝大多数人应该享有的人权、人道和公正的权益，使绝大多数人都生活于一个无人权、不公正和不人道的社会。一句话，专制等非民主制统治，不论专制者和寡头如何贤达仁慈明智，都极端违背公正、平等、人道和自由以及最大多数人的最大利益价值终极标准，因而都是邪恶的、罪恶的统治。这意味着，专制等非民主制实行的前提，乃是沦为奴才和牲畜的绝大多数国民不觉悟和不反抗，说到底，也就是言论出版不自由、思想不自由：禁止言论出版自由或思想自由无疑是专制者和寡头将绝大多数国民都变成奴才和牲畜而又使其服从自己统治的根本手段。因此，科恩说：

> 在专制与寡头政体下，批评与反对的自由，明显是政局安定的威胁。当政者有时可能提供某些这类自由以避免显得苛刻及表面的苛刻可能带来的叛乱。但表面上自由而实际上不自由，是专制或寡头统治的实质。在任何真正重要的问题上，为了巩固现政权的需要，可以随时牺牲表面的自由。宪法保证的言论、出版、反对、集会等自由，都是独裁政府粉饰门面的摆设。摆出来样子很好看，而且还诚心诚意地保证履行。但是，它们能够轻易地被一笔勾销。如果激烈的、合理的批评以独裁政体本身作为对象时，这些自由的表面性就会暴露无遗。[①]

可见，禁止言论出版自由乃是专制等非民主制能够存在和成功的必要条件；相反地，言论出版自由却是民主能够存在和成功的必要条件。因此，如果一个国家实现了民主，那么，恒久说来，该国家的思想、言论和出版必定自由，该国精神财富或科教文化事业必定发达，国民普遍的认识水平必定高，国民普遍的道德认识水平必定高，国民的品德必定高尚：民主制是国民品德良好的根本原因。相反地，如果一个国家实行专制等非民主制，那么，恒久说来，该国家的思想、言论和出版必定不自由，该国精神财富或科教文化事业必定不发达，该国国民普遍的认识水平必定不高，

---

[①] 科恩：《论民主》，商务印书馆1988年版，第236页。

国民普遍的道德认识水平必定不高，国民的品德必定败坏：专制等非民主制是国民品德败坏的根本原因。

**4. 民主与非民主制的价值：根据国民品德状况与道德制度的内在联系**

一个国家国民品德高低变化，不仅取决于该国经济发展的快慢、财富分配的公平程度和政治的清明以及精神财富或科教文化事业发达与否，而且——最为直接地——取决于该国道德制度所奉行的道德之优劣。因为品德亦即长期遵守或违背道德的行为所形成的道德人格，完全是遵守或违背道德的结果；而每个人究竟遵守还是违背道德，无疑直接取决于道德本身的性质，取决于道德本身之优劣：道德越优良，便越易于被人们遵守，人们的品德便越优良；道德越恶劣，便越难以被人们遵守，人们的品德便越败坏。可是，究竟为什么道德越优良就越易于被遵守？

原来，道德终极标准是衡量一切行为之善恶和一切道德之优劣的唯一标准；而道德终极标准不过是道德最终目的之量化。道德最终目的的研究表明，道德与法律一样，就其自身来说，不过是对人的某些欲望和自由的压抑、侵犯，因而是一种害或恶；就其结果和目的来说，却能够防止更大的害或恶（社会的崩溃和每个人的死亡）和求得更大的利或善（社会的存在发展和每个人利益的增进），因而是净余额为利的害，是净余额为善的恶，是必要的害和恶：道德手段是压抑、限制每个人的某些欲望和自由；道德最终目的是保障社会——亦即经济、文化产业、人际交往、法、政治——的存在发展，增进每个人个人利益。

因此，保障经济、文化产业、人际交往、法、政治的存在发展，增进全社会和每个人的利益总量——亦即道德给予每个人的利与害之比值——便是评价一切道德优劣之标准：哪种道德对人的欲望和自由侵犯最少、促进经济和文化产业发展速度最快、保障人际交往的自由和安全的系数最大、使法和政治最优良、最终增进每个人利益最多、给予每个人的利与害的比值最大，哪种道德便最优良；反之，则最恶劣。这就是说，不管是哪种道德，不管它如何不理想不漂亮，只要它对人的欲望和自由侵犯较少，又能够把经济搞上去、能够让文化产业繁荣起来、能够保障人际交往之自由和安全、能够造就优良的法和政治、能够较大限度地增进每个人利益，从而给予每个人的利与害的比值较大，那么，它就是比较优良的道德。反之，不管它如何理想漂亮，只要它对于人的欲望和自由侵犯较重，使经济停滞、文化产业萧条、人际交往得不到自由和安全、法和政治恶劣，最终使每个人利益增进较少、从而给予每个人的利与害的比值较小，那么，它就是比较恶劣的道德。

于是，道德越优良，它给予一个人的压抑和损害便越少，而给予一个人的利益和快乐便越多；因而人们遵守道德、做一个有美德的人的动力便越强大，他们做一个有美德的人的道德愿望便越强大，他们善的动机便越强大，以致能够克服恶的动机和实现善的动机的内外困难，从而他们的道德意志便越强大，他们的品德便越高尚。反之，道德越恶劣，它给予每个人的压抑和损害便越多，而给予他的利益和快乐便越少；因而人们遵守道德、做一个有美德的人的动力便越弱小，他们做一个有美德的好人的道德愿望便越弱小，他们善的动机便越弱小，以致难以克服恶的动机和实现善的动机的内外困难，从而他们的道德意志便越弱小，他们的品德便越低劣。

国民品德之高低，取决于该国道德制度所奉行的道德之优劣，其根据尚不仅此也！因为道德之优劣不仅取决于是否符合道德最终目的、道德终极标准，而且还——更为根本地——取决于是否符合人性，亦即是否符合人的行为事实如何之本性。因为人的行为应该如何的优良的道德规范，显然基于人的行为事实如何的客观本性：行为应该如何的优良的道德规范，只是直接通过道德最终目的、道德终极标准，而最终从行为事实如何的客观本性中推导、制定出来的。因此，所制定的行为应该如何的道德规范之优劣，最终便取决于是否与行为事实如何的客观本性相符：优良道德必定符合行为事实如何的客观本性；违背行为事实如何客观本性的道德必定恶劣。

这是不难理解的。因为人的一切活动能否达到目的之根本原因，显然在于是否与事物的客观本性相符。道德是人所制定的行为规范，所以，它能否达到目的的根本原因，便在于它是否与行为的客观本性相符：道德符合其目的从而是优良的，最终说来，岂不是因其与行为客观本性相符？道德不符合其目的从而是恶劣的，最终说来，岂不是因其与行为客观本性不符？合而言之：优良的道德必定与道德目的和行为的客观本性相符；而恶劣的道德必定与道德目的或行为的客观本性不符。

于是,道德越优良,与人们行为客观本性便越相符;道德越恶劣,与人们行为的客观本性便越背离。而只有与行为客观本性相符的道德,才是人们能够遵守和实行的;背离行为客观本性的道德,必定是人们不能遵守和实行的。所以,越是与人们行为客观本性相符的道德,便越易于被人们遵守和实行,从而人们遵守和实行道德的行为便越多,人们的品德便越高尚;反之,越是与人们行为客观本性背离的道德,便越难于被人们遵守和实行,从而人们遵守和实行道德的行为便越少,人们的品德便越低下。

总而言之,道德越优良,它给予一个人的压抑和损害便越少,而给予他的利益和快乐便越多,于是,人们遵守道德从而做一个有美德的人的动力、道德欲望和动机以及道德意志便越强大,因而他们的品德便越高尚;道德越优良,与人们行为的客观本性便越相符,便越易于被人们实行,从而人们实行道德的行为便越多,人们的品德便越高尚。反之,道德越恶劣,那么,它给予每个人的压抑和损害便越多,而给予他的利益和快乐便越少,那么,人们遵守道德从而做一个有美德的人的动力、道德欲望和动机以及道德意志便越弱小,因而他们的品德便越低下;道德越恶劣,它与人们行为的客观本性便越背离,便越难于被人们实行,从而人们实行道德的行为便越少,人们的品德便越恶劣。这个规律,是关于每个人的道德感情以及道德行为或道德意志与社会所奉行的道德之优劣的关系之规律,因而也属于国民品德的个人道德感情和道德意志两方面的复合规律,不妨名之为"德道律:国民品德状况与道德制度的内在联系"。

然而,问题是,一个国家的道德制度究竟奉行怎样的道德才算得上优良呢?任何国家道德制度所奉行的道德无疑都是不胜枚举的,因而必定既有一些是优良的,又有一些是恶劣的,而不可能全部优良或全部恶劣。所以,我们说一个国家道德制度所奉行的道德是恶劣的或是优良的,只能是就其处于基础与核心地位的——亦即具有决定意义——的道德来说的:如果一个国家处于基础与核心地位的道德是优良的,我们就说该国道德制度奉行优良道德;反之,如果一个国家处于基础与核心地位的道德是恶劣的,我们就说该国奉行恶劣道德。处于基础与核心地位的道德无疑是道德终极标准和道德总原则以及国家制度道德原则:三者分别是最根本的道德标准、最核心或最主要的道德原则和最重要的道德原则。因此，判断一个国家道德制度所奉行的道德是否优良，说到底，全在于该国所奉行的道德终极标准和道德总原则以及国家制度道德原则是否优良。

首先，道德终极标准是最根本的道德标准，因为它是产生、决定和推导出其他一切道德标准的标准，是在一切道德规范发生冲突时都应该服从而不应该违背的道德标准，是在任何条件下都应该遵守而不应该违背的道德标准，说到底，亦即道德最终目的之量化。功利主义认为道德最终目的是"增进每个人利益"，因而将"增减每个人利益总量"奉为道德终极标准：它在人们利益可以两全的情况下具体化为"无害一人地增进利益总量"标准；在人们利益不可两全情况下具体化为"最大多数人最大利益"标准。相反地，义务论认为道德最终目的是"完善每个人的品德"，因而只有出于完善自我品德之心的为义务而义务的无私利人的行为，才因其能够使行为者的品德达到完善境界而符合道德最终目的，从而才是道德的、应该的。

其次，道德总原则是最核心最主要的道德原则，因为它是一切社会一切行为都应该遵循的道德原则，说到底，亦即所谓"善"。利他主义认为善或道德总原则只能是无私利他，而一切目的为了利己的行为都是不道德的。合理利己主义否定无私利他和单纯利己，而认为善或道德总原则只能是为己利他。个人主义否定为己利他和无私利他，而认为善或道德总原则只能是单纯利己。己他两利主义认为善或道德总原则是利他与利己：无私利他是至善；为己利他是基本的善；单纯利己是最低善。

最后，国家制度道德原则是最重要的道德原则，因为它是国家制度和国家治理活动应该遵循的道德原则，说到底，即公正与人道：平等是最重要的公正；自由是最根本的人道；异化是最根本的不人道。专制主义认为天无二日，民无二主，认为专制是应该的，认为国家最高权力应该一人独掌，因而实际上恰恰是将不平等和不自由以及非人道与不公正的东西奉为国家制度道德原则，特别是将等级制原则——如儒家的"礼"——奉为国家制度的道德原则。专制主义的对立面是人道主义、平等主义和自由主义，三者真正将公正与平等以及人道与自由奉为国家制度道德原则：人道主义将人道——亦即将人当人看与使人成为人——奉为国家制度道德原则；自由主义将自由奉为国家制度道德原则；平等主义将平等奉为国家制度道德原则。

这样一来，专制等非民主制国家道德制度所奉行的道德必定恶劣；而唯有民主制国家道德制度所奉行的道德才可能优良。因为专制等非民主制国家的道德制度，显然必定奉行专制主义和等级制道德。这种道德最恶劣。因为，一方面，它维护一个人或寡头执掌国家最高权力，而违背政治平等、经济平等和机会平等原则，从而剥夺绝大多数人应该享有的各种平等权利，使绝大多数人生活于一个极端不平等、不公正和无人权的等级社会；另一方面，它维护一个人或寡头执掌国家最高权力，而违背政治自由、经济自由和思想自由原则，剥夺绝大多数人应该享有的各种自由权利，使绝大多数人生活于一个遭受全面的奴役、异化和不自由的社会，完全丧失个性而不可能实现自己的创造性潜能，因而必定极端阻碍社会发展进步，造成社会停滞不前。合而言之，专制等非民主制国家道德制度所奉行的专制主义和等级制道德，对绝大多数人的欲望和自由的压抑、限制和侵犯最大，而增进全社会和每个人利益却最少：它是给予每个人的害与利的比值最大的道德，因而是最为恶劣的国家制度道德。

相反地，民主制国家道德制度，就其制度本性来看，恒久说来，显然不可能奉行专制主义和等级制道德，而必定奉行名副其实的人道与自由以及公正与平等，必定奉行人道主义、自由主义和平等主义道德原则：这就是为什么文艺复兴以来，特别是17世纪以来，西方民主制国家无不倡导人道主义、自由主义和平等主义的缘故。这种道德最优良。因为，一方面，它们对每个人的欲望和自由的压抑无疑最为轻微——它们甚至倡导每个人的自由应该广泛到社会的存在所能容许的最大限度——另一方面，它们增进全社会和每个人利益必定最为迅速，因为人道与自由以及公正与平等无疑是实现每个人创造潜能、调动每个人劳动积极性和保障社会繁荣进步的根本条件。于是，合而言之，民主制国家道德制度，恒久说来，必定奉行的人道主义、自由主义和平等主义的道德原则，乃是给予每个人的利与害的比值最大的道德，因而是最为优良的国家制度道德原则。

专制等非民主制国家道德制度所奉行的道德必定恶劣，还在于，专制等非民主制国家道德制度，恒久说来，势必奉行义务论和利他主义。因为专制等非民主制及其所固有的等级制，极端违背功利主义道德终极标准，特别是极端违背"最大多数人的最大利益"价值终极标准，以致被统治阶级或平民百姓所应该享有的权利几乎丧失殆尽，而获得的几乎完全是义务。因此，专制等非民主制国家亟须这样一种道德说教，它使被统治阶级或平民百姓能够将尽义务和无私当作衡量一切行为是否道德的道德终极标准或道德总原则，乐于为义务而尽义务，精忠报国，忘我地为君主和国家作贡献，从而也就不会反抗专制等非民主制的邪恶统治了。这就是专制等非民主制国家道德制度，恒久说来，势必选择义务论和利他主义——而不可能选择功利主义和个人主义——的缘故，这就是两千余年的专制中国道德制度为什么会选择儒家——专制主义、义务论和利他主义之最为博大精深的道德哲学体系——道德的缘故。

义务论道德终极标准和利他主义的道德总原则最恶劣。因为二者虽然坚持了无私利他，鼓舞了人们无私奉献的至善热忱；却反对一切个人利益的追求，抛弃为己利他和自我实现原则，而以无私利他要求人的一切行为。这样，一方面，它们对每个人的欲望和自由压抑、限制便最为严重：它们压抑、否定每个人的一切目的利己的欲望和自由，而妄图使人的一切行为都达到无私利他的至善巅峰；另一方面，它们增进社会和每个人利益最为缓慢，因为它们否定目的利己、反对一切个人利益的追求，也就堵塞了人们增进社会和他人利益的最有力的源泉。于是，合而言之，专制等非民主制国家道德制度所势必选择的利他主义和义务论道德，乃是给予每个人的害与利的比值最大的道德，因而也就是最为恶劣的道德。

相反地，民主制，不论就其制度本性还是就其治理活动来说，实际上都是多数人的统治。因此，民主制国家道德制度，恒久说来，势必选择功利主义道德终极标准，特别是"最大多数人的最大利益"价值终极标准。民主制，就其制度本性来说，是人人完全平等地执掌国家最高权力，人人完全平等地是国家主人。因此，民主制国家道德制度必定崇尚个人价值和个性价值，势必同等崇尚自己与他人价值，因而——恒久说来——不会选择利他主义，而势必选择己他两利主义道德总原则。

功利主义道德终极标准和己他两利主义道德总原则最优良，因其将无私利他和利己不损人（为己利他与单纯利己）一起奉为评价行为是否道德的多元准则。这样，一方面，这种道德对每个人的欲望和自由的压抑和

## 第十章 民主与非民主制的价值:根据国家制度终极价值标准 575

限制便最为轻微:它们仅仅压抑、否定每个人的损人的欲望和自由,因而只有在利益冲突时才要求无私利他、自我牺牲。另一方面,这种道德增进全社会和每个人利益又最为迅速。因为它们不但提倡无私利他、自我牺牲,激励人们在利益冲突时无私利他、自我牺牲而不致损人利己,从而增进了社会利益总量;而且倡导为己利他与自我实现,肯定一切利己不损人的行为,鼓励一切有利社会和他人的个人利益的追求,也就开放了增进社会和每个人利益的最有力的源泉。于是,合而言之,科学的功利主义道德终极标准和己他两利主义道德总原则便是给予每个人的利与害的比值最大的道德,因而也就是最为优良的道德。

这样一来,如果一个国家实行专制等非民主制,该国家道德制度势必奉行义务论和利他主义以及专制主义道德,那么,该国所奉行的道德,就其基础或核心来说,便是最恶劣的道德,因而不论其余道德如何,该国所奉行的都是最恶劣的道德:一方面,它对于国民的压抑、限制和损害必定极大,而给国民的利益和快乐必定极少;另一方面,它势必背离行为的客观本性而难以被每个人实行。于是,人们遵守这种道德从而做一个有美德的人的动力、欲望、动机和意志便必定极其弱小,因而他们的品德必定极其恶劣:专制等非民主制是国民品德败坏的根本原因。反之,如果一个国家实行民主制,该国家道德制度势必奉行功利主义、己他两利主义、人道主义、自由主义和平等主义的道德,那么,该国所奉行的道德,就其基础或核心来说,便是最优良的道德,因而不论其余道德如何,该国所奉行的都是最优良道德:一方面,它对国民的压抑、限制和损害必定极少,而给予国民的利益和快乐必定极多;另一方面,它必定符合行为的客观本性因而易于被每个人实行。于是,人们遵守这种道德从而做一个有美德的人的动力、欲望、动机和意志必定极其强大,因而他们的品德必定高尚:民主制是国民品德良好的根本原因。

综观国民总体品德状况与相关国家制度的关系,可知国民总体品德之高低变化,固然直接取决于该国经济发展速度及财富分配的公平程度、政治清明抑或腐败、科教文化繁荣与否和所奉行的道德之优劣四大因素,进而取决于该国是否实现经济自由制度、政治民主制度、言论出版自由制度和优良道德制度四大制度;但是,归根结底,则只取决于该国的政治制度究竟如何,只取决于是否实现民主制度。

一个国家如果实行民主制,恒久说来,该国家的政治必定清明、经济发展必定迅速、财富分配必定公平、科教文化必定繁荣、所奉行的道德必定优良;这样一来,国民的德福必定一致、物质需要的相对满足的程度必定充分、做一个有美德的人的道德欲望和道德认识以及道德意志必定强烈,从而国民的总体品德必定高尚:民主制是国民总体品德良好的直接且终极原因。反之,一个国家如果实行专制等非民主制,恒久说来,该国家的政治必定腐败、经济发展必定缓慢、财富的分配必定不公平、科教文化必定萧条、所奉行的道德必定恶劣;这样一来,国民的德福必定不一致、物质需要的相对满足必定不充分、做一个好人的道德欲望和道德认识以及道德意志必定淡薄,从而国民总体品德必定恶劣:专制等非民主制是国民总体品德败坏的直接且终极原因。

可见,归根结底,国民品德只与政治制度成正相关变化:政治制度越民主,国民品德便越高尚;政治制度越专制,国民品德便越恶劣。因此,卢梭在总结自己毕生学术研究时说:"我发现,一切都从根本上与政治相联系。不管怎样做,任何一国的人民都只能是他们政府的性质将他们造成的那样。"① 爱尔维修亦曾多次断言:"一个民族的恶行和德行永远都是它的立法之必然结果。"② "在已证明大的报酬造成大的德行、荣誉之贤明的管理是立法家能够用以联结个人利益于公众利益而形成有德行的公民之最有力的纽带以后,在我想来,我是很正当地由此下结论说某种人民对德行之爱慕或冷淡就是他们的政体不同的结果。"③

然而,不难看出,政治民主及其所决定的经济自由、思想自由和优良道德四大制度,只是一个国家国民群体品德的统计性决定因素,而不是个人品德非统计性决定因素;因而只能决定国民总体品德或群体品德状况,而不能决定国民个体品德、个人品德状况。所以,一个国家,不论如何专制腐败,总有一些品德极其高尚的人;不论如何民主,总有一些品德极其败坏的人。那么,决定国民个体品德的因素究竟是什么?显然是道德教养,亦即道德教育与道德修养。作为国民品德状况的决定因素,国家制度

---

① 卢梭:《忏悔录》,人民文学出版社 1980 年版,第 500 页。
② 爱尔维修:《精神论》,辛垦书店 1928 年版,第 116 页。
③ 同上。

无疑远远重要于道德教养：国家制度是大体而道德教养则是小体。因此，邓小平说："制度好可以使坏人无法任意横行，制度不好可以使好人无法充分做好事，甚至会走向反面。即使像毛泽东同志这样伟大的人物，也受到一些不好的制度的严重影响，以至于对党对国家对他个人都造成了很大的不幸——不是说个人没有责任，而是说领导制度、组织制度问题更带有根本性、全局性、稳定性和长期性。"①

国家制度是大体，一个国家，只要政治制度优良，只要实行民主——从而经济自由、思想自由和道德优良——那么，不论该国道德教育与道德修养如何，该国国民总体来说必定品德高尚，而品德败坏者只可能是极少数人。该国国民总体来说品德高尚，因而没有必要极端重视道德教养。道德教养是小体，一个国家，只要制度恶劣，只要实行专制等非民主制——从而经济不自由、思想不自由和道德恶劣——那么，不论道德教育与道德修养如何，该国国民总体来说也必定品德败坏，而品德高尚者只可能是极少数人。该国国民总体来说品德恶劣，必定促使该国极端重视道德教养。因为国民总体品德恶劣到一定程度，国家便势必崩溃而不可能存在发展了。

## 三 民主与非民主制的价值：根据国家繁荣进步

### 1. 民主制与非民主制：促进与阻碍国家繁荣进步

民主制是国民总体品德良好的直接且终极原因，意味着：民主制必定极大地促进国家繁荣进步；相反地，专制等非民主制是国民总体品德败坏的直接且终极原因，意味着：专制等非民主制必定极大地阻碍国家繁荣进步。因为国民品德状况无疑是决定国家能否繁荣进步的一个极其重要的全局性因素。如果国民品德良好，国民必定极少互相损害，必定积极谋求国家和他人利益，从而必定极大地增进全社会和每个人利益总量，极大地促进国家繁荣进步。相反地，如果国民品德败坏，国民必定经常互相损害而绝不会积极谋求国家和他人利益，从而必定极大地减少全社会和每个人利益总量，极大地阻碍国家繁荣进步。因此，托克维尔

---

① 《邓小平文选》第二卷，人民出版社1994年版，第333页。

在总结美国繁荣进步的原因时写道:"华裔美国人的法制和民情是使他们强大起来的特殊原因和决定性因素。"① 华盛顿也认为国民品德良好是国家自由繁荣的四要素之一:"一个国家要保持自由和繁荣所必需的第四条原则是:人民具有美德。"② 麦迪逊亦如是说:"设想一个政府能够在没有美德的民众之中保障他们的自由和幸福,这简直就是一个空想。"③

不但此也! 民主制必定极大地促进国家繁荣进步,还因为民主制及其治理活动,恒久说来,完全符合国家制度根本价值标准"公正与平等"。相反地,专制等非民主制必定极大地阻碍国家繁荣进步,还因为专制等非民主制及其治理活动,恒久说来,极端违背制度根本价值标准"公正与平等"。因为国家制度与国家治理活动越符合公正标准,每个人的贡献与所得便越一致,每个人为国家和他人劳动的积极性便越高,从而效率也就越高,国家的繁荣进步便越快;国家制度与国家治理活动越违背公正标准,每个人的贡献与所得便越背离,每个人为国家和他人劳动的积极性便越低,从而效率也就越低,国家的繁荣进步便越慢。因此,民主和公正与国家的繁荣进步完全一致而成正相关变化:民主和公正主要通过作用于效率的动力因素,即调动人的劳动积极性而提高效率,促进国家的繁荣进步。反之,专制和不公正与国家的繁荣进步完全相斥而成负相关变化:专制和不公正主要通过削弱效率的动力因素,即降低人的劳动积极性而降低效率,阻碍国家的繁荣进步。

诚然,平等与效率的关系,跟公正与效率的关系根本不同。但是,平等标准——亦即基本权利完全平等和非基本权利比例平等——与效率的关系,跟公正与效率的关系却完全相同。因为平等标准是一种特殊的公正,亦即最重要的公正标准,因而从属于公正范畴。因此,平等标准与效率,跟公正与效率一样,具有正相关关系;而平等与效率的关系,则完全取决于平等是否符合平等标准,亦即完全取决于平等是否公正:如果符合平等标准因而是公正的平等,与效率便是正相关关系;如果违背平等标准因而

---

① 托克维尔:《论美国的民主》下卷,商务印书馆1996年版,第635页。
② 玛丽·莫斯特:《独立宣言:渴望自由的心声》,中共党史出版社2006年版,第216页。
③ 彼得·里尔巴克:《自由钟与美国精神》,江西人民出版社2010年版,第9页。

是不公正的平等,与效率便是负相关关系。这样一来,民主制便因其完全符合平等标准而极大地提高效率,从而极大地促进国家的繁荣进步;专制等非民主制则因其极端违背平等标准而极大地降低效率,从而极大地阻碍国家的繁荣进步。

然而,国内外很多学者认为,公平与效率常常是矛盾的、对立的、冲突的、交替的:有公平则无效率、不公平则有效率。这种观点,通常被叫做"公平效率交替论"。细究起来,"交替论"的错误首先在于把公平与平等等同起来。"交替论"的一本专著《公平与效率:中国走向现代化的抉择》便这样写道:"公平在英文中有两个单词:(1) justice 词义为:正义、正当、公正、公平、合理、公道等。(2) equality 词义为:同等、平等、均等、公平、均衡、公正、合理等。上述两个词在概念上是相似的,英国和美国尤其是这样。从历史上看,大多数学者也没有将这两个词作严格的区别。例如罗尔斯的名著《正义论》也可译为《公正论》;'公平与效率'也可译为'平等与效率'或'均等与效率'。所以我在本书中,将'公平'与'平等'、'均等'作为一个概念使用。"[1]

殊不知,公平与平等根本不同。平等是外延较广的类概念,而公平则是外延较狭的种概念。平等不都是公平,但公平却都是平等。公平是一种特殊的平等,即人际利害相交换的平等:公正是同等利害相交换的行为。公平与效率完全一致、同长同消而呈正相关变化;平等与效率则常常是矛盾的、对立的、交替的。这样,当人们把公平与平等混同起来时,自然会由平等与效率常常是交替的关系而得出结论说:公平与效率常常是交替的。

"交替论"的另一方面错误,则在于把"在此之后"等同于"因此之故"。因为他们论证说,人类在原始社会石器时代,无社会分工而有社会公平,却没有效率:劳动生产率每一万年提高 1‰—2‰。反之,进入石器时代,实行社会分工而出现社会不公平:"就社会的大多数个体来说,他们是社会分化中的牺牲者,是社会整体或人类为获取更高效率所付出的代价。社会对他们是不公平的。"[2] 但是,这种社会不公平却带来了高效

---

[1] 曾昭宁:《公平与效率》,石油大学出版社 1994 年版,第 67 页。
[2] 王锐生:"效率优先兼顾公平",《光明日报》1993 年 3 月 8 日。

率：劳动生产率每一百年提高4%。这样，公平与效率便是矛盾的、交替的了。错在哪里？

原来，社会分工是效率提高的根本原因之一。社会分工可以分为公平的社会分工与不公平的社会分工。不言而喻，不公平的社会分工对效率的提高程度一定低于公平的社会分工对效率的提高程度。但是，不公平的社会分工毕竟是社会分工，它总比任何没有社会分工——尽管是公平的无社会分工——更能提高效率。这恐怕就是奴隶社会的效率高于原始社会的效率的秘密：奴隶社会不公平的社会分工比原始社会公平的无社会分工更能提高效率。但是，假如奴隶社会的社会分工是公平的而不是不公平的，那么效率提高的程度一定会更高。因为提高奴隶社会效率的决非分工的不公平，而是其不公平的分工。无论任何社会不公平总是降低效率的因素，而公平总是提高效率的因素。

任何社会效率提高的因素都是众多的，如科学技术、分工协作和社会公平等，其中最重要的是科学技术和社会分工。奴隶社会效率的提高来源于奴隶社会的社会分工，而其社会不公平只能降低其效率。只不过其不公平对效率的降低程度远不如社会分工对效率的提高程度：二者之差仍然是效率的巨大提高。这就是奴隶社会不公平的社会分工为什么能够带来巨大效率提高的缘故。因此，提高奴隶社会效率的并非社会分工的不公平，而是不公平的社会分工。交替论的错误就在于把不公平的社会分工与社会分工的不公平等同起来，因而由奴隶社会的不公平的社会分工提高了效率的正确前提而错误地得出结论，说社会分工的不公平提高了效率：不公平提高了效率。

这种错误，说到底，又是由于把"在此之后"等同于"因此之故"。因为效率是由各种因素提高和降低的。当不公平与提高效率的诸因素（如奴隶社会的社会分工、科学技术兴起等）共生同存，尔后出现效率提高时，交替论便以为不公平是其后出现的效率提高的原因。反之，当公平与降低效率的诸因素（如原始社会的没有社会分工、没有科学技术等）共同存在，尔后出现效率降低时，交替论便以为公平是其后出现的效率降低的原因。这岂不犯了把"在此之后"当作"因此之故"的错误？

可见，交替论认为公平与效率常相对立根本不能成立：公正与效率必定一致而呈正相关变化。因此，民主制必定因其完全符合公正和平等标准

第十章 民主与非民主制的价值:根据国家制度终极价值标准　581

而极大地调动人的劳动积极性,从而极大地提高效率和促进国家繁荣进步。这就是为什么,托克维尔一再说,民主制总是使整个国家都洋溢持久的积极性,从而最能促进国家繁荣进步:"民主并不给予人民以最精明能干的政府,但能提供最精明能干的政府往往不能创造出来的东西:使整个社会洋溢持久的积极性,具有充沛的活力,充满离开它就不能存在和不论环境如何不利都能创造出奇迹的精力。"① "民主政府尽管还有许多缺点,但它仍然是最能使社会繁荣的政府。"②

然而,我们说民主制必定极大地促进效率和国家繁荣进步,不仅因其完全符合公正和平等标准,也不仅因其是国民品德良好的终极源泉;更主要地,乃是因其完全符合国家制度最高价值标准"人道与自由";相应地,专制等非民主制极大地降低效率和阻碍国家繁荣进步,不仅因其极端违背公正和平等标准,不仅因其是国民品德败坏的终极源泉;更主要地,是因其极端违背人道与自由价值标准。因为自由是最根本的人道,是每个人实现自己创造性潜能——从而成为可能成为的最有价值的人——的根本条件,二者呈正相关变化:一个人越自由,他的个性发挥得便越充分,他的创造潜能便越能得到实现,他的自我实现的程度便越高;一个人越不自由,他的个性发挥便越不充分,他的创造潜能便越得不到实现,他的自我实现程度便越低。因此,马斯洛一再说:"自我实现的个人比普通人拥有更多的自由意志和更少的屈从他人。"③

自由是每个人自我实现、发挥创造潜能的根本条件,同时也就是国家和社会繁荣进步的根本条件。因为社会和国家不过是每个人之总和。每个人的创造潜能实现得越多,国家和社会岂不就越富有创造性?每个人的能力发挥得越充分,国家和社会岂不就越繁荣昌盛?每个人的自我实现越完善,国家和社会岂不就越进步?所以,杜威说:"自由之所以重要,是因为它是发挥个人潜力和促进社会发展的条件。"④ 诚然,自由不是国家和社会进步的唯一要素。科学的发展、技术的发明、生产工具的改进、政治

---

① 托克维尔:《论美国的民主》上卷,商务印书馆1996年版,第280页。
② 同上书,第265页。
③ Robert Maynard Hutchins, *Great Books of The Western World*, Volume. 43. On Liberty, by, John StuartMill, Encyclop Aedia Britannica, Inc., 1980, p. 162.
④ 张品兴主编:《人生哲学宝库》,中国广播电视出版社1992年版,第237页。

的民主化、道德的优良化等都是国家和社会进步的要素。但是，所有国家和社会进步的要素，统统不过是人的活动的产物，不过是人的能力发挥之结果，因而说到底，无不以自由——潜能发挥的根本条件——为根本条件。因此，自由虽不是国家和社会进步的唯一要素，却是国家和社会进步的最根本的要素、最根本的条件。所以，穆勒把自由精神叫做"前进精神"或"进步精神"而一再说："进步的唯一无穷而永久的源泉就是自由。"① 这样一来，民主制及其治理活动，恒久说来，岂不就必定因其实现每个公民的政治自由、经济自由和思想自由而成为每个人实现自己的创造性潜能和国家繁荣进步的最根本的必要条件？相反地，专制及其治理活动，恒久说来，岂不就必定因其剥夺每个公民的政治自由、经济自由和思想自由而成为每个人实现自己的创造性潜能和国家繁荣进步的极大障碍？

诚然，专制等非民主制国家也存在实现自己创造性潜能的才华横溢之士。但是，这些人之所以能够实现自己的创造性潜能，决不是因为他们听任专制者摆布而失去自由；恰恰相反，乃是因为他们勇于反抗而争得自由。任何国家都存在才华横溢的自我实现者，只是因为任何国家人们都有可能得到自由。只不过，在民主制国家，人们得到自由无须反抗和牺牲，因而人人都拥有自由，于是也就人人都能够发挥自己的创造潜能而自我实现：这是民主制国家必定繁荣进步的最根本原因。相反地，在专制等非民主制国家，人们要得到自由，必须反抗和牺牲，如牺牲健康、幸福、人格、爱情乃至生命；因而在这种国家，也就只有极少数人才可能不怕牺牲、勇于反抗而争得自由和自我实现。这极少数人，便是那些"不自由毋宁死"的极端渴求自由和自我实现的斯宾诺莎和曹雪芹式的可悲可怜的天才，便是那些可歌可泣的裴多菲式的自由斗士，他们以自己的行动证明：生命诚可贵，爱情价更高，若为自由故，二者皆可抛。所以，专制等非民主制必定是每个人实现自己的创造性潜能和社会发展进步的极大障碍，因而必定导致社会停滞不前；专制社会之所以还能进步而没有完全停滞不前，只是因为存在着勇于反抗和牺牲从而争得自由的可歌可泣可悲可怜的自由的斗士们。

---

① Robert Maynard Hutchins, *Great Books of The Western World*, Volume. 43. On Liberty, by, John StuartMill, Encyclop Aedia Britannica, Inc., 1980, p. 300.

## 2. 民主制与非民主制：国家繁荣进步与停滞落后的根本原因

民主制不但极大地促进国家繁荣进步，而且是国家繁荣进步的根本原因；专制等非民主制不但极大地阻碍国家繁荣进步，而且是国家停滞落后的根本原因。诚然，国家政治制度属于上层建筑范畴；经济活动属于基础范畴，叫做经济基础。因此，归根结底，经济活动是国家制度产生和存在的原因、基础；而不是相反。但是，经济活动仅凭自身既不可能存在更不可能发展；它的任何发展变化，都不是单凭其自身自然而然进行的。它的任何发展变化，都离不开政治制度等上层建筑的作用，都是一定的政治制度的上层建筑的作用之结果。因此，政治制度等上层建筑一经产生，就反过来作用于经济基础，从而成为经济发展——繁荣进步还是停滞落后——的根本原因。这个道理，普列汉诺夫曾有十分精辟的论述：

> 经济基础从A点发展到B点，从B点发展到C点，如此一直到S点。它在任何时候都不是在一种经济平面上进行的。为了从A点到B点，从B点到C点等，每次都必须上升到上层建筑，并在那里进行一番改造。只有当完成了这种改造之后，才可能达到预期的点。从一个转折点到另一个转折点的道路，总要通过上层建筑。经济几乎永远不会自然而然地取得胜利。关于它永远不可能说：自然而然的活动。不！永远不会有自然而然的活动，而是永远必须通过上层建筑，永远必须通过一定的政治制度。[①]

确实，经济、物质财富活动以及精神财富或科教文化事业，究竟是繁荣进步还是停滞不前，并非单凭其自身自然而然独自进行的，而必定是在一定的政治制度的上层建筑的作用之下进行的，是一定的政治制度的上层建筑作用之结果，特别是民主制与专制等非民主制的上层建筑作用之结果：民主制是经济或物质财富活动和精神财富活动或科教文化事业繁荣进步的根本原因；专制等非民主制是经济和精神财富或科教文化事业停滞不

---

[①] 普列汉诺夫：《普列汉诺夫哲学著作选集》第二卷，生活·读书·新知三联书店1961年版，第237页。

前的根本原因。因为如前所述，一方面，是否拥有自由与公正的经济制度，乃是经济能否繁荣进步的根本原因；说到底，是否实行没有政府指挥——但有政府适当干预——的市场经济制度，乃是经济能否繁荣的根本原因。另一方面，是否言论出版自由或思想自由，乃是精神财富或科教文化事业繁荣进步的根本原因。

问题的关键在于，如前所述，一方面，等级制是专制等非民主制的固有特征。等级制显然意味着经济不自由与经济不公正、经济不平等。因为等级制赋予统治阶级或政治权力垄断群体多少经济特权，就意味着被统治阶级或平民百姓被强加和剥夺多少经济权利，就意味着被统治阶级或平民百姓被强加多少不公正的经济义务。因此，专制等非民主制国家因其固有等级制而不可能实行经济自由与经济平等或经济公正标准，不可能实行没有政府指挥——但有政府适当干预——的市场经济制度。这就是专制等非民主制国家的经济发展不可能恒久繁荣进步的根本原因。相反地，只有民主制才能因每个公民完全平等地共同执掌最高权力而消除了政治权力垄断和等级制，消除了政治权力垄断群体与没有政治权力群体之分以及人与人之间的主奴之分，消除了政治权力垄断群体和等级制对没有政治权力群体的压迫和剥削，从而能够实现经济自由与经济平等或经济公正标准，说到底，能够实行没有政府指挥——但有政府适当干预——的市场经济制度。这就是为什么民主制国家的经济必定恒久繁荣进步的根本原因。

另一方面，思想自由乃是民主之所以是民主的根本条件，是民主的最深刻的本性和要求，是民主能够存在和成功的最根本的必要条件。因为，民主之所以是民主，民主区别于非民主的根本特征，岂不就是国家政治完全平等地按照每个人意志进行，完全平等地得到每个国民的同意？因此，任何人，不论他的思想、意见多么荒谬危险，便都应该允许他发表；否则，何谈每个国民的同意？所以，政府不论禁止何人发表何种意见、思想，便都意味着国家政治并不是按照每个人意志进行，并不是得到每个国民的同意，因而也就不是名副其实的民主制了。因此，民主制国家，恒久说来，必定实行言论出版自由或思想自由制度。这就是为什么民主制国家的精神财富或科教文化事业必定繁荣进步的根本原因。相反地，专制等非民主制统治，不论专制者和寡头如何贤达仁慈明智，都极端违背公正、平等、人道和自由以及最大多数人的最大利益价值终极标准，因而都是邪恶的、罪恶的统治。这意味着，专制等非民主制实行的前提，乃是沦为奴才和牺畜的绝大多数国民不觉悟和不反抗，说到底，也就是言论出版不自由、思想不自由：禁止言论出版自由或思想自由无疑是专制者和寡头将绝大多数国民都变成奴才和牺畜而又使其服从自己统治的根本手段。这就是为什么专制等非民主制国家国家的精神财富或科教文化事业决不可能恒久繁荣进步的根本原因。

可见，民主制是经济和精神财富活动或科教文化事业恒久繁荣进步的根本原因；专制等非民主制是经济和精神财富或科教文化事业不可能恒久繁荣进步的根本原因。国家的繁荣进步无疑可以归结为满足每个国民需要的一切财富——物质财富和精神财富——之繁荣进步。于是，可以得出结论说：民主制是国家恒久繁荣进步的根本原因，民主国家恒久说来必定繁荣进步；专制等非民主制是国家不可能恒久繁荣进步的根本原因，专制等非民主制国家不可能恒久繁荣进步。世界上民主国家与专制等非民主制国家的历史和现实，充分证实了这一结论。

### 3. 美国与亚细亚：进步与落后原因之比较

最典型的民主制国家无疑是美国。美洲最早的居民原本是印第安人，到1492年哥伦布发现新大陆时，仍处于原始社会。此后，欧洲殖民者接踵达到新大陆。美国的前身就是1607年至1732年间陆续建立的英属北美13个殖民地。1776年，这13个殖民地联合起来，55名代表在《独立宣言》上签字，宣布脱离英国而独立，后经1781年生效的《邦联条例》正式定名为"美利坚合众国"。这个新兴的国家当时还完全是一个处于农耕社会的小国，只据有北美大西洋沿岸的一个狭长地带，面积不过40万平方英里，人口也不过240万。18世纪末，美国的工业开始启动，但直到19世纪初，美国仍是一个农业国，95%的人口生活在农村。可是，到19世纪末，美国居然就成为世界第一经济强国；到20世纪90年代又成为全球唯一超级大国。美国从建国之初的区区农耕小国，发展为全球唯一超级大国，总共也不过220年，岂非人类历史之奇迹！那么，究竟是何原因使美国繁荣进步如此神速？

美国繁荣进步的根本原因可以归结为"一个中心：宪政民主制"及其所固有的"两个基本点：自由主义经济制度和言论出版自由制度"。因为政治制度等上层建筑固然产生和决定于经济基础,但反过来,又成为经济基础的发展变化——繁荣进步还是停滞不前——的根本原因。因此,美国繁荣进步如此神速的根本原因,正如美国著名政论家弗里德曼所指出,乃在于"良好的法律与制度体系——有人说,这是一种由天才们设计,使蠢才们可以运作的体系。"[1] 确实,美国繁荣进步的根本原因全在于政治制度,说到底,全在于美国自立国以来一直实行着人类迄今最完善的民主制——马克思称之为最完善的现代国家制度[2]——亦即所谓"宪政民主"。因为美国的政治制度,正如布莱斯所指出,始终遵循当初制宪者们所规定的原则:"这几种原则就是:保障绝对的人民主权。承认人民间的完全平等。保障人民的权利,不致于因为官吏的专权或乱用职权所侵犯。尤其是为保障这类原则起见,使政府的三大机关完全分立,就是立法、行政与司法机关。"[3]

这种宪政民主,就其所处的历史条件——亦即私有制、阶级和剥削仍然是一种必要的恶,因而不属于不公正范畴——来说,完全符合国家制度根本价值标准"公正和平等",完全符合国家制度最高价值标准"人道与自由",完全符合国家制度终极价值标准"增进每个人利益",因而必定极大地调动人的劳动积极性、实现国民创造性潜能、完善国民总体品德,从而极大地提高效率和促进国家繁荣进步:美国的宪政民主制是美国繁荣进步如此神速的根本原因。这个道理,我们可以进一步就美国宪政民主制所固有的两个最重要的方面,进行一些具体分析。

一方面,美国的宪政民主是美国繁荣进步的根本原因,乃在于这种宪政民主所固有的自由主义的经济制度,是美国经济繁荣进步的根本原因。因为美国自立国以来,始终遵循宪法实行自由主义经济制度。只不过,20世纪30年代以前,美国经济主要受斯密古典经济理论影响,实行古典经济自由主义经济制度。30年代经济大萧条后,美国经济主要受凯恩斯经济思想影响,实行凯恩斯自由主义经济制度。70年代起,标志着斯密古典经济自由主义复兴的弗里德曼货币主义和萨伊供给学派等反凯恩斯主义

---

[1] 肖德甫:《美国沉思录》,中国华侨出版社2008年版,第27页。
[2] 《马克思恩格斯选集》第1卷,人民出版社1977年版,第69页。
[3] 布莱斯:《现代民治政体》下册,吉林人民出版社2001年版,第517页。

第十章 民主与非民主制的价值:根据国家制度终极价值标准

思潮,在美国政府经济决策中起到了非常关键的作用,以致在某种程度上发展成为80年代的里根经济学。总之,自立国以来,美国的经济制度虽有变化,却始终不变地实行自由主义经济制度,说到底,始终实行没有政府指挥——但有政府适当干预——的市场经济制度:这是美国经济繁荣进步的根本原因。

另一方面,美国的民主制是美国繁荣进步的根本原因,乃在于这种宪政民主制所固有的言论出版完全自由制度,是美国精神财富或科教文化事业繁荣进步的根本原因。因为美国自立国以来,始终遵循宪法而实行言论出版完全自由制度。美国《宪法修正案》(权利法案)第一条:"国会不得制定关于下列事项的法律:确立宗教或禁止信仰自由;剥夺人民言论或出版自由。"美国《弗吉尼亚权利法案》第十二条:"出版自由是自由的重要保障之一,任何政府,除非是暴虐政府,决不应加以限制。"罗斯福总统解释美国的言论出版完全自由亦如是说:"这种自由除了受到美国人民的良知的限制以外,确实是丝毫没有限制的。"[1] 1941年他在致国会的咨文中提出著名的"四大自由"之第一自由,就是言论出版自由:"在我们力求安定的未来的岁月里,我们期待一个建立在四项人类基本自由之上的世界。第一是在全世界任何地方发表言论和表达意见的自由。"总之,自立国以来,美国始终不渝实行言论出版完全自由——亦即思想完全自由——制度。这是美国精神财富繁荣进步的根本原因,因而也是美国物质财富繁荣进步的重要原因。

如果说美国是繁荣进步的极端和典型,那么,所谓东方亚细亚生产方式的国家——特别是中国——无疑是停滞不前的极端和典型。因为中国自大禹和他的儿子启开创家天下的专制制度以来,直到清朝末年,四千多年一直停滞不前,以致黑格尔唏嘘不已:"中国和印度始终是静止着,保持了一种自然的、草木的生存一直到现在。"[2] 然而,却也不难看出,中国四千年停滞不前的原因,说到底,乃在于中国四千年实行的是人类迄今最恶劣的专制:基于亚细亚生产方式的全权专制。因为亚细亚生产方式最根

---

[1] 《资产阶级政治家关于人权、自由、平等、博爱言论选录》,世界知识出版社1963年版,第283页。

[2] 黑格尔:《历史哲学》,商务印书馆1963年版,第216页。

本的制度特点，正如马克思所指出，就是以土地国有为其形式的国王一人所有制："国王是国中全部土地的唯一所有者"① 因此，在这种生产方式中，君王一人剥夺了所有人的土地；"普天之下，莫非王土；率土之滨，莫非王臣。"② 这样一来，中国四千多年不仅是君王一个人独掌国家最高政治权力，因而是君主专制；而且是一个人独掌控制国家和所有人的全权——政治权力和经济权力以及社会权力（如结社集会权力）和文化权力（如言论出版权力）——因而是最全面、最极端、最极权、最可怕的君主专制，亦即所谓"极权主义全权专制"。恩格斯称之为"最野蛮的国家形式"："最野蛮的国家形式即东方专制制度"③。马克思则称之为"普遍奴隶制"："东方的普遍的奴隶制"。④

这种最具奴役性的极权主义全权专制无疑是人类迄今最坏的专制，是最不公正、最不平等、最不人道和最不自由的专制，说到底，亦即所谓"不服从者不得食"的专制。因为对于拥有控制所有人的全权——政治权力和经济权力以及社会权力（如结社集会权力）和文化权力（如言论出版权力）——的专制者来说，任何人胆敢反抗和不服从，岂不都意味着自己至少将被活活饿死？不服从者最好的下场就是不得食——食物确实远比自由更重要——这就是为什么在这种国家，人们不但不反抗专制而且争先恐后将奴才的锁链当作花环来佩戴的缘故！这就是为什么在这种国家，人们自愿过着自由丧失殆尽的奴才般的"失掉尊严的、停滞的、苟安的生活"⑤ 的缘故！这就是为什么孟德斯鸠会充满鄙夷地写道："一种奴隶的思想统治着亚洲；而且从来没有离开过亚洲。在那个地方的一切历史里，是连一段表现自由精神的记录都不可能找到。"⑥

试问，这样的国家和国民，总体说来，怎么可能有良好的品德？怎么可能实现自己的创造性潜能？怎么可能有劳动的积极性和首创性？怎么可能有效率？怎么可能繁荣进步？显然，中国四千年的极权主义全权专制乃

---

① 《马克思恩格斯资本论通信集》，人民出版社 1976 年版，第 79 页。
② 《诗·北山》。
③ 《马克思恩格斯选集》第三卷，人民出版社 1977 年版，第 220 页。
④ 《马克思恩格斯全集》第 46 卷上，人民出版社 1979 年版，第 496 页。
⑤ 《马克思恩格斯选集》第二卷，人民出版社 1977 年版，第 67 页。
⑥ 孟德斯鸠：《论法的精神》上册，商务印书馆 1988 年版，第 79 页。

第十章　民主与非民主制的价值：根据国家制度终极价值标准　**589**

是中国四千年停滞不前的根本原因。这个道理，我们也可以进一步就这种极权主义全权专制所固有的两个最重要方面，进行一些具体分析。

一方面，中国的极权主义全权专制是中国停滞不前的根本原因，乃在于这种极权主义全权专制所固有的经济制度，是"农业和手工业相结合的村社家族宗法制的封闭孤立的自给自足经济制度"。这种宗法制的经济制度是极权主义全权专制的固有经济制度，因其自然而然导致"家天下"的极权主义全权专制政体："天子者，天下之父母也。"① 李大钊将这个道理归结为一句话："君主专制制度完全是父权中心的大家族制度的放大体。"② 这样一来，君主为了极权主义全权专制统治不被推翻，便必须剥夺每个人的经济自由，从而保障家族宗法制经济不被商品经济所取代：家族宗法经济制度是最不自由的经济制度，是极权主义全权专制的基础。显然，家族宗法经济制度是中国四千年经济停滞不前的根本原因。因此，马克思说，中国等亚细亚国家停滞不前的主要原因，就在于农业和手工业的家庭相结合的家族宗法制的、自给自足的、封闭的、孤立的、分散的经济制度："孤立状态是它过去处于停滞状态的主要原因。"③

另一方面，中国的极权主义全权专制是中国停滞不前的根本原因，乃在于这种全权专制所固有的极端禁止言论出版自由制度。诚然，中国曾有一次思想自由：中国大动荡、大过渡时期——春秋战国时代——诸种因素的奇特巧合造成了思想完全自由。但是，这个"大过渡时期"在中国全权专制漫长的历史中，实不过昙花一现；取而代之的则是秦始皇的焚书坑儒。自此以降，中国便开始了惨绝人寰的文字狱。就拿主持编纂《四库全书》并一再表白"朕从不以语言文字罪人"的乾隆皇帝来说，仅他一个朝代，文字狱竟多达135起。每一起往往都有多人乃至数十人被处死；甚至上百人、上千人遭祸。④ 这种令人噤若寒蝉的极端禁止言论出版自由制度，显然是全权专制者将所有人都变成奴才而又使其服从统治之根本手段，因而为极权主义全权专制所固有：这就是令黑格尔惊诧不已的中国精神财富领域，为什么自春秋战国以降，两千年一直停滞不前的根本原因。

---

① 《盐铁论·备胡》。
② 李大钊：《李大钊文集》下，人民出版社1984年版，第179页。
③ 《马克思恩格斯选集》第二卷，人民出版社1977年版，第71页。
④ 胡奇光：《中国文祸史》，上海人民出版社1993年版，第175页。

综上可知，一方面，衡量国家制度和国家治理好坏的价值终极标准，是增减全社会和每个人利益总量；而增减全社会和每个人利益总量，归根结底，取决于国民品德状况和国家繁荣进步而与其成正比：国民品德越加良好，国家越加繁荣进步，必定越加增进全社会和每个人利益总量，因而必定符合价值终极标准；国民品德越加败坏，国家越加停滞不前，必定越加减少全社会和每个人利益总量，因而违背价值终极标准。另一方面，民主制不但是国民总体品德良好的直接且终极原因，而且是国家繁荣进步的根本原因，因而极大地增进全社会和每个人利益总量，极其符合国家制度价值终极标准；相反地，专制等非民主制不但是国民总体品德败坏的直接且终极原因，而且是国家停滞不前的根本原因，因而极端减少全社会和每个人利益总量，极端违背国家制度价值终极标准。

导论业已阐明，任何一种国家制度，都必定既有一些优良的、好的、善的和正确的方面，又有一些恶劣的、坏的、恶的和错误的方面。因此，评价任何一种国家制度好坏价值，只能看其是否符合国家制度核心价值标准体系——亦即国家制度终极价值标准"增减全社会和每个人利益总量"和国家制度根本价值标准"公正与平等"以及国家制度最高价值标准"人道和自由"——符合这些标准的国家制度，无论有多少弊端，也都是优良的、好的、具有正价值；违背这些标准的国家制度，无论有多少优点，也都是恶劣的。

准此观之，像丘吉尔那样，说民主制是"最不坏"的国家制度，显然不正确；① 但像密尔那样，说民主制是"最好"的国家制度也不确切。② 确切地说，民主制乃是"唯一好"的国家制度，只有民主制才是好的国家制度，而任何非民主制都是坏的国家制度：寡头共和是坏的，有限君主制更坏，专制最坏。因为，如上所述，只有民主制才完全符合国家制度核心价值标准体系；而非民主制都程度不同地违背国家制度核心价值标准体系：专制极端违背、有限君主制次之、寡头共和又次之。因此，不论民主制有多少弊端，也都只有民主制才是唯一具有正价值

---

① 刘军宁编：《民主二十讲》，中国青年出版社 2008 年版，第 147 页。
② John Stuart Mill, *On Liberty · Representative government · Utilitarianism*, Chicago: Encyclopaedia Britannica, Inc., 1952, p. 344.

的、应该的、优良的、好的、善的和正确的国家制度；不论专制等非民主制有多少优越，也都是恶劣的、不应该的、负价值的、坏的、恶的和错误的国家制度。

这就是民主制与非民主制国家制度的价值吗？是的。但这仅仅是民主制与非民主制国家制度的自身价值（value-in-itself）、内在价值（Intrinsic value）或自身内在价值：三者是同一概念。民主制与非民主制国家制度，无疑还具有外在价值（extrinsic value）或适用价值、外在适用价值。因为不言而喻，问题的关键还在于：一方面，民主的"唯一好"的正价值是否普遍适用于一切国家？换言之，民主的"唯一好"的正价值是否具有普世性？民主是否具有普世价值？是否具有普世正价值？也就是说，民主是否对于全世界一切时代的一切社会都具有"唯一好"的正价值？民主是否普适全世界一切时代的一切社会？另一方面，专制等非民主制都是恶的、都具有负价值，是否具有普世性？是否普遍适用于一切国家？是否具有普世负价值？也就是说，专制等非民主制是否对于全世界一切时代的一切社会都是恶的、都具有负价值？专制等非民主制的负价值是否普适全世界一切时代的一切社会？这就是民主制与非民主制的普世价值问题。

## 四 民主与非民主制国家制度的普世价值

### 1. 普世价值概念

**普世价值：普遍适用于所有世界所有世代所有人的共同价值** 近年来，普世价值（universal values）概念在中国日渐流行，越来越热；但其含义究竟如何，却不免众说纷纭，莫衷一是。显然，界说普世价值的关键在于"普世"。普世（ecumeical）、普世主义（ecumenism）名词出现于希腊化时期，源于希腊文 oikoumene，义为凡是人所居住的地方；后被基督教引申为"普遍适用于所有世界"：基督教普遍适用于所有世界。普世概念之滥觞亦在于此：普世主义原本是基督教教义的基本原则之一。陈建明说：

> 普世主义是基督教思想教义的一个基本原则。它的形成是基督教从作为犹太教一支的原始基督教向作为一种世界性宗教的基督教转变

的标志。从两个不同的层面，普世主义可以有两种不同的释义。第一个层面是从教会论的层面而言，普世主义意指基督教具有普遍适应性，教会的建立将不受文化、种族和社会阶层差异的限制，而且各民族各地方教会共同组成普世合一的教会。第二个层面是从救赎论的层面来讲，普世主义又指人人都能得到拯救，理由是基督救恩是为全人类设立的，对所有人都同样有效。后一种解释通常又被称作"普救论"或"普救主义"。①

可见，所谓普世，从概念的定义来看，可以顾名思义，就是普适于世、一世皆同，就是普遍适用于世间、世界、世世代代，对于一切世间、世界、世世代代都是相同的、共同的、普遍的，就是放之四海而皆准、行之万世而不悖，说到底，就是超阶级超时代超历史超社会超国家超民族超宗教而普遍适用于一切社会一切时代一切阶级一切人，对于一切社会一切时代一切阶级一切人都是共同的、普遍的。因此，所谓普世价值，就是普遍适用于所有世界所有世代所有人的共同价值，就是对所有世界所有世代所有人都适用的共同的、普遍的价值，就是放之四海而皆准、行之万世而不悖的价值，说到底，就是超阶级超时代超历史超社会超国家超民族超宗教而普遍适用于一切社会一切时代一切阶级一切人的共同价值，就是超阶级超时代超历史超社会超国家超民族超宗教的普遍价值，就是对一切社会一切时代一切阶级一切人都适用的共同的、普遍的价值。

**普世价值否定论：普世价值与普遍价值之比较** 许多学者否定普世价值的存在。细察他们的理由，可知否定普世价值的原因无非两方面。一方面，他们不懂得"普世价值"与"普世价值的认同或共识"根本不同："某物是否有价值"与人们"认为某物是否有价值"根本不同。确实，多数人都认同的价值可能存在，因而有所谓价值共识；但是古往今来的一切人都认同的价值恐怕是不可能存在的。可是，一物，如西红柿，有没有价值，与人们认为它有没有价值无关。即使所有人都认为西红柿没有营养价值，西红柿也照样有营养价值。同理，普世价值之所以是普世价值，与人们的认同无关：一种普世价值，如自由，即使得不到所有人或多数人的认

---

① 陈建明："基督教普世主义及其矛盾"，《世界宗教研究》2004年第2期，第8页。

同和共识，也仍然是普世价值；一种非普世价值，如等级制，即使得到所有人或多数人的认同和共识，也不是普世价值。许多学者将"普世价值"与"普世价值的认同或共识"混同起来，因而由"任何人都认同的普世价值是不存在的"正确前提，得出错误的结论：普世价值不存在。

另一方面，普世价值否定论者只片面地看到价值是历史的、具体的、特殊的，只看到"没有两片相同的树叶"；而没有看到"没有两片完全不同的树叶"，没有看到价值的超历史的、普遍的、抽象的一面。殊不知，任何事物，不论如何不同，必定总有相同的方面。众口难调，口味是最不同的东西，似乎不可能有古往今来所有人都相同的口味。其实不然，岂不闻孟子曰："口之于味，有同嗜焉。"确实，价值因人而异，因时因地而异。但是，这些价值不论如何特殊如何不同，却必定有共同点，亦即共同价值、普遍价值、一般价值。只不过，事物的范围和外延越大，事物越多，价值的特殊性和差别性就越多，而共同点和普遍性就越少。普世价值的外延和范围极大，包括一切社会一切时代一切阶级一切人，因而普世价值的内涵和数量极少。

普世价值为数极少，却存在无疑。因为确如张东荪所言，善、公正、人道、幸福、诚实、自尊、谦虚、智慧、节制、勇敢等道德规范，无疑都是适用于一切社会、一切国家、一切宗教、一切民族、一切时代、一切阶级、一切人的共同的、普遍的道德规范，因而属于普世道德、普世价值范畴："试问如诚实、自尊、爱人、忠尽、勤勉、慷慨、勇敢、公平、廉洁等岂在基督教为道德而一至资产阶级即引为不道德乎？"[①] 确实，古今中外，有哪一个社会、哪一个时代、哪一个阶级、哪一个宗教、哪一个民族、哪一个国家不倡导或不应该倡导诚实、自尊、爱人、忠尽、勤勉、慷慨、勇敢、公平、廉洁、善、幸福、谦虚、智慧、节制等道德规范？谁敢说这些规范仅仅实行或应该实行于某些特定社会、特定时代、特定阶级，而不应该实行于一切社会、一切时代、一切阶级？

可是，普世价值岂不都是普遍价值吗？何必要在普遍价值之外，再叠床架屋，把原本就是令人困惑的宗教术语"普世价值"世俗化或普遍化呢？原来，普遍价值与普世价值根本不同。所谓普遍或普遍性，如所周

---

[①] 张东荪：《道德哲学》，中华书局1930年版，第644页。

知，是某一种类所有事物都具有的属性，是一类事物的共同的、同一的属性；反之，特殊性则是某一种类部分事物所具有的属性，是某一种类事物的不同的、差别的属性。例如，"人性"是人"类"所有的人都具有的属性，因而是普遍性；反之，"黄色皮肤"则是人"类"的一部分人所具有的属性，因而是特殊性。这样一来，普世都是普遍；但普遍不都是普世：普遍的外延更加宽泛。因为一种类型的国家的共同性就是普遍或普遍性。试想，苏东九国等所有社会主义国家的共同性，如生产资料公有制，就是普遍或普遍性。但是，这种普遍或普遍性显然不是普世或普世性；只有一切国家的共同性，如拥有最高权力及其政治组织，才可能是普世或普世性。

因此，普世价值属于普遍价值范畴，是外延极为宽广的普遍价值：普世价值一定是超阶级超时代超历史超社会超民族而普遍适用于一切社会一切时代一切阶级一切人的共同价值；普遍价值则可能是历史的时代的民族的阶级的而仅仅普遍适用于一定社会一定时代一定阶级的共同价值。质言之，普遍价值分为两种：一种是普遍适用于一切类型的社会的共同价值，叫做普世价值；另一种是普遍适用于一定类型的社会的共同价值，属于非普世的普遍价值。

然而，有些学者虽然承认普世价值是普遍适用于一切社会一切人的共同价值，却认为普世价值适用范围所包括的"一切社会一切人"仅仅是地域性的，而不是时间性的："普世价值这个概念应该只有地域上的全球性而没有什么时间上的永恒性。"[1] 这是很荒唐的。因为任何社会任何人都不可能仅仅存在于空间中，而必定也存在于时间中。因此，普世价值适用范围所包括的"一切社会和一切人"，不仅包括存在于空间中的一切社会和人，而且包括一切时间中的社会和人。否则，如果说普世价值适用范围不包括一切时间中的社会和人，那岂不意味着：普世价值不适用于存在于某些时间或时代的社会和人？那样一来，岂不等于说普世价值不是普遍适用于一切社会和一切人的共同价值？因此，普世价值是普遍适用于一切社会一切人的共同价值，实已蕴含着：普世价值乃是普遍适用于一切空间和时间中的一切社会一切人的共同价值。

---

[1] 韩东屏："普世价值不玄稀"，《华中科技大学学报》，2009年第一期，第38页。

第十章　民主与非民主制的价值:根据国家制度终极价值标准　595

**普世价值类型：绝对普世价值与相对普世价值**　普世价值所普遍适用的社会和人必定包括存在于一切时间中的社会和人，因而必定具有永恒性，必定是永恒价值：普世价值是普遍适用于任何时间中的任何社会任何人的永恒价值。确实，善、公正、人道、幸福、诚实、自尊、谦虚、智慧、节制和勇敢等岂不是任何人在任何时间都应该遵守的永恒道德吗？那么，这是否意味着：普世价值就是绝对价值？否。诚然，如果孤立地看每一个普世价值，亦即就每一个普世价值自身——而不是就各种普世价值的相互关系——来说，每一个普世价值确实是绝对地、无条件地适用于任何人，因而是绝对价值。例如，如果只有一个道德规范"诚实"，亦即只就诚实这一个道德规范来说，任何人显然在任何时间任何条件下都应该诚实：诚实是一种无条件的、绝对的道德价值。这恐怕就是为什么康德说："诚实是理性教义的一种神圣的绝对命令。"[①] 但是，实际上，每个人所当遵守的道德规范不可能只有诚实一个，并且诚实有时可能与其他价值更大的道德规范，如救他人性命，发生冲突。在这种条件下，显然就不应该诚实而应该撒谎救人了。

　　因此，诚实等普世道德固然普遍适用于任何空间和时间中的任何人，固然是任何人在任何时间都应该遵守的永恒道德，却不是应该无条件遵守的永恒道德；而是应该有条件——亦即在不与具有更大价值的其他道德发生冲突的条件——遵守的永恒道德；因而不是绝对（亦即无条件）道德，不是绝对价值，而是有条件的、相对的永恒道德，属于相对普世价值范畴。那么，有没有绝对的、无条件的普世价值？答案是肯定的。但是数量极少。就拿普世道德价值来说，可以肯定，只有一个绝对道德，只有一个属于绝对价值范畴。这个绝对道德就是道德终极标准：增进每个人利益总量。因为只有这一个道德标准是任何人在任何条件下都应该遵守：道德终极标准就是道德绝对标准，说到底，就是绝对的普世道德价值。其他所有普世道德价值，如公正、平等、人道、自由、善、幸福、诚实、自尊、谦虚、智慧、节制和勇敢等，都是应该有条件——亦即在不与具有更大价值的其他道德发生冲突的条件——遵守的，

---

[①] Sissela Bok, *Lying: moral choice in public and private life*, New York: Vintage Books, 1989, p. 269.

因而都是相对的普世价值。

可见，普世价值的普遍性和适用范围介于普遍价值与绝对价值之间：普遍价值的适用范围最小，因而数量最多；绝对价值的适用范围最大，因而数量最少；普世价值是适用范围小于绝对价值、大于普遍价值，因而数量少于普遍价值而多于绝对价值。于是，总而言之，一切价值分为普遍价值与特殊价值两类；普遍价值又分为普世价值与非普世普遍价值两类；普世价值又分为绝对价值（亦即绝对普世价值）与相对普世价值两类。如图：

$$
价值 \begin{cases} 普遍价值 \begin{cases} 普世价值 \begin{cases} 绝对普世价值 = 绝对价值 \\ 相对普世价值 \end{cases} \\ 非普世普遍价值 \end{cases} \\ 特殊价值 \end{cases}
$$

### 2. 民主与非民主制的普世性和普世价值

马克思关于"生产力决定生产关系、经济基础决定国家政治制度等上层建筑"的历史唯物论原理，无疑是人类思想的伟大成就。然而，人们却往往将其绝对化，以为任何国家制度都必然决定于经济基础和生产力，都具有历史必然性，都是历史的、时代的，都仅仅适用于一定历史条件下的一定的社会和一定的时代，而不能普遍适用于一切社会一切时代，因而不具有普世性和普世价值。殊不知，只有以经济形态性质为划分根据的六种国家——原始公有制国家、奴隶制国家、封建制国家、资本主义国家、社会主义国家和共产主义国家——制度，才必然决定于经济基础和生产力，才具有历史必然性，才都是历史的、时代的，都仅仅适用于一定历史条件下的一定的社会和一定的时代，而不能普遍适用于一切社会一切时代，因而不具有普世性和普世价值；以经济形态性质为划分根据的六种国家制度之所以都仅仅适用于一定历史时代而不具有普世价值，只是因为一个国家实行何种经济形态具有历史必然性，是被生产力的发展水平所必然决定的。①

---

① 对此将在第十六章"阶级与剥削：六种国家制度价值之比较"进行研究。

倘若不是以经济形态,而是以政体的根本性质——亦即执掌最高权力的公民人数——为划分根据,那么,所划分的民主制与非民主制国家制度,便不具有历史必然性,便与经济发展的历史阶段没有必然联系,便是超经济、超阶级、超历史、超时代的,因而都具有普世性和普世价值。因为一个国家究竟实行何种政体,究竟实行民主制还是君主专制等非民主制国家制度,完全取决于执掌国家最高权力的人数,完全取决于掌握最高权力的人数究竟是一个人(君主制)还是少数人(寡头制)抑或是多数人(民主制),因而完全是偶然的、可以自由选择的,而不具有历史必然性,不是必然的、不可选择的、不可避免的。

确实,执掌国家最高权力的人数——究竟是一个人还是少数人抑或是多数人——怎么可能与经济以及生产力发展水平有必然联系?怎么可能被经济和生产力发展水平所必然决定?怎么会具有历史必然性?怎么可能不是偶然的呢?任何时代任何国家的最高权力岂不都既可能独掌于一个人,也可能执掌于少数人,还可能执掌于多数人?显然,掌握最高权力的人数的多少的本性就是偶然性和普世性。因此,政体——政体就是以执掌最高权力的人数的多少为根据的政治分类——的根本的特征就是偶然性和普世性。任何一种政体,不论民主制还是专制等非民主制,都具有普世性,都超经济超历史超社会超阶级超时代而能够普遍实行于任何国家任何时代任何生产力和经济发展水平。

这就是为什么,世界历史告诉我们,任何一种政体,不论是民主制还是非民主制,都既可能实行于原始社会,也可能实行于奴隶社会,还可能实行于封建社会和资本主义社会以及社会主义社会。首先,考古学和人类学的研究表明,原始社会按其历史发展的一般顺序,呈现三种性质不同的社会形态:游群、部落和酋邦。游群是人类处于狩猎—采集阶段的四处游动的自主的血缘社会,大约出现于二、三百万年前,终结于一万年前,历时约二、三百万年;人类的游群时代也就是旧石器时代。部落——氏族为其基础和中心——是人类处于农耕和畜牧阶段因而趋向定居的社会,只有到新石器时代,亦即距今约八、九千年,才广泛地散布于世界各地。酋邦是处于平等的部落社会向阶级社会过渡阶段的等级社会。

队群和部落虽然也有实行非民主制的可能性,但一般说来,都实行民主制。因此,哈维兰说:"群队一般说来是相当民主的:任何群队成员都不会告诉别的人去干什么、怎么狩猎、跟谁结婚。"① 恩伯说："具有部落政治组织的社会与队群社会相似，都是平等的社会。"② 酋邦虽然是一种等级社会，特别是正式的官僚管理机构使酋长的权力极大提高，甚至可能使他独掌最高权力而成为专制君主，但也可能未必如此："处于酋长领地政治发展阶段的社会可能在政治上完全统一于酋长的统治之下，但也可能不完全是这样。"③

可见，在原始社会，民主制固然是主流；但是，不管怎样与人心背道而驰，还是出现过专制等非民主制："不论在地球上任何地方，不论在低级、中级或高级野蛮社会，都不可能从氏族制度自然生出一个王国来……君主政体与氏族制度是矛盾的，它发生于文明社会比较晚近的时期。处于高级野蛮社会的希腊部落曾出现过几次专制政体的事例，但那都是靠篡夺建立起来的，被人民视为非法，实际上与氏族社会的观念也是背道而驰的。"④

奴隶社会可能实行任何政体——民主共和制与寡头共和制以及君主专制和有限君主制——已经是事实。古巴比伦、亚述帝国和波斯帝国，古埃及托勒密王朝和古印度孔雀帝国，无疑都是典型的君主专制。相反地，古希腊和古罗马则实行共和制。斯巴达是寡头共和制。雅典初期也是寡头制，梭伦改革使雅典由寡头制转变为民主制，到伯利克里时代，雅典民主制臻于全盛。公元前509至27年的古罗马，国家最高权力实际上执掌于原本由贵族组成的元老院，堪称贵族共和制——贵族共和属于寡头共和范畴——的典范。从公元前27年到公元476年，罗马实行帝制，一人独掌国家最高权力，是典型的君主专制。奴隶社会还存在有限君主制，特别是贵族君主制，如公元前2369至2314年，阿卡德城的国王萨尔贡一世建立的统一的阿卡德国家，实行的就是贵族君主制，亦即以君主为主而与贵族元老院共同执掌最高权力的政体。

---

① 哈维兰：《当代人类学》，上海人民出版社1987年版，第468页。
② Carol R. Ember, Mevin Ember, *Cultural Anthropology*, Ninth Edition, Prentice Hall, Inc., 1999, p. 224.
③ 恩伯：《文化的变异》，辽宁人民出版社1988年版，第406页。
④ Lewis H. Morgan: *Ancient Society*, The Belknap Press of Harvard University press Cambridge, 1964, pp. 110–111.

封建社会大都实行君主专制与有限君主制：贵族君主制与等级君主制。贵族君主制是以君主为主而与贵族元老院或地方割据势力共同执掌最高权力的有限君主制，如封建割据时期的法兰西、德意志和俄国中的一些大公国，国王虽然执掌最高权力，却不可独自行使，而必须得到某种形式的贵族会议的同意。等级君主制是以君主为主而与等级会议——亦即教会贵族、世俗贵族和市民组成的三级会议——共同执掌最高权力的有限君主制，如俄国伊凡三世和伊凡四世的大贵族杜马和缙绅会议的等级君主制；法国腓力四世"三级会议"的等级君主制；英国爱德华一世和爱德华三世的议会君主制等。诚然，封建社会更为盛行的政体还是君主专制，如英国威廉一世、亨利一世和亨利二世以及都铎王朝和斯图亚特王朝的君主专制；俄国彼得一世和叶卡特琳娜二世的君主专制；法国路易十三、路易十四、路易十五和路易十六的君主专制；德国威廉一世和威廉二世的君主专制。中国封建社会的君主专制最为漫长，自大禹开创家天下的专制政体，直至清朝，实行君主专制竟然长达四千余年。

封建社会虽然盛行君主制，但也曾存在过共和政体。中世纪的威尼斯共和国便属于封建社会的寡头共和制：最高权力掌握在少数公民（贵族和富商）选举的大议会、元老院和共和国元首（总督或执政）手中。从十二世纪开始，威尼斯设立大议会，拥有国家最高立法和监察权力。议员480人，皆从姓名列入"黄金簿"的少数贵族和富商中选出。国家最高行政权力则执掌于大议会所选出的40人委员会（元老院）。佛罗伦萨则堪称民主共和政体：国家最高权力执掌于庶民——亦即"肥民"和"瘦民"——的代表所组成的议会。所谓肥民，主要是企业主、银行家、大商人、律师和医生等；所谓瘦民，主要是小行东和手工业者，如鞋匠、成衣匠、铁匠和泥瓦匠等。肥民结成七个行会，叫做"大行会"，包括丝绸商行会、毛皮商行会、羊毛商行会、银行家行会、律师行会和医生行会等。瘦民则结成14个行会，叫做"小行会"。佛罗伦萨国家最高权力执掌于这些行会会员所选出的议会。最高管理机关叫做执政团或长老会议，由每个大行会选出一个代表和两个小行会代表组成。长老会议的主席叫做旗手，由行业议会推选，任期两个月，可以连选连任；其他八人叫做"首长"，协助旗手管理国家内政和外交等事务。

资本主义社会最主要最普遍最典型的政体无疑是民主制，以致今天世界上所有资本主义国家几乎统统实行民主制。但是,资本主义社会也曾存在过君主制:君主专制与君主立宪。法国资产阶级1789年大革命推翻封建社会君主专制,1791年通过新宪法,确立君主立宪制。该宪法规定,法国实行按分权原则建立的君主立宪制:"政府是君主制,行政权委托给国王……但在法国,没有比法律的权力更高的权力;国王只能依据法律来治理国家。"1799年拿破仑发动政变,独掌国家最高权力,1804年加冕为皇帝,建立了资本主义君主专制政体。20世纪意大利和德国出现的墨索里尼与希特勒独掌国家最高权力的法西斯独裁政体,则是资本主义君主专制的另一种类型。资本主义社会还存在一种民主制与君主制的混合政体:名义君主立宪制而实为民主共和制。这种政体的典型,如所周知,就是明治维新后的日本和1714年乔治一世以后的英国。绝大多数社会主义国家也都实行民主制与君主制的混合政体;只不过与英国和日本"名为君主立宪而实为民主共和"恰恰相反,乃是"名为民主而实为专制",如苏东九国的所谓苏联社会主义模式。

可见,一方面,所有政体——民主共和与寡头共和以及有限君主制与君主专制及其混合政体——几乎都曾经出现在生产力和经济发展的任何历史阶段,几乎都曾出现在以经济形态性质为划分根据的历代社会,几乎都曾出现在原始社会、奴隶社会、封建社会、资本主义社会和社会主义社会。这意味着,任何政体,不论是民主制还是非民主制,都不是被生产力和经济发展水平所必然决定的,都不具有历史必然性,都是超经济超历史超社会超阶级超时代的,都能够普遍实行于任何国家任何时代任何生产力和经济发展水平,都具有普世性。

另一方面,绝大多数封建社会都实行君主制和绝大多数资本主义社会都实行民主制的事实,特别是,人类迄今在99%以上的时间——亦即原始社会二、三百万年的队群和部落时代——都生活在民主制社会的事实,显然又意味着,政体类型与经济发展水平密切相关:一个社会实行何种政体在很大程度上是被生产力和经济发展的水平决定的。但是,生产力和经济发展水平对政体类型的决定作用,并不具有必然性,并不是必然的决定作用,并不必然决定政体类型,并不必然导致民主制或非民主制。否则,全部封建社会岂不统统都只能实行君主制?只要有一个封建社会实行共和制,岂不就意味着:封建社会并不必然实行君主制?因此,只要有一个封建社会实行共和制，就意味着，封建社会的生产力和经济发展水平对君主制的决定作用不是必然的：封建社会的生产力和经济发展并不必然导致实行君主制。

**3. 民主制的绝对普世正价值与非民主制的绝对普世负价值**

确实，无论生产力和经济发展水平对政体类型的决定作用是多么巨大，即使巨大到大势所趋，顺之者昌逆之者亡，也不是必然的，也不可能必然导致某一种政体。因此，亨廷顿说："经济因素虽然对民主化有重大影响，却不是决定性的。在经济发展水平与民主之间有一种全面的相关性。然而，没有一种经济发展的水平和模式，就其自身来说，是造成民主化的必要条件或充分条件。"① 王绍光则援引雪瓦斯基的话说："经济发展不一定能导致民主，民主可以在任何情况下随机出现。换句话说，在经济发展的任何水平都可以出现民主。在一些被人们认为最不太可能实现民主的国家或地区，也出现过民主政权。"②

那么，是否有其他因素能够必然导致某一种政体？许多学者的回答是肯定的。在他们看来，可以必然导致某一种政体的因素，除了生产力和经济，还有政治状况，亦即国内外的某种政治局势和政治需要，如革命、战争、分裂、无序、武力征服和激烈的阶级斗争等必然需要集权和独裁，因而必然导致独掌最高权力的伟大人物的出现：专制具有历史必然性。恩格斯也曾这样写道：

> 恰巧拿破仑这个科西嘉人做了被本身的战争弄得筋疲力尽的法兰西共和国所需要的军事独裁者，这是个偶然现象。但是，假如没有拿破仑这个人，他的角色也会由另一个人来扮演。这一点可以由下面的事实来证明：每当需要有这样一个人的时候，他就会出现，如凯撒、奥古斯都、克伦威尔等。③

---

① Samuel P. Huntington, *The Third Wave: Democratization in the Late Twentieth Century*, University of Oklahoma Press, Norman, 1991, p.59.
② 王绍光：《民主四论》，生活·读书·新知三联书店2008年版，第87页。
③ 《马克思恩格斯选集》第4卷，人民出版社1995年版，第733页。

诚然，在国家发生革命、战争、分裂、无序和激烈的阶级斗争等非常时期，需要集权和强有力的伟大领袖，因而极易导致专制，如恺撒、奥古斯都、克伦威尔、拿破仑、希特勒等就是如此。但是，这种非常政治局势只是极易导致专制，却非必然导致专制。否则，我们如何解释美国独立战争为什么没有导致华盛顿的专制？难道还有比美国独立战争时期的国内外政治局势更需要集权、更需要一个强有力的伟大的铁腕人物吗？显然，政治局势、政治因素与经济因素一样，对政体类型的决定作用可能极其巨大，甚至大势所趋，但也不是必然的，也不可能必然导致某一种政体。

经济因素与政治因素都是偶然因素，其他因素就更不用说了。因此，亨廷顿认为民主化是多种具体的特殊的偶然的原因相结合的结果："寻找一个可以在解释这些不同国家政治发展中具有重要作用的共同的普遍的自变项，几乎注定是不成功的，如果不是同义语反复的话。民主化的原因因时因地而异。理论的多重性和经验的多样性意味着下述命题可能成立：（1）没有一个单一的因素足以解释所有国家或一个国家的民主的发展。（2）没有一个单一的因素是所有国家的民主发展的必要条件。（3）每一个国家的民主化都是各种原因复合结果。（4）这些产生民主的原因之复合因国家不同而不同。（5）通常导致一波民主化的复合原因不同于导致其他各波民主化的复合原因。（6）在民主化波浪中最初政权变化的原因可能不同于这一波中后来政权变化的原因。"[①]

确实，任何一种政体——不论是民主制还是非民主制——的实行都是当时社会的地理环境、生产力、经济、政治、文化、法律、道德、意识形态、阶级结构、争夺最高权力者的斗争、国民的人格、传统习俗、国内外形势和思想家们的理论等多种因素的具体的特殊的偶然的情况共同决定的。这些因素对于导致某种政体虽然有根本与非根本、内因与外因以及主因与次因之分——生产力和经济发展状况无疑是最根本的原因——但无论是哪一种因素都不足以必然导致某种政体，因而都是某种政体产生的偶然性原因。在这些偶然的具体的特殊的多种因素作用下，人们争夺最高权力的斗争便既可能使最高权力无限制地被一个人所掌握（君主专制）；也可

---

[①] Samuel P. Huntington, The Third Wave: Democratization in the Late Twentieth Century, Universityof Oklahoma Press, Norman, 1991, p. 38.

能使最高权力受限制地被一个人所掌握（有限君主制）；还可能使最高权力被少数公民所掌握（寡头共和）；亦可能使最高权力被多数或全体公民所掌握（民主共和）。

因此，任何社会实行何种政体便都是偶然的、可能的、可以自由选择的和以人的意志而转移的；而不具有历史必然性，不是必然的、不可选择的、不可避免的和不以人的意志而转移的。这意味着，任何社会在任何条件下实行任何一种政体，不论是民主制还是专制等非民主制，都不具有历史必然性，都是可能的、偶然的、可以自由选择的和以人的意志而转移的：实行何种政体绝对不具有历史必然性，是绝对偶然的、绝对可能的、绝对可以自由选择的和以人的意志而转移的。否则，如果一个社会只有在一定历史条件下才可能实行民主政体，那就无异于说，在不具备这种历史条件的时候，只可能实行非民主政体：非民主制具有历史必然性。因此，实行何种政体的偶然性如果不是绝对的，就等于说实行何种政体具有历史必然性。所以，一个社会实行何种政体，不仅不具有历史必然性，而且绝对不具有历史必然性；不仅是偶然的、可能的和可以自由选择的；而且是绝对偶然的、绝对可能的、绝对可以自由选择的。

诚然，任何偶然都表现着某种必然性，没有纯粹的、不表现必然性的偶然性。但是，这并不能否定实行何种政体的本性是一种纯粹的绝对的偶然性。因为"纯粹的绝对的偶然性"与"不表现必然性的纯粹的绝对的偶然性"根本不同。纯粹的绝对的偶然性，无论如何，也总是表现着某种必然性。一个人究竟如何死亡，是纯粹的绝对的无条件的偶然性。但是这种纯粹的绝对的无条件的偶然性也总是表现着某种必然性：他必有一死。他必有一死，是纯粹的绝对的无条件的必然性。同理，实行何种政体是一种纯粹的绝对的偶然性，也并没有否定这种纯粹的偶然性表现着某种必然性。这种必然性就是：任何社会都必然存在政体。任何社会都必然存在政体是绝对的无条件的：任何社会都存在政体具有绝对必然性。相反地，任何社会存在何种政体则绝对地无条件地是偶然的：任何社会存在何种政体具有绝对的偶然性和绝对的可能性。

任何一种政体，不论是民主制还是专制等非民主制，都绝对可能实行于任何社会。这仅仅是说，民主制或非民主制的实现的可能性是无条件的；而不是说民主制或非民主制的实现是无条件的。任何政体都具有绝对的无条件的可能性；但是，任何政体的实现却都是相对的有条件的。换言之，任何政体都是绝对可能的，任何社会都绝对可能实行任何政体。但是，可能变成现实，却是有条件的。一个社会要将实行某种政体的可能性变成现实，是有条件的。就拿民主来说。任何社会都绝对可能实行民主。但是，要将这种可能性变成现实，亦即实现民主，是有条件的。毋庸置疑，一些社会具备实现民主的条件；另一些社会则不具备实现民主的条件。然而，问题的关键在于，一个社会不论是否具有实现民主的条件，民主都是可能的，而不是不可能的。

只不过，对于具备民主实现条件的社会，民主具有所谓"现实的可能性"或"实在可能性"，亦即经过人们的活动现在就可以实现的可能性；而对于不具有民主实现条件的社会，民主则具有"抽象的可能性"或"形式可能性"，亦即只有将来才可以实现——而现在则不会实现——的可能性，是需要经过人们的活动到将来才会实现的可能性。试想，秦皇汉武时代，确实不具有实现民主的条件。今日的中国则具有实现民主的条件。但是，即使对于秦皇汉武时代，能否实现民主也同样完全以人的意志而转移的，因而也是偶然的、可能的、可以自由选择的。假设当时人们都想实行民主，或者想实行民主的人的力量占据上风，那么，民主就会实现。因此，秦皇汉武时代，专制也不具有历史必然性，民主也不是不可能的。那时民主也具有可能性；只不过不是实在可能性，而是抽象可能性，是要经过努力奋斗才会在将来实现的抽象可能性。

抽象可能性与不可能性根本不同：抽象可能性的本性是偶然性，因而以人的意志而转移；而不可能性的本性是必然性，因而不以人的意志而转移。想当年秦始皇寻求长生不老，无疑是荒唐的。因为长生不老是不可能的，是不以人的意志而转移的。相反，如果他寻求长寿，立志活到100岁，则并不荒唐。因为他活到100岁，不是不可能的，而是可能的，是以人的意志而转移的；只要他经过漫长的养生年月在遥远的将来就可能实现，因而属于抽象可能性范畴。这种可能性几率极小，几乎是不可能。但可能性几率不论如何小，仍然属于可能性和偶然性范畴，是以人的意志而转移的；而不属于不可能范畴，不属于必然性范畴，不是不以人的意志而转移的。秦皇汉武时代民主的可能性就属于这种抽象可能性范畴，这种可能性几率极小，接近于零，因而几乎是不可能。但是，即使可能性接近于零，也仍然是可能性，仍然是以人的意志而转移的；而不是不可能性，不是必然性，不是不以人的意志而转移的。因为，说到底，民主实现条件与民主实现可能根本不同。任何社会，不论是否具备实现民主的条件，都具有实行民主的可能性：民主可能或能够实行于任何社会。

因此，任何一种政体，不论是民主制还是专制等非民主制，在任何历史条件下，不论是否具备实现的条件，都具有实行的可能性，都是绝对可能的、绝对偶然的、绝对可以自由选择的和绝对以人的意志而转移的，都是绝对超经济超历史超社会超阶级超时代的，都绝对能够实行于任何国家任何时代任何生产力和经济发展水平，都具有绝对的普世性：这是民主制与非民主制的具有莫大意义的本性。因为，如果民主能够实行于任何时代任何历史条件下的任何社会，那么，民主制就不但是唯一好的国家制度，而且对于任何时代任何历史条件下的任何社会都是唯一好的国家制度，任何时代任何历史条件下的任何社会都应该和适宜于实行民主制：民主制具有绝对的普世正价值。相反地，专制等非民主制不但都是坏的国家制度，而且对于任何时代任何历史条件下的任何社会都绝对是坏的国家制度，任何时代任何历史条件下的任何社会都不应该和不适宜于实行专制等非民主制：专制等非民主制具有绝对的普世负价值。这乃是——阿马蒂亚·森在其"民主政治是普世价值"论文中一再说——人类一直到20世纪才得以发现的伟大真理：

> 在整个19世纪，民主政治的理论家们发现他们常常自然而然地讨论某个国家或另一个是否"适合实行民主政治"。只是到了20世纪，这种讨论才发生变化。政治理论家们认识到，这个问题本身就是一个错误的问题：不需要判定某个国家是否天然适于实行民主政治；相反，国家必须通过实行民主来适合民主政治。把民主政治的适用范围扩展到具有不同历史、文化和富裕程度的全球数十亿民众，这的确是一项重大变化……我们今天已经无需一遍遍地从头开始去讨论某个具体的国家（如南非、柬埔寨或智利）是否适合于实行民主政治，尽管这类问题在19世纪非常流行，我们已经理所当然地认为，民主政治适合于每个国家。承认民主政治是放诸四海皆准的政治制度，并相应地认可民主政治为一种普世价值，这是人类思

维上的一场重大革命,也是 20 世纪的主要贡献之一。①

对"民主制具有普世价值"这一伟大真理的证明,根据我们关于民主与非民主制价值——自身内在价值与外在适用价值——的研究,可以归结为三组命题。

前提 1:唯有民主制符合国家制度价值标准,因而是唯一好的国家制度;而专制等非民主制都违背国家制度价值标准,因而都是坏的国家制度。

前提 2:民主制与专制等非民主制都绝对能够实行于任何国家任何时代任何生产力和经济发展水平,因而都具有绝对的普世性。

结论:民主制在任何社会任何时代任何历史条件下都绝对是唯一好的国家制度,因而具有绝对的普世正价值;专制等非民主制在任何社会任何时代任何历史条件下都绝对是坏的国家,因而具有绝对的普世负价值。

前提 1 是我们对民主与专制等非民主制自身内在价值的研究结果。这种研究表明,只有民主制才真正符合国家制度核心价值标准——亦即国家制度终极价值标准"增减全社会和每个人利益总量"和国家制度根本价值标准"公正与平等"以及国家制度最高价值标准"人道和自由"——而非民主制都程度不同地违背国家制度核心价值标准:专制极端违背、有限君主制次之、寡头共和又次之。因此,不论何种民主制,不论民主制有多少弊端,民主制都是唯一具有正价值的、唯一应该的、唯一优良的、唯一好的、唯一善的和唯一正确的国家制度;不论何种专制等非民主制,不论专制等非民主制有多少优越,也都是不应该的、负价值的、恶劣的、坏的、恶和错误的国家制度。

前提 2 和结论是我们对民主与专制等非民主制外在适用价值的研究结果。这种研究表明,任何一种政体,不论是民主制还是专制等非民主制,都绝对不具有历史必然性,都是绝对偶然的、绝对可能的、绝对可以自由选择的,都是绝对超经济超历史超社会超阶级超时代的,都绝对能够实行于任何国家任何时代任何生产力和经济发展水平,都具有绝对的普世性。因此,民主制不但是唯一好的国家制度,而且在任何社会任何时代任何历

---

① 刘军宁:《民主二十讲》,中国青年出版社 2008 年版,第 233—234 页。

史条件下都绝对是唯一好的国家制度：民主制具有绝对的普世正价值。相反地，专制等非民主制不但都是坏的国家制度，而且在任何社会任何时代任何历史条件下都绝对是坏的国家制度：专制等非民主制具有绝对的普世负价值。

不难看出，对于民主普世价值的证明，关键在于前提2，亦即确证民主与专制等非民主制具有绝对的偶然性和可能性，绝对不具有历史必然性。因为，纵使民主是个好东西而专制是个坏东西，如果专制等非民主制国家制度，像奴隶制那样具有历史必然性，那么，对于专制等非民主制是必然——亦即不可能实行民主——的那种历史条件下的社会来说，专制等非民主制就是具有正价值的好东西了：就像奴隶制在其具有历史必然性的社会是具有正价值的好东西一样。这样一来，民主与专制的好坏便都是相对的、有条件的了，因而在一定历史条件下专制便可能是好东西而民主倒可能是不合时宜的坏东西了：民主不具有普世价值。这就是民主普世价值否定论的最主要根据。

### 4. 民主普世价值否定论

民主普世价值否定论者的理论根据，真正值得反驳的，不过有两个。一个就是民主与专制等非民主制具有历史必然性。这个根据是如此深入人心，以致陈独秀和李大钊——五四新文化运动反对孔子专制主义的主将——居然也一再说，孔子专制主义之所以是坏东西，只是因其"不适合于今日之时代精神"[①]；而对于孔子当时来说，却是好东西而具有正价值："孔子的第二价值是建立君、父、夫三权一体的礼教。这一价值，在二千年后的今天固然一文不值，并且在历史上造成过无穷罪恶，然而，在孔子立教的当时，也有它相当的价值。"[②] 为什么？陈独秀答道："孔子生当此时，已预见封建颓势将无可挽救，当时的社会又无由封建走向民主之可能，于是乃在封建的躯壳中抽出它的精髓，即所谓尊卑长幼之节，以为君臣之义、父子之恩、夫妇之别普遍而简单的礼教……以维持那日就离析

---

[①] 李大钊：《李大钊文集》上，人民出版社1984年版，第264页。
[②] 任建树等编：《陈独秀著作选》第三卷，上海人民出版社1993年版，第379页。

分崩的社会。"①

陈独秀这里说得很清楚：孔子专制主义之所以当时是好东西而具有正价值，是因为"当时的社会无由封建走向民主之可能"。因此，误以为民主与专制等非民主制具有历史必然性，乃是否定民主具有普世价值的根据。这种错误的根源，显然在于误以为一切国家制度都具有历史必然性，误以为一切国家制度都必然决定于经济基础和生产力，都具有历史必然性，因而都不具有普世性和普世价值。殊不知，只有以经济形态性质为划分根据的六种国家——原始公有制国家、奴隶制国家、封建制国家、资本主义国家、社会主义国家和共产主义国家——制度，才必然决定于经济基础和生产力，才具有历史必然性，才不具有普世性和普世价值；而以政体的根本性质——亦即执掌最高权力的公民人数——为划分根据，那么，所划分的民主制与专制等非民主制国家制度，则具有绝对的偶然性和可能性，绝对不具有历史必然性，绝对与经济发展的历史阶段没有必然联系，绝对是超经济、超阶级、超历史、超时代的，绝对能够实行于任何国家任何时代任何生产力和经济发展水平，因而都具有绝对的普世性和普世价值。

民主普世价值否定论者的另一个理论根据，则主要在于将民主实现的条件与民主实现的可能混同起来。这个根据也是如此令人信服，以致民主主义思想家科恩在证明民主制的正确性和正价值时一再声明，民主是可能的、正确的、好的和具有正价值，只有对于具备实现民主条件的社会来说才成立；而对于不具备实现民主制条件的社会，民主制就是不能够实行的和不正确的、不应该的、具有负价值的不合时宜的坏东西："还要重复一遍，这些证明民主正确的论点不能适用于任何情况下的社会，如果民主条件大多付之阙如，民主也不会比其他政体更有可能达到要求的目标。只有民主条件能够合理地得到满足的地方才适用这些表现民主相对优越性的论点。"② "我要声明我不打算为所有社会的民主辩护，或为一切情况下一定社会的民主辩护。过去曾经有过，将来也一定会有，不宜或不能实行民主

---

① 任建树等编：《陈独秀著作选》第三卷，上海人民出版社 1993 年版，第 380 页。
② 科恩：《论民主》，商务印书馆 2004 年版，第 210 页。

的社会。"① 俞可平亦如是说："民主是个好东西，不是说民主是无条件的。实现民主需要具备相应的经济、文化和政治条件，不顾条件而推行民主，会给国家和人民带来灾难性的结果。"② 这岂不是说，对于不具备实现民主条件的社会，民主制就是不能够也不应该实行的坏东西？这样一来，民主岂不也就不具有普世价值了？

不难看出，这种民主普世价值否定论犯有双重错误。一方面，它误以为不具备实现民主的客观条件的国家不可能实现民主。殊不知，任何国家，不论如何不具备民主实现客观条件，都可能实现民主。因为民主实现的偶然任意性和普世性，决定了民主实现的客观条件，不论是经济条件还是社会条件抑或文化条件，与民主的实现都不具有必然联系，都不是民主的决定性因素，因而都既不是民主的充分条件，也不是民主的必要条件，而只是民主的有利条件与不利条件。民主能否实现的唯一决定因素，乃是民主的主观条件，亦即人们实行民主的欲求和行动。因此，不论民主的客观条件如何不具备，如何不利于民主的实现，只要欲求民主的人们的力量占据上风，民主就能实现；相反地，只要反对民主的人们的力量占据上风，不论如何具备民主的客观条件，不论客观条件如何有利于民主，民主都不能够实现。这就是为什么，尽管原始社会的客观极其有利于实现民主，却仍有非民主制产生；尽管封建社会的客观条件极其有利于实现专制，却仍出现过封建共和国；尽管资本主义社会的客观条件极其有利于实现民主，却仍有拿破仑和希特勒专制；尽管印度不但贫穷，而且其经济类型原本属于亚细亚生产方式，客观条件极其不利于实现民主，却仍然实现了民主。

另一方面，它误以为对于不具备实现民主的客观条件的国家来说，即使可能实行民主，民主也是不应该的、具有负价值的、不合时宜的，实行民主会带来灾难性结果。殊不知，不具备民主实现客观条件，仅仅意味着民主难以实现，而并不意味着民主不可能实现；仅仅意味着民主实现以后难以巩固，而并不意味着民主制不如非民主制好。民主制是唯一符合国家制度价值标准的制度，是唯一好的制度，怎么会不如非民主制好呢？最不

---

① 科恩：《论民主》，商务印书馆 2004 年版，第 209 页。
② 俞可平："民主是个好东西"，《民主》2007 年第 1 期，第 11 页。

具备民主客观条件的最不好的民主制,也比最好的非民主制好得多,以致德谟克拉特亦如是说:"宁在一种民主制度中受穷,也比在专制统治下享受所谓的幸福好,正如自由比受奴役好一样。"不具备民主客观条件的国家实行民主会带来什么结果?无非两种结果:一种是民主竟然得到巩固,民主化成功了,如印度,何灾难之有?另一种是民主没有巩固,民主化失败了,如民主化第三波中复辟非民主制的尼日利亚、苏丹和巴基斯坦等等,有什么灾难是民主制造成的?

民主制,说到底,就是没有官职的老百姓执掌最高权力,就是没有官职的老百姓对官吏的统治。试问,没有官职的老百姓能够将官吏怎么样呢?没有官职的老百姓执掌最高权力,怎么会出现灾难性结果?俞可平所谓灾难性结果,看来话里有话,恐怕与甘阳的观点一样,是指那场史无前例的运动。殊不知,那场运动的民主,只是非国家层面的民主,也就是国家最高权力之外各种权力执掌方式的民主;而并非国家层面的民主,并非国家最高权力或中央政府的民主。因为当时国家最高权力无疑执掌于伟大导师一人手中,因而那场运动属于最高权力的专制与非最高权力的民主相结合的混合政体。最高权力的专制显然是全局性的、根本性的、决定性的;而非最高权力的民主则是局部的、非决定性和非根本性的。因此,那场运动确实是灾难性的,然而却不是民主的结果,而是专制的结果。

显然,认为不具备实现民主条件的国家不可能也不应该实行民主的观点,是不能成立的。究其根源,显然在于误以为民主与社会主义等国家制度一样,如果不具备实现的客观条件,不可能也不应该实行。确实,社会主义实现的客观条件是生产力高度发达;不具备这一客观条件,不可能也不应该实行社会主义。因为在生产力还不够发达——因而不具备实现社会主义客观条件——情况下实行社会主义,会给国家和人民带来灾难性的结果,最终必定又回到资本主义。于是,俞可平由此类推:在民主实现的客观条件不具备的情况下,不可能也不应该实行民主制,实行民主会给国家和人民带来灾难性的结果。这样一来,俞可平与陈独秀的民主普世价值否定论的最终根据便完全一致,都在于误以为民主与专制以及社会主义和共产主义等一切国家制度都具有历史必然性,因而都不具有普世性和普世价值。

可见,两种民主普世价值否定论的错误,说到底,都在于不懂得实现民主与实现社会主义的客观条件的性质根本不同。社会主义具有历史必然性，决定了社会主义的客观条件——生产力高度发达——与社会主义的实现具有必然联系，是实现社会主义的必要条件：社会主义不能创造自身的必要条件。相反地，民主不具有历史必然性，决定了民主的客观条件——经济条件和文化条件以及社会条件——与民主的实现不具有必然联系，不是民主的必要条件，而只是民主的有利条件与不利条件：民主的客观条件可以在实现民主的过程中创造出来。这就是无论客观条件如何都能够且应该实行民主的根本原因，这就是民主具有普世性和普世价值的根本原因，这就是民主普世价值否定论不能成立的根本原因。

# 第十一章

## 专制主义、精英主义与民主主义

### ——关于民主制与非民主制价值之理论

**本章提要**

自赫拉克利特、德谟克利特、苏格拉底、柏拉图和亚里士多德以降，直至今日，否定民主而主张非民主制的理论，虽然堪称主流理论，但这些理论——亦即"民主不应该论"或"优秀人统治论"——却都是根本错误的。就其正面的观点——认为国家最高权力应该执掌于最优秀的人——来说，其谬误在于只看到政治职务权利应该按照德才进行分配原则，而没有看到政治自由权利应该人人完全平等享有原则。就其反面的观点——认为庶民或人民没有执掌最高权力的能力和知识——来说，其谬误，首先，在于混淆"担任政治职务的直接统治"与"不担任政治职务的间接统治"，亦即混淆"官吏对人民的统治"与"人民对官吏的统治"，不懂得前者只有优秀人物能够胜任，而后者人人皆能胜任；以致由人民缺乏担任政治职务进行直接统治的能力之正确前提，得出错误的结论：人民缺乏执掌最高权力进行间接统治的能力。其次，在于不懂得民主的统治者——庶民——所具有的能力和知识，并不是单个的庶民的能力和知识，而是集所有庶民的能力和知识之总和，因而往往可能比其中最优秀者更优秀。再次，在于错误地混同"群体的心理和智力"与"人民群众的心理和智力"，因而由"群体的心理和智力往往极端低下"的真理，得出"人民群众的心理和智力极端低下"的错误结论。最后，在于不懂得只有庶民或人民执掌最高权力——而国家具体的政治职务则完全由极少数优秀人物担任——才能够实现国家的最终目的：增进每个国民的利益。

## 一 专制主义、精英主义与民主主义：概念分析

令人沮丧的是，姑且不说中国诸子百家——儒家墨家法家和道家等——无不是专制主义者，就是从西方——民主理论的源流——国家理论传统来看，虽然有文艺复兴和启蒙运动波澜壮阔地抨击专制主义，弘扬自由主义，但是，自赫拉克利特、德谟克利特、苏格拉底和柏拉图以降，直至今日，二千多年来，民主的价值也一直遭到众多伟大思想家的断然否定。那么，他们否定民主制的理由和根据是什么？他们究竟主张怎样的非民主制及其理由和根据是什么？民主制究竟有哪些弊端？专制等非民主制究竟有哪些优越？两千年来思想家们围绕诸如此类有关民主与专制等非民主制价值的争论，虽然纷纭复杂，但究竟言之，可以归结为三大流派：专制主义、精英主义和民主主义。

### 1. 专制主义、精英主义与民主主义界说

何谓专制主义和民主主义？专制主义与民主主义虽然源远流长，可是，无论在什么地方，我们却很难找到专制主义和民主主义的定义。因此，魏特夫（Karl A. Wittfogel）在他的《东方专制主义》曾这样写道："大体说来，伯里在自由主义时期结束时所言甚是：几乎无人通过详尽的比较研究来确定专制主义之特征。"[①] 不过，对于专制主义的研究还是多于民主主义。因为任何一本学术著作和辞典里都看不到民主主义的定义；而《不列颠百科全书》还是列有专制主义词条。该词条说专制主义既可以指称专制制度，又可以指称专制理论："专制主义是一种政治理论和实践，指不受限制的中央集权和专制统治。"确实，在日常生活和某些历史著述中，正如英文的"专制主义"与"专制"是同一名词（Despotism）一样，"专制主义"有时与"专制"、"专制制度"或"专制政体"是同

---

[①] Karl A. Wittfogel, *Oriental despotism: a comparative study of total power*, New Haven: Yale University Press, 1957, p. 2.

一概念，如所谓"罗马帝国专制主义"、"法老埃及的专制主义"、"西周专制主义"等。但是，不难看出，专制主义主要指专制理论，亦即为专制的价值进行辩护的理论："专制作为一种价值和行为取向，称为专制主义。"① 因为所谓专制，如前所述，亦即君主专制，是一个人不受限制独掌国家最高权力的政体。"专制"是一个人不受限制地独掌国家最高权力的政体，显然意味着，"专制主义"就是为专制辩护的理论，就是认为专制是应该的理论，就是认为专制是应该的、具有正价值的、好的、善的理论，说到底，就是认为一个人不受限制地独掌国家最高权力的政体是应该的、具有正价值的、好的、善的理论：专制属于政体范畴；专制主义属于政体理论范畴。

确实如此。阿奎那、霍布斯和博丹是公认的专制主义论者，他们都认为君主专制或一人独掌国家最高权力是应该的、具有正价值的、好的、善的政体。阿奎那说："人类社会最佳的政府形式就是由一个人执掌的政体。"② 霍布斯说："最绝对的君主制乃是政府的最好形态。"③ 博丹说："君主制国家最好。"④ 这样一来，所谓民主主义，显然也就是为民主辩护的理论，就是认为民主是应该的理论，就是认为民主是应该的、具有正价值的、好的、善的理论，说到底，就是认为全体公民、多数公民或人民执掌国家最高权力——亦即主权——的政体是应该的、具有正价值的、好的、善的理论。因此，公认的民主主义思想家洛克、卢梭和密尔都是著名的人民主权论者，都认为主权在民，人民应该执掌国家最高权力。洛克说："人民有行使最高权力的权利。"⑤ 卢梭说："行政权力的受任者绝不是人民的主人，而只是人民的官吏。只要人民愿意，就可以委托他们，也可以撤换他们。"⑥ 密尔说："理想上最好的政府形式，就是主权或国家最

---

① 李宪堂：《先秦儒家的专制主义精神》，中国人民大学出版社2003年版，第33页。
② A. P. D'entreve, *Aquinas Selected Political Writings*, Barnes & Noble Books Totowa New Jersey, 1981, pp. 6-7.
③ Thomas Hobbes, *De cive, or, The citizen*, Greenwood press, publishers Westport, Connecticut, 1982, p. 126.
④ 郭华榕：《法国政治思想史》，人民出版社2010年版，第11页。
⑤ John Locke, *Two Treatises on Civil Government*, London: GEORGE ROUTLEDGE AND SONS, LTD., 1884, p. 320.
⑥ 卢梭：《社会契约论》，商务印书馆1994年版，第132页。

高权力授予该共同体所有成员的那种政府。"①

专制主义与民主主义之界定,使何谓精英主义不言而喻:精英主义就是为少数精英或优秀人物执掌最高权力辩护的理论,就是认为少数精英或优秀人物执掌最高权力是应该的、具有正价值的、好的和善的理论。精英主义代表人物众多,如米尔斯、戴伊、拉斯韦尔和熊彼特等;但其公认代表人物,当推莫斯卡、帕累托和米歇尔斯。这些精英主义论者认为少数精英执掌最高权力是应该的理由,可以归结为一句话:所有国家的最高权力实际上都必定掌握在少数人手里。帕累托说:"每个国家的人民都是由一批掌权优秀人物、即一批从人民中挑选出来的分子统治的。"② 莫斯卡说:"所有政府形式中实际权力都掌握在一个占统治地位的少数人手里。"③ 戴伊和齐格勒说:"精英是有权的少数;民众是无权的多数"④ 拉斯韦尔说:"在所有规模较大的社会里,在任何一个特定的时间里,决定权总是掌握在少数人的手中,这一发现证实了这一基本事实:政府总是由少数人来掌管的,不论它是以少数人、一个人,还是以多数人的名义来掌管的。"⑤

确实,如果所有国家的最高权力都必定掌握在少数人手里,那么,显然应该由少数精英——而不是少数庸人——执掌最高权力:少数精英或优秀人物执掌最高权力是应该的。精英主义认为最高权力应该执掌于少数人,因而他们所辩护和倡导的政体,原本与民主共和制恰恰相反,属于寡头共和制或贵族共和制范畴:寡头共和制或贵族共和制就是少数公民执掌国家最高权力的政体。但是,精英主义流派源远流长,难免节外生枝。古希腊赫拉克利特、德谟克利特、苏格拉底、柏拉图和亚里士多德所代表的"优秀人物统治论",和当代思想家莫斯卡、帕累托和米歇尔斯所代表的精英主义基本一致,属于反对民主主义的精英主义。这种精英主义的反民主主义性质,可以归结为米歇尔斯的一句话:"任何形式的领导体制与民

---

① John Stuart Mill, *On Liberty · Representative government · Utilitarianism*, Chicago: Encyclopaedia Britannica, Inc., 1952, p.344.
② 戴伊:《谁掌管美国》,世界知识出版社1985年,第6页。
③ 莫斯卡:《政治科学要义》,上海世纪出版集团2005年版,第367页。
④ 戴伊·齐格勒:《民主的嘲讽》,世界知识出版社1991年版,第2页。
⑤ 同上书,第8页。

主的最基本的要件之间都是不相容的。"① 相反地,韦伯和熊彼特所代表的精英主义,则是民主主义与精英主义的结合,因而被称为"精英民主论"。精英民主论所辩护和倡导的,无疑是一种民主制与寡头制的混合政体,亦即人民与精英共同执掌最高权力的政体:人民仅仅执掌选举统治者的最高权力;其余最高权力皆由少数精英寡头执掌。熊彼特将这种精英民主论归结为一句话:"就'人民'和'统治'两词的任何毋庸置疑的意义来说,民主并不意味也不可能意味人民实际上的统治。民主的意思只能是:人民有机会接受或拒绝将要来统治他们的人。"②

## 2. 专制主义类型:中国专制主义

精英主义虽有节外生枝,却并不复杂,没有什么根本不同的重要类型需要进行专门研究。相反地,民主主义与专制主义则都流派众多、纷纭复杂。民主主义有直接民主主义、代议制民主主义、精英民主主义、激进民主主义、多头民主主义、协商民主主义和宪政民主主义等。专制主义有王道专制主义、霸道专制主义、法家专制主义、墨家专制主义、儒家专制主义、马基雅维利专制主义、阿奎那专制主义等。不过,我们在这里只应该研究专制主义的不同类型,而不应该研究民主主义的不同类型。因为民主主义的不同类型可以归结为民主的不同类型,因而是民主得以实现的不同形式,应该列入《国家论》下卷《实现论》研究。

不难看出,对专制主义、民主主义和精英主义进行概念分析的真正困难,与其说是界说,毋宁说是分类,亦即对专制主义的众多流派进行科学的分类。特别是,中国自古以来,直至清朝,几乎所有思想家——儒家、墨家、法家和道家等——竟然无不是专制主义论者。因此,对中国的专制主义理论进行分类和辨析,似乎尤为困难。中国专制主义的最重要的代表,当然是儒家。儒家专制主义理论可以归结和推演于孔子回答齐景公的那句千古名言:"君君臣臣、父父子子。"这就是说,君应该像君那样作为。可是,君究竟怎样作为才像君呢?首先就应该自己一个人掌握国家最

---

① 米歇尔斯:《寡头统治铁律:现代民主制度中的政党社会学》,天津人民出版社 2003 年版,第 350 页。

② Joseph A. Schumpeter, *Capitalism, Socialism, and Democracy*, (3rd Edition) New York: Harper & Brothers Publishers, 1950, pp. 284 – 285.

高权力。因为君主之为君主就在于一个人掌握国家最高权力：君主政体就是一个人掌握国家最高权力的政体。所以，孔子的"君君"的首要含义就是君主应该自己一个人掌握国家最高权力。那么，君究竟应该受宪法、议会等限制——亦即君主立宪——地掌握国家最高权力，还是应该不受宪法、议会等限制——亦即君主专制——地掌握国家最高权力？孔子的回答是后者：君主应该不受限制地——亦即专制地——独掌国家最高权力。因为他一再说天子应该不受诸侯、大夫、陪臣、庶人限制地独掌国家最高权力："天下有道，则礼乐征伐自天子出，天下无道，则礼乐征伐自诸侯出……天下有道，则政不在大夫，天下有道，则庶人不议。"①

因此，孔子的"君君"，说到底，就是君主应该独掌国家最高权力，就是君主应该专制，亦即君主专制是应该的：孔子的"君君臣臣父父子子"是一种关于社会治理道德原则的专制主义理论。所以，李大钊说："孔子为历代帝王专制之护符……其说确足以代表专制社会之道德，亦确足以为专制君主所利用资以为护符也。"②孔子的这种专制主义理论，确如西汉大儒董仲舒所发挥，可以归结为"三纲"："君为臣纲、父为子纲、夫为妻纲。"③诚然，"三纲"就其名词来说，初见于《春秋繁露》和《白虎通义》；但就其概念来说，则无疑是孔子"君君臣臣父父子子"的应有之义。因为专制主义就意味着极端不平等；孔子承认君主一人应该独掌国家最高权力，岂不就意味着君与臣应该极端不平等？岂不就意味着君尊臣卑、君为臣纲？所以，孔子虽然没有讲"三纲"，但"三纲"确是孔子"君君臣臣父父子子"应有之义的逻辑推演，是儒家关于社会治理道德原则的完备化和系统化的专制主义理论。因此，陈独秀说："君尊臣卑、父尊子卑、男尊女卑三权一体的礼教，创始人是孔子。"④

孔子的"君君臣臣父父子子"及其完备的表述"三纲"，不仅是一种专制主义，而且是一种永恒的、超历史的专制主义：永恒的、超历史的专制主义就是认为专制在任何历史条件下——任何社会和任何时代——都是应该的理论。因为一方面，孔子说"君君臣臣父父子子"，将君臣比附于

---

① 《论语·季氏》。
② 李大钊：《李大钊文集》上，人民出版社1984年版，第264页。
③ 班固：《白虎通·三纲六纪》。
④ 吴晓明编选：《陈独秀文选》，上海远东出版社1994年版，第370页。

父子；另一方面，孔子又称君主为"天子"，将君主比附于天日："孔子曰：'天无二日，民无二王'"①② 这样一来，国家之有君主，岂不就与家庭之有父母和天之有日一样天经地义？岂不就与家庭之有父母和天之有日一样，是永恒的、超历史的吗？所以荀子说："君臣、父子、兄弟、夫妇，始则终，终则始，与天地天理，与万世同久。"③

可见，孔子和儒家的专制主义乃是一种永恒的、超历史的专制主义，是一种认为专制在任何历史条件下——任何社会和任何时代——都是应该的理论。因此，朱熹说："三纲、五常，亘古亘今不可易。"④ 不独儒家，而且几乎所有中国古代思想家竟然皆以为君主专制在任何历史条件下——任何社会和任何时代——都是天经地义之正道：他们统统是永恒的、超历史的专制主义论者。首先，按照墨家的观点，无君臣必天下乱，人类只有通过确立君臣关系才可能离开混乱无序的自然状态，从而建立社会和国家；君臣关系与社会、国家同始终，因而是超历史的、永恒的。墨子的"尚同"篇便这样写道："无君臣、上下、长幼之节，父子、兄弟之礼，是以天下乱焉！明乎民之无正长以一同天下，而天下乱也。是故选择天下贤良、圣知、辩惠之人，立以为天子，使从事乎一同天下之义。"⑤ 其次，法家比儒墨走得更远，以致将专制主义理论推向极端而倡导绝对专制主义，因而更加强调专制在任何历史条件下——任何社会和任何时代——都是应该的。所以，韩非子一再说，君臣之道乃是永恒的超历史的天下之常道："臣事君、子事父、妻事夫，三者顺而天下治，三者逆而天下乱，此天下之常道也。"⑥ 最后，专制主义竟然如此深入中国思想家之灵魂，就连主张远离社会而深就山泉的道家，特别是庄子，居然也津津乐道君臣之道就是天道，是天地之行、天经地义："君先而臣从，父先而子从，兄先而弟从，长先而少从，男先而女从，夫先而妇从。夫尊卑先后，天地之行也，故圣人取像焉。"⑦

---

① 《孟子·万章章句上》。
② 所以，董仲舒说："王道之三纲，可求于天。"《春秋繁露·基义》。
③ 《荀子·王制》。
④ 朱熹：《四书集注》，中华书局1988年版，第19页。
⑤ 《墨子·尚同中》。
⑥ 《韩非子·忠孝》。
⑦ 《庄子·天道》。

儒、墨、道、法和阴阳家虽然都是永恒的超历史的专制主义论者，但他们所主张的专制主义仍然存在着很大的不同。这些不同可以归结为两大类型：韩非和法家所代表的霸道的专制主义与孔子和儒家所代表的王道的专制主义。何谓王道与霸道？冯友兰的回答甚为精辟："照孟子和后来的儒家说，有两种治道。一种是'王道'，另一种是'霸道'。它们是完全不同的种类。圣王的治道是通过道德指示和教育；霸主的治道是通过暴力和强迫。王道的作用在于德，霸道的作用在于力。"①

因此，所谓霸道的专制主义，亦即野蛮、邪恶的专制主义，亦即认为专制即使在专制者的统治是野蛮的、邪恶的、不道德的情况下也是应该的理论。这种理论完整的、完善的形态，就是韩非的"法术势"专制主义理论。因为按照这种理论，明君治国必用法、术、势，而不问是否道德，必要时应该不择手段；甚至对自己的大臣，也不必道德地对待，而只要"杀戮和奖赏"两手就足够了："明主之所以导制其臣者，二柄而已矣。二柄者，刑德也。何谓刑德？曰，杀戮之谓刑，庆赏之谓德。为人臣者，畏诛罚而利庆赏。故人主自用其刑德，则群臣畏其威而归其利矣。"②

反之，所谓王道的专制主义，亦即开明的、仁慈的专制主义，亦即认为专制只有在专制者的治理符合道德的前提下才是应该的理论。这种理论完整的、完善的形态，就是儒家的"仁政"和"王霸"的专制主义理论。因为按照这种理论，明君治国必须符合道德。这样一来，君主的专制便只有在其治理符合道德的前提下才是应该的，他才应该做君主而臣民才应该服从他；否则，如果君主的统治违背道德，就是不应该的，他就不应该做君主而臣民就不应该服从他："贼仁者谓之贼，贼义者谓之残。残贼之人，谓之一夫。闻诛一夫纣也，未闻弑君也。"③

王道的开明的仁慈的专制主义之最高境界，无疑是儒家的"民本论"。所谓"民本"，亦即"民惟邦本"，亦即"国以民为本"、"政以民为本"和"君以民为本"，说到底，亦即君主治国应该以民为本："民惟邦本，本固邦宁"。儒家的这种民本理论可以归结为"民贵君轻"说、

---

① 冯友兰：《中国哲学简史》，北京大学出版社1985年版，第90页。
② 《韩非子·二柄》。
③ 《孟子·梁惠王下》。

"民视民听"说、"立君为民"说和"得民为君"说。何谓"民贵君轻"？孟子曰："民为贵，社稷次之，君为轻。是故得乎丘民为天子，得乎天子为诸侯，得乎诸侯为大夫。"① 何谓"立君为民"说？董仲舒说："天之生民，非为王也；而立王，以为民也。故其德足以安乐民者，天予之；其恶足以贼害民者，天夺之。"② 何谓"得民为君"说？孟子说："桀纣之失天下也，失其民也。失其民者，失其心也。得天下有道，得其民，斯得天下矣。"③ 何谓"民视民听"说？孟子说："《秦誓》曰：'天视自我民视，天听自我民听。'此之谓也。"④

显然，民本论是一种关于君主应该以民为本的治国理论，可以称之为民本主义的专制主义，属于开明专制主义范畴。然而，这种开明专制主义理论，如所周知，竟然被一些人当作民主理论；而且，这种等同，近百年来，反复出现，愈演愈烈。这种等同无疑是错误的。因为民本理论明明白白并不否定君主，并不认为君主不应该存在；恰恰相反，它完全以承认和肯定君主为前提，它完完全全肯定君主应该存在。它只是否定霸道的、邪恶的、不道德的君主，只是认为不应该存在霸道的、邪恶的、不道德的君主；而完全肯定王道的、道德的、仁爱的君主，认为应该存在王道的、道德的、仁爱的君主，亦即主张君主应该遵守治理民众的道德，亦即遵守所谓"民本"道德：民本论是一种关于君主应该如何治国的理论。既然如此，它岂不明明白白是一种开明专制主义？它怎么可能是民主理论呢？难道还有什么认为君主应该存在的民主理论吗？难道还能有什么主张开明君主专制的民主理论吗？肯定民本论就是民主论岂不如同肯定存在"圆的方"和"木的铁"？

儒家的民本理论并非民主理论，决非偶然。因为中国自古以来，直至清朝，除了阮籍、鲍敬言和无能子等寥若晨星的无政府主义的无君论者之外，几乎所有思想家——儒家、墨家、法家、道家和阴阳家等——都是专制主义论者。所以，四千年来，中国也就没有一位思想家有民主思想，没有一位思想家将自由奉为社会治理道德原则：专制主义论者怎么可能将自

---

① 《孟子·尽心章句下》。
② 董仲舒：《春秋繁露·尧舜不擅移汤武不专杀》。
③ 《孟子·离娄章句上》。
④ 《孟子·万章章句上》。

由奉为道德原则呢？专制主义论者怎么可能有民主思想呢？有鉴于此，严复叹曰："夫自由一言，真中国历古圣贤之所深畏，而从未尝立以为教者也！"① 梁启超亦云："中国人很知民众政治之必要，但从没有想出个方法叫民众自身执行政治。所谓 by people 的原则，中国不惟事实上没有出现过，简直连学说上也没有发挥过。"② 梁漱溟和金耀基则指出中国历代思想家，固然有"民有"、"民享"、"民本"思想，却没有一位有"民主"、"民治"思想："在中国虽政治上民有、民享之义，早见发挥，而二三千年卒不见民治之制度。岂止制度未立，试问谁曾设想及此？三点本相联，那两点从孟子到黄梨州可云发挥甚至，而此一点竟为数千年设想所不及，讵非怪事？"③ "任何一位大儒，都几乎是民本思想的鼓吹者，'天下非一人之天下，天下人之天下'，肯定了民有（of people）的观念；'民之所好好之，民之所恶恶之'，肯定了民享（for people）的思想；……但是，中国的民本思想毕竟与民主思想不同，民本思想虽有'民有'、'民享'的观念，但总未走上民治（by people）。"④

这样一来，中国诸子百家之不同，便不在于是否主张专制，因为他们都是肯定专制的专制主义论者；也不在于主张在何种历史条件下应该专制，因为他们都认为专制在任何历史条件下都是应该的，他们都是永恒的超历史的专制主义论者。他们的不同只在于主张怎样的专制：是王道的、开明的、仁慈的专制主义，还是霸道的、野蛮的、邪恶的专制主义？因此，中国专制主义便可以归结为两大混合类型：以孔子和儒家为代表的"永恒且开明专制主义"与以韩非和法家为代表的"永恒且邪恶专制主义"。所谓永恒且邪恶专制主义，亦即永恒专制主义与邪恶专制主义之结合，因而在它看来，专制不仅在任何历史条件下永远都是应该的，而且即使在专制者的统治是不道德的条件下也是应该的；这样，专制也就是在任何条件下都是应该的，也就是无条件应该、绝对应该的：永恒且邪恶专制主义也就是绝对专制主义。反之，永恒且开明专制主义则是永恒专制主义

---

① 卢云昆编选：《严复文选》，上海远东出版社1996年版，第4页。
② 梁启超：《先秦政治思想史》，中华书局1986年版，第192页。
③ 梁漱溟：《中国文化要义》，《梁漱溟全集》第3卷，山东人民出版社1990年版，第192页。
④ 金耀基：《从传统到现在》，中国人民大学出版社1999年版，第21页。

与开明专制主义之结合，因而在它看来，专制虽然在任何历史条件下永远都是应该的，却只有在君主的治理符合道德的前提下才是应该的；否则，如果君主的统治违背道德，就是不应该的，他就不应该做君主而臣民就不应该服从他。于是，专制并非在任何条件下都是应该的，而是有条件应该、相对应该的：永恒且开明专制主义是一种相对专制主义。

### 3. 专制主义类型：西方专制主义

西方固然也有专制主义；但与中国根本不同。因为，一方面，中国古代思想家几乎无不是专制主义论者，而没有一位思想家将自由奉为国家制度价值标准，没有一位思想家有民主理论。反之，西方地地道道的专制主义思想家寥寥无几，公认的专制主义思想家恐怕只有阿奎那、霍布斯、菲尔麦、博丹和马基雅维利几人而已；而主张民主和将自由奉为国家制度价值标准的思想家则多如繁星，甚至一些专制主义思想家者，如马基雅维利和但丁，同时也主张民主、共和或将自由奉为国家制度价值标准；并且这种自由和民主理论自 17 世纪以降，四百年来，一直是西方思想界的主流意识形态。另一方面，中国专制主义论者统统主张永恒的、超历史的专制主义；反之，西方专制主义论者有些主张永恒的、超历史的专制主义，有些则主张暂时的、历史的专制主义——暂时的历史的专制主义就是认为专制只是在一定历史条件下才是应该的理论——这些暂时的历史的专制主义论者，如但丁和马基雅维利，同时又是主张民主和将自由奉为国家制度价值标准的自由主义论者。

具体言之，阿奎那和霍布斯所主张的，与中国思想家一样，是永恒的、超历史的专制主义。因为阿奎那认为，正如人体永远只有一颗心、蜜蜂永远只有一个王、宇宙永远只有一个上帝一样，任何社会和国家也永远应该只有一个人掌握最高权力：君主专制永远是人类社会的最好的政体。他这样写道："既然自然界总是以最佳方式劳作，那么，最接近大自然方法的，就是最佳的方法。而在自然界，总是由一个东西进行管理。身体各器官都由一个器官来指挥，那就是心；灵魂中也只有一个最卓越的能力，那就是理性。蜜蜂有一个王，而整个宇宙也只有一个上帝，即造物主和统治万物的君主。这完完全全依据于理性：所有众多皆源于统一。这样一来，既然艺术作品只不过是一种对大自然作品的模仿，既然最好的艺术作品就是忠实表现其自然范本的作品，那么，结论必然是：人类社会最佳的政府形式就是由一个人执掌的政体。"①

如果说阿奎那永恒专制主义的证明主要还是一种类比和比附的话，那么，霍布斯永恒专制主义则完全是一种逻辑的和科学的证明——这种证明主要完成于他的《论公民》和《利维坦》——通过这种证明，他得出结论说，绝对的君主专制是最佳的政体："最绝对的君主制乃是政府的最好形态。可以说明这一点的是，不仅君主，而且那些被人民或贵族统治的城邦，都将战争的全权——一种最绝对的权力——只授予一个人。因此，君主制是军营的最好统治形式。然而，国家不正是由权力和彼此抗争的人们所武装起来的营地吗？人与人相互间的状态不正是自然状态即战争状态吗？"②

与霍布斯、阿奎那和中国历代思想家不同，马基雅维利主张相对的、暂时的、历史的专制主义。因为马基雅维利在他那本篇幅四倍于其《君主论》的《论李维》中，详尽论述民主共和实为最优良政体。通过这些论述，他得出结论说："对自由生活方式的热爱不难理解。从经验可知，缺少自由的城邦，向来不可能扩张其地盘和财富。看看雅典人摆脱了皮西斯特拉图斯的专制统治后，在一百年里取得了怎样的丰功伟绩，真是让人啧啧称奇。"③ 一言以蔽之："民治优于君主的统治。"④ 但是，马基雅维利看到，君主专制并非一无是处：就军事、战争、组织效率、保障秩序和实现国家统一来说，专制优于民主。因此，就当时处于内忧外患、混乱无序的意大利来说，实行专制优于实行民主，因而应该实行君主专制：专制在一定历史条件下是应该的。所以，马基雅维利为当时的意大利热切呼唤新的君主，断言处于这种历史条件下的意大利"将赋予新君主以名誉和地位。那么，这个时机——意大利终于盼望她的救星——决不可以错过。在那些一直遭受外国蹂躏的所有地方，人们将怀着怎样的热爱、怎样的复

---

① A. P. D'entreve, *Aquinas Selected Political Writings*, Barnes &Noble Books Totowa New Jersey, 1981, p.6-7.
② Thomas Hobbes, *De cive, or, The citizen*, Greenwood press, publishers Westport, Connecticut, 1982, p.126.
③ 马基雅维利：《论李维》，上海人民出版社2005年版，第213页。
④ 同上书，第195页。

仇的渴望、不渝的忠诚、献身精神和热泪来欢迎他!"①

这样一来，与中国思想家的专制主义只有两种类型——永恒且开明专制主义与永恒且邪恶专制主义——不同，西方思想家的专制主义则分为四大类型，亦即永恒且开明专制主义与永恒且邪恶专制主义以及暂时且开明专制主义与暂时且邪恶专制主义：永恒且邪恶专制主义是绝对专制主义，而其余三种显然都属于相对专制主义范畴。永恒且邪恶专制主义或绝对专制主义的代表人物主要是博丹、菲尔麦和霍布斯。因为他们与中国的韩非或法家一样认为：专制不仅在任何历史条件下永远都是应该的，而且即使在专制者的统治是残暴的、不道德的条件下也是应该的，也是臣民应该服从而不应该反抗的。霍布斯甚至写道："大体说来，容忍对暴君专制公言仇恨就是容忍对国家的仇恨。"②

永恒且开明专制主义的代表人物当推柏拉图、阿奎那和但丁。因为柏拉图、阿奎那、但丁与中国的儒家一样，虽然认为君主专制永远是人类社会的最好的政体，却又补充说君主专制只有在专制者的治理符合道德的前提下才是应该的、优良的；否则，如果专制者违背道德而成为暴君，那么，专制就是不应该不道德的，甚至是最坏的："正如由一个国王执掌的政治是最好的统治形式一样，由一个暴君执掌的政治是最坏的统治形式。"③ 所以，"无论谁被宣布接任王位，都应该具有那种使他不致成为暴君的德性，这是十分必要的。"④ 柏拉图也一再说："由一个人进行统治，并且这种统治能够保持在法律的规则中，也就是说依据被我们称作法律的成文法则来治理，那么，这种统治是所有六种统治中最优秀的。但若不依据法律来统治，那么，这种统治是最糟糕的。"⑤ "最好的国家是从君主制中产生出来的，只要有一位最好的立法者和一位有约束的君主，那么，要建成一个最好的国家是轻而易举的；而要从寡头制中产生好国家就不那么

---

① Niccolo Machiavelli, *The prince*, Grolier Enterprises Corp. Danbury, Connecticut, 1981, p. 86.
② Thomas Hobbes, *Leviathan*, A Touchstone Book Published by Simon & Schuster, 1962, p. 506.
③ A. P. D'entreve, *Aquinas Selected Political Writings*, Barnes &Noble Books Totowa New Jersey, 1981, p. 8.
④ Ibid, p. 57.
⑤ 柏拉图:《柏拉图全集》第三卷，人民出版社 2003 年版，第 159 页。

容易，要从民主制中产生好国家就更不容易。"①

暂时且邪恶专制主义，亦即暂时专制主义与邪恶专制主义之结合。因此，按照这种专制主义，专制虽然只是在一定历史条件下才是应该的；但是，在这种历史条件下，即使专制者的统治是不道德的，也是应该的。暂时且邪恶专制主义的代表人物无疑是马基雅维利。因为马基雅维利不但认为专制在一定历史条件下——如当时处于内忧外患、混乱无序的意大利——是应该的，而且认为在这种历史条件下，即使专制者的统治是不道德的，专制也是应该的："君主必须有足够的谨慎，知道如何避免那些将使自己垮台的罪恶丑行；反之，如果这些恶行可能保护自己的宝座，他就应该保留它们。"② "君主既然应该知道怎样聪明地效法野兽的本性，他就应该既做狮子又当狐狸……当然，君主必须用一种美丽的外衣将这种兽性包裹起来，而巧妙地做一个不露真相的伪善者。"③ 这样，一方面，马基雅维利便与韩非相同，都是邪恶专制主义论者，都认为专制即使在专制者的统治是野蛮的、邪恶的、不道德的情况下也是应该的。但是，另一方面，马基雅维利又与韩非根本不同：韩非是永恒专制主义论者，认为专制在任何历史条件下都是应该的；反之，马基雅维利则是暂时专制主义论者，认为专制只是在一定历史条件下才是应该的。

暂时且开明专制主义，亦即暂时专制主义与开明专制主义之结合。因此，在这种专制主义看来，只有在一定历史条件和专制者的治理符合道德的双重前提下，专制才是应该的；亚里士多德堪称暂时且开明专制主义的代表人物。因为一方面，亚里士多德认为专制只是在一定历史条件下——一定社会和一定时代——才是应该的、正义的："有些社会自然地宜于专制式的统治，另一些宜于君王为治，又另一些则宜于城邦团体的宪政的统治。这些，对于每一类的社会，各从其宜，也各合乎正义。"④ 另一方面，亚里士多德认为专制只有在专制者具有出众的才德因而其治理符合道德的前提下才是应该的、正义的："如果一个家族，或竟是单独一个人，才德

---

① 柏拉图：《柏拉图全集》第三卷，人民出版社 2003 年版，第 469 页。
② Niccolo Machiavelli, *The prince*, Grolier Enterprises Corp. Danbury, Connecticut, 1981, p. 51.
③ Ibid, p. 58.
④ 亚里士多德：《政治学》，商务印书馆 1996 年版，第 172 页。

远出于众人之上，这样，以绝对权力付给这个家族，使成王室；或付给单独一人，使他为王，这就是合乎正义的了。"① 于是，一方面，亚里士多德便与儒家——特别是孟子——相同，都是开明的仁慈的专制主义论者，都认为专制只有在专制者的治理符合道德的前提下才是应该的、正义的。但是，另一方面，亚里士多德又与儒家根本不同：儒家是永恒专制主义论者，认为专制在任何历史条件下都是应该的；反之，亚里士多德则是暂时专制主义论者，认为专制只是在一定历史条件下才是应该的。

## 二 专制主义、精英主义与民主主义：真谛辨析

### 1. 民主主义的理论根据：人道主义、自由主义、平等主义和功利主义

民主主义的理论根据，也就是对达尔所谓"为什么要实行民主"的问题的回答，因而也就是为什么应该实行民主的理论根据，说到底，亦即为民主的价值进行理论辩护。达尔和科恩是系统为民主价值进行辩护的最主要的民主主义思想家，后者将评估民主价值的方法归结为"辩护"与"辩白"："可以为民主辩护，也可以为民主辩白。为它辩护即举出某些本身值得想望的或相对而言值得想望的事态是实行民主可能带来的结果。为它辩白在于依据某一原则或某些明显或公认为正确的原则，论证其正确性。"②

科恩所谓"辩护"，就是枚举民主的优良的、好的、善的和正确的方面。达尔的方法就属于此列，他举出民主的十大长处来为民主辩护："民主有令人向往的结果：（1）避免暴政；（2）基本权利；（3）普遍自由；（4）自主；（5）道德自律；（6）人的全面发展；（7）保护基本的个人利益；（8）政治平等；此外，现代民主还会导致；（9）追求和平；（10）繁荣。"③

然而，这种证明方法是不科学的。因为正如布莱斯所说："所有制度

---

① 亚里士多德：《政治学》，商务印书馆1996年版，第173页。
② 科恩：《论民主》，商务印书馆2004年版，第245页。
③ Robert A. Dahl, *On Democracy*, New Haven & London: Yale University Press, 1998, p. 45.

都不是十全十美的"① 任何一种国家制度，不论是民主还是专制，都必定既有一些优良的、好的、善的和正确的方面，又有一些恶劣的、坏的、恶的和错误的方面。因此，通过枚举民主的众多优越来证明民主的方法是不科学的：按照这种方法，我们既可以说任何制度都是好的、优良的，因为任何制度都有很多优越和美好；也可以说任何国家制度都是坏的、恶劣的，因为任何制度都有很多弊端和缺憾。

与此不同，科恩所谓"辩白"，则是依据民主符合公认的价值标准，大体说来是科学的证明方法。因为所谓公认的价值标准，显然可以理解为衡量国家制度好坏的基础与核心价值的标准。评价一种国家制度或国家治理之好坏价值，如前所述，确实只能是就其处于基础与核心地位的——亦即具有决定意义——的价值来说的：如果处于基础与核心地位的价值是优良的，该国家制度无论有多少弊端，也都是优良的；如果处于基础与核心地位的价值是恶劣的，该国家制度无论有多少优越，也都是恶劣的。那么，科恩用以评价民主的价值标准究竟是什么？科恩答道：

> 有三个关键性的原则，它们对于民主的辩词都起决定性作用。它们是：（1）同等的人应平等相待；（2）在基本方面人皆平等；（3）人皆平等这一面正是证明民主在国家中的合理性所必需的。②

科恩将评价民主的价值标准归结为平等是极其片面的。诚然，诉诸评估国家制度价值的政治平等标准，是为民主辩护、证明民主具有正价值的最直接的科学方法。因为按照这个标准，每个人都应该完全平等地享有政治自由，说到底，每个人都应该完全平等地共同执掌国家最高权力；而所谓民主，就是每个公民完全平等地执掌国家最高权力的政体，就是政治平等标准的实现，完全符合政治平等标准，因而完全是应该的、具有正价值的。所以，科恩一再说："如果为民主的辩护完全无需估价它的后果，那这种辩护必须以无可怀疑的原则为基础。在目前这种辩护的情况下所依据的，是人人平等以及政治社会中人皆享有平等权的

---

① 詹姆斯·布莱斯：《现代民治政体》下册，吉林人民出版社 2001 年版，第 1027 页。
② 科恩：《论民主》，商务印书馆 2004 年版，第 246 页。

主张。"①

然而，问题的关键在于，如果民主符合平等标准却违背自由和人道乃至公正标准，还能说民主应该吗？如果民主符合平等标准，却违背国家制度价值终极标准，还能说民主应该吗？显然，辨析民主主义的真伪和评价民主的价值标准，不应该局限于"平等"，而应该包括衡量国家制度好坏的基础与核心价值的一切标准，因而应该包括：国家制度好坏的终极价值标准（增减全社会和每个人利益总量）和根本价值标准（公正与平等）以及最高价值标准（人道和自由）。

不独民主主义，辨析专制主义与精英主义之真伪亦然。因为专制主义、精英主义与民主主义，分别是关于专制、民主和少数精英统治的价值理论。因此，这三种理论的真谬，便取决于它们对专制、民主和少数精英统治的价值判断是否与其实际价值相符，说到底，取决于专制、民主和少数精英统治实际价值究竟如何。专制、民主和少数精英统治实际价值，如前所述，完全取决于是否符合国家制度核心价值标准，亦即国家制度终极价值标准"增减每个人利益总量"和国家制度根本价值标准"公正与平等"以及国家制度最高价值标准"人道和自由"：如果违背这些标准，那么，无论它有多少优点、正确和善，它都具有负价值，都是不应该的、坏的和恶的国家制度；如果符合这些标准，那么，无论它有多少缺点、错误和恶，它都具有正价值，都是应该的、好的、善的国家制度。

民主与非民主制的价值研究业已表明，一方面，只有民主制才真正符合国家制度核心价值标准——亦即国家制度终极价值标准"增减全社会和每个人利益总量"和国家制度根本价值标准"公正与平等"以及国家制度最高价值标准"人道和自由"——而非民主制都程度不同地违背国家制度核心价值标准：专制极端违背、有限君主制次之、寡头共和又次之。因此，不论何种民主制，不论民主制有多少弊端，民主制都是唯一具有正价值的、唯一应该的、唯一优良的、唯一好的、唯一善的和唯一正确的国家制度；不论何种专制等非民主制，不论专制等非民主制有多少优越，也都是不应该的、负价值的、恶劣的、坏的、恶的和错误的国家制

---

① 科恩：《论民主》，商务印书馆 1988 年版，第 271 页。

度。这意味着，唯有民主主义（民主主义就是认为民主是应该的、具有正价值的、好的、善的理论）是真理；而专制主义和精英主义（二者分别是认为专制和精英统治是应该的、具有正价值的、好的、善的理论）都是谬误。只不过，专制主义是一种极端的错误，而精英主义则是介于民主主义真理与专制主义极端谬误之间的谬误罢了。

另一方面，民主与非民主制的价值研究业已表明，任何社会在任何条件下实行任何一种政体，不论是民主制还是专制等非民主制，都不具有历史必然性，都是可能的、偶然的、可以自由选择的和以人的意志而转移的：民主与非民主制都能够实行于任何时代任何历史条件下的任何社会。因此，民主制不但是唯一好的国家制度，而且对于任何时代任何历史条件下的任何社会都是唯一好的国家制度，任何时代任何历史条件下的任何社会都应该和适宜于实行民主制：民主制具有绝对的普世正价值。相反地，专制等非民主制不但都是坏的国家制度，而且对于任何时代任何历史条件下的任何社会都绝对是坏的国家制度，任何时代任何历史条件下的任何社会都不应该和不适宜于实行专制等非民主制：专制等非民主制具有绝对的普世负价值。这意味着，民主主义不但是真理，而且对于任何时代任何历史条件下的任何社会来说都是真理，是普遍适用于任何时代任何历史条件下的任何社会的普世真理和绝对真理；相反地，专制主义和精英主义不但是谬误，而且对于任何时代任何历史条件下的任何社会来说都是谬误，是一种地地道道的普世谬误和绝对谬误。只不过，专制主义是极端的普世谬误和绝对谬误；而精英主义则是一种比较温和的普世谬误和绝对谬误罢了。

然而，遍观民主主义、精英主义和专制主义思想史，着实令人困惑。民主主义的理论根据，固然在于民主符合国家制度终极价值标准"增减每个人利益总量"和国家制度根本价值标准"公正与平等"以及国家制度最高价值标准"人道和自由"；但是，说到底，乃在于民主符合人道主义、自由主义、平等主义和功利主义。因为人道主义、自由主义、平等主义和功利主义，就是分别将人道与自由、平等与公正以及"增进每个人利益总量"奉为国家制度价值标准的思想体系。因此，只有民主才符合——而非民主制都程度不同地违背——人道与自由、平等与公正以及"增进每个人利益总量"，便意味着：只有民主主义才符合——而专制主义与精英主义都程度不同地违背——人道主义、自由主义、平等主义和功利主义。这样一来，合乎逻辑的推论便是：一切人道主义、自由主义、平等主义和功利主义思想家都是民主主义思想家，都主张民主主义、反对专制主义和精英主义。

可是，事实却恰恰相反。因为几乎每一个思想家都倡导人道主义，主张自由主义、平等主义和功利主义的思想家也不胜枚举；可是，在民主主义的家谱上，不但没有一个像亚里士多德那样伟大的思想家，就是称得上思想家的民主主义论者也屈指可数。文艺复兴思想家们，几乎人人倡导人道主义、自由主义和平等主义；但是，有哪一个倡导民主主义呢？但丁崇尚自由主义，因为他一再说："好的国家是以自由为宗旨的。"① 可是，但丁却是个专制主义论者。欧洲启蒙运动的思想家们，无不倡导人道主义、自由主义和平等主义，但是，除了形单影只、落落寡欢的怪才卢梭，还有谁是民主主义者？美国的国父们，华盛顿、亚当斯、汉密尔顿、麦迪逊，更是无不倡导人道主义、自由主义和平等主义；可是，他们之中究竟有谁倡导民主主义？即使就人类全部政治思想史来说，除了洛克、卢梭、潘恩、密尔、托克维尔、拉斯基、哈贝马斯、亨廷顿、科恩和萨托利，还有谁堪称民主主义的政治思想家？甚至到了20世纪初，埃米尔·法盖还这样痛心疾首写道：

> 几乎所有19世纪的思想家都不是民主派。当我写《十九世纪的政治思想家》一书时，这令我十分沮丧。我找不到一个民主派，尽管我很想找到这么一位，以便能介绍他所阐述的民主学说。②

细察不是民主主义的人道主义、自由主义和平等主义以及功利主义思想家们的论著，可知他们不是民主主义者的原因，正如阿伯拉斯特所言，乃在于他们多为民主的弊端和历代思想家们对民主的批评所惑："在民主漫长历史的绝大部分时期，从古希腊时期到当代，民主被智者和有教养的

---

① 北京大学西语系编：《从文艺复兴到十九世纪资产阶级文学家艺术家有关人道主义人性论言论选辑》，商务印书馆1973年版，第21页。
② 王绍光：《民主四讲》，生活·读书·新知三联书店2008年版，第26页。

人们看作是政府和社会可以想象到的最坏形式。民主或多或少成为'乌合之众的法则'的同义词，而且精确地说，它是对一个文明有序社会所有核心价值的一种威胁。C. B. 麦克弗森非常恰当地阐述了这一点：'民主曾经是一个坏字眼。几乎任何一个人都认为，按照其最初的意义即人民统治或政府遵从大多数人的意愿，民主就会是一件坏事——对于个人自由和文明生活的优雅品质都是有致命危害的。从很早的历史时期直到大约100年以前，几乎所有智者们都抱有这种观点。直到近50年，民主才开始变成好事情。'"[1] 那么，民主究竟有什么弊端和危害？思想家或所谓智者们否定民主的理由和根据究竟是什么？

自赫拉克利特、德谟克利特、苏格拉底、柏拉图和亚里士多德以来，历代思想家们对民主制的否定和批评，正如达尔所指出，可以归结为三种类型："批评者大体有三种：柏拉图一派，从根本上反对民主制，他们虽然相信民主或许是可能的，却具有内在的不可欲性；罗伯特·米歇尔斯一派，也从根本上反对民主制，他们认为民主如果是可能的，则具有可欲性，但实际上民主却具有内在的不可能性；还有同情民主的一派，他们希望维持民主制度，但对民主的一些重要方面提出了批评。"[2]

确实，第一种类型以柏拉图等古希腊思想家为代表，可以称之为"民主不应该论"或"优秀人物统治论"，它是专制主义与精英主义共同的理论根据。第二种类型以米歇尔斯和莫斯卡等当代思想家为代表，可以称之为"民主不可能论或新优秀人物统治论"，它是精英主义独特的理论根据。但是，第三种类型却不应该像达尔那样，将其局限于同情民主的思想家的批评；而应该包括一切思想家所发现的民主的弊端，不妨就径直叫做"民主弊端论"。此外，但丁等自由主义思想家们否定民主主义的原因，无疑还有专制主义的独特理论根据对他们的影响。这些理论如能成立，专制主义和精英主义就是真理，而民主主义就是谬论了。因此，民主主义的确证包括对这些理论的分析和批判。

---

[1] 安东尼·阿伯拉斯特：《民主》第三版，吉林人民出版社2005年版，第10页。
[2] Robert A. Dahl, *Democracy and its Critics*, New Haven and London: Yale University Press, 1989, p. 2.

## 2. 专制主义独特的理论根据：君权神授说、国家统一说和天无二日说

专制主义所特有——而不是与精英主义共有——的理论根据，比较简单，可以归结为"君权神授说"、"国家统一说"和"天无二日说"。《不列颠百科全书》专制主义词条这样总结道："为君主专制辩护的最简单的论据是国王的权力来自上帝，即'君权神授说'……除君权神授说外，还提出了一些为专制君主政体辩护的更实际的论点。完全服从一个单一意志，据说是为维持国家的秩序和安全所必需的；否则，敌对或分散的政治权力会引起混乱。""君权神授说"曾被洛克等思想家长篇大论予以驳斥；但今日看来，君权神授说实属无稽之谈，已无反驳价值。相反地，"国家统一说"和"天无二日说"尚须细细考量。

按照"国家统一说"，任何社会，不论大小，不论人数多少，它存在与发展的最根本的条件，乃是统一；而只有专制才能带来国家的统一和存在，而避免国家分裂和崩溃。阿奎那便这样写道："'无论何物，只要统一即可存在。'这就是为什么我们会看到，各种事物都极力避免分裂，而一物的分裂则源于其某种内在缺陷。因此，不论管理众人者是谁，他的首要目标就是统一或和平；而统一若是因其本身就是一个东西无疑最佳……自然的统一无疑比人为的一致更容易达成统一，所以众人由一个人统治比由若干人统治更佳。那么，结论就是：宇宙的统治形式堪称最佳，因为她的统治者是一个人。这就是为什么大哲学家亚里士多德说：'大自然痛恨混乱；民治没有好结果，因而最高的统治者只是一个人。'"[①]

自由主义论者但丁，亦如是说："人类在最好的情况下也要靠意志的统一。但是，除非有一个意志作其余一切意志的主宰和节制力量，那就不会是这样。因为人们的意志，由于考虑到青年人的阿谀奉承，是需要有一个人来指导他们的，如同亚里士多德在其《伦理学》第十卷中所讲的那样。倘若人类没有一个驾乎一切之上的君主，以他的意志为其余一切人意志的主宰和节制力量，那么，人类是不会协调的。如果所有上述的结论都是真实的，那么，为了人类的最大幸福，世界上就必须有一个君主。所

---

[①] A. P. D'entreve, *Aquinas Selected Political Writings*, Barnes & Noble Books Totowa New Jersey, 1981, p. 54.

以，为了世界的幸福，君国是必须的。"①

中国的专制主义论者亦然。墨子便一再说，只有存在君主或天子，才能"从事乎一同天下之义"，社会和国家才能统一而存在发展；反之，如果没有君主或天子，如果没有君臣，必定天下大乱，社会和国家必定崩溃："无君臣、上下、长幼之节，父子、兄弟之礼，是以天下乱焉！明乎民之无正长以一同天下，而天下乱也。是故选择天下贤良、圣知、辩惠之人，立以为天子，使从事乎一同天下之义。"②

诚然，任何社会，不论大小，不论人数多少，它存在与发展的最根本的条件，无疑是统一，是"完整地结合为一个单位"。只有当社会如同一个人那样"构成一个整体"，亦即成为一个统一体、一个"公共的大我"、一个"公共人格"，它才能够存在发展；否则，四分五裂、各行其是，势必崩溃灭亡。社会和国家分裂、崩溃、不复存在无疑是最大的、无与伦比的恶。因为人是社会动物，如果社会和国家分裂、崩溃、不复存在，那么，每个人便不可能生存，人类便会灭亡。还能有什么比这更大的恶吗？当然没有。因此，如果确如阿奎那、但丁和墨子所言，只有专制——亦即一个人独掌国家最高权力——才能造成社会、国家的统一和存在，而避免社会、国家的分裂和崩溃，那么，专制虽因其极端违背国家制度核心价值标准——亦即国家制度最高价值标准、根本价值标准和终极价值标准——而是一种极端的恶，却因其能够避免更大的恶——社会和国家的崩溃——而是一种必要的恶，因而归根结底也就是善的、应该的，而不是恶的、不应该的了。

但是，阿奎那、但丁和墨子的观点是不能成立的。因为毫无疑义，任何一种政体——君主专制和君主立宪以及寡头共和与民主共和——都能够保障社会的统一和存在而避免其分裂和崩溃。试问，难道只有专制——一个人独掌国家最高权力——才能统一，而民主——全体公民共同掌握国家最高权力——就不能统一吗？民主通过代议制和多数裁定原则所形成的"公众意志"不是统一是什么？难道民主的美国不是一个统一的国家吗？

---

① 周辅成编：《从文艺复兴到十九世纪资产阶级哲学家政治思想家有关人道主义人性论言论选辑》，商务印书馆1965年版，第23页。
② 《墨子·尚同·中》。

只不过，专制的统一是统一于一个人意志，因而是一种异化、奴役和不自由的统一；而民主的统一则是统一于"公众意志"，因而是一种非奴役、无异化和自由的统一罢了。

民主不但因其所形成的是"自由的统一"而能够保障社会存在，而且能够促进社会迅速发展。反之，专制则因其所形成的是"不自由的统一"而只能保障社会存在，却不能够促进社会发展；不但不能促进社会发展，而且极端阻碍社会发展。专制社会之所以仍然能够缓慢发展，并不是专制本身的结果，恰恰相反，乃是那些自由的斗士勇于反抗专制的结果。因此，专制虽能保障社会的统一和存在而避免其分裂和崩溃，却极端阻碍社会发展，极端违背国家制度核心价值标准；相反地，民主不但能够保障社会存在，而且能够促进社会迅速发展，完全符合国家制度核心价值标准：国家制度最高价值标准、根本价值标准和终极价值标准。这样一来，任何一个国家，如果选择专制，虽能保障社会的统一和存在而避免其分裂和崩溃；但与选择民主比起来，净余额却是极大的负价值。因此，专制不是一种必要恶，而是一种纯粹恶。

诚然，专制之为纯粹恶的前提是：专制不具有所谓"历史必然性"，而完全是偶然的、可能的、可以自由选择的。因为，如果专制具有一定的历史必然性，亦即在一定的历史条件下是必然的、不可选择的、不以人的意志而转移的，那么，在这种历史条件下，专制岂不就不可言善恶？岂不就是天经地义的？细察古今中外专制主义论者著作可知，他们认为专制是应该的最主要的论据，原本就在于专制具有必然性。在他们看来，社会或国家的最高权力的掌握者只是一个人——亦即君主专制——乃是社会或国家的结构之本性，正如天上只有一个太阳、家庭只有一个父亲、人体只有一颗心、蜜蜂只有一个王、宇宙只有一个上帝一样，是自然的、必然的、不以人的意志而转移的客观本性，因而也就是天经地义的，是合理的，是应该的、善的。这种理论，不妨称之为"天无二日说"。

孔子称君主为"天子"，将君主比附于天日："孔子曰：'天无二日，民无二王'"[①] 这样一来，国家最高权力掌握于君主一人——亦即君主专制——岂不就与天上只有一个太阳一样，乃是天经地义的？所以

---

[①] 《孟子·万章章句上》。

郭象说:"君臣上下、手足外内,乃天理自然,岂真人之所为哉!"① 西方专制主义论者——如阿奎那——亦如是说:"既然自然界总是以最佳方式劳作,那么,最接近大自然方法的,就是最佳的方法。而在自然界,总是由一个东西进行管理。身体各器官都由一个器官来指挥,那就是心;灵魂中也只有一个最卓越的能力,那就是理性。蜜蜂有一个王,而整个宇宙也只有一个上帝,即造物主和统治万物的君主。这完完全全依据于理性:所有众多皆源于统一。这样一来,既然艺术作品只不过是一种对大自然作品的模仿,既然最好的艺术作品就是忠实表现其自然范本的作品,那么,结论必然是:人类社会最佳的政府形式就是由一个人执掌的政体。"②

如果社会或国家的最高权力的掌握者只能是一个人,确如专制主义论者所言,如同天上只有一个太阳、人体只有一颗心、蜜蜂只有一个王、宇宙只有一个上帝一样,乃是社会或国家的结构之必然的、不可避免的、不可自由选择的本性,那么,专制——不论它如何违背道德原则和阻碍社会发展进步——确实是天经地义的,或者毋宁说,专制本身是不可言善恶的,而只有可以自由选择的某种专制——开明专制和暴君专制以及王道专制和霸道专制——才是可以言善恶的。

然而,这种观点——国家最高权力的掌握者只能是一个人乃国家结构之必然本性——也是不能成立的。当然,从社会或国家结构的本性来看,任何一种社会或国家的政治首脑或最高政治领导人,一般说来,确实必定都是一个人:一个酋长、一个军务总司令、一个州长、一个国家主席。即使是民主国家的最高领导人——亦即总统——也只是一个。可是,最高领导人是一个人,并不意味着,最高权力的掌握者是一个人:二者根本不同。因为在一个民主国家,最高领导人或总统虽然是该国权力最大的一个人,但他并不掌握最高权力。对于最高权力,他与任何一个公民是完全一样的:"一个顶一个,不能一个顶两个"。这就是说,总统与每个公民是完全同等地掌握国家最高权力;否则,就不是民主国家了。但是,最高领

---

① 郭象:《庄子集释·齐物论》。
② A. P. D'entreve, *Aquinas Selected Political Writings*, Barnes &Noble Books Totowa New Jersey, 1981, p.7.

导人，就其人性来说，必定努力渴求独掌社会或国家的最高权力，因而也就使"最高领导人是一个人"，极易变成"最高权力的掌握者是一个人"，从而极易变成专制君主。专制主义论者认为专制乃是国家结构的必然本性的错误，就在于将"最高领导人是一个人"等同于"最高权力的掌握者是一个人"，因而由"最高领导人之为一个人乃是国家结构之必然本性"正确命题，得出错误结论：最高权力的掌握者只能是一个人——亦即君主专制——乃是国家结构之必然本性。

**3. 专制主义与精英主义共同的理论根据：国家最高权力应该执掌于最优秀的人**

"民主不应该论"或"优秀人物统治论"从道义上否定民主制，认为民主制虽然是可能的、可以实现的，却具有负价值，是不应该的、坏的，其代表人物主要是古希腊哲学家赫拉克利特、德谟克利特、苏格拉底、柏拉图和亚里士多德。赫拉克利特反对民主制，因为在他看来，大多数人就是群氓，民主制就是"愚人"和"坏人"的统治；而国家显然应该由"优秀的人"进行统治："一个人如果是最优秀的人，在我看来，就抵得上一万人。"[1] 德谟克利特亦如是说："对于愚蠢的人来说，听命要比发号施令好。"[2] "按照事物的本性，优秀的人理当进行统治。"[3] 苏格拉底认为，民主制的主要缺陷在于人民大众不可能具备治理国家的能力和知识，从而提出"哲人统治论"："进行统治的应是有知识的人。"[4]

柏拉图进一步发展了苏格拉底等以往民主制反对者思想。他屡次以船长和医生为例论证说，航海的船长应该是通晓航海术的人，给病人治病的医生应该是通晓医术的人；同理，国家的统治者无疑应该是优秀的人、哲学家，亦即通晓统治的技艺的人，亦即通晓政治家的技艺、知识和科学的人，说到底，亦即通晓牧养人民大众——他们不过是一种特殊的牲畜——的科学的人："我们刚才发现了许多牧养牲畜的技艺，而政治家的技艺是其中独特的一种。政治家的技艺是对某一类特殊牲畜的牧养。我们的论证

---

[1] 涅尔谢相茨：《古希腊的政治学说》，商务印书馆1991年版，第57页。
[2] 同上书，第76页。
[3] 同上书，第75页。
[4] 同上书，第118页。

把政治家的技艺定义为牧养人群的科学。①"

从此出发,柏拉图最终得出了国家最高权力应该由一人独掌的专制主义结论。因为真正优秀的人总是极少数,最优秀的人、极其通晓统治技艺的人,必定是一两个人:"如果能在这个世界上找到纯粹形式的统治技艺,那么我们要是能找到一两个人拥有这种技艺就不错了,或者说,顶多只有极少数人能够拥有这种技艺。"②因此,"由一个人进行统治,并且这种统治能够保持在法律的规则中,也就是说依据被我们称作法律的成文法则来治理,那么,这种统治是所有六种统治中最优秀的。但若不依据法律来统治,那么,这种统治是最糟糕的。"③"最好的国家是从君主制中产生出来的,只要有一位最好的立法者和一位有约束的君主,那么,要建成一个最好的国家是轻而易举的;而要从寡头制中产生好国家就不那么容易,要从民主制中产生好国家就更不容易。"④

亚里士多德集古希腊民主制批评思想——国家统治者应该是最优秀的人——之大成,从而发现了似乎可以置民主制于死地的理论武器:"政治职务和政治权利分配原则:应该根据每个人的才德或贡献分配政治职务和政治权利"。对于这一原则,他在讨论民主制与君主制等各种政体优劣时多有论述:"政治权利的分配必须以人们对于构成城邦各要素的贡献的大小为依据。"⑤:"正义的合法的分配是以应该付出恰当价值的事物授于相应收受的人——这个要旨我已经在《伦理学》中讲过了。按照这个要旨,合乎正义的职司分配(政治权利)应该考虑到每一受任的人的才德或功绩。"⑥

民主制显然违背这一"政治职务和政治权利分配原则",因而是不应该的、具有负价值的。因为按照这一原则,执掌国家最高权力的人应该是才德最优秀的人;才德最优秀的人显然不可能是人民大众,而只能是极少数人,甚至只能是一个人:所谓才德举世无双的人岂不就是一个人吗?因

---

① 柏拉图:《柏拉图全集》第三卷,人民出版社 2003 年版,第 103 页。
② 同上书,第 144 页。
③ 柏拉图:《柏拉图全集》第三卷,人民出版社 2003 年版,第 159 页。
④ 同上书,第 469 页。
⑤ 亚里士多德:《政治学》,商务印书馆 1996 年版,第 150 页。
⑥ 同上书,第 136 页。

此，亚里士多德一再说，民主制（人民大众或多数公民执掌国家最高权力）是不应该的；而只有非民主制（君主制与贵族制）才是应该的——如果有一个才德举世无双的人，就应该由他执掌国家最高权力，实行君主专制；如果没有这样的一个人，而是那些极少数才德优秀的人都差不多，就应该由这些极少数优秀的精英执掌国家最高权力："最优良的政体就该是由最优良的人们为之治理的政体。这一类型的政体的统治者或为一人，或为一宗族，或为若干人。"① "适于君主政体的社会应该是那里的民族或种姓自然地有独一无双的英豪，其才德足以当政治领袖而莫可与竞。"② "如果一个家族，或竟是单独一个人，才德远出于众人之上，这样，以绝对权力付给这个家族，使成王室；或付给单独一人，使他为王，这就是合乎正义的了。"③

这就是古希腊思想家的"优秀人统治论"或"民主不应该论"的核心理论，这就是专制主义与精英主义的共同理论根据。这种理论如同一枚金币，具有正反两面：正面是认为国家最高权力应该执掌于最优秀的人；反面则是认为人民没有执掌最高权力的能力和知识。这也是自赫拉克利特以降，直至今日，思想家们否定民主制最主要的根据和理由。桂崇基历数近代以来，民主制反对者的最主要的理由，就是认为国家最高权力应该执掌于具有治理国家专门的能力和知识的最优秀的人；而人民根本没有执掌最高权力、治理国家的能力和知识："斯蒂芬有言：'治理一个大国，需要许多特种的知识和才力，始可以治得好。'而全民政治，便是由没有知识，没有才能的人们来统治。福高也说过：'统治是一种艺术，是需要智识，而今之人便系受治于无智识无艺术的人，其所以被选任者，适因其无智识无艺术。'……巴赛美在他所著《全民政治之效能问题》一书中，也说全民政治最大的缺点，便是统治者的无能。"④ 当代民主主义思想家达尔也这样写道：

> 一直到20世纪，世界上大多数地方都声称，非民主制无论理论

---

① 亚里士多德：《政治学》，商务印书馆1996年版，第173页。
② 同上书，第172页。
③ 同上书，第173页。
④ 桂崇基：《政治学原理》，商务印书馆1933年版，第83页。

上还是实践上都更优越。直到最近，人类的主流——甚至全人类——都处于非民主的统治中。非民主制的首脑们为了证明他们的统治合理，通常引用那个自古以来就存在的论调，亦即以为大多数人不具备参与管理国家的能力。这种论调进而认为，如果人们把复杂的管理事务交给比他们更有智慧的人——这种人都是百里挑一的，全国也许只有那么一个——他们就会过得更好。[①]

勒庞的群体心理学为这种源远流长的"优秀人统治论"或"民主不应该论"提供了新的证明。按照这种心理学，群体的行动受感情激起和支配，因而人民群众必定智力低下，不可能执掌最高权力治理国家：

> 在群体心理中，原本是突出的才智被削弱了，导致了群体中每一个人的个性也被削弱了。表现出差别的异质化被同化吞没了，最终是无意识品质决定了群体的智慧。群体只有很普通的品质。群体只有很普通的智慧。群体也只有最基本的智能。群体同时也只有最低甚至更低层次的智力。这个结论就为我们提供了一个答案，它至少能够替我们解释，何以群体无法完成对智力要求较高的工作。群体只能从事最低级的劳动，而涉及普遍利益的决定，只能由杰出人士组成的决策中心来作出……群体的叠加只是愚蠢的叠加，而真正的智慧却被愚蠢的洪流所淹没。通常情况下我们说"人民群众"，以强调我们在智力上所占据的优势。但事实的真相却是，"人民群众"绝不比任何一个人更聪明，反倒是他们的愚蠢是有目共睹的。任何一个人都比"人民群众"更聪明，所以"人民群众"是靠不住的，除非你想获得一个最愚蠢的结果而相信他们，那就另当别论了。[②]

熊彼特盛赞勒庞此见，说他的理论给予主张人民主权的古典民主学说以沉重打击："他使我们面对每个人都知道但没有人愿意正视的毛骨悚然

---

[①] Robert A. Dahl, *On Democracy*, New Haven & London: Yale University Press, 1998, pp. 44–45.

[②] 勒庞：《乌合之众：大众心理研究》，新世纪出版社2010年版，第7—8页。

的事实，他由此给予作为古典民主学说和关于革命的民主传说基础的人性画面以沉重一击。"①

综上可知，"优秀人统治论"博大精深，极难驳倒。然而，细究起来，却也不难看出，这种理论不能成立。我们先来考究其正面"国家最高权力应该执掌于最优秀的人"；然后再辨析其反面"人民没有执掌最高权力的能力和知识"。那么，就其正面来看，国家最高权力究竟是否应该执掌于最优秀的人？否！诚然，政治职务和政治权利显然应该按照每个人的政治贡献和政治才德进行分配。因此，最高的政治职务无疑不应该由才德平庸的芸芸众生、平民百姓担任，而只应该由政治贡献和政治才德都举世无双的最优秀的那一个人来担任。这样一来，民主制岂不即使是可能的也是不应该的吗？这样一来，"民主不应该论"岂不确是真理吗？非也！它是一种片面的理论，因而属于谬误范畴。因为，究竟言之，并不是任何政治权利都应该按照才德进行分配。

所谓政治权利，显而易见，也就是掌握政治权力进行政治统治的权利。这种权利，细究起来，分为两大类型：直接统治权利与间接统治权利。直接统治权利是担任政治职务的权利：担任政治职务而成为统治者，也就能够对被统治者进行直接统治了。间接统治权利则是所谓的参政权，主要包括选举、罢免、创制、复决四种权利。这是通过统治、管理统治者而间接统治被统治者的权利；说到底，也就是被统治者反过来对统治者进行统治、管理，从而使统治者按照被统治者自己的意志进行统治的权利。因此，这种权利，如所周知，也就是所谓的"政治自由"：政治自由就是公民使国家政治按照自己意志进行的权利，就是被统治者使统治者按照自己意志进行统治的权利。这样一来，政治权利便分二而为政治自由权利与政治职务权利。

政治自由权利是最低的基本的政治权利，属于人权范畴。诚然，细究起来，政治自由乃是全体公民使国家政治按照自己的意志来进行的自由，因而也就只有执掌国家最高权力才能办到：享有政治自由的权利也就是执掌国家最高权力的权利。由此观之，政治自由岂不是最高级的政治权利？

---

① Joseph A. Schumpeter, *Capitalism, Socialism, and Democracy*, (3rd Edition) New York: Harper & Brothers Publishers, 1950, p. 257.

非也！因为政治自由并不是一个人独享最高权力，而是全体公民共享最高权力。而正如马起华所说，权力的大小与同一权力享有者的人数成反比："就同一权力行使的人数言，人数愈少，每人权力愈大；人数愈多，每人权力愈小。所以独任制首长的权力大于合议制首长的权力。"① 因此，享有政治自由的全体公民共同享有的，固然是最高最大的权力；但分散到每个公民自己所享有的，却并非最高最大权力，而是最低最小的权力了。它比最低等的官吏或政治职务所拥有的权力还小：它甚至不过是亿万张选票中的一张选票的权力罢了。所以，每个人所享有的政治自由权利，是最低最小的权利，是基本权利，是人权；反之，一个人所享有的担任政治职务的权利，则是较高较大的权利，是非基本权利而不是人权。

政治自由是人权。所以，根据人权应该完全平等原则，每个人都应该完全平等地享有政治自由。换言之，每个人都应该完全平等地共同决定国家政治命运。说到底，每个人都应该完全平等地共同执掌国家最高权力。这就是政治自由权利完全平等原则，这就是所谓的人民主权原则，这就是民主制基本的依据和理由。相反地，政治职务不是人权而是非基本权利。所以，根据非基本权利比例平等原则，谁的政治贡献大，谁的政治才能高和道德品质好，谁便应该担任较高的政治职务：每个人因其政治贡献（政治才能＋道德品质）的不平等而应担任相应不平等的政治职务。换言之，每个人所担任的政治职务的不平等与自己的政治贡献（政治才能＋道德品质）的不平等的比例应该完全平等。这就是政治职务权利比例平等原则，这就是政治职务分配原则。

准此观之，所谓"民主制不应该论"——古希腊否定民主制的"最优秀人统治论"及其"政治职务、政治权利按照贡献和才德分配原则"——显然是片面的、错误的和不能成立的。殊不知，政治权利分为政治自由权利与政治职务权利：只有政治职务权利才应该按照才德分配，因而最优秀的人应该担任最高政治职务；政治自由权利则不应该按照才德分配，而应该不论每个人的才德如何都完全平等享有，因而每个人不论具体政治贡献和政治才德如何，都应该完全平等地共同执掌国家最高权力从而完全平等地共同决定国家政治命运：民主制是应该的。"民主制不应该

---

① 马起华：《政治理论》第二册，台湾商务印书馆1977年版，第163页。

论"的错误显然在于片面性：只看到政治职务权利分配原则，而没有看到政治自由权利分配原则，从而误以为国家最高权力和最高政治职务应该执掌于最优秀的人。

## 三　专制主义、精英主义与民主主义：真谛辨析（续）

**1. 专制主义与精英主义共同的理论根据：人民没有执掌最高权力的能力和知识**

"民主制不应该论"或"最优秀人统治论"的观点，如上所述，具有正反两面："认为国家最高权力应该执掌于最优秀的人"只是其正面；而其反面则是"认为人民没有执掌最高权力的能力和知识"。如果确如"最优秀人统治论"所言，人民没有执掌最高权力——从而进行统治——的能力和知识，那么，即使执掌最高权力是人民的权利，人民自己也不应该执掌最高权力，而应该委托给人民的护卫者："最好的统治者应该是德才兼备的护卫者们。"[①] 那么，人民究竟有没有执掌最高权力进行统治的能力和知识呢？

答案是肯定的。因为人民或庶民执掌最高权力进行统治，并不是担任政治职务的直接统治，并不是担任政治职务从而对被统治者所进行的直接统治，说到底，并不是官吏统治；而是不担任政治职务的间接统治，是被统治者反过来对统治者进行统治，从而使统治者按照被统治者自己的意志和利益进行统治。这种统治统治者的间接统治、庶民统治或非官吏统治，说到底，也就是所谓的参政权——主要包括选举、罢免、创制、复决四种权利——的行使。因此，庶民执掌最高权力进行的统治，主要讲来，也就是庶民通过选举和罢免等对统治者的管理、统治，从而使统治者按照庶民的利益和意志进行统治。

因此，庶民究竟有没有执掌最高权力进行统治的能力和知识的问题，也就是庶民有没有能力和知识，选举按照庶民的利益和意志进行统治的官吏？有没有能力和知识，罢免不按照庶民的利益和意志进行统治的官吏？

---

[①] Robert A. Dahl, *Democracy and its Critics*, New Haven and London: Yale University Press, 1989, p. 271.

说到底，也就是庶民有没有能力和知识选举增进自己利益的好官、罢免损害自己利益的坏官？显然，庶民完全具有选举增进自己利益的好官和罢免损害自己利益的坏官的能力和知识。试想，就是在极端禁止言论思想自由等愚民专制统治下的古代中国人民，都完全具有辨别好官与坏官的能力和知识；更何况民主统治下的当家作主的人民，怎么能不具有辨别自己的公仆——好官与坏官——的能力和知识？

显然，选举增进自己利益的好官和罢免损害自己利益的坏官的能力和知识，这种人民对统治者的选举和罢免等间接统治、庶民统治或非官吏统治的能力和知识，与统治者对人民的直接统治、官吏统治的能力和知识根本不同：前者极其简单，人人皆有，人人皆可胜任；后者确实比较复杂，往往只有极少数所谓"优秀的人和专家"才可能具有，才可能胜任。二者之不同，恰如孙中山的比喻：人民就是人人皆可胜任的有权的股东；总统等各级官吏则是极少数有能的人才可胜任的总经理："现在有钱的那些人，组织公司，开办公司，一定要请一位有本领的人来做总办，去管理公司。此总办是专门家，就是有能力的人，股东就是有权的人，工厂内的事，只有总办能够讲话，股东不过监督总办而已。现在民国的人民，便是股东，民国的总统，便是总办。"[①]

确实，股东没有管理公司的能力，却有评价、选择和罢免总经理的能力。人民没有能力直接统治和管理国家，却有评价、选举和罢免总统和官吏的能力。这个道理，伯利克里早已知晓："在我们这群人中，可能只有几个人有能力制定政策并具体实行，但是我们所有人都要有评判的权力。"[②] 特别是，与非民主制是一个人或极少数寡头执掌最高权力根本不同；民主制是全体庶民、人民执掌最高权力的统治，而不是一个庶民或几个、一些庶民执掌最高权力的统治。这样一来，一个或几个庶民的能力和知识固然远远不如优秀人物的能力和知识，因而不足以胜任执掌最高权力，进行民主统治；但是，三个臭皮匠，抵个诸葛亮，如果所有的庶民、人民的能力和知识集合起来，就可能超过任何优秀人物，至少必定胜任执掌最高权力，进行民主统治。这个道理，就连"最优秀人统治论"的代

---

① 桂崇基：《政治学原理》，商务印书馆1933年版，第88页。
② 刘军宁编：《民主二十讲》，中国青年出版社2008年版，第144页。

表人物亚里士多德,也曾有几番论述;他甚至还由此得出结论说,责难群众执掌最高权力的理由是不充分的:

> 就多数而论,其中每一个别的人常常是无善足述;但当他们合而为一个集体时,却往往可能超过少数贤良的智能。多人出资举办的宴会可以胜过一人独办的宴会。相似地,如果许多人共同议事,人人贡献一份意见和一份思虑;集合于一个会场的群众就好像一个具有许多手足、许多耳目的异人一样,他还具有许多性格,许多聪明。[①] 辩难者认为,无论是选举执政或审查行政功过都不宜于平民,对于群众就不该使他们执掌最高治权。可是这些辩难的理由是不充分的。我们前面曾经说过的集体异人的论点,实际上可以拿来答复这种质询。假如群众不是很卑贱的(带有奴性的)人们,他们的判断力不及专家,但当他们集合起来,就可能胜过或至少不比专家们有所逊色。又,在某些技术中,创作者不一定是最好的评判家,当然更不是唯一的评判家。这些技术作品,在没有学习过这门技术的人看来,也是可以识别而加以评判的。例如,一幢房屋就是非建筑者也能懂得的事物;实际上房屋的所有者,即住户,有时竟比建筑师更善于评判房屋的好坏。相似地,对于一只舵,舵师比一位造船木匠就更善于鉴别。对于一席菜肴,最适当的评判者不是那位厨师,而是食客。经过这番论辩,关于平民群众议事和审判权力的责难可说已有了充分的答复。[②]

诚然,群体无疑比个体更容易受感情激起和支配,因而群体心理和智力往往比个体心理和智力低下。因为当一个人或一个群体被感情支配的时候,理智便处于服从感情的状态而不起作用。这意味着,一个优秀的人与一个愚蠢的人如果都处于被自己的感情支配的状态,那么,二者的智力就不会有什么不同,而同样处于极端低下状态。这就是为什么群体的心理和智力往往极端低下的缘故。然而,勒庞和熊彼特等人由此断言人民群众智力极端低下,因而不应该执掌最高权力,是根本错误的。因为"群体的

---

① 亚里士多德:《政治学》,商务印书馆1996年版,第143页。
② 同上书,第146页。

心理和智力"与"人民群众的心理和智力"是根本不同的两个概念。一方面，从群体的结构来说，群体并非仅仅由人民、庶民构成，优秀人物与庶民一样，也是构成群体的一部分；另一方面，从群体的类型来说，既有庶民的群体，也有优秀人物群体，亦即所谓"人以群分，物以类聚"也！

这个道理，勒庞自己原本说得很清楚："即使是各行各业中最优秀的专家，当他们表现为一个群体的时候，也会经常性地做出极度愚蠢的决定。"① 熊彼特亦如是说："每一个议会，每一个委员会，每一个由十几位60多岁的将军组成的军事协商会议，无不流露出乌合之众的那种明显特征，特别是流露出责任感的削弱、思考能力水平的低下和较多的非逻辑力量的情感。"② 这岂不是说，议员和将军等优秀人物的群体心理和智力，与乌合之众、芸芸众生的群体的心理和智力一样低下？因此，"群体的心理和智力"与"人民群众的心理和智力"根本不同，由"群体的心理和智力低下"的前提，得不出"人民群众智力低下"的结论；正如得不出"优秀人物智力低下"的结论一样。如果由"群体的心理和智力低下"可以得出"人民群众智力低下"的结论，岂不同样也可以得出"优秀人物智力低下"的结论？因此，勒庞和熊彼特由"群体的心理和智力低下"得出"人民群众智力低下"的结论，是不能成立的。

特别是，任何行为者，不论个体行为者还是群体行为者，都不可能绝对永恒无条件地只受理智支配，或只受感情支配；而必定在一定条件下受感情支配，在另一定条件下受理智支配。试想，哪里会有纯粹地绝对地只受感情支配的群体呢？就是狼群亦然，况人群乎！因此，群体行为并不必定永远只受感情支配，而必定此一时受理智支配，彼一时受感情支配，只不过受感情支配的时候远远多于个体行为罢了。当群体行为受感情支配时，理智和智力不起作用，因而是极端低下的；但是，当群体行为受理智支配时，群体的智力和理智就是每个人的智力和理智之和，就会比其中任何最优秀的个体更加优秀。更何况，无论庶民、人民还是优秀人物的政治活动，显然必定不都是纯粹的群体活动，而必定既有群体活动，亦有个体

---

① 勒庞：《乌合之众：大众心理研究》，新世纪出版社2010年版，第8页。
② Joseph A. Schumpeter, *Capitalism, Socialism, and Democracy*, (3rd Edition) New York: Harper & Brothers Publishers, 1950, p. 257.

活动，既有会议讨论、相互影响，又有个人独处、冷静思索。

这些道理，熊彼特亦有所悟。因为他在结束"政治中的人性"的论述时承认，群体的心理和智力极端低下等都是有限度的："当然，所有这些都是有限度的。杰弗逊的格言说，人民最终比任何个人都更加聪明；林肯亦云，'永远愚弄所有人民'是不可能的。这两个格言都是有真理的，然而二者却都意味深长地强调从长期来看才是如此。毋庸置疑，有可能争辩说，在一定时间里集体心理将会发展成高度合理甚至极为敏锐并常使我们吃惊的见解。"①

可见，"群体的心理和智力往往极端低下"固然不错，却得不出"人民群众智力极端低下，因而不应该执掌最高权力"的结论。人民、庶民不但完全具有执掌最高权力、从而选举增进自己利益的好官和罢免损害自己利益的坏官的能力和知识，而且完全可以具有执掌最高权力进行间接统治的任何能力和知识，甚至如密尔所言，可以具有亲自担任某种政治职务进行直接统治的能力和知识。② 因为正如亚里士多德所指出："人类在本性上，也正是一个政治动物。"③ 人是政治动物，显然意味着：每个人都是政治动物，每个人都具有政治能力，都具有执掌最高权力对统治者进行选举和罢免等间接统治的政治能力，都具有共同执掌最高权力进行统治的政治能力，都具有管理社会和国家等公务活动的政治能力：或者是实在的或者是潜在的。

一个目不识丁足不出户、整日脸朝黄土背朝天的老农，一个连自己的名字都不认识、一辈子生养十多个儿女、整日里养猪喂鸡侍弄庄稼地的农家女，或许确实不具有执掌最高权力对统治者进行选举和罢免等间接统治的政治能力。但是，这些庶民仅仅不具有实在的政治能力，仅仅不具有共同执掌最高权力进行统治的实在的政治能力；而必定具有潜在的政治能力，必定具有共同执掌最高权力进行统治的潜能或潜在能力；只不过他们的这种潜能一直被压抑或缺乏实现的条件而得不到实现罢了。只要他们具

---

① Joseph A. Schumpeter, *Capitalism, Socialism, and Democracy*, (3rd Edition) New York: Harper & Brothers Publishers, 1950, p. 264.

② John Stuart Mill, *On Liberty*, *Representative government*, *Utilitarianism*, in Encyclopaedia Britannica, Inc. Chicago, 1952, p. 344.

③ 亚里士多德：《政治学》，商务印书馆1965年版，第7页。

备了这些条件,如能够参加选举和罢免等间接统治的实践活动,那么,逐渐地,他们的政治潜能必定会得到实现,从而实在地具有共同执掌最高权力进行统治的能力和知识。

因此,"民主不应该论"根据一些庶民不具有执掌最高权力的能力和知识而否定民主,是不能成立的。因为对于这些不具有执掌最高权力对统治者进行选举和罢免等间接统治能力——而仅仅具有这种潜能——的庶民,根据政治自由权利完全平等原则,政府负有责任和义务,通过提供公民教育等条件而使这些庶民的政治潜能得到实现,从而实在具有执掌最高权力进行统治的能力:保障每个庶民政治潜能得到实现乃是政府的义务和庶民的权利。庶民的政治潜能因缺乏必要条件而得不到实现,不具有执掌最高权力进行统治的能力,乃是政府及其官吏的失职和过错,而不是剥夺他们享有执掌最高权力的权利之根据和理由,更不能成为否定民主制的根据和理由。因此,杰斐逊在回答对民众执掌最高权力和管理国家能力的怀疑论调时这样写道:"如果我们不相信人民有足够健全的判断力来行使他们的权利,补救的办法不是剥夺他们的权利,而是引导他们的判断力。"[①]

究竟言之,庶民不但完全具有选举增进自己利益的好官和罢免损害自己利益的坏官的能力和知识,不但完全具有执掌最高权力进行统治的能力和知识;而且唯有庶民自己才能够通过执掌最高权力,使官吏按照庶民自己的利益和意志进行统治,从而实现国家所应有的最终目的:增进每个国民的利益和实现每个国民的幸福。因为,如前所述,最高权力执掌者必然有使自己利益最大化的行为趋势:怎样的行为能够给他们带来最大利益,他们就必然会怎样行动。因此,托克维尔说:"当只有富人统治国家时,穷人的利益总要受到损害;而在穷人立法时,富人的利益便要遭到严重的危险。"[②] 所以,谁要想使最高权力执掌者为自己谋利益,他就必须使自己成为最高权力执掌者。庶民或人民要使最高权力执掌者为庶民或人民谋利益,庶民或人民自己就必须成为最高权力执掌者。因此,要使国家的统治实现国家的最终目的——增进每个国民利益——每个国民自己就必须成为国家最高权力执掌者,通过选举和罢免等手段,统治担任国家全部具体

---

[①] 米勒等编:《布莱克维尔政治学百科全书》,中国政法大学出版社1992年版,第191页。
[②] 托克维尔:《论美国的民主》上卷,商务印书馆1996年版,第266页。

政治职务的极少数优秀人物。密尔将这个道理概括为一句名言:"每个人是他自己的权利和利益的唯一可靠捍卫者。"①

综上可知,"专制主义与精英主义的共同理论根据:优秀人物统治论或民主不应该论"是不能成立的。就其正面的观点——认为国家最高权力应该执掌于最优秀的人——来说,其谬误在于只看到政治职务权利应该按照才德进行分配原则,而没有看到政治自由权利应该人人完全平等享有原则。就其反面的观点——认为庶民或人民没有执掌最高权力的能力和知识——来说,其谬误,首先,在于混淆"担任政治职务的直接统治"与"不担任政治职务的间接统治",亦即混淆"官吏对人民的统治"与"人民对官吏的统治",不懂得前者只有优秀人物能够胜任,而后者人人皆能胜任;以致由人民缺乏担任政治职务进行直接统治的能力之正确前提,得出错误的结论:人民缺乏执掌最高权力进行间接统治的能力。其次,在于不懂得民主的统治者——庶民——所具有的能力和知识,并不是单个的庶民的能力和知识,而是集所有庶民的能力和知识之总和,因而往往可能比其中最优秀者更优秀。再次,在于错误地混同"群体的心理和智力"与"人民群众的心理和智力",因而由"群体的心理和智力往往极端低下"的真理,得出"人民群众的心理和智力极端低下"的错误结论。最后,在于不懂得只有庶民或人民执掌最高权力——而国家具体的政治职务则完全由极少数优秀人物担任——才能够实现国家的最终目的:增进每个国民的利益。

### 2. 精英主义独特的理论根据:民主不可能论

"民主不可能论"是精英主义的独特的理论根据,它原本由古希腊的"民主不应该论"或"优秀人统治论"发展演化而来;只不过,它不是从"应然性"而是从"现实性"上否定民主制,认为民主制即使是应该的,是好东西,却必定是不可能实现的,现实生活中不可能有真正的民主制:全体或多数人执掌最高权力的统治是不可能的。细究莫斯卡等精英论者对民主不可能的论证,或许令人困惑;因其最主要的根据,不过基于这样一

---

① John Stuart Mill, *On Liberty · Representative government · Utilitarianism*, Encyclopaedia Britannica, Inc. Chicago, 1952, p. 344.

种不言而喻的事实,亦即任何社会都必定官少民多,说到底,任何社会担任官职的都是极少数人或所谓优秀人物、精英;而绝大多数人都是没有官职的庶民、人民。

从这一毋庸置疑的真理出发,莫斯卡等精英论者进而推论说,担任政治职务或官职乃是拥有政治权力、进行政治统治的充分且必要条件:只有当官而担任政治职务,才拥有政治权力,才能够进行政治统治;而没有政治职务或官职的人民、庶民不可能拥有政治权力,不可能对担任官职的统治者进行统治。这样一来,任何社会便必然都是少数人——官或官吏——统治,必然是少数人执掌和垄断全部政治权力、政治职能,从而形成垄断一切政治权力的统治阶级;多数人必然没有任何政治权力而只能服从和被统治,从而形成没有政治权力的被统治阶级,因而民主——全体或多数人执掌最高权力——是不可能存在的:

> 我们只要稍微留意即不难发现,在所有政治有机体中,存在这样一种持久的事实和倾向:一切社会,从非常原始、文明尚未形成的社会到高度发展、实力雄厚的社会,都会形成两个人们的集团,即统治阶级与被统治阶级。前一个阶级总是人数较少,他们行使一切政治职能,垄断所有权力,享有权力带来的诸多特权;而被统治阶级在人数上处于多数,他们受到前一阶级的指导和控制,这种指导和控制有时通过不同程度合法手段,有时则通过一定程度的专断和暴力手段实现。至少表面看来,这一为统治阶级提供生存所需的物质资料和手段,后者是政治有机体维持其生机和活力的必要条件。[①]

这就是莫斯卡等精英论的民主不可能论:多数人、人民因其不可能担任任何官职而不可能执掌任何政治权力,更不可能执掌最高权力。这种理论的核心,显然在于等同政治职务、政治权力与政治统治,以为只有担任政治职务或官职,才能拥有政治权力和进行政治统治,因而由"任何社会担任官职的人必然是极少数人"的不争事实得出结论说:任何社会都存在垄断政治权力的极少数人构成的统治阶级与没有政治权力的绝大多数

---

① 莫斯卡:《政治科学要义》,上海世纪出版集团2005年版,第119页。

人构成的被统治阶级。这是对自柏拉图以来庶民或人民能够执掌最高权力的政体分类理论和实践的否定和挑战。这也是对人类迄今99%的时间里——亦即300万年的原始社会——都是生活在民主的无阶级社会的人类学家之共识的否定和挑战。这更是对普选制的社会人人都完全平等地共同执掌最高权力的事实的否定和挑战，因为人人都完全平等地共同执掌最高权力，显然意味着不存在没有政治权力的个人和阶级：岂不只有在非民主制社会才存在没有政治权力的被统治阶级与垄断政治权力的统治阶级？

这种否定和挑战能否成功，说到底，显然在于能否推翻人民虽无政治职务却可以执掌最高权力的两种方式。一种是人民亲自行使最高权力，直接进行政治统治，直接管理国家大事，因而叫做直接民主；这种人民虽无政治职务却可以直接执掌最高权力的典型，就是雅典民主。另一种叫做间接民主，亦即代议制民主，就是人民通过选举代表来进行统治——而不是自己直接进行统治——的民主，就是人民将最高权力委托给官吏来代表自己进行统治的民主。英国的议会制代议制和美国的总统制代议制堪称人民虽无政治职务却可以间接执掌最高权力的典型。

莫斯卡断然否定雅典民主，因为即使在伯利克里时期的雅典，仍然是少数人执掌最高权力，而绝大多数人要么是奴隶，要么是外邦人，他们都没有公民权，因而雅典属于贵族制而非民主制。[①] 米歇尔斯进而指出，在人口众多的现代国家，人民直接执掌最高权力显然是不可能的："大众直接民主无论在机制上还是在技术上都是不可能的。"[②] 因此，可能的民主也就只有代议制民主了。米歇尔斯此见虽然无可厚非，但他却与莫斯卡等精英论者一样，进一步论证说，在代议制民主中，根本不存在防止最高权力被滥用和篡夺的有效方法，最高权力被人民的代表或领袖滥用、篡夺和执掌是必然的，人民不可能执掌最高权力，因而代议制不是"民主"，而是"选主"：

> 要而言之，政治党派的基本社会学规律可以用下面一段话来概

---

[①] 莫斯卡：《政治科学要义》，上海世纪出版集团2005年版，第4页。
[②] 米歇尔斯：《寡头统治铁律：现代民主制度中的政党社会学》，天津人民出版社2003年版，第19页。

括:"正是组织使当选者获得了对于选民、受委托者对于委托者、代表对于被代表者的统治地位。组织处处意味着寡头统治!"任何政党组织都代表了一种建立在民主基础上的寡头化权力。选举人和被选举人的存在是一种普遍现象。而且,我们总是发现当选领袖具有对于选举他们的大众几乎不受限制的权力……民主体制中寡头统治的产生是机构上的必然结果。①

这就是米歇尔斯鼎鼎有名的"寡头统治铁律";这就是莫斯卡和米歇尔斯等民主不可能论者对人民执掌最高权力的两种方式——直接民主与代议制民主——的否定;这就是民主不可能论的主要论据。这些论据似是而非,根本不能成立。因为,一方面,莫斯卡根据伯利克里时期雅典仍然是少数人执掌最高权力便否定其为民主制,是错误的。殊不知,雅典之所以是民主,只是因为最高权力被全体公民执掌,亦即被所有公民都可以参加——发言和表决——的公民大会执掌;而其他各种国家机关,如伍百人议事会、陪审法庭、贵族院、十将军委员会、执政官都隶属于公民大会。诚然,当时雅典城邦国家的公民只占人口的一小部分,十分之一左右,而多数人——奴隶、妇女和外邦人等——都不是公民。这样一来,雅典虽然是全体公民执掌最高权力,却仍然是少数人执掌最高权力。但是,据此不能说雅典不是民主,而只能说雅典民主是一种非普选的——因而是不完全和不完善的——民主。因为民主乃是所有公民或多数公民——而未必是所有人或多数人——执掌最高权力的政体。莫斯卡根据雅典仍然是少数人执掌最高权力便否定其为民主制的根源,显然在于误以为民主是所有人或多数人执掌最高权力的政体。

另一方面,寡头统治铁律也是错误的。诚然,寡头统治的铁律意义重大、影响深远:它深刻揭示了代议民主的致命弊端,充分显示了最高权力被人民的代表篡夺和滥用的极大可能。因为这种政体中,最高权力的唯一合法所有者——人民——并不亲自行使最高权力,而是将其委托给政府及其官吏来代表自己进行统治。然而,最高权力被人民的代表篡夺和滥用从

---

① 米歇尔斯:《寡头统治铁律:现代民主制度中的政党社会学》,天津人民出版社2003年版,第351—352页。

而蜕变为寡头统治，至多不过是一种难以避免的大趋势；而决非不可避免的必然规律，决非铁律。因为不论就理论逻辑来看，还是就历史现实来说，都存在着防止最高权力被人民的代表或公仆篡夺的有效方法。这些方法，一言以蔽之，就是孟德斯鸠的"以权力约束权力"："从事物的性质来说，要防止滥用权力，就必须以权力约束权力。"① 可是，究竟怎样"以权力约束权力"呢？主要讲来，就是以人民的"四权结合"制约代议士的"三权分立"。

孙中山一再强调，若要最高权力由代议士行使而归人民所有，人民必须亲自行使四种直接民主权利：选举权、罢免权、创制权和复决权。② 确实，在代议民主中，欲防止最高权力被代议士滥用和篡夺，必须四权结合，不可偏废。那么，是否只要人民亲自行使这四种直接民权，就足以防止最高权力被代议士滥用和篡夺？否。四权结合仅仅是以人民的权力制约代议士的权力；防止最高权力被滥用和篡夺还必须使代议士所行使的权力相互制约。人民委托代议士行使的权力相互制约的基本原则就是分权，亦即将最高权力分为立法、行政和司法三部分，分别委托三种平等的代议组织独立行使，相互制约：这就是所谓的三权分立。比如说，将最高行政权力、最高立法权力和最高司法权力分别平等地委托给总统、议会和最高法院独立行使，相互制约。

这样一来，总统、议会和最高法院所执掌和行使的权力无论如何重大，充其量也只可能是本部门的最高权力，而不可能是国家最高权力：在三个独立行使相互制约的平等的权力中不可能存在最高权力。无论哪一个代表或代议组织所行使的权力有多么重大，都不可能是国家最高权力，因而也就不可能篡夺国家最高权力了。因此，三权分立既可以将国家最高权力委托给人民代表，又可以有效防止人民代表篡夺和滥用国家最高权力，从而保障人民永远拥有国家最高权力，人民代表只能行使最高权力。因此，梁启超说："凡一国家，必有其最高主权。最高主权者，唯一而不可分者也。今之权既分矣，所谓最高主权者，三机关靡一焉得占之。然则竟

---

① 孟德斯鸠：《论法的精神》上卷，商务印书馆1993年版，第154页。
② 孙中山：《孙中山选集》下卷，人民出版1956年版，第758—759页。

无最高主权乎？曰仍在国民之自身而已。"①

可见，"三权分立"与"四权结合"——亦即以人民的四权结合统辖和支配代议士的三权分立——实乃防止最高权力被人民代表篡夺的有效方法：人民凭借亲自行使选举权、罢免权、创制权和复决权，委托和监督三种代议组织分别行使立法权、行政权和司法权，便可以达到国家最高权力归人民所有而为代议士所行使，最终确保代议士真正是人民的代表和公仆，完全按照人民的意志进行统治。

因此，米歇尔斯的寡头统治的铁律——亦即认为最高权力被人民代表篡夺从而蜕变为寡头统治是不可避免的铁律——是不能成立的；米歇尔斯和莫斯卡等精英论者否定人民能够直接和间接执掌最高权力都是不能成立的，因而等同政治职务、政治权力与政治统治从而以为只有担任政治职务才能拥有政治权力和进行政治统治是不能成立的；最终由"任何社会担任官职的人必然是极少数人"的事实得出"任何社会都存在由垄断政治权力的极少数人构成的统治阶级与没有政治权力的绝大多数人构成的被统治阶级"的结论是不能成立的。这种否定民主可能性的精英论，不但不能成立；而且正如俞可平所指出，具有莫大的危害："精英主义国家理论客观上的最大危害就是容易泯灭人们的民主精神，使人们在政治上消极无为。此外，正像传统的精英主义理论曾直接影响意大利法西斯主义的产生一样，当代的精英主义理论也正在被当作政治上的集权化和官僚化的理论依据。"②

### 3. 民主制的弊端：民主悖论、不可能性定理与民主效率低下论

"民主不应该论"与"民主不可能论"属于否定民主制而主张非民主制的思想家们对于民主制的批评。他们的否定虽然不能成立，却也发现了民主制的种种真实弊端，如柏拉图的"民主悖论"和米歇尔斯"寡头统治的铁律"所显示的代议民主的致命弊端：最高权力被人民的代表篡夺和滥用。自赫拉克利特以来，历代思想所发现的民主的弊端看似纷纭复杂、千头万绪，但是，总而言之，可以归结为两大类型。一大类型源于柏

---

① 梁启超：《饮冰室合集·文集第七册》，上海中华书局1937年版，第14页。
② 俞可平：《民主与陀螺》，北京大学出版社2006年版，第68页。

拉图的"民主悖论",主要是民主制所固有的少数服从多数或多数统治原则之弊端,如托克维尔和哈耶克的"多数暴政";孔多塞的"投票悖论";阿罗的"不可能性定理"。另一大类型则是托克维尔、熊彼特和拉里·戴蒙德等思想家所发现的"民主制效率低下"之弊端。

所谓民主悖论,在波谱看来,首先由柏拉图成功地用来反对民主制所固有的多数裁定原则:"柏拉图在批评民主以及他对僭主的出现的叙述中,暗含地提出了如下问题:如果人民的意志是他们不应该执行统治,而应该由一个僭主来统治,这又如何呢?柏拉图提示,自由的人可以行使他的绝对自由,起先是蔑视法律,最后是蔑视自由本身,并吵吵嚷嚷地要求一个僭主。这并非完全不可能,而且已经发生过多次了;而每次出现都使那些把多数或类似的统治原则为政治信条的基础的民主派处在理亏的境地。"①

不难看出,民主悖论成功地显示了民主制的弊端:民主制的根本原则——多数裁定——可能是自相矛盾的。因为多数裁定或少数服从多数原则,确实可以导致极其严重的错误,甚至可以导致民主制的根本否定,亦即导致独裁或专制:"多数人可能决定应由一个专制君主的统治。"②

孔多塞发现的"投票悖论",则正如阿罗所言,从逻辑上揭示了少数服从多数原则的自相矛盾:"令 A,B 和 C 是三个备选项,1,2 和 3 是个体。假设个体 1 喜欢 A 胜于 B,B 胜于 C(故而喜欢 A 胜于 C);个体 2 喜欢 B 胜于 C,C 胜于 A(故而喜欢 B 胜于 A);个体 3 喜欢 C 胜于 A,A 胜于 B(故而喜欢 C 胜于 B)。那么,这一群体中有多数的人喜欢 A 胜于 B,也有多数的人喜欢 B 胜于 C。所以,我们可以说这个群体喜欢 A 胜于 B,B 胜于 C。但实际上,这个群体中还有多数的人喜欢 C 胜于 A。"③ 这样一来,按照多数裁定原则,一方面是 A 胜于 B,B 胜于 C,故而 A 胜于 C;另一方面,却又出现 C 胜于 A。结果 A 胜于 C 又不胜于 C;C 胜于 A 又不胜于 A:自相矛盾!

阿罗的"一般可能性定理"通过公理化方法和严密的数学推理,进

---

① 波谱:《开放的社会及其敌人》,山西高校联合出版社 1992 年版,第 130 页。
② 同上书,第 232 页。
③ 阿罗:《社会选择与个人价值》第二版,上海世纪出版集团 2010 年版,第 2 页。

一步证明了孔多塞的"投票悖论"和柏拉图的"民主悖论"。首先，他阐明任何社会选择的顺序应该满足两个公理：连贯性与传递性。其次，他确证民主社会选择规则应该满足五个条件：（1）广泛性；（2）一致性；（3）独立性；（4）非强加性；（5）非独裁性。最后，他从两个公理和五个条件出发，进行推理和证明，结果得出了他所谓的"一般可能性定理"："定理2（一般可能性定理）：如果社会成员可以在至少三个备选项上自由排序，那么满足条件2和条件3，并能得到满足公理1和公理2的社会排序的任何社会福利函数，必定要么是强加的，要么是独裁的。"①这不但表明民主社会选择规则可以导致独裁的结果而自相矛盾；并且表明任何投票方法都无法避免投票悖论："定理2表明，如果我们对个人排序的性质不做任何预先限制，那么，任何投票方法都无法避免投票悖论的产生。无论是'少数服从多数'的投票也好，还是任何形式的比例代表制也好，无论投票形式多么复杂，悖论总会发生。"②

可见，柏拉图的"民主悖论"、孔多塞的"投票悖论"和阿罗的"一般可能性定理"所发现的民主制的多数裁定原则的弊端，可以归结为无法避免"自相矛盾"、"非常不合理的选择"，甚至可以导致"独裁专制"：多数裁定原则无法避免非常不合理的、极其严重的错误。毋庸置疑，多数并不意味着真理和正确；有时甚至可能恰恰相反。因此，多数裁定原则确实无法避免非常不合理的、极其严重的错误。对于这些错误，托克维尔、贡斯当和哈耶克等思想家曾从理论和事实两方面予以深刻揭示；其中最为著名的批评，便是所谓"多数暴政"。

托克维尔说："民主政府的本质，在于多数对政府的统治是绝对的，因为在民主制度下，谁也对抗不了多数。"③ 这样一来，多数公民便可能滥用他们所握有的最高权力，去反对他们的对手："如果多数不团结得像一个人似地行动，以在观点上和往往在利益上反对另一个也像一个人似地行动的所谓少数，那又叫什么多数呢？但是，如果你承认一个拥有无限权威的人可以滥用他的权力去反对他的对手，那你有什么理由不承认多数也

---

① 阿罗：《社会选择与个人价值》第二版，上海世纪出版集团2010年版，第67页。
② 同上书，第68页。
③ 托克维尔：《论美国的民主》上卷，商务印书馆1996年版，第282页。

可以这样做呢？"① 这就是托克维尔所谓的"多数暴政"：多数人滥用最高权力而对少数人的"暴政"。

即使多数统治并不导致多数对于少数的"暴政"，却仍然可能如古希腊民主的多数统治那样导致"暴政"：一种侵犯每个人的个人自由和个人权利的"暴政"。因为最高权力就其本性来说即与无限权力相通，极易演进为无限权力；因而正如托克维尔所言，社会的最高权力无论掌握在君主手里，还是掌握在人民手里，都可能成为无限权力而沦为暴政："当我看到任何一个权威被授以决定一切的权力和能力时，不管人们把这个权威称作人民还是国王，或者称作民主政府还是贵族政府，或者这个权威是在君主国行使还是在共和国行使，我都要说，这是给暴政播下了种子。"② 哈耶克亦如是说："即使个人自由的前景在民主政制下要比在其他形式的政制中更佳的话，这也绝不意味着这些前景在民主政制下就是确定无疑的，因为我们知道，在民主政制中，自由的前景还要取决于多数是否将它当作自己的审慎追求的目标。我们甚至还可以说，如果我们仅仅依赖于民主政制的存在来维持自由，那么自由的存续便无甚机会了。"③

然而，如果由多数裁定的这些弊端否定多数裁定原则和一切民主制，以及将多数裁定的弊端当作一切民主制的普遍的弊端，认为任何民主制都无法避免非常不合理的、极其严重的错误，都是不能成立的。诚然，多数裁定原则是民主制固有的根本原则：没有多数裁定原则也就没有民主制。但是，多数裁定原则乃是民主制的无奈的原则。因为民主制的本意是所有公民完全平等地共同执掌最高权力，所有公民完全平等地共同做出决定和选择。但是，所有公民的意见不可能完全一致，而势必存在着分歧和不一致，因而所有公民完全平等地共同做出决定和选择是不可能的，于是只好少数服从多数、多数裁定：多数裁定最接近——亦即比少数裁定和一人独裁更接近——所有公民完全平等地共同做出决定和选择。因此，民主制选择多数裁定原则并不是因其没有弊端，而是出

---

① 托克维尔：《论美国的民主》上卷，商务印书馆1996年版第288页。
② 同上书，第289页。
③ 海耶克：《自由秩序原理》，生活·读书·新知三联书店1997年版，第131页。

于无奈：多数裁定是不好的，但其他裁定更不好；多数裁定是坏的，但其他裁定更坏。

多数裁定是比其他任何裁定都更好或更不坏，可以从两方面看。一方面，如前所述，衡量任何国家制度和国家治理好坏的终极价值标准是"增进所有国民利益"；最高价值标准是"人道和自由"，说到底，是"政治自由"；根本价值标准是"公正与平等"，说到底，是"政治平等"。"增进所有国民利益"、"政治自由"与"政治平等"等国家制度核心价值标准，最终可以归结为一句话：所有国民应该完全平等地共同执掌国家最高权力，从而完全平等地享有政治自由，亦即完全平等地共同决定国家政治命运。显然，唯有多数裁定接近符合这些核心标准；而少数裁定严重违背这些核心标准；一人独裁极端违背这些标准。因此，多数裁定比其他任何裁定都更好或更不坏。

另一方面，其他任何裁定都与多数裁定一样无法避免自相矛盾的悖论，并且必定导致更加不合理的、更加严重的错误。试想，如果说多数人可能决定应由一个专制君主或少数寡头执掌最高权力，那么，反过来，专制者和寡头岂不也可能决定应由所有公民共同执掌最高权力？这样一来，专制者的一人裁定和寡头的少数人裁定岂不也无法避免自相矛盾？因此，波普说："柏拉图已接近发现自由和民主的悖论。但是，柏拉图和他的信奉者们却忽视了其他的统治权学说也导致类似的矛盾。所有的统治权学说都是自相矛盾的。例如，我们可以选择'最有智慧的人'或'最好的人'作为统治者。然而，'最有智慧的人'在他的智慧中可能发现，不是他而是'最好的人'应该执行统治，而'最好的人'在他的善心中也许决定'多数'应该执行统治。"①

一人独裁和少数裁定不但与多数裁定一样无法避免自相矛盾的悖论，而且必然导致更加不合理的、更加严重的错误：一人独裁和寡头裁定就其本性来说意味着"剥削"、"压迫"和"暴政"；多数裁定就其本性来说意味着"剥削、压迫和暴政之消除"。因为"民"绝对是多数，"官"绝对是少数；因而多数裁定就是没有官职的庶民裁定，一人独裁与少数裁定则属于官吏裁定。因此，多数裁定意味着庶民与官吏一样拥有政治权力，

---

① 波谱：《开放的社会及其敌人》，山西高校联合出版社1992年版，第131页。

因而消除了政治权力垄断,也就消除了统治阶级(垄断政治权力的群体)和被统治阶级(没有政治权力群体),消除了赋予各级官吏以相应的剥削和压迫庶民的特权的等级制。相反地,一人独裁统治与少数寡头裁定的统治使没有官职的庶民毫无政治权力,造成专制者和少数寡头及其官吏对于政治权力的垄断,形成统治阶级(垄断政治权力的群体)和被统治阶级(没有政治权力群体)以及赋予各级官吏以相应的剥削和压迫庶民的特权的等级制:等级制是一人独裁与少数寡头裁定使官吏阶级维护其独裁和寡头统治的根本手段。

这样一来,少数裁定与一人独裁就其本性来说便必定导致暴政。因为一人或寡头使绝大多数人服从其统治,使被统治阶级服从统治阶级的压迫和剥削,根本说来,无疑只能依靠暴力。相反地,多数裁定的本性就是避免暴政。因为多数人使少数人服从其统治——更何况这种统治是非压迫和非剥削的——根本说来,显然不需要依靠暴力。特别是,多数裁定就是没有官职的庶民裁定:没有官职的老百姓能够将拥有官职的人怎么样呢?诚然,多数裁定只是几乎不会出现暴政,而不是完全不可能出现暴政。但是,多数裁定就其本性来说,与暴政无缘;因而暴政的出现只能是偶尔的非常的特例,而不可能是恒久的正常的经常的常规。相反地,一人独裁和少数裁定就其本性来说,就是暴力,就是暴政,因而暴政的出现必定是恒久的正常的经常的常规,而决非偶尔的非常的特例。

可见,一人独裁与少数裁定不但与多数裁定一样无法避免自相矛盾的悖论,并且必定导致更加不合理的、更加严重的错误:剥削、压迫和暴政。因此,多数裁定固然存在重大弊端,无法避免非常不合理的、极其严重的错误,却可以避免一人独裁与少数裁定的更大的弊端,可以避免其更加不合理的、更加严重的错误,因而是必要的恶,是最不坏的原则。然而,丘吉尔等人却将多数裁定的弊端当作一切民主制的普遍的弊端,认为任何民主制都无法避免非常不合理的、极其严重的错误,断言民主制是"最不坏"的政体:"民主是最坏的政体,只不过其他政体更坏。"[①]

丘吉尔此言差矣!因为多数裁定固然是民主制的固有的普遍的原则,却不是民主制唯一的、独一无二的原则。民主制还可以存在避免多数裁定

---

① 王绍光:《民主四讲》,生活·读书·新知三联书店2008年版,第3页。

原则弊端的原则，如补偿和保护少数（特别是保护少数的杠杆作用）原则、协商民主原则、三权分立原则和宪政民主原则等。这样一来，民主制便可以分为两种：一种是受避免多数裁定原则弊端的原则——补偿少数原则、协商民主原则、三权分立原则和宪政民主原则——限制的民主制，这种民主制存在多数裁定却没有多数裁定的弊端，因而是"唯一好"的政体；另一种是不受限制的民主制，这种民主制存在多数裁定的弊端，因而是"最不坏"的政体。

因此，自相矛盾的悖论，非常不合理的、极其严重的错误乃至所谓"多数暴政"，固然是民主制普遍的必然的固有的"多数裁定原则"之弊端，却不是民主制普遍的、固有的和必然的弊端，不是遵循权利法案和自由的宪法的"宪政民主"和"协商民主"的弊端；而仅仅是——正如哈耶克所言——不受限制的"非宪政民主"、"非协商民主"的弊端："再说一遍，我认为，不是民主，而是不受限制的民主，同任何不受限制的政府相比好不了多少。"① 那么，究竟如何才能使民主遵循权利法案和自由的宪法，遵循补偿、保护少数并与之协商等原则，从而成为宪政民主、协商民主，最终实现免于"多数裁定弊端"的人道与公正以及自由与平等的社会呢？最根本的途径，诚如托克维尔所言，就是实行分权或三权分立："假如把立法机构组织得既能代表多数又一定不受多数的激情所摆布，使行政权拥有自主其事的权利，让司法当局独立于立法权和行政权之外，那就可以建立起一个民主的政府，而又使暴政几乎无机会肆虐。"②

确实，三权分立乃是宪政民主和协商民主的根本保障：它不仅可以根本防止代议民主的致命弊端——最高权力被人民的代表篡夺和滥用——而且可以根本保障民主遵循权利法案和自由的宪法而成为宪政民主，最终实现消除"多数裁定弊端"的民主制。这样一来，柏拉图、孔多塞、托克维尔、哈耶克和阿罗等思想家所发现的民主制所固有的"多数裁定弊端"，就仅仅是民主制所固有的多数裁定原则的弊端，而不是民主制所固有的弊端，不是民主制的固有的、普遍的和不可避免的弊端；而只是民主制的偶然的、特殊的、可以避免的弊端。那么，民主制是否存在普遍的、

---

① 海耶克：《经济、科学与政治》，江苏人民出版社2000年版，第426页。
② 托克维尔：《论美国的民主》上卷，商务印书馆1996年版上卷，第291页。

固有的和不可避免的弊端呢？

答案是肯定的。但是，不难看出，民主制普遍的、固有的和不可避免的弊端大都无足轻重。譬如，托克维尔说："立法的不稳定性，是民主政府必然具有的一个弊端，因为它来自民主制度要求不断改换新人执政的本性。"① "今天，在美国，最卓越的人士很少去当官，乃是一个常见的现象。而且必须承认，这也是随着民主超出其原来的一切界限而产生的结果。"② "在此类社会中绝对见不到伟大的公民，尤其是伟大的人民。"③ 熊彼特说："造就一个好候选人的智慧和品格，未必是做一个好行政长官的智慧与品格。"④ 缅因爵士说："各国政府中民主政体简直是最困难的政府。"⑤ 约翰·亚当斯说："民主永远不会长久。它很快就会枯萎、衰竭、谋害自身。不自杀的民主是没有的。"⑥ 布莱斯说："议会往往会忽而激昂，忽而沮丧，或者要敏捷应对的时候又徘徊不定"⑦ 等。这些弊端，就某种意义来说，都可以融入那个真正值得辩驳的弊端：民主政府效率低下。

关于民主政府的效率低下问题，熊彼特说："政治组织学者总是怀疑在庞大而复杂社会里民主的行政效率。特别是，有一点已被强烈指出，那就是与其他制度相比，议会内外无休止的争斗使领导人的精力蒙受巨大损失，因而不可避免地损害民主政府的效率。由于同样的理由，政策不得不迁就政治斗争的紧急情况，从而进一步损害行政效率。这两点都不容怀疑，二者不过是我们先前说过的那句话——民主方法产生的立法和行政只能是政治职位斗争的副产品——的推论……因此，民主政体的总理好像是一个这样全神贯注于不要摔下马来的骑手，以至他不能计划好他的骑术表演；或者像一个这样满腹疑虑他的军队能否接受他命

---

① 托克维尔：《论美国的民主》上卷，商务印书馆1996年版，第285页。
② 同上书，第223页。
③ 托克维尔：《旧制度与大革命》，商务印书馆1992年版，第36页。
④ Joseph A. Schumpeter, *Capitalism, Socialism, and Democracy*, (3rd Edition) New York: Harper & Brothers Publishers, 1950, p. 288.
⑤ 高纳：《政治学大纲》，世界书局1935年版，第337页。
⑥ 帕灵顿：《美国思想史》，吉林人民出版社2002年版，第275页。
⑦ 布莱斯：《现代民主政体》下册，吉林人民出版社2001年版，第1031页。

令的将军,以至他无法考虑战略本身。"① 拉里·戴蒙德也曾断言民主制固有"同意与效率的悖论":"民主需要同意,同意需要合法性,合法性需要有效率的运作,但是效率可能因为同意而被牺牲。当选的领导人,将总是不愿意去追求不受欢迎的政策,不管这些政策是多么明智,还是多么必要。"② 托克维尔亦如是说:"当民主的反对者们声称,一个人单独去做他所承担的工作会好于由多人管理的政府去做它所承担的工作时,我认为他们说得不错。假如双方的才力相等,则一个人主持的政府会比多人主持的政府更有一贯性,更坚定不移,更思想统一,更工作细致,更能准确甄选官员。"③

这些指责真可谓皮相之见。殊不知,民主制乃是最高级最复杂的管理模式,寡头制次之,君主专制则是最低级最简单的管理模式。试想,动物社会,如猴群、狮群和狼群等,就其管理模式来说,岂不都是专制?民主制,特别是代议民主制,岂不只有在人类社会才可以见到?民主制最高级最复杂,也就难以存活,难以持久,难以统一,难以稳定等。这些困难,真正讲来,并不是民主制的弊端;正如生物比非生物难以存在并不是生物的弊端一样。断言民主制固有效率低下的弊端更是不能成立的:越是高级越是复杂的东西岂不越应该有效率?

诚然,就各种具体的国家和政府的治理活动的效率来说,民主政府远不如专制和寡头等非民主政府。比如,一项好的政策、议案或行政措施,民主政府往往需要反复辩论,最终可能还被否决;就是通过了好的政策、议案或行政措施,贯彻实行起来也多有困难、节外生枝。相反地,非民主政府则只要专制者一句话或几个寡头一个碰头会就可以搞定;贯彻实行起来,可谓立竿见影、雷厉风行,绝非"公说公有理、婆说婆有理"的民主制所能比拟。选贤任能,就效率和甄别能力来说,民主制显然也远不如非民主制。除非是民主国家的缔造者和开创者——如华盛顿、杰弗逊和富兰克林——民主政府几乎尽为平庸之辈,而没有伟大的政治家,令人不免有"世无英雄,遂使竖子成名"之慨叹。特别

---

① Joseph A. Schumpeter, *Capitalism, Socialism, and Democracy*, (3rd Edition) New York: Harper & Brothers Publishers, 1950, pp. 286–287.
② 刘军宁编:《民主二十讲》,中国青年出版社 2008 年版,第 208 页。
③ 托克维尔:《论美国的民主》上卷,商务印书馆 1996 年版,第 279 页。

是，民主政府官员的民选和短任期等制度必定使每届政府官员花费很大精力于应付对手和保全职位，施政趋于眼光短浅，迎合民众和反对派的当下需求，宁要有利于下一次选举的而不要有长期回报的真正好的政策、议案或行政措施。相反地，专制和寡头等非民主政府，就其制度本性来说，没有这些弊端；非民主政府无疑更具有长远眼光，更稳定持久，更有一贯性，更坚定不移，更思想统一，更工作细致，更能准确甄选官员，更趋于诞生伟大的政治家。

然而，如果由此断言民主政府比非民主政府效率低下，那就大错特错了。因为只是就各种具体的国家和政府的治理活动的效率来说，民主政府远不如专制和寡头等非民主制政府。但是，如果就国家和政府的治理活动的整体的全局的效率来说，民主政府却必定远远胜过专制和寡头等非民主制政府。这可以从两方面看。

一方面，如前所述，民主制必定极大地促进效率和国家繁荣进步，不仅因其是国民品德良好的终极源泉，也不仅因其符合国家制度根本价值标准公正与平等，更主要地，乃是因其符合国家制度最高价值标准"自由"；相应地，专制等非民主制极大地降低效率和阻碍国家繁荣进步，不仅因其是国民品德败坏的终极源泉，也不仅因其极端违背公正和平等标准，更主要地，乃是因其极端违背自由标准。因为自由是最根本的人道，是每个人实现自己创造性潜能的根本条件，从而也就是国家和社会繁荣进步的根本条件：这就是为什么就政府治理活动的整体和全局来说，民主制必定极大地促进效率和国家繁荣进步——而专制则必定极大地降低效率和阻碍国家繁荣进步——的最根本原因。因此，托克维尔历数民主政府的弊端之后，仍然这样写道："民主政府尽管还有许多缺点，但它仍然是最能使社会繁荣的政府。"①

另一方面，如前所述，民主不但意味着必定政治自由，而且——长远和恒久说来——意味着必定经济自由和思想自由等其他一切自由。因此，民主政府乃是管得最少的政府，它只应该是经济和精神财富活动规范的制定者及仲裁者，而不应该是经济和精神财富活动的指挥者："政

---

① 托克维尔：《论美国的民主》上卷，商务印书馆1996年版，第265页。

第十一章 专制主义、精英主义与民主主义　663

府应该是仲裁者而不应该是当事人"①　这样一来，民主政府虽然管得最少、投入最少，却能够产出最多、达到物质财富和精神财富的最大繁荣进步，因而整体和全局说来，岂不是最有效率的政府？相反地，专制等非民主制不但意味着必定政治不自由，而且——长远和恒久说来——意味着必定经济不自由和思想不自由等。因此，专制等非民主制乃是管得最多的政府，它是经济和精神财富等一切社会活动的指挥者。这样一来，专制等非民主制虽然管得最多、投入最多，却产出最少、极大阻碍物质财富和精神财富的繁荣进步，因而整体和全局说来，岂不是效率最低的政府？

可见，"民主政府效率低下论"是极其片面、极其错误的：它只看到一件件具体的政府治理活动之效率，而没有看到政府的整体的全局的治理活动之效率。殊不知，民主政府——特别是宪政民主政府——不但管得最少，而且它的管理活动不过是宪法和法律的实现："政府除非执行众所周知的规则决不可以强制个人。"②　这就是为什么民主政府罕见伟大政治家的缘故：最少且不过是法的实现的政治管理活动显然不需要伟大政治家。相反地，非民主制政府——特别是一人独掌国家最高权力的君主专制政府——能够诞生名声显赫的伟大政治家：管得多和权力大无疑需要且更能够造就名声显赫的伟大政治家。但是，专制政府拥有伟大政治家，却不可能使国家繁荣进步；民主政府没有伟大的政治家，却能够使国家繁荣进步。托克维尔因此感叹不已："民主并不给予人民以最精明能干的政府，但能提供最精明能干的政府往往不能创造出来的东西：使整个社会洋溢持久的积极性，具有充沛的活力，充满离开它就不能存在和不论环境如何不利都能创造出奇迹的精力。"③

综上可知，自赫拉克利特、德谟克利特、苏格拉底、柏拉图和亚里士多德以降，直至今日，否定民主而主张非民主制的理论，虽然堪称主流理论，但这些理论——亦即"民主不应该论"或"优秀人统治论"和"民主不可能论"或"新优秀人统治论"——却都是完全错误的。至于所谓

---

① 弗里德曼：《自由选择》，商务印书馆1982年版，第10页。
② Friedrich A. Hayek, The Constitution of Liberty, The University of Chicago Press 1978, p. 205.
③ 托克维尔：《论美国的民主》上卷，商务印书馆1996年版，第280页。

民主制的弊端，真可谓五花八门、千头万绪，大有诉说不尽之势；可是，经过逐一辨析，真正能够成立的弊端，却只有一个：民主制所固有的多数裁定原则无法避免非常不合理的、极其严重的错误。

但是，多数裁定乃是无奈的选择，因为非多数裁定（一人独裁和少数裁定）不但与多数裁定一样无法避免自相矛盾的悖论，而且必然导致更加不合理、更加严重的错误：多数裁定是最不坏的原则。更何况，多数裁定虽为民主制所固有，却不是民主制唯一原则。民主制还可以存在避免多数裁定弊端的原则，如补偿和保护少数原则、协商民主原则、三权分立原则和宪政民主原则等。因此，民主制分为两种：一种是接受避免多数裁定弊端的原则限制的民主制，可以称之为"宪政民主"，这种民主制虽然固有多数裁定原则却能够避免其弊端，因而堪称白玉无瑕，是"唯一好"的政体；另一种是非宪政民主，这种民主制不能避免多数裁定的弊端，因而堪称白玉微瑕，是"最不坏"的政体。

于是，一方面，即使最坏的民主制——亦即非宪政民主或不能避免多数裁定的弊端的民主制——也远远优越于任何非民主制，也是最好的国家制度，也是"最不坏"的国家制度。另一方面，最好的民主制——亦即宪政民主或能够避免多数裁定弊端的民主制——就是完善的国家制度，就是"唯一好"的国家制度。不过，究竟言之，也可以说任何民主制都是"唯一好"的国家制度。因为，如上所述，不论对于任何时代任何历史条件下的任何社会来说，都只有民主制才真正符合国家制度核心价值标准——亦即国家制度终极价值标准"增减全社会和每个人利益总量"和国家制度根本价值标准"公正与平等"以及国家制度最高价值标准"人道和自由"——而非民主制都程度不同地违背国家制度核心价值标准：专制极端违背、有限君主制次之、寡头共和又次之。

因此，不论在任何条件下，不论何种民主制，不论民主制有多少弊端，民主制都是唯一具有正价值的、唯一应该的、唯一优良的、唯一好的、唯一善的和唯一正确的国家制度，都是唯一符合人道主义、自由主义、平等主义和功利主义的国家制度；不论在任何条件下，不论何种专制等非民主制，不论专制等非民主制有多少优点，也都是不应该的、负价值的、恶劣的、坏的、恶的和错误的国家制度，都是违背人道主义、自由主义、平等主义和功利主义的国家制度。因此，民主主义不但是真理,而且是普遍适用于任何时代任何历史条件下的任何社会的普世真理和绝对真理;相反地,专制主义和精英主义不但是谬误,而且对于任何时代任何历史条件下的任何社会来说都是谬误,都是普世谬误和绝对谬误。

# 下　篇

公有制与私有制国家之价值：基于经济形态不同的六种国家制度之价值

# 导　言

不难看出，研究以经济形态为划分根据的六种国家的价值之核心和关键，乃是确证资本主义国家的价值。因为原始共产主义国家无疑不是人类理想的国家。奴隶制国家和封建制国家，姑且不论如何违背国家制度价值标准——公正与平等以及人道、自由和最大多数人最大利益标准——至少远不及资本主义国家进步，是不言而喻之理，因而皆非人类理想国家。但是，资本主义国家是否符合国家制度价值标准，是否人类理想的国家，却是个争论不休的大问题：如果资本主义国家符合国家制度价值标准，社会主义与共产主义岂不就失去了存在的价值和根据？因此，资本主义国家价值之考量，乃是研究其他各种国家价值的前提、基础和核心。

确证资本主义国家的价值，说到底，也就是确证资本主义价值。因为资本主义国家就是资本主义经济制度居于支配地位的国家。那么，资本主义是否违背国家制度价值标准，是否为人类理想的经济制度？我们业已证明，一方面，市场经济制度是唯一符合国家制度价值标准和可以导致资源配置效率最佳状态的经济制度；而其他一切经济制度（计划经济和自然经济以及存在政府指挥的市场经济或混合经济）都不同程度地违背国家制度价值标准，都是不自由、非人道、不公正和低效率的经济制度。另一方面，资本主义就是一种商品普遍化的经济制度，就是一种商品经济或市场经济——商品经济与市场经济原本是同一概念——就是一种使资本或财货能够增值的商品经济或市场经济制度，是目的在于资本或物质财富增殖而不是满足消费需要的商品经济或市场经济制度，说到底，是资本通过雇佣劳动而增殖的商品经济或市场经济制度。

这样一来，资本主义就其为市场经济制度来说，无疑符合国家制度价值标准，堪称理想经济制度；然而，就其为资本通过雇佣劳动而增殖的经济制度来说，它符合国家制度价值标准吗？符合公正与平等以及人道、自由和最大多数人最大利益标准吗？这是一直争论不休而极难确证的问题。因此，资本主义价值考量之核心，并不是考量其市场经济，而只是考量其资本通过雇佣劳动而增殖，也就是考量资本家是否剥削雇佣劳动者的问题，说到底，也就是工资或劳动价格是否等于劳动价值？是否等于劳动的边际产品价值？

如果工资或劳动价格等于劳动价值，等于劳动的边际产品价值，因而资本家没有剥削雇佣劳动者，资本主义国家就是理想的国家，那样一来，社会主义与共产主义就失去了存在的价值和根据；否则，如果资本必定剥削雇佣劳动，资本主义国家就违背国家制度价值标准，就应该代之以理想国家，如社会主义。这个道理，克拉克亦表赞同："许多人指责现在的社会制度，说它'剥削劳动'。他们说，'工人常被夺去他们的劳动成果。这种剥削是通过竞争的自然作用，并在法律的形式下实现的。'如果这种说法被证实，那么，每一个正直的人都应当变成社会主义者，而他对改革产业制度的热情的高低，就可以表现和衡量他的正义感的程度。"①

然而，工资或劳动价格是否等于劳动价值？这恐怕是经济学最复杂难解的问题，以致被经济学家们称为"分配之谜"。该问题之所以复杂难解，因为它是商品的价值与价格的特例：商品的价值与价格无疑是经济学最根本最核心最重要最艰深的问题。维克塞尔说："价值理论在经济学中具有根本的和普遍的重要性。"② 庞巴维克说："价值、价格和成本之间的联系，我想如果我说，清楚地理解这一联系就清楚地理解了政治经济学的精华，并非夸大其词。"③ 马克思《资本论》第一章主要研究商品价值，他也这样写道："万事开头难，每门科学都是如此。所以本书第一章，特别是分析商品的部分，是最难理解的。"④

---

① 克拉克：《财富的分配》，商务印书馆1984年版，第3页。
② Knut Wicksell, *Lectures on Political Economy*, London: George Routledge and Sons, Ltd, 1934, p. 6.
③ Eugen V. Böhm-Bawerk, *The Positive Theory of Capital*, New York: G. E. Stechert & Co., 1930, p. 224.
④ 马克思：《资本论》第一卷，人民出版社1975年版，第7页。

劳动的价值与价格是商品的价值与价格的特例，因而就更加复杂难解：商品的价值与价格是比较抽象、一般和简单的范畴；劳动的价值与价格则是比较具体、个别和复杂的范畴。因为抽象和具体的关系，正如马克思所说，也就是内涵比较简单的范畴与包含它的比较复杂的范畴的关系："具体之所以具体，因为它是许多规定的综合，因而是多样性的统一。"① 价值与剩余价值是抽象与具体关系：价值是内涵比较简单、比较片面的范畴，而剩余价值则是内涵包含价值的比较复杂、比较全面的范畴。商品的价值价格与劳动的价值价格也是抽象与具体关系：商品的价值价格是内涵比较简单、比较片面的范畴；而劳动的价值价格则是内涵包含价值的比较复杂、比较全面的范畴。

这样一来，如果不理解商品的价值与价格，也就不可能理解劳动的价值与价格。因为不懂一般和抽象，也就不可能懂内涵包含它们的更加复杂的个别和具体。不懂得鱼是什么，也就不可能懂得内涵包含鱼的更加复杂的大马哈鱼是什么。所以，科学体系的各个范畴相互间的排列、推演顺序，正如马克思所指出，乃是从抽象到具体；而如果走相反的道路，则两者都无法理解："只要知道了剩余价值的各个规律，利润率是容易理解的。如果走相反的道路，则既不能了解前者，也不能了解后者。"② 因此，要弄清比较具体的劳动价值与价格，必须首先弄清比较抽象的商品价值与价格。于是，考究资本主义国家的价值，必须考究商品价值与价格以及劳动的价值与价格，必须考究这些经济学最根本最核心最重要最艰深的问题。

---

① 《马克思恩格斯选集》第 2 卷，人民出版社 1977 年版，第 103 页。
② 《马克思恩格斯全集》第 23 卷，人民出版社 1971 年版，第 242 页。

# 第十二章

# 商品价值

**本章提要**

任何商品价值都是商品对人的需要的效用：商品使用价值是商品满足人的使用、消费需要的效用；而商品交换价值则是商品使用价值对于换取其他商品的交换需要的效用。但是，单位商品使用价值，既不是单位商品的最大效用，也不是平均效用，而只能是最后增加的那个单位商品的效用，因而是单位商品的最小效用。因为商品使用价值，真正讲来，乃是对人的还没有满足的使用、消费需要的效用，而不是对已经满足的使用、消费需要的效用：需要一旦得到满足便不再是需要。使用价值是对人的还没有满足的需要的效用，显然意味着：使用价值也就是对人的剩余需要的效用，是对人的剩余需要的满足。因此，每个单位商品的使用价值也就同样是对人的"减去其他商品已经满足的需要"之后所剩余的需要的满足，是对人的减去其他商品已经满足的需要之后所"剩余的需要"的效用，因而也就是最后增加的那个单位商品对人的需要的效用，是最后增加的那个单位商品对人的需要的满足效用，也就是对全部商品所满足的一切需要中最不重要、最后置的需要的满足效用，说到底，也就是商品的边际效用：边际效用就是最后增加的那个单位商品的效用。商品的使用价值是商品的边际效用；而商品交换价值则是商品使用价值对于换取其他商品的交换需要的效用，说到底，也就是商品边际效用对于换取其他商品的交换需要的效用：商品使用价值——亦即商品边际效用——是商品交换价值的源泉和实体。这样一来，一方面，交换价值量的大小便与使用价值量的大小一样，都是用边际效用量来衡量：商品的交换价值量与其边际效用量相等。另一方面，商品中所凝结和耗费的生产三要素——劳动、资本和土地——便因其是使用价值的源泉和实体而最终是交换价值的源泉和实体：劳动、资本和土地是使用价值的直接的源泉和实体，是交换价值的终极的源泉和实体。

## 一 商品价值界说：效用价值论定义与劳动价值论定义

### 1. 商品：进行买卖的事物

何谓商品？门格尔答道："生产者或中间商人准备用以交换的生产物，我们依照通常的用语，叫它做商品。……但在科学的叙述上，对于用以交换的一切经济财货，颇感有不顾其物体性、可动性、劳动生产物性及其供应者等而加以命名的必要，所以德国多数的经济学者，就把商品解成'用以交换的各种经济财货'。"① 他又援引其他经济学家的定义说："傅尔波内以'可被交换的多余数量'为商品；亚当·斯密以'未最后到达使用人手中之物'为商品；奥尔特士以'因自用有余而转让他人之物'为商品。但康第拉克则认为商品是'提供交换之物'。他的这个说法为后来斯托尔西的先驱。斯氏给商品下一定义说：'具有被交换的命运之物为商品'。"② 门格尔还引证说，诸如霍夫兰、罗协尔、曼古特、格拉色、洛思勒等学者也都以为商品就是"用以交换的一切财货"。③

可见，界定商品为进行交换的物品，实乃西方主流经济学观点。我国经济学家们关于商品的定义也是如此。蒋学模说："商品是用来交换的劳动产品。"许涤新说："商品是用来交换、能满足人们某种需要的劳动产品。"④《辞海》也这样写道："商品是为交换而生产的劳动产品。"显然，这一定义源于马克思和恩格斯的两个著名命题："能同别

---

① 门格尔：《国民经济学原理》，上海人民出版社 1958 年版，第 172 页。
② 同上书，第 174 页。
③ 同上书，第 175 页。
④ 许涤新主编：《政治经济学辞典》（上），人民出版社 1980 年版，第 330 页。

的生产品交换的一切产品都是商品。"① "加入交换范围的生产品就是商品。"②

然而，这种主流定义，近年来，遭到许多学者质疑。细究起来，这种定义确实不能成立，因为它的种差（进行交换）和最邻近的类概念（劳动产品）都是不能成立的。首先，"用来交换"或"进行交换"并不是商品区别于非商品产品的种差："用来交换"或"进行交换"的劳动产品并不都是商品。因为以是否买卖为根据，进行交换的劳动产品可以分为两类。一类是计较利益或价值的交换，是以买卖形式进行的交换，是要求等价交换的劳动产品；另一类是不计较利益或价值的交换，不是以买卖形式进行的交换，是不要求等价交换的劳动产品：只有前者才是商品而后者并不是商品。试想，一位农民，如果与弟弟交换各自的农作物，他给弟弟1000斤土豆，弟弟给他500斤玉米，那么，这些土豆和玉米都是进行交换的劳动产品，却都不是商品，而只是产品。但是，如果他卖给弟弟1000斤土豆，再从弟弟那里买来500斤玉米，那么，这些劳动产品就都是商品了。

这显然是因为，兄弟之间交换土豆和玉米，是在亲情和爱的关系的基础上进行的，并不计较利益或价值，并不要求等价交换，因而不是商品交换，而只是劳动产品的交换。反之，当兄弟之间的土豆和玉米的交换是以买卖的形式进行时，两人的关系就不再以亲情和爱为基础，而是以利益为基础，从而这种交换便计较利益或价值，要求等价交换，因而就是商品交换了。空想社会主义思想家们认为共产主义社会消灭了商品，如所周知，也是因为在他们看来，共产主义社会人与人之间的基本联系是爱而不是利益，从而劳动产品的交换不再计较利益或价值，不再要求等价交换，因而也就只是产品而不再是商品了。

因此，"用来交换"或"进行交换"的劳动产品并不都是商品，而是分为商品与非商品劳动产品两类。两类之根本不同全在于是否计较利益或价值。商品交换必定要计较利益、价值，必定要以价值为基础，必定要求

---

① 马克思：《雇佣劳动与资本》，《马克思恩格斯文选》第2卷，第68页。
② 恩格斯：《论卡尔·马克思著〈政治经济学批判〉一书》，《马克思恩格斯文选》第1卷，人民出版社1958年版，第352页。

等价交换，必定要买卖：商品是以买卖形式进行交换的劳动产品，是进行买卖的劳动产品。相反地，如果一种产品交换不以价值为基础，不要求等价交换，不必买卖，那么，这种产品交换便不是商品交换，这种进行交换的产品便只是劳动产品而不是商品。对于这个道理，于光远曾有十分透辟的论述："什么是商品交换这种交换方式的特点呢？一句话说，就是双方处于平等地位、在交换中比较所交换的使用价值中结晶的社会必要劳动，实行等量劳动与等量劳动交换的等价交换原则。凡是用这样一种方式进行的交换，就是商品交换。凡是进入这种交换的生产物就是商品。"[1]

准此观之，马克思恩格斯的两个著名命题——"能同别的生产品交换的一切产品都是商品"和"加入交换范围的生产品就是商品"——并非商品定义；而将商品定义为"用来交换或进行交换的劳动产品"的主流定义犯了定义过宽的错误。能够交换、用来交换或进行交换的产品未必是商品，只有以买卖为形式而进行交换的产品才是商品：商品是通过买卖进行交换的产品，是以买卖的形式进行交换的产品，是以交换价值为基础进行交换的产品，是要求等价交换的产品。因此，马克思一再说："商品即交换价值量的总和"[2]，"各种商品依照它们的价值来交换或售卖"[3]，"在一切社会状态下，劳动产品都是使用物品，但只是历史上一定的发展时代，也就是使生产一个使用价值所耗费的劳动表现为该物的'对象的'属性即它的价值的时代，才使劳动产品转化为商品"[4]。列宁也这样写道："为了满足社会需要，就必须在市场上买卖产品（产品因此变成了商品）。"[5] 门格尔也曾看到只有买卖这种特殊的交换才是商品之所以为商品的根本特征："支配着一个财货的经济主体，若放弃其出卖这个财货的意志，这个财货就停止为商品。一个财货若落到不想出卖它而想消费它的人手里，这个财货也不再为商品。"[6]

---

[1] 张问敏等编：《建国以来社会主义商品生产和价值规律论文选》上卷，上海人民出版社1979年版，第437页。

[2] 马克思：《雇佣劳动与资本》，《马克思恩格斯文选》第2卷，人民出版社1958年版，第68页。

[3] 马克思：《资本论》第三卷，人民出版社1975年版，第215页。

[4] 《马克思恩格斯全集》第23卷，人民出版社1972年版，第76页。

[5] 《论市场问题》，《列宁全集》第1卷，人民出版社1953年版，第77页。

[6] 门格尔：《国民经济学原理》，上海人民出版社1958年版，第173页。

另一方面，商品主流定义将劳动产品当作商品的"最邻近的类概念"又犯了定义过窄的错误。因为正如卢小珠等学者所指出，不是人类劳动的产品，如未经开发的土地和矿产资源以及权力、良心和名誉等，也可以买卖，因而也可以是商品："这类商品在现代社会决不是个别的例外，而是越来越多。例如：未经开发的土地、矿产资源、具有旅游价值的自然风景、商标、牌子、信誉、保证等都属此类。这些东西作为商品，不仅在西方资本主义社会早已司空见惯，而且在改革开放后的中国也比比皆是。它们同劳动产品一样，可以一次性出售（让出所有权），也可以多次出售（让渡使用权）。"①

因此，并非只有劳动产品才是商品，也并非只有有形的物品才是商品；商品乃是进行买卖的一切事物，是通过买卖进行交换的一切东西，是以买卖的形式进行交换的一切事物，是要求等价交换的一切事物：既包括衣食住房汽车等劳动产品，也包括野山荒地河流岛屿等非劳动物品；既包括蔬菜粮食鸡猪等有形的物品，也包括权力良心名誉等无形事物。然而，问题是，面对如此之多的非劳动产品皆为商品之事实，为什么中国主流经济学家们竟然置事实于不顾，而否定非劳动产品是商品呢？

原来，他们信仰所谓马克思主义商品观，亦即商品必定具有价值，而商品价值乃是商品中凝结的劳动，因而商品必然凝结着劳动：不是劳动产品必定不是商品。确实，商品必定具有价值，必定具有商品价值。但是，商品价值果真是商品中所凝结的劳动吗？如果商品价值是商品中所凝结的劳动，那么，非劳动产品便不是商品；如果非劳动产品是商品，那么，商品价值便不是商品中所凝结的劳动。这样一来，非劳动产品是否商品的问题最终便可以归结为：商品价值究竟是什么？

### 2. 商品价值：商品对人的需要的效用

我国学术界颇为流行"两种价值概念"。一种是哲学的价值概念：价值是客体对主体需要的效用；另一种是经济学的价值概念：商品价值不是商品对人的效用，而是凝结在商品中的一般人类劳动。两种价值概念说显然是不能成立的：它违背了两个矛盾判断——亦即"一切价值都是客体

---

① 卢小珠：《对商品、价格概念的新思考》，《广西社会科学》1997年第1期。

对主体需要的效用"与"商品价值不是商品对人的需要的效用"——不可能同真的逻辑规律。"价值是客体对主体需要的效用"与"商品价值不是商品对人的效用"不可能同真：一个是真理；另一个必是谬误。我们已经说明，所谓哲学的价值定义——价值是客体对主体需要的效用——是真理。这就意味着："商品价值不是商品对人的效用"是谬误。那么，为什么商品价值是凝结在商品中的一般人类劳动——而不是商品对人的效用——的定义是谬误？商品价值是什么？

晏智杰教授说："经济学中的价值概念应是一般意义的价值概念、即主体与客体关系的具体化，就是说，商品价值是指财富和商品同人的需求的关系。价值有无及其大小，均以是否能够满足需求以及满足的程度为转移。"① 诚哉斯言！所谓价值，如前所述，就是客体对于主体的需要的效用性。因此，根据"遍有遍无"演绎公理，价值是客体对于主体的需要的效用性，显然意味着：商品价值是商品对于人的需要的效用性，是商品所具有的满足人的需要的效用，是商品对人的需要的满足。这就是商品价值的定义，这也就是自亚里士多德以来历代相沿——斯密、李嘉图和马克思所代表的历史阶段除外——的所谓效用价值论的商品价值定义。

亚里士多德不但发现商品价值就是商品效用，而且将商品价值分为使用价值与交换价值，认为两者都是对于人的需要的效用、用途。只不过，他将使用价值看作商品的"适当的用途"，而将交换价值当作商品的"不适当的或交换的用途"："我们所有的任何东西都有两种用途。这两者都属于物品本身，但是方式不同。一个是适当的用途，另一个则是不适当的或次要的用途。例如，鞋可穿，也可用于交换，两者都是鞋的用途。"② 不过，效用论商品价值定义最清楚的表达，当推英国重商主义者尼古拉·巴尔本的界说："一切商品的价值都来自商品的用途；没有用处的东西是没有价值的，正如一句英文成语所说，它们一文不值。商品的用途在于满足人们的需要。"③

边际效用论也属于效用论范畴，因而也认为一切商品价值都是商品效

---

① 晏智杰：《经济价值论再研究》，北京大学出版社 2005 年版，第 9 页。
② 晏智杰：《劳动价值学说新探》，北京大学出版社 2001 年版，第 98 页；参阅《亚里士多德全集》第 9 卷，中国人民大学出版社 1994 年版，第 18 页。
③ 巴尔本：《贸易论》，商务印书馆 1982 年版，第 55 页。

用：使用价值是商品的边际效用；交换价值则是商品边际效用对于换取其他商品的交换需要的效用。因此，杰文斯说："反复的思考和考察使我得到了这样一个新奇的想法，价值完全决定于效用。"① 门格尔则援引众多效用论的价值定义，进而得出结论说："所谓价值，就是一种财货或一种财货的一定量，在我们意识到我们对于它的支配，关系于我们欲望的满足时对我们所获得的意义。"② 只不过，由于他们把效用归结为边际效用，因而往往以偏概全，误将商品价值定义为边际效用："价值看来是指一种商品的最后效用程度。"③

### 3. 商品价值的误解：商品中凝结的人类劳动

否定效用论商品价值定义的观点，正如杜冈—巴拉诺夫斯基所言，主要依据这样一种所谓的"事实"："有些众所周知的事实，显然与主张效用是经济物品价值基础的理论，有着不可调和的矛盾。因为最有效用的物品，如水和空气，并不具有任何价值。相反，从表面看没有多大效用的物品，如宝石或金子，却具有很高的价值。面包比钻石有用得多，铁比金子有用得多，但是，面包和铁的价值却比金子和钻石低得多。这些事实清楚地表明，价值不仅不与经济物品的效用成正比，反而与效用成反比。"④

这是经济学价值理论面对的最重要的所谓"事实"，亦即所谓"价值悖论"：效用价值论内涵着悖论。因为按照效用价值论定义，商品价值亦即商品效用。这样一来，"水的效用大却价值小"，也就无异于说"水的价值大却价值小"，亦即"水的价值大又不大"：悖论。效用价值论内涵着悖论，意味着效用价值论是谬误。这就是为什么面对"价值悖论"，一些经济学巨匠，如李嘉图和马克思，遂否认商品价值或交换价值是商品效用，而认为价值是商品所包含的劳动。李嘉图引证斯密的"价值悖论"之后，接着就这样写道："所以，效用对于交换价值虽是绝对不可缺少

---

① 马克·斯考森：《现代经济学的历程》，长春出版社2009年版，第198页。
② 门格尔：《国民经济学原理》，上海人民出版社1958年版，第61页。
③ W. Stanley Jevons, *The Theory Political Economy*, Fourth Edition, Macmillan and Co., London, 1911, p. 80.
④ 杜冈—巴拉诺夫斯基：《政治经济学原理》（上册），商务印书馆1989年版，第56页。

的，却不是交换价值的尺度……商品的交换价值有两个源泉——一个是它们的稀少性，另一个是获得它们所需要的劳动量。"① 马克思也一再说："在商品的交换关系本身中，商品的交换价值表现为同它们的使用价值完全无关的东西。"② "使用价值或某种物品具有价值，只是因为有人类劳动物化在里面。"③ 这就是劳动价值论的商品价值定义。

劳动价值论的商品价值定义不能成立。首先，这个定义的前提，是价值悖论，亦即商品价值或交换价值与效用或使用价值无关甚至相反的所谓"事实"。然而，边际效用论发现，这一"事实"或价值悖论不过是一种假象；实质恰恰相反：商品价值或交换价值与效用或使用价值完全成正比例变化。边际效用论的出发点，正如杜冈—巴拉诺夫斯基所言，是区分某种物品的总和的、一般的、抽象的效用与该物品的单位的、具体的、实际的效用。④ 水无疑具有最大的效用。但是，这仅仅是就水的总和的、一般的、抽象的效用来说的。具体地、实际地看，每一单位的水都具有不同的效用：一个人所拥有的水越多，每一单位的水对于他的效用就越小，超过一定量后，其效用就会等于零，甚至成为负数。杜冈—巴拉诺夫斯基举例说："假设我有四罐水，第一罐水，没有它，我会渴死，所以第一罐水效用最大。第二罐水，我用来洗漱，那它的效用就差一些。第三罐水，我可能用它浇花，那它的效用就更差些。最后第四罐水，我可能完全不需要它了。这也就是普遍的经济规律。不论以什么物品为例，我们都可以看到：我们占有的这些物品数量越大，它们用来满足的需要就越不重要，它们的效用也就越小。"⑤ 于是，水和空气没有价值恰恰是因为水和空气应有尽有因而其单位的、具体的、实际的效用等于零的缘故："价值在其发展中一定两度为零：一次是在我们什么都没有的时候；另一次是在我们什么都有了的时候。"⑥

可见，边际效用论便通过区分某种物品的"总和效用与单位效用"、依据"一种物品的数量越多其单位效用就越小"的定律，科学地解释了

---

① Divid Ricardo, *Principles of Political Economy and Taxation*, London: George Bell and Sons, 1908, pp. 5 – 6.
② 马克思：《资本论》第一卷，人民出版社 1975 年版，第 50—51 页。
③ 马克思：《资本论》第一卷，中国社会科学出版社 1983 年版，第 15 页。
④ 杜冈—巴拉诺夫斯基：《政治经济学原理》（上册），商务印书馆 1989 年版，第 57 页。
⑤ 同上。
⑥ 同上书，第 31 页。

与效用论价值定义矛盾的现象:水没有价值并不是因其总和效用大,而是因其超过一定量后,其单位效用是零;钻石价值大,不是因其总和效用小,而是因其单位效用大。因此,诸如水的效用大却无价值而钻石无用却有大价值的所谓"价值悖论",乃是一种误解:"其原因就是没有把某种物品的一般的抽象的效用和某一具体物品的实际效用区别开来。例如,水对我们有用,它具有抽象的效用,但不是每一杯水对我们都有用,都具有具体的效用,而只有一小部分水是具体有用的。如果指的是水的抽象效用或全部水的效用的话,那么,我们应该承认水是有用的。但是,如果指的是具体的某一部分水的效用的话,那么毫无疑问,大部分水对我们完全是不需要的,也是没有用的。"①

这样一来,边际效用论便科学地揭示了误以为"价值与效用往往成反比"的所谓价值悖论之错误,就在于未能区分某种物品的总和效用与该物品的单位效用,因而由水总和效用大而单位价值小得出错误的结论说:水的效用与其价值成反比。如果将某种物品的总和效用与该物品的单位效用区别开来,就会发现水的效用与其价值成正比:水的总和效用大因而总和价值大;水的单位价值小因为水的单位效用小。因此,事实上并不存在什么"价值悖论",并不存在什么价值与效用成反比的所谓"事实",亦即不存在与商品价值效用论定义——商品价值就是商品对人的需要的效用——相矛盾的所谓"事实"。商品价值就是商品的效用,只不过,它可能不是商品的总和的、一般的、抽象的效用,而是商品的单位的、具体的、实际的效用罢了。②

因此,商品价值是商品中凝结的人类劳动的劳动价值论定义的前提——所谓价值悖论——是不能成立的。价值是商品中凝结的人类劳动,就其自身来说,也是不能成立的。因为商品中凝结的人类劳动无疑是商品所具有的这样一种属性,这种属性与"好坏"或价值根本不同。好坏依赖于人的需要,离开人类需要,商品无所谓好坏。因此,好坏是商品的关系属性,是商品与人的需要发生关系的产物,说到底,好坏是商品对人的

---

① 杜冈—巴拉诺夫斯基:《政治经济学原理》(上册),商务印书馆1989年版,第57页。
② 这个道理,在下一节关于边际效用论进一步的发现——边际效用递减定律——中将得到更为精确的阐明。

需要的效用：符合、满足人的需要的效用就是好；不符合、不能满足人的需要的效用就是坏。相反地，商品中凝结的人类劳动，它的存在并不依赖于人的需要，甚至也不依赖于人。一件金首饰所凝结的人类劳动，即使人类灭亡了，它也照样凝结在该金首饰中。一部《红楼梦》凝结着曹雪芹"十年辛苦不寻常"的劳动，即使人类灭亡了，它也照样凝结这些人类劳动。因此，商品中凝结的人类劳动乃是商品的不依赖人的需要而存在的属性，是一种独立于人而存在的实在，是商品的固有属性。

这样一来，如果商品价值是凝结在商品中的人类劳动，岂不意味着：商品价值是商品的固有属性？是的，马克思确实认为价值是商品的固有属性，因而一再说："生产使用物所耗费的劳动，表现为这些物固有的性质，即它的价值。"① "如果我们说，一切商品作为价值只是结晶的人类劳动，那么，我们的分析就是把商品化为价值抽象，但是，它们仍然只是具有唯一的形式，即有用物的自然形式。在一个商品和另一个商品发生价值关系时，情形就完全不同了。从这时起，它的价值性质就显露出来并表现为决定它与另一个商品的关系的固有的属性。"② 可是，以为商品价值是商品的固有属性，岂不荒谬至极？因为毫无疑义，正如罗德戴尔和晏志杰教授所言，任何价值都不可能是客体固有属性，而只能是客体关系属性："价值一词，无论是在其本来意义上，还是在人们通常说法中，都不表示商品固有属性。"③ "价值是一个关系范畴，不是实体范畴。"④

不但此也，价值就是商品中所凝结的劳动的定义之荒谬还在于：如果商品价值就是商品中所凝结的劳动，那么，非劳动或不凝结劳动的物品，如土地等，就不可能有商品价值或交换价值。是的，马克思认为确实如此："如果一个使用价值不用劳动也能创造出来，它就不会有交换价值。"⑤ "土地不是劳动产品，从而没有任何价值。"⑥ "瀑布和土地一样，和一切自然力一样，没有价值，因为它本身中没有任何对象化劳动。"⑦

---

① 马克思：《资本论》第一卷，中国社会科学出版社1983年版，第39页。
② 同上书，第27页。
③ 晏志杰：《经济学中的边际主义》，北京大学出版社1987年版，第49页。
④ 晏智杰：《经济价值论再研究》，北京大学出版社2005年版，第9页。
⑤ 马克思：《资本论》第三卷，人民出版社2004年版，第728页。
⑥ 同上书，第702页。
⑦ 同上书，第729页。

这种论断，岂止不能成立，而且近乎荒唐。因为不论任何东西，只要能够买卖，只要能够交换，只要能够用以换取其他东西，显然就必定具有交换价值；否则，如果一种东西不具有交换价值，就必定不能够买卖，必定不能够进行交换，必定不能够用以换取其他东西。那么，能够买卖、交换从而具有交换价值的条件是什么？不难看出，一个条件是有用，亦即具有使用价值；没有使用价值的东西显然不能够买卖，不能够交换，因而不具有交换价值。另一个条件是稀缺性，因为具有使用价值的东西如果不具有稀缺性，而是无限多的，如水、阳光和空气等，显然不能够买卖交换，不具有交换价值。任何东西，不论是否包含或凝结劳动，只要具有使用价值并且稀缺，显然就能够进行交换或买卖，因而必定具有交换价值：使用价值和稀缺性是任何东西具有交换价值的充分且必要条件。

因此，土地与空气和水根本不同。空气和水等使用价值不具有交换价值，并不是因其不包含劳动，而是因其不具有稀缺性从而不能够买卖交换。相反地，不论是否经过开垦从而凝结劳动的土地，还是未经开垦从而不包含劳动的土地，显然都同样既具有使用价值又具有稀缺性，因而同样能够买卖交换，同样具有交换价值，同样具有价值。土地能够买卖交换是个不争的事实，恐怕只有傻瓜才能否认。既然土地能够买卖交换，怎么会不具有交换价值？天地间哪里会有能够买卖交换却不具有交换价值的东西！土地能够买卖交换，就已经意味着土地具有交换价值；断言能够买卖交换的东西却不具有交换价值岂不自相矛盾？土地既具有使用价值又具有交换价值，怎么能说土地不具有价值？

商品价值就是商品凝结的劳动，既然意味着非劳动产品皆无商品价值，也就意味着非劳动产品皆非商品。因为商品必然具有价值，必然具有商品价值；没有商品价值的东西必非商品。这就是马克思为什么说良心与名誉本身不是商品的缘故。这就是为什么，马克思主义经济学家们一致认为非劳动产品不是商品："商品是用来交换、能满足人们某种需要的劳动产品。"[①] 这是"价值就是商品凝结的劳动"的劳动价值论定义所必然导致的又一教条：只有劳动产品才可能是商品；而非劳动产品皆非商品！这是极其荒谬的教条。

---

① 许涤新主编：《政治经济学辞典》上，人民出版社 1980 年版，第 330 页。

因为不难看出，一方面，并非只有劳动产品才是商品，任何东西，只要可以买卖就都是商品：商品乃是进行买卖的一切事物，是通过买卖进行交换的一切东西。另一方面，不论土地是否经过开垦，不论土地是否凝结劳动，都同样可以买卖交换，都同样具有交换价值，都同样可以是商品。但是，按照商品只能是劳动产品的教条，只有经过开垦的土地才是商品；而未经开垦的土地就不是商品。因此，你买来的土地如果是经过开垦的，就是商品，就属于商品交换范畴；如果是未经开垦的，就不是商品，就不属于商品交换范畴。难道还有比这更荒谬的吗？

　　商品价值是商品凝结的劳动——而不是商品满足人的需要的效用——的定义不能成立，还在于它与哲学的价值定义（价值是客体对主体需要的效用）不是特殊与一般的从属关系，而是互相矛盾或互不相干。这一点，晏志杰已有深刻分析："经济学意义的价值概念同哲学意义的价值概念应当是特殊与一般的关系，而不是互不相干。这是经济学价值概念能否成立的一个前提。如果经济学的价值概念、商品价值概念，离开了哲学意义的价值概念，不能同哲学意义的价值概念相吻合，那它就脱离了价值论的一般轨道，也就脱离了社会经济生活的一般实践，这样的价值概念还能有什么一般的科学依据呢？"[①]

## 二　商品价值分类：使用价值与交换价值

### 1. 使用价值与交换价值：商品的两种效用

　　确立了商品价值定义，就可以进一步对商品价值进行分类了。但是，一旦进入商品价值分类领域，就会发现，这一领域与商品价值定义一样，充满混乱和困惑。首先，经济学的"价值"或"商品价值"，正如穆勒所指出，往往是指"交换价值"或"商品交换价值"："价值一词在没有附加语的情况下使用时，在政治经济学上，通常是指交换价值。"[②] 然而，三者——价值与商品价值以及商品交换价值——的等同，堪称经济学家的一大陋习。因为三者根本不同，等同三者势必造成理论混乱。这种混乱的

---

①　晏智杰：《经济价值论再研究》，北京大学出版社 2005 年版，第 9 页。
②　穆勒：《政治经济学原理》（上卷），商务印书馆 1997 年版，第 493 页。

典型——在商品价格的研究中我们将看到——就是交换价值与价格的混同；这种混同甚至得到了经济学家的认可，以致维克塞尔说："价格这个词和交换价值的含义有时完全一样。"① 殊不知，经济学理论的一系列混乱皆源于此！因此，一方面，我们须知经济学家们所谓的价值或商品价值，通常与交换价值是同一概念；另一方面，我们必须将三者严格区别开来。

我们已经确证，价值是客体对于主体的需要的效用性；商品价值是商品对于人的需要的效用性。然而，正如加里安尼所言，人的需要纷纭复杂，相应地，商品效用必定同样纷纭复杂，最终商品价值必定同样纷纭复杂："人的心性是各种各样，欲望也是各种各样，所以，物的价值也是各种各样。"② 但是，总而言之，商品所满足的人的需要或欲望无非两大类型：使用需要与交换需要。这一点，实已蕴涵于商品的定义：商品是通过买卖进行交换的一切事物。因为这一定义显然意味着：商品不但可以自己使用，从而满足自己直接使用的需要，而且可以交换，满足自己从他人那里换回其他商品的需要。商品满足换回其他商品的需要的效用，叫做交换价值：商品交换价值就是商品满足交换需要的效用，就是商品对其交换者的效用，是商品仅仅作为商品而不是作为物品对人的效用，说到底，亦即商品所具有的换回其他商品的效用，斯密称之为"对于他种商品的购买力"。③

商品满足使用需要的效用，叫做使用价值：商品使用价值就是商品满足物主、所有者自己直接使用的需要的效用，就是商品满足使用需要的效用性，就是商品对使用需要的满足。因此，马克思说："谁用自己的产品来满足自己的需要，他生产的就只是使用价值。"换言之，商品使用价值也就是是商品对其消费者和使用者的效用："使用价值只是在使用或消费中得到实现。"④ 因此，商品使用价值也就是商品不是作为商品——而是作为物品——对人的效用，也就是物对人的效用："物的有用性使物成为

---

① Knut Wicksell, *Lectures on Political Economy*, London: George Routledge and Sons, Td, 1934, p. 16.
② 门格尔：《国民经济学原理》，上海人民出版社 1958 年版，第 83 页。
③ Adam Smith, *The Wealth of Nations*, Books I-III, England Penguin Inc, 1970, p. 131.
④ 马克思：《资本论》第一卷，中国社会科学出版社 1983 年版，第 48 页。

使用价值。"① 说到底，商品使用价值也就是商品满足消费需要和生产需要的效用。因为商品分为消费资料与生产资料，因而所能够满足的直接使用的需要，无疑可以分为消费需要和生产需要。商品能够满足消费需要，自不待言，如我们购买的大米白面、苹果、白菜等生活资料商品，可以满足我们一日三餐的消费需要。商品还能够满足生产需要，如石油、钢铁等生产资料商品，可以满足我们生产的需要：这就是斯拉法所谓"用商品生产商品"之真谛。消费需要与生产需要都是一种自己直接使用商品的需要，都是自己使用而不是用以交换商品的需要，是商品所满足的非交换需要。因此，商品满足人的消费需要和生产需要的效用，虽然可以分别称之为消费价值与生产价值，但都属于商品满足所有者自己直接使用的需要的效用，因而都属于使用价值范畴：使用价值就是商品满足使用需要——亦即消费需要和生产需要——的效用。

可见，界定使用价值与交换价值虽堪称经济学千古难题，原来却可以顾名思义：商品使用价值就是满足物主自己直接使用需要的效用；商品交换价值就是满足物主用以与其他商品相交换的需要之效用。这个定义是如此确凿无疑，以致马克思也曾将使用价值和交换价值分别等同于物品"满足直接使用需要的效用"和"用于交换需要的效用"："物满足直接需要的效用和物用于交换的效用的分离固定下来了。它们的使用价值同它们的交换价值分离开来。"② 那么，使用价值与交换价值是否包括商品价值全部外延？或者说，使用价值与交换价值是不是商品价值之分类？

答案是肯定的。因为商品所能够满足人的需要无非三类：消费需要、生产需要和交换需要。商品满足的交换需要与其他两种需要——消费需要与生产需要——根本不同。因为消费需要与生产需要都是一种物主自己直接使用商品的需要，都是自己使用而不是用以交换的需要，是非交换需要。相反地，交换需要则是非使用需要，是物主用以交换而不是自己直接使用的需要。不难看出，商品所能够满足人的需要，不是直接使用需要，就是用以交换的需要：非此即彼。这就是说，交换需要与使用需要乃是包括商品能够满足的需要之全部外延的矛盾概念：交换需要就是非使用需

---

① 马克思：《资本论》第一卷，中国社会科学出版社1983年版，第48页。
② 《马克思恩格斯全集》第23卷，人民出版社1972年版，第106页。

要，二者是同一概念；使用需要就是非交换需要，二者是同一概念。所以，使用价值（商品满足直接使用需要的效用）与交换价值（商品满足用以交换需要的效用）包括商品价值（商品满足人的需要的效用）全部外延，因而堪称商品价值之分类。

商品的使用价值与交换价值是包括商品价值全部外延之分类，已蕴涵于商品价值以及商品定义，特别是维塞尔的商品定义："商品就是有用且能够进行买卖交易的许多同一单位的物品。"① 斯密则明确将使用价值与交换价值当作界定商品价值全部外延的两种含义："价值一词有两种不同含义。它有时表示特定物品的效用，有时又表示因占有某物而取得的对于他种物品的购买力。前者可以叫做使用价值，后者即交换价值。"② 马尔萨斯在《政治经济学原理》的"价值的不同种类"一节，首先将商品价值分为使用价值与交换价值，进而又将交换价值分为名义交换价值与内在交换价值："有三种不同价值：(1) 使用价值，这可以界说为物品的内在效用。(2) 名义交换价值，或价格，除特别指明其他物品外，这可以界说为以贵金属来估量的商品的价值。(3) 内在交换价值，这可以界说为由内在原因所产生的购买力。"③ 马克思也曾这样写道："每个商品表现出使用价值和交换价值两个方面。"④ 诚然，真正讲来，最早将商品价值分为使用价值与交换价值两类者，恐怕还是亚里士多德。只不过，他将使用价值看作商品的"适当的用途"，而将交换价值当作商品的"不适当的或交换的用途"："我们所有的任何东西都有两种用途。这两者都属于物品本身，但是方式不同。一个是适当的用途，另一个则是不适当的或次要的用途。例如，鞋可穿，也可用于交换，两者都是鞋的用途。"⑤

可是，亚里士多德已明确将交换价值归属于"用途"、"效用"范畴；斯密却因所谓"价值悖论"而有意使交换价值离开"效用"范畴，而将其归属于"力"、"力量"、"购买力"范畴：交换价值是"由于占有某物

---

① Knut Wicksell, *Lectures on Political Economy*, London: George Routledge and Sons, Ltd, 1934, p. 15.
② Adam Smith, *The Wealth of Nations*, Books I – III, England Penguin Inc, 1970, p. 131.
③ 马尔萨斯：《政治经济学原理》，商务印书馆1962年版，第55页。
④ 《马克思恩格斯全集》第13卷，人民出版社1975年版，第15页。
⑤ 晏智杰：《劳动价值学说新探》，北京大学出版社2001年版，第98页；参阅《亚里士多德全集》第9卷，中国人民大学出版社1994年版，第18页。

而取得的对于他种货物的购买力"。马克思等众多经济学家,更进一步把交换价值界定为商品相交换的量的比例。殊不知,"商品相交换的量的比例"与"由于占有某物而取得的对于他种货物的购买力"根本不同。因为"商品相交换的量的比例"并不是交换价值,而是价格。这个道理,至为明显。试想,如果交换价值就是商品相交换的量的比例,那么,一种商品可以换得的货币数量岂不就是该商品的交换价值了?可是,一种商品可以换得的货币数量岂不是该商品的价格吗?所以,把交换价值界定为商品相交换的量的比例,便是把交换价值与价格等同起来:这种等同我们将在商品价格的研究中详尽辨析。

与"商品相交换的量的比例"根本不同,"商品所具有的对于他种货物的购买力"显然是商品所具有的某种效用,亦即商品所具有的换回其他商品的效用,说到底,亦即商品满足人的交换需要的效用性。那么,为什么斯密不用"效用"——而用"力量"、"购买力"——来界定交换价值?显然因为他与李嘉图、马克思等经济学家一样,将商品使用价值与商品效用等同起来:使用价值是特定物品的效用。商品使用价值与商品效用之等同,正如门格尔所指出,在李嘉图和马尔萨斯那里亦然:"李嘉图、马尔萨斯与穆勒等,与斯密相同,对于使用价值,亦用来与效用同意义。"[1] 马克思则进一步将使用价值与效用等同起来:"物的有用性使物成为使用价值。"[2] 这种等同被今日马克思主义经济学家奉为圭臬:"使用价值是物品能满足人们某种需要的效用。"[3] "商品能满足人们某种需要的属性,就是商品的使用价值。"[4] 毋庸赘言,这种等同,显系以偏概全:交换价值岂不也是物品和商品满足人们某种需要——交换需要——的效用吗?

门格尔关于使用价值与交换价值的定义,堪称另一种误解。他的名著《国民经济学原理》曾列专章探究使用价值与交换价值,最后得出结论说:使用价值是商品直接满足消费需要的效用、价值和意义;交换价值是商品间接满足消费需要的效用、价值和意义。他这样写道:"财货对于经

---

[1] 门格尔:《国民经济学原理》,上海人民出版社1958年版,第164页注。
[2] 马克思:《资本论》第一卷,中国社会科学出版社1983年版,第48页。
[3] 许涤新主编:《政治经济学辞典》(上册),人民出版社1980年版,第337页。
[4] 程恩富等主编:《现代政治经济学新编》,上海财经大学出版社2008年版,第21页。

济主体之所以具有价值,自然是由于它能直接满足经济人及其家族的欲望……但同一效果,亦可以通过间接的方法,即通过其他财货的支配,以逐渐换得所需财货,来间接满足其欲望的方法而获得……使用价值是财货在直接保证我们欲望的满足上对我们所获得的意义;而交换价值则是财货在间接保证同样的效果上对我们所获得的意义。"① 粗略看来,此见甚真;细究起来,大谬不然。诚然,交换,说到底,也是为了满足消费需要;因而交换价值也就是商品间接满足消费需要的效用。但是,反过来,商品间接满足消费需要的效用却未必是交换价值。因为,不但交换,而且生产,说到底,也都是为了满足消费需要。这样一来,不但交换价值而且生产价值,也都是商品间接满足消费需要的效用。但是,商品的生产价值,亦即商品满足生产需要的效用,属于商品直接满足使用需要的效用范畴,说到底,属于使用价值范畴。所以,商品间接满足消费需要的效用,乃是交换价值与使用价值(生产价值)的共同属性,不能将交换价值与使用价值区别开来,因而将其作为交换价值定义是错误的。

**2. 使用价值与交换价值关系:斯密的"价值反论"**

不难看出,交换价值与使用价值的关系乃是一种因果关系:使用价值是交换价值所由以产生的原因、源泉和实体;交换价值不过是使用价值对于交换需要的效用罢了。因为商品之所以能够进行交换,从而具有交换价值,显然是因为商品具有使用价值;不具有使用价值的东西不可能具有交换价值:使用价值是交换价值的原因、实体和物质承担者。尼古拉·巴尔本说:"一切商品的价值都来自商品的用途;没有用处的东西就没有价值。"② 李嘉图说:"一种商品如果毫无用处,换言之,如果它对我们欲望的满足毫无用处,那么,不论它怎样稀少,也无论获得它耗费多少劳动,也不会具有交换价值。"③ 马克思说:"没有一个物可以是价值而不是有用物。如果物没有用,那么其中包含的劳动也就白白耗费了,因此不创造价

---

① 门格尔:《国民经济学原理》,上海人民出版社1958年版,第161、163页。
② 巴尔本:《贸易论》,商务印书馆1982年版,第55页。
③ Divid Ricardo, *Principles of Political Economy and Taxation*, London: George Bell and Sons, 1908, p. 6.

值。"① 因此，说到底，商品交换价值也就是商品使用价值对人的交换需要的效用。试想，为什么暖气片具有交换价值？岂不就是因为暖气片具有保暖的使用价值？暖气片交换价值实体岂不就是暖气片所具有的保暖的使用价值？暖气片的交换价值岂不就是暖气片保暖的使用价值对交换需要的效用？

诚然，如果说使用价值是交换价值的实体，细究起来，却不免令人困惑：价值原本是一种效用性，属于属性范畴，甚至被西方哲学家称为"第三性质"，它怎么可能是实体？究竟何谓实体？亚里士多德说："实体，在最严格、最原始、最根本的意义上说，是既不能述说一个主体，也不存在一个主体之中，如'个别的人'、'个别的马'。而人们所说的第二实体，是指作为属而包含第一实体的东西，就像种包含属一样，如某个具体的人被包含在'人'这个属之中，而'人'这个属又被包含在'动物'这个种之中。所以，这些是第二实体，如'人'、'动物'。"②

这就是说，所谓实体，也就是能够独立存在的东西，因而也就是一切独一无二的、单一的、个别的、感官能够感到的事物以及这些事物的总和，亦即单一事物及其"属"或"种"：单一事物是第一实体；单一事物的属或种则是第二实体。反之，所谓属性，则是依赖的、从属的而不能够独立存在东西，也就是不能够独立存在而从属于、依赖于实体的东西，也就是实体之外的一切东西，如马和人的各种颜色、感情心理活动等。

因此，只有第一性的实体——如"个别的人"——之为实体才是绝对的；而第二性的实体——如"人"——之为实体则是相对的："人"相对人的肤色是实体，而相对"个别的人"则是属性。难道"人"不是无数"个别的人"的共同的一般的普遍的属性吗？这就是说，一种属性（人）可以是另一种属性（肤色）的实体：属性可以是实体！所以，马克思说："价值实体就是劳动。"③ 劳动是一种活动、运动，因而也就是一种属性：运动不就是物质的根本属性吗？那么，两种属性在怎样的条件下可以构成实体与属性的关系？

---

① 马克思：《资本论》第一卷，中国社会科学出版社1983年版，第17页。
② 《亚里士多德全集》第1卷，中国人民大学出版社1990年版，第6页。
③ 马克思：《资本论》第一卷，中国社会科学出版社1983年版，第17页。

不难看出，一般说来，在甲能够相对独立存在，而乙的存在却依赖于甲的条件下，甲就是乙的实体。交换价值与使用价值的关系恰恰如此。因为，如上所述，使用价值是交换价值的物质承担者，商品之所以能够进行交换，从而具有交换价值，只是因为商品具有使用价值；不具有使用价值的东西不可能具有交换价值。反之，不具有交换价值的东西却仍然可以具有使用价值："一物可以是使用价值而不是价值。"① 因此，交换价值的存在依赖于使用价值；使用价值却不依赖交换价值而能够相对独立存在。所以，使用价值是交换价值的实体；交换价值是使用价值对人的交换需要的效用。

交换价值实体是使用价值，交换价值是使用价值对人的交换需要的效用，显然意味着，交换价值量的多少大小是由商品的使用价值价值量的多少大小决定的，二者成正比例变化：商品的使用价值越大，它的交换价值便越大；反之亦然。这个道理，亚里士多德已经发现："一切事物都应该用同一种东西来度量，这种东西真正说来就是使用。"② 到了奥古斯丁，说得就更清楚了："每件物品的不同价值与其使用成比例。"③

然而，事实似乎恰恰相反，因为正如斯密所指出："使用价值极大的东西，往往具有极小或没有交换价值；反之，交换价值极大的东西，往往具有极小或没有使用价值。没有什么东西比水更有用，但用水不能购买任何物品，也不会拿任何物品与水交换。相反，金刚钻几乎没有任何使用价值言，却须具有大量其他物品才能与之交换。"④ 这就是斯密 200 多年前在《国富论》中提出的所谓"价值反论"、"价值悖论"或"价值之谜"。这个难题直至 100 年后，才被边际效用论经济学家所破解。这些经济学家，如戈森、门格尔、杰文斯、瓦尔拉斯、庞巴维克、维塞尔等，通过发现和论证使用价值的两个规律——"需要和欲望递减定律"和"边际效用递减定律"——从而科学地破解了这个令经济学家困惑百年的"价值

---

① 马克思：《资本论》第一卷，中国社会科学出版社 1983 年版，第 17 页。
② 亚里士多德：《尼各马可伦理学》，中国社会科学出版社 1999 年版，第 99 页。
③ 亨利·威廉·斯皮格尔：《经济思想的成长》，中国社会科学出版社 1999 年版，第 53 页。
④ Adam Smith, *The Wealth of Nations*, Books I - III, England Penguin Inc, 1970, pp. 131 - 132.

之谜",说明了交换价值与使用价值必定成正比例变化,进一步揭示了商品价值效用论定义的真理性。

## 三 价值规律

### 1. 使用价值规律：需要与欲望递减定律

"价值之谜",自斯密提出,几乎百年之内无人能解。究其原因,或许因为经济学家们误以为经济学只应该研究商品价值、价格和交换价值,而不应该研究使用价值："商品的使用价值为商品学和商业成规这种专门的知识提供材料。"① 殊不知,商品价值、价格和交换价值等,说到底,皆决定于商品使用价值；不理解使用价值本性,不理解使用价值的两个定律——"需要和欲望递减定律"和"边际效用递减定律"——不可能理解商品价值、价格和交换价值,不可能破解"价值之谜"。这个道理,庞巴维克论及使用价值与交换价值的区别时曾有所见。他这样写道："这种区别,一经造成,所谓使用价值差不多就完全淡出了视野。经济学家们不再费神更加深入探索它的本质,它在更进一步研究中已经毫无用处。他们只不过将它作为一个概念列入政治经济学中,而使之一块无用的石头躺在他们的体系之一隅。直到最近,经济研究才在这块被建筑师遗弃的石头中发现了一个经济学中最重要概念的基础和支柱,并觉察到这样一个事实：有许多著名的规律是以它为基础的——这些规律的影响所及远远超出价值理论的界限,它们几乎也是经济学中的每一种理论所赖以成立的基础和源泉。"②

庞巴维克所谓使用价值包含的经济学中的最重要概念,无疑是"边际效用"。但是,边际效用及其递减定律无疑基于"需要和欲望递减定律"：不理解后者不可能理解前者。"需要和欲望递减定律"因其发现者是戈森而被称作"戈森第一定律"或"戈森需要饱和定律"。不过,该定律在戈森的表述中,与其说是"需要或欲望递减定律",不如说是"享乐

---

① 马克思：《资本论》第一卷,中国社会科学出版社1983年版,第12页。
② Eugen V. Böhm-Bawerk, *The Positive Theory of Capital*, New York: G. E. Stechert & Co, 1930, p. 130.

递减定律"。因为对于这一定律，戈森这样总结道："如果仔细考察一下享受是怎样发生的，那么我们就会发现，在所有享受中有下列一些共同特征。（1）如果我们连续不断地满足同一种享受，那么这同一种享受的量就会不断递减，直至最终达到饱和。（2）如果我们重复以前已满足过的享受，享受量也会发生类似的递减；在重复满足享受的过程中，不仅会发生类似的递减，而且初始感到的享受量也会变得更小，重复享受时感到其为享受的时间更短，饱和感觉则出现得更早。享受重复进行得越快，初始感到的享受量则越少，感到是享受的持续时间也就越短。"[①] 戈森所谓享乐，无疑是消费需要和欲望得到满足的心理体验。因此，戈森的这一享乐递减定律可以转换为如下消费需要、欲望和快乐递减定律。

人对于物品的消费需要和欲望随着该物品的增多而递减，因而物品因满足人的需要和欲望而给人带来的快乐的量也就会随着该物品的增多而递减。物品的增多达到一定点，人的消费需要和欲望就会递减至零而达于饱和，此时物品因满足人的需要和欲望而给人带来的快乐的量便会递减至零。物品的增多超过饱和点，就会因其不符合人的需要和欲望而给人带来痛苦。

举例说，不论是谁，他对于他爱吃的某种食物——如西红柿——的需要和欲望都必定会随着西红柿的增多而递减，西红柿带给他的快乐也就会随着西红柿的增多而递减。他吃第一个西红柿的时的欲望和快乐最大，吃第2个和第3个的欲望和快乐必定越来越小。吃到一定数量，比如说第10个，他吃西红柿的欲望和快乐就会递减至零而达于饱和，这时如果再继续吃下去就会厌恶和痛苦了。

然而，如前所述，商品所能够满足的需要和欲望，不但是消费的需要和欲望，而且还包括生产与交换的需要和欲望。那么，是否如戈森所言，只有消费需要随着物品或商品增多而递减？非也！生产需要显然也随着商品的增多而递减：随着某种商品的量的增多，生产该商品的需要无疑必定趋于递减。但是否商品所能够满足的一切需要和欲望都随着商品的量的增多而趋于递减？非也！因为交换需要不但不随着商品增多而递减，而且恰恰相反，随着某种商品的增多，各种商品用于交换的需要势必趋于递增。

---

[①] 戈森：《人类交换规律与人类行为准则的发展》，商务印书馆1997年版，第9页。

试想，如果你仅有一袋大米，一般说来，就不会有用它来交换其他商品的需要。但是，如果你有 10000 袋大米，你会怎样呢？显然不但会有交换需要，而且会有强大的交换需要；并且随着你所拥有的大米的增多，你的交换需要必定趋于递增。因此，随着商品增多，生产需要与消费需要递减而交换需要递增。生产需要与消费需要，如前所述，构成商品的使用需要。因此，戈森的"消费需要递减定律"可以推广为"使用需要递减定律"：商品的使用需要——亦即消费需要与生产需要——随着商品的增多而递减。

这一定律蕴涵使用价值递减定律：物品的使用价值随着该物品的增多而递减。因为物品的使用价值，如前所述，就是物品对人的直接使用需要——亦即消费需要与生产需要——的效用，就是物品对人的使用需要的满足。所以，物品满足人的直接的使用需要越多，该物品的使用价值就越大；物品满足人的直接的使用需要越少，该物品的使用价值就越小。人对于物品的直接的使用需要随着该物品的增多而递减，意味着该单位物品随着量的增多所能够满足的直接使用的需要和欲望递减而越来越少，因而该单位物品的使用价值随着量的增多便递减而越来越小。物品的增多达到一定点，人的直接使用的需要和欲望就会递减至零而达于饱和，此时物品便因其所能够满足的直接的使用需要是零而毫无使用价值。物品的增多超过饱和点，就会因其违背、损害人的直接的使用需要而具有负使用价值。

最早系统阐述这一使用价值递减定律的，当推戈森。他在论述需要、欲望和快乐递减定律之后，接着推论说："由此便形成一个普遍适用的定理：同一种享受资料的各个原子具有极为不同的价值。一般地讲，对每一个人来说，只有一定个数的原子，即只有一定的量才有价值；这种量的增加超过了上述范围，便对这个人完全丧失了价值。但是，只有在价值逐渐通过量的不同阶段之后，才会到达这个价值丧失的点。因此，如果我们从这种观点来考察其原子量在一个人手中逐渐增加的享受资料，那么便可以由此作出结论：随着量的增加，每一个新增加的原子的价值必然不断递减，直到降至为零。"①

然而，戈森所发现的这一使用价值递减定律，还不够完善。因为按照

---

① 戈森：《人类交换规律与人类行为准则的发展》，商务印书馆 1997 年版，第 36 页。

这一定律，单位商品的使用价值随着该商品的量的增加而递减，因而其大小是个不定量：它因其数量的增多而减少，因其数量减少而增大。但是，如果商品的数量是一定的，单位商品使用价值的大小无疑也是一定的。那么，在这种情况下，单位商品的使用价值究竟是其最大效用还是最小效用抑或平均效用？戈森的使用价值递减定律没有解决这个问题。戈森的后继者，亦即杰文斯、门格尔、维塞尔和庞巴维克等，通过创造"边际效用"概念解决了这个难题，从而使使用价值递减定律得到了完善的精确的表述。这种借助边际效用概念而得到精确表达的使用价值递减定律，就是那鼎鼎有名的"边际效用递减定律"。

## 2. 使用价值规律：边际效用递减定律

毋庸赘述，"边际"（margin）的词源含义，不论中西，都是边缘、界限、限度和极限的意思。它原本是称谓两种变量关系的数学概念，边际效用论经济学家则进一步用以表达经济现象的这样两种变量的关系：一个变量的最后界限的单位增量所导致的另一变量的单位增量。维塞尔就此曾这样写道："实际上，所谓边际原理不过是由高等数学和数学物理学所发展的基本思想的适用。这个思想就是，将已知量视作可变的（通常是连续变动的）数量和将它们的变动率视作新的数量（牛顿的流分法，莱布尼茨的微分系数）。"①

因此，所谓边际，说到底，就是最后界限的单位增量，就是最后的单位增量；所谓边际效用就是最后增加一个单位所增加的效用；所谓商品边际效用就是最后增加的那个单位商品的效用。萨缪尔森说："'边际'是经济学的关键词，通常义为'额外'或'新增'。边际效用是指多消费一单位产品时所带来的新增的效用。"②"我们使用边际效用这个词表示'添增最后一个单位的物品所增加的效用。'"③ 克鲁格曼也这样写道："一个商品或服务的边际效用是消费额外一单位该商品或服务所产生的总效用的变

---

① 维克塞尔：《国民经济学讲义》，上海译文出版社1983年版，第20页。
② Paul A. Samuelson, William D. Nordhaus, *Microeconomics* (16th Edition), Boston: The McGraw–Hill Companies, Inc., 1998, p. 81.
③ 萨缪尔森：《经济学》（中册），商务印书馆1986年版，第77页。

化。"① 因此，所谓单位商品的使用价值是商品的边际效用，也就是最后增加的那个单位商品的效用，说到底，每个商品的使用价值都是最后增加的那个单位商品的效用，因而是商品的最小效用。然而，这究竟是为什么？为什么单位商品使用价值既不是单位商品的最大效用也不是平均效用而只能是最小效用？

原来，单位商品使用价值都是单位商品对于人的使用、消费需要的效用，是单位商品所具有的满足人的使用、消费需要的效用，是单位商品对人的使用、消费需要的满足。这也就等于说，商品使用价值是对人的还没有满足的使用、消费需要的效用，而不是对已经满足的使用、消费需要的效用。因为需要和欲望一旦得到满足，便不再是需要和欲望。因为得到满足的需要和欲望失去了需要和欲望的本性：缺乏。需要和欲望之为需要和欲望，便在于缺乏和不满足；满足了的、因而不具有缺乏本性的需要和欲望，不复是需要和欲望。只有尚未满足的需要才是需要；而已被满足的需要不再是需要。只有对未被满足的需要的心理体验才是欲望；而对于已被满足的需要的心理体验不再是欲望：欲望是需要不满足而求满足的心理体验。因为已被满足的需要不会产生欲望，只有未被满足的需要才会产生欲望。因此，Y. 弗瑞德曼（Yona Friedman）说："需要可以界定为只有通过具体的满足物才能加以解除的东西。所以，应该把需要和满足物看作一对不可分离的事物。"②

单位商品使用价值是对人的还没有满足的需要的效用——而不是对已经满足的需要的效用——意味着：商品使用价值也就是对人的剩余需要的效用，是对人的剩余需要的满足。因此，每个单位商品的使用价值也就同样都是对人的"减去其他商品已经满足的需要"之后所剩余的需要的满足，是对人的减去其他商品已经满足的需要之后所"剩余的需要"的效用，因而也就是最后增加的那个单位商品对人的需要的效用，是最后增加的那个单位商品对人的需要的满足效用，也就是对全部商品所满足的一切需要中最不重要、最后置的需要的满足效用，说到底，也就是商品的边际效用：边际效用就是最后增加的那个单位商品的效用。每个商品的边际效

---

① 克鲁格曼·韦尔斯：《微观经济学》，中国人民大学出版社2009年版，第296页。
② John Burton, *Conflict: Human Needs Theory*, The Macmillan Press Ltd., 1990, p.257.

用之和就构成商品总效用或总价值:"消费一定量商品的总效用等于所消费的每个商品的边际效用之和。"①

举例说,假设现有十个暖瓶。每个暖瓶的价值都同样是对人的还没有满足的需要的效用,都同样是对人的剩余需要的效用,说到底,也就都同样是对减去其他9个暖瓶已经满足的需要之后所剩余的需要的满足,因而也就是最后的那个暖瓶——亦即第10个暖瓶——的效用,也就是暖瓶的边际效用。10个暖瓶各自的边际效用之和,构成10个暖瓶的总效用、总价值。

可见,边际效用就是最后的单位增量的效用,它满足的是剩余需要,亦即还没有得到满足的需要。这个道理,庞巴维克曾有所见:"问题在于,这些需要之中究竟哪一个需要是依靠这件物品满足的?只要我们知道,如果没有这件物品,哪一个需要将得不到满足,那么,问题解决就很简单了:这个需要显然就是依靠这个物品满足的需要。现在显而易见,得不到满足的需要,不会是这种物品偶然和任意地被选定用来满足的那一个需要,而总是这一切需要中最不重要的那一个需要。"②

诚然,细究起来,最后的单位增量满足的是剩余需要或还没有得到满足的需要,因而应该包括两个单位量:一个是现有商品的最后单位商品(第10个暖瓶);另一个是新增加的第一个单位商品(第11个暖瓶)。因此,边际效用应该是现有商品的最后单位商品和新增加的第一个单位商品的效用。所以,杰文斯认为"最后效用"(或边际效用)包括两个量——最后加量和第一新加量——的效用:"除了在最后加量(Last Increment)已被消费或第一新加量(Next Increment)将被消费时,我们几乎不必考虑效用程度。所以我们通常用最后效用程度(Final degree of utility)一语,以表示现有商品量中,那极小的或无限小的最后加量或第一个新的可能加量的效用程度。"③ 维克塞尔在界说边际效用时也这样写道:"这种程

---

① Paul A. Samuelson, William D. Nordhaus, *Microeconomics* (16th Edition), Boston: The McGraw-Hill Companies, Inc., 1998, p. 81.

② Eugen V. Böhm-Bawerk, *The Positive Theory of Capital*, New York: G. E. Stechert & Co, 1930, p. 147.

③ W. Stanley Jevons, *The Theory Political Economy*, Fourth Edition, Macmillan and Co., London, 1911, p. 51.

度的效用被叫做边际（最终）效用，它满足的是那种商品已经满足的最不重要的需要，也就是在该商品没有获得或获得的数量极小时所未被满足的最重要的需要。"① 但是，真正讲来，这两个量——最后单位量与新加量——实际上可以当作一个量。因为新增加的第一个单位商品（第 11 个暖瓶）也可以看作是现有商品（11 个暖瓶）的最后单位商品，叫做"最后单位增量"；反之，也可以将现有商品的最后单位商品（第 10 个暖瓶）看作是新增加的第一个单位商品，因而也叫做"最后单位增量"。这就是为什么不叫做"最后单位"而毋宁称之为"最后单位增量"，这就是为什么边际效用就是最后单位增量的效用。

这样一来，商品使用价值是商品对人的使用、消费需要和欲望的效用，固然不错；但是，精确言之，商品使用价值乃是商品的边际效用：这是商品使用价值的定义。因为，精确言之，商品使用价值乃是对人的还没有满足的需要的效用，是对人的剩余需要的效用，是对人的剩余需要的满足，因而也就是最后单位增量的效用，说到底，乃是商品的边际效用。所以，说到底，商品使用价值与商品边际效用实为同一概念：单位商品使用价值是商品边际效用，商品总使用价值则是每个商品的边际效用之和。使用价值的这一定义，堪称边际效用论的伟大发现："边际主义者重新定义了使用价值，决定使用价值的不再是整体效用，而是边际效用（每多消费一个单位商品的效用）。"②

因此，单位商品使用价值或边际效用势必随着该商品的增多而递减。因为商品越多，人的需要和欲望得到满足便越多，而没有得到满足的需要和欲望——亦即剩余的需要和欲望——便越少且越不重要，最后的单位增量所能够满足的需要和欲望也就最少且最不重要，因而商品的边际效用也就最小，单位商品的价值也就越小。商品的增多达到一定点，没有得到满足的需要和欲望——亦即剩余的需要和欲望——就会递减至零而达于饱和，此时单位商品所能够满足的需要和欲望是零，因而其价值或边际效用就是零。此时商品总效用和总价值最大。如果商品的增多超过饱和点，就

---

① Knut Wicksell, *Lectures on Political Economy*, London: George Routledge and Sons, Ltd, 1934, p. 30.
② 瓦尔特·尼科尔森：《微观经济理论：基本原理与扩展》（第六版），中国经济出版社 1999 年版，第 9 页。

会因其违背、损害人的需要和欲望而具有负边际效用、负价值。这时，商品总效用、总价值就会随着商品的增多而递减，最终可能导致负总效用和负总价值。① 这就是所谓的边际效用递减定律。

这个定律的核心内容，如今已被西方经济学归结为一句话，亦即商品的边际效用随着该商品的增多而递减："边际效用递减规律可以归结为：当一种消费品的量增加时，该消费品的边际效用趋于递减。"② 然而，对于这一核心内容的论证决非如此简单。因为细究起来，边际效用递减定律恐怕是经济学领域最重要最复杂最难解也最难论证清楚的定律。对于这一定律，边际效用论经济学家多有论述。杰文斯曾就此这样写道："最后效用程度这个函数的变化，是理解经济问题的关键。我们可以将其归结为一个法则：效用程度随商品量而变化，其量增加，其效用将随之减少。"③ 对此，维塞尔解释说："首先得到的物品带来的效用是最大的，因为它满足的是最急切的需求；随后得到的每一件物品便依次有越来越小的效用，因为它满足的是越来越趋向满足了的欲望。如果物品的增加超过了需要的边际，那就不会再增进正价值。这时增加的物品就毫无用处；它们就不会给任何人带来享受。"④ 庞巴维克进一步总结道："任何种类的有用的物品越多，需要就越能得到相对充分的满足，而最后得到满足的需要——这些需要如果物品数量减少就不能满足——就越不重要。换句话说，任何种类的有用物品越多，决定其价值的边际效用就越小。"⑤

### 3. 交换价值规律：商品价值递减定律

显然，边际效用递减定律科学地破解了斯密提出的交换价值与使用价值成反比的"价值反论"。因为边际效用递减定律发现，单位商品使用价

---

① 这恐怕就是为什么会出现过多的商品被倒进大海的怪现象的缘故：倒进大海固然可惜且缺德，却仍然不失为使总效用和总价值转负为正的一个方法。

② Paul A. Samuelson, William D. Nordhaus, *Microeconomics* (16th Edition), Boston: The McGraw-Hill Companies, Inc., 1998, p. 81.

③ W. Stanley Jevons, *The Theory Political Economy*, Fourth Edition, Macmillan and Co., London, 1911, p. 53.

④ Friedrich Von Wieser, *Natural Value*, New York: Kelley & Millman, Inc., 1956, p. 29.

⑤ Eugen V. Böhm-Bawerk, *The Positive Theory of Capital*, New York: G. E. Stechert & Co, 1930, p. 152.

值是商品的边际效用,是商品的最后单位增量的效用;商品的边际效用随着该商品的增多而递减,因而单位商品使用价值便随着该商品的增多而递减。因此,钻石交换价值大,绝不是因其效用和使用价值小;恰恰相反,钻石交换价值大,只是因其数量小,因而边际效用大,从而使用价值大。水交换价值小,绝不是因其效用大,而是因其数量多,因而边际效用小,从而使用价值小。水的增多达到人的需要的饱和点,水的边际效用就是零,因而单位水的使用价值就是零,从而水的交换价值也就是零。此时水的总效用最大,水的总使用价值最大,因而水的总交换价值最大。如果水的增多超过饱和点,单位的水就会因其违背、损害人的需要和欲望而具有负边际效用,具有负使用价值和负交换价值。这时,水的总效用、总使用价值和总交换价值就会随着水的增多而递减。如果水仍然持续不断增多,最终泛滥成灾,水的总效用、总使用价值和总交换价值就是负数了。

这样,边际效用递减定律不但破解了斯密所谓交换价值与使用价值成反比的所谓"价值反论",说明二者实质上完全成正比例变化;而且进一步破解了与效用论商品价值定义相矛盾的"效用与价值成反比"所谓"价值悖论",说明效用与价值完全成正比例变化,从而科学地证明了一切商品价值都是商品效用。只不过,商品使用价值是商品的边际效用,是商品满足人的使用、消费需要的边际效用;而商品交换价值则是商品使用价值对于换取其他商品的交换需要的效用,说到底,也就是商品边际效用——亦即交换价值实体——对于换取其他商品的交换需要的效用罢了。

这一破解的关键,无疑在于发现边际效用概念,进而发现商品使用价值是商品的边际效用。倘若没有这一发现,势必会像斯密、李嘉图和马克思那样,将使用价值与商品的使用、满足消费需要的效用等同起来——而不懂得使用价值乃是商品满足使用、消费需要的边际效用——因而将水的使用价值与其满足使用、消费需要的效用地等同起来,于是误以为水的使用价值最大而交换价值却极小,堕入交换价值与使用价值成反比例变化的"价值反论"。因此,没有边际效用概念的发现,没有商品使用价值是商品的边际效用的发现,固然不难理解交换价值的实体是使用价值,因而交换价值与使用价值必定呈正比例变化;但是,要科学地证明这个真理却是不可能的。这就是为什么古代思想家们,如亚里士多德和奥古斯丁,甚至李嘉图和马克思,大体说来,虽然已经发现了这一真理——交换价值的实体是使用价值——却为到处都可以看到的使用价值与交换价值成反比例变化的假象所动摇、遮掩和否定。

使用价值是商品边际效用的发现表明,商品交换价值实体固然是使用价值,亦即商品对人的使用、消费需要的效用;但是,精确言之,商品交换价值实体乃是商品边际效用,亦即商品最后单位增量对人的使用、消费需要的效用:商品交换价值就是商品的边际效用——亦即使用价值——对于换取其他商品的效用。商品换取其他商品的效用量,亦即交换价值量,说到底,也就是该商品的边际效用量。因为商品应该等价交换,并且在自由竞争条件下,这种等价交换具有必然性。因此,商品应该且必然等价交换,亦即相交换的商品的价值——交换价值和使用价值——应该且必然相等,说到底,商品所换取的其他商品,就其边际效用来说,应该且必然相等:它具有多少边际效用量,就应该换取具有同样多的边际效用量的商品。这样一来,商品的使用价值与交换价值固然根本不同,商品的边际效用(使用价值)与其换取其他商品的效用(交换价值)固然根本不同,但交换价值量却是用边际效用量来衡量的,因而二者的价值量却是相等的:商品有多少边际效用量——亦即有多少使用价值量——就有多少交换价值量。

因此,虽然只有使用价值是边际效用,而交换价值并不是边际效用,但交换价值实体却是边际效用,因而交换价值量的大小与使用价值量的大小一样,都是用边际效用量来衡量:商品的交换价值量与其边际效用量相等。这个道理,庞巴维克曾有十分精辟的论述,通过这些论述,他得出结论说:"使用价值量,根据我们已知规律,是由该物品被使用时给予物主的边际效用量来衡量的。另一方面,交换价值量(主观的)显然同交换中得到的该物品的使用价值量相一致。当我用一件物品来做交换时,我为自己福利所取得的东西,全等于我所换得的物品的效用。因此,物品的主观交换价值量,是由它交换得来的物品的边际效用量来衡量的。"[①]

---

① Eugen V. Böhm - Bawerk, *The Positive Theory of Capital*, New York: G. E. Stechert & Co, 1930, p. 167.

这样一来，交换价值量的多少大小便是由商品的使用价值价值量的多少大小决定的，说到底，乃是由商品边际效用量的多少大小决定的，二者呈正比例变化：商品边际效用越大，商品的使用价值越大，它的交换价值便越大；反之亦然。究竟言之，商品价值或其实体就是商品的边际效用，因而商品价值量就是商品的边际效用量：商品价值量＝商品边际效用量。这个公式，正如庞巴维克说，堪称商品价值量的决定规律："统摄价值量的规律，可以归结为一个相当简单的公式：一件物品的价值是由它的边际效用量来决定的。"[①] 因此，边际效用递减定律虽然属于使用价值递减定律范畴，实已蕴涵交换价值递减定律。

单位商品边际效用必定随着该商品的增多而递减，因而其交换价值必定随着该商品的增多而递减。因为交换价值实体是使用价值，说到底，是商品边际效用，亦即商品最后单位增量对人的使用、消费需要的效用。这样一来，商品越多，人的需要和欲望得到满足便越多，而没有得到满足的需要和欲望——亦即剩余的需要和欲望——便越少且越不重要，最后的单位增量所能够满足的需要和欲望也就最少且最不重要，商品的边际效用也就最小，单位商品的使用价值也就越小，单位商品的交换价值实体也就越小，因而单位商品的交换价值也就越小。商品的增多达到一定点，没有得到满足的需要和欲望——亦即剩余的需要和欲望——就会递减至零而达于饱和，此时单位商品所能够满足的需要和欲望是零，边际效用就是零，单位商品的使用价值是零，单位商品的交换价值实体是零，因而单位商品交换价值是零。此时商品总效用最大，总使用价值最大，因而总交换价值最大。如果商品的增多超过饱和点，就会因其违背、损害人的需要和欲望而具有负边际效用、负使用价值和负交换价值。这时，商品总效用、总使用价值和总交换价值就会随着商品的增多而递减，最终可能导致负总效用、负总使用价值和负总交换价值。这就是交换价值递减定律，也是使用价值递减定律，也是交换价值与使用价值成正比定律，说到底，乃是以边际效用递减定律为核心的商品价值递减定律。

---

① Eugen V. Böhm-Bawerk, *The Positive Theory of Capital*, New York：G. E. Stechert & Co, 1930, p. 149

## 四　商品价值的源泉和实体

### 1. 劳动、土地与资本：使用价值的源泉和实体

显然，以边际效用递减定律为核心的商品价值递减定律进一步印证了：使用价值是交换价值产生的源泉和存在的实体，交换价值是使用价值满足人的交换需要——亦即换回其他使用价值——的效用。那么，使用价值产生的源泉和存在的实体是什么？不难看出，商品使用价值实体是商品的事实属性，亦即不依赖人的任何需要而存在的属性，如暖气片的使用价值实体就是它的保暖属性，这种属性固然能够满足人的取暖需要，却不依赖人的取暖需要而存在，因而属于事实属性范畴。因此，马克思说："商品首先是一个外界的对象，一个靠自己的属性来满足人的各种需要的物。"[①] 这样一来，暖气片的使用价值，说到底，也就是暖气片所具有的保暖之事实属性对人的消费需要的效用性。因此，商品使用价值，说到底，也就是商品的事实属性对人的消费需要的效用性。那么，商品的事实属性又是什么？

商品如果不是人类劳动的产品，其事实属性或使用价值实体，主要讲来，无疑仅仅是自然物质。就拿马尔萨斯所说的海边偶然拾到的砖石来说，它没有花费什么劳动，没有经过劳动改变，但它同样可以买卖，属于商品范畴。这种砖石商品的事实属性或使用价值实体显然仅仅是一种自然物质；与未经开发的土地和矿产资源之为商品一样，其事实属性或使用价值实体仅仅是一种自然物质。但是，正如穆勒所言，绝大多数商品都是劳动产品。商品如果是产品，那么，它的事实属性或使用价值实体，显然就是经过劳动而有所改变的自然物质：使用价值就是"经过劳动而有所改变的自然物质"所具有的满足人的消费需要的效用。这种经过劳动而有所改变的自然物质，如暖气片，虽然具有满足人的消费需要的效用，却不依赖人的消费需要而存在，因而属于事实属性范畴。因此，"经过劳动而有所改变的自然物质"并不是使用价值，而是使用价值产生的源泉和存在的实体：使用价值是"经过劳动而有所改变的自然物质"对于人的消

---

[①] 马克思：《资本论》第一卷，中国社会科学出版社 1983 年版，第 11 页。

费需要的效用。

经过劳动而有所改变的自然物质，显然是劳动与自然物质的结合。因此，使用价值产生的源泉和存在的实体，说到底，就是劳动与自然物质的结合：使用价值是由劳动与自然物质两种生产要素创造的。这个道理，马克思在《资本论》第一卷中曾有十分精辟的论述："上衣、麻布等使用价值，是物质和劳动这两种要素的结合。如果把上衣、麻布等包含的各种不同的有用劳动的总和除外，总还剩有物质，剩有某种天然存在的、完全不依赖人的东西。人只能像自然本身那样发挥作用，就是说，只能改变物质的形态。不仅如此，他在这种单纯改变形态的劳动中还要经常依靠自然力的帮助。因此，劳动并不是它所生产的使用价值即物质财富的唯一源泉。正像威廉·配第所说，劳动是财富之父，土地上财富之母。"①

然而，细究起来，劳动或改变自然物质的过程，正如马克思所指出，不能不借助一定的工具："劳动只要稍有一点发展，就不能没有经过加工的资料。在最古老的洞穴中，我们发现了石制工具和石制武器。"② 这些生产工具虽然属于劳动产品范畴，但与自然物质或劳动对象一样，可以称之为"生产资料"："如果说一个使用价值是一个劳动过程的产品，那么另一些使用价值，先前劳动的产品本身，则作为生产资料进入该劳动过程。同一个使用价值，既是这种劳动产品，又是那种劳动的生产资料。"③这样一来，使用价值产生的源泉和存在的实体便可以进一步归结为劳动与生产资料两大生产要素，使用价值是由劳动与生产资料两要素创造的："不论生产的社会形式如何，劳动力和生产资料始终都是生产的因素。但是，在二者彼此分离的情况下，只在可能性上是生产的因素。凡是要进行生产，就必须把它们结合起来。"④

细究起来，生产资料依其是否为劳动产品而分为两类：一类是劳动产品，是经过劳动改变的自然物质，这些产品被用作投入以便进一步生产物品，如工厂、机器、设备等，西方主流经济学称之为"资本"；另一类是非劳动产品，是没有经过劳动改变的自然物质、自然资源，西方主流经济

---

① 马克思：《资本论》第一卷，中国社会科学出版社1983年版，第20页。
② 同上书，第167页。
③ 同上书，第169页。
④ 《马克思恩格斯全集》第16卷，人民出版社1972年版，第244页。

学简称为"土地"。对此,萨缪尔森曾这样辨析道:"像美国那样发达的工业经济使用大量的建筑物、机器和计算机等。这些生产要素被称为资本,亦即一种被生产出来的要素,一种本身就是经济产品的耐用投入品。……资本是三个主要的生产要素之一。其他两种是土地和劳动,通常被叫做基本生产要素。这意味着它们的供给主要取决于非经济要素,如土地的肥沃程度和地理条件。与这两种要素不同,资本在使用之前就必须被生产出来。"①

这样一来,"劳动"与"土地(自然物质)"以及二者的结合物与中介物"资本"就是生产或创造使用价值的三大生产要素,使用价值产生的源泉和存在的实体就是生产三要素:劳动、土地和资本。确实,土地是最重要的自然资源,将没有经过劳动改变的自然物质或自然资源简称为土地,未尝不可。但是,将资本定义为用作投入的劳动产品,意味着资本并不是一个历史范畴,并不是资本主义所特有的,而是一个超历史范畴,是任何社会都存在的。这样的资本定义能成立吗?

经济学所谓的资本,如前所述,就是能够产生或带来财货的财货,就是能够产生或带来物质财富的物质财富,就是能够增殖的物质财富,是能够增值的价值。这就是为什么马克思等经济学家用"价值"来界定资本的缘故。但是,马克思认为资本是能够带来剩余价值的价值:"一定的价值额,只有在它利用自己造成剩余价值时,才变成资本。"② 显然,这并不是"资本"的定义,而是"资本主义的资本"或"资本家的资本"的定义。因为,如上所述,资本的根本特征就是生利、增值或产生和带来财富。只要是能够生利、增值或产生和带来财富的东西,就是资本。只不过,能够生利、增值或产生和带来财富的非物质财富,是广义的资本概念;能够生利、增值或产生和带来财富的物质财富,是经济学的资本概念;能够带来剩余价值的价值、财货或物质财富则是资本主义资本概念。因此,经济学所谓的资本,亦即能够增值的物质财富,正如李嘉图所言,是任何社会都存在的:"即使是在亚当·斯密所说的那种早期状态中,一

---

① Paul A. Samuelson, William D. Nordhaus, *Microeconomics* (16th Edition), Boston: The McGraw-Hill Companies, Inc., 1998, p. 33.

② 《马克思恩格斯选集》第 3 卷,人民出版社 1995 年版,第 550 页。

些资本虽然可能是由猎人自己制造和积累的,却是他捕猎鸟兽所必需的。没有某种武器,就不能捕猎海狸和野鹿。所以这些猎物的价值不仅要由捕猎所需的时间和劳动决定,而且也要由制造那些使猎人能够有效捕猎的资本——武器——所需的时间和劳动决定。"[1]

准此观之,生产资料依其是否为劳动产品而分为两类,亦即用作投入的劳动产品和没有经过劳动改变的自然资源,显然并不都属于资本范畴。属于劳动产品的生产资料,亦即用作投入的劳动产品,如工厂、机器、设备等,无疑不但属于物质财富或财货范畴,而且是能够生利、增值或产生和带来财富的物质财富或财货,是能够增值的价值,因而叫做资本。相反地,以土地为代表的自然资源,一般说来,只是物质财富或财货的源泉,而并不是物质财富或财货本身,因而并不属于资本范畴。这个道理,庞巴维克曾有极为周详的论述。通过这些论述,他得出结论说:"资本这个词在经济学中有许多意义。在这种批判的研究中,我将资本限定为被生产出来的生利手段的复合体,亦即源于前一生产过程的物品的集合体,这些物品不是用来直接消费,而作为进一步获取财货的工具。因此,直接消费物与土地——因其不是被生产出来的——在我们的资本概念之外。"[2]

这样一来,便正如西方主流经济学所言:"劳动"与"土地(自然物质)"以及二者的结合物或中介物"资本"乃是生产或创造使用价值的三大生产要素;使用价值产生的源泉和存在的实体可以归结为生产三要素:劳动、土地和资本。其实,马克思主义的观点也是如此。因为如上所述,马克思主义与西方经济学一致认为使用价值产生的源泉和存在的实体不仅仅是劳动。马克思首先将使用价值产生的源泉和存在的实体归结为劳动和自然或以土地为代表的自然资源;进而归结为劳动和生产资料;最后岂不也只能归结为劳动、资本和土地?因为生产资料无疑由资本和土地构成。诚然,明确提出生产三要素——劳动和资本以及土地——并不是马克思主义,而是西方经济学,首先是斯密、李嘉图和萨伊。萨伊的生产三要素理论最为清楚,他通过详尽的论述,得出结论说:

---

[1] Divid Ricardo, *Principles of Political Economy and Taxation*, London: George Bell and Sons, 1908, p. 17.

[2] Eugen V. Böhm‑Bawerk, *Capittal and Interest—A Critical history of Economical theory*, New York: Brentano's, 1922, p. 6.

如果没有资本，劳动就不能生产什么东西。资本必须和劳动协力合作，这个协作，我叫资本的生产作用……劳动除借助于资本即劳动自己从前所创造的产品以创造别的产品外，同时还利用各种各样的其他因素的力量。这些因素不是劳动自己创造的东西，而是自然赐给人类的东西。通过这些自然力的合作，劳动把一部分效用给予各种东西……自然力的这种作用，我叫做自然力的生产作用……事实已经证明，所生产出来的价值，都是归因于劳动、资本和自然力这三者的作用和协力，其中以能耕种的土地为最重要因素但不是唯一因素。除这些外，没有其他因素能生产价值或能扩大人类的财富。①

那么，是否如萨伊所言，使用价值产生的源泉和存在的实体只有这样三种生产要素？答案是肯定的。诚然，马歇尔认为还应该增加一个要素：生产经营或生产经营管理。这是不当的，因为经营管理无疑属于劳动范畴；只不过它不属于工人劳动或体力劳动，而属于企业家和资本家的劳动罢了。20世纪50年代以来，随着科学技术、知识和信息等无形资产和精神方面的要素日益成为经济增长的重要来源，许多经济学家认为生产要素应该再增加两个：科学技术和信息。这种观点也是不合逻辑的。因为就这些概念的外延来看，不论是"科学技术"还是"信息"，与"劳动"或"资本"显然都存在部分重合或交叉关系：二者或者属于资本概念，或者属于劳动概念，或者兼而有之。

总而言之，使用价值产生的源泉和存在的实体，是经过劳动而有所改变的自然物质，也就是劳动与自然物质的结合，也就是劳动与自然资源的结合，也就是劳动与生产资料的结合，也就是生产商品所耗费的劳动与生产资料，也就是商品中所凝结的劳动与生产资料，说到底，也就是商品中所凝结和耗费的生产三要素：劳动、资本与土地。劳动显然是使用价值产生的直接源泉和存在的直接实体；土地等自然资源或自然物质无疑是使用价值产生的终极源泉和存在的终极实体；资本则是劳动与土地等自然物质的产物、结合物与中介物，决非使用价值的终极的源泉和实体，因而——正如马克思所言——也就与劳动一样，属于"使用价值的直接的源泉和

---

① 萨伊：《政治经济学概论》，商务印书馆1963年版，第72—76页。

实体"范畴:"作为生产资料进入新的操作的一切使用价值,也就丧失它的产品性质,只是作为活劳动的因素起作用。"①

## 2. 劳动、资本和土地:交换价值的终极的源泉和实体

劳动、资本与土地是使用价值的源泉和实体,经济学家们——不论是劳动价值论者还是边际效用论者——原本是没有什么争议的。他们争论不休的是:价值或交换价值产生的源泉和存在的实体是什么?这一争论的根源,说到底,乃在于斯密所承认的"价值反论":"使用价值极大的东西,往往具有极小或没有交换价值;反之,交换价值极大的东西,往往具有极小或没有使用价值。"②斯密的这一"价值反论"实在令人困惑,直至 100 年后,才被边际效用论经济学家破解。这些经济学家通过发现使用价值的两个定律——"需要和欲望递减定律"和"边际效用递减定律"——科学地说明了使用价值乃是交换价值的源泉和实体,二者必定成正比例变化。这样一来,一方面,商品中所凝结和耗费的生产三要素——劳动、资本和土地——是使用价值产生的源泉和实体;另一方面,使用价值是交换价值产生的源泉和存在的实体。于是,合而言之,商品中所凝结和耗费的生产三要素——劳动、资本和土地——便是交换价值的源泉和实体:它们是使用价值的直接的源泉和实体,是交换价值的间接的、终极的源泉和实体,从而也就是商品一切价值的源泉和实体。因此,正如萨伊所言,劳动并不是创造价值的唯一源泉;劳动和资本以及土地等自然资源是创造价值的三个源泉:"只有人的劳力才能创造价值,这是错误的。更严密的分析表明,一切价值都是来自劳力的作用,或说得正确些,来自人的劳动加上自然力与资本作用。"③

李嘉图和马克思误以为劳动是创造价值的唯一源泉——因而断言价值就是商品中所凝结的劳动——说到底,就是因为他们被价值反论所惑,误以为使用价值往往与交换价值成反比,因而不可能是交换价值的源泉和实体。这样一来,使用价值的源泉和实体——劳动、资本和土地——也就不

---

① 马克思:《资本论》第一卷,中国社会科学出版社 1983 年版,第 171 页。
② Adam Smith, *The Wealth of Nations*, Books I–III, England Penguin Inc, 1970, p. 131.
③ 萨伊:《政治经济学概论》,商务印书馆 1963 年版,第 39 页。

可能是交换价值的源泉、实体了；否则，交换价值怎么能够与使用价值的大小相反呢？那么，交换价值和价值的源泉、实体是什么？只有劳动：劳动是创造价值的唯一源泉；价值就是商品中所凝结的劳动。确实，如果劳动是创造交换或价值的唯一源泉，如果价值就是商品中所凝结的劳动，那么，价值或交换价值与使用价值往往相反就可以理解了。因此，有关劳动是创造价值唯一源泉和价值是商品中所凝结的劳动之争论，说到底，乃在于价值反论能否成立：误以为价值反论能够成立，乃是劳动价值论最深刻的理论根源；只要价值反论不能成立，交换价值与使用价值的大小成正比，使用价值是交换价值的源泉和实体，那么，劳动和资本以及土地等自然资源便无疑是创造价值的三个源泉。

### 3. 分配之谜：劳动、资本和土地各自创造多少价值

劳动、资本和土地等自然资源不但是创造商品价值的三个源泉和实体，而且任何商品价值，一般说来，都是三者相辅相成、共同创造或生产出来的："这意味着，在一般情况下，不能说某一种投入独自创造了多少产出，因为产出是不同投入的相互作用所致。威廉·配第爵士曾用过这样一个令人难忘的比喻：劳动是产品之父，而土地则是产品之母。我们不能说，生孩子是父亲更重要还是母亲更重要。同样，一般也不能说多种投入中哪一种投入单独创造了多少产出。正是由于土地、劳动和资本是相互依赖的生产要素，才使得收入的分配成为一个复杂的难题。"[1] 那么，在劳动、资本和土地等自然资源相辅相成共同创造的商品中，究竟如何才能确定这些生产要素各自创造的价值份额？究竟如何才能确定劳动、资本和土地等自然资源各自究竟生产了多少产品？

这个被经济学家称为"分配之谜"的难题，在熊彼特看来，已为门格尔的《国民经济学原理》所破解："门格尔的《原理》阐释了该理论的所有要点。"[2] 但是，这个分配之谜，也确如萨缪尔森所言，一直到1900

---

[1] Paul A. Samuelson, William D. Nordhaus, *Microeconomics* (16th Edition), Boston: The McGraw-Hill Companies, Inc., 1998, p. 214.

[2] Joseph A. Schumpeter, *History of Economic Analysis*, London: George Allen & Unwin Ltd, 1955, p. 592.

年左右，才最终由克拉克所系统论证的边际生产力分配理论予以科学的解决。① 边际生产力分配理论的核心概念是边际产品："某种生产要素的边际产品是在其他生产要素保持不变时，由于增加该生产要素一个单位而增加的产品或产量。劳动的边际产品是在其他投入物保持不变时，增加一个单位的劳动量而增加的产量。同样，土地的边际产品是在其他投入物保持不变时，增加一个单位的土地而导致的总产量的变动——如此等等。"② 边际生产力分配理论的根据和出发点，就是边际效用论的基本原理，亦即商品价值可以归结为商品的边际效用、边际产品效用或边际产品价值：单位产品价值量＝边际产品价值量。从此出发，克拉克推论说，劳动、资本和土地等生产要素所创造的商品价值份额同样可以归结为劳动、资本和土地的边际效用、边际产品效用或边际产品价值：单位生产要素所创造的价值量＝生产要素边际产品价值量。他这样写道：

有一个商业原则使任何商品的最后部分或边际部分对全部商品的价值起着重要作用。例如，所有麦的价值，和边际一斗的麦的价值是相符的。如果有边际的工人，其意义和边际的麦、棉、铁等相同，这些最后的工人或是边际的工人，同样是占着重要的地位，因为他们的产品提供了各人工资的标准。③

任何一批工人对雇主的价值，总是等于上面所举例子中最后一批工人的产量。④

任何一个人对他的雇主的实际价值，等于他停止工作给他雇主所带来的损失。这种损失就是工人队伍里任何一个工人的实际产量。⑤

这种劳动的边际产品，正如克拉克所言，无疑是可以识别和测量的。因为劳动的边际产品就是最后增加的劳动所增加的产量，也就是最后减少的劳动所减少的产量："这种产量要怎样来衡量呢？把一个单位的社会劳

---

① 萨缪尔森：《经济学》（中册），商务印书馆1986年版，第225页。
② 同上书，第223页。
③ 克拉克：《财富的分配》，商务印书馆1984年版，第68页。
④ 同上书，第134页。
⑤ 同上书，第126页。

动抽出来，看看这一个单位退出以后会遇到什么损失，或是增加一个劳动单位，看看增加一个单位会得到什么利益。不论是抽去或是增加，都可以观察得出单独归功于一个单位劳动的、和其他因素无关的产量……如果我们上面所说的单位的社会劳动是由一百人组成的，而他们离开的结果，各个产业减产的价值总共是二百元，那么这二百元便是可以完全归功于那一百人的生产量。"①

这样一来，对于劳动与资本以及土地合作生产出来的产品，我们虽然无法直接识别哪些是劳动所创造的价值，哪些是资本所创造的价值，哪些是土地所创造的价值；但是，我们可以识别最后增加的劳动、资本或土地所增加的产量，可以识别最后减少的劳动、资本或土地所减少的产量，亦即可以识别劳动的边际产品、资本的边际产品和土地的边际产品，从而间接识别劳动、资本或土地所创造的价值：单位劳动所创造的价值量＝劳动边际产品价值量；单位资本所创造的价值量＝资本边际产品价值量；单位土地所创造的价值量＝土地边际产品价值量。对于这个道理，克拉克曾屡次以劳动为例解释说："每一个单位劳动的价值，是等于最后单位劳动的产量。在劳动队伍完全建立以后，任何一千个工人，如果退出，就会使整个社会的产量减低，所减低的数量等于最后一批工人的产量。任何一个单位劳动的实际价值，总是等于整个社会利用它的全部资本所生产的东西，减去在那个劳动单位被抽去时社会所生产的东西的数额。"② 一言以蔽之，"每个工人对企业的价值都等于最后一个工人的边际产品价值。"③

---

① 克拉克：《财富的分配》，商务印书馆1984年版，第128页。
② 同上书，第133页。
③ Paul A. Samuelson, William D. Nordhaus, *Microeconomics* (16th Edition), Boston: The McGraw-Hill Companies, Inc. 1998, p. 216.

# 第十三章

# 商品价格

**本章提要**

价格是人们就商品相交换的量的关系或比例所制定的契约，因而具有可以自由选择的偶然性和主观任意性：人们既可能缔结自由和公平的价格契约，也可能缔结强制和不公平的价格契约。那么，怎样才能实现自由价格和公平价格而避免强制价格和不公平价格？答案是：实现自由竞争而避免垄断。因为在自由竞争条件下，商品价格完全由供求关系"盲目"决定，乃是这样一只看不见的手，它可以并且只有它可以导致自由价格、公平价格和资源配置效率最佳状态：看不见的手意味着自由、公平、效率和善。反之，任何看得见的手——亦即人为控制价格从而使价格不再"盲目"由供求关系决定——都意味着强制价格、不公平价格和无效率，因而就其自身来说都是一种恶。垄断是一只"看得见的手"，因为垄断说到底无非是对价格的人为控制从而使价格不再"盲目"由供求关系决定。垄断这只"看得见的手"就其自身和结果来说都是恶，是一只纯粹的罪恶的手。政府的价格管制是另一只"看得见的手"，这只"看得见的手"就其自身来说也是一种恶，但它可能是一种必要恶，如果它能够防止更大的恶，如反垄断。

## 一 价格概念

### 1. 价格界说

交换价值是商品使用价值对于交换需要的效用，是商品所具有的换回其他商品的效用，因而正如马克思所言，乃是一种摸不到看不见感觉不到的东西："同商品体的粗糙性正好相反，在商品体的价值中连一个物质原子也没有。因此，每一个商品不管你怎样颠来倒去，它作为价值物总是不可捉摸的。"① 交换价值只有通过商品相交换的量的关系或比例才能表现出来："交换价值首先表现为量的关系，表现为不同种使用价值彼此相交换的比例。"② 一件上衣的交换价值究竟是多少？只能通过与其他商品相交换的比例表现出来。上衣与麻布相交换的量的比例是：一件上衣 = 20 米麻布。换言之，一件上衣可以换回 20 米麻布。这就意味着：一件上衣的交换价值等于 20 米麻布。一件上衣同 20 米麻布相交换，使自己的交换价值通过 20 米麻布相对地表现出来，因而叫做相对价值形式、相对价值形态；而 20 米麻布是表现一件上衣交换价值的商品，叫做等价形式、等价形态或等价物。在交换价值形式的历史发展过程中，正如马克思所指出，经历了由"简单的偶然的价值形式"到"总和的扩大的价值形式"而终至"一般价值形式"三阶段：货币就是充当一般等价物的特殊商品。

因此，商品相交换的量的比例并不是交换价值，而是商品交换价值的表现形式，叫做交换价值形式或价值形式。然而，经济学家们却往往将二者等同起来，因而把交换价值定义为"商品相交换的量的关系或比例"。李嘉图说："商品的交换价值，即决定一商品交换另一商品的数量尺度。"③ 维克塞尔说："交换价值就是货品、商品或劳务与其他货品、商品或劳务相交换的量的比率；即可以与第一种货品的一定量或一定单位相交换的其他任何一种货品的数量或单位数。"④ 马克思在界定交换价值时也曾援引列特隆的交换价值定义："价值就是一物和另一物、一定量的这种产品和一定量的别种产品之间的交换关系。"⑤ 杰文斯在界定交换价值时

---

① 马克思：《资本论》第一卷，中国社会科学出版社 1983 年版，第 24 页。
② 同上书，第 12 页；参阅 Divid Ricardo, *Principles of Political Economy and Taxation*, London: George Bell and Sons, 1908, p. 6；杜冈—巴拉诺夫斯基：《政治经济学原理》（上册），商务印书馆 1989 年版，第 86 页；杰文斯：《政治经济学理论》，商务印书馆 1984 年版，第 79 页；西尼尔：《政治经济学大纲》，商务印书馆 1997 年版，第 28—29 页。
③ Divid Ricardo, *Principles of Political Economy and Taxation*, London: George Bell and Sons, 1908, p. 6.
④ 维克塞尔：《国民经济学讲义》，上海译文出版社 1983 年版，第 21 页。
⑤ 马克思：《资本论》第一卷，中国社会科学出版社 1983 年版，第 12 页。

也曾援引列特隆的这个定义，进而写道："价值就是一种商品的量对所交换的他种商品量的比率。"①"交换价值就其自身来说不过是一个比率。"②我国主流经济学自然亦如是说："交换价值是一种商品同另一种商品相交换的量的关系或比例。"③

这种"把交换价值界定为商品相交换的量的比例"的流行定义是错误的。因为，如上所述，交换价值实体是使用价值，是商品的边际效用：交换价值是使用价值对于交换需要的效用，是商品的边际效用对于交换需要的效用，是商品所具有的换回其他商品的效用。因此，一方面，交换价值的大小便决定于商品的边际效用，决定于使用价值，因而绝对不是人制定的，而是不以人的意志为转移的；另一方面，交换价值是摸不着看不见感官感觉不到的。相反地，商品相交换的量的比例，一方面，显然可以是人制定的：有意识制定或无意识的形成的、政府管制或市场自发形成的；另一方面，商品相交换的量的比例是感官可以感到的，如上衣与麻布相交换的量的比例是一件上衣＝20米麻布，岂不是感官可以感到的吗？因此，"商品交换价值"与"商品相交换的量的比例"根本不同：前者是不以人的意志而转移的客观内容；后者则是人为制定的主观形式。一句话，商品相交换的量的比例不是交换价值，而是商品交换价值的表现形式。

退一步说，如果交换价值就是商品相交换的量的比例，那么，一种商品可以换得的货币数量便是该商品的交换价值了。可是，一种商品可以换得的货币数量岂不是该商品的价格吗？所以，把交换价值界定为商品相交换的量的比例，便是把交换价值与价格等同起来。维克塞尔自己也承认，价格与交换价值是同一概念；只不过价格最通常是指价格的一般标准，亦即货币价格："价格这个词和交换价值的含义有时完全一样。但商品的价格（交换价值通常也如此）最通常被认为应由所有商品的价值或价格的一般标准——亦即货币——来衡量。"④马克思也这样写道："价格是价值

---

① W. Stanley Jevons, *The Theory Political Economy*, Fourth Edition, Macmillan and Co., London, 1911, p. 83.

② Ibid., p. 82.

③ 许涤新主编：《政治经济学辞典》（上），人民出版社1980年版，第362页。

④ Knut Wicksell, *Lectures on Political Economy*, London: George Routledge and Sons, Ltd, 1934, p. 14.

的货币表现。"① "价格作为商品价值量的指数,是商品同货币的交换比例的指数。"②

殊不知,价格并不仅仅是交换价值的货币表现形式,而是交换价值的一切商品表现形式,是一切商品相交换的量的关系或比例:一商品的价格就是该商品与其他任何商品相交换的量的关系或比例。因为价格就是价值的表现、规定和确定。不但货币可以确定、表现其他商品的价值,因而是价格;而且任何商品都可以用来确定表现其他商品的价值,因而都是价格。一件上衣可以换回20元货币,20元货币是一件上衣价值的表现、等价物,是一件上衣的价格。一件上衣可以换回20米麻布,20米麻布同样是一件上衣价值的表现、等价物,同样是一件上衣的价格。因此,杜尔阁论及价格时曾列举"一蒲式耳谷物交换六品脱葡萄酒"的例子说:"在这次交换中,一蒲式耳谷物的价格是六品脱葡萄酒,六品脱葡萄酒的价格是一蒲式耳谷物。"③ 庞巴维克进而总结说:"确实,'价格'和'交换价值'这两个概念的含义并不一样。交换价值是一种商品在交换中获得一定量其他商品的能力,而价格就是那一定量的其他商品。"④

只不过,唯有货币因其是充当一般等价物的特殊商品而充当商品的一般的、普遍的绝对的价格;而其他商品则只能充当特殊的、个别的、相对的价物因而只能充当特殊的、个别的、相对的价格罢了。这个道理,兰德博格曾有十分透辟的论述:

> 你可以设想一个没有金钱的世界吗?但在人类历史上,即使在金钱没有产生的年代里,交易照样进行,当时的价格表现形式很有意思。比如,如果你用两条面包从邻居那里换来一瓶酒,我们就说每瓶酒的价格是两条面包。同理,我们也可以说邻居用每条面包半瓶酒的价格购买了两条面包。在现实生活里,我们都用钱来完成交

---

① 《马克思恩格斯全集》第25卷,人民出版社1975年版,第397页。
② 《马克思恩格斯全集》第23卷,人民出版社1975年版,第119页。
③ 杜尔阁:《关于财富的形成和分配法考察》,华夏出版社2007年版,第24页。
④ Eugen V. Böhm – Bawerk, *The Positive Theory of Capital*, New York: G. E. Stechert & Co, 1930, p. 132.

易；相应地，我们也习惯了用金钱而不是面包的条数来衡量酒的价钱。然而，用面包作为酒的价格尺度仍然不失为一种可行的方法。比如说，如果每条面包卖一美元，每瓶酒卖两美元。就是说你可以用一瓶酒换两条面包，也可以说每瓶酒的价钱是每条面包的两倍或每条面包的价格是每瓶酒的1/2。现在我们对价格有截然不同的概念。但是我们一定要搞清两者之间的区别。用货币表示的单位数量的物品的价格我们称之为绝对价格，而用其他种类实物表示的单位数量的物品价格我们称之为相对价格。总而言之，两者的区别主要在于绝对价格是用货币来衡量，然而相对价格是用可以交换的其他物品的数量来衡量的。①

**2. 价格的契约本性：商品价格区别于商品价值的根本特征**

商品价格与商品价值无疑根本不同。然而，二者的根本区别是什么？答案是：契约。商品价格可以是人制定或约定的，属于契约范畴；商品价值却绝对不是人制定或约定的，不属于契约范畴。因为，如前所述，所谓契约，就是一种同意，就是人们就利益交换关系所达成的同意、约定或协议。准此观之，不但商品价值而且一切价值都不属于契约范畴。一切价值都不是人制定或约定的。试想，玉米、鸡蛋、猪肉的营养价值怎么能是人制定或约定出来的呢？难道我们约定、规定猪肉有价值，猪肉就有价值？我们约定、规定猪肉没有价值，猪肉就没有价值？商品价值怎么能是人制定或约定出来的呢？难道我们约定、规定某种商品有价值，某种商品就有价值？我们约定、规定某种商品没有价值，某种商品就没有价值？显然，一切价值，不论商品价值还是玉米、鸡蛋和猪肉的营养价值，都绝对不是人制定或约定的，不是人们就利益交换关系所达成的同意或协议，因而不属于契约范畴。谁能说玉米、鸡蛋、猪肉的营养价值是人制定或约定出来的一种契约呢？商品价值怎么能是人制定或约定出来的契约呢？

猪肉的营养价值不是人制定或约定的，不属于契约范畴；人只能根据猪肉的营养价值制定或约定应该如何吃猪肉的行为规范，只有这些行为规

---

① 斯蒂文·E. 兰德博格：《价格理论与应用》，机械工业出版社2003年版，第22页。

范才可能属于契约范畴。"为己利他"与"损人利己"的道德价值不是人制定或约定的，不属于契约范畴；人只能根据为己利他与损人利己的道德价值制定或约定"应该为己利他而不应该损人利己"的行为规范，这些规范属于契约范畴。人的行为规范，特别是道德和法律，都可以是一种人们就利益交换关系所达成的同意或协议，因而属于契约范畴。推此可知，商品价值不是人制定或约定的，不属于契约范畴；人只能根据商品价值制定或约定商品相交换的量的关系或比例，亦即只能根据商品价值制定或约定商品价格，说到底，只能就商品相交换的量的关系或比例达成某种同意或契约：价格就是商品相交换的量的关系或比例之契约。因此，杜尔阁说，价格就是一种买卖双方的契约或协议："如果双方不能达成协议，则他们必须相互略作让步，或者多付出或者少收入。假设一方需要谷物而另一方需要葡萄酒，他们同意以一蒲式耳谷物交换六品脱葡萄酒。显然，双方都将一蒲式耳谷物和六品脱葡萄酒视为完全相等，并且在这次交换中，一蒲式耳谷物的价格是六品脱葡萄酒，六品脱葡萄酒的价格是一蒲式耳谷物。"[①]

确实，商品价格是人制定或约定的：有意识制定或无意识约定俗成的、政府管制或市场自发形成的。试想，一斤鸡蛋的价格既可能是4元钱或3斤玉米，也可能是4元5角钱或3斤半玉米；它究竟是多少，岂不完全是不定的、以人的意志而转移的吗？岂不完全是人们制定或约定的吗？因此，商品价格乃是一种契约，乃是一种人们就利益交换关系所达成的同意或协议，说到底，乃是人们就商品相交换的量的关系或比例所达成的同意、契约。商品价格是买者与卖者就商品买卖或交换所达成的同意，因而有所谓"讨价还价"。我们随便到哪个市场，都可以看到讨价还价。卖方说一斤鸡蛋5元；买方说4元。买卖双方讨价还价的结果是4元5角钱成交。所以，鸡蛋一斤4元5角钱的价格乃是买卖双方就鸡蛋与货币相交换所达成的同意：价格是一种契约。同样，政府管制或者垄断厂商独自决定的价格也是一种契约。只不过，这种契约不是自由缔结的，而是被迫缔结的所谓"强制缔约"；从而所缔结的不是自由的、无强制的、心甘情愿的契约，而是被迫的、强制的、不自由和不情愿的契约罢了。

---

[①] 杜尔阁：《关于财富的形成和分配法考察》，华夏出版社2007年版，第24页。

可见，契约乃是商品价格区别于商品价值的根本特征：商品价格属于契约范畴；商品价值不属于契约范畴，而只属于价值范畴。但是，不言而喻，契约与价格并不是一个东西：契约乃是商品价格的最邻近的类概念。那么，商品价格之契约区别于其他契约的根本特征是什么？或者说，价格区别于生日宴会、互助协议、桃源三结义的约定、爱情的海誓山盟、结婚的约法三章、课堂纪律、党团章程、道德法律等契约的根本特征是什么？无疑是商品相交换的量的关系或比例。因此，界定价格为商品相交换的量的关系或比例，固然精辟，却并不符合"定义＝种差＋最邻近类概念"之定义规则；精确言之，价格乃是商品相交换的量的关系或比例之契约，乃是人们就商品相交换的量的关系或比例所达成的契约：这恐怕才堪称价格的完整的科学的定义。

价格是人制定的，是人们就商品相交换的量的关系或比例所制定的契约，意味着：不论价格如何被价格规律决定，不论价格具有怎样必然的、不以人的意志而转移的客观规律，价格也都具有可以自由选择的偶然性和主观任意性。只不过，违背价格规律的行为必定遭到价格规律的惩罚罢了。就拿完全垄断市场来说，垄断厂商无疑具有任意规定价格的自由：他说价格是多少，价格就是多少。只不过，他若随心所欲将价格定得太高，就会受到价格规律的惩罚：消费者不买他的商品。因此，尽管他可以任意自由地决定价格，他也不敢将价格定得太高。因此，他不敢或决不会将价格定得太高，绝不意味着他没有将价格定得太高的自由，绝不意味着他不可以、不可能将价格定得太高：他确实可以随心所欲制定价格。

价格是人们就商品相交换的量的关系或比例所制定的契约，因而具有可以自由选择的偶然性和主观任意性，具有莫大的意义。它意味着：以商品价格和商品价值为核心的经济学是一门地地道道的规范科学；正如以行为规范和道德价值为核心的伦理学是一门地地道道的规范科学一样。因为价格是具有可以自由选择的偶然性和主观任意性的契约，显然意味着：人们既可能缔结自由的、公平的、道德的、应该的价格契约，也可能缔结不自由的、不公平的、不道德的、不应该的价格契约。这就是为什么自柏拉图、亚里士多德以来，便有所谓"公平价格"概念的缘故。不过，细究起来，价格的应然性或道德性并不仅仅是个公平不公平的问题；而是包括两个概念：一个是"自由价格"，反映价格制定过程的道德性，亦即价格契约缔结的道德性；另一个则是"公平价格"，反映价格缔约内容的道德性，亦即价格契约内容的道德性。自由价格与公平价格不但是价格最重要的属性，而且是规范经济学的最重要的问题：它是破解剥削之谜的钥匙。那么，究竟何谓自由价格？何谓公平价格？

### 3. 两种价格契约：自由价格与公平价格

任何契约缔约过程的主要道德原则，如所周知，都是"自由缔约"或"缔约自由"，人们往往称之为"契约自由"。按照这一原则，任何契约或同意都应该是缔约者自由、无强制、心甘情愿缔结的；而不应该是被迫、被强制、不自由、不情愿缔结的。自由、无强制、心甘情愿缔结的契约或同意，叫做"自由契约"，符合契约自由原则，因而是善的、应该和道德的契约或同意；被迫、被强制、不自由、不情愿缔结的契约或同意，叫做"强制缔约"，违背契约自由原则，因而是恶的、不应该和不道德的契约或同意。

准此观之，价格便应该是每个买者和卖者自由、无强制、心甘情愿缔结的，而不应该是被迫、被强制、不自由、不情愿缔结的。每个买者和卖者自由、无强制、心甘情愿缔结的价格，叫做"自由价格"，符合契约自由原则，因而是善的、应该和道德的价格；一些买者和卖者被迫、被强制、不自由、不情愿缔结的价格，叫做"强制价格"，违背契约自由原则，因而是恶的、不应该和不道德的价格。

但是，自由价格是善而强制价格是恶，只是就这些价格契约缔结过程来说的；而不是就其缔结内容来说的。就其缔结内容来说，有些强制价格可能是善；并且其缔结内容的善与缔结过程的恶的净余额是善，因而属于"必要恶"范畴，是善的、道德的价格。例如，有些政府管制的价格，属于强制价格范畴，就其缔结过程来说，是恶；但是，就其缔结内容来说，却是对垄断厂商的强制价格的强制，是以恶制恶，避免了更大的恶，其净余额是善，因而属于善的、道德的价格。

相反地，有些自由价格，就其缔结内容来说，却是恶；并且其缔结内容的恶与缔结过程的善的净余额是恶，因而属于"纯粹恶"范畴，是恶的、不道德的价格。举例说，垄断竞争企业的品种多样的商品的价格，可以是厂商制定的，因而往往高于边际成本，就其高于边际成本来说，显然是不公平的价格。但是，这种不公平的价格却是消费者的自由选择："人们宁愿为自由选择而支付较高的价钱。"① 这样一来，垄断竞争企业的多样化的商品的价格缔结过程虽然是自由的，但这种自由价格的缔结内容却高于边际成本，如果没有相应的补偿，是不公平的。公平的价值大于自由的价值。因此，垄断竞争企业的品种多样的商品的价格虽然属于自由价格，却有可能是恶的、不道德的价格。

那么，价格契约缔结内容的道德原则是否就是公平呢？毋庸赘述，契约内容的道德原则比契约缔结的道德原则复杂得多。因为契约缔结的道德原则主要是契约自由；而契约内容的道德原则却似乎可以涵盖全部道德原则，如善、公正、平等、人道、自由、诚实、为己利他、己他两利等。但是，价格契约的契约内容之道德原则要狭窄得多，因为价格契约的全部内容就是商品相交换的量的关系或比例。对于这一内容——亦即商品相交换的量的关系或比例——无疑只能有两种契约：商品相交换的公平的量的比例之契约与商品相交换的不公平的量的比例之契约。因此，价格的契约内容之道德原则就是公平。按照这一道德原则，价格依其契约内容之道德性而分为两类：公平价格与不公平价格。因此，自柏拉图、亚里士多德以来，便有所谓"公平价格"概念。那么，究竟何谓公平价格？

答案是：公平价格就是与商品价值相等的价格。因为价格就是商品相交换的量的关系或比例，一种商品的价格就是该商品可以换回的一定比例的其他商品，就是该商品可以换回的等价物、等价商品。一件上衣可以换回20元货币，20元货币就是一件上衣价值的表现、等价物，就是一件上衣的价格。因此，一商品的价格就是该商品可以换回的等价物。但是，一商品换回的一定比例的其他商品，被称为该商品的等价物、等价形态，真正讲来，只具有"应该"、"应然"的意义；而未必是"事实"、"实然"。因为，实际上，一商品换回的一定比例的其他商品，可能并不是该商品的等价物，与该商品实际上可能是不等价的。一件上衣可以换回20元货币，20元货币之为一件上衣价值的等价物，显然只具有"应该"、"应然"的

---

① Paul A. Samuelson, William D. Nordhaus, *Microeconomics* (16th Edition), Boston: The McGraw-Hill Companies, Inc., 1998, p.176.

意义；而未必是"事实"、"实然"。因为，实际上，20元货币可能并不是一件上衣的等价物，它与一件上衣实际上可能是不等价的。

可见，一商品的价格就是该商品可以换回的货币等其他商品，这些货币等商品，被称为该商品的等价物，只具有"应该"的意义，而未必具有"事实"的意义：实际上未必与该商品等价。换言之，一商品的价格只是应该与该商品的价值相等，而实际上未必相等。那么，商品价格为什么应该与商品价值相等呢？因为商品价格与商品价值相等，意味着，用来充当价格的商品与它所交换的商品的价值量相等，亦即等价交换：等价交换就是等量价值的商品相交换，就是相交换的商品的价值量相等。商品等价交换——亦即商品价格与商品价值相等——是应该的；而不等价交换——亦即商品价格与商品价值不相等——则是不应该的。因为商品唯有等价交换才是公平的商品交换；而商品不等价交换乃是不公平的商品交换。因为，所谓公平，如前所述，就是等利害交换，就是等利交换与等害交换：等利交换是正面的、肯定的、积极的公正；而等害交换则是反面的、否定的、消极的公正。这样一来，等价交换显然不过是等利交换的公正原则在商品交换领域的表现和实现：等价交换——亦即价格与价值相等——是商品交换的等利交换原则，是商品交换的公正原则。

### 4. 等价交换：价格的规范与规律

多年来，经济学家们一直将等价交换当作价值规律，认为商品以其价值量为基础而进行等价交换具有必然性，可以称之为等价交换规律：仅仅是规律而不是规则和原则。殊不知，价格是人制定的，是人们就商品相交换的量的关系或比例所制定的契约，因而是可以自由选择和主观任意的。所以，价格与价值相等或等价交换，就其自身来说——亦即就等价交换的普遍形态来说——便与等利交换等公正原则一样，并不具有必然性，而只具有合理性和应然性，是可以违背的，因而并不是规律；而是法则——法则既包括规律又包括规则——是价格法则，是价格应该与价值相等的道德法则，是商品交换的道德规则、道德原则。因此，林德布鲁姆说："等价交换是根据习惯和法律确定的，它是市场体制的基本运行规则。"① "等价

---

① 林德布鲁姆：《市场体制的秘密》，江苏人民出版社2002年版，第97页。

交换原则是天经地义的道德准则。"① 马克思也这样写道："各种商品依照它们的价值来交换或售卖，是合理的，是商品平衡的自然法则。"②

但是，就等价交换的具体形态来看，亦即就自由竞争——特别是完全的自由竞争——条件下的等价交换来看，等价交换又具有必然性。因为在完全竞争条件下，厂商为了利润最大化，势必将产量确定在边际成本等于价格的产量水平上："在完全竞争条件下企业的供给法则：当企业将其产量定在边际成本等于价格的水平时，就会达到利润最大化。"③ 这就是说，自由竞争条件下的商品价格等于边际成本——亦即等价交换——具有必然性，因而属于规律范畴，可以称之为等价交换规律：等价交换是自由竞争的价格规律。反之，垄断条件下的商品价格势必远远高于边际成本："垄断的最大祸害并不是它榨取垄断利润，而是它规定的垄断价格远远高于社会按照边际成本所决定的价格。"④ 这就是说，垄断价格高于边际成本——亦即不等价交换——具有必然性，因而也同样属于规律范畴，可以称之为不等价交换规律：不等价交换是垄断价格规律。因此，马克思一再说：等价交换规律成立的前提和条件是自由竞争。⑤

可见，等价交换既是道德原则又是价格规律：就其自身来说，并不具有必然性而只具有应然性，因而属于道德原则范畴；就其具体实现来说，则可能既具有应然性又具有必然性——等价交换是自由竞争的价格规律。不独等价交换，许多道德原则都是如此。举例说，政治自由与政治平等，就其自身来说，无疑仅仅具有应然性，是社会治理应该如何的两大道德原则。但是，就其具体实现来说，政治自由和政治平等两大道德原则却可能既具有应然性又具有必然性：政治自由与政治平等在民主社会具有必然性，可以称之为"民主政体的本性和规律"；政治不自由与政治不平等在专制社会具有必然性，可以称之为"专制政体的本性和规律"。

等价交换既是道德原则又是价格规律意味着：等价交换之为自由竞争

---

① 林德布鲁姆：《市场体制的秘密》，江苏人民出版社 2002 年版，第 102 页。
② 马克思：《资本论》第三卷，人民出版社 1953 年版，第 215 页。
③ Paul A. Samuelson, William D. Nordhaus, *Microeconomics* (16th Edition), Boston: The McGraw-Hill Companies, Inc., 1998, p. 81.
④ 萨缪尔森：《经济学》（中册），商务印书馆 1986 年版，第 192—193 页。
⑤ 马克思：《资本论》第三卷，人民出版社 2004 年版，第 198、201、214、996 页；《马克思恩格斯选集》第 2 卷，人民出版社 1995 年版，第 72—73 页。

的价格规律并不否定其为商品交换的公正原则。问题的关键恰恰在于，等价交换——亦即商品价格与商品价值相等——是商品交换的公正原则，显然意味着：如果一商品的价格与该商品的价值相等，亦即等价交换，就是公平的，叫做公平价格；如果一商品的价格与该商品的价值不相等，亦即不等价交换，就是不公平的，叫做不公平价格。因此，公平价格就是与商品价值相等的价格，就是用来充当价格的商品与它所交换的商品的价值量相等，说到底，就是符合等价交换原则的价格；不公平价格就是与商品价值不相等的价格，就是用来充当价格的商品与它所交换的商品的价值量不相等，说到底，就是违背等价交换原则的价格。因此，阿奎那说："在交换中，正像主要在买卖中看到的那样，付给某人一些东西是由于收到他的一些东西……因此，有必要在物物之间等价交换，使某人应该付还给别人的东西，恰恰与他从别人所有中取得的东西相等。"①"不论价格是超过一物的价值或者相反，都缺乏公平所要求的平等。因此，以超过一物所值的高价出售或降低价购买，本身是不公平的、非法的。"②

可是，商品价值分为交换价值与使用价值。因此，等价交换或价格与价值相等的"价"、"价值"便因其是商品价值而既包括交换价值又包括使用价值：它究竟是交换价值还是使用价值？等价交换或价格与价值相等，如上所述，就是用来充当价格的商品与它所交换的商品的价值量相等，亦即相交换的商品的价值量相等。因此，等价交换或价格与价值相等的"价值"，直接说来，显然是交换价值：价格的直接基础是交换价值。但是，根本讲来，等价交换或价格与价值相等的"价值"是使用价值：价格的最终基础是使用价值。因为，如上所述，交换价值的实体是使用价值：交换价值不过是使用价值对于交换需要的效用罢了。

然而，价格与价值相等，说到底，也就是价格与边际效用相等。因为使用价值是商品对于消费需要的效用，亦即商品的边际效用；交换价值则是商品使用价值对于交换需要——亦即换回其他商品的需要——的效用，也就是商品的边际效用换回其他商品的效用、能力、购买力。因此，交换价值虽然不是边际效用，但交换价值实体却是商品边际效用，因而交换价

---

① 转引自惠特克《经济思想流派》，上海人民出版社1974年版，第27页。
② 晏志杰：《劳动价值学说新探》，北京大学出版社2001年版，第103页。

值量完全决定于边际效用：一件商品的交换价值大小，说到底，是由其边际效用大小决定的。这样一来，商品的交换价值的大小便与使用价值的大小一样，完全决定于边际效用。这意味着，商品价值——使用价值与交换价值——的大小完全决定于边际效用。因此，价格与价值相等，说到底，也就是价格与边际效用相等；等价交换，说到底，也就是等边际效用交换，也就是边际效用相等的商品相交换。这样一来，公平价格固然是与商品价值相等的价格，亦即符合等价交换原则的价格；但是说到底，也就是与商品边际效用相等的价格，也就是符合等边际效用交换原则的价格。相反地，不公平价格固然是与商品价值不相等的价格，亦即违背等价交换原则的价格；但是，说到底，也就是与商品边际效用不相等的价格，也就是违背等边际效用交换原则的价格。

## 二 公平价格：与边际成本相等

### 1. 成本界说：成本概念与经济学的成本范畴

商品边际效用的量的大小无疑决定于供求关系：与需求成正比而与供给成反比。因此，公平价格是与商品边际效用相等的价格，实已意味着：公平价格就是供求关系所决定和支配的价格。但是，这样一来，公平价格便似乎与价格是否等于成本无关。因为供过于求时，价格便会低于成本；它虽然低于成本，也因其与商品边际效用相等而是公平价格。相反地，供不应求时，价格便会高于成本；它虽然高于成本，也因其与商品边际效用相等而是公平价格。只有当供求平衡时，价格才会等于成本，公平价格才是与成本相等的价格。因此，阿奎那认为，虽然价格与价值不符、不等是不公正的，但在供不应求的情况下价格高于成本价值却不是不公正的："因为在这种场合，正义价格就不仅要考虑售卖的物品，而且还要考虑卖者从售卖所受到的损失。在这种情况下，以高于所值本身售卖某物可能是合法的，尽管这时售价比他具有这种物品时的价值要高。"[1]

然而，公平价格与价格是否等于成本价值无关，不过是一种假象而已。这种假象，早已被穆勒看破："价值在任何时候都是供给和需求相互

---

[1] 晏志杰：《劳动价值学说新探》，北京大学出版社2001年版，第103页。

作用的结果，常常是为现有的供给创造市场所必需的。但是，如果这一价值不足以补偿生产费用，并提供通常期待的利润，人们就不会生产这种商品。"① 不过，一直到边际效用论诞生，公平价格与成本的关系才得到真正科学的解释和说明：公平价格就是与边际成本相等的价格。因为边际效用论发现，商品的边际效用量可以通过边际成本来确定：边际成本与边际效用相等。可是，究竟何谓边际成本？为什么边际成本与边际效用相等？

原来，所谓成本，不论就中文和西文的词义来说，还是就其概念定义来看，无疑都是指获得某种东西的代价，是为了得到某种东西而必须支付或舍弃的其他东西。经济学的成本范畴，也是此义。于宗先说："经济学中所谓成本，乃是从事某项选择行为，或采取某项决策所必须支付的代价。"② 尼科尔森也这样写道："经济学家关于成本的定义（明显地以机会成本思想为基础）是，关于任何投入的成本是确保这些资源处于现有使用状态所必须支付的数量。"③ 不过，真正讲来，经济学所谓的"成本"，原本与"生产成本"以及"生产费用"是同一概念，也就是生产一定数量的产品的代价，是生产一定数量的产品所耗费、支付或舍弃的有价值的东西，说到底，也就是生产一定数量的产品所投入或耗费的全部生产要素：劳动、土地与资本。

因此，维塞尔说："成本就是一种可供个人使用的生产性财物，但因其具有可另作他用的能力而采取支出和费用的形式。"④ 庞巴维克说："成本不过是那些有价值的生产性物品的综合：在制造产品中必须投入的劳动、具体资本、财富的使用等等。"⑤ "生产成本不过是耗费在物品制造中的生产性物品的总和——所消耗的具体资本和劳动的花费等等。"⑥ 马歇尔则将生产成本定义为生产一种商品所需要和耗费的生产要素，并称之为"实际成本"："生产一种商品一般都需要许多不同种类的劳动并以各种形

---

① 穆勒：《政治经济学原理》（上卷），商务印书馆1997年版，第510页。
② 于宗先：《经济学百科全书·经济理论》，台北联经出版事业公司1964年版，第673页。
③ 瓦尔特·尼科尔森：《微观经济理论：基本原理与扩展》（第六版），中国经济出版社1999年版，第313页。
④ Friedrich Von Wieser, *Natural Value*, New York: Kelley & Millman, Inc., 1956, p. 175.
⑤ Eugen V. Böhm-Bawerk, *The Positive Theory of Capital*, New York: G. E. Stechert & Co, 1930, p. 183.
⑥ Ibid., p. 179.

式使用资本。直接或间接用于生产商品的各种不同的劳作，和节欲或储存商品生产中所用资本所需要的等待；所有这些劳作和牺牲加在一起，就叫做商品生产的实际成本……我们可以把生产某商品所需要的东西划成某些种类，怎样方便就怎样划分，并把它们叫做商品的生产要素。"①

成本是生产一定数量的产品所投入或耗费的全部生产要素，显然意味着：一方面，所谓成本价值，也就是生产一定数量的产品所投入或耗费的全部生产要素——劳动、土地与资本——的价值；另一方面，所谓成本价格，也就是生产一定数量的产品所投入或耗费的全部生产要素——劳动、土地与资本——的价格。然而，"成本"或"生产成本"、"成本价值"和"成本价格"往往被当作同一概念。马吉尔主编的《经济学百科全书》的"生产成本"词条便这样写道："生产成本：对一个正在生产产出的企业来说，它是被用于生产产出的资源的价值。"② 这就将生产成本归属于价值范畴，因而也就将生产成本与生产成本价值或成本价值等同起来了。韩太祥和陈宪也这样写道："成本是指厂商为获得一定数量的商品所付出的代价，也就是厂商生产一定数量商品所耗费的生产要素价值，它等于每种要素投入品数量与每种要素单位价格乘积的总和。"③ 如此将成本归入价值和价格范畴，岂不将成本、成本价值和成本价格混为一谈？

### 2. 成本定律：成本与产品价值相等

成本、成本价值和成本价格虽然根本不同，但是，在自由竞争条件下，成本价值不但与成本价格相等，而且与产品价值以及产品价格相等：成本价值＝成本价格＝产品价值＝产品价格。因为在自由竞争条件下，不但等价交换具有必然性，而且等量资本所生产的商品的价格势必相等，从而等量资本势必获得等量利润：这就是所谓平均利润率规律。对于这一规律，马克思曾这样写道："不同生产部由于投入其中的资本量的有机构成不同，会产生极不相同的利润率。但是资本会从利润率较低的部门抽走，投入利润率较高的其他部门。通过这种不断的流出和流入，总之，通过资

---

① 马歇尔：《经济学原理》（下卷），商务印书馆1965年版，第31—32页。
② 弗兰克·N. 马吉尔：《经济学百科全书》（上卷），人民大学出版社1998年版，第315页。
③ 韩太祥、陈宪：《经济学原理》（上册），立信会计出版社2004年版，第181页。

本在不同部门之间根据利润率的升降进行的分配，供求之间就会形成这样一种比例，使不同的生产部门都有相同的平均利润。"① "竞争之所以能够影响利润率，只是因为它影响商品的价格。竞争只能使同一个生产部门内的生产者以相等的价格出售他们的商品，并使不同生产部门内的生产者按照这样一个价格出售商品，这个价格使他们得到相同的利润。"②

等量资本势必获得等量利润，显然意味着：等量资本用于生产所获得的利润，与用于交换所获得的利润势必相等。因此，不但等量资本所生产的商品的价格势必相等，而且等量资本用于生产所得到的商品之价格，与用于交换所得到的商品之价格势必相等。在自由竞争条件下，价格与价值应该且必然相等。因此，等量资本用于生产所得到的商品的价值，与用于交换所得到的商品的价值，势必相等。这就是说，一种成本，用于生产所得到的商品 A 的价值，与用于交换所得到的商品 B 的价值，势必相等：A = B。在自由竞争条件下，商品应该且必然等价交换。因此，该成本的价值与其所交换的商品 B 的价值应该且必然相等：B = 成本。于是，说到底，该成本的价值与其所生产的商品 A 的价值也应该且必然相等：成本价值与产品价值应该且必然相等。这样一来，在自由竞争条件下，成本价值、成本价格、产品价值和产品价格四者岂不应该且必然相等？

成本价值与产品价值应该且必然相等，从而成本价值、成本价格、产品价值和产品价格四者应该且必然相等，就是所谓的"成本规律"或"成本定律"。对于这一定律，庞巴维克在《资本实证论》第七章"成本规律"一开篇就这样写道："在价格领域和在主观价值理论中一样，我们看到一条扎根于经济文献且被普通经验所证实的规律。它告诉我们，一种可以再生产的物品，它的市场价格最终趋向等于生产成本。"③ 维塞尔也这样写道："成本定律的作用大略可以归结为：生产者不愿低于成本出卖；但自由竞争的条件下，又不能高于成本出卖。"④ 对于这一规律，穆勒曾如是解释说："使各种物品的价值最终与生产费用取得一致的潜在力

---

① 马克思：《资本论》第三卷，人民出版社 2004 年版，第 218 页。
② 同上书，第 979 页。
③ Eugen V. Böhm‑Bawerk, *The Positive Theory of Capital*, New York: G. E. Stechert & Co, 1930, p. 223.
④ Friedrich Von Wieser, *Natural Value*, New York: Kelley & Millman, Inc., 1956, p. 17.

量,是如果两者不一致而商品供给可能发生的变动。如果一种物品持续以高于其生产费用的比率的价格出售,其供给就会增加,如以低于那一比率的价格出售,其供给就会减少。"①

成本定律显然意味着:成本包含平均利润。因为商品价格无疑包括平均利润,因而商品价值包括平均利润。因此,成本价值与商品价值应该且必然相等,显然意味着:成本包含平均利润。这就是为什么李嘉图论及马尔萨斯成本概念时这样写道:"看来马尔萨斯先生认为物品的成本和价值应该相同是我的理论的一部分。如果他所说的成本是包括利润在内的'生产成本',确实如此。"② 然而,多年来,我国马克思主义经济学家们却认为,按照马克思的观点,成本是商品价值中的不变资本与可变资本的总和,不包括利润或剩余价值,因而成本价值并不等于商品价值;商品价值=成本价格+剩余价值。许涤新主编的《政治经济学辞典》便这样写道:"成本价格又称'生产费用'或'生产成本'。指由商品生产中实际耗费的不变资本和可变资本所构成的价格……如以 k 代表成本价格,则商品价值 W=k+m。可见,成本价格要小于商品价值。"③ 宋涛主编的《政治经济学教程》亦如是说:"商品价值中的不变资本与可变资本的总和,便构成商品成本。商品价值大于成本,两者之间的差额就是剩余价值。"④ 这样一来,成本规律——商品的价值与成本的价值应该且必然相等——就不成立了。这果真是马克思的观点吗?

不!不是。马克思对此论述颇多,且看最著名也最具代表性的一段:"商品使资本家耗费的东西和商品生产本身所耗费的东西,无疑是两个完全不同的量。商品价值中由剩余价值构成的部分,不需要资本家耗费什么东西,因为它耗费的只是工人的无偿劳动……所以,对资本家来说,商品的成本价格必然表现为商品本身的实际费用。我们把成本价格叫做 k,W=c+v+m 这个公式就转化为 W=k+m 这个公式,或者说,商品价值=成本价格+剩余价值。因此,把商品价值中那些只是补偿商品生产上耗费

---

① 穆勒:《政治经济学原理》(上卷),商务印书馆 1997 年版,第 513 页。
② Divid Ricardo, *Principles of Political Economy and Taxation*, London: George Bell and Sons, 1908, p. 40.
③ 许涤新主编:《政治经济学辞典》(上册),人民出版社 1980 年版,第 520—521 页。
④ 宋涛主编:《政治经济学教程》,中国人民大学出版社 1999 年版,第 131 页。

的资本价值的部分概括为成本价格这个范畴,这一方面表明资本主义生产的特殊性质。商品的资本主义费用是用资本的耗费来计量的,而商品的实际费用则是用劳动的耗费来计量的。所以,商品的资本主义的成本价格,在数量上是与商品的价值或商品的实际成本价格不同的:它小于商品价值,因为,既然 $W = k + m$,那么,$k = W - m$。"①

由此可见,马克思将成本价格分为"商品的资本主义成本价格"与"商品的实际成本价格":商品的资本主义成本价格,亦即对资本家来说的成本价格,是商品使资本家耗费的东西;商品的实际成本价格,亦即商品成本价格,亦即成本价格,是商品的生产本身所耗费的东西。商品使资本家耗费的只是生产资料价格和劳动力价格,亦即不变资本与可变资本,这就是"对资本家来说的成本价格"或"商品的资本主义成本价格"。商品的生产本身所耗费的东西,亦即商品成本价格,它除了对资本家来说的成本价格,还包括剩余价值或利润,该部分不是资本家耗费的生产要素,而是工人无偿耗费的生产要素,亦即工人的无偿劳动。这样一来,马克思所谓"商品的实际成本价格"——亦即成本价格——便等于"对资本家来说的成本价格"加上"剩余价值或利润、平均利润":成本价格=对资本家来说的成本价格+剩余价值或利润。

但是,"对资本家来说的成本价格"或"商品的资本主义成本价格",未免啰嗦、累赘和拗口,马克思遂将其简称为"成本价格"。这样一来,"商品的实际成本价格"或"成本价格"就不能叫做"成本价格"了,那么,叫做什么呢?斯密称之为"自然价格";李嘉图称之为"生产价格"或"生产费用";重农学派称之为"必要价格";马克思称之为"生产价格";今日经济学家仍然普遍称之为"成本价格"。② 于是,"成本价格=对资本家来说的成本价格+剩余价值或利润"的公式,在马克思这里就进一步转换为"生产价格=成本价格+平均利润":"商品的生产价格,等于商品的成本价格加上依照一般利润率按百分比计算应加到这个成

---

① 马克思:《资本论》第三卷,人民出版社 2004 年版,第 32—33 页。
② 马克思说:"生产价格包含着平均利润。我们把它叫做生产价格——实际上这就是斯密所说的'自然价格'、李嘉图所说的'生产价格'、'生产费用'、重农学派所说的'必要价格'。"(马克思:《资本论》第三卷,人民出版社 2004 年版,第 979 页)

本价格上的利润，或者说，等于商品的成本价格加上平均利润。"①

因此，真正讲来，并没有什么两种成本概念或两种成本价格概念。马克思的成本或成本价格概念，与西方主流经济学的成本或成本价格概念，原本是同一概念，因而并没有推翻或违背"商品价值等于其成本价值"的成本规律。只不过，为了揭示资本家无偿占有工人创造的剩余价值之剥削本性，马克思从"成本价格"概念中分离出"对资本家来说的成本价格"概念，而将前者叫做"生产价格"，将后者简称为"成本价格"。这种分离和称谓是否恰当，显然是无关成本规律的另一回事。

综上可知，商品的价值与成本的价值应该相等，这种相等在自由竞争条件下具有必然性，因而可以称之为成本规律：这是颠扑不灭的真理。商品价值或其实体，如前所述，乃是商品的边际效用；商品价值量就是商品的边际效用量：商品价值量＝商品边际效用量。这样，商品价值与成本相等，便意味着：商品价值＝商品边际效用＝商品边际成本。因为，如前所述，所谓边际效用就是"最后增加的单位商品"的效用；而"最后增加的单位商品"所增加的成本就叫做边际成本："产品的边际成本是多生产1单位产出所增加的成本。"② 因此，商品价值与成本相等便可以转换为：边际效用与边际成本相等。因此，马歇尔说："我们讨论价值是由效用所决定还是由生产成本所决定，和讨论一块纸是由剪刀的上边裁还是由剪刀的下边裁是同样合理的。"③

### 3. 成本定律：公平价格的三重含义

商品价值、商品边际效用与商品边际成本三者相等原理，一方面，使斯密的"价值悖论"得到了最终的、完满的解决。准此观之，钻石交换价值大，决不是因其效用和使用价值小；恰恰相反，钻石交换价值大，只是因其数量小，因而边际效用大和边际成本高，从而使用价值大。水交换价值小，决不是因其效用大，而是因其数量多，因而边际效用小和边际成本低，从而使用价值小。这就科学地说明效用与价值以及使用价值与交换

---

① 马克思：《资本论》第三卷，人民出版社 2004 年版，第 177 页。
② Paul A. Samuelson, William D. Nordhaus, *Microeconomics* (16th Edition), Boston: The McGraw-Hill Companies, Inc., 1998, p. 118.
③ 马歇尔：《经济学原理》（下卷），商务印书馆 1965 年版，第 40 页。

价值完全成正比例变化，从而证明了一切商品价值都是商品效用。对"价值悖论"的这种科学的解析，尼科尔森认为应该归功于马歇尔关于需求（边际效用）和供给（边际成本）的均衡价格论："马歇尔的模型解决了水—钻石悖论。价格既反映了需求者对商品边际价值的估价，又反映了生产这种商品的边际成本。根据这种观点，悖论就可以消除。水的价格低廉是因为它具有很低的边际价值和边际生产成本。而与此相反，钻石价格昂贵是因为它具有很高的边际价值（因为它们相对稀少）和很高的边际生产成本。"①

商品价值、商品边际效用与商品边际成本三者相等原理，另一方面，说明商品的价值量，归根结底，可以通过边际成本来确定：边际成本与边际效用相等。对此，庞巴维克曾举例说："如果我们确定物品 B 或 C 对我们有什么价值，我们一定首先说：它的价值正好等于我们可以在任何时刻用来生产它的生产手段的价值。如果我们进一步确定生产手段本身有多少价值，我们就回到边际产品 A 的边际效用了。不过，实际上我们经常可以免于这种进一步的推算，因为我们已经知道组成成本的各种物品的价值，不必自第一级开始，再逐步推导上去；在所有这些场合下，我们都用一个既准确又方便的简略公式来确定物品的价值，那就是，简单地根据它的成本。"②

这样一来，公平价格是与商品边际效用相等的价格，便意味着，公平价格就是与边际成本相等的价格。因此，公平价格与商品边际效用相等，固然意味着公平价格就是供求关系所决定和支配的价格，因而可能背离成本，但决不会背离边际成本。因为不论供过关系如何，商品价值、边际效用与边际成本三者都是相等的。于是，总而言之，公平价格，直接说来，是与商品价值相等的价格，亦即符合等价交换原则的价格；根本说来，也就是与商品边际效用相等的价格，也就是符合等边际效用交换原则的价格；最终说来，则是与边际成本相等的价格。相反地，不公平价格，直接说来，是与商品价值不相等的价格，亦即违背等

---

① 瓦尔特·尼科尔森：《微观经济理论：基本原理与扩展》（第六版），中国经济出版社 1999 年版，第 10 页。

② Eugen V. Böhm-Bawerk, *The Positive Theory of Capital*, New York: G. E. Stechert & Co, 1930, p. 188.

价交换原则的价格；根本说来，也就是与商品边际效用不相等的价格，也就是违背等边际效用交换原则的价格；最终说来，则是与边际成本不相等的价格。

## 三 自由竞争：自由价格与公平价格之实现

### 1. 竞争与垄断：商品经济形态分类

自由价格与公平价格是善而强制价格和不公平价格是恶。那么，究竟怎样才能实现自由价格和公平价格而避免强制价格和不公平价格？答案是：实现自由竞争而避免垄断。可是，究竟何谓自由竞争和垄断？今日西方经济学根据市场结构性质——市场上厂商数目和厂商对价格的控制程度以及进出一个行业的难易程度和同一种产品的差别程度——将市场和厂商分为两大类型：完全竞争与不完全竞争；后者又分为完全垄断（又叫做垄断或纯粹垄断）、寡头垄断（简称寡头）和垄断竞争："不完全竞争的主要类型——垄断、寡头和垄断竞争。"[①] 确实，市场或厂商可以分为完全竞争、垄断竞争、寡头垄断和完全垄断四类。但是，将寡头垄断和完全垄断归入不完全竞争是不当的。完全垄断就是纯粹垄断，就是没有竞争，称之为"不完全竞争"岂不荒唐！大概就是这个缘故，陈及认为不完全竞争只包括寡头垄断与垄断竞争，而不包括完全垄断。他的市场或厂商分类是：完全竞争、不完全竞争（寡头垄断与垄断竞争）和完全垄断。[②]

可是，为什么寡头垄断与垄断竞争都叫做不完全竞争？难道不可以称之为不完全垄断吗？如果根据寡头垄断与垄断竞争都既有竞争又有垄断，就称之为不完全竞争，岂不也可以因此称之为不完全垄断？显然，将寡头垄断与垄断竞争叫做不完全竞争或不完全垄断都是不恰当的。就某种意义来说，不完全竞争与不完全垄断无疑恰恰相反：前者属于竞争范畴，意味着既有竞争又有垄断，但以竞争为主；后者属于垄断范畴，意味着既有垄

---

[①] Paul A. Samuelson, William D. Nordhaus, *Microeconomics* (16th Edition), Boston: The McGraw-Hill Companies, Inc., 1998, p.154.

[②] 陈及：《西方经济学》，中国财政经济出版社1996年版，第131页。

断又有竞争，但以垄断为主。这样一来，寡头垄断便与完全垄断是一类，都属于垄断范畴。反之，垄断竞争与完全竞争是一类，都属于竞争或自由竞争范畴：竞争与自由竞争是同一概念。因此，科学地看，正如平狄克和鲁宾费尔德所言，市场或厂商首先分为"竞争"（或自由竞争）与"非竞争"（或垄断）两大类型：非竞争与垄断是同一概念。[①] 然后，非竞争或垄断又分为完全垄断与寡头垄断：寡头垄断与不完全垄断是同一概念。相应地，竞争或自由竞争则分为完全竞争（亦即完全自由竞争）与不完全竞争（亦即不完全自由竞争）：不完全竞争与垄断竞争是同一概念。那么，分类的根据是什么？究竟何谓垄断与竞争？

垄断与竞争，粗略看来，是围绕供给而形成的两种经济形态。因此，垄断与竞争的分类根据，粗略看来，是同行厂商或产品供给者的数量：存在众多同行厂商者叫做自由竞争；只有一个或为数不多同行厂商者叫做垄断。但是，细究起来，这种分类根据不能成立。因为垄断竞争与完全竞争的厂商都是众多的。因此，垄断与竞争的分类根据，确如萨缪尔森所言，乃是价格决定的性质。他曾这样写道："完全竞争是什么？完全竞争就是所有物品和劳务都有一个价格并在市场上进行交易。它还意味着没有一家企业或消费者强大到足以影响整个市场价格……偏离有效市场的一个重要原因就是存在不完全竞争或垄断因素。在完全竞争条件下，任何企业或消费者都无法影响价格；而当一个买者或卖者能够左右一种商品的价格时，不完全竞争就发生了。"[②]

质言之，商品经济根据价格决定的性质，可以分为垄断与竞争或自由竞争两类。自由竞争是价格完全由供求关系决定的商品经济形态；垄断则是价格由某些厂商、卖者或买者决定的商品经济形态。价格完全由供求关系决定，显然意味着，价格由全部厂商和全部消费者共同决定：消费者的决定方式就是所谓"货币投票"。因此，这种商品经济供给、价格与资源配置处于一种自由竞争状态：这就是为什么价格完全由供求关系决定乃是自由竞争根本特征的缘故。反之，价格由某些厂商、卖者或买者决定，意

---

① 平狄克、鲁宾费尔德：《微观经济学》（第四版），中国人民大学出版社 2000 年版，第 9 页。

② Paul A. Samuelson, William D. Nordhaus, *Microeconomics* (16th Edition), Boston: The McGraw-Hill Companies, Inc., 1998, p. 28.

味着：价格不是由所有厂商、卖者或买者和全部消费者共同决定。因此，这种商品经济的供给、价格与资源配置，主要讲来，便处于一种垄断状态：这就是为什么价格由某些厂商、卖者或买者决定乃是垄断根本特征的缘故。

自由竞争分为完全竞争与不完全竞争或垄断竞争。完全竞争是没有垄断因素的纯粹自由竞争，是全部厂商和消费者同样都是价格接受者的自由竞争："完全竞争意味着都是价格接受者。"① 不完全竞争亦即垄断竞争，是具有一定垄断因素的自由竞争，是兼具竞争和垄断但以竞争为主的商品经济，是价格虽然在一定程度上由某些厂商控制但主要仍由供求关系决定的自由竞争，是某些厂商因其产品的差别性而能够在一定程度上控制价格的自由竞争："产品存在差别意味着每个销售者都有提高或降低价格的自由。"②

垄断分为完全垄断与寡头垄断。完全垄断又叫做垄断或纯粹垄断，主要是一个厂商控制该行业的商品供给而成为唯一卖者的商品经济形态："不完全竞争可能达到怎样不完全的程度？最极端的情形就是垄断：一个单独的卖者完全控制某一行业（这个单独的卖者被叫做'垄断者'，该词源于希腊语中的'单个'和'卖者'两个词）。这个单独的卖者是它所在行业的唯一厂家，而且没有任何一个行业能够生产出相近的产品。"③ 垄断厂商既然控制了全部供给，是唯一的卖者，无疑也就成为价格的唯一决定者："不完全竞争的极端情形就是垄断——唯一的卖者独自决定特定物品或劳务的价格。"④ 因此，所谓垄断，说到底，主要就是一个卖者独自决定价格的商品经济形态。

相反地，寡头垄断则是为数不多的几个厂商控制该行业的商品供给的具有进入障碍的垄断，是价格决定于为数不多的几个厂商的商品经济。萨缪尔森和诺德豪斯说："寡头的意思是'几个卖者'。几个，就这里的含义来说，可以是两个那么少，也可以是10个或15个那么多。寡头的重要

---

① Paul A. Samuelson, William D. Nordhaus, *Microeconomics* (16th Edition), Boston: The McGraw–Hill Companies, Inc., 1998, p. 138.
② Ibid., p. 174.
③ Ibid., p. 156.
④ Ibid., p. 35.

特征在于其中每个企业都可以影响市场价格。"① 平狄克和鲁宾费尔德说："在寡头垄断的市场，只有少数几个厂商相互竞争，且新厂商的进入是受到障碍的。"② 阿诺德说："寡头垄断是建立在三个假设基础之上的一种市场结构理论：少量的销售者和大量的购买者；企业销售同质的或有差异的产品；以及明显的进入障碍。"③

### 2. 完全竞争价格：自由价格与公平价格

不难看出，完全竞争条件下的市场价格既是自由价格又是公平价格。因为正如迈克易切恩所言，在完全竞争条件下，厂商数目众多、各厂商都出售无差别的同质产品、进出行业都很容易、所有参与者都同样无力控制价格、价格由市场供求决定："如果一个市场上存在这些条件，那么单个参与者则无法控制价格。价格由市场供求决定。一个完全竞争厂商被称为价格接受者。"④ 这就是说，在完全竞争条件下，一方面，每个经济人，不论是厂商或卖者还是消费者或买者，对于价格的决定作用是完全平等的，都同样是价格接受者，谁也强制不了谁，不存在任何强制，因而都是同样自由、无强制、心甘情愿——而不是被迫、被强制、不自由、不情愿——地按照完全由市场供求关系决定的价格进行商品的买卖交换。因此，在完全竞争条件下，这种完全由市场供求关系决定的市场价格乃是自由价格，而不是强制价格。

另一方面，在完全竞争条件下，价格完全由供求关系决定，亦即由市场需求曲线和市场供给曲线的交点决定。于是，每个厂商面临的需求曲线都是一条高度等于市场价格的水平线。这样一来，便正如萨缪尔森所发现，厂商为了利润最大化，势必将产量确定在边际成本等于价格的产量水平上："完全竞争条件下企业的供给法则是：当企业的产量定在边际成本

---

① Paul A. Samuelson, William D. Nordhaus, *Microeconomics* (16th Edition), Boston: The McGraw-Hill Companies, Inc., 1998, p. 156.
② 平狄克和鲁宾费尔德：《微观经济学》（第四版），中国人民大学出版社2000年版，第372页。
③ 罗杰·A.阿诺德：《经济学》（第五版），中信出版社2004年版，第623页。
④ 威廉·A.迈克易切恩：《微观经济学》，财经科学出版社2004年版，第226页。

等于价格的水平上时，就实现了利润最大化。"① "最大化利润的产量，就是边际成本等于价格的产量。这一命题的根据是：只要价格高于最后一个单位的边际成本，竞争企业总是能够获得额外利润。当出售增加的产量不能获得任何额外的利润时，总利润就达到了顶点：最大化。在最大利润点，生产最后一个单位产品带来的收入额恰恰等于该单位成本。增添的收入是多少？它等于每单位的价格。增添的成本是多少？它等于边际成本。"②

完全竞争条件下的市场价格等于边际成本，意味着：完全竞争条件下的市场价格就是公平价格。因为如前所述，所谓公平价格，直接说来，是与商品价值相等的价格；根本说来，也就是与商品边际效用相等的价格，因而也就是供求关系所决定和支配的价格；最终说来，则是与边际成本相等的价格。价格等于边际成本，不但是公平价格，而且意味着资源配置效率在最佳状态。因为边际成本与边际效用应该相等，因而价格等于边际成本，亦即价格等于边际效用。这样一来，就实现了资源配置效率在最佳状态：一方面，厂商因价格等于边际成本而实现了利润最大化；另一方面，消费者因价格等于边际效用而获得了最大满足。对于这个道理，萨缪尔森曾有极为精辟的阐述："效率实现的条件是：a. 当消费者得到最大化的满足时，边际效用恰好等于价格。b. 当竞争的生产者供给物品时，他们选择使边际成本恰好等于价格的产量。c. 既然 MU = P 且 MC = P，那么 MU = MC。这样，在完全竞争条件下，生产一物品的边际社会成本，正好等于它的边际效用价值。"③

### 3. 垄断竞争价格：仍属自由价格与公平价格范畴

自由价格与公平价格以及资源配置效率最佳状态是否只有在完全竞争条件下才能形成？严格说来，自由价格只有在完全竞争条件下才能形成；而不完全竞争或垄断竞争条件下的价格或多或少总是强制的，总是或多或少的强制价格。因为所谓不完全竞争或垄断竞争，就其根本特征来说，与

---

① Paul A. Samuelson, William D. Nordhaus, *Microeconomics* (16th Edition), Boston: The McGraw–Hill Companies, Inc., 1998, p. 140.
② Ibid, p. 139.
③ Ibid, p. 152.

完全竞争恰恰相反，就是市场参与者们对于价格的决定作用的不平等："当一个买者或卖者能够影响一种商品的价格时，就出现了不完全竞争；相反地，在完全竞争条件下，任何企业和个人都无法影响价格。"① 在不完全竞争或垄断竞争条件下，市场参与者们对于价格的决定作用是不平等的，一个或一些参与者在一定程度上能够控制价格，从而在一定程度上是价格的决定者；而其他参与者则无能为力，只能是价格的接受者。这样一来，市场价格在一定程度上就是这些能够控制价格的参与者决定的，而其他参与者不论如何不情愿也只能接受。因此，不完全竞争或垄断竞争条件下的价格不是每个参与者自由、无强制、心甘情愿同意的，不是自由价格；而是一些参与者强制其他参与者被迫、被强制、不自由、不情愿地同意的，是强制价格。

然而，细究起来，并不尽然。因为垄断竞争与完全竞争的根本区别仅仅在于产品的差别程度：完全竞争厂商生产的同一种产品是无差别的；垄断竞争厂商生产的同一种产品是有差别的。萨缪尔森说："垄断竞争有三个方面与完全竞争相似：都有许多买者和卖者，进入和退出都是容易的，各企业都把其他企业的价格视为既定。差别在于：在完全竞争条件下，产品是同一的；而在垄断竞争的条件下，产品是有差异的。"② 正是这些产品的差异，使厂商可以根据自己产品的优势，在一定程度上控制价格，从而具有一定程度的垄断因素，成为以自由竞争为主而又兼有垄断因素的经济形态：这就是所谓的垄断竞争。因此，垄断竞争企业的品种多样的商品的价格，虽然在一定程度上为这些厂商所控制，而不是与消费者共同制定的；但是，这种价格却是消费者自由、无强制、心甘情愿选择和同意的，因为消费者宁愿为多样化或高质量的商品而支付较高的价格："人们宁愿为自由挑选而支付高价。"③ 因此，垄断竞争的商品价格，说到底，仍然是由市场供求关系决定的，仍然是每个买者和卖者自由、无强制、心甘情愿地选择和同意的，因而仍然属于自由价格范畴。

垄断竞争厂商在一定程度上控制、提高价格，因而垄断竞争价格高于

---

① Paul A. Samuelson, William D. Nordhaus, *Microeconomics* (16th Edition), Boston: The McGraw-Hill Companies, Inc. m1998, p. 35.
② Ibid., p. 174.
③ Ibid., p. 176.

边际成本，属于不公平价格范畴。但是，垄断竞争的厂商毕竟与完全竞争同样众多，毕竟以自由竞争为主，属于自由竞争范畴，它与完全竞争的根本差别仅仅在于产品的差别性，厂商仅仅因其产品的差别性而能够在一定程度上控制价格，从而具有一定的垄断因素，因而垄断竞争价格虽然在一定程度上由某些厂商控制，但主要仍由供求关系决定。在与完全竞争同样众多的厂商之自由竞争市场上，每个厂商所占的市场份额都很小，厂商为争夺市场份额所进行的价格战，势必使垄断竞争价格围绕着完全竞争条件下的市场均衡价格上下波动，决不可能长久地、较大程度地偏离边际成本；而势必非常接近完全竞争市场的 P = MC = 最低 AC 的效率："这里起决定因素的是垄断竞争市场，是众多厂商之间的竞争。他们不可能在价格上保持一致。那么取一个较长时期的价格平均值，可以说垄断竞争市场是比较或很接近完全竞争市场 P = MC = 最低的 AC 的市场效率的。"① 更何况，长时期内，垄断竞争厂商与完全竞争厂商一样，都不能获得超额利润、经济利润："在垄断竞争的长期均衡点，虽然价格高于边际成本，但是经济利润已下降至零。"②

因此，垄断竞争价格只是在一定程度上偏离完全竞争条件下由供求关系所决定的市场价格，只是在一定程度上偏离边际成本或 P = MC 的公平价格。这种偏离完全竞争条件下由供求关系所决定的价格之不公平，虽然程度较小较轻，却也侵犯了消费者的一定权益和导致了某种程度的无效率："垄断竞争行业中的企业具有超额产能：它们的产量小于平均总成本最小时的产量。"③ 因此，垄断竞争价格之不公平是一种恶。但是，这种恶却似乎是一种必要恶，因为它能够产生更大的善：产品多样化。这样，消费者权益所受到的侵犯和某种程度的无效率便因为同时获得产品多样化的利益而抵消或补偿："问题的关键在于垄断竞争行业提供的多样化产品本身对消费者是有益的。所以消费者因为超额产能而支付的更高的价格某

---

① 薛治龙：《经济学通论》，经济管理出版社 2009 年版，第 116 页。
② Paul A. Samuelson, William D. Nordhaus, *Microeconomics* (16th Edition), Boston: The McGraw‐Hill Companies, Inc., 1998, p. 175.
③ 保罗·克鲁格曼、罗宾·韦尔斯：《微观经济学》，中国人民大学出版社 2009 年版，第 501 页。

种程度上被他们因为多样化程度增大而获得的收益所抵消。"① 垄断竞争价格高于边际成本的不公平和某种程度的无效率,既然能够被它所给予消费者多样化产品的利益所补偿和抵消——厂商长时期说来也不能获得超额利润——也就符合效率原则和等利交换的公正原则,因而说到底便仍然属于公平价格范畴和有效率经济。那么,不公平价格与不自由价格或强制价格究竟存在于何种经济形态?

### 4. 垄断价格:强制价格和不公平价格

完全垄断条件下的商品价格无疑是典型的强制价格和典型的不公平价格。因为完全垄断是一个厂商控制了该行业的全部供给,该厂商是唯一的卖者,是价格的唯一决定者。这样一来,消费者便不但只能是价格的接受者,而且没有选择其他卖者的自由和余地,不论如何不情愿也只能接受和同意唯一卖者的垄断价格,否则就买不到该行业的商品。因此,完全垄断条件下的价格乃是消费者没有任何选择自由而不得不同意和接受的,因而是一种地地道道的强制价格。不但此也,完全垄断条件下的商品价格也是一种极不公平的价格,并且必定伴随资源的浪费和低效率。因为,如所周知,垄断厂商均衡的根本特征就在于:一方面,垄断厂商的价格高于其边际成本;另一方面,垄断厂商的平均成本 AC,不是最低的 AC,垄断厂商以较高成本生产数量较少产品。

换言之,垄断厂商是通过减少产量(亦即将产量限制在边际成本等于市场价格的水平之下)和提高价格(价格高于边际成本)来获得垄断经济利润。这样一来,一方面,社会需要花费较高成本生产较少数量产品,因而造成资源的浪费和低效率;另一方面,消费者获得较少数量产品,却为之支付过高的、远远高于边际成本的价格,因而极不公平:不公平价格就是高于边际成本的价格。进言之,垄断厂商不但通过减少产量和提高价格的损害消费者的罪恶的剥削手段获利,而且消费者因此所受到的损失大于垄断者因此所获得的收益,因而导致所谓"无谓损失":"无谓损失"是垄断无效率的重要特征。有鉴于此,克鲁格曼写道:"垄断行业

---

① 保罗·克鲁格曼、罗宾·韦尔斯:《微观经济学》,中国人民大学出版社 2009 年版,第 501 页。

产量更少，收取的价格更高，同时在短期和长期均获得更高的利润。垄断者由于采用高于边际成本的价格而造成了无谓损失：消费者剩余的损失高于垄断者获得的利润。因此，垄断是市场失灵的源泉。"①

可见，完全垄断条件下的商品价格是远远高于边际成本——因而必定伴随着资源的浪费和低效率——的具有剥削性质的极不公平的价格：远远高于边际成本的极不公平的剥削性价格是完全垄断的最根本特征。因此，萨缪尔森虽然对垄断利润深恶痛绝，称之为"罪恶的垄断利润"，却一再说："垄断的最大祸害并不是它榨取垄断利润，而是它规定的垄断价格远远高于社会按照边际成本所决定的价格……垄断的真正祸害是人为造成的P与MC的背离。"②"垄断所导致的P与MC的脱离意味着对劳动的'剥削'……工会在垄断企业中提高工资的行动并不能消除这种剥削。受到剥削的是整个社会，改变这种状况是反托拉斯政策的一个任务。"③ 那么，寡头垄断条件下的价格是否也是如此？

寡头垄断，不论是勾结性寡头垄断还是竞争性寡头垄断，都是为数不多的几个厂商控制了该行业的全部供给，从而成为价格的决定者。这样一来，消费者便不但只能是价格的接受者，而且没有选择其他卖者的自由，不论如何不情愿也只能接受和同意这几个卖者的垄断价格，否则就买不到该行业的商品。因此，寡头垄断条件下的价格是消费者不得不同意和接受的，因而属于强制价格范畴。寡头垄断价格也是不公平价格，因为任何厂商，不论是寡头垄断还是完全垄断抑或垄断竞争，只要能够在一定程度上控制价格，势必使其高于边际成本："请记住完全竞争厂商和有垄断势力的厂商之间的重要区别：对完全竞争的厂商，价格等于边际成本；而对有垄断势力的厂商，价格大于边际成本。"④ 这个道理，萨缪尔森多有论述。通过这些论述，他得出结论说："不完全竞争通常导致价格高于边际成本

---

① 保罗·克鲁格曼、罗宾·韦尔斯：《微观经济学》，中国人民大学出版社2009年版，第450页。
② 萨缪尔森：《经济学》（中册），商务印书馆1986年版，第192—193页。
③ 同上书，第171页。
④ 平狄克、鲁宾费尔德：《微观经济学》（第四版），中国人民大学出版社2000年版，第295页。

……高价格的结果是寡头企业经常（但不总是）获得超额利润。"① 迈克易切恩也这样写道："寡头条件下的长期利润率高于完全竞争条件下的长期利润率。"②

只不过，寡头垄断比较复杂，有常态与非常态之分；勾结性寡头垄断是常态而竞争性寡头垄断是非常态："默契串谋是寡头垄断的常态。"③ 勾结性寡头垄断，如古诺模型所表明，其价格、产量和效率，无异于完全垄断；竞争性寡头垄断，如张伯伦模型所表明，其价格、产量和效率趋向于完全竞争。对此，萨缪尔森曾这样总结道："在不完全竞争领域中，可以得出如下一些重要的结论：随着不合作或竞争性寡头数量大增，企业的价格和产量趋向于完全竞争市场的产出情况。如果企业决定相互勾结而不是相互竞争，那么，市场价格和产量将接近于垄断所造成的价格和数量。"④

综上可知，自由竞争是善；垄断是恶。完全自由竞争是完全的纯粹的善，因为该条件下的市场价格完全由供求关系决定，等于边际成本，因而不但是自由价格和公平价格，而且实现了资源配置效率最佳状态。垄断竞争，就其垄断因素来说，亦即就其品种多样的商品的价格在一定程度上为厂商所控制从而高于边际成本来说，无疑属于强制价格和不公平价格范畴以及某种程度的无效率，因而是一种恶；但是，这种恶是一种必要恶。因为消费者宁愿为多样化或高质量的商品而支付较高的价格，并且这种高于边际成本的不公平和无效率，能够被它所给予消费者多样化产品的利益所补偿和抵消，因而说到底便仍然属于自由价格、公平价格范畴和有效率经济。唯有完全垄断与寡头垄断才是真正的恶——亦即纯粹恶或净余额为恶——因为该条件下的市场价格既不自由又不公平且低效率。只不过，完全垄断极不自由、极不公平和极无效率；而勾结性寡头垄断无异于完全垄断，竞争性寡头垄断则趋向于垄断竞争和完全竞争罢了。

因此，斯密认为自由竞争乃是可以导致资源配置效率最佳状态的一只

---

① Paul A. Samuelson, William D. Nordhaus, *Microeconomics* (16th Edition), Boston: The McGraw-Hill Companies, Inc., 1998, p. 171.
② 威廉·A. 迈克易切恩：《微观经济学》，财经科学出版社 2004 年版，第 313 页。
③ 保罗·克鲁格曼、罗宾·韦尔斯：《微观经济学》，中国人民大学出版社 2009 年版，第 381 页。
④ Paul A. Samuelson, William D. Nordhaus, *Microeconomics* (16th Edition), Boston: TheMcGraw-Hill Companies, Inc., 1998, p. 176.

"看不见的手"的理论,① 堪称绝对的永恒的无条件的伟大真理。因为在自由竞争条件下,商品价格完全由供求关系"盲目"决定,确实是这样一只看不见的"盲目"的手,它可以并且只有它才可以导致自由价格、公平价格和资源配置效率最佳状态:看不见的手意味着自由、公平、效率和善。反之,任何看得见的手——亦即人为控制价格从而使价格不再"盲目"由供求关系决定——都意味着强制价格、不公平价格和无效率,因而就其自身来说都是一种恶。垄断是一只"看得见的手",因为垄断说到底无非是对价格的人为控制从而使价格不再"盲目"由供求关系决定。垄断这只"看得见的手"就其自身和结果来说都是恶,是一只纯粹的罪恶的手。政府的价格管制是另一只"看得见的手",这只"看得见的手"就其自身来说也是一种恶,但它可能是一种必要恶,如果它能够防止更大的恶,如反垄断。这就是斯密所发现的"看不见的手"原理之真谛:它无疑是绝对的永恒的无条件的真理。

---

① Adam Smith, *An Inquiry into The Nature And Causes of The Wealth of Nations*, Volume 1, Fifth Edition, Methuen & Co. Ltd. London, 1930, p. 421.

# 第十四章

# 劳动的价值与价格

**本章提要**

　　私有制使资本家有权成为支配和领导工人的雇主，使工人成为被领导、被支配和必须服从的雇员，势必导致双方对于劳动价格的决定作用的不平等：雇主或劳动买方是价格的决定者和控制者；而雇员或劳动卖方则是价格的接受者。因此，资本主义劳动市场不可能是完全自由竞争市场，而必然是买方垄断市场。任何垄断，不论是产品市场的卖方垄断，还是劳动市场的买方垄断，都同样意味着垄断者在一定程度上控制价格，因而势必导致价格与价值的背离，导致不等价交换：不等价交换是垄断价格规律，正如等价交换是自由竞争的价格规律一样。只不过，产品市场的卖方垄断导致的是价格高于价值或边际成本。反之，劳动市场的买方垄断导致的则是价格低于价值，亦即劳动价格或工资低于劳动价值，低于劳动的边际产品。工资低于劳动价值或劳动的边际产品的差额，就是劳动者所创造的被资本家无偿占有的剩余价值，也就是所谓资本主义剥削。因此，资本主义剥削的根源，直接说来，是劳动市场买方垄断；归根结底，则是资本主义私有制。

　　商品价格只要与商品交换价值相符、相等，从而等价交换，就是公平的，因而也就是无剥削的；商品价格只要与商品交换价值不相符、不相等，从而不等价交换，就是不公平的，因而也就存在着剥削。但是，按照马克思的理论，这里似乎有一个例外，亦即资本主义私有制条件下的劳动力商品。因为在私有制条件下，即使劳动力的价格完全等于劳动力的交换价值，亦即等价交换，实质上却仍然存在着剥削或剩余价值的无偿占有，因而并不是公平的。这种观点能成立吗？

## 一　劳动与劳动力之概念

### 1. 劳动与劳动力：概念界说

不言而喻，任何劳动都是一种有目的的活动，其目的乃在于创造某种用处、用途或效用。就连清洁工、军人、医生和教师的劳动也不例外：清洁工劳动创造的效用是清洁；军人劳动创造的效用是安全；医生劳动创造的效用是康复；教师劳动创造的效用是授业解惑。因此，萨伊说："人力所创造的不是物质而是效用。"① 穆勒说："劳动并不创造物品，而是创造效用。"② 因此，劳动就是目的在于创造某种用处、用途或效用的活动，就是为了创造某种用处、用途或效用而进行的活动。但是，人们的活动往往达不到目的，劳动当然也不例外：有些劳动是"不能有助于所要达到的目的因而不能生产效用的劳动"。③ 确实，劳动的目的是创造效用，却未必就能够创造效用，因而有所谓"无效劳动"、"徒劳无益"。因此，我们不能说劳动是创造效用的活动；而只能说劳动是为了创造效用的活动：劳动是以创造效用为目的的活动。因此，马歇尔得出结论说："我们可以对劳动下这样的定义：劳动是任何心智或身体上的努力，部分地或全部地以获得某种好处为目的，而不是以直接从这种努力中获得愉快为目的。"④

所谓用处、用途或效用，无疑是对于人的需要的用处、用途或效用，也就是客体对于人的需要的用处、用途或效用，说到底，就是价值或财富。因为，如前所述，价值是客体对于主体的需要的效用性；财富就是能够满足人的需要的、有用的、有价值的东西。因此，所谓劳动，说到底，也就是为了创造效用、价值或财富的活动，也就是目的在于创造效用、价值或财富的活动。这就是劳动的定义吗？是的。但这个定义所界定的显然是广义的劳动概念，而并非经济学的劳动概念。因为这一定义极为广泛，

---

① 萨伊：《政治经济学概论》，商务印书馆1963年版，第59页。
② 穆勒：《政治经济学原理》（上卷），商务印书馆1997年版，第61页。
③ 马歇尔：《经济学原理》（下卷），商务印书馆1965年版，第85页。
④ 同上书，第84页。

照此说来，不论什么活动，只要目的是创造效用、价值或财富，就是劳动。这样一来，就连拉拢关系、结交朋友和讨好领导或群众等俗不可耐的活动，也属于劳动范畴。因为这些活动也可以是一种目的在于创造效用、价值或财富的活动：它无疑具有为自己创造所谓良好人脉的效用、价值或财富。不言而喻，讨好领导和群众固然因其具有创造良好人脉的效用而属于劳动范畴，却决不是经济学的劳动范畴。

经济学的劳动范畴是一种狭义的劳动概念。因为经济学所谓的劳动，如所周知，乃是指"生产性劳动"。所谓生产性劳动，正如穆勒所言，不仅包括生产，而且包括运输业、商业或交换等直接和间接创造物质财富的一切劳动。[1] 准此观之，经济学所谓的劳动，确如穆勒和马克思所界说，也就是使自然物对人有用的活动，也就是改变自然物从而使其产生对人有用性质的活动，也就是目的在于创造有用物品的活动，说到底，也就是目的在于创造使用价值的活动："所谓生产性劳动，是指产生固定和体现在物体中的效用的劳动。"[2] "固定和体现在外界物体中的效用，即运用劳动使外物具有能使它们对人有用的性质。"[3] "劳动过程，就我们在上面把它描述为它的简单的、抽象的要素来说，是制造使用价值的有目的的活动，是为了人类的需要对自然物的占有，是人和自然之间的物质变换的一般条件。"[4]

界定了劳动概念，劳动力概念也就迎刃而解了。因为一个人之所以会有劳动，显然是由于他具有劳动能力。没有劳动能力的东西，决不会有劳动。一株植物，一棵树，只有运动，却不会有劳动，因为它们没有劳动能力。劳动能力可以简称为劳动力：二者是同一概念。所以，马克思说，劳动不过是劳动力或劳动能力的表现、使用或利用："劳动力的使用或利用就是劳动。"[5] 这样一来，所谓劳动力，便可以顾名思义：劳动力就是劳动能力，因而也就是创造效用、价值或财富的活动能力，就是人身中存在的创造效用、价值或财富的体力和脑力的总和。诚然，这是广义的劳动力

---

[1] 穆勒：《政治经济学原理》（上卷），商务印书馆1997年版，第63—65页。
[2] 同上书，第63页。
[3] 同上书，第62页。
[4] 《马克思恩格斯选集》第2卷，人民出版社1995年版，第181页。
[5] 马克思：《资本论》第一卷，中国社会科学出版社1983年版，第165页。

概念，而并不是经济学的劳动力范畴。因为照此说来，讨好领导或群众等活动的能力便属于劳动力范畴：这种能力无疑是一种具有为自己创造良好人脉的效用、价值或财富的能力。这种能力显然不属于经济学的劳动力范畴。经济学所谓的劳动力，固然也是劳动能力，也是创造效用、价值或财富的活动能力，也是人身中存在的创造效用、价值或财富的体力和脑力的总和；但是，这种能力与拉拢关系、结交朋友、讨好领导或群众等活动能力根本不同：它乃是改变自然物从而使其产生对人有用性质的活动的能力，也就是目的在于创造有用物品的活动的能力，就是人身中存在的目的在于创造有用物品的体力和脑力的总和，说到底，也就是目的在于创造使用价值的体力和脑力的总和。因此，马克思在界说经济学的劳动力概念时这样写道："我们应该把劳动能力或劳动力理解为人的身体即活的人身中存在的、人生产有用物时必须使用的体力和智力的总和。"①

### 2. 劳动与劳动力：两种商品

劳动力在一定条件下可以成为商品：劳动力商品就是进行买卖的劳动力。这一点，堪称毫无争议的共识。但是，劳动能不能进行买卖从而成为商品？古典经济学的回答是肯定的：工人出卖的就是劳动。相反地，马克思的回答是否定的：工人出卖的不是劳动而是劳动力。马克思一再说："工人卖的并不直接是他的劳动，而是他的暂时让资本家支配的劳动力。"②"在市场上同资本家直接对立的不是劳动，而是劳动者。劳动者出卖的是自身，是他的劳动力。"③ 那么，劳动究竟是不是商品？工人出卖的究竟是劳动还是劳动力？细细想来，可以肯定古典经济学的回答是真理：工人出卖的是劳动而不是劳动力。

如果一个人出卖了他的劳动力，那他就不可能是工人，而只能是奴隶。因为劳动力与劳动根本不同。一个人的劳动可以与他本身分离；他干完了活，他的劳动就凝结在产品中而离开了他。因此，一个人出卖劳动，就与出卖他的劳动产品一样，并没有出卖自己而成为奴隶。相反地，一个

---

① 马克思：《资本论》第一卷，中国社会科学出版社 1983 年版，第 152 页。
② 《马克思恩格斯选集》第 2 卷，人民出版社 1995 年版，第 75 页。
③ 马克思：《资本论》第一卷，中国社会科学出版社 1983 年版，第 555 页。

人的劳动力与他本身不可分离，因为劳动力就是人身中存在的创造有用物品的体力和脑力的总和，说到底，也就是人自身："人类劳动力就是人本身。"① 一个人如果出卖了他的劳动力，那么，他的劳动能力就不再属于他所有，他创造有用物品的体力和脑力的总和就不再属于他所有，说到底，他自己也就不再属于他所有，他就从自由人变成了奴隶。因此，劳动力可以买卖就意味着奴隶制：出卖劳动力就是出卖自身，就是卖身为奴。可是，为什么马克思认为工人出卖的是劳动力而不是劳动呢？工人出卖了劳动力而又没有成为奴隶的奥秘何在？

马克思承认，一个人出卖劳动力就是出卖自身：出卖劳动力是工人与奴隶的共同点。只不过，奴隶是将自己的劳动力一下子全部卖光，是一次而永远地、无限期地出卖了自己劳动力；而工人则始终把劳动力只出卖一定时间，是零碎地出卖自己的劳动力，是每天8小时、10小时、12小时地出卖自己的劳动力："奴隶连同自己的劳动力一次而永远地卖给奴隶的所有者……自由工人自己出卖自己，并且是零碎地出卖。他每天把自己生命中的8小时、10小时、12小时、15小时拍卖给出钱最多的人，拍卖给原料、劳动工具和生活资料的所有者，即拍卖给资本家。工人既不属于某个所有者，也不属于土地，但是他每日生命的8小时、10小时、12小时、15小时却属于这些时间的购买者。"② "这种关系要保持下去，劳动力所有者就必须始终把劳动力只出卖一定时间，因为他要是把劳动力一下子全部卖光，他就出卖了自己，就从自由人变成了奴隶，从商人变成商品。他要保持自己的人格，就必须让买者只是暂时支配他的劳动力，这样，他在让渡自己的劳动力时并不因此而放弃自己对它的所有权。"③ "如果允许无限期地出卖劳动力，奴隶制就会立刻恢复原状。如果这种出卖包括一个人的一生，那就会立刻把他变成他的雇主的终身奴隶了。"④

马克思此见实难成立。因为，一方面，如果说工人出卖的不是劳动，而是——与奴隶一样——劳动力，那么，工人终生每天8小时、10小时、12小时地出卖自己的劳动力，与奴隶将自己的劳动力一下子全部卖光，

---

① 杜冈—巴拉诺夫斯基：《政治经济学原理》（下册），商务印书馆1989年版，第484页。
② 《马克思恩格斯选集》第2卷，人民出版社1995年版，第337页。
③ 马克思：《资本论》第一卷，中国社会科学出版社1983年版，第152页。
④ 《马克思恩格斯选集》第2卷，人民出版社1995年版，第75页。

究竟有何不同？诚然，如果工人只是偶尔出卖劳动力，只是偶尔出卖自身，只是在某年某月某天出卖了自己的劳动力，只是在某年某月某天出卖了自身，那么，工人确实与奴隶根本不同。但是，工人是终生每天8小时、10小时、12小时地出卖自己的劳动力啊！工人是终生每天8小时、10小时、12小时地出卖自身啊！这不是终生卖身为奴又能是什么？终生每天8小时、10小时、12小时地出卖自己的劳动力，果真比将劳动力一下子全部卖光好得多吗？显然，二者并无根本不同。因此，如果工人出卖的是劳动力而不是劳动，那么，工人就不是工人而是地地道道的奴隶。工人之所以是工人而不是奴隶，就是因为他终生每天8小时、10小时、12小时地出卖的并不是劳动力而是劳动。

另一方面，马克思说工人出卖或让渡了自己的劳动力时并不因此而放弃自己对它的所有权，岂不自相矛盾？出卖或让渡什么商品，就意味着放弃自己对它的所有权；否则，如果没有放弃对某种商品的所有权，就是没有出卖或让渡该商品。如果工人果真将自己的劳动力让渡、出卖一定时间，那么，在这限定的时间内，工人就放弃了自己对劳动力的所有权，劳动力的所有权就属于买者。这意味着，在这限定的时间内，工人的劳动能力就不属于他所有，他创造有用物品的体力和脑力的总和不属于他所有，说到底，他自己也就不属于他所有：他从自由人变成了奴隶。只不过，他是限定时间的奴隶而已。

事实显然并非如此。事实是：不但在这限定的时间之外，工人拥有自己的劳动力的所有权；而且在这限定的时间内，工人也同样拥有自己的劳动力的所有权。因为他在任何时间里都没有出卖自己的劳动力；他在这限定的时间内，出卖的也并不是他的劳动力，而只是他的劳动力的使用，亦即劳动：劳动就是劳动力的使用。他在这限定的时间内，出卖、让渡的只是他的劳动力的使用权，亦即劳动力使用的所有权，说到底，也就是劳动的所有权。一句话，他在这限定的时间内，出卖或让渡的并不是劳动力，而是劳动力的使用：劳动。

这个道理，原本在马克思所引证的黑格尔的话中已经说得很清楚："我可以把我的体力上和智力上的技能和活动能力在限定的时间内让渡给别人使用，因为在这种界限以内，它们同我的整体和全体的存在只保持着一种外在的关系。如果我把我的在劳动中实现的全部时间和我的全部生产活动都让渡给别人，那么，我就把这里面所包含的实体，就是说我的普遍的活动和我的人身，变成别人的财产了。"① 请看，黑格尔第一句话就说得明明白白：在限定时间内让渡给别人的仅仅是劳动力的使用，而不是劳动力。可是，马克思却居然用以说明工人在限定时间内让渡的是劳动力！

## 二 劳动与劳动力之价值和价格

### 1. 劳动与劳动力价值：使用价值与交换价值

工人出卖的并不是劳动力，而是劳动力的使用，是劳动。这意味着：劳动与劳动力一样，可以买卖，因而可以是商品。这样一来，劳动便与其他商品一样，必定具有商品价值，必定具有交换价值与使用价值。那么，究竟什么是劳动的价值？什么是劳动的使用价值与交换价值？首先，我们知道，商品使用价值就是商品的事实属性满足物主自己直接使用需要的效用，就是商品的事实属性满足使用需要——消费需要和生产需要——的效用。因此，劳动的使用价值就是劳动满足直接使用需要——消费需要和生产需要——的效用，就是劳动满足劳动购买者的直接使用需要——消费需要和生产需要——的效用。

诚然，这个定义真正讲来并不十分确切。因为我们说商品使用价值是满足消费需要和生产需要的需要，只是因为商品分为消费资料与生产资料：消费资料的商品使用价值是其满足消费需要的效用；生产资料的商品使用价值是其满足生产需要的效用。然而，劳动商品显然属于生产资料商品范畴。因此，真正讲来，劳动使用价值乃是劳动满足劳动购买者生产需要的效用，也就是劳动满足买者生产或创造产品的需要的效用，也就是劳动满足买者创造效用、价值或财富的需要的效用。简言之，劳动的使用价值与劳动的生产价值原本是同一概念：劳动使用价值就是劳动生产产品的效用。那么，劳动的交换价值是什么？

商品交换价值，如前所述，就是商品满足交换需要的效用，就是满足物主用以与其他商品相交换的需要之效用，就是满足换回其他商品的需要

---

① 马克思：《资本论》第一卷，中国社会科学出版社1983年版，第153页注。

的效用，斯密称之为"对于他种商品的购买力"。① 因此，劳动的交换价值就是劳动满足劳动者用以与其他商品（如货币）相交换的需要之效用，就是劳动满足劳动者换回其他商品的需要的效用，也就是——用斯密的话来说——劳动对于他种货物（如货币）的购买力。然而，问题的显然关键在于，劳动交换价值的价值量如何确定？

我们已经阐明，商品之所以能够进行交换从而具有交换价值，就是因为商品具有使用价值，使用价值是交换价值的实体：商品交换价值就是商品使用价值满足换回其他商品的需要之效用。因此，劳动交换价值也就是劳动的使用价值——亦即劳动生产产品的效用或价值——满足换取其他商品的需要之效用，就是劳动的生产产品的价值换取其他商品的效用。因此，劳动的交换价值量也就是劳动的生产产品的价值换取其他商品的效用量。那么，这种效用量究竟是多少？或者说，劳动的生产产品的价值究竟能够换取多少其他商品呢？商品应该等价交换。因此，劳动生产多少产品，就应该换取多少商品：劳动的交换价值量应该等于劳动所生产的产品的价值量。

然而，问题的真正困难，正如萨缪尔森和克拉克等人所指出，乃在于如何确定劳动究竟生产了多少产品？因为劳动仅仅是生产要素之一，产品并非单纯由劳动生产，而是劳动、资本和土地等生产要素相辅相成、共同生产出来的。② 这个被经济学家称为"分配之谜"的难题，如前所述，最终由美国经济学家克拉克系统论证边际生产力分配理论而得到科学的解决。这个理论的根据和出发点，就是边际效用论的基本原理，亦即商品（交换）价值可以归结为商品的边际效用、边际产品效用或边际产品价值：单位产品价值量＝边际产品价值量。从此出发，克拉克推论说，劳动商品（交换）价值同样可以归结为劳动的边际效用、劳动边际产品效用或劳动边际产品价值：单位劳动价值量＝劳动边际产品价值量。

这种劳动的边际产品，正如克拉克所言，无疑是可以识别和测量的。因为劳动的边际产品就是最后增加的劳动所增加的产量，也就是最后减少

---

[1] Adam Smith, *The Wealth of Nations*, Books I – III, England Penguin Inc, 1970, p. 131.
[2] Paul A. Samuelson, William D. Nordhaus, *Microeconomics* (16th Edition), Boston: The McGraw – Hill Companies, Inc., 1998, p. 210.

的劳动所减少的产量:"这种产量要怎样来衡量呢?把一个单位的社会劳动抽出来,看看这一个单位退出以后会遇到什么损失,或是增加一个劳动单位,看看增加一个单位会得到什么利益。不论是抽去或是增加,都可以观察得出单独归功于一个单位劳动的、和其他因素无关的产量……如果我们上面所说的单位的社会劳动是由一百人组成的,而他们离开的结果,各个产业减产的价值总共是二百元,那么这二百元便是可以完全归功于那一百人的生产量。"①

这样一来,对于劳动与资本合作生产出来的产品,我们虽然无法直接识别哪些是劳动生产的产品;但是,我们可以识别最后增加的劳动所增加的产量,可以识别最后减少的劳动所减少的产量,亦即可以识别劳动的边际产品,从而间接识别劳动生产的产品和劳动(交换)价值:单位劳动价值量 = 劳动边际产品价值量。因此,克拉克得出结论说:"每一个单位劳动的价值,等于最后单位劳动的产量。在劳动队伍完全建立以后,任何一千个工人,如果退出,就会使整个社会的产量减低,所减低的数量等于最后一批工人的产量。任何一个单位劳动的实际价值,总是等于整个社会利用它的全部资本所生产的东西,减去在那个劳动单位被抽去时社会所生产的东西的数额。"② 一言以蔽之,"每一个工人对于企业的价值都等于最后一个工人边际产品的财富价值"③。

总而言之,劳动交换价值就是劳动的使用价值——劳动生产产品的效用——满足换取其他商品的需要之效用,就是劳动的生产产品的价值换取其他商品的效用。因此,劳动的交换价值量也就是劳动的生产产品的价值换取其他商品的效用量:劳动的交换价值量应该等于劳动所生产的产品的价值量。单位劳动所生产的产品的价值量等于劳动边际产品价值量。因此,劳动的交换价值量等于劳动边际产品价值量。一句话说完,劳动交换价值就是劳动边际产品价值:劳动的交换价值量 = 劳动边际产品价值量。

劳动力,正如马克思所言,与劳动不同:"劳动力只存在于劳动者的

---

① 克拉克:《财富的分配》,商务印书馆1984年版,第128页。
② 同上书,第133页。
③ Paul A. Samuelson, William D. Nordhaus, *Microeconomics* (16th Edition), Boston: The McGraw-Hill Companies, Inc., 1998, p.216.

身体内，它不同于它的职能即劳动，正如机器不同于机器的运转一样。"①但是，劳动与劳动力的用途或效用并无不同。诚然，劳动与劳动者——如工人和农民或奴隶等——的用途或效用根本不同。因为工人和农民或奴隶等劳动者的用途或效用，除了劳动，显然还包括其他东西，如进行战争或角斗游戏等。但是，劳动力与劳动者根本不同，劳动力仅仅是工人和农民或奴隶等劳动者的一种能力，仅仅是劳动者的劳动能力，仅仅是劳动者改变自然物从而使其产生对人有用性质的活动的能力，仅仅是劳动者身体中存在的目的在于创造有用物品的体力和脑力的总和。因此，劳动力只有一种用途或效用，那就是劳动。劳动力的用途或效用仅仅是劳动。所以，马克思说："劳动力的使用或利用就是劳动。劳动力的买者消费劳动力，就是叫劳动力的卖者劳动。"②

劳动力的用途或效用仅仅是劳动，意味着，劳动力的效用就是劳动力的劳动的效用，就是劳动的效用：劳动力的效用就是劳动的效用。效用就是价值。因此，劳动力的价值就是劳动力的劳动的价值，就是劳动的价值：劳动力的价值就是劳动的价值。一方面，劳动力使用价值就是劳动力的劳动满足劳动力买者生产需要的效用：劳动力的使用价值就是劳动的使用价值。另一方面，劳动力交换价值就是劳动力的劳动换取其他商品的效用：劳动力的交换价值就是劳动的交换价值。反之亦然，劳动的价值就是劳动力的价值。一方面，劳动使用价值就是劳动力的劳动满足劳动购买者生产需要的效用：劳动的使用价值就是劳动力的使用价值。另一方面，劳动的交换价值就是劳动力的劳动换取其他商品的效用：劳动的交换价值就是劳动力的交换价值。

这就是为什么经济学家论及劳动价值时往往并不区分劳动价值与劳动力或工人价值的缘故。诚然，精确讲来，劳动与劳动力的价值——劳动与劳动力的使用价值与交换价值——并不完全相同。但是二者的不同，犹如短工的劳动与长工或包身工的劳动之不同，仅仅具有量的意义，而不具有质的意义：劳动的价值与短工或小时工的劳动的价值类似；劳动力的价值与长工或包身工的劳动的价值类似。更确切些说，劳动与劳动力的价值之

---

① 马克思：《资本论》第一卷，中国社会科学出版社1983年版，第556页。
② 同上书，第165页。

不同，并不是劳动的价值与不同于劳动的另一种东西的价值之不同，而是两种劳动——奴隶劳动与非奴隶劳动——的价值之不同。

因为如上所述，一个人的劳动可以与他本身分离；他干完了活，他的劳动就凝结在产品中而离开了他。因此，一个人出卖劳动，就与出卖他的劳动产品一样，并没有出卖自己而成为奴隶。因此，劳动的价值，就其一般含义来说，必非奴隶劳动的价值，而是非奴隶——如工人——劳动的价值。反之，一个人的劳动力与他本身不可分离，劳动力就是人身中存在的创造有用物品的体力和脑力的总和，说到底，也就是人自身。一个人如果出卖了他的劳动力，那么，他创造有用物品的体力和脑力的总和就不再属于他所有，说到底，他自己也就不再属于他所有，他就从自由人变成了奴隶。因此，劳动力的价值，直接说来，是劳动力的劳动的价值；根本说来，则只能是奴隶——终生为奴或限定时间的奴隶——的劳动的价值。

## 2. 劳动与劳动力价格：劳动者生存的生活资料和工资

劳动力与劳动固然不同，但如上所述，二者的用途、效用或价值并无不同：劳动力的价值就是劳动力的劳动的价值；劳动的价值就是劳动力的劳动的价值。这样一来，一方面，劳动和劳动力使用价值就是劳动力的劳动满足劳动力买者生产需要的效用，就是劳动力的劳动生产产品的效用；另一方面，劳动和劳动力交换价值就是它们的使用价值——亦即劳动力的劳动生产产品的效用——满足换取其他商品的需要之效用，就是劳动力的劳动生产产品的价值换取其他商品的效用，就是劳动力的劳动的边际产品价值。

然而，许多古典经济学家却从成本规律——商品价值与生产成本相等——出发，认为与其他商品一样，劳动或劳动力价值与其生产成本相等。劳动力或劳动的生产成本就是维持和再生产劳动者所需要的生活资料。于是，在他们看来，劳动或劳动力价值就是维持和再生产劳动者所需要的生活资料的价值。这个道理，虽然已经蕴含于配第、杜尔阁、马尔萨斯和李嘉图著作，但只是在马克思那里才得到了十分清楚、确定和完满的论述："现在应该进一步考察这个特殊商品——劳动力。同一切其他商品一样，劳动力也具有价值。这个价值是怎样决定的呢？同任何其他商品的价值一样，劳动力的价值也是由生产从而再生产这种特殊物品所必需的劳动时间决定的。就劳动力代表价值来说，它本身只代表在它身上物化的一定量的社会平均劳动。劳动力只是作为活的个体的能力而存在。因此，劳动力的生产要以活的个体的存在为前提。假设个体已经存在，劳动力的生产就是这个个体本身的再生产或维持。活的个体要维持自己，需要有一定量的生活资料。因此，生产劳动力所需要的劳动时间，可化为生产这些生活资料所需要的劳动时间，或者说，劳动力的价值，就是维持劳动力所有者所需要的生活资料的价值。"[①]

这种理论可以称之为"劳动生产成本论"。它能成立吗？维塞尔的回答是否定的。他在《自然价值》第七章"所谓劳动的生产成本"一开篇就满怀激越之情说道："政治经济学古典学派有一个相当古怪的判断失误，竟至提出这样一个命题：人类劳动的交换价值也决定于其生产成本。人类劳动的生产成本——如果我们用这个名词的人格化意义来代替非人格化的、形象化的意义——就是生产劳动者的生产成本。多么荒谬的思想！难道竟有和物品的生产意义相同的劳动者的'生产'吗？即使在野蛮社会的最黑暗的时代，有人曾说过这样一种事情吗？"[②]

维塞尔说得对，劳动生产成本论确实黑暗、野蛮和荒谬之极。诚然，任何商品都遵循成本规律，因而在自由竞争条件下，商品价值都等于其成本价值。但是，同样毫无疑义的是，只有具有生产成本的商品才可能遵循成本规律，其价值才可能等于其成本价值；而没有生产成本的商品谈何遵循成本规律？没有生产成本的商品的价值怎么可能等于其生产成本？说一棵完全自然生长而没有丝毫人工栽种培育的大树的商品价值等于其生产成本岂不荒唐？说荒地等自然资源的价值等于其生产成本岂不荒唐？同样，劳动或劳动力商品也并没有什么生产成本：它们与荒地野林一样，根本就不是什么人投资生产出来的产品。

诚然，人类的种的繁衍也可以称之为人自身的生产：这种生产完全依靠一定的生活资料来进行和维持。但是，这种人自身的生产属于商品生产范畴吗？能说这些生活资料就是生产人自身——劳动和劳动者——的成本吗？确实，成本就是生产产品所耗费、支付或舍弃的有价值的东西，因而

---

[①] 马克思：《资本论》第一卷上，人民出版社1975年版，第194页。
[②] Friedrich Von Wieser, *Natural Value*, New York: Kelley & Millman, Inc., 1956, p. 186.

生活资料也可以看作是生产人自身——劳动和劳动者——所耗费或支付的有价值的东西。因此，这些东西或生活资料确实属于生产成本范畴。但是，这些东西或生活资料并不是生产劳动或劳动力商品的生产成本，而是购买劳动或劳动力商品的生产成本，是厂商购买劳动或劳动力所生产的产品的生产成本，是厂商所生产的产品的生产成本。举例说，厂商生产奔驰汽车，必须支付一定的货币或生活资料购买劳动或劳动力，属于生产成本，可以称之为劳动或劳动力成本。但是，这些生产成本显然不是劳动或劳动力商品的生产成本，而是奔驰汽车——劳动或劳动力所生产的产品——的生产成本。

如果说，生产人自身——劳动和劳动者——所耗费的生活资料，乃是厂商制造汽车等产品的生产成本，而不是厂商生产劳动力或劳动的生产成本，那么，是否可以说，生活资料是劳动者自己生产自己的劳动力或劳动商品的生产成本？显然不可以。试想，如果说生活资料是劳动者自己生产自己的劳动力或劳动商品的生产成本，那岂不就意味着：劳动者购买生活资料的目的就是为了生产和出卖劳动或劳动力给资本家？那岂不就意味着：劳动者吃饭喝酒抽烟就是为了生产和出卖自己的劳动或劳动力给资本家？那岂不就意味着：劳动者恋爱结婚生儿育女就是为了世世代代生产和出卖自己的劳动或劳动力给资本家？那岂不就意味着：劳动者活着就是为了生产和出卖自己的劳动或劳动力给资本家？不！杜冈—巴拉诺夫斯基怒吼道：“不管工人如何卑贱，但毕竟不是资本家的牲畜，工人在市场外是自由的。他在自己家里不是为资本家创造劳动力，而是为自己、为满足自己的需要而活着。”①

无论如何，生活资料都不可能是劳动或劳动力的生产成本。因为劳动或劳动力商品根本就没有生产成本，它们与土地等自然资源一样，并不是人为生产、制造出来的东西，而是自然产生出来的东西。说生活资料是生产劳动或劳动力的成本，正如说阳光、雨露和土壤是生产山参野菜的生产成本一样荒唐可笑。人本身、劳动或劳动力，与山参野菜一样，可以是商品；但人本身、劳动或劳动力的生产，也与山参野菜的生产一样，并不是商品生产，并不属于商品生产范畴：它们与商品生产根本不同，并没有生

---

① 杜冈—巴拉诺夫斯基：《政治经济学原理》（下册），商务印书馆 1989 年版，第 484 页。

产成本。这个道理，杜冈—巴拉诺夫斯基早有洞见："劳动力，如上所述，实质上不是生产出来的，而是在人的生活过程中产生出来的，因此，生产价值范畴根本不适用于劳动力，如果硬要这样做，得到的只能是内容空洞的理论体系。"[①]

可见，劳动或劳动力商品与荒地等自然资源一样，并不是人为生产、制造出来的商品，而是自然产生出来的东西，没有生产成本。因此，马克思和古典经济学派将维持和再生产劳动者所需要的生活资料当作劳动或劳动力的生产成本是不能成立的。这样一来，他们根据成本定律——商品价值与生产成本相等——进而断言劳动或劳动力价值就是（或等于）维持和再生产劳动者所需要的生活资料的价值，也就是根本不能成立的了。

细细想来，劳动或劳动力价值怎么能是维持和再生产劳动者所需要的生活资料的价值呢？劳动或劳动力的价值就是劳动者生存的生活资料的价值！劳动或劳动力的价值等于劳动者生存的生活资料的价值！天哪！这岂不是说，劳动者的劳动或劳动力的价值是如此之低微，以致刚好等于他们自己活命和繁衍后代的生活资料的价值！劳动者的劳动或劳动力的价值就是使他们活命和繁衍后代的生活资料的价值！姑且不说这是对劳动、劳动力和劳动者价值的何等的降低、轻蔑和侮辱，如果劳动或劳动力的价值与维持和再生产劳动者所需要的生活资料的价值相等，岂不意味着：劳动者所创造的东西完全都被他们自己消费了，因而也就不存在什么剥削了！

劳动或劳动力商品没有生产成本，因而不遵循成本规律，其价值决非维持劳动者生存的生活资料的价值。那么，没有生产成本的商品——劳动或劳动力以及荒地等自然资源——的价值究竟取决于什么？劳动或劳动力商品是创造价值的源泉，是生产要素。任何生产要素商品价值，不论是劳动还是土地抑或资本，都取决于其边际产品：各种生产要素的价值同样都是它们的边际产品价值。土地的价值就是土地的边际产品价值。资本的价值就是资本的边际产品价值。同理，劳动或劳动力的价值，如上所述，也是它们所创造、生产的产品的价值，说到底，也就是劳动或劳动力的边际产品价值。劳动或劳动力的边际产品价值与维持劳动者生存所需要的生活资料的价值，显然根本不同：这就是为什么维持劳动者生存所需要的生活

---

[①] 杜冈—巴拉诺夫斯基：《政治经济学原理》（下册），商务印书馆1989年版，第490页。

资料的价值不可能是劳动或劳动力的价值的缘故。那么，维持劳动者生存所需要的生活资料的价值是什么呢？

原来，维持劳动者生存所需要的生活资料是劳动或劳动力的价格。因为所谓价格，如前所述，就是价值的表现、规定和确定，就是商品相交换的量的关系或比例。不但货币可以确定、表现其他商品的价值，因而是价格；而且任何商品都可以用来确定表现其他商品的价值，因而都是价格。一件上衣可以换回20元货币，20元货币是一件上衣价值的表现、等价物，是一件上衣的价格。一件上衣可以换回20米麻布，20米麻布同样是一件上衣价值的表现、等价物，同样是一件上衣的价格。因此，劳动或劳动力可以换回维持劳动者生存所需要的生活资料，维持劳动者生存所需要的生活资料就是劳动或劳动力的价值的表现、规定和确定，就是劳动或劳动力的价格：劳动或劳动力的价格就是劳动或劳动力商品与其他商品——如工资、货币或维持劳动者生存的生活资料——相交换的量的关系或比例。反之亦然，维持劳动者生存所需要的生活资料，可以换回劳动或劳动力，因而劳动或劳动力就是维持劳动者生存所需要的生活资料的价值的表现、规定和确定："生活资料的价值正是表现在劳动能力的价值上。"① 劳动或劳动力是维持劳动者生存所需要的生活资料的价值的表现、规定和确定，因而也就是维持劳动者生存所需要的生活资料的价格：维持劳动者生存所需要的生活资料的价格就是维持劳动者生存的生活资料与其他商品——如劳动或劳动力商品——相交换的量的关系或比例。

这就是为什么，李嘉图认为维持劳动者生存所需要的生活资料是劳动的自然价格，属于劳动价格范畴："劳动的自然价格是使劳动者能够生存和不增不减地繁衍后代所必需的价格……因此，劳动的自然价格便决定于劳动者维持自身和家庭所需的食物、必需品和日用品的价格。"② 不过，李嘉图将维持劳动者生存所必需的生活资料叫做劳动的自然价格，显然是不确切的。因为所谓自然价格，正如斯密所言，就是与产品的成本价值相等的价格，就是与商品价值相等的价格："任何商品价格，如果不多不少

---

① 马克思：《资本论》第一卷，中国社会科学出版社1983年版，第158页。
② Divid Ricardo, *Principles of Political Economy and Taxation*, London: George Bell and Sons, 1908, p. 70.

恰恰等于生产、储存和运送这商品到市场按自然率支付的地租、工资和利润，那么，这商品就是按其自然价格出售的。商品的这种价格，恰恰相当于其价值，或者说，恰恰相当于出售这商品的人实际上所花的费用。"①维持劳动者生存所需要的生活资料与劳动或劳动力的价值根本不同，决不是与劳动或劳动力的价值相等的价格，因而不是劳动或劳动力的自然价格。

维持劳动者生存的生活资料不是劳动或劳动力的自然价格，而是劳动或劳动力的最低价格。试想，厂商要得到劳动或劳动力的最低的代价，显然是必须使劳动者能够生存：劳动者生存所需要的生活资料是厂商购买劳动或劳动力的最低价格。工人或劳动和劳动力所有者除了劳动和劳动力一无所有，为了生存不得不出卖劳动和劳动力。他们出卖自己的劳动或劳动力的最低价格，显然也是必须使自己能够生存，因而也是维持自己的生活所必需的生活资料。因此，维持劳动者生存所需要的生活资料，乃是资本家所愿意支付的最低价格，也是雇用工人所能够接受的最低价格，因而是劳动或劳动力的最低价格。

确实，维持劳动者生存的生活资料乃是劳动或劳动力的不可能再低的最低价格。因为维持劳动者生存的生活资料，说到底，原本是奴隶劳动和牛马等家畜劳动的价格。一个人为了得到奴隶的劳动或家畜劳动，无疑也必须保障奴隶和家畜的生存和繁衍，因而也必须支付维持奴隶和家畜等劳动者生存的生活资料。所以，维持劳动者生存的生活资料原本是与奴隶劳动或家畜劳动相交换的东西，是换取奴隶、家畜劳动的东西，因而也就是奴隶劳动或家畜劳动的价格：奴隶或家畜劳动的价格就是奴隶、家畜劳动与其他东西——如维持奴隶和家畜生存的生活资料——相交换的量的关系或比例。因此，断言劳动力价值就是维持劳动者生存的生活资料的价值，便无异于说：工人的劳动力价值就是牛马家畜劳动力的价值。殊不知，维持劳动者生存的生活资料决不是劳动或劳动力价值，而是劳动或劳动力价格，并且是最低价格。将劳动或劳动力价值等同于劳动或劳动力最低价格：这就是"劳动或劳动力价值就是维持劳动者生存的生活资料的价值"的根本错误之所在。

---

① Adam Smith, *The Wealth of Nations*, Books I – III, England Penguin Inc, 1970, p.158.

维持劳动者生存的生活资料是劳动或劳动力的最低价格，因而也就是工资的最低标准。因为所谓工资，如所周知，就是劳动的报酬。劳动的报酬，不论是货币还是实物，都是劳动所换回的东西，都是劳动的价值的表现、规定和确定，被当作劳动价值的等价物，因而也就是劳动的价格：工资是劳动的价格。这是不难理解的。因为工资是劳动的报酬，显然意味着：工资与劳动原本是一种商品交换关系。在这种关系中，一方面，劳动可以换回工资，工资是劳动价值的表现、等价物，是劳动的价格；另一方面，工资可以换回劳动，劳动是工资价值的表现、等价物，是工资的价格。因此，萨缪尔森说："工资无非是劳动的价格。"[①]

工资是劳动的价格，因而也就是劳动力的价格。因为，如上所述，虽然劳动与劳动力根本不同，但劳动与劳动力的用途、效用或价值却没有什么不同。因此，工资也就与维持劳动者生存的生活资料一样，都是劳动或劳动力的价格；只不过，维持劳动者生存的生活资料是劳动或劳动力的最低价格，因而也就是工资的最低标准。所以，斯密说："无论如何，普通工资有一定的标准，在相当长的时期内，即使最低级劳动者的工资，也不可能减到这一标准之下。需要靠劳作过活的人，其工资至少须足够维持其生活。"[②]

## 三 资本主义剥削之秘密

### 1. 工资与劳动：必定不等价交换

不难理解，工资如果等于劳动价值，亦即等于劳动的边际产品价值，那么，不论工资多么低，即使低到维持劳动者生存的生活资料之下，工资与劳动的交换也是等价交换，因而也就是公正的工资，并不存在资本家对剩余价值——劳动多于工资的价值——的无偿占有，不存在资本家对工人的剥削。相反地，工资只要低于劳动价值，亦即低于劳动的边际产品价值，那么，不论工资多么高，即使远远高于劳动者所需要的生活资料，工

---

[①] Paul A. Samuelson, William D. Nordhaus, *Microeconomics* (16th Edition), Boston: The McGraw-Hill Companies, Inc., 1998, p. 213.

[②] Adam Smith, *The Wealth of Nations*, Books I - III, England Penguin Inc., 1970, p. 170.

资与劳动的交换也是不等价交换,因而也就是不公正的工资,存在着资本家对剩余价值——劳动多于工资的价值——的无偿占有,存在资本家对工人的剥削。因此,工资是否公正或剥削是否存在的问题可以归结为:工资是否等于劳动的边际产品?

毋庸置疑,在自由竞争——特别是完全的自由竞争——条件下,工资必然等于劳动的边际产品价值。因为在完全竞争条件下,厂商为了利润最大化,势必将产量确定在边际成本等于价格的产量水平上:"在完全竞争条件下企业的供给法则是:当企业将其产量定在边际成本等于价格的水平时,就实现了利润的最大化。"[1] 这一原则无疑也是厂商使用劳动生产要素的原则。因为在完全竞争的劳动市场,劳动的买家与卖家对于劳动价格的决定作用是完全平等的,都同样无力控制劳动价格,都同样是劳动价格的接受者,劳动价格完全由供求关系的市场机制决定。这样一来,当劳动的边际收益产品大于其边际成本时,厂商便会不断追加劳动量,从而使企业的总收益不断增加。但是,劳动和资本生产力递减规律表明,不断追加劳动量,必然导致劳动的边际产量或边际收益递减。那么,厂商将在何时停止追加劳动量呢?

必然在劳动的边际收益产品等于其边际成本或劳动价格时。因为这时厂商总收益达到最大化,如果继续追加劳动量,就不会带来收益的增加,却会造成收益的减少。所以,正如萨缪尔森所言,厂商为了利润最大化,势必将产量确定在劳动的边际产品等于劳动价格或工资的产量水平上:"在完全竞争条件下,边际收益产品等于价格乘以边际产品。在完全竞争条件下,当边际产品乘以产出价格等于投入价格时,厂商就得到了利润最大化的投入组合:劳动的边际产品×产出价格=劳动的价格=工资。"[2]

可见,等价交换是自由竞争的价格规律。在完全的自由竞争条件下,工资必然等于劳动的边际产品价值,因而工资与劳动的交换必然是等价交换,工资必然是公正的,必然不存在资本家对剩余价值——劳动多于工资

---

[1] Paul A. Samuelson, William D. Nordhaus, *Microeconomics* (16th Edition), Boston: TheMcGraw-Hill Companies, Inc., 1998, p. 140.

[2] Ibid., p. 216.

的价值——的无偿占有，必然不存在资本家对工人的剥削。因此，克拉克说："在完全的自由竞争下，一切工人的工资倾向于和由劳动单独生产出来的产品相等。劳动的'最后单位'的产品，和各个单独的劳动单位的产品相等。如果正常的趋势起作用，那么，不但就各个劳动单位来说，而且就整个劳动队伍来说，产品和工资是相等的。"①

可是，问题的关键在于，资本主义的或私有制的劳动市场，就其本性来说，不可能是完全自由竞争市场，而必然是买方垄断市场。因为任何完全自由竞争市场的根本特征就在于，每个经济人，不论是卖者还是买者，对于价格的决定作用都是完全平等的，都同样是价格接受者，谁也强制不了谁，不存在任何强制，因而都是同样自由、无强制、心甘情愿地按照完全由市场机制决定的价格进行商品的买卖交换。然而，资本主义或私有制的劳动市场，劳动的买方与卖方对于劳动价格的决定作用不可能是平等的，不可能同样是劳动价格的接受者。这一点，可见之于斯密和霍布森等众多经济学家的论述。② 斯密说："劳动者的普通工资不论哪里都取决于劳资双方通常所订的契约。双方的利害关系决不一致，劳动者渴望尽可能多得，雇主则尽可能少给。劳动者为提高工资而结合，雇主为降低工资而联合。然而，在一般的场合，要预知双方谁占有利地位，谁能迫使对方接受自己的条件，并非难事。雇主人数较少，团结容易得多；此外，法律和当局至少并不禁止他们的联合。但劳动者的结合却为法律和当局所禁止。我们有许多议会的法令取缔为提高劳动价格而结合的团体，却没有一个法令取缔为减低劳动价格而结合的团体。在这种争议的整个过程中，雇主远比劳动者更能坚持长久。地主、农业家、制造业主或商人，即使不雇用一个劳动者，通常靠已经蓄得的资本也能维持一两年的生活；而失业的劳动者，绝大多数不能支撑一周生活，能支撑一月的更少，能支撑一年的简直没有。"③

不过，劳动的买方与卖方对于劳动价格的决定作用之所以不可能是平等的，根本说来，乃在于资本主义私有制。因为正如霍布斯和斯密所言：

---

① 克拉克：《财富的分配》，商务印书馆1984年版，第6页。
② 参阅霍布森《财富的科学》，上海人民出版社1968年版，第65—70页。
③ Adam Smith, *The Wealth of Nations*, Books I - III, England Penguin Inc., 1970, p. 169.

财富就是权力。① 私有制或财富能够使劳动的买方或资本家成为雇主，使劳动卖方或工人成为雇员，从而使资本家拥有指挥工人为自己劳作的具有合法性的强制力量或权力：权力岂不就是仅为管理者拥有且被社会承认的使被管理者服从的具有强制性的力量？因此，私有制或财富就意味着权力，权力就意味着不平等。私有制或财富使资本家（劳动买方）有权成为支配和领导工人（劳动卖方）的雇主，使工人成为被领导、被支配和必须服从的雇员。劳动的买方与卖方地位的不平等，势必导致对于劳动价格的决定作用的不平等：雇主或劳动买方必定是价格的决定者和控制者；而雇员或劳动卖方则只能是价格的接受者。因此，资本主义或私有制的劳动市场不可能是完全自由竞争市场，而必然是买方垄断市场。有鉴于此，萨缪尔森一再说，不论工会抵消买方垄断的力量有多么大，不论工会提高工资的作用有多么大，劳动市场也总还是买方垄断或不完全竞争市场："在现实生活中，劳动市场并不是完全竞争的。不管是否存在着工会，雇主们对工资总是拥有某种控制力。"② "任何规模的厂商都必须有一个工资政策这一事实是劳动市场的不完全性的又一个证明。"③

任何垄断，不论是产品市场的卖方垄断，还是劳动市场的买方垄断，都同样意味着垄断者在一定程度上控制价格，因而势必导致价格与价值的背离，导致不等价交换：不等价交换是垄断价格规律，正如等价交换是自由竞争的价格规律一样。只不过，产品市场的卖方垄断因其是卖方垄断，所导致的价格与价值的背离，当然是价格高于价值或边际成本："垄断的最大祸害并不是它榨取垄断利润，而是它规定的垄断价格远远高于社会按照边际成本所决定的价格……垄断的真正祸害是人为造成的 P 与 MC 的背离。"④

反之，劳动市场的买方垄断因其是买方垄断，所导致价格与价值的背离，则显然是价格低于价值，亦即劳动价格或工资低于劳动价值，低于劳动的边际产品。工资低于劳动价值或劳动的边际产品的差额，无疑是劳动者所创造的被资本家无偿占有的剩余价值，因而也就是资本家对劳动者的

---

① Adam Smith, *The Wealth of Nations*, Books I – III, England Penguin Inc., 1970, p.134.
② 萨缪尔森：《经济学》（中册），商务印书馆1986年版，第303页。
③ 同上书，第288页。
④ 同上书，第192—193页。

剥削，亦即所谓资本主义剥削。罗宾逊界说资本主义剥削便这样写道："所谓剥削通常是指工资小于劳动的边际物质产品按其售价所估计的价值。"① 因此，资本主义剥削或资本家对劳动者的剥削——亦即工资低于劳动价值或劳动的边际产品的差额——正如萨缪尔森所言，乃是劳动市场买方垄断的必然结果："剥削来源于雇主在购买劳动时的垄断力量（即所谓'买方垄断'）。"② 劳动市场买方垄断源于资本主义私有制，因而资本主义剥削，说到底，乃是资本主义私有制的必然结果：资本主义私有制是资本主义剥削的根源。

### 2. 马克思的剥削证明理论：工资与劳动力等价交换

剥削无疑有很多种，如产品市场卖方垄断的剥削、劳动市场买方垄断的剥削、奴隶制剥削、封建制剥削、资本主义剥削和亚细亚生产方式的官员阶级的剥削等。但是，资本主义私有制所导致的剥削，显然只能是资本家对雇佣劳动者的剥削。马克思《资本论》研究的正是这种资本主义剥削。这种剥削或剩余价值的无偿占有，无论如何，只能如罗宾逊所言，是工资小于劳动所创造的价值，亦即劳动与工资的不等价交换。③ 因此，不论是谁，他若揭露资本主义剥削，就必须且只能说明，为什么工资必然小于劳动？为什么工资与劳动的商品交换必然是不等价交换？

马克思剥削理论的核心也不能不是这个问题：为什么工资必然小于劳动？他在《资本论》第六篇"工资"中就这样写道："既然劳动的价值只是劳动力的价值的不合理的用语，那么不言而喻，劳动的价值必定总是小于劳动的产品的价值，因为资本家总是使劳动力执行职能的时间超过再生产劳动力的等价物所需要的时间。在我们的例子中，为了生产3法郎价值，即劳动力的日价值，每天需要劳动6小时，但是劳动力执行职能12小时，因此它每天生产出6法郎价值。这样，我们就会得到一个荒谬的结果：创造6法郎价值的劳动只值3法郎。"④ 这句话的下面，马克思还加了一个脚注："参看《政治经济学批判》第40页。我曾经在那里指出，

---

① 罗宾逊：《不完全竞争经济学》，商务印书馆1961年版，第235页。
② 萨缪尔森：《经济学》（中册），商务印书馆1986年版，第232页脚注。
③ 罗宾逊：《不完全竞争经济学》，商务印书馆1961年版，第235页。
④ 马克思：《资本论》第一卷，中国社会科学出版社1983年版，第558页。

在考察资本时应当解决这个问题:'为什么在纯粹由劳动时间决定的交换价值的基础上进行的生产,结果竟会使劳动的交换价值小于这劳动的产品的交换价值'呢?"①

这个问题对于马克思来说恐怕是个莫大的难题。因为马克思坚信等价交换是一切商品交换——工资与劳动也不例外——的内在规律,因而是说明工资必定小于劳动难题的根据和起点:"货币转化为资本,必须根据商品流通的内在规律来加以说明,因此,等价物的交换应该是起点。我们那位还只是资本家蛹的货币所有者,首先必须按照商品的公平的价值购买商品,然后按照商品的价值出卖商品,但最后,他必须取出比他预付的价值更大的价值。"②天啊!马克思居然要根据一切商品交换所固有的等价交换规律,来说明工资与劳动的必然不等价!这怎么可能呢?但是,马克思做到了!

首先,马克思发现,工人出卖的是劳动力而不是劳动:"工人卖的并不直接是他的劳动,而是他的暂时让资本家支配的劳动力。"③因为劳动没有价值和价格,不能成为商品,不能买卖:"劳动是价值的实体和内在尺度,但是它本身没有价值"。④其次,马克思发现,工资是劳动力的价值或价格的转化形式;而劳动力价值则不过是维持劳动者生存的生活资料的价值:"工资不是它表面上呈现的那种东西,不是劳动的价值或价格,而只是劳动力的价值或价格的隐蔽形式。"⑤"劳动力的价值,就是维持劳动力所有者所需要的生活资料的价值。"⑥最后,马克思得出结论说,工资或劳动力价值必然小于劳动力的使用——劳动——所创造的价值,二者的余额就是劳动者所创造的被资本家无偿占有的剩余价值,就是工资小于劳动所创造的价值,亦即资本家对劳动者的剥削:"劳动力具有的价值和劳动力能够创造的价值,是不同的量,资本家购买劳动力时,正是看中了这个价值差额。"⑦"资本家总是使劳动力执行职能的时间超过再生产劳动

---

① 马克思:《资本论》第一卷,中国社会科学出版社 1983 年版,第 558 页。
② 同上书,第 150 页。
③ 《马克思恩格斯选集》第 2 卷,人民出版社 1995 年版,第 75 页。
④ 马克思:《资本论》第一卷,中国社会科学出版社 1983 年版,第 555 页。
⑤ 《马克思恩格斯选集》第 3 卷,人民出版社 1995 年版,第 310 页。
⑥ 马克思:《资本论》第一卷上,人民出版社 1975 年版,第 194 页。
⑦ 马克思:《资本论》第一卷,中国社会科学出版社 1983 年版,第 182 页。

力的等价物所需要的时间。"①

这样一来，一方面，工资必定小于劳动，因而存在剩余价值或剥削，但这并不违背等价交换规律。因为这发生于商品生产领域，而不是发生于商品交换领域。另一方面，在商品交换领域，工人与资本家交换的商品并不是工资与劳动，而是工资与劳动力：工资与劳动力交换无疑符合等价交换规律："实现劳动力买卖的商品流通领域……用等价物交换等价物。"②因此，虽然工资小于劳动所创造的价值，虽然存在着剩余价值和资本主义剥削，但丝毫也没有违背商品等价交换规律："交换规律得到了严格遵守，等价物换等价物。在市场上，资本家对每一种商品——棉花、纱锭和劳动力——都按其价值购买。然后，他做了任何别的买者所做的事情，他消费它们的使用价值……劳动力只有在市场上被出卖，才能在生产领域被剥削。"③

马克思就是这样根据一切商品交换所固有的等价交换规律，说明了工资与劳动的必然不等价。这种说明显然可以归结为三句话或三组论断。(1) 工人出卖的是劳动力而不是劳动，劳动没有价值和价格。(2) 工资是劳动力的价值或价格的转化形式；劳动力价值是维持劳动者生存的生活资料的价值。(3) 资本家总是使劳动力执行职能的时间（劳动）超过再生产劳动力的等价物所需要的时间（工资），二者的余额就是劳动者所创造的被资本家无偿占有的剩余价值。这就是马克思的剥削理论，这就是马克思对资本主义剥削的证明。

这种证明堪称逻辑和辩证法的杰作，但构成这种证明的经济学命题，却几乎没有一个是正确的。首先，不难看出，马克思剥削理论最重要的前提，就是第一组论断：工人出卖的是劳动力而不是劳动。为什么工人出卖的是劳动力而不是劳动呢？因为劳动没有价值和价格，不能成为商品，不能买卖："劳动是价值的实体和内在尺度，但是它本身没有价值"。④ 马克思对于这一原理——"牵涉到全部政治经济学中一个极重要的问题"——的证明，主要是一种归谬法："劳动是商品"的观点包含双重荒

---

① 马克思：《资本论》第一卷，中国社会科学出版社 1983 年版，第 558 页。
② 同上书，第 161 页。
③ 同上书，第 183 页。
④ 同上书，第 555 页。

谬或矛盾。一方面，如果劳动是商品、具有价格，那么，劳动就具有价值；但是，"劳动的价值"是一种荒谬的同义语反复："什么是价值呢？这就是耗费在商品生产上的社会劳动的客体形式。我们又用什么来计量商品的价值量呢？用它所包含的劳动量来计算。那么，比如说，一个十二小时工作日的价值是由什么决定的呢？是由十二小时工作日中包含的12个劳动小时决定的；这是荒谬的同义语反复。"①

另一方面，如果劳动是商品，不是否定等价交换的价值规律，就是否定剩余价值规律，亦即否定资本主义生产的基础："撇开这些矛盾不说，货币即已实现的劳动同活劳动的直接交换，也会或者消灭那个正是在资本主义生产基础上才展开的价值规律，或者消灭那种正是以雇佣劳动为基础的资本主义生产本身。举例来说，假定一个十二小时工作日实现为6法郎的货币价值。如果是等价物相交换，这样，工人以十二小时劳动获得6法郎，或者说他的劳动的价格就要等于他的产品的价格。在这种情况下，他没有为他的劳动的购买者生产任何剩余价值，这6法郎不转化为资本，资本主义生产的基础就会消失。然而正是在这个基础上，工人才出卖他的劳动，而他的劳动也才成为雇佣劳动。或者工人在十二小时劳动中获得的少于6法郎，就是说，少于12小时劳动。在这种场合就是12小时劳动同10小时劳动、6小时劳动等相交换。这样使不等的量相等的做法，不只是消灭了一切价值规定。这种自我消灭的矛盾甚至根本不可能当作规律来表述。"②

确实，如果马克思的价值定义——价值就是商品中所凝结的劳动——能够成立，那么，劳动的价值就是劳动中所凝结的劳动，12小时劳动的价值就是12小时的劳动：荒谬的同义语反复。然而，马克思的价值定义是不能成立的。因为，如前所述，一方面，商品中凝结的人类劳动，其存在并不依赖于人的需要，甚至也不依赖于人。一件金首饰所凝结的人类劳动，即使人类灭亡了，它也照样凝结在该金首饰中。因此，商品中凝结的人类劳动乃是商品的不依赖人的需要而存在的属性，是一种可以独立于人而存在的实在，是商品的固有属性或事实属性：说价值是事实或固有属

---

① 马克思：《资本论》第一卷，中国社会科学出版社1983年版，第553页。
② 同上书，第554页。

性，岂不荒谬之极？另一方面，如果商品价值就是商品中所凝结的劳动，那么，非劳动或不凝结劳动的物品，如土地等，就不可能有价值或交换价值："土地不是劳动产品，从而没有任何价值。"① 这是很荒谬的。因为任何东西，不论是否包含或凝结劳动，只要具有使用价值并且稀缺，显然就能够进行交换或买卖，因而必定具有交换价值：使用价值和稀缺性是任何东西具有交换价值的充分且必要条件。土地显然既具有使用价值又具有稀缺性，因而能够买卖交换，具有交换价值或价值：天地间哪里会有能够买卖交换却不具有交换价值的东西！

从价值就是商品所凝结的人类劳动的定义，还可以推出"不包含劳动的使用价值没有交换价值"、"非劳动产品皆非商品"和"劳动没有价值"等同样荒谬绝伦的结论。这些荒谬的结论，充分显示了价值就是商品所凝结的人类劳动的定义之荒谬。商品价值决不是商品中所凝结的劳动，而是——如前所述——商品效用：使用价值是商品的边际效用，是商品满足人的使用、消费需要的边际效用；交换价值则是商品使用价值对于换取其他商品的交换需要的效用，是商品边际效用（亦即交换价值实体）对于换取其他商品的交换需要的效用。准此观之，劳动的价值就是劳动的效用。12 小时劳动的价值就是 12 小时劳动的效用。12 小时劳动的使用价值就是 12 小时劳动满足劳动购买者生产需要的效用，也就是 12 小时劳动生产产品的效用。12 小时劳动的交换价值就是 12 小时劳动满足劳动者用以与其他商品（如货币）相交换的需要之效用。劳动生产多少产品，就应该换取多少产品。因此，12 小时劳动的交换价值就是 12 小时劳动边际产品价值：12 小时劳动的交换价值量 = 12 小时劳动边际产品价值量。

显然，马克思否定劳动是商品的理由——劳动的价值是一种荒谬的同义语反复——是不能成立的。我们再来看马克思的另一个理由：如果劳动是商品，不是否定等价交换的价值规律，就是否定剩余价值规律。这个理由更不能成立。恰恰相反，如果劳动是商品，因而与工资相交换，既不会否定等价交换规律，也不会否定剩余价值规律。因为，如上所述，劳动确实是商品，工人出卖的确实是劳动，因而是两种商品——资本家支付的工资与工人付出的劳动——相交换。等价交换是自由竞争的固有规律。在完

---

① 马克思：《资本论》第三卷，人民出版社 2004 年版，第 702 页。

全的自由竞争条件下，工资必然等于劳动的边际产品价值，因而不存在剩余价值或资本家对工人的剥削。可是，资本主义劳动市场不可能是完全自由竞争市场，而必然是买方垄断市场。不等价交换是垄断的固有规律。劳动市场的买方垄断必然导致工资低于劳动的边际产品：二者的差额就是被资本家无偿占有的剩余价值。因此，劳动是商品既没有否定等价交换规律，也没有否定剩余价值规律。马克思误以为等价交换是商品交换在任何条件下——不论自由竞争还是垄断——所固有的普遍规律，因而错误地得出结论说：工资与劳动相交换，如果存在着剩余价值就否定了等价交换规律；如果等价交换就否定了剩余价值规律。

马克思否定劳动是商品的理由既然不能成立，那么，工人出卖的究竟是劳动还是劳动力？显然是劳动。因为，如上所述，如果一个人出卖了他的劳动力，那他就不可能是工人，而只能是奴隶。因为劳动力与劳动根本不同。一个人的劳动可以与他本身分离；他干完了活，他的劳动就凝结在产品中而离开了他。因此，一个人出卖劳动，就与出卖他的劳动产品一样，并没有出卖自己而成为奴隶。相反地，一个人的劳动力与他本身不可分离，因为劳动力就是人身中存在的创造有用物品的体力和脑力的总和，说到底，也就是人自身。一个人如果出卖了他的劳动力，那么，他的劳动能力就不再属于他所有，他创造有用物品的体力和脑力的总和就不再属于他所有，说到底，他自己也就不再属于他所有，他就从自由人变成了奴隶。

可见，马克思剥削证明理论的第一组论断——工人出卖的是劳动力而不是劳动和劳动没有价值及价格——不能成立。它的第二组论断——工资是劳动力的价值或价格的转化形式和劳动力价值是维持劳动者生存的生活资料的价值——也是错误的。因为工人出卖的是劳动而不是劳动力，显然意味着：工资是劳动的价格而不是劳动力的价格。退一步说，即使工人出卖的是劳动力，即使工资是劳动力价格，工资与劳动力的交换也决不可能是等价交换。

因为如上所述，一方面，劳动力与劳动固然根本不同，但是劳动与劳动力的用途、效用或价值并无不同。因为劳动力只有一种用途、效用或价值，那就是劳动。因此，劳动力的价值就是劳动力的劳动的价值，说到底，就是劳动的价值。另一方面，劳动或劳动力商品没有生产成本，因而不遵循成本规律，其价值决不是所谓维持和再生产劳动者的生活资料的价值。劳动或劳动力和自然资源等没有生产成本的商品都是生产要素。任何生产要素商品的价值，不论是劳动或劳动力还是土地和资本，都取决于其边际产品：劳动或劳动力的价值，也就是劳动或劳动力的边际产品价值。维持劳动者生存的生活资料则与工资一样，乃是劳动或劳动力的价格；只不过，维持劳动者生存的生活资料是劳动或劳动力的最低价格，因而也就是工资的最低标准。

因此，如果劳动力价值是维持劳动者生存的生活资料，那么，工资与劳动力价值相交换确实符合等价交换规律。但是，维持劳动者生存的生活资料是劳动力的最低价格，是工资的最低标准，因而属于工资范畴。工资与劳动力相交换，实际上就是维持劳动者生存的生活资料与劳动力相交换，就是维持劳动者生存的生活资料与劳动力的边际产品相交换，因而必定是不等价交换：劳动力市场的买方垄断必然导致劳动力价格（维持劳动者生存的生活资料）小于劳动力价值（劳动力边际产品）。马克思以为劳动力的买卖是等价交换，不过因其误将劳动力价格——亦即维持劳动力所有者的生活所需要的生活资料——当作劳动力价值罢了。

马克思剥削理论的第三组论断——资本家总是使劳动力执行职能的时间（劳动）超过再生产劳动力的等价物所需要的时间（工资）以及二者的余额就是劳动者所创造的被资本家无偿占有的剩余价值——的成立，缺乏科学的证明。确实，资本家总是使劳动力执行职能的时间超过再生产劳动力的等价物所需要的时间。但是，怎么才能科学地证明或论证这一点呢？马克思的全部论证不过是说，正如一切商品的使用价值都归买者所有一样，劳动力的使用价值也归劳动力的买者所有。这样，如果劳动力劳动6小时所创造的价值等于劳动力价值，那么，资本家决不会让劳动力正好就劳动6小时，而必定要延长劳动时间或缩短必要劳动时间，使劳动力的使用所创造的价值多于劳动力价值，从而剥削剩余价值："剩余价值的生产只不过是超过一定点继续延长的价值生产。如果劳动过程只持续到这样一点，即资本家所支付的劳动力价值为新的等价物所补偿，那就是单纯的价值生产；如果劳动过程超过这一限度，那就是剩余价值生产。"[1]

---

[1] 马克思：《资本论》第一卷，中国社会科学出版社1983年版，第183页。

这算得上论证吗？这岂不只是"资本家总是使劳动力执行职能的时间超过再生产劳动力的等价物所需要的时间"的举例说明吗？我们岂不是更可以如此举例说明：劳动创造的价值，既可能大于也可能小于还等于所谓劳动力价值或维持劳动者生存的生活资料的价值？我们岂不是更可以如此举例说明：如果劳动力劳动 12 小时所创造的价值等于劳动力价值或维持劳动者生存的生活资料的价值，那么，劳动者既可能劳动 13 小时，也可能劳动 11 小时，还可能劳动 12 小时？马克思断言工人实际劳动时间，必定大于创造劳动力价值或维持劳动者生存的生活资料所需要的劳动时间的唯一的根据，就是劳动力的使用价值归资本家所有。就算如此，难道资本家就可以随心所欲使用劳动力吗？即使可以随心所欲，劳动力创造的价值就一定大于劳动力价值或维持劳动者生存的生活资料的价值吗？难道不可以说劳动力的使用所能创造的价值极低，以致无论如何至多也只能等于维持劳动者生存的生活资料的价值？显然，马克思的论证否定不了这些可能，因而证明不了"资本家总是使劳动力执行职能的时间超过再生产劳动力的等价物所需要的时间"的必然性。

马克思的剥削理论不能科学地证明资本主义剥削的必然性，恐怕正是源于所谓"历史局限性"。因为所谓资本主义剥削的必然性，无非是工资小于劳动价值的必然性；证明资本主义剥削的必然性也就是证明工资小于劳动价值的必然性，说到底，也就是科学地确定劳动的价值量。然而，如何确定劳动的价值量被经济学家称之为"分配之谜"，一直到 1900 年左右，方由美国经济学家克拉克提出边际生产率分配理论而得到科学的解决。按照边际生产率理论，劳动力或劳动的价值也就是劳动力或劳动的边际产品价值。在完全的自由竞争条件下，工资必然等于劳动或劳动力的边际产品价值，因而不存在剩余价值或资本家对工人的剥削。可是，资本主义劳动市场不可能是完全自由竞争市场，而必然是买方垄断市场。劳动市场的买方垄断必然导致工资低于劳动或劳动力的边际产品：二者的差额就是被资本家无偿占有的剩余价值。因此，资本家对劳动者的剥削是劳动或劳动力市场买方垄断的必然结果。显然，能够完成对资本主义剥削进行科学证明使命的，只能是基于边际生产率理论的当代劳动经济学。

综上可知，马克思剥削证明理论的结论——工资小于劳动所创造的价值——虽然正确，但它所由以推出的却是 6 个错误的前提：（1）价值是商品中所凝结的劳动；（2）劳动没有价值和价格；（3）工人出卖的是劳动力而不是劳动；（4）工资是劳动力的价值或价格的转化形式；（5）劳动力价值是维持劳动者生存的生活资料的价值；（6）等价交换是商品交换在任何条件下——不论自由竞争还是垄断——所固有的普遍规律。这6个错误的前提可以归结为"一个中心"和"两个基本点"：（5）是中心；（1）和（6）是两个基本点。马克思剥削证明理论失败的根本原因，显然在于它的理论基础是两个错误的教条："价值是商品中所凝结的劳动"和"等价交换是商品交换在任何条件下——不论自由竞争还是垄断——所固有的普遍规律"。这两个错误的教条是马克思剥削证明理论的两个基本点。马克思无论如何也要从"等价交换是商品交换在任何条件下——不论自由竞争还是垄断——所固有的普遍规律"出发，来证明必然存在劳动超过工资的剩余价值，亦即证明工资与劳动的不等价！结果，他借助"价值是商品中所凝结的劳动"的教条，断言劳动没有价值和价格，从而误以为工人出卖的是劳动力而不是劳动：劳动力与劳动的区分是马克思剥削证明理论的中心或枢纽。围绕这一中心，马克思继承了配第、杜尔阁、马尔萨斯和李嘉图等荒谬的"劳动生产成本论"，误将劳动力价格或工资——亦即维持劳动者生存的生活资料——当作劳动力价值，因而得出结论说：工资与劳动力交换符合等价交换规律。这个命题——劳动力价值是维持劳动者生存的生活资料的价值——是马克思剥削证明理论的核心或中心谬误。一个中心两个基本点的戏法终于变成了：虽然工资小于劳动所创造的价值却没有违背商品等价交换规律！

# 第十五章

# 商品价值理论：劳动价值论与边际效用论

**本章提要**

不论是劳动价值论还是边际效用论，都承认商品中所凝结和耗费的生产要素——劳动、资本和土地——是使用价值产生的源泉和实体。二者的分歧，直接说来，在于劳动、资本和土地是不是交换价值的源泉和实体；根本说来，在于使用价值是不是交换价值的源泉和实体；最终说来，在于价值反论能否成立。边际效用论证明价值反论不能成立。因为边际效用论发现，使用价值是商品的边际效用，边际效用随着该商品的增多而递减，因而使用价值便随着该商品的增多而递减。因此，钻石交换价值大，决不是因其效用和使用价值小；恰恰相反，钻石交换价值大，只是因其数量小，因而边际效用大，从而使用价值大。水交换价值小，决不是因其效用大，而是因其数量多，因而边际效用小，从而使用价值小。因此，交换价值与使用价值的大小成正比，使用价值是交换价值产生的源泉和存在的实体。这样一来，商品中所凝结和耗费的生产要素——劳动、资本和土地——便是交换价值的源泉和实体：它们是使用价值的直接源泉和直接实体，是交换价值的间接源泉和间接实体。马克思和古典经济学派误以为劳动是创造价值的唯一源泉，说到底，就是因为他们被价值反论所惑，误以为使用价值往往与交换价值成反比，因而不可能是交换价值的源泉和实体，不可能用使用价值来解释交换价值。这样一来，使用价值的源泉和实体——劳动、资本和土地——也就不可能是交换价值的源泉、实体了；否则，交换价值怎么能够与使用价值的大小相反呢？那么，交换价值和价值的源泉、实体是什么？只有劳动：劳动是创造价值的唯一源泉。确实，如果劳动是创造交换或价值的唯一源泉，那么，价值或交换价值与使用价值往往相反就可以理解了。

## 一 劳动价值论

### 1. 劳动价值论的适用范围：公有制之真理与私有制之谬论

劳动价值论的主要代表人物，如所周知，是斯密、李嘉图和马克思。但是，欲知究竟何谓劳动价值论，必须明了，经济学或劳动价值论所谓"价值"、"商品价值"，正如穆勒所指出，通常是指"交换价值"、"商品交换价值"："价值一词在没有附加语的情况下使用时，在政治经济学上，通常是指交换价值。"① 那么，他们所谓交换价值又是什么？如上所述，李嘉图和马克思所谓交换价值，往往并不是指摸不着看不见的交换价值自身，而是指人制定或约定的、摸得着看得见的交换价值形式或价值形式，亦即商品相交换的量的关系或比例：将交换价值混同于价格。这种混同甚至得到了维克塞尔等经济学家的认可："在某些场合，价格这个词和交换价值的意义完全一样。"② 有鉴于此，可以断定：所谓劳动价值论，就是认为劳动是创造和决定商品交换价值的唯一的源泉、实体的理论，也就是认为劳动是创造和决定商品价值的唯一的源泉、实体的理论。

斯密说："劳动是衡量一切商品交换价值的真实标准。每一物品的真实价格，一个人要取得每一物品实际上所付出的代价，就是获得它的辛苦和麻烦。"③ "劳动是价值唯一的普遍和正确的尺度，或者说，劳动是我们用以比较一切时代和一切地方各种商品的价值的唯一标准。"④ 李嘉图也这样写道："也许有人要问，我所说的价值是什么意思，我用什么标准来断定商品的价值有没有改变。我回答说，一件物品的贵贱，除了用生产它时所牺牲的劳动来断定外，我不知道还有别的什么标准。一切东西根本都是劳动创造的——任何有价值的东西不靠劳动就不能生产出来。"⑤ "只要

---

① 穆勒：《政治经济学原理》（上卷），商务印书馆1997年版，第493页。
② 维克塞尔：《国民经济学讲义》，上海译文出版社1983年版，第21页。
③ Adam Smith, *The Wealth of Nations*, Books I – III, England Penguin Inc., 1970, p. 133.
④ Ibid., pp. 139 – 140.
⑤ 米克：《劳动价值学说的研究》，商务印书馆1979年版，第126页。

我们承认,一切商品都是劳动的产物,除非花费了劳动,否则就根本不会有价值,那就非常清楚,生产各种商品所费劳动量的增减,是它们的价值发生变动的唯一原因。"① 马克思更是一再说:"价值实体就是劳动。"② "使用价值或某种物品具有价值,只是因为有人类劳动物化在里面。"③ "只是在一定社会内生产物品所必要的劳动量或劳动时间,决定物品的价值量……因此,含有等量劳动或能在同样时间内生产出来的商品,具有同样的价值。"④

可见,在斯密、李嘉图和马克思看来,只有劳动才是创造价值或交换价值的源泉和实体。这就是劳动价值论的根本观点:劳动价值论就是认为只有劳动才是价值或交换价值的源泉的理论。粗略看来,这种观点极为简单和偏激。劳动无疑是创造价值或交换价值的源泉和实体;但如果说只有劳动才是创造价值或交换价值的源泉,岂不片面偏颇之极!但细究起来,却应该承认,劳动价值论不但堪称博大精深、真伪难辨、扑朔迷离和幽晦曲折的伟大理论,而且其结论——只有劳动才是价值或交换价值的源泉——无疑是一种相对真理:它是公有制商品价值论之真理。这可以从两方面看。

一方面,劳动价值论乃是一种人类的理想:劳动应该是创造和决定交换价值的唯一源泉。诚然,就事实来说,劳动、资本和土地等自然资源是创造和决定交换价值的三个源泉或实体。但是,事实未必应该。因为所谓资本,亦即用作投入的劳动产品,如工厂、机器、设备等,原本是劳动与土地等自然资源的产物或结合物,是由劳动与自然资源两种生产要素创造的。因此,创造交换价值的源泉最终便可以归结为劳动和土地。这就是说,归根结底,只有劳动和土地等自然资源才是创造和决定一切交换价值的源泉或实体。问题的关键在于,土地等自然资源显然应该是人类共同拥有的东西,应该是人类公有的东西。因此,每个人使用土地等自然资源,就应该像使用自己的东西一样,应该是无需代价的,应该是无偿的;只有劳动才应该是个人私有的,因而只有劳动才应该是有偿的,才应该是需要

---

① 米克:《劳动价值学说的研究》,商务印书馆1979年版,第126页。
② 马克思:《资本论》第一卷,中国社会科学出版社1983年版,第17页。
③ 同上书,第15页。
④ 同上书,第16页。

支付代价的。交换价值显然与土地等无需支付代价的公有物无关,而仅仅决定于需要支付代价的劳动:劳动应该是创造和决定交换价值的唯一源泉或实体。确实,劳动应该是创造和决定交换价值的唯一源泉或实体。因为这样一来,就消除了劳动的无偿占有,亦即消除了剥削和经济异化,实现了经济公正:按劳交换和按劳分配。因此,劳动价值论就其结论——劳动是创造和决定交换价值的唯一源泉——来说,实乃人类所当追求的理想。

另一方面,劳动是创造和决定交换价值的唯一源泉,不但是人类所当追求的理想;而且人类必将实现这样的理想社会,在这种社会中,劳动事实上也是创造和决定交换价值的唯一源泉或实体。这种理想的社会就是生产资料公有制社会或共产主义社会:劳动价值论是生产资料公有制或共产主义社会商品价值论之真理。因为生产资料——资本和土地等自然资源——公有制,显然意味着:每个人使用资本和土地等自然资源,就如同使用自己的东西一样,都无需代价,都是无偿的;只有劳动才是个人私有的,因而只有劳动才是有偿的,才是需要支付代价的。这样一来,资本、土地和劳动虽然是创造产品使用价值的源泉和实体,但是,产品的交换价值却显然与资本和土地等无须支付代价的公有物无关,而仅仅决定于需要支付代价的劳动:劳动是创造和决定交换价值的唯一的源泉或实体。因此,斯密在泛论劳动价值论的一般原理——亦即劳动是创造和决定交换价值的唯一源泉——之后,曾具体阐述其成立的前提和条件,断定其仅仅适用于资本积累和土地私有尚未发生的原始公有制社会:

> 在资本积累和土地私有以前的初期野蛮社会,获取各种物品所需要的劳动量的比例,看来是各种物品相互交换的唯一标准。例如,狩猎民族通常捕杀一头海狸是捕杀一头鹿所需要的劳动的两倍,那么,一头海狸自然应该换或值二头鹿。因此,两天或两小时劳动的生产物的价值,通常是一天或一小时劳动的生产物的两倍,这是很自然的。[1]

显然,在生产资料公有制或共产主义社会,劳动确实是创造和决定交

---

[1] Adam Smith, *The Wealth of Nations*, Books I-III, England Penguin Inc., 1970, p.150.

换价值的唯一的源泉。那么,在生产资料私有制或资本主义社会,劳动还是创造和决定交换价值的唯一源泉吗?显然不是。因为生产资料——亦即资本和土地等自然资源——私有制意味着,资本和土地等自然资源的使用都是有偿的,是需要支付代价的,因而必须计入成本而成为交换价值的两个源泉:劳动、资本和土地等自然资源是创造和决定交换价值的三个源泉。因此,斯密认为,只有在资本积累和土地私有尚未发生的原始公有制社会,劳动才是交换价值的唯一的实体和源泉;而在资本和土地私有的社会,劳动就不再是创造交换价值的唯一的实体和源泉了。因为在资本和土地私有制社会,产品成本由工资、利润和地租构成,因而工资、利润和地租便是创造商品价格和交换价值的三个源泉或实体,说到底,劳动、资本和土地便是创造商品价格和交换价值的三个源泉或实体:

> 资本一旦在个别人手中积聚起来……劳动者增加到原材料的价值,就分为两个部分,一部分是支付劳动者的工资,另一部分是雇主的利润……任何国家的土地一旦完全成为私有财产……劳动者必须把他所生产或采集的产物的一部分交给地主。这一部分或其代价,便构成土地的地租……任何商品的全部价格,最后必由若干或三个部分构成……工资、利润和地租,是一切收入和一切交换价值的三个最终源泉。[①]

这就是斯密的双重价值论——劳动价值论与收入价值论——劳动价值论适用于原始公有制社会;收入价值论适用于私有制社会。确实,斯密双重价值论堪称真理。因为劳动价值论只是"应然"的、"应该"的真理——劳动应该是创造和决定交换价值的唯一源泉——而未必是"实然"的、"事实"的真理:劳动未必实际是创造和决定交换价值的唯一源泉。就实然、事实来说——就劳动实际是否为创造交换价值的唯一源泉——来说,劳动价值论是相对真理:劳动价值论只适用于生产资料公有制或共产主义社会,只是公有制社会商品价值论之真理;劳动价值论决不适用于生

---

① Adam Smith, *The Wealth of Nations*, Books I - III, England Penguin Inc., 1970, pp. 151 - 155.

产资料私有制或资本主义社会，它是私有制商品价值论之谬误。私有制社会商品价值论之真理是生产要素论：劳动、资本和土地等自然资源则是创造交换价值的三个源泉或实体。然而，李嘉图和马克思却摒弃斯密的双重价值论，主张一种普遍的劳动价值论，亦即将劳动价值论当作普遍适用于一切商品——特别是资本主义——的价值理论，认为劳动事实上是创造一切商品的价值或交换价值的唯一的源泉和实体。那么，李嘉图与马克思等劳动价值论思想家，如此否定资本和土地而认为事实上只有劳动才能创造价值或交换价值，究竟有什么根据？

### 2. 劳动价值论的主要根据：生产资料转移价值论

李嘉图摒弃斯密的双重价值论，主张一种一元的、纯粹的和超社会或普世的劳动价值论，亦即将劳动价值论当作普遍适用于一切社会——资本积累、土地私有尚未发生和已经发生的社会——的商品价值规律。他论及劳动价值论原理的普世性时，就曾这样批评斯密说："虽然亚当·斯密完全承认了这个原理，就是：获取各种物品所必需的劳动量间的比例，是支配它们相互交换的规律的唯一条件，他却又把这个原理的应用限于'资本积累和土地私有以前的早期蒙昧社会'；仿佛一旦需要支付利润和地租的时候，这两者就对商品的相对价值有一定的影响，而与生产它们所必需的劳动量无关。"①

李嘉图认为劳动价值论适用于一切社会的根据在于：劳动不仅包括劳动者的活劳动而且包括已经凝结在资本中的死劳动："生产出来的商品的交换价值与投在它们生产上的劳动成比例；这里所谓劳动不仅是指投在商品的直接生产过程中的劳动，而且也包括凝结在使该劳动有效的一切器械上的劳动。"② 这样一来，劳动是决定价值的唯一源泉，便不仅适用于原始社会社会，而且适用于资本主义社会；它适用于原始社会，也并不是因为原始社会没有资本，而是因为劳动包括资本中的死劳动，资本终究也是劳动创造的："即使是在亚当·斯密所说的那种早期状态中，一些资本虽

---

① 米克：《劳动价值学说的研究》，商务印书馆1979年版，第107页。
② Divid Ricardo, *Principles of Political Economy and Taxation*, London: George Bell and Sons, 1908, p. 18.

然可能是由猎人自己制造和积累的，却是他捕猎鸟兽所必需的。没有某种武器，就不能捕猎海狸和野鹿。所以这些猎物的价值不仅要由捕猎所需的时间和劳动决定，而且也要由制造那些使猎人能够有效捕猎的资本——武器——所需的时间和劳动决定。"①

诚然，资本也是劳动产品，也是劳动创造的，因而"资本创造交换价值"，说到底，仍然是"劳动创造交换价值"。但是，由此决不能否定交换价值是资本直接创造的，不能说资本不是交换价值的直接的源泉和实体；而只能说资本不是交换价值的终极的源泉和实体，只能说劳动不但是交换价值的直接的源泉和实体，而且是交换价值的终极的源泉和实体。然而，李嘉图却由此得出结论说：劳动是创造交换价值是唯一源泉和实体。这是错误的。一方面，资本不仅仅是劳动的产品，而是劳动和自然或土地共同创造的产品。另一方面，商品生产要素不仅仅是资本与劳动两要素，而是资本、劳动和土地三要素。因此，创造商品交换价值的源泉和实体是资本、劳动和土地三要素：资本是直接的源泉和实体；劳动和自然是终极的源泉和实体。

那么，李嘉图为否定自然和资本而仅仅肯定劳动是创造交换价值的唯一源泉，究竟还有什么根据呢？李嘉图承认自然和资本是创造使用价值的源泉，却否定它们是创造交换价值的根据，竟然在于它们所做的工作无需报偿："萨伊先生指责亚当·斯密忽视了自然要素和机器赋予商品的价值，因为他认为一切物品的价值都来自人的劳动。但是我认为这种指责是错误的。因为亚当·斯密从来没有低估自然要素和机器为我们提供的这种效益，而是极其恰当地区别了它们加到商品中去的价值的性质——它们通过增加产品数量、使人类更为富裕和增加使用价值而造福我们；但由于它们所做的工作，像使用空气、热和水一样无需支付任何代价，它们提供给我们的帮助就不会使交换价值有任何增加。"② 这种根据显然不能成立。因为在私有制或资本主义社会，土地等自然资源和机器等资本的使用不可能是无偿的，因而按照李嘉图的逻辑，岂不就应该承认它们也是创造交换

---

① Divid Ricardo, *Principles of Political Economy and Taxation*, London: George Bell and Sons, 1908, p. 17.

② Ibid., p. 271.

价值的源泉吗？

诚然，这些并不是李嘉图的主要根据。李嘉图与马克思等劳动价值论思想家，否定资本和土地而认为只有劳动才能创造价值或交换价值，最主要的根据，恐怕是李嘉图和马克思的"生产资料转移价值论"。按照这种理论，资本和土地等生产资料只是转移价值而并不能创造价值，只有劳动才能创造价值。换言之，生产资料只能将自己原来就有的旧价值转移到产品的价值中；只有劳动才能在产品价值中创造原来所没有的新价值。这个道理，马克思在《资本论》中专列一章详加论证。该章一开篇就这样写道："劳动过程的不同因素在产品价值的形成上起着不同的作用。工人由于加进新的劳动量而给劳动对象加进了新价值，不管他的劳动的有用性性质如何。另一方面，我们又发现，被消费的生产资料的价值又成了产品价值的组成部分，例如，棉花和纱锭的价值包含着棉纱的价值中。可见，生产资料的价值由于转移到产品上面被保存下来。"[1] 然而，为什么说生产资料只能转移旧价值而不能创造新价值？

马克思教导我们说，生产资料增进或加到产品上的价值，只是在劳动过程中因本身的消耗而失掉的价值，只是本身所消耗掉的价值，因而不可能大于因本身的消耗而失去的价值，不可能大于本身所具有的价值："生产资料转给产品的价值只是它作为生产资料而失掉的价值。"[2] "生产资料转给产品的价值绝不会大于它在劳动过程中因本身的消耗而丧失的价值。如果生产资料没有价值可以损失，就是说，如果它本身不是人类劳动的产品，那么，它就不会把任何价值转给产品。它的作用只是形成使用对象，而不形成价值。一切未经人的协助就天然存在的生产资料，如土地、水、风、矿脉中的铁、原始森林中的树木等，都是这样。"[3] "生产资料加到产品上的价值绝不可能大于它们自己具有的价值。不管一种原料，一种机器，一种生产资料的有用性如何，如果它值 150 镑，值 500 个工作日，那么它加到在它协助下制造的总产品上去的价值就绝不会大于 150 镑。"[4]

这就是说，一方面，如果生产资料是劳动产品，如原料和机器，那

---

[1] 马克思：《资本论》第一卷，中国社会科学出版社 1983 年版，第 188 页。
[2] 同上书，第 192 页。
[3] 同上书，第 193 页。
[4] 同上书，第 195 页。

么，它加到产品上的价值，只是在劳动过程中因本身的消耗而失掉的价值，因而只是原来价值的转移；另一方面，如果生产资料不是劳动产品，如土地，那么，它就不会增加产品价值，不会转移价值：它只能创造使用价值而不能创造价值。

首先，为什么马克思说土地等自然资源只能创造使用价值而不能创造价值或交换价值？原来，马克思和李嘉图被斯密的"价值反论"所惑，误以为使用价值往往与交换价值成反比。使用价值与交换价值成反比，显然意味着，使用价值及其源泉和实体——劳动和土地——不可能是交换价值的源泉和实体；否则，交换价值怎么能与使用价值的大小相反呢？那么，交换价值或价值的源泉和实体是什么？显然只能是劳动：劳动是创造价值的唯一源泉。这样一来，土地等自然资源岂不只能就创造使用价值而不能创造价值？所以，土地等自然资源只能创造使用价值而不能创造价值的论断，完全以斯密的价值反论为根据。

然而，价值反论根本不能成立。因为熟读精思边际效用论，不难看出，使用价值是商品的边际效用，交换价值则是使用价值对于换取其他商品的交换需要的效用，也就是商品边际效用对于换取其他商品的交换需要的效用：使用价值是交换价值的实体和源泉。因此，交换价值量的多少大小便是由商品使用价值价值量的多少大小决定的，说到底，是由商品边际效用量的多少大小决定的，二者成正比例变化：商品边际效用越大，商品的使用价值越大，它的交换价值便越大。钻石交换价值大，绝不是因其效用和使用价值小；恰恰相反，钻石交换价值大，只是因其数量小，因而边际效用大，从而使用价值大。水交换价值小，绝不是因其效用大，而是因其数量多，因而边际效用小，从而使用价值小。这样，一方面，使用价值是交换价值产生的源泉和存在的实体；另一方面，劳动和土地是使用价值产生的源泉和实体。于是，合而言之，劳动和土地便是交换价值的源泉和实体：它们是使用价值的直接源泉和直接实体，是交换价值的间接源泉和间接实体。因此，马克思以为土地等自然资源只能创造使用价值而不能创造价值或交换价值，是根本不能成立的。

马克思主义经济学家卫兴华也不得不承认：否认自然界也是创造商品价值或交换价值的源泉的观点实难成立。他举例说："现在的问题是，在自然界既定的条件下，它是否会创造价值，成为价值的实体或源泉？如果从另一个角度提出问题，难点就大了。比如，农民花 5 元钱买一棵树苗，十年后成材，可卖 100 元，只是植树苗时花了点劳动，以后树的生长，全靠自然界。树的价格 100 元，除树苗 5 元，增值 95 元。这部分价值哪里来？茅台酒越陈越贵，50 年茅台陈酒的价格高于一般茅台酒 20 倍以上。这部分高价来源于何处？是否应归功于自然？这类例子可以很多。"①

确实，怎么能说自然不创造价值呢？50 年茅台陈酒高于一般茅台酒 20 倍以上的价值，绝非完全是储存等劳动创造的，而是这些劳动与酒在储存期间的自然变化共同创造的。那棵 5 元买来的树苗长成可卖 100 元大树的 95 元增值，也绝非完全是劳动创造的，而是劳动与自然共同创造的。这个道理，更可见于卫兴华最后所列举的事实："同样质和量的农业劳动，投入优劣不同的两块土地上，在优等地上的产品量要比劣等地高得多，价值收入也同比增加。这种差别的形成，与土地的差别直接相关。"②毋庸讳言，优等土地产品高出劣等土地产品的交换价值，完全是优等土地创造的。我们还可以进一步假设，有两棵在一块土地生长的同样可卖 100 元的树：一棵是农民买树苗栽种的；一棵完全是自然长成的，没有花费一点儿劳动。这两棵树的交换价值显然完全相同。只不过，一棵树的交换价值是劳动创造的；另一棵树的交换价值是自然创造的罢了。但是，按照劳动价值论，却只有农民栽种的树有交换价值，而那棵自然长成的树没有交换价值，岂不荒唐之极？

因此，斯密不但承认自然、土地和牲畜确实是创造产品价值或交换价值的源泉，而且还认为这些自然资源所创造的价值经常占产品价值的三分之一以上："在农业上，自然也和人一起劳动；它的劳动虽无需代价，但其生产物却和最昂贵的工人生产物一样，有其的价值……长满蓬蒿荆棘的田地可能生产的植物，往往像耕作最好的葡萄园或谷田所能生产的那样多……因此，农业上雇用的工人与牲畜劳力，不仅像制造业工人一样，再生产他们所消费的价值，或雇用他们的资本，以及资本家的利润；而且生产更大的价值……减除了一切可以算作人的劳作之后，所余的便是自然的

---

① 卫兴华：《劳动价值论需要创新与发展》，《经济学家》2004 年第 1 期，第 16 页。
② 同上。

劳作。它在全生产物中的价值，极少占四分之一以下，通常占三分之一以上。"①

那么，马克思认为原料和机器等生产资料加到产品上的价值只是原来价值的转移，能否成立？确实，如果这些生产资料增进或加到产品上的价值，只是本身所消耗掉的价值，而不可能大于本身所具有的价值，因而没有形成一个价值余额或价值增值，亦即没有形成一个新价值，那么，生产资料增进或加到产品上的价值就只是原来价值的转移，而不是新价值的创造。只有生产资料加进产品中的价值，大于本身所消耗掉的价值，从而形成价值增值，亦即形成一个新价值，才叫做价值的创造。换言之，只有生产资料加进产品中的价值，大于本身所具有的价值，从而形成一个新的价值余额，才叫做价值的创造。因此，问题的关键在于，生产资料加进产品中的价值能否大于本身所消耗掉的价值？

回答是肯定的。诚然，有一些生产资料，如原料和辅助材料等，加进产品中的价值只是本身所消耗掉的价值，不可能大于所消耗掉的价值，因而没有形成一个价值增额或新价值。因此，这些生产资料只是转移价值而并不能创造价值。但是，机器等生产工具也是这样吗？能说机器等生产工具增进或加到产品上的价值，只是自身所消耗掉的价值，不可能大于所消耗的价值，因而没有形成一个价值增额或新价值吗？显然不能！机器等生产工具加到产品上的价值，怎么能只是自身所消耗掉的价值？价值150镑的机器增进或加到产品上的价值，怎么能绝不会大于150镑？马克思说："假定一台机器价值1000镑，并且在1000天内损耗掉；在这种情况下，机器的价值每天有千分之一转移到它的日产品上。"② 如此说来，这台机器每天增进或加到产品上的价值绝不会大于1镑！这台机器1000天增进或加到产品上的价值绝不会大于1000镑！岂不荒唐可笑？

因此，卫兴华也不得不承认：否认资本（生产工具、机器设备）也是创造商品价值或交换价值的源泉的观点实难成立。他举例说："两个劳力拉犁耕地，远远赶不上一头牛的效率。人拉犁的劳动创造价值，牛拉犁

---

① Adam Smith, *The Wealth of Nations*, Books I-III, England Penguin Inc., 1970, pp. 462-463.

② 马克思：《资本论》第一卷，中国社会科学出版社1983年版，第193页。

的劳动为什么就不创造？要知道，牛的劳动也是"活"劳动呀！农民用背篓或肩挑箩筐往田里送粪，创造价值，而用马拉大车送粪，可提高效率20倍，即一匹马的劳动效率相当于20个农民的劳动效率。为什么马的劳动不创造价值？如果把农业机械加进来，一台收割机的功能，可以抵得上几十个农民的劳动。怎么说明农业机器不创造价值？"①

确实，我们能说人拉犁的劳动创造价值，牛拉犁就只能转移价值吗？我们能说农民用背篓送粪创造价值，而用马拉大车送粪则只能转移价值吗？马拉大车送粪，可提高效率20倍，即一匹马的劳动效率相当于20个农民的劳动效率。我们能说马拉大车送粪加进产品中的价值只是本身所消耗掉的价值，没有形成一个价值增额或新价值；而只有农民用背篓送粪才能形成一个价值增额或新价值吗？我们能说效率更高的农业机械，如收割机和播种机，只能转移价值；而只有农民刀割火种才能创造价值吗？我们能说收割机和播种机加进产品中的价值只是本身所消耗掉的价值，没有形成一个价值增额或新价值；而只有农民刀割火种才能形成一个价值增额或新价值吗？

钱伯海教授亦曾举例说："假定挖土既用人工挖土，也用机器挖土。人工挖土，每人每天挖一个立方，单价12元，扣除工具等C的消耗，新创价值V+M=10元。用挖土机挖土，一天可以挖几百乃至上千个立方，挖土收入扣除挖土机的折旧和油耗等C以后，日创价值（V+M）=1000元。"② 显然，不论这个例子的数字如何，它至少充分表明，挖土机挖土加进产品中的价值，绝不可能只是本身所消耗掉的价值。相反地，它扣除折旧等本身所消耗掉的价值，每日必定形成一个价值增额或新价值。这个价值增额，按照钱教授的例子，是人工挖土每人每天价值增额的100倍。实际上可能少些或多些，但无论如何，挖土机挖土加进产品中的价值绝不只是本身所消耗掉的价值，而必定大于所消耗掉的价值，从而形成一个价值增额或新价值。这个价值增额或新价值岂不就是价值创造？断言只有人工挖土创造价值，而比人工挖土价值增额多达百倍的挖土机挖土不创造价值，岂不荒唐！

---

① 卫兴华："劳动价值论需要创新与发展"，《经济学家》2004年第1期。
② 钱伯海："社会劳动创造价值之我见"，《经济学家》1994年第2期。

确实，怎么能说机器、生产工具不创造价值呢？怎么能说资本不创造价值呢？所谓资本，如前所述，不论是狭义的或经济学的资本概念，还是所谓道德资本等广义的资本概念，其根本特征就是生利、增值或创造价值。只不过，能够生利、增值或创造价值的非物质财富，是广义的资本概念；能够生利、增值或创造价值的物质财富，是经济学的资本概念；能够带来剩余价值的价值、财货或物质财富则是资本主义资本概念。因此，资本之所以为资本，就是因为能够生利、增值或创造价值；不能够生利、增值或创造价值的东西就不是资本。怎么能说资本不创造价值呢？说"资本不创造价值"，无异于说"能够创造价值的东西不能够创造价值"，岂非自相矛盾？因此，分析派马克思主义思想家罗默说："有一件事情马克思是完全错误的。作为商品的劳动力（在使用中）能产生比它体现的更多的价值，这种魔术般的性质并不为它所独有。实际上，在一种能产生剩余产品的经济中，任何商品都有这种魔术般的性质……在这一点上劳动力绝对没有什么特别的地方。"①

综上可知，马克思否定资本和土地而认为劳动是创造价值唯一源泉的两方面根据，都是不能成立的。一方面，马克思认为生产资料加到产品的价值，不可能大于本身所消耗掉的价值，犯了以偏概全的错误：将"原料等部分生产资料加到产品的价值不可能大于本身所消耗掉的价值"，夸大成"生产资料——原料和机器——加到产品的价值不可能大于本身所消耗掉的价值"；亦即将"原料等部分生产资料只能转移旧价值而不能创造新价值"，夸大成"生产资料——原料和机器——只能转移旧价值而不能创造新价值"。另一方面，马克思被斯密的"价值反论"所惑，误以为使用价值与交换价值成反比、不可能是交换价值的源泉和实体，因而断言土地等自然资源只能创造使用价值而不能创造价值或交换价值。那么，马克思还有确证劳动是价值唯一源泉的根据吗？有的，那就是他的实在论的价值定义：价值是凝结在商品中的人类劳动。

### 3. 马克思的根据：实在论的劳动价值论

斯密和李嘉图只是认为，商品价值或交换价值取决于生产它们所需要

---

① 余文烈：《分析学派的马克思主义》，重庆出版社1993年版，第81页。

的劳动量，因而意味着：劳动是创造和决定价值或交换价值的唯一源泉和实体。马克思则一方面明确提出劳动是创造、决定价值或交换价值的唯一源泉和实体："价值实体就是劳动。"① "形成商品价值实体的劳动是相同的无差别的劳动，是同一的力量的耗费。"② 另一方面，马克思更进一步，发现商品价值就是凝结在商品中的一般的无差别的人类劳动或抽象的人类劳动："一切商品作为价值只是结晶的人类劳动。"③ "在它们的生产上耗费了人类劳动力，积累了人类劳动。这些物，作为它们共有的这个社会实体的结晶，就是价值——商品价值。"④ 可是，价值实体与价值无疑根本不同，马克思为何既说劳动是价值又说劳动是价值实体？原来，在马克思看来，流动的活的劳动是创造交换价值的源泉和实体；凝结的物化在商品中的劳动就是商品价值："处于流动状态的人类劳动力或人类劳动形成价值，但本身不是价值。它只是在凝固的状态中，在物的形式上才成为价值。"⑤

然而，问题的关键在于，商品中凝结的人类劳动无疑是商品所具有的这样一种属性，这种属性与"好坏"或价值根本不同。好坏依赖于人的需要，离开人类需要，商品无所谓好坏。因此，好坏是商品的关系属性，是商品与人的需要发生关系的产物，说到底，好坏是商品对人的需要的效用：符合、满足人的需要的效用就是好；不符合、不能满足人的需要的效用就是坏。相反地，商品中凝结的人类劳动，它的存在并不依赖于人的需要，甚至也不依赖于人。一件金首饰所凝结的人类劳动，即使人类灭亡了，它也照样凝结在该金首饰中。一部红楼梦凝结着曹雪芹"十年辛苦不寻常"的劳动，即使人类灭亡了，它也照样凝结这些人类劳动。因此，商品中凝结的人类劳动乃是商品的不依赖人的需要而存在的属性，是一种独立于人而存在的实在，是商品的固有属性或事实属性。

这样一来，如果商品价值是凝结在商品中的人类劳动，岂不意味着：商品价值是商品的固有属性或事实属性？是的，马克思确实认为价值是商

---

① 马克思：《资本论》第一卷，中国社会科学出版社1983年版，第17页。
② 同上书，第15页。
③ 同上书，第27页。
④ 同上书，第15页。
⑤ 同上书，第28页。

第十五章　商品价值理论：劳动价值论与边际效用论　　785

品的固有属性或事实属性："生产使用物所耗费的劳动，表现为这些物固有的性质，即它的价值。"①　"价值本身除了劳动本身没有别的任何'物质'。"②　"如果我们说，一切商品作为价值只是结晶的人类劳动，那么，我们的分析就是把商品化为价值抽象，但是，它们仍然只是具有唯一的形式，即有用物的自然形式。在一个商品和另一个商品发生价值关系时，情形就完全不同了。从这时起，它的价值性质就显露出来并表现为决定它与另一个商品的关系的固有的属性。"③　所以，樊纲在解释马克思劳动价值论时曾这样写道："劳动价值论的一个基本特征是将劳动视为商品的内在属性，是将劳动确认为价值的物质内涵。"④　可是，以为商品价值是商品的固有属性或事实属性，岂不荒谬之极？因为任何价值显然都不可能是客体固有属性，而只能是客体关系属性；都不可能是客体事实属性，而只能是客体的事实属性与主体需要发生关系的产物。商品价值当然也不可能是商品的固有属性，而只能是商品的关系属性；不可能是商品的事实属性，而只能是商品的事实属性与人的交换等需要发生关系的产物。⑤

马克思以为商品价值是商品固有属性或事实属性的观点，显然属于商品价值实在论，可以称之为"实在论的劳动价值论"。因为所谓价值实在论，如所周知，就是认为价值是客体的一种可以离开主体而独立存在的事实的理论。邦德、布云克、威根斯（David Wiggins）、麦克道尔（John Mcdowell）、博伊德（Richard N. Boyd）、斯图尔根（Nicholas L. Sturgeon）、麦考德（Geoffrey Sayre - McCord）、普来特斯（mark Platts）以及乔德

---

①　马克思：《资本论》第一卷，中国社会科学出版社1983年版，第39页。
②　樊纲：《现代三大经济理论体系的比较与综合》，生活·读书·新知三联书店1990年版，第171页。
③　马克思：《资本论》第一卷，中国社会科学出版社1983年版，第27页。
④　樊纲：《现代三大经济理论体系的比较与综合》，生活·读书·新知三联书店1990年版，第172页。
⑤　在经济学、伦理学和美学等任何价值科学中，事实与价值都是外延毫不相干的对立概念。因为一切价值科学的根本问题，无疑是"价值"产生和存在的来源、依据问题，也就是"价值"与"事实"的关系问题，说到底，亦即著名的休谟难题：能否从"事实"推导出"价值"？这一难题的存在，或者当你试图解析这一难题从而证明价值能否从事实推出的时候，就已经蕴含着：事实与价值是外延毫不相干的对立概念。否则，如果价值是事实，或事实之中包含价值，那么，"从事实中推导出价值"与"从事实中推导出事实"就是一回事，因而也就不可能存在"从事实中能否推导出价值"的难题了。

(C. E. M. Joad)和中国美学家蔡仪的观点,都属于价值实在论。邦德便曾这样写道:"对于欲望某物的人来说,欲望和目的并不是该物实际具有价值的条件:既不是必要条件,更不是充分条件。"[1] "一切价值都是客观的,也就是说,它们是独立于欲望和意志而存在的。……价值是一种独立的存在。在这个世界上,即使没有人,即使没有有意识、有食欲的力量,价值也能够独立存在。"[2]

任何价值实在论,不论是商品价值实在论,还是道德价值实在论,都是谬误。因为好坏等任何价值都是客体的关系属性,是客体的事实属性与主体的需要发生关系时所产生的属性:客体事实属性是价值产生的源泉和存在的实体,主体需要则是价值从客体事实属性中产生、存在的条件与标准。价值实在论的错误就在于,它只看到客体是价值产生的源泉和存在的实体,却看不到主体是价值产生的条件和存在的标准;只看到价值产生和存在于客体之中,却看不到价值只有在客体与主体发生关系的条件下,才能从客体中产生,才能存在于客体。于是,价值实在论便误以为不论有无主体,客体都具有价值;因而价值也就不是客体的价值关系属性,而是客体的固有属性或事实属性了:把客体的关系属性当作客体的固有属性、把客体的价值关系属性当作客体的事实关系属性、把价值的实体当作价值,这就是价值实在论的根本错误。

这样一来,马克思与斯密、李嘉图的劳动价值论便有很大的不同。因为斯密和李嘉图只是认为商品价值的源泉和实体是劳动,是一种事实,是商品的事实属性或固有属性。所以,斯密和李嘉图只是属于价值客观论,但不属于价值实在论。反之,马克思则认为商品价值本身就是劳动,就是一种事实,就是商品的固有属性和事实属性,因而不但属于价值客观论,而且属于一种极端的价值客观论:价值实在论。这一点,晏智杰教授早有所见:"按照马克思主义经济学说,商品价值是人类无差别抽象劳动的凝结,是一个实体范畴。"[3] 不但此也!斯密和李嘉图的劳动价值论都是相对的、有条件的。斯密的劳动价值论不但是相对的有条件的,而且还是特

---

[1] E. J. Bond: *Reason and Value*, Cambridge University Press, 1983, p. 59.
[2] Ibid., pp. 84–85.
[3] 晏智杰:《经济价值论再研究》,北京大学出版社2005年版,第3页。

殊的具体的，亦即仅仅适用于在资本积累和土地私有尚未发生以前的初期野蛮社会：只有在这种社会劳动才是创造交换价值的唯一的源泉和实体。李嘉图的劳动价值论，就其主要论著而言，虽然是普遍的、适用于一切社会，却并不适用于一切商品。他的代表作《政治经济学及赋税原理》就这样写道："有些商品的价值只由它们的稀少性决定……它们的价值与最初生产它们所必需的劳动量全然无关。"①

相反，马克思的劳动价值论则走向极端而成为一种绝对主义的劳动价值论。因为马克思的劳动价值论不但是普遍的、普遍适用于一切商品，而且是绝对的、无条件的，绝对或无条件适用于一切商品。换言之，在马克思那里，劳动绝对地无条件地是创造一切商品价值或交换价值的唯一的源泉和实体，因而非劳动产品或不包含、不凝结劳动的物品绝对地无条件地没有商品价值或交换价值。确实，如果商品价值就是商品中所凝结的劳动，那么，非劳动或不凝结劳动的物品当然就不可能有商品价值或交换价值。因此，马克思一再说："如果一个使用价值不用劳动也能创造出来，它就不会有交换价值。"② "土地不是劳动产品，从而没有任何价值。"③ "瀑布和土地一样，和一切自然力一样，没有价值，因为它本身中没有任何对象化劳动。"④

这种论断，岂止不能成立，而且近乎荒唐。因为不论任何东西，只要能够买卖，只要能够交换，只要能够用以换取其他东西，显然就必定具有交换价值；否则，如果一种东西不具有交换价值，就必定不能够买卖，必定不能够进行交换，必定不能够用以换取其他东西。那么，能够买卖、交换从而具有交换价值的条件是什么？不难看出，一个条件是有用，亦即具有使用价值；没有使用价值的东西显然不能够买卖，不能够交换，因而不具有交换价值。另一个条件是稀缺性，因为具有使用价值的东西如果不具有稀缺性，而是无限多的，如水、阳光和空气等，显然不能够买卖交换，不具有交换价值。任何东西，不论是否包含或凝结劳动，只要具有使用价

---

① Divid Ricardo, *Principles of Political Economy and Taxation*, London: George Bell and Sons, 1908, p. 6.
② 马克思:《资本论》第三卷，人民出版社 2004 年版，第 728 页。
③ 同上书，第 702 页。
④ 同上书，第 729 页。

值并且稀缺，显然就能够进行交换或买卖，因而必定具有交换价值：使用价值和稀缺性是任何东西具有交换价值的充分且必要条件。

准此观之，土地与空气和水根本不同。空气和水等使用价值不具有交换价值，并不是因其不包含劳动，而是因其不具有稀缺性从而不能够买卖交换。相反地，不论是否经过开垦从而凝结劳动的土地，还是未经开垦从而不包含劳动的土地，显然都同样既具有使用价值又具有稀缺性，因而同样能够买卖交换，同样具有交换价值，同样具有价值。土地能够买卖交换是个不争的事实，恐怕只有傻瓜才能否认。既然土地能够买卖交换，怎么会不具有交换价值？天地间哪里会有能够买卖交换却不具有交换价值的东西！土地能够买卖交换，就已经意味着土地具有交换价值；断言能够买卖交换的东西却不具有交换价值岂不自相矛盾？土地既具有使用价值又具有交换价值，怎么能说土地不具有价值？

价值就是凝结的劳动，意味着非劳动产品皆无价值；而没有价值的东西不可能有价格。可是，事实上，众多非劳动产品却有价格。这岂不矛盾？马克思也不能不承认这是"一个质的矛盾"："价格形式不仅可能引起价值量和价格之间的量的不一致，而且能够包藏一个质的矛盾，以致货币虽然只是商品的价值形式，但价格可以完全不是价值的表现。有些东西本身并不是商品，例如良心、名誉等，但是也可以被它们的所有者出卖以换取金钱，并通过它们的价格，取得商品形式。因此，没有价值的东西在形式上可以具有价格。在这里，价格表现是虚幻的，就像数学中的某些数量一样。另一方面，虚幻的价格形式——如未开垦的土地的价格，这种土地没有价值，因为没有人类劳动物化在里面——又能掩盖实在的价值关系或由此派生的关系。"①

可见，马克思承认断言有价格的东西没有价值，是自相矛盾；他摆脱矛盾的方法是将没有价值的东西的价格说成是虚幻的价格：所谓虚幻的价格就是没有价值的价格。这是不能成立的。没有价值的东西绝对不可能有价格。因为价格就是商品相交换的量的关系或比例，没有价值或交换价值的东西不可能进行买卖、交换，哪里会有什么交换的量的关系或比例，哪里会有价格呢？试问，哪里会有这样的傻瓜，他居然会去买一个没有价值

---

① 马克思：《资本论》第一卷，人民出版社1975年版，第120页。

第十五章　商品价值理论:劳动价值论与边际效用论　789

或交换价值的东西？不但未开垦的土地实实在在有价值或交换价值，而且良心和名誉等也实实在在有价值或交换价值。否则，纵使良心和名誉的所有者出卖良心与名誉，又会有谁去买呢？为什么当年朱棣想方设法购买方孝孺的良心与名誉呢？为什么当年日本购买周作人的良心与名誉呢？显然是因为，他们的良心与名誉不但有价值或交换价值，而且有极其巨大的价值或交换价值。

　　商品价值就是商品凝结的劳动，既然意味着非劳动产品皆无商品价值，也就意味着非劳动产品皆非商品。因为商品必然具有价值，必然具有商品价值；没有商品价值的东西必非商品。这就是马克思为什么说良心与名誉本身不是商品的缘故。这就是为什么，马克思主义经济学家们一致认为非劳动产品不是商品："商品是用来交换、能满足人们某种需要的劳动产品。"① 这是"价值就是商品凝结的劳动"的劳动价值论所必然导致的又一教条：只有劳动产品才可能是商品；而非劳动产品皆非商品！这是极其荒谬的教条。因为不难看出，一方面，并非只有劳动产品才是商品，任何东西，只要可以买卖就都是商品：商品乃是进行买卖的一切事物，是通过买卖进行交换的一切东西。另一方面，不论土地是否经过开垦，不论土地是否凝结劳动，都同样可以买卖交换，都同样具有交换价值，都同样可以是商品。但是，按照商品只能是劳动产品的教条，只有经过开垦的土地才是商品；而未经开垦的土地就不是商品。因此，你买来的土地如果是经过开垦的，就是商品，就属于商品交换范畴；如果是未经开垦的，就不是商品，就不属于商品交换范畴。难道还有比这更荒谬的吗？

　　非劳动产品皆非商品！非劳动产品或不包含、不凝结劳动的物品不具有商品价值或交换价值！不包含劳动的使用价值没有交换价值！未经开垦的土地不具有商品价值或交换价值！我最热爱的、世界一流的、最顶尖的经济学泰斗马克思，怎么会犯下如此荒唐可笑的低级错误？恐怕是因为，他通过他奉为"政治经济学枢纽"的"劳动二重性"学说，发现了"商品价值就是商品所凝结的人类劳动"的伟大的劳动价值论；按照这种绝对主义的实在论的劳动价值论，非劳动产品或不凝结劳动的物品必定不具有商品价值或交换价值；不包含劳动的使用价值必定没有交换价值；未经开垦

---

① 许涤新主编：《政治经济学辞典》（上），人民出版社1980年版，第330页。

的土地必定不具有商品价值或交换价值；非劳动产品必定皆非商品。否则，如果不凝结劳动的物品却具有商品价值或交换价值；如果不包含劳动的使用价值具有交换价值；如果未经开垦的土地具有商品价值或交换价值；如果非劳动产品可以是商品从而具有商品价值：岂不就推翻了"商品价值就是商品所凝结的人类劳动"的劳动价值论？这就是为什么世世代代的马克思主义经济学家们都着了魔般地迷信这些荒谬可笑教条的缘故。

这些荒谬的结论，明明显示了"价值就是商品所凝结的人类劳动"之荒谬。但是，自称是黑格尔学生的马克思，似乎从老师那里继承了从逻辑、理念推演出自然和现实的思辨精神，继承了削足适履的理论勇气，因而不论从"价值就是商品所凝结的人类劳动"可以推出多少荒谬的结论，马克思都毫不动摇地坚信：一方面，"价值是商品所凝结的人类劳动"是不可动摇的真理；另一方面，它所推出的不论如何荒谬的结论也同样都是真理。这些荒谬教条之荒谬，固然显示了马克思绝对主义的实在论的劳动价值论之荒谬；但是，与任何劳动价值论——亦即认为劳动是创造和决定商品价值或交换价值唯一源泉的理论——一样，马克思劳动价值论的不科学，根本说来，乃是违背平均利润率规律。

因为，如前所述，一方面，在自由竞争条件下，等量资本所生产的商品的价格势必相等，从而等量资本势必获得等量利润：这就是所谓平均利润率规律。另一方面，在自由竞争条件下，价格与价值应该且必然相等，因而等量资本所生产的商品的价格势必相等便意味着：等量资本所生产的商品的价值势必相等。这样一来，便正如托伦斯所言，在两种商品的生产中，只要所耗费的资本相等，那么，不论二者所耗费的劳动如何不相等，二者的交换价值也完全相等；只要二者所耗费的资本不相等，那么，不论它们所耗费的劳动是否相等，二者的交换价值也完全不相等："只要两笔资本相等，它们的产品的价值就是相等，不管它们所推动的、或者说它们的产品所需要的直接劳动量如何不同。如果两笔资本不等，它们的产品的价值就不等，虽然花费在它们的产品上的劳动量完全相同。"①

这显然意味着：劳动决非创造交换价值的唯一的源泉；资本也必定是创造交换价值的源泉。因此，平均利润率规律堪称李嘉图劳动价值论或普

---

① 晏志杰：《劳动价值学说新探》，北京大学出版社 2001 年版，第 79 页。

遍劳动价值论的克星,它必然导致李嘉图学派乃至一切普遍的——因而适用于资本主义社会的——劳动价值论的破产。然而,恩格斯认为劳动价值论与平均利润率规律的这种矛盾,并不具有客观必然性,而是可以解决的理论矛盾;因为这种矛盾已经被马克思《资本论》第三卷关于价值向生产价格转化理论所解决:"等额的资本,不论它们使用多少活劳动,总会在相同时间内生产平均的相等的利润。因此,这就和价值规律发生了矛盾。李嘉图已经发现了这个矛盾,但是他的学派同样没有解决这个矛盾……马克思的《批判》手稿中,已经解决了这个矛盾;按照《资本论》的计划,这个问题要在第三卷来解决。"[①] 果真如此吗?

### 4. 劳动价值论与平均利润率规律:价值向生产价格转化理论

马克思的价值向生产价格转化理论——亦即所谓"价值转形"理论——果真解决了劳动价值论与平均利润率规律的矛盾吗?围绕这个问题,自1894年《资本论》第三卷问世,经济学家们争论了百年有余,至今未已。那么,马克思价值转形理论究竟是怎样的?该理论究竟如何解决劳动价值论与平均利润率规律的矛盾?虽然马克思的价值转形理论博大精深,涵盖《资本论》第三卷第八、九、十三章,但其基本思想和结论,确如刘益和吴易风等学者所言,可以概况如下表:[②]

| (1) 资本 | (2) 剩余价值率 $m/v$ | (3) 剩余价值 | (4) 产品价值 (1)+(3) | (5) 平均利润 | (6) 生产价格 (1)+(5) | (7) 生产价格对价值的偏离 (6)−(4) |
|---|---|---|---|---|---|---|
| Ⅰ.60c+40v | 100% | 40m | 140 | 22m | 122 | −18 |
| Ⅱ.70c+30v | 100% | 30m | 130 | 22m | 122 | −8 |
| Ⅲ.80c+20v | 100% | 20m | 120 | 22m | 122 | +2 |
| Ⅳ.85c+15v | 100% | 15m | 115 | 22m | 122 | +7 |
| Ⅴ.95c+5v | 100% | 5m | 105 | 22m | 122 | +17 |
| 合计 390c+110v | 100% | 110m | 610 | 110m | 610 | 0 |
| 平均 78c+22v | 100% | 22m | 122 | 22m | 122 | 0 |

---

① 《马克思恩格斯全集》第4卷,人民出版社1975年版,第24页。
② 刘益:《劳动价值论的核心逻辑》,经济科学出版社2004年版,第173页;吴易风主编:《马克思主义经济学与西方经济学比较研究》(第三卷),中国人民大学出版社2009年版,第1221、1230、1231、1232页。

由此马克思得出结论说,虽然产品都是按照生产价格(122)而非价值(140、130、120、115、105)出售,二者数额并不相等;但是,生产价格高于(+2+7+17=26)和低于(-18-8=-26)价值的数量会互相抵消(+26-26=0),从而社会总产品的生产价格总和(610)与其价值总和(610)必然相等,利润总和(110m)与剩余价值总和(110m)必然相等:"总起来说,这些商品比价值高2+7+17=26出售,又比价值低8+18=26出售,所以,价格的偏离,由于剩余价值的均衡分配,或者说,由于每100预付资本有平均利润22分别加入Ⅰ-Ⅴ的各种商品的成本价格,而互相抵消。一部分商品出售时比自己的价值高多少,另一部分商品出售时就比自己的价值低多少。"① "因此,一切不同生产部门的利润总和,必然等于剩余价值的总和;社会总产品的生产价格总和,必然等于它的价值总和。"② 这就是说,按照平均利润率规律,虽然就个别部门来说,产品的生产价格与其价值并不相等,因而产品都是按照生产价格而非价值出售,似乎否定了"产品劳动价值论";但是,就社会总产品来说,产品的总生产价格与其总价值必然相等,因而产品都是按照生产价格出售,也就是按照价值出售,说到底,也就是按照产品中所凝结的劳动出售:劳动仍然是创造和决定商品价值的唯一源泉和实体。这就是马克思的以"两个等式"为核心价值转形理论,这就是马克思价值转形理论对于劳动价值论与平均利润率规律矛盾的解决。

马克思的价值转形理论能成立吗?该理论解决了劳动价值论与平均利润率规律的矛盾吗?1906年,亦即《资本论》第三卷问世后第12年,俄裔法国统计学家鲍特凯维兹发表《马克思主义体系中的价值计算与价格计算》论文,认为马克思的价值转形理论的计算存在着重大缺陷:产出用价格计算而投入却用价值计算。尔后百年,经济学家们沿袭鲍特凯维兹的思路,竞相建立成本生产价格化的计算模型,如"温特尼茨模型"、"米克模型"和"塞顿模型"等。他们的结论或者是马克思价值转形理论完全不正确;或者只是在有限的条件下正确。晏志杰教授说:"西方经济学界,特别是西方马克思主义经济学家,在马克思身后围绕他提出的价值

---

① 马克思:《资本论》第三卷,人民出版社2004年版,第176页。
② 同上书,第193页。

转化为生产价格的问题展开了持续一个多世纪的论战，至今似未有穷期。但是人们已经达成的一个共识是，两个等式难以同时成立，假定了其中之一，另外一个势必不能得到同时满足，反之亦然。"①

确实，马克思的价值转形理论根本不能成立。但究其原因，并不在于产出用价格计算而投入却用价值计算。因为平均利润率规律的前提条件是自由竞争；而在自由竞争条件下，如前所述，商品价格与商品价值必然相等。马克思的价值转形理论不能成立的真正原因乃在于：该理论的商品价格按照平均利润率规律计算（商品价格＝成本价格＋平均利润）；而商品价值却不按平均利润率规律计算（商品价值＝成本价格＋剩余价值）。在马克思的价值转形理论中，商品价格都按照平均利润率规律来计算，结果五种生产部门虽然投入的资本有机构成不同，但等量资本势必获得等量利润，因而五种生产部门的等量资本（100）所生产的商品的价格相等，都是122。可是，商品价值却不是按照平均利润率规律来计算，结果五种生产部门投入的资本有机构成不同，利润率不同，因而等量资本（100）所生产的商品的价值不相等，分别是140、130、120、115和105。

正是根据这样的计算，马克思才得出结论说，虽然个别部门的产品都是按照生产价格（122）而非价值（140、130、120、115、105）出售，似乎否定了劳动价值论；但是，生产价格高于（＋2＋7＋17＝26）和低于（－18－8＝－26）产品价值的数量会互相抵消（＋26－26＝0），从而社会总产品的生产价格总和（610）与其价值总和（610）必然相等，因而产品按照生产价格出售，也就是按照价值出售，说到底，也就是按照产品中所凝结的劳动出售：劳动仍然是创造和决定商品价值的唯一源泉和实体。可见，马克思价值转形理论解决劳动价值论与平均利润率规律的矛盾，完全基于商品价格按照平均利润率规律计算（商品价格＝成本价格＋平均利润），而商品价值却不按平均利润率规律计算（商品价值＝成本价格＋剩余价值）。

这种计算方法是错误的。诚然，马克思说得不错，平均利润率规律通过自由竞争形成相等的商品价格来实现："竞争之所以能够影响利润率，只是因为它影响商品的价格。竞争只能使同一个生产部门内的生产者以相

---

① 晏志杰：《劳动价值学说新探》，北京大学出版社2001年版，第86页。

等的价格出售他们的商品，并使不同生产部门内的生产者按照这样一个价格出售商品，这个价格使他们得到相同的利润。"① 这就是说，平均利润率规律直接作用于商品价格：等量资本所生产的商品的价格势必相等，从而等量资本势必获得等量利润。这就是平均利润率规律。但是，平均利润率规律绝非仅仅作用于产品价格而不作用于产品价值。恰恰相反，它之所以作用于价格，从而造成等量资本所生产的商品的价格相等，完全是因为它作用于价值，造成等量资本所生产的商品的价值相等：价格相等不过是价值相等的表现罢了。

诚然，按照平均利润率规律，资本有机构成高的部门的商品的利润率较低，却获得平均利润，因而其价格似乎高于其价值；反之，资本有机构成低的部门的利润率较高，却获得平均利润，因而其价格似乎低于其价值：价格与价值似乎不相等。因此，平均利润率规律似乎仅仅作用于价格，从而仅仅导致等量资本所生产的商品的价格相等。其实不然，因为商品价值的大小决定于商品边际效用的大小；而商品边际效用的大小无疑与供求关系有关：与需求成正比而与供给成反比。这样一来，资本有机构成高的部门的商品的利润率虽然较低，但商品供不应求，因而边际效用较大，价值便较大；资本有机构成低的部门的商品的利润率虽然较高，但商品供过于求，因而边际效用较小，价值便较小。自由竞争必使资本在不同部门之间的转移一直持续到：等量资本所生产的商品的边际效用或价值相等，进而表现为等量资本所生产的商品的价格相等，从而导致等量资本获得等量利润。这就是平均利润率规律之真谛。

因此，平均利润率规律的表象，是等量资本所生产的商品的价格相等，亦即等量资本获得等量利润；而其实质则在于：等量资本所生产的商品的价值相等。托伦斯早就看到了这一点，因而径直将平均利润率规律归结为等量资本所生产的商品的价值相等："只要两笔资本相等，它们的产品的价值就是相等，不管它们所推动的、或者说它们的产品所需要的直接劳动量如何不同。如果两笔资本不等，它们的产品的价值就不等，虽然花费在它们的产品上的劳动量完全相同。"② 不过，究竟言之，将平均利润

---

① 马克思：《资本论》第三卷，人民出版社2004年版，第979页。
② 晏志杰：《劳动价值学说新探》，北京大学出版社2001年版，第79页。

## 第十五章　商品价值理论：劳动价值论与边际效用论

率规律归结为"等量资本所生产的商品的价值相等"，还是归结为"等量资本所生产的商品的价格相等"，原本是一回事。因为平均利润率规律原本就蕴涵着：价格与价值必然相等。

原来，平均利润率规律的前提条件是自由竞争；而在自由竞争条件下，等价交换具有必然性：价格与价值必然相等。因为如前所述，所谓等价交换，就是用来充当价格的商品与它所交换的商品的价值量相等：等价交换就是等量价值的商品相交换，就是相交换的商品的价值量相等，就是商品价格与商品价值相等，说到底，就是商品价格等于边际成本。在自由竞争条件下，厂商为了利润最大化，势必将产量确定在边际成本等于价格的产量水平上："在完全竞争条件下企业的供给法则是：当企业将其产量定在边际成本等于价格的水平上，就实现了利润的最大化。"[①] 这就是说，自由竞争条件下的商品价格等于边际成本——等价交换——具有必然性，因而属于规律范畴，可以称之为等价交换规律：等价交换或商品价格与商品价值相等是自由竞争的价格规律。反之，垄断条件下的商品价格势必远远高于边际成本："垄断的最大祸害并不是它榨取垄断利润，而是它规定的垄断价格远远高于社会按照边际成本所决定的价格。"[②] 这就是说，垄断价格高于边际成本——不等价交换——具有必然性，因而也同样属于规律范畴，可以称之为不等价交换规律：不等价交换是垄断价格规律。

可见，平均利润率规律原本就蕴含着价格与价值必然相等。因此，等量资本所生产的商品的价格势必相等，就已经意味着：等量资本所生产的商品的价值势必相等。所以，平均利润率规律不仅作用于商品价格，而且原本同样作用于商品价值。在平均利润率规律作用下，商品价值 = 成本价值 + 平均利润；商品价格 = 成本价格 + 平均利润。因此，马克思的价值转形理论的计算方法——商品价值 = 成本价格 + 剩余价值——是错误的。如果按照正确的计算方法，商品价值与商品价格一样，都按照平均利润率规律计算，那么，不但五种生产部门的等量资本（100）所生产的商品的价

---

[①] Paul A. Samuelson, William D. Nordhaus, *Microeconomics* (16th Edition), Boston: The McGraw - Hill Companies, Inc., 1998, p. 140.

[②] 萨缪尔森：《经济学》（中册），商务印书馆1986年版，第192—193页。

格相等，都是 122（成本价格 100 + 平均利润 22）；而且，五种生产部门的等量资本（100）所生产的商品的价值相等，都是 122（成本价值 100 + 平均利润 22）。

这样一来，在马克思所列举的五种资本有机构成不同生产部门的商品生产中，虽然这些商品所耗费的劳动并不相等，但它们所耗费的资本完全相等，它们的价值完全相等。这显然至少意味着，五种生产部门所生产的商品价值并不完全取决于生产它们所耗费的劳动，因而劳动决非创造商品价值的唯一的源泉：劳动价值论是不能成立的。因此，平均利润率规律乃是一切劳动价值论——不论是李嘉图的普遍劳动价值论还是马克思的实在论的劳动价值论——的克星：承认平均利润率规律就意味着否定劳动价值论。这就是为什么斯密会从劳动价值论走向收入价值论的缘故，这就是为什么坚持普遍劳动价值论的李嘉图学说必定破产的缘故，这就是为什么马克思的价值转形理论没有解决也不可能解决劳动价值论与平均利润率规律矛盾的缘故。

究竟言之，平均利润率规律不但就蕴涵着商品价格与商品价值必然相等，而且蕴涵着成本价值与商品价值必然相等：成本价值与产品价值相等，从而成本价值、成本价格、产品价值和产品价格四者相等，乃是"一条扎根于经济文献且被普通经验所证实的规律"[①]，亦即"成本规律"或"成本定律"。对于这一规律，我们已有详论。我们已阐明，马克思的"商品价值 = 成本价格 + 剩余价值"理论并没有否定这一成本定律。因为马克思本人说得很清楚，他所谓"成本价格"，并不是"商品的实际成本价格"，而是指"对资本家来说的成本价格"，是商品使资本家耗费的东西，亦即不变资本与可变资本。成本定律——成本价值和成本价格以及产品价值和产品价格四者相等——进一步显示了马克思价值转化理论的谬误，从而进一步表明：李嘉图和马克思的劳动价值论是片面的谬论，而斯密的收入价值论是真理。因为产品成本无疑由工资、利润和地租构成，因而工资、利润和地租便是创造商品价格和交换价值的三个源泉或实体，说到底，劳动、资本和土地便是创造商品价格和交换价值的三个源泉或实体。

---

① Eugen V. Böhm-Bawerk, *The Positive Theory of Capital*, New York: G. E. Stechert & Co, 1930, p. 223.

### 5. 价值反论和剥削现象：劳动价值论的理论根源与阶级根源

劳动、资本和土地等自然物质是创造价值的三个源泉。资本不过是劳动与土地等自然物质的产物或结合物。因此，价值产生的源泉和存在的实体，说到底，就是土地和劳动：劳动与土地是创造价值的两个源泉。这原本是再明白不过的道理。然而，为什么像富兰克林、休谟、赫起逊、斯密、李嘉图和马克思等世界一流思想家竟然只承认劳动而否定自然界也是创造价值的源泉？为什么他们会认为劳动是创造价值的唯一源泉？

劳动价值论并不否认——也没有任何经济学家否认——劳动与土地是创造使用价值的两个源泉或实体。马克思言之凿凿："劳动并不是它所生产的使用价值即物质财富的唯一源泉。正像威廉·配第所说，劳动是财富之父，土地上财富之母。"[①] 劳动价值论只是否认劳动与土地是创造价值或交换价值的两个源泉或实体。为什么劳动价值论认为劳动与土地只是使用价值——而不是交换价值或价值——的两个源泉或实体？因为他们都承认所谓"价值反论"：交换价值与使用价值大小相反或完全无关。

斯密如此重视这个价值反论，以致将其置于他对商品交换价值决定因素的探讨之首："我现在来考察人们自然而然就能理解的商品交换法则。这些法则决定所谓商品相对价值或交换价值。我们将看到……使用价值极大的东西，往往具有极小或没有交换价值；反之，交换价值极大的东西，往往具有极小或没有使用价值。"[②] 斯密写下这一价值悖论，便立刻对商品交换价值决定因素进行探讨，结果得出了劳动价值论的结论："劳动是价值唯一的普遍和正确的尺度，或者说，劳动是我们用以比较一切时代和一切地方各种商品的价值的唯一标准。"[③]

如果说斯密只是在篇章的安排上显示了"价值反论"是劳动价值论的理论前提，那么，李嘉图则明确将"价值反论"作为劳动价值论的理论前提。因为他在《政治经济学及赋税原理》第一章"论价值"的第一节"商品的价值或其所能交换的任何其他商品的量，取决于生产它所必

---

[①] 马克思：《资本论》第一卷，中国社会科学出版社 1983 年版，第 20 页。
[②] Adam Smith, *The Wealth of Nations*, Books I – III, England Penguin Inc, 1970, p. 131.
[③] Ibid., p. 140.

需的相对劳动量"一开篇就引证斯密关于交换价值与使用价值大小相反的那段名言。① 紧接着这段引文,李嘉图写道:"所以,效用对于交换价值虽是绝对不可缺少的,却不能成为交换价值的尺度……具有效用的商品,其交换价值是从两个源泉得来的——一个是它们的稀少性,另一个是获得它们所必需的劳动量。"② 接着这段话,李嘉图说,交换价值只由稀少性决定的商品极少,这种商品不能由人类劳动增加,不受价值规律制约;绝大多数商品都是可由劳动增加和受价值规律制约的产品,只有这些劳动产品才是所谓的商品:"说到商品、商品交换价值和规定商品相对价格的规律时,我们总是指数量能够由人类劳动增加、生产可以不受限制地进行竞争的商品。"③ 最后,李嘉图得出结论说,劳动是创造和决定所谓商品的价值或交换价值的唯一源泉:"商品的价值或其所能交换的任何其他商品的量,取决于生产它所必需的相对劳动量……除开不能由人类辛劳增加的东西以外,劳动确实是一切东西交换价值的基础。"④

显然,李嘉图得出"劳动是创造和决定所谓商品的价值或交换价值的唯一源泉"结论的理论前提,其实只有一个,那就是斯密的价值反论:交换价值与使用价值大小相反。马克思对于劳动是创造交换价值或价值的唯一源泉和实体的论证,则更加具有逻辑性,可以归结为两个前提和一个结论。前提1:交换价值的决定因素是所有商品的共同东西。前提2:这种共同的东西不是使用价值,因为交换价值与使用价值完全无关。结论:劳动是创造交换价值或价值的唯一源泉和实体。首先,马克思说,交换价值的决定因素是所有商品的共同东西:"各种商品的交换价值也同样要化成一种共同的东西,各自代表这种共同东西的多量或少量。"⑤ 接着,马克思说,这种共同的东西不是使用价值:"这种共同东西不可能是商品的几何的、物理的、化学的或其他的天然属性。商品的物体属性只是就它们使商品有用,从而使商品成为使用价值来说,才加以考虑。另一方面,商

---

① Divid Ricardo, *Principles of Political Economy and Taxation*, London: George Bell and Sons, 1908, p. 5.
② Ibid., p. 5.
③ Ibid., p. 7.
④ Ibid., p. 5 - 7.
⑤ 马克思:《资本论》第一卷,人民出版社 1975 年版,第 50 页。

品交换关系的明显特点,正在于抽去商品的使用价值……作为交换价值,商品只能有量的差别,因而不包含任何一个使用价值的原子……在商品的交换关系本身中,商品的交换价值表现为同它们的使用价值完全无关的东西。"[1] 最后,马克思得出结论说,某种物品具有价值,只是因为有人类劳动物化在里面,因而劳动是创造交换价值或价值的唯一源泉和实体:"在商品交换关系或商品的交换价值中表现出来的某种共同东西,就是商品的价值;而使用价值或某种物品具有价值,只是因为有人类劳动物化在里面。"[2]

劳动价值论大师——斯密、李嘉图和马克思——的著作表明,劳动价值论的理论前提或认识论根源可以归结为价值反论:交换价值与使用价值大小往往相反或完全无关。那么,从价值反论是否能推导出劳动价值论呢?答案是肯定的。因为"劳动和土地是创造使用价值的两个源泉或实体"乃是一种不争的事实和常识。由此出发,便能够从价值反论推导出劳动是价值的唯一源泉:劳动价值论是两个前提——"交换价值与使用价值大小相反"与"劳动和土地是创造使用价值的两个源泉或实体"——的必然结论。

因为价值反论——亦即使用价值与交换价值的大小相反或完全无关——显然意味着:创造使用价值与交换价值的实体或源泉不可能完全相同。如果创造使用价值与交换价值的实体或源泉完全相同,都是劳动与土地,那么,交换价值与使用价值的大小便必定成正比例,而决不可能相反或无关。因此,劳动价值论既然承认交换价值与使用价值大小相反或无关,便必定否认创造使用价值与交换价值的实体或源泉完全相同。这样一来,他们承认劳动与土地等自然物质是创造使用价值的两个源泉或实体,便意味着:劳动与土地等自然物质不可能是创造交换价值的两个源泉或实体。那么,创造交换价值的源泉和实体是什么?显然只能是劳动了:劳动是创造交换价值或价值的唯一的源泉和实体!这就是为什么像富兰克林、休谟、赫起逊、斯密、李嘉图和马克思等世界一流思想家竟然只承认劳动而否定自然界也是创造价值的源泉的缘故。

---

[1] 马克思:《资本论》第一卷,人民出版社1975年版,第50—51页。
[2] 马克思:《资本论》第一卷,中国社会科学出版社1983年版,第15页。

可见，劳动价值论是两个前提——"交换价值与使用价值大小相反"与"劳动和土地是创造使用价值的两个源泉或实体"——的必然结论。劳动和土地是创造使用价值的两个源泉或实体，既然是一种不争的事实和常识，那么，劳动价值论的真正的理论前提和认识论根源便可以归结为"交换价值与使用价值大小相反"，亦即所谓斯密的"价值反论"。因此，米克将劳动价值论否定土地是创造价值的源泉的理由和前提，归结为价值（亦即交换价值）与财富（亦即使用价值）的根本不同，亦即所谓"价值反论"：

> 只有弄清楚财富和价值的根本区别以后，才能澄清土地的作用问题。当然，人们在相当早的时期就知道商品的使用价值和它的交换价值是不同的。在斯密以前就已经有一些作家用过钻石与水的有名例证，而赫起逊以前也有一些经济学家指出过商品的交换价值往往同它的效用没有多大关系。但是李嘉图一直强调的财富（由土地和劳动两者共同创造的一定数量的使用价值）与价值（完全由劳动决定的）之间的区别，还要经过相当时期才能确切地表述出来，尽管早先有些经济学家讨论过这个区别，却没有充分意识到这个区别的意义。一旦土地不算作决定价值的一个因素，那么剩下来的问题就仅只是说明：劳动赋予商品的价值，不是通过对劳动的报酬，而是通过劳动本身的耗费。[①]

因此，劳动价值论能否成立的关键在于：价值反论能否成立？价值反论虽然根本不能成立，但自斯密提出，百年来几乎无人反对：交换价值与使用价值大小相反或无关似乎是个不争的事实和共识。这种谬见，直至100年后，才被边际效用论经济学家识破。这些经济学家，如戈森、门格尔、杰文斯、瓦尔拉斯、庞巴维克和维塞尔等，通过发现"边际效用递减定律"，科学地说明了使用价值乃是交换价值的源泉和实体，二者必定成正比例变化：所谓价值反论不过是一种令人困惑的假象罢了。

本来，不难看出，使用价值是交换价值所由以产生的原因、源泉和实体；交换价值不过是使用价值对于交换需要的效用罢了。因为商品之所以

---

[①] 米克：《劳动价值学说的研究》，商务印书馆1979年版，第42页。

能够进行交换,从而具有交换价值,显然是因为商品具有使用价值;不具有使用价值的东西不可能具有交换价值:使用价值是交换价值的原因、实体和物质承担者。但是,交换价值实体和源泉是使用价值,显然意味着,交换价值量的多少大小是由商品的使用价值价值量的多少大小决定的,二者必定成正比例变化。然而,斯密的价值反论却表明,事实上,交换价值与使用价值大小往往相反。交换价值与使用价值大小相反,无疑意味着:使用价值不可能是交换价值的源泉和实体。这就是为什么马克思否定使用价值是交换价值的源泉和实体——而仅仅承认使用价值是交换价值的物质承担者——的缘故。确实,使用价值是不是交换价值的源泉和实体,取决于二者是否成正比例变化:如果使用价值是交换价值的源泉和实体,二者必定成正比例变化;如果二者大小相反或完全无关,使用价值便决非交换价值的源泉和实体。

边际效用递减定律表明,单位商品使用价值是商品的边际效用,是商品的最后单位增量的效用;商品的边际效用随着该商品的增多而递减,因而单位商品使用价值便随着该商品的增多而递减。因此,钻石交换价值大,决不是因其效用和使用价值小;恰恰相反,钻石交换价值大,只是因其数量小,因而边际效用大,从而使用价值大。水交换价值小,决不是因其效用大,而是因其数量多,因而边际效用小,从而使用价值小。水的增多达到人的需要的饱和点,水的边际效用就是零,因而单位水的使用价值就是零,从而水的交换价值也就是零。此时水的总效用最大,水的总使用价值最大,因而水的总交换价值最大。如果水的增多超过饱和点,单位的水就会因其违背、损害人的需要和欲望而具有负边际效用,具有负使用价值和负交换价值。这时,水的总效用、总使用价值和总交换价值就会随着水的增多而递减。如果水仍然持续不断增多,最终泛滥成灾,水的总效用、总使用价值和总交换价值就是负数了。

这样一来,边际效用递减定律便科学地说明了交换价值与使用价值必定成正比例变化,从而科学地阐释了为什么使用价值乃是交换价值的源泉和实体。于是,一方面,劳动和土地是使用价值产生的源泉和实体;另一方面,使用价值是交换价值产生的源泉和存在的实体。合而言之,劳动和土地便是交换价值的源泉和实体:它们是使用价值的直接源泉和直接实体,是交换价值的间接源泉和间接实体,从而也就是商品一切价值的源泉和实体。这意味着：以为劳动是创造价值的唯一源泉的劳动价值论是根本不能成立的。

李嘉图和马克思等劳动价值论思想家们误以为劳动是创造价值的唯一源泉，说到底，就是因为他们被价值反论所惑，误以为，使用价值往往与交换价值成反比，因而不可能是交换价值的源泉和实体。这样一来，使用价值的源泉和实体——劳动和土地——也就不可能是交换价值的源泉、实体了；否则，交换价值怎么能够与使用价值的大小相反呢？那么，交换价值和价值的源泉、实体是什么？显然只有劳动：劳动是创造价值的唯一源泉。确实，如果劳动是创造交换或价值的唯一源泉，那么，价值或交换价值与使用价值往往相反就可以理解了。因此，有关劳动是创造价值唯一源泉之争论，说到底，乃在于价值反论能否成立：误以为价值反论能够成立，乃是劳动价值论最深刻的理论根源或认识论根源；只要价值反论不能成立，交换价值与使用价值的大小成正比，从而使用价值是交换价值的源泉和实体，那么，劳动与土地等自然资源便无疑是创造价值的两个源泉，劳动价值论便不能成立了。

诚然，即使价值反论不能成立，还会有思想家主张劳动价值论。富兰克林和赫起逊恐怕并不知价值反论为何物，却仍然主张劳动价值论。因为价值反论仅仅是劳动价值论的认识根源、理论根源；劳动价值论还有阶级根源：劳动价值论堪称解释人类社会剥削——特别是资本主义剥削——现象的最为简明直接、最令人信服和最有感染力量的学说。人类社会剥削现象——亦即一些人或阶级的劳动被另一些人或阶级无偿占有——正如伯恩斯坦所言，乃是众所周知的"一件经验的、可以根据经验证明的事实"[①]。因此，揭露剥削的理论远比否定剥削的理论更令人信服。这就是为什么马克思的劳动价值论比萨伊的生产要素论更令人信服的缘故。

萨伊的生产要素论令人难以置信：它掩盖剥削的本质和否定剥削的事实。因为他的生产要素论表明劳动、资本和土地是创造价值的三个源泉，表明这三个要素所有者因其要素所创造的价值而取得相应的报酬——工资、利息和地租——因而并不存在劳动的无偿占有或剥削。反之，劳动价

---

[①] 伯恩斯坦：《社会主义的前提和社会民主党的任务》，生活·读书·新知三联书店1965年版，第94页。

第十五章　商品价值理论:劳动价值论与边际效用论　803

值论则令人信服,它使人感到,它极其充分地说明了剥削现象,从而使剥削的本质暴露无遗。因为劳动价值论证明劳动是创造价值的唯一源泉,显然意味着:劳动的全部产品应该完全属于劳动者所有,不劳而获者无偿占有了劳动者的劳动,剥削了劳动者。因此,正如恩格斯所指出,剥削原本是劳动价值论的应有之义:"工人阶级是生产全部价值的唯一的阶级。因为价值只是劳动的另一种表现,是我们当代资本主义社会中用以表示包含在一定商品中的社会必要劳动量的一种表现。但是,这些由工人所生产的价值不属于工人,而是属于那些占有原料、机器、工具和预付资金,因而有可能去购买工人阶级的劳动力的所有者。所以,工人阶级从他们所生产的全部产品中只取回一部分。"① 对于这个道理,庞巴维克亦曾有十分深刻的分析:

> 劳动是价值的原因和来源。既然如此,迟早一定有人会问:一切价值既然都是劳动创造的,劳动者为什么不能获得他们所创造的全部价值呢? 这个问题不论何时提出,根据这种价值理论,唯一的答案只能是,社会上有一个马蜂一般的资本家阶级,他们侵吞了另一阶级——工人阶级——独自生产的产品的一部分。②

这就是劳动价值论的阶级根源,这就是为什么被剥削阶级及其思想家——特别是无产阶级及其思想家——相信劳动价值论的原因:"即使这种理论更差些,他们也会相信。"③ 劳动价值论的理论根源和阶级根源虽然根本不同,却必将随着科学的边际效用论的胜利而一同断绝或消亡。因为,一方面,边际效用递减定律推翻了劳动价值论的理论前提——价值反论——科学地说明了交换价值与使用价值必定成正比例变化。劳动是创造价值唯一源泉之争论,如上所述,根本乃在于价值反论能否成立:误以为价值反论能够成立,乃是劳动价值论最深刻的理论根源或认识论根源;只要价值反论不能成立,交换价值与使用价值的大小成正比,从而使用价值是交换价值的源泉和实体,那么,劳动与土地等自然资源便无疑是创造价

---

① 《马克思恩格斯选集》第 1 卷,人民出版社 1995 年版,第 329 页。
② Eugen V. Böhm‐Bawerk, *Capittal and Interest—A Critical history of Economical theory*, New York: Brentano's, 1922, p. 316.
③ Ibid., p. 319.

值的两个源泉,劳动价值论便不能成立了。

另一方面,科学的边际效用论表明,科学的或边际效用主义的生产要素论并没有否定剥削;相反地,唯有边际效用主义的生产要素论,才科学地揭露了剥削现象的本质。因为克拉克依据边际效用论提出的边际生产率分配理论,科学地解决了所谓"分配之谜":劳动、资本和土地等生产要素各自生产了多少产品?按照这一理论,劳动价值就是劳动的边际效用、劳动边际产品效用或劳动边际产品价值:单位劳动价值量=劳动边际产品价值量。从此出发,不难发现,资本主义剥削乃是资本主义私有制的必然结果。因为资本主义私有制使资本家(劳动买方)有权成为支配和领导工人(劳动卖方)的雇主,使工人成为被领导、被支配和必须服从的雇员。劳动的买方与卖方地位的不平等,势必导致对于劳动价格的决定作用的不平等:雇主或劳动买方必定是价格的决定者和控制者;而雇员或劳动卖方则只能是价格的接受者。因此,资本主义或私有制的劳动市场不可能是完全自由竞争市场,而必然是买方垄断市场。资本主义剥削或资本家对劳动者的剥削——工资低于劳动价值或劳动的边际产品的差额——显然是劳动市场买方垄断的必然结果,说到底,是资本主义私有制的必然结果:资本主义私有制是资本主义剥削的根源。

谬论支配人们的思想,是因为还没有真理。正燃素说和地球中心说支配人们的思想,是因为还没有氧燃说和太阳中心说。劳动价值论支配人们的思想,是因为价值反论被当作真理和没有更好的解释剥削现象的理论。科学的边际效用论成功破解"价值反论"和科学说明资本主义剥削现象,断绝了劳动价值论的理论根源和阶级根源,劳动价值论也就成了无源之水,终结之时指日可待。这一点,可见于近年来马克思主义经济学家对劳动价值论的怀疑和批判。这里仅举一例,当代最具独立思考能力的经济学家晏智杰的杰作《劳动价值论新探·再序》最后一句话,曾这样总结他对劳动价值论的分析:"面对历史演变和当前社会经济改革和发展的现实,这种理论的先天性缺陷和根本性局限已经日益明显地暴露出来,在'深化和扩大'该理论上做文章是没有出路的,应当从劳动价值论转向包括劳动在内的各种生产要素论或财富论。"① 但是,劳动价值论分明是那

---

① 晏志杰:《劳动价值论新探》,北京大学出版社 2001 年版,第 12 页。

只火凤凰，它将在死亡的灰烬中得到重生；它是生产资料公有制社会商品价值论之真理，势必在行将到来的共产主义社会，取代生产要素论的价值源泉理论而大行其道。

## 二 边际效用论

### 1. 边际效用论：真理还是谬论

边际效用论堪称经济学领域群星灿烂、学派最多的流派，该流派包括：（1）门格尔、维塞尔和庞巴维克代表的奥地利学派；（2）瓦尔拉斯和帕累托代表的洛桑学派，洛桑学派和杰文斯又形成数理学派，而与以奥地利学派为代表的心理学派珠联璧合；（3）克拉克代表的美国学派；（4）维克塞尔代表的瑞典学派；（5）马歇尔代表的剑桥学派；[①]（6）杰文斯、门格尔和瓦尔拉于19世纪70年代初，几乎同时独立发现边际效用论基本原理，因而成为所谓"边际革命"的始作俑者；（7）劳埃德、朗菲尔德、古尔诺、杜皮特和戈森等经济学家则是边际效用论的先驱。那么，究竟何谓边际效用论？

哈奇逊界定边际效用论时强调，边际效用论的特征，与其说是效用价值论，不如说是边际主义："'边际效用'这个词里重要的部分是那形容词，而不是那名词。"[②] 确实，边际效用论固然属于效用价值论范畴（边际效用论与边际效用价值论是同一概念），却是一种极其特殊的效用价值论，是认为商品价值仅仅决定于商品的一种极其特殊的效用——边际效用——的价值理论，是认为商品价值决定于商品的边际效用的价值理论，是认为商品价值决定于商品最后的单位增量的效用的价值理论，是认为商品价值决定于最后增加的那个单位商品的效用的理论。

因此，杰文斯说："除了在最后加量（Last Increment）已被消费或第一新加量（Next Increment）将被消费时，我们是不必考虑效用程度。所

---

[①] 熊彼特认为边际效用论在马歇尔的《经济学原理》中得到了最完美的表述："19世纪70年代和80年代由杰文斯、门格尔和瓦尔拉建立的、而在马歇尔的《原理》中得到最完美表述的那一体系，当时还是大多数经济学家所不熟悉的事物。"（熊彼特：《经济分析史》第三卷，商务印书馆1991年版，第298页）

[②] 布莱克等编：《经济学的边际革命》，商务印书馆1987年版，第166页。

以我们通常用最后效用程度一语，以表示现有商品量中那极小的或无限小的最后加量或第一个新的可能加量的效用程度。"① "价值看来是指一种商品的最后效用程度。"② 门格尔说："一个具体财货的价值，或一经济主体所支配的该种财货总量中的一定部分量的价值，等于这个总量所保证的各种欲望满足中之最不重要的欲望满足所具有的意义。"③ 瓦尔拉斯说："我把被满足的最后欲望强度叫做稀少性，英国人（指杰文斯）叫做最后效用程度，德国人（指维色）称为边际效用。"④ "经济学对价值的起源提供了三种较重要的解释。第一种是亚当·斯密、李嘉图与麦克库洛赫的解释，这是英国的解释，把价值的起源追溯到劳动，这种解释太狭窄，因为它未能把价值归之于那些事实上都具有价值的东西。第二种解释说孔迪亚克与 J. B. 萨伊的解释，这是法国的解释，把价值的起源追溯到效用，这种解释太宽泛，因为它把价值归之于事实上并没有价值的东西。最后，第三种解释，是布拉马基和我父亲 A. A. 瓦尔拉斯的解释，把价值的由来追溯到稀缺性，这是正确的解释。"⑤

边际效用论是真理吗？答案是肯定的。因为我们对于商品价值的研究表明，商品使用价值是商品对于人的使用、消费需要的效用，是商品所具有的满足人的使用、消费需要的效用，是商品对人的使用、消费需要的满足。这也就等于说，使用价值是对人的还没有满足的使用、消费需要的效用，而不是对已经满足的使用、消费需要的效用。因为需要和欲望一旦得到满足，便不再是需要和欲望。需要和欲望之为需要和欲望，便在于缺乏和不满足；满足了的、因而不具有缺乏本性的需要和欲望，不复是需要和欲望。

商品使用价值是对人的还没有满足的需要的效用，意味着：商品使用价值也就是对人的剩余需要的效用，是对人的剩余需要的满足。因此，每个单位商品的使用价值也就同样都是对人的"减去其他商品已经满足的

---

① W. Stanley Jevons, *The Theory Political Economy*, Fourth Edition, Macmillan and Co., London, 1911, p. 51.
② Ibid., p. 80.
③ 门格尔：《国民经济学原理》，上海人民出版社 1958 年版，第 83 页。
④ 晏志杰：《经济学中的边际主义》，北京大学出版社 1987 年版，第 269 页。
⑤ 同上书，第 105 页。

需要"之后所剩余的需要的满足,是对人的减去其他商品已经满足的需要之后所"剩余的需要"的效用,因而也就是最后增加的那个单位商品对人的需要的效用,是最后增加的那个单位商品对人的需要的满足效用,也就是对全部商品所满足的一切需要中最不重要、最后置的需要的满足效用,说到底,也就是商品的边际效用:边际效用就是最后增加的那个单位商品的效用。

举例说,假设现有十个暖瓶。每个暖瓶的价值都同样是对人的还没有满足的需要的效用,都同样是对人的剩余需要的效用,说到底,也就都同样是对减去其他9个暖瓶已经满足的需要之后所剩余的需要的满足,因而也就是最后的那个暖瓶——亦即第10个暖瓶——的效用,也就是暖瓶的边际效用:商品使用价值乃是商品的边际效用。商品使用价值是商品的边际效用,显然意味着:商品使用价值大小并非决定于商品任何效用,而是仅仅决定于商品的边际效用。这一点,堪称边际效用论的伟大发现:"'边际主义者重新定义了使用价值,决定使用价值的不再是整体效用,而是边际效用(每多消费一个单位商品的效用)。"[1] 那么,商品交换价值也决定于边际效用吗?是的。

因为交换价值与使用价值乃是一种因果关系:使用价值是交换价值所由以产生的原因、源泉和实体;交换价值不过是使用价值对于交换需要的效用罢了。商品之所以能够进行交换,从而具有交换价值,显然是因为商品具有使用价值;不具有使用价值的东西不可能具有交换价值:使用价值是交换价值的原因、实体和物质承担者。这个道理,正如熊彼特所言,亚里士多德已有洞察:"亚里士多德不但像后来的作家那样清楚地区分使用价值与交换价值,而且他还发现后者在某种程度上是从前者派生出来的。"[2]

交换价值实体是使用价值,交换价值是使用价值对人的交换需要的效用,显然意味着,交换价值量的多少大小是由商品的使用价值价值量的多少大小决定的,二者呈正比例变化:商品的使用价值越大,它的交换价值

---

[1] 瓦尔特·尼科尔森:《微观经济理论:基本原理与扩展》(第六版),中国经济出版社1999年版,第9页。

[2] Joseph A. Schumpeter, *History of Economic Analysis*, London: George Allen & Unwin Ltd, 1955, p. 60.

便越大；反之亦然。然而，事实似乎恰恰相反，因为正如斯密所指出："使用价值极大的东西，往往具有极小或没有交换价值；反之，交换价值极大的东西，往往具有极小或没有使用价值。没有什么东西比水更有用，但用水不能购买任何物品，也不会拿任何物品与水交换。相反，金刚钻几乎没有任何使用价值言，却须具有大量其他物品才能与之交换。"① 这就是斯密200多年前在《国富论》中提出的所谓"价值反论"。这个难题直至100年后，才被边际效用论经济学家所破解。

这一破解的关键，无疑在于发现商品使用价值是商品的边际效用及其递减规律；商品的边际效用随着该商品的增多而递减，因而单位商品使用价值便随着该商品的增多而递减。准此观之，钻石交换价值大，绝不是因其效用和使用价值小；恰恰相反，钻石交换价值大，只是因其数量小，因而边际效用大，从而使用价值大。水交换价值小，绝不是因其效用大，而是因其数量多，因而边际效用小，从而使用价值小。这样，边际效用递减规律之发现，便科学地揭示了价值反论之假象，说明交换价值与使用价值完全成正比例变化。倘若没有这一发现，固然不难理解交换价值的实体是使用价值，因而交换价值与使用价值必定成正比例变化；但是，要科学地证明这个真理却是不可能的。这就是为什么古代思想家们，如亚里士多德和奥古斯丁，甚至李嘉图和马克思，大体说来，虽然已经发现了这一真理——交换价值的实体是使用价值——却为到处都可以看到的使用价值与交换价值成反比例变化的假象所动摇、遮掩和否定。

总而言之，一方面，商品使用价值就是商品的边际效用，因而一种商品的使用价值的大小便完全决定于它的边际效用的大小；另一方面，商品交换价值实体就是商品边际效用：商品交换价值就是商品的边际效用——亦即使用价值——对于换取其他商品的效用。这样一来，虽然只有使用价值是边际效用，而交换价值并不是边际效用，但交换价值实体却是边际效用，因而交换价值量的大小便与使用价值量的大小一样，都是以其边际效用量来衡量：商品边际效用越大，商品的使用价值便越大，它的交换价值便越大。因此，确如边际效用论所言，商品价值——不论是使用价值还是

---

① Adam Smith, *The Wealth of Nations*, Books I–III, England Penguin Inc., 1970, pp. 131–132.

交换价值——完全取决于商品的边际效用："统摄价值量的规律，可以归结为一个公式：一件物品的价值是由它的边际效用量决定的。"[①]

## 2. 边际效用论：主观论还是客观论

边际效用论确为真理，却缘何颇受非议？不论中西，最主要最普遍最致命的批评，无疑在于边际效用论是一种主观价值论、主观论的价值理论或主观主义价值论。举例说，荣卡格利亚虽然极高评价边际效用论，但他的《西方经济思想史》第10章的标题就是："边际主义革命：主观价值论"。[②] 马克·斯考森曾断言"边际效用革命拯救了垂死的科学"，却也将边际效用论叫做"主观效用原理"。[③] 施特莱斯勒亦将边际效用论归属于"主观价值理论"。[④] 伊·戈·布留明研究边际效用论的巨著书名就是《政治经济学中的主观学派》。饶有风趣的是，一些边际效用论代表人物，如门格尔，也自以为如此："价值绝不存在于经济人的意识之外……全然是主观的……所以，价值不只是它的本质是主观的，就是它的尺度也具有主观的性质。"[⑤] 显然，如果边际效用论真是主观论或主观主义价值论，那它就是谬论而不是真理了：任何主观论或主观主义的价值理论无疑都是谬误而不是真理。那么，边际效用论究竟是不是主观论或主观主义的价值理论？

确证这个问题的起点显然是：何谓主观主义价值论？主观主义价值论乃是一种哲学理论，它所谓的价值，并不仅仅是商品价值或经济价值，而是包括一切价值，如道德价值、政治价值、善恶好坏等。因此，主观主义价值论公认的代表人物，并不是经济学家，而是哲学家，如培里、詹姆斯、休谟、马奇、罗素、维特根斯坦、卡尔纳普、艾耶尔和斯蒂文森等。该理论的根本特征，如所周知，在于认为主体的需要和欲望是一切价值的源泉和实体，价值存在于主体的需要和欲望之中，是主体的需要和欲望之

---

① Eugen V. Böhm-Bawerk, *The Positive Theory of Capital*, New York: G. E. Stechert & Co, 1930, p. 149.
② 荣卡格利亚：《西方经济思想史》，上海社会科学院出版社2009年版，第251页。
③ 斯考森：《现代经济学的历程》，长春出版社2009年版，第169—170页。
④ 布莱克等编：《经济学的边际革命》，商务印书馆1987年版，第166页。
⑤ 门格尔：《国民经济学原理》，上海人民出版社1958年版，第67、92页。

机能或属性，完全以人的意志而转移，是一种完全主观的东西：主观主义价值论就是认为价值的源泉是主体的需要和欲望的理论，就是认为价值完全是主观的理论，就是认为价值完全以人的意志而转移的理论。培里说："价值就其最根本的意义来说，必须被看作意志或爱的机能。"① 詹姆斯说："我们周围的世界似乎具有的那些价值、兴趣或意义，纯粹是观察者的心灵送给世界的礼物。"② 马奇说："没有客观价值。""价值不是客观的，不是世界结构的一部分。"③ 罗素说："关于'价值'的问题完全在知识的范围以外，这就是说，当我们断言这个或那个具有'价值'时，我们是在表达我们自己的感情，而不是在表达一个即使我们个人的感情各不相同但仍然是可靠的事实。"④

边际效用论的根本特征，如上所述，在于认为商品价值决定于商品的边际效用：一方面认为使用价值是边际效用，另一方面认为交换价值的源泉和实体是边际效用。因此，边际效用论是不是主观主义价值论的问题便可以转换为：价值决定于边际效用的理论是不是主观主义价值论？认为使用价值是边际效用是不是主观主义价值论？认为交换价值的源泉和实体是边际效用是不是主观主义价值论？显然，这三个问题可以归结为一个问题：边际效用是不是一种完全主观的东西？如果边际效用是一种主观的东西，使用价值就是一种主观的东西，交换价值的源泉和实体就是一种主观的东西，商品价值就决定于主观的东西，那么，即使所有经济学家都否认边际效用论是主观主义价值论，边际效用论也仍然是主观主义价值论；反之，如果边际效用不是一种主观的东西，使用价值就不是一种主观的东西，交换价值的源泉和实体就不是一种主观的东西，商品价值就不是决定于主观的东西，那么，即使所有经济学家——包括边际效用论经济学家——都肯定边际效用论是主观主义价值论，边际效用论也仍然不是主观主义价值论。

---

① Ralph Barton Perry：*General Theory of Value its meaning And Basic Principles Construed In Terms Of Interest*，Longmans, Green And Company 55 Fifth Avenue, New York, 1926, p. 54.
② 罗尔斯顿：《环境伦理学》，中国社会科学出版社 2000 年版，第 151 页。
③ J. L. Mackie, *Ethics*：*Inventing Right and Wrong*，Singapore Ricrd Clay Pte Ltd, 1977, p. 15.
④ 罗素：《宗教与科学》，商务印书馆 1982 年版，第 123 页。

那么，商品边际效用究竟是不是一种完全主观的东西？答案是否定的。所谓主观和客观，如所周知，原本具有双重含义。一方面，主观指意识、精神；客观指意识或精神之外的事实和事物。另一方面，主观指事物的依人的意志而转移的属性；客观指事物的不以人的意志而转移的属性。就第一种含义来看，商品边际效用似乎是主观的。因为商品边际效用显然不是商品的事实属性。所谓事实属性，按照价值论的视阈，就是不依赖人的任何需要和欲望而存在的属性，如暖气片的保暖属性。这种属性固然能够满足人的取暖需要，却不依赖人的取暖需要而存在，因而属于事实属性范畴。商品边际效用不是商品事实属性，而是商品的事实属性对主体或人的需要和欲望的效用，因而与事实恰恰相反，乃是商品依赖主体或人的需要和欲望而具有的属性，是商品的事实属性与主体的需要和欲望发生关系时所产生的属性，是商品的关系属性。

因此，离开主体或人的需要和欲望，商品自身便不具有边际效用；只有当商品事实属性与主体或人的需要和欲望发生关系时，商品才具有边际效用。因此，边际效用便由商品事实属性与主体需要或欲望两方面构成：商品事实属性是边际效用产生的源泉和存在的载体、本体、实体，可以名之为"边际效用实体"；主体或人的需要和欲望则是边际效用从商品事实属性中产生和存在的条件，是衡量商品事实属性的边际效用之有无、大小、正负的标准，可以名之为"边际效用标准"。因此，边际效用决不是一种完全主观的东西，而是一种基于客观的主客统一物：就其存在的源泉和实体来说是商品的事实属性；就其存在的条件和标准来说是主观的心理欲望。

就主观和客观的第二种含义——是否以人的意志而转移——来看，边际效用也是这样一种基于客观的主客统一物。因为依据是否以人的意志而转移，需要或欲望可以分为主观与客观两类。所谓主观需要或欲望，也就是以人的意志而转移的需要或欲望，说到底，也就是特殊需要或欲望。因为每个人的特殊的需要或欲望，如打扑克和下象棋等，显然都是偶然的、可变的、可以自由选择的，因而具有以自己的意志而转移的主观性。主体特殊需要的主观随意性，决定了边际效用具有主观随意性：满足主体特殊需要或欲望的边际效用就是主观的、特殊的边际效用。

但是，另一方面，边际效用又具有客观性，因为存在着客观的普遍的需要和欲望："口之于味，有同嗜焉"。所谓客观需要，就是不以人的意志而转移的需要，说到底，就是主体或人的普遍需要。人的普遍的需要和欲望原本都是必然的、不可改变的、不能自由选择的，因而具有不以人的意志而转移的客观性。举例说，每个人都具有饮食男女需要。这种普遍需要之所以是每个人都具有的，岂不就是因为它是客观的、必然的、不以人的意志而转移的吗？主体普遍需要或欲望的客观性决定了边际效用具有客观性：满足主体普遍需要或欲望的边际效用就是客观的、普遍的边际效用。

边际效用之所以是客观的，还因为边际效用的源泉和实体，乃是商品的不以人的意志而转移的事实属性：边际效用乃是商品的事实属性对于主体的需要或欲望的效用。商品的事实属性是不依赖主体的需要或欲望而存在的。白菜的边际效用，并不仅仅取决于人们的口味，更重要的，还取决于白菜所具有的那些不以人的意志而转移的事实的属性，如含有蛋白质、脂肪、碳水化合物、钙、胡萝卜素、核黄素等。如果白菜没有这些属性，而具有其他一些事实属性，比如说，乙肝病毒和艾滋病病毒，我们还能说白菜有用吗？即使一个人不喜欢吃白菜，白菜对于他也是具有营养效用的。所以，白菜因其含有蛋白质、脂肪、碳水化合物等事实属性而具有的效用性，是不依赖主体的口味、嗜好、欲望、愿望而转移的，因而是客观的。

可见，边际效用决不是一种完全主观的东西，而是一种基于客观的主客统一物：就其存在的源泉和实体来说，是商品的客观的事实属性；就其存在的条件和标准来说，是主观的心理欲望。于是，一方面，边际效用便因其标准（主体的需要和欲望）具有特殊性，而是特殊的、以人的意志而转移的，亦即主观的特殊的边际效用，可以称之为主观使用价值：主观使用价值就是满足主体特殊需要或欲望的边际效用，就是特殊的、以人的意志而转移的边际效用。另一方面，边际效用又具有不以人的意志而转移的客观性和普遍性，亦即客观的普遍的边际效用。因为不但边际效用的实体和源泉（商品的事实属性）是客观的、不以人的意志而转移的，而且它的标准（主体的需要和欲望）具有普遍性，遂使边际效用也是客观的、必然的、不以人的意志而转移的。这种边际效用叫做客观使用价值：客观使用价值就是满足主体普遍需要或欲望的边际效用，就是客观的、普遍的、必然的、不以人的意志而转移的边际效用。交换价值的源泉和实体，无疑是客观的普遍的使用价值而不是主观的特殊的使用价值，说到底，无疑是客观的普遍的边际效用而不是主观的特殊的边际效用。

边际效用的这种不以人的意志而转移的客观性与普遍性的典型表现，无疑是"戈森定律"或"戈森需要饱和定律"、"边际效用递减规律"、"边际产量递减规律"、"替代规律"和"成本定律"。因为所谓规律或定律，岂不就是不以人的意志而转移的客观的与普遍的东西吗？特别是边际效用论的成本定律——边际效用与边际成本应该且必然相等——最能够显示边际效用的客观性和普遍性。因为商品的最根本的事实属性，说到底，无疑是所谓生产成本，亦即商品所凝结或耗费的生产要素：劳动、资本与土地。边际效用不以人的意志而转移的客观性和普遍性，说到底，就是边际效用必然被生产成本等商品的事实属性所决定。因为，如前所述，正如萨缪尔森所言，在自由竞争条件下，边际效用与边际成本必然相等："a 当消费者达到最大满足时，边际效用恰好等于价格。b 当竞争的生产者供给物品时，他们选择使边际成本恰好等于价格时的产量。c 因为 MU = P 且 MC = P，所以 MU = MC。这样，在完全竞争条件下，生产某一物品的边际社会成本，正好等于以物品或是以所放弃的闲暇来衡量的边际效用价值。"①

综上可知，边际效用论绝非主观主义价值论。因为边际效用的客观性与普遍性表明，边际效用论将价值归结为边际效用，绝不意味价值的源泉是主体的需要和欲望，绝不意味价值完全是主观的，绝不意味价值完全以人的意志而转移。那么，边际效用论是否属于客观论价值理论？答案是肯定的。因为围绕价值——包括商品价值和道德价值等一切价值——的本质问题，形成了四大哲学价值理论："客观论"、"实在论"、"主观论"和"关系论"。与主观论或主观主义价值论相反，客观论或客观主义价值论乃是一种认为价值存在于客体之中的理论。客观论可以分为两派。一派是温和客观论，其代表人物有柏拉图、亚里士多德、阿奎那、沙甫慈伯利、哈奇逊、康德、歌德、黑格尔、摩尔和罗尔斯顿等。在温和客观论看来，

---

① Divid Ricardo, *Principles of Political Economy and Taxation*, London: George Bell and Sons, 1908, p. 15.

价值存在于客体之中；但是，离开主体，客体自身并不存在价值：客体是其存在的源泉；主体是其存在的条件。这一点，罗尔斯顿说得最清楚："观赏建构了花的价值，这种价值不是某种与人的观赏无关的、早就存在于花中的价值。但它仍然是这样一种价值：它们虽然表现为人的主观意识的产物，却仍然是客观地附丽在绽开于草丛中的鲜花身上的。"①

极端客观论则认为价值是客体的一种可以离开主体而独立存在的事实，因而叫做"实在论"。邦德、布云克、威根斯（Ddavid Wiggins）、麦克道尔（John Mcdowell）、博伊德（Richard N. Boyd）、斯图尔根（Nicholas L. Sturgeon）、麦考德（Geoffrey Sayre - McCord）、普来特斯（mark Platts）以及乔德（C. E. M. Joad），都属于实在论。他们正确看到：价值存在于客体中。但是，他们却否认主体的需要——及其转化形态——是价值存在的条件，认为价值并不依赖主体的需要、欲望、目的而为客体独自具有，是客体的一种可以离开主体而独立存在的事实，是一种实在，是客体固有或事实属性。这一点，邦德讲得最清楚："一切价值都是客观的，也就是说，它们是独立于欲望和意志而存在的。……价值是一种独立的存在。在这个世界上，即使没有人，即使没有有意识、有食欲的力量，价值也能够独立存在。"②

马克思的劳动价值论无疑属于实在论的价值论。因为马克思认为商品价值就是凝结在商品中的一般的无差别的人类劳动或抽象的人类劳动。商品中凝结的人类劳动，它的存在显然并不依赖于人的需要，甚至也不依赖于人。一件金首饰所凝结的人类劳动，即使人类灭亡了，它也照样凝结在该金首饰中。因此，商品中凝结的人类劳动，乃是商品的不依赖人的需要而存在的属性，是一种独立于人而存在的实在，是商品的固有属性或事实属性。这样一来，如果商品价值是凝结在商品中的人类劳动，岂不意味着：商品价值是商品的固有属性或事实属性？是的，马克思确实认为价值是商品的固有属性或事实属性："生产使用物所耗费的劳动，表现为这些物固有的性质，即它的价值。"③

---

① 罗尔斯顿：《环境伦理学》，中国社会科学出版社2000年版，第153页。
② E. j. Bond: *Reason and Value*, Cambridge University Press, 1983, p. 84 - 85.
③ 马克思：《资本论》第一卷，中国社会科学出版社1983年版，第39页。

关系论是认为价值存在于客体与主体的关系之中的价值理论。关系论观点的代表，有文德尔班、兰菲尔德（H. S. Langfeld）、朱光潜、李德顺等。关系论貌似真理，因为它正确看到"在孤立的主体或客体身上都不存在着价值",[1] 于是便得出结论说：价值必产生于、存在于客体与主体的关系之中，是一种主客关系。文德尔班写道："价值绝不是作为客体自身的某种特性而被发现的。它存在于与某个欣赏它的心灵的关系之中。"[2] 李德顺说："价值，既不在现实的世界、事物之外，又不是任何既成的现实事物和它们的属性本身，同时又不是人头脑和心灵的主观现象。那么，它在哪里呢？回答是：价值存在于主客体之间的关系之中，是这种客观关系的状态、内容本身。这种观点，可以叫'关系说'。"[3]

不难看出，唯有温和客观论是真理。因为事实确如温和客观论所言，价值存在于客体之中，但是，离开主体，客体自身并不存在价值：客体是价值存在的源泉；主体是价值存在的条件。反之，实在论或极端客观论和主观论以及关系论都是夸大客观论这一真理的某些方面而导致的错误。实在论夸大价值产生的源泉和存在的实体方面，因而只看到客体是价值产生的源泉和存在的实体，而抹煞主体是价值产生的条件和存在的标准，从而误以为价值是客体的一种可以离开主体而独立存在的事实；主观论则夸大价值产生和存在的条件方面，因而把价值产生和存在的条件当作了价值产生和存在的源泉，从而误以为价值存在于主体中；关系论则把"价值是客体的关系属性"夸大成"价值是客体与主体的关系"，把"价值是客体在与主体发生关系时产生的"夸大成"价值是在客体与主体的关系中产生的"，从而误以为价值产生于、存在于主客关系，是一种主客关系。[4]

显然，边际效用论与劳动价值论一样，都属于客观论范畴。但是，边际效用论不是极端客观论或实在论，而是温和客观论。因为边际效用论将商品价值归结为商品的边际效用，意味着：商品价值虽然存在于商品的事实或固有属性之中，却并不是商品事实属性或固有属性，而是商品的事实属性和固有属性对主体或人的需要的效用，因而与事实或固有属性恰恰相

---

[1] 李德顺：《价值论》，中国人民大学出版社 1987 年版，第 124 页。
[2] 罗尔斯顿：《环境伦理学》，中国社会科学出版社 2000 年版，第 150 页。
[3] 李德顺：《价值新论》，中国青年出版社 1993 年版，第 68 页。
[4] 详见王海明《新伦理学》（上册），商务印书馆 2008 年版，第 254—264 页。

反，乃是商品依赖人的需要而具有的属性，是商品的事实属性或固有属性与主体的需要发生关系时所产生的属性，是商品的关系属性。因此，离开主体或人的需要，商品自身便不具有价值；只有当商品事实属性与主体或人的需要发生关系时，商品才具有价值。这样，商品价值便由商品事实或固有属性与人或主体需要两方面构成：商品事实或固有属性是价值存在的源泉和实体；人的需要是价值存在的条件和标准。这不正是典型的温和客观论吗？

### 3. 边际效用论：破解价值反论的科学理论

边际效用论不但是真理，而且是经济学的划时代的伟大发现，因而其诞生被誉为"边际革命"。但凡革命，皆具有必然性。边际革命具有必然性吗？为什么19世纪70年代初，杰文斯、门格尔和瓦尔拉几乎同时独立发现了边际效用论基本原理？这是西方经济学界多年的热门话题。细究经济思想史，不难看出，边际革命于19世纪70年代初发生确有必然性：它是人类思考价值反论和价值悖论的知识积累的必然结果。

经济学家们所谓"价值悖论"与"价值反论"，无疑是同一概念。但是，细究起来，二者并不完全相同。所谓价值悖论，亦即效用价值论悖论：效用价值论内涵着悖论。因为所谓效用价值论，就是将商品价值定义为商品效用的价值理论。将商品价值定义为商品效用，意味着：商品价值与商品效用是同一概念。这样一来，效用大的东西价值必大，效用小的东西价值必小。可是，有些东西，如水，效用大却价值小；另一些东西，如钻石，效用小却价值大：这就是效用论所内涵的价值悖论。因为效用与价值是同一概念，因而，一方面，说水的效用大却价值小，便无异于说水的价值大却价值小：悖论；另一方面，说钻石效用小却价值大，便无异于说钻石价值小却价值大：悖论。显然，如果价值悖论确实存在，如果效用价值论果真内涵价值悖论，那么，效用价值论就是谬论了。

然而，细究起来，钻石效用小却价值大和水效用大却价值小等现象，所显示的与其说是价值悖论，不如说是价值反论：使用价值与交换价值的大小相反。因为，一方面，"水的效用"，显然是指水满足消费或使用需要的效用，而不是满足交换需要的效用，因而也就是水的使用价值；另一方面，"水的价值"显然是指水的交换价值而不是使用价值。这样一来，

"水的效用大却价值小",实际上是指"水的使用价值大却交换价值小"。"水的使用价值大却交换价值小",显然并非价值悖论,而是价值反论,亦即使用价值与交换价值大小相反。

因此,所谓"斯密价值悖论"便是一种误解,无疑应代之以"斯密价值反论"。因为斯密讲的明明是使用价值与交换价值往往大小相反:"使用价值极大的东西,往往具有极小或没有交换价值;反之,交换价值极大的东西,往往具有极小或没有使用价值。没有什么东西比水更有用,但用水不能购买任何物品,也不会拿任何物品与水交换。相反,金刚钻几乎没有任何使用价值言,却须具有大量其他物品才能与之交换。"①

不言而喻,如果使用价值与交换价值确实大小相反,那么,不但效用价值论难以成立,而且使用价值不可能是交换价值的实体和源泉,因而不能用使用价值解释交换价值。所以,价值反论和价值悖论都是效用价值论的克星,也都是对同一事实——亦即水和钻石等现象——的解释,因而也不妨像经济学家们那样,就将二者当作同一概念来使用。这样一来,效用论者便必须解决价值悖论和价值反论,证明并不存在价值悖论和反论——亦即证明效用与价值或使用价值与交换价值是成正比而不是成反比——从而像熊彼特所说的那样:在效用或使用价值的基础上建立价值或交换价值理论。否则,效用价值论便难以成立。

熊彼特说:"效用论源于亚里士多德。"② 确实,效用价值论始作俑者是亚里士多德。然而,令人大跌眼镜的是,竟然与边际革命始作俑者瓦尔拉斯相似,亚里士多德解决价值悖论和价值反论的方法,就已经是引入"稀少性"概念:"稀少的物品比丰裕的物品更值钱,金银就是这样。尽管金的用途较少,但它比铁更贵,因为获得它较为困难。不过,我们也应看到,丰裕的东西比稀少的东西更好,因为我们可以大量地使用它们……难以获取的物品胜过于易于获取的物品,因为它稀少;反之,易于获取的物品胜过难以获取的物品,因为它能满足我们的需求。"③

---

① Adam Smith, *The Wealth of Nations*, Books I – III, England Penguin Inc, 1970, pp. 131 – 132.

② Joseph A. Schumpeter, *History of Economic Analysis*, London: George Allen & Unwin Ltd, 1955, p. 891.

③ 晏志杰:《经济学中的边际主义》,北京大学出版社1987年版,第10页。

这些混乱的论述表明，亚里士多德通过引入"稀少性"概念来解决价值悖论，与其说是系统的明确理论，毋宁说是天才的模糊猜测。堪称系统明确解决价值悖论的思想家，恐怕始自达万萨蒂。因为正如熊彼特所言，自1588年达万萨蒂起，150年来，有一大长串效用论思想家对价值悖论"已经解决了十多次了"："意大利人自达万萨蒂起，最先明确地认识到了怎样解决价值悖论，认识到了价值悖论并没有对基于使用价值的交换价值理论构成障碍……我们可以为达万萨蒂之后的一个半世纪列出一大长串作家，他们非常清楚地知道效用因素是如何进入定价过程的，而且其中有几位英国作家。特别是约翰·罗在上面引述的那本小册子中，简要而卓越地阐述了这一问题：他用的就是水和钻石的例子。然而，我们只打算讨论一位经济学家，正是他把这种分析发展到了十八世纪顶峰，他就是加利亚尼。"①

确实，加利亚尼全面总结了前人的探索，从而得出结论说，价值取决于效用与稀缺性的比例，取决于物品的数量、效用和需求等要素之间的比例："价值是一种比例；它由'效用'和'稀缺性'的比例构成。……空气和水是人类生活很有用的要素，然而它们没有价值，因为它们不具有稀缺性；另一方面，采自日本海岸的一袋沙石可以说是稀少之物，然而，看来它没有什么特定用途，所以它们也不会有价值。"②"包括波那多·达芬沙梯在内的许多人指出，一头真牛犊比一只金小牛更可贵，但它的价值何等低廉。对此，我的回答是：如果真牛犊也像金牛那样稀缺的话，它的价格必定比金牛的价格要高得多，因为对它的需求和它的效用超过了另一个。这些人以为价值取决于单一要素，而没有看到它是由合成为一个比例的众多要素统一而成的。"③

加利亚尼所谓"效用与稀缺性的比例"，显然有"效用与数量成反比例"之意，亦即效用随着数量增多而递减。因此，加利亚尼距离边际效用论的核心——边际效用概念和边际效用递减规律——只有一步之遥了。劳埃德则在19世纪30年代问世的《关于价值概念的讲义》中，发现了

---

① Joseph A. Schumpeter, *History of Economic Analysis*, London: George Allen & Unwin Ltd, 1955, p. 300.
② 晏志杰：《经济学中的边际主义》，北京大学出版社1987年版，第9页。
③ 同上书，第12页。

物品的价值随着该物品的增多而递减规律,亦即价值递减规律:"假定一个饥肠辘辘只有一盎司食物可供他食用,很显然,这一盎司对于他就有极大的意义。现在假定他有了两盎司,对他来说,这两盎司的意义也还是很大的;但是,第二盎司的意义并不等于单独一盎司的意义……第三盎司的意义也会比第二盎司的小;以此类推,以致无限。随着盎司数量的增加,我们终可达到这样一点,'通过绝对可靠的特例,进食',欲望就会完全或几乎完全丧失;在这一点上,就单独一盎司来说,放弃它或保留它,都变得无关紧要了。由此可见,他的食物短缺时,他对现有食物的估计是很大的,换言之,他置于其上的价值是很大的;当食物供给增加时,他对它们的估价就减低了,换言之,他给予它们较小价值。"①

劳埃德不但发现了价值递减规律,而且提出价值仅仅决定于"特殊效用",而不是决定于"绝对效用"或"一般效用":"假定某人已有半打上衣,如果你再给他一件,他会回答说,这件上衣对他没有用处。他在这里所说的,并不是这件上衣的绝对效用,而是在他对上衣的需要已经有了充分供给条件下,这件上衣对他的特殊效用……这同上衣的一般意义的效用是大不相同的,不应将两者混同起来。"② 毫无疑义,劳埃德的"特殊效用"相当于"边际效用";"绝对效用"相当于"总效用"。但是,马克·布劳格据此断言劳埃德发现了边际效用概念,是不能成立的。因为边际效用是最后单位增量的效用,因而只有发现了诸如"最后效用"之类的概念,才堪称发现了边际效用概念。

准此观之,首次发现边际效用概念的当推戈森。劳埃德虽然发现了价值递减规律,却未能科学地论证这一规律。戈森在劳埃德《关于价值概念的讲义》问世20年后,发表《人类关系法则及人类行为规范》,首次科学地论证了这一规律。毋庸赘述,戈森科学地论证了价值递减规律,是因为他不但使劳埃德借助具体物品表述出来价值递减规律,通过严谨的科学抽象语言而成为"一个普遍适用的定理",而且发现了价值递减规律所由以发生的原因——需要和欲望递减定律——亦即所谓"戈森第一定律"或"戈森需要饱和定律"。当他进一步从该定律推出所谓"戈森第二定

---

① 晏志杰:《经济学中的边际主义》,北京大学出版社1987年版,第52页。
② 同上书,第52页。

律"时，他发现了"最后原子价值"概念："如果人们的力量不足以充分获得所有可能的享受资料，人们就必须在这种程度上为自己创造每一种享受资料，即使它们的最后的原子对自己保持同等价值。"①

戈森的"最后的原子价值"与"最后单位效用"或"最后单位价值"显然是同一概念，因而与边际效用也就是同一概念：边际效用岂不就是最后单位效用？因此，戈森首次发现和使用了边际效用概念。确实，如果说杰文斯的"最终效用"、门格尔的"最不重要的满足的重要性"和瓦尔拉斯的"稀缺性"或"得到满足的最后需要的强度"都是边际效用概念，那么，有什么理由否定戈森的"最后一个原子价值"——亦即"最后一个原子效用"——是边际效用概念呢？戈森与这三人的不同，不过在于他未能发现价值决定于边际效用罢了。仅仅20年后，三人便几乎同时独立发现和系统论证了价值决定于边际效用原理——亦即边际效用论根本原理——从而造成了边际革命。

可见，杰文斯、门格尔和瓦尔拉斯三人发起的边际革命乃是效用价值论思想家解析价值反论——效用与价值或使用价值与交换价值的大小往往相反——的知识积累的必然结果。这一解析历程，历经两千余年，显示五大累进阶段。第一阶段是亚里士多德和阿奎那等中世纪效用价值论思想家的研究，实质上并没有超过亚里士多德对"价值决定于效用与稀少性"的模糊猜测；第二阶段是自16世纪达万萨蒂到18世纪加利亚尼等众多效用论思想家对价值悖论的系统明确解决，其最高成果是加利亚尼的"价值决定于效用与稀缺性的比例原理"；第三阶段是19世纪30年代，劳埃德的"价值决定于特殊效用而不是决定于一般效用原理"和"价值递减规律"的发现；第四阶段是19世纪50年代，戈森对价值递减规律的科学论证和边际效用概念的发现；第五阶段是19世纪70年代初，杰文斯、门格尔和瓦尔拉斯几乎同时独立发现和系统论证了价值决定于边际效用原理，遂致边际革命。

因此，边际革命决非天才的偶然发现，而是效用价值论思想发展的必然结果，特别是劳埃德和戈森思想的必然结果。试想，如果将劳埃德"价值决定于特殊效用"和戈森的边际效用概念——及其价值递减规

---

① 戈森：《人类交换规律与人类行为准则的发展》，商务印书馆1997年版，第39页。

律——结合起来，岂不就是边际革命的基本原理：价值决定于边际效用和边际效用递减规律？所以，效用价值论发展到19世纪中叶前后，边际革命势必到来。如果没有杰文斯、门格尔和瓦尔拉斯，或迟或早，必有其他思想家发现价值决定于边际效用原理和边际效用递减规律，造成边际革命。这个道理，马克·布劳格曾有所见。他列举劳埃德、朗菲尔德和西尼尔三人，杜普伊、戈森和詹宁斯三人，还有杰文斯、门格尔和瓦尔拉斯三人，最后总结道："我们现在已经收集到三个'经济学家的三人小组'，共计九个姓名，他们在1834年至1874年间采用了边际效用概念……这样，根据从1834年至1874年这一段时期内边际效用反复地在不同国家被单独地发现这一事实，我们可以说，当时一定有一种世界各地经济学家共同所有的经济思想的核心，他们的内心的逻辑最后会使他们使用效用理论的工具探究消费者需求。"[①]

然而，边际革命之所以是革命，主要讲来，显然并非因其必然性，而是因其划时代：边际效用论是一种划时代的伟大经济理论。这种理论的最直接意义，无疑是科学地破解了困惑经济学家两千余年的"价值反论"。因为边际效用论发现，单位商品使用价值是商品的边际效用，是商品的最后单位增量的效用；商品的边际效用随着该商品的增多而递减，因而单位商品使用价值便随着该商品的增多而递减。这样一来，钻石交换价值大，决不是因其效用和使用价值小；恰恰相反，钻石交换价值大，只是因其数量小，因而边际效用大，从而使用价值大。水交换价值小，决不是因其效用大，而是因其数量多，因而边际效用小，从而使用价值小。因此，交换价值与使用价值成正比：价值反论不能成立。

这一破解的关键，无疑在于发现边际效用概念和边际效用递减规律。诚然，没有这一发现，也不难看出交换价值与使用价值的关系乃是一种因果关系：使用价值是交换价值所由以产生的原因、源泉和实体，交换价值不过是使用价值对于交换需要的效用，因而交换价值量的多少大小是由商品的使用价值价值量的多少大小决定的，二者成正比例变化。这个道理，正如熊彼特所言，亚里士多德已有所见："亚里士多德不但像后来的作家那样清楚地区分使用价值与交换价值，而且他还发现后者在某种程度上是

---

[①] 布莱克等编：《经济学的边际革命》，商务印书馆1987年版，第7页。

从前者派生出来的。"① 奥古斯丁说得就更清楚了："每件物品的不同价值与其使用成比例。"② 这恐怕就是为什么，熊彼特说价值反论在边际革命以前已经解决了十多次了。③ 这种解决尽管是正确的；但显然并不科学。边际效用论通过发现边际效用概念和边际效用递减定律，才科学地说明了使用价值乃是交换价值的源泉和实体，二者必定成正比例变化。熊彼特不懂得这个道理，有见于斯密和李嘉图的前辈对价值反论十多次解决的正确性，而不见其不科学性，因而惊诧斯密和李嘉图为何还坚持价值悖论："令人震惊的是，斯密和李嘉图都认为价值悖论对将交换价值建立在使用价值的基础上的理论构成了障碍。"④

这样，一方面，经过边际效用论的科学证明，使用价值是交换价值产生的源泉和存在的实体。另一方面，商品中所凝结和耗费的生产要素——劳动、资本和土地——是使用价值产生的源泉和实体，则是众所周知的不争事实。合而言之，商品中所凝结和耗费的生产要素——劳动、资本和土地——便是交换价值的源泉和实体：它们是使用价值的直接源泉和直接实体，是交换价值的间接源泉和间接实体。因此，虽然只有使用价值是边际效用，而交换价值并不是边际效用，但交换价值实体却是边际效用，因而交换价值量的大小与使用价值量的大小一样，都完全取决于边际效用量：商品的交换价值量与其边际效用量相等。

这就是为什么，熊彼特论及杰文斯、门格尔和瓦尔拉斯的贡献时写道："他们证明了亚当·斯密、李嘉图和马克思认为不可能证明的事：用使用价值来解释交换价值。"⑤ 马克·斯考森论及边际革命的意义时也一再说："它的发现解决了价值悖论，这个悖论曾让从亚当·斯密到约翰·穆勒的古典经济学家们灰心丧气。这一思想也破坏了马克思主义经济学。边际效用革命拯救了垂死的科学。那是令经济学家精神振奋的

---

① Joseph A. Schumpeter, *History of Economic Analysis*, London: George Allen & Unwin Ltd, 1955, p. 60.
② 亨利·威廉·斯皮格尔：《经济思想的成长》，中国社会科学出版社 1999 年版，第 53 页。
③ Joseph A. Schumpeter, *History of Economic Analysis*, London: George Allen & Unwin Ltd, 1955, pp. 300 – 301.
④ Ibid., p. 300.
⑤ Ibid., p. 960.

时代。"①

确实,如前所述,马克思和古典经济学派误以为劳动是创造价值的唯一源泉——因而断言价值就是商品中所凝结的劳动——说到底,就是因为他们被价值反论所惑,误以为使用价值往往与交换价值成反比,因而不可能是交换价值的源泉和实体,不可能用使用价值来解释交换价值。这样一来,使用价值的源泉和实体——劳动、资本和土地——也就不可能是交换价值的源泉、实体了;否则,交换价值怎么能够与使用价值的大小相反呢?那么,交换价值和价值的源泉、实体是什么?只有劳动:劳动是创造价值的唯一源泉;价值就是商品中所凝结的劳动。确实,如果劳动是创造交换或价值的唯一源泉,如果价值就是商品中所凝结的劳动,那么,价值或交换价值与使用价值往往相反就可以理解了。

因此,有关劳动是创造价值唯一源泉和价值是商品中所凝结的劳动之争论,说到底,乃在于价值反论能否成立:误以为价值反论能够成立,乃是劳动价值论最深刻的理论根源;只要价值反论不能成立,交换价值与使用价值的大小成正比,使用价值是交换价值的源泉和实体,那么,劳动和资本以及土地等自然资源便无疑是创造价值的三个源泉。边际效用论科学地证明了价值反论不能成立,终结了劳动价值论统治,使我们又回到了自亚里士多德以来历代相沿(除了李嘉图和马克思所代表的历史阶段)的效用价值论:商品价值就是商品满足人的需要和欲望的效用;只不过,使用价值是商品的边际效用,而交换价值则是商品边际效用——亦即交换价值的源泉和实体——对于换取其他商品的交换需要的效用罢了。

总而言之,边际效用论取代马克思和古典经济学派劳动价值论,堪称经济学革命。熊彼特将这种革命比作日心说取代地心说:"日心说取代地心说和边际效用理论取代'古典经济学说',是同一种类的业绩:两者实质上都是通过简化和统一来改造原有的理论。这种对比使我们感到荒谬,只是因为天文学和经济学的知识地位不同。"② 诚哉斯言!因为经济学的基石、根本和核心问题无疑是价值与价格;而价格不过是价值的表现、规

---

① 马克·斯考森:《现代经济学的历程》,长春出版社 2009 年版,第 169 页。
② 熊彼特:《经济分析史》(第三卷),商务印书馆 1991 年版,第 251 页。

定和确定，不过是人们根据商品价值就商品相交换的量的关系或比例所制定——有意识制定或无意识约定俗成——的契约。因此，经济学的基础和核心，说到底，乃是价值问题。这样一来，一种经济学是否科学，说到底，便取决于它的价值理论是否科学：基于劳动价值论等错误的价值理论的经济学，不可能是科学的经济学；唯有基于科学的价值理论——边际效用论——的经济学，才可能是科学的经济学。因此，边际效用论的发现乃是经济学的革命，边际效用论堪称是划时代——开辟科学的经济学时代——的伟大理论。

# 第十六章

# 阶级与剥削：基于经济形态不同的六种国家制度之价值

**本章提要**

阶级是人们因权力——主要是经济权力与政治权力——的垄断所导致的剥削关系而分成的不同群体。任何阶级和剥削制度，就其自身来说，都是恶的；只不过恶的程度有所不同。它恶的程度无疑与其权力垄断的程度成正比：权力垄断越多越大越重，无权者越多而有权者越少，剥削的程度便越深越重越广，该国家的阶级与剥削制度便越恶。因此，奴隶制国家的阶级和剥削制度最恶；封建制国家的阶级和剥削制度次之；资本主义国家的阶级和剥削制度又次之。那么，是否可以说，社会主义国家的阶级和剥削制度必定是最好最进步的？未必。诚然，社会主义无疑先进和优越于资本主义。但是，社会主义国家却未必先进和优越于资本主义国家。因为社会主义国家就是公有制经济形态居于支配地位的国家：它既可能实行普选制民主制；也可能实行专制等非民主制。如果实行普选制民主制，那么，每个人完全平等地执掌最高权力，因而不存在政治权力垄断。这样，社会主义国家不但不存在因政治权力垄断而分成的官吏阶级与庶民阶级，而且因生产资料公有制也不存在经济权力垄断，不存在因经济权力垄断而分成的阶级，因而远远先进和优越于资本主义国家。可是，如果社会主义国家实行专制等非民主制，主要国民便分化为两大群体：政治权力垄断群体（官吏阶级）和没有政治权力群体（庶民阶级）。官吏阶级不但垄断政治权力，而且因控制国有资源而垄断了生产资料或经济权力。这种社会主义国家的权力垄断程度远远重于同样实行专制等非民主制的资本主义国家——这种资本主义国家的官吏阶级因私有制而只有控制庶民阶级的政治权力——因而其阶级和剥削制度便恶于同样实行专制等非民主制的资本主义国家。

# 导言

商品价值、商品价格以及劳动价值与价格的研究表明，资本主义劳动市场，就其本性来说，不可能是完全自由竞争市场，而必然是买方垄断市场。因为私有制或财富就意味着权力，权力就意味着不平等。私有制或财富使资本家（劳动买方）有权成为支配和领导工人（劳动卖方）的雇主，使工人成为被领导、被支配和必须服从的雇员。劳动的买方与卖方地位的不平等，势必导致对于劳动价格的决定作用的不平等：雇主或劳动买方必定是价格的决定者和控制者；而雇员或劳动卖方则只能是价格的接受者。这就是所谓劳动市场的买方垄断。任何垄断，不论是劳动市场的买方垄断，还是产品市场的卖方垄断，都同样意味着垄断者在一定程度上控制价格，因而势必导致价格与价值的背离，导致不等价交换：不等价交换是垄断价格规律，正如等价交换是自由竞争的价格规律一样。

只不过，产品市场的卖方垄断因其是卖方垄断，所导致的价格与价值的背离，当然是价格高于价值或边际成本；反之，劳动市场的买方垄断因其是买方垄断，所导致价格与价值的背离，则显然是价格低于价值，亦即劳动价格或工资低于劳动价值，低于劳动的边际产品。工资低于劳动价值或劳动的边际产品的差额，就是劳动者所创造的被资本家无偿占有的剩余价值，因而也就是资本家对劳动者的剥削，亦即所谓资本主义剥削。因此，资本主义剥削或资本家对劳动者的剥削——亦即工资低于劳动价值或劳动的边际产品的差额——正如萨缪尔森所言，乃是劳动市场买方垄断的必然结果："剥削来源于雇主在购买劳动时的垄断力量（即所谓'买方垄断'）。"[①] 劳动市场买方垄断源于资本主义私有制，因而资本主义剥削，说到底，乃是资本主义私有制的必然结果：资本主义私有制是资本主义剥

---

① 萨缪尔森：《经济学》中册，商务印书馆1986年版，第232页脚注。

削的根源。

因此，资本主义就是资本支配和剥削雇佣劳动从而攫取剩余价值的经济制度。这意味着，资本主义国家——资本主义国家就是资本主义经济制度居于支配地位的国家——违背国家制度价值标准：它既不公正和平等，亦不人道和自由，更违背最大多数人最大利益终极标准，因而仍然是一种强制和异化的、不公正非人道的、恶的、坏的、不应该的、具有负价值的国家。所以，资本主义国家并非理想国。那么，是否应该代之以理想国？是否应该代之以社会主义国家？极力美化资本主义的经济学家克拉克的回答是：如果资本主义确实是一种剥削制度，就应该代之以社会主义。他这样写道：

> 许多人指责现在的社会制度，说它"剥削劳动"。他们说，"工人常被夺去他们的劳动成果。这种剥削是通过竞争的自然作用，并在法律的形式下实现的。"如果这种说法被证实，那么，每一个正直的人都应当变成社会主义者，而他对改革产业制度的热情的高低，就可以表现和衡量他的正义感的程度。①

殊不知，资本主义就其自身来说虽然是一种剥削制度，因而违背国家制度价值标准，是恶的、具有负价值的经济制度；但是，如果废除资本主义必定导致更加残酷更加严重的剥削，那么，资本主义就能够避免更严重更残酷的剥削，就能够避免更大恶，就是一种必要的恶，因而就是一种善的、具有正价值的经济制度。因此，要科学地确定是否应该废除资本主义和应该代之以怎样的国家，就必须考察和比较人类社会各种国家的剥削制度，必须考察和比较取代资本主义的各种社会主义的经济制度，特别是考察仍然存在着剥削的社会主义国家，比较这种社会主义剥削与资本主义剥削究竟何者更加严酷，比较苏联社会主义模式与今日资本主义制度究竟何者更加违背国家制度价值标准？

这种比较的整体，当然是以经济形态为划分根据的六种国家制度之价值；但比较的核心、基础和依据，则是剥削以及人们因剥削关系而形成的

---

① 克拉克：《财富的分配》，商务印书馆1984年版，第3页。

不同群体：阶级。因为阶级和剥削制度如何，无疑是评估以经济形态为划分根据的六种国家——原始共产主义国家、奴隶制国家、封建制国家、资本主义国家、社会主义国家和未来共产主义国家——的价值的核心、基础和依据。这些国家的价值如何，说到底，无疑取决于其阶级和剥削制度如何：阶级压迫和剥削的程度越深越重越广，便越加严重违背国制度价值标准，该国家的负价值便越大，便越恶、越坏、越恶劣、越落后、越野蛮；阶级压迫和剥削的程度越少越窄越轻，便越加轻微违背国制度价值标准，该国家的负价值便越小，恶的程度便越轻，从而相对说来也就越好、越优良、越进步、越文明；完全符合国家制度价值标准的理想国家必定没有阶级和剥削。因此，鲍尔斯说："阶级和剩余产品是理解不同的经济制度怎样运作和变革的关键。"① "不论是考察奴隶制、封建制、资本主义，还是其他制度，每一经济制度都以其不同的阶级关系为特征。"② 这就是为什么，本章的标题叫做"阶级和剥削：以经济形态为划分根据的六种国家制度之价值"。

## 一　阶级与剥削概念

### 1. 剥削

何谓剥削？马克思论证资本家的剥削时曾这样写道："资本并没有发明剩余劳动。凡是社会上一部分人享有生产资料垄断权的地方，劳动者，无论是自由的或不自由的，都必须在维持自身生活所必需的劳动时间以外，追加超额的劳动时间来为生产资料所有者生产生活资料。"③ 据此，《辞海》将剥削定义为："凭借私有财产无偿地攫取他人劳动成果的行为。"《中国大百科全书》亦如是说："社会上一些人或集团凭借他们对生产资料的占有或垄断，无偿占有那些没有或缺少生产资料的人或集团的剩余劳动和剩余产品。"《经济大辞典》也这样写道："社会上一部分人或某一社会集团凭借私有的生产资料或货币资本，无偿地攫取另一部分人或其

---

① Samuel Bowles, Richard Edwards and Frank Roosevelt, *Understanding Capitalism: Competition, Command, and Change*, Third Edition, New York: Oxford University Press, 2005, p. 122.
② Ibid., p. 127.
③ 马克思：《资本论》第1卷，人民出版社1975年版，第263页。

## 第十六章 阶级与剥削:基于经济形态不同的六种国家制度之价值

他社会集团的劳动成果。"

可见,剥削是凭借私有财产无偿地攫取他人劳动成果的行为:这就是流行的剥削定义,亦即所谓马克思主义的剥削定义。按照这个定义,仅仅无偿攫取他人劳动成果,还不是剥削;只有凭借私有财产无偿攫取他人劳动成果,才是剥削。确实,仅仅无偿攫取他人劳动成果,还不是剥削;抢劫和偷盗都是无偿攫取他人劳动成果,却皆非剥削。但是,是否只有凭借私有财产无偿攫取他人劳动成果才是剥削呢?否。恩格斯说:"分工的规律就是阶级划分的基础。但是这并不妨碍阶级的这种划分曾经通过暴力和掠夺、狡诈来实现,这也不妨碍统治阶级一旦掌握政权就牺牲劳动阶级来巩固自己的统治,并把对社会的领导变成对群众的剥削。"[①]

恩格斯这里所说的剥削,是凭借政治权力无偿攫取他人劳动成果。这意味着:并非只有凭借私有财产无偿攫取他人劳动成果才是剥削;凭借政治权力无偿攫取他人劳动成果也是剥削。确实,如所周知,无偿攫取他人劳动成果,就其强制的手段和方式来说,原本有两种:经济强制与非经济强制。凭借私有财产无偿攫取他人劳动成果,属于经济强制,是经济强制方式的剥削;凭借政治权力无偿攫取他人劳动成果,属于非经济强制,是非经济强制方式的剥削。显然,流行定义——剥削是凭借私有财产无偿地攫取他人劳动成果的行为——犯了以偏赅全的错误。那么,剥削究竟是什么?

就剥削的西文"exploitatiom"来看,原本含有开发、利用之意;如果利用的对象是人而不是物,则含有为了自己的利益而不公正、不道德地利用之意。《新帕尔格雷夫经济学大辞典》的"剥削(开发)"词条也这样写道:"广义而言,开发一物是指为某种目的而加以利用,如为社会福利或私人收益而开发自然资源。如果用于取利于他人,则开发一词也含有不道德之意。如被利用之人当时处于无能为力状态,像贫民之与他们的财主、债主等,则该词又有压迫之意。"就中文来看,"剥"原本有裂、割之意。《说文解字》:"剥,裂也,从刀从录,录,刻割也。""削"与"剥"大体相同,原本有分开之意。《说文解字》:"削,鞞也,一曰析也,从刀肖声。"因此,"剥"、"削"二字可以顾形思义,原本

---

[①] 《马克思恩格斯全集》第20卷,人民出版社1971年版,第306页。

都有用刀分割之意；合为一词，遂有"分割"、"压榨"和"侵夺"诸义。所以，魏征《为李密檄蒙守郁王庆文》曾如是说："剥削黔黎，涂毒天下。"

可见，从词源来看，不论中西，剥削都有不公正、不道德地利用他人，从而分割、压榨和侵夺他人一部分利益的意思。从概念定义来看，与其词源含义大体一致：剥削就是分割、压榨和侵夺他人利益而无偿占有其中一部分的不公正行为，就是分割、压榨和利用他人而无偿占有剩余利益的不公正行为。确实，剥削就是一种不公正的行为，属于不公正范畴。这一点，今日西方分析马克思主义思想家多有论述。杰弗里·赖曼教授的论文"分配马克思主义的替代：对罗默尔、柯亨和剥削的深层思考"一开篇，就这样写道："柯亨和罗默尔，这两个最有影响力的分析马克思主义者指出，马克思主义的剥削概念一定要包括非正义的含义在里面……单单说剥削就是强行榨取别人的未付酬劳动或剩余劳动是不够的，只有非正义的榨取才能称得上是剥削。否则，如果为了惩罚一个人而让他去劳动而不给他报酬，或者通过抽签选出一部分人参加保卫战而并不额外增加给他们提供物品，或者非正义战争的战犯被强迫劳动来弥补他们造成的损失，都可以称为剥削了。"①

诚然，剥削都是不公正。但是，不公正并不都是剥削。譬如，我们可以说恩将仇报是不公正，却不能说恩将仇报是剥削。那么，剥削究竟是一种怎样的不公正？解决这个问题的起点显然是：究竟何谓不公正？何谓公正？柏拉图答曰："正义就是给每个人以适如其份的报答。"② 罗马法学家乌尔庇安也这样写道："正义乃是使每个人获得其应得的东西的永恒不变的意志。"③ 柏拉图和乌尔庇安的定义被后来历代思想家所承认而成为公正的经典界说。按照这一界说，公正就是行为对象应得的行为，是给予人应得而不给人不应得的行为；不公正就是行为对象不应得的行为，是给人不应得而不给人应得的行为。显然，这个定义不够明确。因为"应得"并不是一个简单明了的概念：究竟什么叫给人应得？

---

① 罗伯特·韦尔和凯·尼尔森编：《分析马克思主义新论》，中国人民大学出版社2002年版，第234页。
② 柏拉图：《理想国》，商务印书馆1994年版，第7页。
③ 博登海墨：《法理学——法哲学及其方法》，华夏出版社1987年版，第253页。

不难看出，所谓应得，必与应得者此前的行为相关：应得乃是一种回报或交换，是应得者此前行为之回报或交换。因此，公正是给人应得经典定义，原本意味着：公正是一种回报或交换。尼采早就看破了这一点："交换是正义的原初特征。"① 不过，滴水之恩涌泉相报和涌泉之恩滴水相报，都是一种回报或交换：这些行为是公正吗？是给人应得吗？显然都不是。那么，公正、给人应得，究竟是一种怎样的回报或交换行为？亚里士多德答曰：公正就是具有均等、相等、平等、比例性质的那种回报或交换行为。② 更确切些说，公正就是等利交换（善有善报）和等害交换（恶有恶报）的行为，就是同等的利害相交换的行为，就是等利（害）交换的行为。

那么，不等利（害）交换——亦即不等利交换与不等害交换——就是不公正吗？否。因为不公正无疑是一种不道德的、恶的行为；而不等利（害）交换未必都是不道德的、恶的行为。不等利害交换显然分为两类：一类是善的、道德的不等利（害）交换，如滴水之恩，涌泉相报，属于仁爱和宽恕范畴；另一类是恶的、不道德的不等利（害）交换，如恩将仇报，属于不公正范畴。因此，虽然公正可以定义为"等利（害）交换"；不公正却不可以定义为"不等利（害）交换"：不公正乃是恶的、不道德的"不等利（害）交换"。

不公正是恶的不等利（害）交换，显然意味着，不公正分为两类：恶的不等害交换和恶的不等利交换。那么，剥削究竟是哪一种不公正？剥削的本质无疑是通过利益交换而无偿占有，而与损害交换或报复无关。因此，不等害交换无论善恶都无关剥削；因而剥削必是恶的不等利交换：剥削就是恶的、不道德的或不公正的不等利交换，就是不等利交换的不公正，说到底，也就是含有无偿占有的不公正的利益交换活动。这就是剥削的定义，亦即所谓广义的剥削定义。

对于这一定义，柯尔、罗默和赖曼等今日分析马克思主义思想家多有论述。赖曼曾将这些论述归结为一句话："我认为，有一种广义上的剥

---

① 慈继伟：《正义的两面》，生活·读书·新知三联书店2001年版，第151页。
② 《亚里士多德全集》第八卷，中国人民大学出版社1992年版，第101页。

削，即不公正地或非互惠地从别人那里获取利益。"[1] 赖曼的这个定义无疑是深刻的，但遗憾的是，不够精确，或者毋宁说，是白璧微瑕：它有见于剥削直接属于不公正范畴，却无见于不公正属于交换范畴，因而无见于剥削最终属于交换范畴，遂以为剥削是非互惠的。殊不知，剥削属于利益交换范畴，因而必定是互惠的；只不过剥削的互惠是不等利交换的互惠，是含有无偿占有的不公正互惠。准此观之，那个令赖曼困惑的为什么"抢劫和盗窃是不公正不道德的无偿占有却不是剥削"的难题就可以理解了：抢劫和盗窃都不属于利益交换范畴。

剥削属于利益交换范畴。因此，并非只有劳动成果或经济利益的交换活动才存在剥削，剥削决不仅仅是一个经济概念；剥削是一个极为广泛的社会范畴，一切利益交换都可以存在剥削。只要是含有无偿占有的不公正的利益交换活动，就都叫做剥削：不管这种利益是经济利益还是社会利益抑或精神利益。确实，如果说一个地主无偿占有一个农民的劳动成果是剥削，那么，他无偿占有该农民的其他利益——如偶然捡到的一块宝石——岂不也是剥削？一个博士生导师依靠录取权力而役使一个考生为自己收集和整理文献资料、无偿占有其劳动成果是剥削。那么，他依靠录取权力无偿占有该考生的其他利益——如美色——岂不也是剥削？

剥削就是含有无偿占有的不公正的利益交换活动，就是利益交换活动中无偿占有他人利益，说到底，也就是所谓的"占便宜"，亦即人际交往和利益交换过程中出现的所谓"占便宜"行为。我确曾见到一个"吃完原告吃被告"的法官。她不断索取原告和被告的礼品钱财，却既不给原告办事，也不给被告办事；而是将案子一拖再拖，一直拖到双方都只求结案了事。她这种无偿占有原告和被告钱财的行为，亦即占双方的便宜，岂不是典型的剥削？我还曾亲身遭受到一个商人的剥削。他煞有介事地一再哄骗我，说他如何如何在给我办事。实际上，他只是让我为他办事。最终我为他办成了他所托之事，他却没有给我办事。他通过商人的狡猾和欺骗占了我的便宜，亦即无偿占有我的付出：他剥削了我。

综上可知，剥削原本属于不公正和交换范畴："不公正"是剥削的最

---

[1] 罗伯特·韦尔、凯·尼尔森编：《分析马克思主义新论》，中国人民大学出版社2002年版，第236页。

邻近类概念；"交换"是剥削的终极类概念；"无偿占有"或"不等利"交换是剥削的种差：剥削就是含有无偿占有的不公正的利益交换活动。如图：

$$
交换\begin{cases}等利（害）交换=公正\\ 不等利（害）交换\begin{cases}善的不等利（害）交换=仁爱和宽恕\\ 恶的不等利（害）交换=不公正\begin{cases}恶的不等害交换\\ 恶的不等利交换=剥削\end{cases}\end{cases}\end{cases}
$$

## 2. 阶级与阶层

赖曼等分析马克思主义论者认为存在两种剥削概念：分析马克思主义的剥削定义（不公正地从别人那里获取利益的行为）是广义剥削概念；传统马克思主义的剥削定义（凭借私有财产无偿地攫取他人劳动成果的行为）是狭义剥削概念。[①] 我国学者也多有此见。殊不知，剥削概念只有一个，亦即"不等利交换的不公正"；而"凭借私有财产无偿地攫取他人劳动成果的行为"，不过是剥削的一种具体类型罢了。剥削的类型，不论就理论意义还是就现实意义来说，都比剥削的定义更加重要：这恐怕就是分析马克思主义十分重视剥削类型学研究的缘故。那么，科学地看，剥削应该如何分类？

确实，"凭借私有财产无偿地攫取他人劳动成果"乃是剥削的一种极其重要的类型，因其包括奴隶制剥削、封建制剥削和资本主义剥削等剥削的特殊种类，属于"阶级剥削"范畴：阶级剥削无疑是最根本最主要最重要的剥削类型。这意味着，剥削的科学分类应该以阶级为根据，分为两大类型：阶级剥削与非阶级剥削。然而，阶级剥削与非阶级剥削无疑是剥削的最根本也最难厘清的分类。因为进行这一分类显然必须界说阶级概念；而阶级概念，正如斯凯思所言，恐怕是人类所创造的最难界说的概念之一："社会学家用来描述和解释社会关系的所有概念中，社会阶级可能是最模糊、最不确切的。"[②] 赖特亦如是叹曰："正像埃尔西惊异于为什么

---

① 罗伯特·韦尔、凯·尼尔森编：《分析马克思主义新论》，中国人民大学出版社2002年版，第236页。
② 斯凯思：《阶级》，吉林人民出版社2005年版，第1页。

一头奶牛是一头'奶牛'一样,是什么使一个阶级成为一个'阶级'这一问题长期令人困扰。"① 马克思《资本论》第三卷第 52 章"阶级"也这样写道:"首先要解答的一个问题是,什么事情形成阶级?这个问题自然会由另外一个问题的解答而得到解答:什么事情使雇用工人、资本家土地所有者成为社会三大阶级?"② 遗憾的是,还没有回答这个问题,马克思的手稿就中断了。那么,究竟何谓阶级(阶级定义)?究竟是什么使一个阶级成其为阶级(阶级划分根据)?

《新帕尔格雷夫经济学大辞典》阶级(class)词条说:"这个词语起源于拉丁文 classis,其用法中含有依据财富细分人口的意思。"《韦氏英语大辞典》和《牛津高阶英汉双解词典》"阶级"词条也这样写道:阶级亦即种类、类别,是具有相同的社会或经济地位的人所结成的群体。从中文来看,"阶级"由"阶"和"级"合成。"阶"和"级"原本同义,都是台阶的意思。《说文解字》:"阶,陛也。"③《书·大禹谟》:"舞干羽于两阶。"《礼记·曲礼上》:"拾级聚足,连步以上。""阶"和"级"合成的"阶级"一词,也是台阶的意思。陆龟蒙《野庙碑》:"升阶级,坐堂宴。"引申为不同等级——特别是官位奉给的等级——的群体。《新书·阶级》云:"故古者圣王制为列等,内有公卿大夫士,外有公侯伯子男……等级分明。"《三国志·吴志·顾谭传》云:"臣闻有国有家者,必明嫡庶之端,异尊卑之礼,使高下有差,阶级逾邈。"

可见,从词源来看,不论中西,阶级都是指人群的划分、种类和类别,亦即人们所分成的一些群体或集团,这些群体或集团的内部成员具有某种相同性,而群体相互间则根本不同。只不过,西文词源含有阶级划分的根据在于财富;而中文词源含有阶级划分的根据在于官位罢了。那么,从概念的定义来看,阶级究竟是什么?毫无疑义,就概念定义来看,与其词源含义一致,阶级也是指人群的划分、种类和类别,亦即人们所分成的一些群体或集团。这些群体或集团,就划分的根据来说,一方面,相互间根本不同乃至恰恰相反;但是,另一方面,每一群体内部成员则完全相

---

① 赖特:《后工业社会中的阶级》,辽宁教育出版社 2004 年版,第 21 页。
② 《马克思恩格斯选集》第 4 卷,人民出版社 1995 年版,第 172 页。
③ 陛是宫殿的台阶。

同。问题的关键在于：阶级划分的根据究竟是什么？

对于阶级的概念分析将令我们惊奇地发现，阶级划分的根据，竟然也与其中西词源含义大体相同，乃在于经济权力与政治权力。马列主义阶级划分根据的观点与阶级的西文词源含义大体相同，认为阶级划分的根据是经济关系，说到底，是对生产资料的占有或垄断关系。列宁说："阶级差别的基本标志，就是它们在社会生产中所处的地位，因而也就是它们对生产资料的关系。"① "所谓阶级，就是这样一些集团，这些集团在历史上一定社会生产体系中所处的地位不同，对生产资料的关系（这种关系大部分是在法律上明文规定了的）不同，在社会劳动组织中所起的作用不同，因而领得自己所支配的那份社会财富的方式和多寡也不同。所谓阶级，就是这样一些集团，由于它们在一定社会经济结构中所处的地位不同，其中一个集团能够占有另一个集团的劳动。"② 罗默也这样写道："阶级是一种群体，这一群体的所有成员以相似的方式与劳动过程相联系。例如，所有那些为了生活而出卖自己劳动力的人形成一个阶级；所有那些雇用劳动力的人形成一个阶级；所有那些为自己劳动从而既不出卖劳动力也不雇用劳动力的人形成第三个阶级。"③ 赖特亦认为："将阶级概念限制在财产关系上是合适的。"④ 今日英国著名社会学家安东尼·吉登斯亦如是说："我们可以将阶级界定为一个由分享共同的经济资源的人们所组成的大型的社会团体。"⑤

然而，波朗查斯认为这种阶级定义和划分根据理论是片面的，他称之为"经济主义"："经济主义的社会阶级概念完全根据生产关系的经济方面确定社会阶级的定义，尤其是把社会阶级作为它们与生产资料的所有制关系所起的作用来解释。"⑥ 确实，这种所谓经济主义的阶级定义和阶级划分根据，固然最为深刻、根本和重要，因而能够说明人类历史上最重要的三大对立阶级——奴隶主阶级与奴隶阶级、封建地主阶级与农民阶级以

---

① 《列宁全集》第 6 卷，人民出版社 1954 年版，第 233 页。
② 《列宁全集》第 29 卷，人民出版社 1953 年版，第 382 页。
③ Samuel Bowles, Richard Edwards and Frank Roosevelt, *Understanding Capitalism: Competition, Command, and Change*, Third Edition, New York: Oxford University Press, 2005, p. 5.
④ 赖特:《阶级》，高等教育出版社 2006 年版，第 96 页。
⑤ 安东尼·吉登斯:《社会学》（第四版），北京大学出版社 2003 年版，第 357 页。
⑥ 波朗查斯:《政治权力与社会阶级》，中国社会科学出版社 1982 年版，第 104 页。

及资产阶级与无产阶级——却失之片面：它不能说明统治阶级与被统治阶级。

统治阶级亦即官吏阶级，被统治阶级亦即庶民阶级，二者的形成源于非民主制。因为一个国家如果实行民主制，特别是普选制民主，那么，全体公民和国民便共同执掌最高权力，因而不存在政治权力垄断，不存在垄断政治权力群体与没有政治权力群体，说到底，不存在统治阶级（官吏阶级）与被统治阶级（庶民阶级）；而只存在统治者（官吏）与被统治者（庶民）。相反地，一个国家如果实行非民主制，那么，众多公民和国民必定毫无政治权力，因而便存在政治权力垄断，便存在垄断政治权力群体与没有政治权力群体，亦即统治阶级与被统治阶级：统治阶级亦即官吏阶级，说到底，就是垄断政治权力的群体；被统治阶级亦即庶民阶级，说到底，就是没有政治权力的群体。

因此，统治阶级与被统治阶级划分的根据并不是生产资料的占有或垄断，而是政治权力的垄断或有无。这样，一个人即使一无所有，只要成为官吏，就属于统治阶级，而不属于被统治阶级；相反地，一个人即使是亿万富翁，只要不是官吏，没有政治职务和政治权力，就属于被统治阶级，而不属于统治阶级。所以，波普说："统治阶级总是某些人。无论他们可能曾经属于哪个阶级，一旦成为统治者，他们就属于统治阶级。"①

因此，阶级划分的根据或标准并不仅仅是经济关系，并不仅仅是生产资料垄断关系；还应该包括政治职务、政治权力的垄断关系。因此，将阶级定义为人们因经济地位或生产资料占有关系不同而形成的不同集团，是片面的；人们因政治权力之有无或垄断而分成的不同集团——亦即统治集团与被统治集团——也属于阶级范畴：统治阶级（官吏阶级）与被统治阶级（庶民阶级）。

然而，恩格斯说："国家照例是最强大的、在经济上占统治地位的阶级的国家，这个阶级借助于国家而在政治上也成为占统治地位的阶级，因而获得了镇压和剥削被压迫阶级的新手段。因此，古代的国家首先是奴隶主用来镇压奴隶的国家，封建国家是贵族用来镇压农奴和依附农的机器，

---

① 波普：《猜想与反驳》，上海译文出版社1988年版，第491页。

现代的代议制国家是资本剥削雇佣劳动工具。"①

这就是说,在经济上占统治地位的阶级,在政治上也占统治地位,在经济上被统治的阶级,在政治上也被统治,因而统治阶级也就是垄断生产资料的阶级,亦即奴隶主阶级、地主阶级和资产阶级;被统治阶级也就是没有生产资料的阶级,亦即奴隶阶级、农民阶级和无产阶级。这样一来,阶级划分的根据也就只有经济关系,亦即对生产资料的占有或垄断关系。这种观点能否成立?

否。因为阶级社会的历史和现实告诉我们,在经济上占统治地位的阶级,未必在政治上也占统治地位。恰恰相反,在经济上占统治地位的阶级,常常在政治上处于被统治地位;而在经济上被统治的阶级,在政治上却处于统治地位。古代雅典民主城邦的统治者,就不是奴隶主阶级,而是比较贫穷的平民。因此,亚里士多德称梭伦"建立了雅典'平民政体的祖制'"②,并反复强调雅典平民政体是按照穷人的意志进行统治,以穷人的利益为依归:"平民政体则以穷人的利益为依归……平民政体的定义为人数甚多的贫民控制着治权。"③

古代如此,当代亦然。实行普选制民主的资本主义国家的最高权力,虽然为全体国民共同执掌,却势必按照多数国民的意志进行统治,因而往往是按照经济上处于被统治地位的广大人民群众的意志——而不是按照在经济上占据统治地位的资产阶级的意志——进行统治。否则,就无法解释典型的资本主义国家瑞典所实行的《雇员投资基金法案》。该法案被称为西方世界从来未目睹过的对资产阶级的最大规模的没收举动④,结果激起资产阶级的强烈反抗,以致1983年10月4日组织了一次7万5千人游行,抗议《雇员投资基金法案》。但是,瑞典议会还是于同年12月12日通过了该法案。

可见,认为在经济上占统治地位的阶级在政治上也占统治地位的观点是不能成立的,因而将阶级划分的根据归结为经济关系或生产资料垄断的观点也就不能成立了。确实,所谓统治阶级,无疑是所有统治者所组成的

---

① 《马克思恩格斯选集》第4卷,人民出版社1972年版,第168页。
② 亚里士多德:《政治学》,商务印书馆1996年版,第103页。
③ 同上书,第134—135页。
④ 戴维·加尔森:《神话与现实》,工人出版社1986年版,第76页。

群体。一个人无论多么富有,无论他拥有多大经济权力,无论他在经济上"统治"多少人,只要他没有政治职务、官职或政治权力,他都不是统治者,他都不属于统治阶级。我们能说一个大资本家或大地主是统治者吗?我们不但不能说他是统治者,而且——严格讲来——也不能说他"统治"工人或农民;而只能说他管理、支配和领导工人或农民:"统治"和"统治阶级"纯粹是一个政治概念:统治阶级与官吏阶级是同一概念。

因此,统治阶级与被统治阶级划分根据乃是政治权力,决不是经济关系。有鉴于此,波朗查斯认为阶级划分的根据或标准应该是多元的:"马克思、恩格斯、列宁和毛泽东无论什么时候在分析社会阶级时都远非把自己仅仅局限于经济标准,他们都明确谈到政治标准和意识形态标准"。①从此出发,波朗查斯给阶级下定义说:"社会阶级是按照它们在整个社会实践中的地位,也就是它们在包括政治和意识形态关系在内的整个劳动分工中的地位来决定的。"②

诚然,阶级定义和阶级划分根据多元论避免了经济一元论的片面性,可以包括所有阶级。但是,这种多元论的阶级定义显然不但犯了定义过宽的逻辑错误,而且含糊不清,实际上无异于说:阶级由人们的全部社会关系决定。殊不知,阶级划分不但与意识形态无关,而且与政治职务或政治权力之外的政治——如政治立场和政治观点等——无关。恩格斯是无产阶级导师,其政治立场、政治观点和意识形态无疑都属于无产阶级;但是,恩格斯却是资本家,不属于无产阶级,而属于资产阶级,属于资产阶级的知识阶层。

究竟言之,阶级划分的根据实际上只有两个:生产资料与政治权力之占有或垄断关系。因为人类社会迄今所有阶级——奴隶主阶级与奴隶阶级、地主阶级与农民阶级、资产阶级与无产阶级以及中间阶级、统治阶级与被统治阶级、剥削阶级与被剥削阶级——显然都是以生产资料或政治权力之占有或垄断关系为根据划分的。因此,可以断言:阶级就是人们因生产资料或政治权力之垄断而分成的不同群体。这样一来,阶级显然不仅是个经济范畴,而是经济与政治的综合范畴。我们不妨沿用赛维斯的用语,

---

① 康文龙:《马克思主义阶级概念的多重解释》,《学术论坛》2006年第3期。
② 同上。

将生产资料垄断所形成的阶级叫做经济阶级（亦即垄断经济权力的阶级与没有经济权力的阶级）；将政治权力垄断所形成的阶级叫做政治阶级（亦即垄断政治权力的阶级或统治阶级与没有政治权力的阶级或被统治阶级）。[1] 这种阶级定义和阶级划分，既不同于"经济一元论"——波朗查斯称之为"经济主义"——亦不同于"经济、政治和意识形态多元论"，不妨称之为"二元论"，亦即"生产资料与政治权力二元论"。

但是，这种二元论恐怕还不配享有真理的美名，因其仍然不符合分类的逻辑规则：一次划分只能有一个根据。显然，要避免这种弊端，阶级划分的标准必须是一元的，而不能是二元或多元的。可是，究竟有没有这样一种阶级划分的根据，它既能够包括全部阶级，又可以避免各阶级外延部分重合？有的，那就是权力垄断。因为不但政治权力属于权力范畴，而且作为阶级划分根据的生产资料占有关系，实质上也是权力关系；只不过不是政治权力而是经济权力罢了。这个道理，斯密曾有深刻论述："霍布斯说：财富就是权力。但是，获得或继承巨大财产的人，未必就获得或继承了任何政治权力——不论民事还是军事方面。他的财产，也许可以提供他一种获得两者的手段，但仅有财产未必就拥有政治权力。财产使他立即和直接拥有的权力，乃是购买力，是某种对于市场上各种劳动或劳动生产物的支配权。他的财产的大小与这种支配权的大小恰成比例，亦即与他所能购买或所能支配的他人劳动量或他人劳动生产物数量的大小恰成比例。"[2] 罗默进而将这番道理归结为一句话："生产关系就是经济权力关系。"[3]

准此观之，以为阶级仅仅是个经济范畴的片面性就更加明显了。因为政治权力虽然与经济权力不同，却毕竟同样是权力，而且是统帅、指挥、命令和役使经济权力的权力，无疑比经济权力更加严重和可怕，更加具有迫使人服从的强制性和压迫性。如果说因生产资料或经济权力的垄断而形成的群体是阶级，那么，我们有什么理由说因政治权力的垄断而形成的群体不是阶级？统治阶级与被统治阶级岂不明明白白就是因政治权力的垄断而形成的不同群体吗？统治阶级岂不就是垄断政治权力的群体？被统治阶

---

[1] 参阅易建平《部落联盟与酋邦》，社会科学文献出版社 2004 年版，第 207 页。
[2] Adam Smith, *The Wealth of Nations*, Books I – III, England Penguin Inc, 1970, p. 134.
[3] John E. Roemer, *Free to Lose*, Harvard University Press · Cambridge, Massachusetts · 1988, p. 109.

级岂不就是没有政治权力的群体?

这样一来,阶级定义和阶级划分根据的"生产资料与政治权力二元论",就可以转化为"权力一元论":权力垄断是阶级划分的根据;阶级是人们因权力——主要是经济权力与政治权力——之有无或垄断而分成的不同群体。这个道理,波朗查斯已有洞见。他再三说:"关于权力和社会阶级之间关系的问题,我们已经可以得出某些结论。阶级关系就是权力关系。"① "阶级关系在每一个方面都是权力关系。"② "阶级关系就是表现在每一个方面的权力关系。"③ 丹尼尔·贝尔也这样写道:"最终说来,阶级并不意味着一个特殊的人群,而是把取得、掌握和转移不同权力及其有关特权的程序制度化的一种体系。"④ 那么,以权力垄断为根据,人类究竟分为哪些阶级?

以权力垄断为根据,一切人无疑可以分为两大群体,亦即无权群体与有权群体。不言而喻,无权群体是被压迫阶级;有权群体是压迫阶级。但是,真正讲来,无权群体不但是被压迫阶级而且还是被剥削阶级;有权群体不但是压迫阶级而且还是剥削阶级。因为,如前所述,生产资料私有制之所以是剥削的根源,就是因为生产资料垄断必然导致权力垄断,亦即生产资料使其拥有者有权成为支配和领导没有生产资料者的雇主,成为劳动价格的决定者和控制者,从而能够无偿占有其剩余劳动:权力垄断是剥削发生的直接原因。

因此,权力垄断与剥削如影随形;权力垄断是阶级划分的根据,实则蕴涵剥削是阶级划分的根据。毋宁说,权力垄断是阶级划分的表层的实在的根据;剥削是阶级划分的深层潜在的根据:阶级是人们因权力垄断所导致的剥削关系而分成的不同群体。所以,赖特认为阶级是一个以剥削为核心和基础的概念:"以剥削为基础的阶级概念把我们的注意力指向这么一个事实,即阶级关系是权力关系,而不仅仅是特权。"⑤ "尽管马克思有时利用统治和压迫来描绘阶级关系,阶级对立的最根本的决

---

① 波朗查斯:《政治权力与社会阶级》,中国社会科学出版社1982年版,第103页。
② 同上书,第105页。
③ 同上书,第107页。
④ 丹尼尔·贝尔:《后工业社会的来临》,商务印书馆1984年版,第399页。
⑤ 赖特:《后工业社会中的阶级》,辽宁教育出版社2004年版,第36页。

### 第十六章 阶级与剥削：基于经济形态不同的六种国家制度之价值　　841

定因素仍是剥削。"① 考茨基也曾这样写道："我们所说的阶级，只可以指这样一种集团，它同另一集团或阶级是处在剥削者或被剥削者的关系之中，或者，它如果不是努力抗拒这种关系，便是力图进入这种关系。"②

于是，哪里实行生产资料私有制和非民主政体，哪里就有权力垄断，哪里分为无权群体与有权群体，哪里就必定存在压迫与剥削。没有权力——主要是经济权力或政治权力——的群体，必定遭受相应的有权群体的压迫和剥削，因而叫做被压迫和被剥削阶级；垄断权力——主要是经济权力或政治权力——的群体，必定压迫和剥削相应的无权群体，因而叫做压迫和剥削阶级。只有在共产主义社会——原始共产主义社会和未来共产主义社会——才因实行生产资料公有制和普选制民主政体，每个人都完全平等地执掌生产资料和国家最高权力，每个人都完全平等地拥有经济权力和最高政治权力，从而消除了权力——主要是经济权力和政治权力——垄断，因而也就消除了阶级，不复存在压迫剥削阶级与被压迫被剥削阶级。

然而，阶级的这一定义——阶级是人们因权力垄断所导致的剥削关系而分成的不同群体——能否成立，显然还取决于：以权力垄断及其所导致的压迫和剥削为根据，所划分出来的阶级，可以包罗一切阶级吗？答案是肯定的。首先，压迫和剥削阶级因其垄断的权力种类不同而分为两类：政治权力、政治职务垄断者阶级或统治阶级，与经济权力或生产资料垄断者阶级。其次，统治阶级可以分为四类：奴隶社会统治阶级、封建社会统治阶级、资本主义社会统治阶级与社会主义社会统治阶级。最后，经济权力或生产资料垄断者阶级也分为四种：奴隶主阶级、地主阶级、资产阶级。

无政治权力或被统治阶级显然也分为四类：奴隶社会被统治阶级、封建社会被统治阶级、资本主义社会被统治阶级与社会主义社会被统治阶级。无经济权力阶级也分为四类：奴隶阶级、农民阶级、无产阶级。

最后，中间阶级是一个十分独特的阶级：它是既被雇佣又雇佣他人或

---

① 赖特：《后工业社会中的阶级》，辽宁教育出版社2004年版，第36页。
② 考茨基：《唯物主义历史观》（第四册），上海人民出版社1964年版，第20页。

既不被雇佣也不雇佣他人的群体,是介于雇佣和被雇佣之间的群体,是没有生产资料却有经济权力(管理人员或新中间阶级)或有生产资料却无经济权力的群体(小资产阶级或老中间阶级),说到底,是根本不同于资产阶级与无产阶级同时却又兼具二者根本特征的群体,是介于无产阶级与资产阶级之间的亦此亦彼的矛盾群体。因此,赖特一再强调说,中间阶级处于无产阶级与资产阶级"阶级关系中的矛盾位置":

> 在阶级分析的剥削和支配框架中,中产阶级被定义为那些同时处于剥削和被剥削,或支配和被支配地位的那些人。他们占据着笔者曾经说过的'阶级关系中的矛盾位置',在剥削和支配关系中,他们的工作带有这些关系的两面性。经理和主管是其典型例子。①

可见,阶级是人们因权力垄断所导致的剥削关系而分成的不同群体。这一定义是科学的、能成立的。因为以权力垄断及其所导致的压迫和剥削为根据的阶级划分,不但符合逻辑规则——一次划分只能有一个根据——而且包括所有阶级,如图:

阶级 ⎰ 压迫剥削阶级 ⎰ 政治权力垄断阶级:奴隶社会统治阶级、封建社会统治阶级、资本主义社会统治阶级和社会主义社会统治阶级
　　　　　　　　　⎱ 经济权力垄断阶级:奴隶阶级、地主阶级、资产阶级 ⎱ 中间阶级
　　　被压迫被剥削阶级 ⎰ 无经济权力阶级:奴隶阶级、农民阶级、无产阶级
　　　　　　　　　　　⎱ 无政治权力阶级:奴隶社会被统治阶级、封建社会被统治阶级、资本主义社会被统治阶级和社会主义社会被统治阶级

---

① 李春玲主编:《比较视野下的中产阶级形成》,社会科学文献出版社2009年版,第10页。

第十六章 阶级与剥削：基于经济形态不同的六种国家制度之价值 843

然而，要确证阶级的定义，还必须将阶级（class）与阶层（stratum）区别开来。因为很多学者都将二者混同起来。美国社会学家劳埃德·沃纳就曾通过对新英格兰扬基城99%家庭等级进行考察，于1941年宣布："有六个群体界限明确，足以被称为阶级"，亦即上上层阶级、下上层阶级、上中层阶级、下中层阶级、上下层阶级和下下层阶级。①这一阶级划分理论在当代西方社会学家中影响极大，以致吉尔伯特和卡尔在其基础上，进一步提出当代美国存在着六个阶级：资本家阶级、上中层阶级、中层阶级、工人阶级、劳动—贫穷阶级和下层阶级。②究其实，沃纳所谓六个阶级都不是什么阶级，而是阶层，是六个阶层。吉尔伯特和卡尔所谓六个阶级则将阶级与阶层混为一谈。

因为阶级与阶层虽然都是社会的不同群体，但是，二者根本不同。阶层的划分根据则可以是任何一种与利益获得——特别是不平等——有关的属性，如收入、财富、职业、声望、生产资料的占有、经济权力垄断、政治权力垄断、性别、知识、年龄等。反之，阶级的划分根据仅仅是一种极其重要的特定的属性，亦即权力垄断：经济权力垄断与政治权力垄断。沃纳的所谓六个阶级——上上层阶级、下上层阶级、上中层阶级、下中层阶级、上下层阶级和下下层阶级——并不是六个阶级，而是六个阶层；因其划分的根据不是权力垄断，而是声望等级，是财富、收入和职业，是职业、住宅类型、居住地区、收入来源等项标准的综合指数。吉尔伯特和卡尔所谓的六个阶级——资本家阶级、上中层阶级、中层阶级、工人阶级、劳动—贫穷阶级和下层阶级——将阶级与阶层混为一谈，因其资本家阶级与工人阶级划分的根据是经济权力垄断（前者垄断了生产资料而后者没有生产资料）属于阶级范畴；而其余四个阶级划分根据是收入和财富，则属于阶层范畴。

阶层的划分根据是任何一种与利益获得的不平等有关的属性；而阶级的划分根据则仅仅是一种独特的与利益获得不平等有关的属性：权力垄断。因此，阶层与阶级乃是一般与个别关系，亦即上位概念与下位概念的从属关系。阶层不都是阶级；但阶级却都是阶层。阶级是一种特殊的、独

---

① 吉尔伯特·卡尔：《美国阶级结构》，中国社会科学出版社1992年版，第29页。
② 同上书，第394页。

特的阶层，亦即以权力垄断为根据所划分出来的阶层：阶级是人们因权力之有无或垄断而分成的不同社会阶层。因此，美国费尔采尔德主编的《社会学辞典》"阶层"词条写道："从横的方面把社会划分为完全固定的和同等的许多层次，像阶级、门阀等级、地位身份等。"对于这个道理，安东尼·吉登斯曾有十分精辟的论述：

> 社会学家用社会分层来指称存在于人类社会的个人和群体之间的不平等。通常我们想到的分层是就资产或财富而言的，但分层也可以基于其他属性，如性别、年龄、宗教归属或军衔。在分层体制中，地位不同的个人和群体获得报酬的机会是不同的（不平等）。因而，分层最简单的定义是不同人群间的结构性不平等……在人类社会的历史上曾存在四种基本的分层制度：奴隶制度、种姓制度、等级制度和阶级制度。[①]

这样一来，阶层与阶级虽然是上位概念与下位概念的从属关系，但是，阶层划分根据的众多性，就使所划分出来的各种阶层与阶级处于多种交叉和包括等复杂关系之中。因此，同一社会阶层可以包括多种阶级，如上层阶层可以包括地主阶级、资产阶级和统治阶级等；知识分子阶层可以分属统治阶级、庶民阶级、资产阶级、中间阶级、无产阶级等。反之亦然，同一阶级也可以包括许多阶层，如中产阶级可以包括中层阶层和上层阶层、中层阶层和下层阶层；无产阶级可以包括知识分子阶层、白领工人阶层和蓝领工人阶层等。

总而言之，阶级与阶层根本不同。阶层划分根据纷纭复杂，多种多样，未必攸关人们根本利益，未必重要和根本；相反地，阶级划分根据则仅仅是一种，却攸关人们最根本最主要最重要的利益：权力垄断。阶级是一种特殊的、独特的、最根本最主要最重要的阶层，亦即以权力垄断为根据所划分出来的阶层：阶级是人们因权力之有无或垄断而分成的不同社会阶层。阶级是如此独特的阶层，以致因权力而分成的群体也未必都是阶级。阶级仅仅是人们因权力之有无或垄断——而不是权力拥有之多少——

---

① 安东尼·吉登斯：《社会学》（第四版），北京大学出版社2003年版，第357页。

而分成的不同社会阶层。如果以权力拥有之多少——而不是以权力之有无或垄断——为划分根据，那么，所划分出来的群体就仅仅是阶层，而不是阶级。譬如，所谓"大资产阶级"的划分根据就是经济权力拥有之多少，因而"大资产阶级"并不是一个阶级，而是一个阶层，亦即资产阶级的一个阶层。

### 3. 阶级剥削与非阶级剥削

阶级概念的解析使剥削的分类——阶级剥削与非阶级剥削——迎刃而解。因为"阶级是人们因权力垄断而分成的不同群体，说到底，是人们因权力垄断所导致的剥削关系而分成的不同群体"，显然意味着，阶级关系是一种双重关系：一方面是权力垄断阶级压迫没有权力阶级的压迫与被压迫关系；另一方面是权力垄断阶级依靠权力垄断等手段无偿占有无权阶级剩余价值的剥削与被剥削关系——压迫与被压迫无疑是表层的实在的阶级关系；剥削与被剥削则是潜在的深层的阶级关系。这就是为什么，赖特说："尽管马克思有时利用统治和压迫来描绘阶级关系，阶级对立的最根本的决定因素仍是剥削。"① 因此，所谓阶级剥削，也就是最根本最重要最主要的阶级关系，说到底，也就是权力垄断群体依靠权力——经济权力与政治权力——垄断等手段无偿占有无权群体剩余价值的行为。

这一阶级剥削定义无疑蕴涵着，阶级剥削可以分为两类：一类是权力垄断集团依靠经济权力垄断——亦即生产资料垄断——而无偿占有没有经济权力或生产资料群体剩余价值的行为；另一类是政治权力垄断集团依靠政治权力垄断——亦即最高政治权力和政治职务垄断——而无偿占有没有政治权力或政治职务群体剩余价值的行为。因此，流行的所谓马克思主义剥削概念——剥削是生产资料垄断群体依靠生产资料垄断而无偿地攫取没有生产资料群体劳动成果的行为——不但仅仅属于阶级剥削范畴，而且仅仅是阶级剥削的一个具体种类：经济权力垄断类型的阶级剥削。殊不知，阶级剥削还有另一种根本不同的类型：政治权力垄断类型的阶级剥削。

---

① 赖特：《后工业社会中的阶级》，辽宁教育出版社 2004 年版，第 36 页。

这种类型的阶级剥削与经济权力垄断类型的阶级剥削根本不同,乃是统治阶级(亦即官吏阶级、官僚阶级或官员阶级)依靠政治权力垄断而无偿占有被统治阶级(亦即庶民阶级、民众阶级或无官阶级)剩余价值的行为。因此,严格说来,这种类型阶级剥削的被剥削阶级,不仅包括没有生产资料(或经济权力)群体,而且包括生产资料垄断群体。一个人,不论垄断了多少生产资料和经济权力,只要没有政治权力或政治职务,就与那些没有生产资料的人们一样,都属于被统治阶级或庶民阶级,因而都属于被官僚阶级或统治阶级剥削的被剥削阶级。只不过,没有生产资料(或经济权力)群体遭受双重阶级剥削:生产资料垄断阶级的剥削和官僚阶级剥削;而生产资料垄断群体虽遭受官僚阶级剥削,却能够剥削无生产资料(或经济权力)群体。

这样一来,阶级社会固然只有一个阶级——亦即统治阶级或政治权力垄断阶级——不受任何阶级剥削,但归根结底,也可以说经济权力或生产资料垄断阶级并没有遭受阶级剥削;因为官僚阶级对它的剥削,不过是瓜分它对无生产资料(或经济权力)群体的剥削罢了。因此,真正遭受阶级剥削的被剥削阶级,说到底,也确实只有无生产资料(或经济权力)群体。然而,不遭受阶级剥削者,却可能遭受非阶级剥削。所谓非阶级剥削,顾名思义,就是阶级剥削之外的剥削。对于这种非阶级剥削,赖特曾在论述阶级剥削之后这样描述道:"或许可能有其他的机制使得个人或群体能够无偿占有一部分社会剩余。对赎罪方式的支配可以赋予教会剥削信徒的能力。对军事力量的控制可以赋予政府无偿占有一部分剩余的能力,不管它是否参与了对生产力方面的控制。男性在家庭中的支配地位可以使男人们能够以家庭服务的方式从妻子那里无偿占有剩余劳动。种族支配或许使白人能够剥削黑人,无论其经济关系上的阶级是什么。"[①]

然而,真正讲来,非阶级剥削与阶级剥削的不同,首先在于,阶级剥削是一个固定的集团(亦即权力垄断集团)对另一个固定的集团(亦即无权集团)的剥削;而非阶级剥削则是不固定的一个或一些人对不固定的另一个或另一些人的剥削,是不固定的一些人与另一些人的含有无偿占有的不公正的利益交换活动。因此,就阶级剥削来看,富人阶级必定剥削

---

[①] 赖特:《阶级》,高等教育出版社 2006 年版,第 98 页。

第十六章　阶级与剥削:基于经济形态不同的六种国家制度之价值　847

穷人阶级,这是固定不变的。但是,就非阶级剥削来说,穷人却可能剥削富人:一个穷人剥削一个富人抑或相反,是可变不固定的。赖特对这种非阶级剥削曾追踪罗默,重估其穷人剥削富人的理想实验:"设想一个由富裕农民和贫穷农民组成的社会,其中每个人在闲暇的消费和所从事的劳动上都具有如下偏好:越富裕的农民,相当于劳动而言对闲暇越不重视。现在,假设既定的富裕农民在他或她的土地上已经从事了全部必要的劳动,此外还愿意从贫穷农民那里租种更多的土地而不愿意闲着没事。给定这些偏好结构,贫穷农民可能可能更愿意收取租金并享受大量闲暇,而不愿意在他或她自己的土地上进行劳作。在这种情况下,唯一的劳动转移就是从富裕农民(以租金的形式)转移到贫穷农民。在这种情况下,说贫穷农民'剥削'了富裕农民有意义吗?"[1] 遗憾的是,赖特的回答是否定的。诚然,就阶级剥削来说,确如赖特的否定,说穷人剥削富人是没有意义的:穷人阶级不可能剥削富人阶级。但是,如果就非阶级剥削来看,那么,说穷人剥削富人就是有意义的:一个穷人完全可能剥削一个富人,只不过这种剥削属于非阶级剥削范畴罢了。

但是,非阶级剥削与阶级剥削的不同,根本说来,则在于,阶级剥削是权力垄断群体主要依靠权力垄断而无偿占有无权群体剩余价值的行为,剥削的基础、原因和手段是垄断的权力,因而剥削具有不平等性、强制性、合法性与必然性:任何权力皆具有不平等性、强制性和合法性。反之,非阶级剥削是某人与他人的含有无偿占有的不公正的利益交换活动,因而未必依靠权力,未必具有不平等性、强制性、合法性与必然性:它很可能是自由、平等、偶然和非法的。这是阶级剥削区别于非阶级剥削的根本特点。赖曼论及阶级剥削——亦即他所谓马克思主义意义上的剥削——的特点时,曾这样写道:"剥削就意味着暴力……古代奴隶制、封建农奴制、资本主义雇佣制等具有剥削性质的生产方式都有以下特征:即非生产者通过暴力和制度性强制力,不仅占有生产者的劳动成果而且主要占有生产者的劳动。"[2]

---

[1] 赖特:《阶级》,高等教育出版社2006年版,第77页。
[2] 罗伯特·韦尔、凯·尼尔森编:《分析马克思主义新论》,中国人民大学出版社2002年版,第237页。

赖曼所谓制度性强制力显然就是权力：权力岂不就是制度性的、合法的强制力？他所谓暴力无疑是统治者所拥有的暴力，因而大体说来也属于权力范畴：权力岂不就是统治者拥有的迫使被统治者服从的合法的暴力等强制力量？其实，罗默剥削概念"财产关系定义"的第三条要件——亦即剥削群体在与被剥削群体的关系中占据优势——也属于权力范畴。因为他所谓的优势，无疑是财产关系的优势，亦即经济权力垄断之优势。但是，权力垄断仅仅是阶级剥削的要件，而并不是非阶级剥削的要件。非阶级剥削未必依靠权力，未必具有不平等性、强制性、合法性与必然性。就拿罗默和赖特的理想实验来说，那一个穷人对另一位富人的剥削，岂不完全是自由、平等和偶然的吗？

现实生活中——特别是商品交换领域——的这种非阶级剥削更是不胜枚举。举例说，一位教授在一个地摊买了一件衣服。如果这件衣服的价格高于其价值，那么，这位教授就遭受了剥削。这种剥削显然不是依靠什么权力，不是强制的、必然的，而完全是自由、平等和偶然的。其实，任何商品不等价交换，都属于不公正的不等利交换，都属于含有无偿占有的不公正的利益交换活动，因而都是剥削。不但都是剥削，而且除了一种特殊商品——亦即劳动——的不等价交换，都是非阶级剥削。据此，我们可以像罗宾逊和萨缪尔森等经济学家那样，将商品不等价交换的剥削根源分为两类：劳动市场的买方垄断与产品市场的卖方垄断。

不言而喻，一方面，劳动市场的买方垄断，必然导致劳动价格低于劳动价值，低于劳动的边际产品。劳动价格低于劳动价值或劳动的边际产品的差额，就是劳动者所创造的被垄断者无偿占有的剩余价值，因而也就是垄断者对劳动者的剥削。这种剥削属于阶级剥削范畴。因为这种剥削是生产资料垄断群体，依靠对生产资料或经济权力的垄断，造成劳动市场买方垄断，从而无偿占有无生产资料或经济权力群体的剩余价值。

另一方面，产品市场的卖方垄断，必然导致产品价格高于产品价值或边际成本。产品价格高于产品价值的差额，就是原本属于消费者而被厂商无偿占有的价值，就是厂商对消费者的剥削。这种剥削属于非阶级剥削范畴。因为在这种剥削关系中，剥削者（厂商）与被剥削者（消费者）并不是两个阶级；毋宁说——如萨缪尔森所言——被剥削者是整个社会：

"受到剥削的是整个社会"。① 因此，我们决不能说，这种剥削者（厂商）对被剥削者（消费者）的剥削，是一个阶级对另一个阶级的阶级剥削：产品市场卖方垄断的剥削属于非阶级剥削范畴。这无疑是一种极其重要的非阶级剥削，因为就其实现的手段来说，它与其他非阶级剥削根本不同，而与阶级剥削相同。因为产品市场卖方垄断之非阶级剥削，就其实现手段来说，无疑是依靠经济权力或经济强制的垄断，因而是强制的、不平等的、必然的：不等价交换或剥削是垄断的价格规律；正如等价交换是自由竞争的价格规律一样。

## 二　阶级与剥削的起源及发展

### 1. 阶级起源

阶级的概念分析表明，阶级是人们因权力——主要是经济权力与政治权力——之有无或垄断而分成的不同群体，说到底，是人们因权力垄断所导致的剥削关系而分成的不同群体。这显然意味着，阶级起源于权力垄断。所谓权力垄断，不言而喻，就是权力仅为某部分人所拥有，而不是为一切人所拥有：权力仅仅为某些人所拥有叫做权力垄断；权力普遍为一切人拥有则是权力垄断之消除。然而，一个社会或国家，究竟在什么条件下会出现权力垄断？可能存在一切人都拥有权力的社会或国家吗？

细究起来，不难看出，权力——主要是经济权力与政治权力——垄断的形成，主要讲来，可以归结为两种条件：生产资料私有制和非民主制。相应地，权力垄断之消除或权力普遍为一切人拥有，也可以归结为两个条件：生产资料公有制和完全民主制。因为，一方面，生产资料私有制意味着社会存在着两类人群：一类群体拥有生产资料，因而享有支配、领导和剥削无生产资料群体的经济权力，叫做资产阶级或地主阶级等；另一类群体没有生产资料，因而没有经济权力，只能服从拥有生产资料群体的支配、领导和剥削，叫做无产阶级或农民阶级等。反之，生产资料公有制则意味着：每个人都完全平等地拥有生产资料，完全平等地享有经济权力，因而不存在经济权力的垄断，不存在垄断经济权力的群体和没有经济权力

---

① 萨缪尔森：《经济学》（中册），商务印书馆1986年版，第171页。

的群体，不存在相应的阶级。

另一方面，普选制民主制意味着，所有人都完全平等地直接或间接共同执掌最高权力，所有人都完全平等地是最高统治者，因而不存在政治权力垄断，不存在垄断政治权力的统治阶级和没有政治权力的被统治阶级。反之，普选制民主制之外的政体——限选制民主制、寡头共和制、有限君主制和专制君主制——则意味着并不是所有人执掌最高权力，而仅仅是一些人甚至一个人执掌最高权力，因而存在着政治权力垄断：拥有政治权力和政治职务的群体叫做统治阶级；没有政治权力和政治职务的群体叫做被统治阶级。

因此，阶级起源于权力垄断，起源于经济权力与政治权力垄断，说到底，起源于生产资料私有制和完全民主制之外的政体：不完全民主制、寡头共和制、有限君主制和专制君主制。由此可以理解，为什么阶级不是从来就有的，在人类历史的百分之九十九以上的时间里并没有阶级：历经二三百万年的原始社会并不存在阶级。因为考古学和人类学的研究表明，原始社会按其历史发展的一般顺序，呈现三种性质不同的社会形态：游群（bands）、部落（tribe）和酋邦（Chiefdom）。游群是人类最早社会形态，因而与人类同时诞生，大约出现于二三百万年前，终结于一万年前，历时约二三百万年：人类的游群时代也就是旧石器时代。部落原本在旧石器时代和中石器时代就已经存在，但只有到新石器时代，亦即距今约八九千年，才广泛地散布于世界各地。

考古学和人类学的研究表明，游群和部落实行生产资料公有制和普选制民主，没有独立的、专门的和正规的政治组织。这样，一方面，每个人都完全平等地拥有生产资料，完全平等地享有经济权力，因而不存在经济权力的垄断，不存在垄断经济权力的群体和没有经济权力的群体，不存在相应的阶级；另一方面，每个人都完全平等地直接或间接共同执掌最高权力，因而不存在政治权力垄断，不存在垄断政治权力的统治阶级和没有政治权力的被统治阶级。诚然，部落时代曾出现过专制等非完全民主政体。但正如摩尔根所言，完全民主是部落政体的主流；专制等非民主政体不过是昙花一现的特例。特别是，部落时代不具有政治权力垄断群体或统治阶级所赖以产生的基础：专门的、正式的、独立的、常设的官僚管理机构和政治组织。因此，昙花一现的专制等非完全民主政体显然不足以形成统治阶级与被统治阶级。

只是到了酋邦时代晚期，亦即原始社会末期，阶级才开始形成。酋邦虽与部落一样，仍处于农耕和畜牧阶段，但其生产专门化的程度较高，出现较多剩余产品，因而从部落的实物和劳役的互惠原则，转化为行政性的再分配制度，产生了专门的、正式的、独立的、常设的官僚管理机构和政治组织。这种正式的、常设的官僚管理机构无疑使酋长的权力和地位极大提高，使酋长家庭成员及其亲族群家庭成员的地位高于普通家庭成员，从而处于社会的中心位置，形成一种不平等的等级制社会。

这样一来，一方面，随着社会分工和商品交换的发展，酋邦成员便逐渐出现了贫富差距。酋长及其各级官员势必利用职权侵占剩余产品和生产资料，从而与那些富裕氏族成员一起，形成经济权力和生产资料的垄断群体：奴隶主阶级。这种群体叫做奴隶主阶级，因其将战争俘虏和无力偿还债务的贫穷氏族成员变成奴隶，从而成为奴隶主。这就是人类历史上最早产生的阶级：奴隶主阶级与奴隶阶级。

另一方面，酋邦所形成的专门的、正式的、独立的、常设的官僚管理机构和政治组织，显然是政治权力垄断群体或统治阶级所赖以产生的基础。部落时代曾出现过专制等非完全民主政体，却没有形成统治阶级或政治权力垄断群体，主要就是因为部落时代尚未形成专门的、正式的、独立的、常设的官僚管理机构和政治组织。酋邦具有专门的、正式的、独立的、常设的官僚管理机构和政治组织，意味着，只要一出现没有政治权力的奴隶，专门的、正式的、独立的、常设的官僚管理机构和政治组织的官员们就会蜕变为垄断政治权力的群体：统治阶级。因此，随着奴隶阶级的产生，就形成了没有政治权力的群体和政治权力垄断群体，亦即被统治阶级与统治阶级。这就是人类历史上最早产生的统治阶级与被统治阶级。

可见，阶级起源于晚期酋邦社会——亦即原始社会末期——的权力垄断，起源于晚期酋邦社会的经济权力和生产资料垄断，起源于晚期酋邦社会政治权力和政治职务的垄断。但是，正如赛维斯和弗里德等现代人类学家所证实，酋邦社会并不是阶级社会，而是处于平等的部落社会向阶级社会过渡阶段的等级社会。因为，一方面，这种不平等的社会分层和等级，因最高权力仍然完全平等地执掌于每个人手中，并没有造成政治权力垄断,没有形成统治阶级与被统治阶级。另一方面,这种不平等的社会分层和等级,只在政治和社会方面,而并不在经济方面。酋邦社会各个不同的社会阶层和等级之间,并无截然不同的经济差异,并没有生产资料私有制,并没有那样的经济地位不同的集团,以致某些集团依靠生产资料的独占而能够剥削另一些集团所创造的剩余价值。因此,整体说来,正如赛维斯所言,酋邦仍然属于无阶级社会:

> 大体上说,酋邦是家庭式的,但是不平等;它没有政府,但是拥有权威与集中管理;它没有资源上的私有制,没有经营性质的市场贸易,但是在对物品与生产的掌控方面,却是不平等的;它有阶等区分,但是没有明显的社会经济阶级,或者政治阶级。①

然而,综上所述,不难看出,权力——经济权力与政治权力——垄断仅仅是阶级的直接起源;阶级的最终根源,正如马克思主义所指出,乃在于生产力的发展程度:"阶级的存在仅仅同生产发展的一定历史阶段相联系。"② 确实,在生产力极其低下,以致一个人用全部时间劳动也只能生产勉强维持自己生存的生活资料的历史条件下,不可能有阶级和阶级剥削。因为在这种条件下,正如马克思所指出,每个人都不可能有剩余时间来为他人劳动:"而没有这种剩余时间,就不可能有剩余劳动,从而不可能有资本家,而且也不可能有奴隶主,不可能有封建贵族,一句话,不可能有大私有者阶级。"③

只是到了原始社会末期,如上所述,随着生产力和生产专门化的程度提高,出现了较多剩余产品,因而一方面,战俘不再被杀死而被当作奴隶,以便无偿占有其剩余产品,从而产生奴隶主与奴隶阶级;另一方面,较多剩余产品使部落的实物和劳役的互惠原则,转化为行政性的再分配制度,产生了专门的、正式的、独立的、常设的官僚管理机构和政治组织,进而蜕变为垄断政治权力的群体,亦即统治阶级。

---

① 转引自易建平《部落联盟与酋邦》,社会科学文献出版社 2004 年版,第 207 页。
② 《马克思恩格斯选集》第 4 卷,人民出版社 1995 年版,第 547 页。
③ 《马克思恩格斯选集》第 2 卷,人民出版社 1995 年版,第 401 页。

因此，阶级——不论是经济阶级还是政治阶级——固然因权力垄断而形成，但归根结底，则是生产发展的结果，是被生产发展所产生和决定的：权力垄断（生产资料或经济权力垄断和政治权力垄断）是阶级形成的直接根源；生产发达程度则是阶级形成的终极根源。因此，康士坦丁诺夫说："当社会劳动生产率没有提高到创造剩余产品的程度时，阶级是不可能产生的。但是，即使提高到了这种程度，也只是给社会划分为阶级创造了可能性，社会分裂为对抗阶级的直接原因是生产资料私有制的出现。"[1]

### 2. 剥削起源

剥削的起源无疑比阶级的起源更为复杂。因为剥削并不都是阶级剥削，而是分为阶级剥削与非阶级剥削。阶级剥削与非阶级剥削性质根本不同，因而二者起源必定根本不同。阶级剥削是社会上一个固定的大集团（亦即权力垄断集团）对另一个固定的大集团（亦即无权集团）的剥削，意味着，剥削阶级与被剥削阶级是固定的：权力垄断集团必定是剥削阶级；无权集团必定是被剥削阶级。因此，阶级剥削与阶级一样，源于权力垄断，源于权力、压迫和强制。相反地，所谓非阶级剥削，亦即人际交往和利益交换中的所谓"占便宜"，乃是不固定的一个或一些人对不固定的另一个或另一些人的剥削。就非阶级剥削来说，剥削者和被剥削者是不固定的。任何人，不论他有多么大的权力，都可能被欺骗被剥削而成为被剥削者；任何人，不论他何等穷困潦倒、无权无势，都可能欺骗剥削他人而成为剥削者。因此，非阶级剥削的根源，亦即人际交往和利益交换中的所谓"占便宜"之根源，如欺骗、狡猾和阴谋诡计等，无疑充满偶然性，而与权力垄断没有必然联系：权力垄断未必是非阶级剥削的根源。

因此，非阶级剥削是从来就有的：原始社会就存在非阶级剥削。并且，原始社会不必发展到产生剩余产品，才能有非阶级剥削。自有人类社会以来，恐怕就存在非阶级剥削，而不论生产力如何低下。试想，就是在那食人之风盛行的毫无剩余产品的原始社会，两个人岂不也可能进行不公正的不等价交换？甲如果用价值较小的石器工具或猎物，与乙的价值较大的石器工具或猎物相交换，那么，就可以说甲与乙进行了某种含有无偿占

---

[1] 康士坦丁诺夫主编：《马克思主义哲学原理》，人民出版社1959年版，第505页。

有的不公正的利益交换活动：甲剥削了乙。我们更可以设想，在这毫无剩余产品的原始社会，甲乙两人信誓旦旦，说好相互帮忙。但到头来，甲帮助了乙之后，乙却言而无信，没有帮助甲。因此，在两人的利益交换活动中，乙不公正地无偿占有了甲的劳动和利益：乙剥削了甲。这种剥削，也就是人际交往和利益交换中的所谓"占便宜"：它显然不必以剩余产品的产生和阶级的存在为前提。因此，罗默说："就经济意义来说，剥削是一个在逻辑上可以先于阶级而思考的概念。"[1]

不难看出，这种发生于人际交往和利益交换中的所谓"占便宜"之非阶级剥削，永远不会消灭。就是实现了完全符合国家制度价值标准——公正与平等以及人道与自由——的人类理想社会，亦即未来共产主义社会，如前所述，每个人自爱必定仍然多于爱人，为己必定仍然多于为人：每个人必定仍然恒久为自己而只能偶尔为他人。这样一来，怎么可能完全消灭人际交往和利益交换中的所谓"占便宜"之非阶级剥削？更何况，如前所述，未来共产主义社会仍然存在着商品交换和按劳分配。既然存在着商品交换和按劳分配，怎么可能完全消灭不公正的不等价交换？怎么可能完全消灭含有无偿占有的不公正的利益交换活动？说到底，怎么可能完全消灭剥削呢？

但是，这种从来就有并将永远存在的剥削，不但仅仅是非阶级剥削，而且仅仅是那些对于每个人的人生都无足轻重、不具有必然性的非阶级剥削。究竟言之，非阶级剥削除了一种——亦即产品市场卖方垄断之非阶级剥削——似乎都无足轻重、不具有必然性，因而都没有科学研究之价值。产品市场卖方垄断之非阶级剥削，显然与某个穷人剥削了某个富人（或某个地摊小商贩剥削了某个教授）等非阶级剥削根本不同，亦与人际交往中的种种所谓"占便宜"之非阶级剥削根本不同。它与阶级剥削一样，不但关乎人们根本利益，而且具有必然性，因而具有科学研究之价值。因此，我们探讨剥削的起源和发展，就是考察阶级剥削以及具有科学研究意义的非阶级剥削——如产品市场卖方垄断之非阶级剥削——的起源和发展。

---

[1] John E. Roemer, *Free to Lose*, Harvard University Press, Cambridge, Massachusetts, 1988, p. 103.

## 第十六章 阶级与剥削:基于经济形态不同的六种国家制度之价值

准此观之,可以断言:剥削主要起源于权力——经济权力与政治权力——垄断。经济权力垄断可以分为两大类型:产品市场的卖方垄断与劳动市场的买方垄断。这两种垄断之所以是剥削的根源,正如萨缪尔森所言,乃是因为垄断——不论是产品市场的卖方垄断还是劳动市场的买方垄断——意味着垄断者在一定程度上控制价格,因而势必导致价格与价值的背离,导致不等价交换:不等价交换是垄断价格规律,正如等价交换是自由竞争的价格规律一样。只不过,产品市场的卖方垄断因其是卖方垄断,所导致的价格与价值的背离,当然是价格高于价值或边际成本:"垄断的最大祸害并不是它榨取垄断利润,而是它规定的垄断价格远远高于社会按照边际成本所决定的价格……垄断的真正祸害是人为造成的 P 与 MC 的背离。"[①] "垄断所导致的 P 与 MC 的脱离意味着对劳动的'剥削'……工会在垄断企业中提高工资的行动并不能消除这种剥削。受到剥削的是整个社会,改变这种状况是反托拉斯政策的一个任务。"[②]

劳动市场的买方垄断因其是买方垄断,所导致价格与价值的背离,则显然是价格低于价值,亦即劳动价格或工资低于劳动价值,低于劳动的边际产品。工资低于劳动价值或劳动的边际产品的差额,无疑是劳动者所创造的被资本家和地主无偿占有的剩余价值,因而也就是资本家和地主对劳动者的剥削。罗宾逊界说剥削时便这样写道:"所谓剥削通常是指工资小于劳动的边际物质产品按其售价所估计的价值。"[③] 因此,地主和资本家对劳动者的剥削——亦即工资低于劳动价值或劳动的边际产品的差额——正如萨缪尔森所言,乃是劳动市场买方垄断的必然结果:"剥削来源于雇主在购买劳动时的垄断力量(即所谓'买方垄断')。"[④]

可见,剥削源于经济权力垄断,亦即源于劳动市场的买方垄断与产品市场的卖方垄断。因此,罗默说:"在资本主义制度下,任何商品都受到剥削,而不仅仅是劳动力。"[⑤] 那么,剥削的主要根源是否可以归结为产

---

① 萨缪尔森:《经济学》(中册),商务印书馆1986年版,第192—193页。
② 同上书,第171页。
③ 罗宾逊:《不完全竞争经济学》,商务印书馆1961年版,第235页。
④ 萨缪尔森:《经济学》(中册),商务印书馆1986年版,第232页脚注。
⑤ John E. Roemer, *Free to Lose*, Harvard University Press, Cambridge, Massachusetts, 1988, p. 106.

品市场的卖方垄断与劳动市场的买方垄断？萨缪尔森的回答是肯定的。[1] 罗宾逊也这样写道："剥削由以产生的场合可分为三类：首先，虽在对个别雇主的劳动供给是完全有弹性的时候也能出现的场合，这是由对商品的垄断而造成的。其次，当劳动供给是不完全有弹性的时候（虽然商品是在完全竞争条件下来出售的）；最后，当劳动供给是不完全有弹性的时候，而且雇主在购买劳动时能实行价格歧视；这两类是由于对劳动的买方独占而引起的。"[2]

殊不知，剥削源于权力垄断，因而势必与所垄断的权力的高低大小强弱成正比：权力越高越强越大，剥削便越深重；权力越低越弱越小，剥削便越轻浅。一个国家或社会的最高权力无疑属于政治权力范畴，因而政治权力统治和支配经济权力，高于大于重于经济权力，是最高最大最强的权力。因此，如果经济权力垄断必定导致剥削，那么，政治权力垄断就必定导致更加深重的剥削。对此，马拥军已有所见："没有公民社会，没有民主，政治权力被部分人所垄断，是政治剥削延续的社会基础。"[3]

罗默将政治权力垄断的剥削方式叫做"地位剥削（Status exploitation）"："在中央计划经济中，官僚取代了市场，伴随官僚而来的是地位和职务剥削。如果其他形式的财产不能用来剥削，人们自然会利用其职务图谋经济利益。马克思论及以地位剥削代替资本主义剥削：'从这种东西（金钱）那里夺去其所具有的社会权力，势必赋予人以支配人的这种权力。'"[4] "地位剥削的存在源于大规模的中央计划和为自己创造特权的官僚职能发展的结果。"[5] 赖特不赞成罗默将政治权力垄断的剥削方式叫做"地位剥削"，而称之为"组织资产"。他认为对组织资产的控制——亦即政治权力垄断——是剥削或无偿占有剩余价值的根源：

> 当我们说这种社会中的剥削是建立在官僚政治力量的基础之上

---

[1] 萨缪尔森：《经济学》（中册），商务印书馆1986年版，第232—233页。
[2] 罗宾逊：《不完全竞争经济学》，商务印书馆1961年版，第236页。
[3] 马拥军：《论剥削的历史形式》，《福建省社会学2006年年会论文集》，第352页，中国期刊网期刊全文数据库。
[4] John E. Roemer, *Free to Lose*, Harvard University Press, Cambridge, Massachusetts, 1988, p.141.
[5] Ibid., p.146.

## 第十六章 阶级与剥削:基于经济形态不同的六种国家制度之价值

时,意味着对组织资产的控制说明了阶级关系和剥削的物质基础。组织资产的这一概念同职权和等级问题具有密切关系。资产就是组织。运用这种资产的行动就是制定对复杂的劳动技术分工的协作决策。如果这种资产被不平等的分配,从而某些地位比其他地位拥有较多的对这种资产的实际控制,那么由这种资产带来的社会关系就呈现出权力等级的形式。然而,这种权利本身并不是资产;组织才是通过权力等级所控制的资产。那种认为对组织资产的实际控制是剥削的基础的主张,相当于说:(1)如果非管理者带着他们人均组织资产份额退出(这相当于说,如果组织性控制是民主化的),那么他们将变得更好而管理者和官僚则变得糟糕;(2)依靠对组织资产的实际控制,管理者和官僚控制了社会所生产的部分或者全部剩余。[①]

我们知道,经济权力垄断——劳动市场的买方垄断与产品市场的卖方垄断——主要通过控制价格实现剥削。那么,政治权力垄断的剥削方式是什么?马拥军答曰:"政治剥削集中表现为特权,即对公共资源的垄断。享有特权的个人借对公共资源的垄断无偿占有其他个人的劳动成果。"[②]诚哉斯言!政治权力垄断的剥削方式,主要讲来,确实是对公共资源的控制,亦即控制税收和国有资源、公共资源。不论任何国家,政治权力都控制税收和国有资源、公共资源。但是,政治权力对税收和国有资源、公共资源的控制未必导致剥削。因为实行普选民主制的国家,每个人完全平等地执掌最高权力,从而每个人也就完全平等地控制税收和国有资源、公共资源。每个人都完全平等地控制税收和国有资源、公共资源,显然不会导致剥削。

反之,实行专制等非民主制的国家,一部分人垄断了最高权力和政治权力,另一部分人则没有政治权力,因而分为两大群体:垄断政治权力的群体和没有政治权力的群体。这样一来,便只有政治权力垄断群体才能控制税收和国有资源、公共资源,因而势必通过控制税收和国有资源、公共

---

[①] 赖特:《阶级》,高等教育出版社2006年版,第80—81页。
[②] 马拥军:《论剥削的历史形式》,《福建省社会学2006年年会论文集》,第352页,中国期刊网期刊全文数据库。

资源而无偿占有没有政治权力的群体的利益：控制税收和国有资源、公共资源是政治权力垄断的主要剥削方式。因此，赖特说："国家官僚精英占有剩余的能力建立在他们对社会生产性资源的有效控制的基础上。"① 马拥军进而指出，这种政治权力垄断的剥削方式，西方也曾普遍存在，但在中国却是笼罩一切的剥削形式：

> 凡是有集体存在的地方，就有政治剥削存在的可能，但只有在等级制集体中政治剥削才被制度化。在民主制集体中如果权力被滥用，它随时会被指出，乃至被纠正。古希腊和古罗马都有平民政治，罗马甚至设立了保民官。与此不同，中国古代的等级制却以集体之名，维护甚至美化上级对下级的统治，从而导致了"瞒"和"骗"的政治。中国古代社会始终存在官与民的区分。因此，在西方，政治剥削虽然也曾普遍存在，但始终有与它对抗的资源，在中国，政治剥削却被不断完善和深化，成为笼罩一切的剥削形式。②

### 3. 阶级与剥削的发展：奴隶社会、封建社会和资本主义社会

我们知道，在人类历史的百分之九十九以上的时间里并没有阶级：历经二三百万年的原始社会并不存在阶级。只是到了原始社会末期，酋邦成员逐渐出现了贫富差距。酋长及其各级官员利用职权侵占剩余产品和生产资料，从而与那些富裕氏族成员一起，形成经济权力和生产资料的垄断群体。这种群体叫做奴隶主阶级，因其将战争俘虏和无力偿还债务的贫穷氏族成员变成奴隶，从而成为奴隶主：奴隶社会由此诞生。因此，奴隶制社会由原始社会演进而来，是人类历史上第一个阶级社会，最早形成于公元前4000年和3000年之间，如埃及、米索不达米亚等奴隶制社会，约诞生于公元前3500年。但是，最发达的奴隶制社会，是公元前5世纪至4世纪的古希腊奴隶制社会和公元前2世纪至公元1世纪的古罗马奴隶制社

---

① 赖特：《后工业社会中的阶级》，辽宁教育出版社2004年版，第36页。
② 马拥军：《论剥削的历史形式》，《福建省社会学2006年年会论文集》，第352页，中国期刊网期刊全文数据库。

会。在西欧,奴隶制社会一直存在到公元 3 世纪至 5 世纪才被封建制社会取而代之。

奴隶制社会虽然存在着相当数量的自耕农和小手工业者,他们与奴隶主都属于自由民,但主要的群体无疑是因权力垄断所形成的两大对抗阶级:奴隶主阶级与奴隶阶级。这是人类历史上首次出现的阶级。这一对立阶级的根本特点,如所周知,亦即所谓"人身占有":奴隶主不但垄断了生产资料或经济权力,而且完全占有奴隶;奴隶不但没有生产资料或经济权力,而且与牲畜一样,不过是奴隶主的私有财产。因此,《布莱克维尔政治学百科全书》奴隶制词条的定义是:"一人是另一人的财产的制度"。[①] 马克思在论及奴隶制时也曾这样写道:"按照古人的恰当的说法,劳动者在这里只是会说话的工具,牲畜是会发声的工具,无生命的劳动工具是无声的工具。"[②] 因此,奴隶主对奴隶便如同对其牲畜等财产一样,可以随意使用、买卖乃至处死奴隶。奴隶的价格也很便宜,在古代的巴比伦,一个奴隶的价格与租用一头牧牛的价钱相等。

这样一来,如同牛马的劳动成果皆归主人所有一样,奴隶劳动的全部成果自然都归奴隶主所有和支配。奴隶主分配给奴隶消费的那部分产品的多少,完全由奴隶主决定,而奴隶无权过问。因此,奴隶主势必只发给奴隶维持肉体生存的少到不能再少的生活资料,仅能维持奴隶生命和继续劳动,致使奴隶常因饥饿和过度劳累而死。于是,奴隶主不但可以无偿占有奴隶的全部剩余劳动,而且还可以无偿占有奴隶部分必要劳动:这就是奴隶制阶级剥削的根本特征。这种以无偿占有部分必要劳动为特征的阶级剥削,显然是剥削的极限,是最深重最残酷的剥削;究其所由以产生的直接根源和所赖以实现的根本手段,显然在于奴隶主阶级拥有双重权力垄断:生产资料或经济权力垄断和人身占有或超经济权力垄断。凡是权力都是强制:权力是仅为管理者拥有且被社会承认的使被管理者服从的强制力量。因此,奴隶制阶级剥削的根源和手段,说到底,乃在于奴隶主阶级拥有双

---

[①] 戴维·米勒等编:《布莱克维尔政治学百科全书》,中国政法大学出版社 1992 年版,第 700 页。

[②] 《马克思恩格斯全集》第 23 卷,人民出版社 1974 年版,第 222 页,注 17。

重强制力量：以生产资料垄断为基础的经济强制和以人身占有为基础的超经济强制。

封建社会的阶级和剥削与奴隶社会不同。封建社会的阶级主要是地主阶级与农民或农奴阶级：地主阶级占有绝大部分土地和生产资料，成为经济权力垄断集团；农民或农奴虽然拥有部分生产资料，如农具、牲畜、种子等，却完全没有土地或只有极少土地，因而没有经济权力。这样一来，农民便不得不使用地主土地，屈从地主阶级的经济权力，而地主则向农民收取地租，从而无偿占有农民或农奴剩余劳动。这就是封建社会的阶级剥削制度：封建剥削制度就是地主阶级主要依靠垄断土地等生产资料或经济权力而无偿占有农民（或农奴）剩余劳动的经济制度。对于这种剥削的本质，罗默曾有十分精辟的论述：

> 领主们居住的巨大城堡及其享受的奢侈品都是农奴劳动的产品，很难否定这些东西是经济剩余部分，亦即超出生存需要的那部分产品。实际上，马克思主义者描述的封建制度体现了这样一种思想：庞大的农奴阶级生产了封建社会剩余产品。这些剩余产品是人数极少的领主阶级的财产。那些导致剩余产品从生产它的人手中转移到拥有它的人手中的最初的财产权，是对居住在那里的农奴的大部分劳动产品的所有权，这种权利是由封建法律确立的。[①]

然而，在这种封建剥削制度下，农民和农奴毕竟可以用自己的农具在归自己支配的小块土地上耕作，"独立地经营他的农业和与农业结合在一起的农村家庭工业"[②]，从而拥有了自己的小私有经济。不过，这种小私有经济并不具有完全的独立性。因为农民和农奴为了从地主那里取得土地，不但必须交纳地租，而且还必须接受某种超经济强制，亦即丧失自己的人身自由而依附于地主，不能离开本土和户籍：这就是所谓的人身依附。人身依附是地主从拥有自己小私有经济的农奴或农民身上榨取地租等

---

① John E. Roemer, *Free to Lose*, Harvard University Press, Cambridge, Massachusetts, 1988, pp. 29 – 30.

② 马克思：《资本论》第三卷，人民出版社1975年版，第890页。

剩余价值的超经济强制手段。因此,列宁说:

> 农民对地主的人身依附是这种经济制度的条件。如果地主没有直接支配农民个人的权力,他就不可能强迫那些得到份地而自行经营的人来为他们做工。所以,正如马克思在阐述这种经济制度时所说的,必须实行"超经济强制"。这种强制可能有各种各样的形式和不同的程度,从农奴地位起,一直到农民有不完全的等级权利为止。①

可见,封建社会阶级剥削的根源和手段,乃在于地主阶级拥有双重强制力量:以土地等生产资料垄断为基础的经济权力强制和以人身依附为基础的超经济权力强制;乃在于地主阶级拥有双重权力垄断:生产资料或经济权力垄断和人身依附或超经济权力垄断。人身依附无疑是封建社会的阶级和剥削的显著特征。因为封建制与奴隶制虽然同属于超经济强制的阶级剥削制度,但奴隶主占有全部生产资料和奴隶,因而其超经济强制是人身占有;而地主阶级只占有绝大部分土生产资料,并不占有农奴和农民,因而其超经济强制是人身依附。

资本主义社会的阶级和剥削与封建社会、奴隶社会都根本不同。因为资本主义社会的阶级主要是资产阶级与无产阶级:生产资料或经济权力被资产阶级占有,成为雇用和购买无产阶级劳动的资本;无产阶级没有生产资料或经济权力,而只有人身自由,从而成为只能靠出卖劳动给资产阶级以换得工资过活的雇用劳动者。因此,资产阶级与无产阶级的关系,说到底,便是一种商品买卖关系,亦即劳动与工资的商品交换关系。这样一来,正如马克思所指出,似乎可以根据等价交换是商品交换——工资与劳动的商品交换也不例外——所固有的规律,断言资产阶级没有剥削无产阶级:"在资产阶级社会的表面上,劳动者的报酬表现为劳动的工资,劳动多少,就支付给多少货币。因此,劳动本身被看作是一种其市价在自己的价值上下波动的商品。"②

这一特点,在马克思看来,乃是资本主义剥削与封建社会、奴隶社会

---

① 《列宁全集》第三卷,人民出版社 1956 年版,第 158 页。
② 马克思:《资本论》第一卷,中国社会科学出版社 1983 年版,第 553 页。

剥削的根本不同之处："工资的形式，或劳动的直接报酬的形式，消灭了工作日分为必要劳动和剩余劳动，分为有酬劳动的一切痕迹，结果是自由工人的全部劳动都被看作是有酬的劳动。在农奴制下，服徭役者为自己的劳动和为领主的强制劳动在时间上和空间上都是明显地分开的。在奴隶制度下，连奴隶只是用来补偿他的生活资料的价值的工作日部分，即他实际上为自己劳动的工作日部分，也表现为好像是为主人的劳动。他的全部劳动都具有无酬劳动的外观。相反地，在雇佣劳动下，甚至剩余劳动或无酬劳动也具有有酬劳的外观。在奴隶劳动下，所有权关系掩盖了奴隶为自己的劳动，而在雇佣劳动下，货币关系掩盖了雇佣工人为他的资本家的无偿劳动。"①

那么，究竟有什么根据说无产阶级的劳动分为必要劳动和剩余劳动？究竟有什么根据说资产阶级无偿占有或剥削了无产阶级的剩余劳动？原来，如上所述，等价交换仅仅是自由竞争的价格规律。在完全的自由竞争条件下，工资必然等于劳动的边际产品价值，因而工资与劳动的交换必然是等价交换，工资必然是公正的，必然不存在资本家对剩余价值——劳动多于工资的价值——的无偿占有，必然不存在资本家对工人的剥削。可是，问题的关键在于，资本主义的劳动市场，就其本性来说，不可能是完全自由竞争市场，而必然是买方垄断市场。

因为任何完全自由竞争市场的根本特征就在于，每个经济人，不论是卖者还是买者，对于价格的决定作用都是完全平等的，都同样是价格接受者，谁也强制不了谁，不存在任何强制，因而都是同样自由、无强制、心甘情愿地按照完全由市场机制决定的价格进行商品的买卖交换。然而，在资本主义劳动市场，劳动的买方与卖方对于劳动价格的决定作用不可能是平等的，不可能同样是劳动价格的接受者。因为资本或生产资料的垄断就意味着权力垄断，权力垄断就意味着不平等。资本使资本家（劳动买方）有权成为支配和领导工人（劳动卖方）的雇主，使工人成为被领导、被支配和必须服从的雇员。劳动的买方与卖方地位的不平等，势必导致对于劳动价格的决定作用的不平等：雇主或劳动买方必定是价格的决定者和控制者；而雇员或劳动卖方则只能是价格的接受者。因此，资本主义劳动市

---

① 马克思：《资本论》第一卷，中国社会科学出版社1983年版，第558页。

第十六章　阶级与剥削：基于经济形态不同的六种国家制度之价值　863

场不可能是完全自由竞争市场，而必然是买方垄断市场。

　　任何垄断，不论是产品市场的卖方垄断，还是劳动市场的买方垄断，都同样意味着垄断者在一定程度上控制价格，因而势必导致价格与价值的背离，导致不等价交换：不等价交换是垄断价格规律，正如等价交换是自由竞争的价格规律一样。只不过，产品市场的卖方垄断因其是卖方垄断，所导致的价格与价值的背离，当然是价格高于价值或边际成本。反之，劳动市场的买方垄断因其是买方垄断，所导致价格与价值的背离，则显然是价格低于价值，亦即劳动价格或工资低于劳动价值，低于劳动的边际产品。

　　工资低于劳动价值或劳动的边际产品的差额，无疑是劳动者所创造的被资本家无偿占有的剩余价值，因而也就是资本家对劳动者的剥削，亦即所谓资本主义剥削。因此，资本主义剥削或资本家对劳动者的剥削——亦即工资低于劳动价值或劳动的边际产品的差额——正如萨缪尔森所言，乃是劳动市场买方垄断的必然结果："剥削来源于雇主在购买劳动时的垄断力量（即所谓'买方垄断'）。"[①] 劳动市场买方垄断源于资本家对生产资料或经济权力的垄断。因此，资本主义剥削，说到底，乃是资本主义生产资料或经济权力垄断的必然结果：生产资料或经济权力的垄断是资本主义剥削的根源。

　　因此，资本主义并非真正自由的经济制度，而仍然是一种强制和异化的经济制度。因为任何剥削或无偿占有剩余价值，说到底，都不可能不是强制的。无产阶级或雇佣劳动者只是由于没有生产资料，为了生存才被迫为资本家劳动和创造剩余价值：资本、生产资料或经济权力垄断之经济强制乃是雇佣劳动者不得不为资本家劳动和创造剩余价值的根源。只不过，奴隶制与封建制剥削制度的不自由和异化本性，是经济权力垄断和超经济权力强制——亦即人身占有和人身依附——而资本主义剥削制度的不自由和异化本性，则是纯粹的生产资料垄断之经济权力强制罢了。

　　然而，不论资本主义社会还是封建社会抑或奴隶社会，主要的阶级绝不仅仅是资产阶级与无产阶级、地主阶级与农民阶级以及奴隶主阶级与奴隶阶级。因为阶级是因权力——经济权力与政治权力——垄断而分化的不同群体。奴隶主阶级与奴隶阶级、地主阶级与农民阶级以及资产阶级与无

---

[①] 萨缪尔森：《经济学》（中册），商务印书馆1986年版，第232页脚注。

产阶级都是因经济权力——或人身占有和人身依附等超经济权力——垄断
而分化的不同群体；而不是因政治权力或政治职务垄断而分化的不同群
体。奴隶社会、封建社会和资本主义社会主要的阶级，无疑还包括因政治
权力垄断而分化的不同群体：垄断政治权力的群体分别叫做奴隶社会统治
阶级、封建社会统治阶级和资本主义社会统治阶级；没有政治权力的群体
分别叫做奴隶社会被统治阶级、封建社会被统治阶级和资本主义社会被统
治阶级。

诚然，就某种意义来说，在经济上占统治地位的阶级，在政治上也占
统治地位。① 但是，这仅仅意味着：统治阶级成员主要是经济权力垄断阶
级的成员；而并不意味着：统治阶级就是经济权力垄断阶级，因而完全由
后者的成员构成。确实，奴隶社会的统治阶级并不就是奴隶主阶级，而必
定一方面包括非奴隶主阶级的自由民；另一方面却不包括没有政治权力或
政治职务的奴隶主。封建社会的统治阶级并不就是地主阶级，而必定一方
面包括拥有政治权力或政治职务的非地主阶级成员；另一方面却不包括没
有政治权力或政治职务的地主阶级成员。资本主义社会的统治阶级也并不
就是资产阶级，而必定一方面包括拥有政治权力或政治职务的非资产阶级
成员；另一方面却不包括没有政治权力或政治职务的资产阶级成员。

## 三　阶级与剥削的消灭

### 1. 阶级与剥削是恶：存在阶级和剥削的各种国家的价值之比较

剥削与阶级就其自身来说无疑都是恶，都是恶的、不公正的、不应该
的、具有负价值的。因为如前所述，一方面，所谓剥削，就是恶的、不道
德的或不公正的不等利交换，就是不等利交换的不公正，说到底，也就是
含有无偿占有的不公正的利益交换活动；剥削主要起源于权力——主要是
经济权力与政治权力——垄断。另一方面，所谓阶级，就是人们因权力垄
断所导致的剥削关系而分成的不同群体：没有权力的群体，必定遭受权力
垄断群体的压迫和剥削，因而叫做被压迫和被剥削阶级；垄断权力的群
体，必定压迫和剥削无权群体，因而叫做压迫和剥削阶级。因此，任何国

---

① 《马克思恩格斯选集》第 2 卷，人民出版社 1995 年版，第 588 页。

家的阶级和剥削制度，就其自身来说，都是恶的；只不过恶的程度有所不同罢了。

不难看出，一个国家的阶级和剥削制度的恶的程度与其权力垄断——权力垄断是阶级与剥削之根源——的程度成正比：权力垄断越多越大越重，无权者越多而有权者越少，剥削的程度便越深越重越广，便越加严重违背国家制度价值标准，该国家的阶级与剥削制度便越恶、越坏、越恶劣、越落后、越野蛮；权力垄断越少越小越轻，无权者越少而有权者越多，剥削的程度便越浅越轻越窄，便越加轻微违背国家制度价值标准，该国家的阶级与剥削制度的恶的程度便越轻，从而相对说来也就越好、越优良、越进步、越文明。因此，奴隶制国家的阶级和剥削制度恶于封建国家的阶级和剥削制度；封建国家的阶级和剥削制度恶于资本主义国家的阶级和剥削制度。因为奴隶主阶级垄断的权力最多，不但垄断全部生产资料或经济权力，而且垄断以人身占有为基础的超经济权力，因而对奴隶阶级的剥削程度最重，违背国家制度价值标准的程度最严重，是人类历史上最恶劣最落后最坏的阶级和剥削制度。

地主阶级垄断的权力无疑比奴隶主阶级少。因为地主阶级只是占有绝大部分土地和生产资料，农民或农奴虽然完全没有土地或只有极少土地，却毕竟拥有部分生产资料，如农具、牲畜、种子等。特别是，地主阶级对农民或农奴只拥有以人身依附——而不是人身占有——为基础的超经济权力。这样一来，地主阶级对农民或农奴的剥削，无疑远不及奴隶主阶级对奴隶阶级的剥削深重。因此，封建国家的阶级与剥削，与奴隶制相比，违背国家制度价值标准较轻，因而比奴隶社会进步、文明、优良，比奴隶社会好。资产阶级垄断的权力比封建地主阶级更少。因为资产阶级仅仅垄断生产资料或经济权力，而并不拥有以人身依附为基础的超经济权力。资产阶级与无产阶级的关系，无论如何，毕竟是一种卖者与买者的商品买卖关系，亦即劳动与工资的商品交换关系。因此，资产阶级对无产阶级的剥削，与封建制相比，违背国家制度价值标准较轻，因而比封建地主对农民或农奴的剥削更加进步、文明、优良，比封建社会更好。

不仅此也！奴隶国家、封建国家和资本主义国家主要的阶级，并不仅仅是奴隶主阶级与奴隶阶级、地主阶级与农民阶级以及资产阶级与无产阶级。因为阶级是因权力——经济权力与政治权力—垄断而分化的不同群体。奴隶主阶级与奴隶阶级、地主阶级与农民阶级以及资产阶级与无产阶级都是因经济权力——或人身占有和人身依附等超经济权力——垄断而分化的不同群体；而不是因政治权力或政治职务垄断而分化的不同群体。奴隶国家、封建国家和资本主义国家主要的阶级，无疑还包括因政治权力垄断而分化的不同群体：垄断政治权力的群体（亦即统治阶级）与没有政治权力的群体（亦即被统治阶级）。

不言而喻，一个国家的统治阶级及其阶级剥削的进步程度与其拥有政治权力与没有政治权力的人数比例成正比：一个社会没有政治权力的人数越少，拥有政治权力的人数越多，该社会被政治权力压迫与剥削的人数便越少，因而违背国家制度价值标准的程度便越轻，该国家的阶级与剥削便越加进步和优良；反之，没有政治权力的人数越多，拥有政治权力的人数越少，被政治权力压迫与剥削的人数便越多，因而违背国家制度价值标准的程度便越严重，该国家的阶级与剥削便越加落后和恶劣。准此观之，奴隶国家的统治阶级和阶级剥削最恶劣最落后。因为奴隶国家拥有政治权力的人数最少，统治阶级的成员不但几乎都是奴隶主贵族，而且排除所有女人。例如，在古希腊城邦国家中，女人便与奴隶一样，都不享有政治权力。古罗马最初也只有贵族享有政治权力，到公元前3世纪通过霍腾西阿法案后，所有自由民才获得政治权力。

封建国家拥有政治权力与没有政治权力的人数比例，无疑远远高于奴隶国家。因为封建国家统治阶级成员或拥有政治权力者，固然主要是地主阶级成员，但绝不仅仅是地主阶级成员，而或多或少包括农民或农奴。就拿中国一千年左右的封建科举制度来说，一个人，不论属于哪个阶级，只要考中进士举人，岂不都可以成为统治阶级一员？因此，与奴隶国家相比，封建国家的统治阶级及其剥削远为进步。但若与资本主义国家相比，却远为落后了。因为只是随着资产阶级革命胜利，政治权力才迅速由少数人的特权向每个国民普及；尽管仍然存在着性别和财产等限制。直到第二次世界大战以后，在大多数国家中，才逐渐实现普选制民主，从而政治权力才逐渐不分性别、阶级、职业和文化程度等而为每个国民所平等拥有。这样一来，在普选制民主的资本主义国家，每个人都完全平等地执掌最高权力，不存在政治权力垄断，因而也不存在因政治权力垄断而分化的不同群体：统治阶级与被统治阶级或官吏阶级与庶

## 第十六章 阶级与剥削:基于经济形态不同的六种国家制度之价值

民阶级。

可见,奴隶制国家的阶级和剥削制度最恶、最坏、最落后;封建国家的阶级和剥削制度次之;资本主义国家的阶级和剥削制度又次之。那么,是否可以说,社会主义国家的阶级和剥削制度必定是最好最进步的?未必。诚然,社会主义必定先进于资本主义。但是,社会主义国家却未必先进于资本主义国家。因为社会主义国家就是社会主义经济形态——亦即公有制——居于支配地位的国家:它既可能实行普选民主制;也可能实行专制等非民主制。如果社会主义国家实行普选民主制,每个人完全平等地执掌最高权力,从而不存在政治权力垄断,那么,社会主义国家便不但不存在因政治权力垄断而分成的统治阶级与被统治阶级或官吏阶级与庶民阶级,而且也不存在因经济权力垄断而分成的阶级,因而远远先进于资本主义国家。

可是,如果社会主义国家实行专制等非民主制,主要国民便分化为两大群体:政治权力垄断群体或统治阶级、官吏阶级和没有政治权力或被统治阶级、庶民阶级。官吏阶级不但垄断政治权力,而且因控制国有资源——国有资源包括全国主要的处于支配地位的生产资料——而垄断了经济权力。庶民阶级不但没有政治权力,而且——除了生产资料私有者或所谓民营企业家——皆因没有政治权力不可能控制国有资源,从而沦为没有经济权力的阶级。

准此观之,实行专制等非民主制的社会主义国家的阶级和剥削制度便远远恶于资本主义国家。因为社会主义国家的权力垄断程度远远重于资本主义国家:社会主义国家的政治权力垄断群体或统治阶级拥有压迫和剥削没有政治权力群体或被统治阶级的政治权力与经济权力以及社会权力与文化权力;而资本主义国家的统治阶级只有控制被统治阶级的政治权力。就某种意义来说,资本主义私有制和按资分配是获得自由——特别是政治自由、社会自由和思想自由——的最根本的必要条件。因为私有财产是自由的保障,只有当一个人有了财产和面包,他才敢于不服从而争取自由:"不服从者亦得食"是自由的最根本的必要条件。资本主义堪称"不服从者亦得食"的国家。因为生产资料主要为私有者所拥有,而并不为政府和官吏所垄断,因而政府和官吏没有控制国民的全权:不服从政府和官吏亦可得食。私有者也没有控制无产者的全权,因为生产资料并不是统一掌握在哪一个私有者或大财团手中；而是分散地为众多独立的私有者所掌握，因而没有人必须为面包而出卖自由：此处不留爷，自有留爷处。这个道理，哈耶克曾有十分透辟的阐述：

> 只是因为生产资料分别掌握在许多个独立行动的人的手里，才无人有控制我们的全权，我们作为个人才能自己决定自己去做的事情。如果所有的生产资料都归属于一个人掌握，不管它名义上是属于整个"社会"的，还是属于一个独裁者的，谁控制它，谁就有全权控制我们。①

### 2. 阶级和剥削是必要恶：消灭阶级和剥削的条件

阶级和剥削是恶，无疑意味着：应该消灭阶级和剥削，废除阶级和剥削制度。但是，细究起来，不难看出，阶级和剥削在一定历史条件下却可能是一种必要恶，因而不应该消灭和废除。因为所谓必要恶，也就是自身为恶而结果为善，并且结果与自身的善恶相减的净余额是善的东西。这种东西就其自身来说，是一种恶。但是，这种恶却能够防止更大的恶或求得更大的善，因而其结果的净余额是善，是必要的恶。阑尾炎手术，就其自身来说，开刀流血、大伤元气，完全是一种恶。但是，它能够防止更大的恶：死亡。因此，阑尾炎手术的净余额是善，是一种必要恶。冬泳，就其自身来说，冰水刺骨，苦不堪言，完全是一种恶。但是，它却能带来更大的善：健康长寿。所以，冬泳的净余额是善，是一种必要恶。显然，必要恶的净余额是善，因而实质上仍然属于善的范畴，而并不属于恶的范畴。伯纳德·格特（Bernard Gert）曾以"疼痛"为例，十分深刻地揭示了必要恶之善本性：

> 说疼痛是一种恶，并不是说疼痛不能达成一种有用的目的。疼痛以某种方式向我们提供需要医治的警告。如果我们感觉不到疼痛，我们便不会注意到这种必要的医治，以致可能导致死亡的恶果。关于疼痛作用的这一事实在某种程度上可以用来解析恶的问题。它以某种方

---

① Friedrich A. Hayek, *The road to serfdom*, George Routledge & Sons Ltd. 1944, p. 78.

式表明，恶可能是世界上最好的东西：所有这种恶便叫做必要的恶。①

阶级和剥削可能是一种必要恶吗？罗默的回答是肯定的："如果一种剥削形式的取消总是会改变物质刺激和制度，以致使被剥削的群体处于更坏的情况下，这种剥削形式就是社会必要的。"② 但是，罗默建议用"社会必要剥削（sociality necessary exploitation）"概念代替"必要的恶"："我建议代替'必要恶'以'社会必要剥削'这一概念。想想看，例如，资本主义初期存在的资本主义剥削。像历史唯物主义所认为的那样，假定资本主义是当时发展生产力的最优经济结构。在这种情况下，可以说这种剥削是社会必要的。如果资本主义由于某种原因被消灭了，技术发展就会停滞，工人们的境况很快就会比在具有生机勃勃技术进步倾向的资本主义枷锁下的境况更糟。"③

罗默认为剥削可能是必要的——如果剥削能够避免更大的恶就是必要的——无疑是完全正确的。但是，他显然只看到必要恶从逻辑形式上来说属于恶的范畴，而不懂得必要恶的实质属于善的范畴，因而建议用"社会必要剥削"概念代替"必要的恶"。这种建议是不恰当的。因为必要恶具有高度概括性，是元伦理学的重要范畴，显然是任何具体的必要恶——如"必要剥削"和"必要阶级"以及"必要不公正"等——都不能够取代的。罗默建议用"社会必要剥削"概念代替"必要的恶"，岂不就是用"社会必要剥削"、"社会必要阶级"、"社会必要不公正"等不胜枚举的"具体的必要恶"取代"必要恶"，说到底，岂不就是用具体取代抽象？

那么，如果说阶级和剥削可能是一种必要恶，是否蕴涵着：任何阶级和剥削都可能是一种必要恶？是的。奴隶社会的阶级和剥削制度，就其自身来说，当然是人类历史上最恶的制度。但是，这种万恶的阶级和剥削制

---

① Bernard Gert, *Moraility: A New Justification of The Moral Rules*, Oxford University Press, New York, 1988, p. 48.

② 转引自俞吾金：《解读罗默的"一般剥削理论"》，《上海交通大学学报》2002 年第 3 期。参阅 John E. Roemer, *Free to Lose*, Harvard University Press, Cambridge, Massachusetts 1988, pp. 143 - 147。

③ John E. Roemer, *Free to Lose*, Harvard University Press, Cambridge, Massachusetts 1988, pp. 144 - 145。

度，在取代无阶级无剥削的原始共产主义社会的时候，却是一种必要的恶。因为它避免了更大的恶和求得了更大的善。它避免了更大的恶：战俘变成奴隶从而不再被杀死和吃掉。变成奴隶固然是恶，但被杀死和吃掉岂不是更大的恶？奴隶社会的阶级和剥削制度避免了更大的恶，因而是一种必要恶，是一种善和进步。所以，恩格斯说："在古代世界，特别是希腊世界的历史前提之下，进步到以阶级对立为基础的社会，是只能通过奴隶制的形式来完成的。甚至对奴隶来说，这也是一种进步：成为大批奴隶来源的战俘以前都被杀掉，在更早的时候甚至被吃掉，现在至少能保全生命了。"①

奴隶社会的阶级和剥削制度是一种必要恶，更重要的根据，乃在于它求得了更大的善。对于这一点，恩格斯曾有十分精辟的阐述："只有奴隶制才使农业和工业之间的更大规模的分工成为可能，从而使古代世界的繁荣，使希腊文化成为可能。没有奴隶制，就没有希腊国家，就没有希腊的艺术和科学；没有奴隶制，就没有罗马帝国。没有希腊文化和罗马帝国所奠定的基础，也就没有现代的欧洲。我们永远不应该忘记，我们的全部经济、政治和智力的发展，是以奴隶制既成为必要、同样又得到公认这种状况为前提的。在这个意义上，我们有理由说：没有古代的奴隶制，就没有现代的社会主义。"②

可见，奴隶社会的阶级和剥削及其制度，虽然就其自身来说是恶；但就其取代原始社会的结果来说，却避免了更大的恶和求得了更大的善；因而其自身的恶与结果的善之净余额是善，是必要的恶，说到底，也就是善：奴隶社会比原始社会更善好更先进。那么，奴隶社会的阶级和剥削及其制度是否永远是必要恶？否。任何社会的阶级和剥削及其制度，都不可能永远是必要的恶；其为必要恶都是有时间条件的，都是有历史条件的，说到底，都是以一定的生产力发展的水平为条件的。因为正如马克思所发现，生产力是社会发展的决定力量："社会的物质生产力发展到一定阶段，便同它们一直在其中运动的现存生产关系或财产关系（这只是生产关系的法律用语）发生矛盾，于是这些关系便由生产力的发展形式变成

---

① 《马克思恩格斯选集》第3卷，人民出版社1995年版，第525页。
② 《马克思恩格斯选集》第2卷，人民出版社1995年版，第524页。

## 第十六章 阶级与剥削：基于经济形态不同的六种国家制度之价值

生产力的桎梏。那时社会革命的时代就到来了。随着经济基础的变更，全部庞大的上层建筑也或慢或快地发生变革。"①

奴隶社会的阶级和剥削及其制度取代原始共产主义制度的时候，曾促进生产力的发展，增进了国民的利益，求得了更大的善和避免了更大的恶，因而是必要恶。但是，随着生产力发展，奴隶社会的阶级和剥削及其制度就成为生产力进一步发展的桎梏。因为奴隶对于自己所受到的非人待遇，满怀仇恨，因而经常消极怠工，甚至破坏劳动工具。所以，马克思说："这种生产方式的经济原则，就是只使用最粗糙最笨重因而很难损坏的劳动工具。"② 这样一来，当生产工具更加高级和易于损坏时，奴隶社会的阶级和剥削及其制度就不再是必要恶，而是纯粹恶，或迟或早势必被封建社会取代。取代奴隶社会的封建社会的阶级和剥削及其制度，解放和促进了生产力的发展，增进了国民利益，因而是必要恶。但是，随着生产力进一步发展，手推磨被蒸汽磨取代，封建社会的阶级和剥削及其制度就成为生产力进一步发展的桎梏，因而不再是必要恶，而是纯粹恶，或迟或早势必被自由竞争的资本主义取代。

取代封建社会的资本主义社会的阶级和剥削及其制度，无疑是境界最高最好最善的必要恶：资本主义乃是人类最好的阶级和剥削制度。因为，如前所述，资本主义乃是一种交换经济、商品经济或市场经济，是一种使资本或财货能够增值的商品经济或市场经济制度，是目的在于资本或物质财富增值而不是满足消费需要的商品经济或市场经济制度，说到底，是资本通过雇佣劳动而增值的商品经济或市场经济制度。而没有政府指挥——但有政府适当干预——的商品经济或市场经济，如前所述，乃是人类所有经济形态中唯一符合经济自由等国家制度价值标准的经济形态，是唯一自由的、人权的、人道的和高效率的经济形态；其他一切经济形态（计划经济和自然经济以及存在政府指挥的市场经济或混合经济）都不符合经济自由原则，因而都是不自由、非人道、无人权和低效率的经济形态，都是违背国家制度价值标准的经济形态。这就是为什么，资本主义的阶级和剥削制度，正如《共产党宣言》所指出，曾极大地解放和促进了生产力

---

① 《马克思恩格斯选集》第2卷，人民出版社1995年版，第32页。
② 《马克思恩格斯全集》第23卷，人民出版社1974年版，第222页，注17。

的发展：

资产阶级在它不到一百年的阶级统治中所创造的生产力，比过去一切时代创造的全部生产力还要多、还要大。自然力的征服，机器的采用，化学在农业和工业中的应用，轮船的行驶，铁路的通行，电报的使用，整个整个大陆的开垦，河川的通航，仿佛用魔术从地下呼唤出来的大量人口，——过去哪一个世纪料想到在社会劳动里蕴藏有这样的生产力呢？①

然而，资本主义私有制的市场经济绝不是符合国家制度价值标准的理想的经济形态。因为如前所述，资本或生产资料的垄断就意味着经济权力垄断，就意味着阶级、剥削、经济不公、经济异化和经济不自由。只有废除私有制而代之以公有制，只有公有制的市场经济，才可能消除阶级、剥削、经济不公、经济异化和经济强制，才可能实现经济自由和经济公正：唯独没有政府指挥的公有制市场经济，才是真正符合经济自由和经济公正等国家制度价值标准的理想经济形态。

但是，这种理想经济形态的实现必须以生产力高度发达为必要条件。当资本主义使生产力高度发达，以致可以满足社会全体成员的物质需要的程度的时候，资本主义乃至任何阶级和剥削及其制度便都只能阻碍生产力和社会的发展、减少全社会和绝大多数人的利益，因而皆为纯粹恶而不是必要恶。当此际，消灭资本主义阶级和剥削制度，从而废除一切阶级和剥削制度的社会主义社会或迟或早势必就要到来了：生产力高度发达是消灭阶级和剥削必要条件。因此，恩格斯说："社会阶级的消灭是以生产高度发展的阶段为前提的，在这个阶段上，某一特殊的社会阶级对生产资料的占有，从而对政治统治、教育垄断和精神领导的占有，不仅成为多余的，而且成为经济、真正和精神发展的障碍。"②

可是，为什么生产力高度发达是消灭阶级和剥削必要条件？因为阶级和剥削起源于权力垄断，因而消灭阶级和剥削必须废除私有制和建立公有

---

① 《马克思恩格斯选集》第 1 卷，人民出版社 1995 年版，第 277 页。
② 《马克思恩格斯全集》第 20 卷，人民出版社 1971 年版，第 306 页。

制，从而消灭生产资料或经济权力垄断。可是，恩格斯说："能不能一下子就把私有制废除呢？不，不能……只有在废除私有制所必需的大量生产资料创造出来之后才能废除私有制。"① 所谓"大量"的生产资料究竟要"大量"到什么程度呢？恩格斯的回答是：要达到"给社会提供足够的产品以满足它的全体成员的需要。"② 这就是说，生产高度发达到可满足社会全体成员的物质需要的程度，是废除私有制的必要条件。

原来，在生产力不够发达、产品还不能满足全体社会成员物质需要的时候，唯有私有制才有效率；而公有制则必定无效率。因为在私有制社会，私有者所运用的资产为自己所有，其亏损或收益完全由自己承担：造成亏损，自己完全负担亏损；创造利润，自己完全占有利润。这无疑会激励人们以最小的成本去取得最大的利润。因此，私有制经济是有效率的经济。反之，公有制则不具备这种效率机制。因为在公有制中，每个人所使用的资产均不属于自己所有，他们既不负担自己造成的亏损，也不会因自己提高了效率而获得相应的收益——他们提高效率所获收益要由许多人分享，因而自己所能得到的也就微乎其微了。一句话，造成亏损自己不负担亏损；创造利润自己不占有利润。这样，在人们的思想品德和政治觉悟还不够高的情况下，公有制经济便注定是低效率经济。这番道理，学者们多有论述。凯斯和费尔在他们合著的《经济学原理》中也这样写道：

> 社会所有制和集体组织也可以被证明导致缺乏效率。这个逻辑就在于所谓"公共餐桌的悲剧"之中。……在苏联和中国，大多数的农业都是集体组织的，但也有某些产品是在私人自留地生产出来并在市场上销售的。在集体农庄里，全体成员分摊生产企业的成本和收益。如果我的额外劳动除了一小部分之外都使别人受益，或者由于我的懒惰或低效率而造成的亏损除了一小部分之外都由别人承担，我凭什么要努力工作并保持下去呢？在自留地里，所有者能获得有效率的运行和努力工作的全部好处，并且承担他自己缺乏效率的全部成本。当然，反驳者也可以说，集体成员有一种社会责任去努力工作并保持

---

① 《马克思恩格斯选集》第1卷，人民出版社1972年版，第219页。
② 同上书，第222页。

下去。于是,争论不可避免地又转到了私人动机和社会动机上。诚然,如果能使人们像关心自身利益一样关心公共产品,那么,公共餐桌的悲剧也就不存在了。①

可见,如果人们思想品德和政治觉悟不够高,那就唯有私有制才有效率,而公有制则无效率:思想品德普遍提高是保障公有制和无阶级社会有效率的必要条件。那么,人们的思想品德和政治觉悟究竟如何才能普遍达到使公有制有效率的高度?无论是马克思唯物史观,还是马斯洛心理学,抑或是现实生活,都告诉我们:普遍提高人们的思想品德和政治觉悟的根本途径只有一个,那就是使社会生产高度发展。因为人们思想品德和政治觉悟的高低,直接说来,取决于人们做一个好人的道德需要的强烈程度;根本说来,则取决于人们的物质需要相对满足的程度:人们的物质需要满足得越充分,做一个好人的道德需要便越多越强烈,人们的品德便越高尚。这个道理,我们的祖宗早已知晓,故曰:"衣食足则知礼仪,仓廪实则知荣辱。"所以,生产高度发展从而使每个人的物质需要得到相对满足,乃是人们思想品德普遍提高的根本条件。这就是为什么在生产力不够发达的条件下,唯有私有制才有效率而公有制则必定无效率的缘故。

在生产力不够发达的条件下,废除私有制不但必定导致效率低下,而且正如恩格斯所指出,不可能消灭阶级和剥削:"社会分裂为剥削阶级和被剥削阶级、统治阶级和被压迫阶级,是以前生产不大发展的必然结果。当社会总劳动所提供的产品除了满足社会全体成员起码的生活需要以外只有少量剩余,因而劳动还占去社会大多数成员的全部或几乎全部时间的时候,这个社会就必然划分为阶级。在这个完全委身于劳动的大多数人之旁,形成了一个脱离直接生产劳动的阶级,它从事于社会的共同事务:劳动管理、政务、司法、科学、艺术等。因此,分工的规律就是阶级划分的基础。但是这并不妨碍阶级的这种划分曾经通过暴力和掠夺、狡诈来实现,这也不妨碍统治阶级一旦掌握政权就牺牲劳动阶级来巩固自己的统治,并把对社会的领导变成对群众的剥削。"②

---

① 凯斯、费尔:《经济学原理》(下),中国人民大学出版社 1994 年版,第 691—692 页。
② 《马克思恩格斯全集》第 20 卷,人民出版社 1971 年版,第 306 页。

## 第十六章 阶级与剥削:基于经济形态不同的六种国家制度之价值

如果结合生产还不够发达的各国社会主义公有制实践,便不难理解这段话了。确实,在生产不够发展、产品还不能满足全体社会成员物质需要的时候,便废除私有制而代之以公有制,那么,社会的统治者必然会把对社会的领导变成对群众的剥削。因为在这种公有制国家,消灭了地主和资本家,生产资料的占有权、支配权和管理权完全垄断于政府和官吏手中,被统治者实际上一无所有,只有成为政府官吏的雇员才能生存。于是,政府官吏就像地主资本家一样利用对生产资料的完全占有权、支配权和管理权对被统治者进行剥削,从而成为一种原本为亚细亚生产方式所特有的阶级:官僚阶级、官吏阶级、官员阶级。

诚然,如果社会主义实行民主制,每个人完全平等地执掌最高权力,从而不存在政治权力垄断,那么,社会主义便不存在因政治权力垄断而分成的官吏阶级与庶民阶级。但是,生产力不发达的社会主义几乎不可能实行民主制,而势必实行专制等非民主制。因为生产力不发达,国民思想品德和政治觉悟不可能普遍提高;而思想品德和政治觉悟的普遍提高不但是公有制社会有效率的必要条件,而且是公有制社会实现民主制的必要条件。在公有制或社会主义社会,政治权力控制和垄断国有资源、公共资源,因而也就控制和垄断了主要的经济权力。因此,政治权力对每个人都具有莫大的价值、利益和意义:拥有和垄断政治权力就意味着拥有和垄断经济权力,就意味着拥有一切。因此,如果国民的政治觉悟和思想品德不够高,势必利用自己的各种优势,竞相争夺政治权力,因而几乎不可能做到每个人不论强弱而完全平等执掌最高权力,亦即几乎不可能实现民主制;从而势必出现垄断政治权力的强势群体(官吏阶级)和没有政治权力的弱势群体(庶民阶级)。

因此,在生产力不够发达的条件下,废除私有制的社会主义国家所消灭的只是地主和资本家,而并没有消灭阶级和剥削。不但没有消灭阶级和剥削,而且因废除私有制所形成的阶级和阶级剥削乃是人类历史上最坏的阶级和剥削:全权垄断的阶级和剥削。因为公有制使官吏阶级不但垄断了政治权力,而且垄断了经济权力,因而是全权垄断阶级;庶民阶级不但没有政治权力,而且没有经济权力,是全权丧失的无权阶级。因此,庶民阶级不但遭受人类历史上最可怕的压迫与剥削——全权垄断的压迫与剥削——而且不服从政府和官吏就意味着没有工作,就意味着活活饿死:不服从者不得食。苏东社会主义模式岂不就是这种政府官员拥有控制国民全权的"不服从者不得食"制度？

反之，在生产力不够发达的条件下，资本主义的阶级和剥削制度，不但能够避免公有制的无效率从而使经济有效率地发展，而且能够避免全权垄断的阶级和阶级剥削。因为在资本主义国家，生产资料主要为私有者所拥有，而并不为政府和官吏所垄断，因而政府和官吏没有控制国民的全权：不服从政府和官吏亦可得食。私有者也没有控制无产者的全权，因为生产资料并不是统一掌握在哪一个私有者或大财团手中；而是分散地为众多独立的私有者所掌握，因而不服从雇主亦可得食：此雇主不用我，自有彼雇主用我。

因此，废除私有制、消灭阶级和阶级剥削的必要条件，根本地说，只有一个：生产高度发展；全面地说，则一方面是物质的，即生产高度发展，另一方面则是精神的，即思想品德和政治觉悟普遍提高。如果生产还不够高度发展、思想品德和政治觉悟尚未普遍提高，那么，私有制、阶级和剥削虽然是恶，却能够避免更大的恶——效率低下以及全权垄断的阶级和剥削——因而是必要恶。这时如果废除私有制、消灭阶级和剥削、实行社会主义或共产主义，不但必定导致效率低下，而且势必导致人类最恶的阶级和剥削：全权垄断的阶级和剥削。这样，被压迫被剥削阶级所付出的代价便更大。因此，私有制、阶级和剥削虽然就其固有性质来说是损人利己、不公平、不应该、具有负价值的；但在生产不够发展、思想觉悟也不够高的社会，它们的存在和发展却能够防止更大的损害和不公，其净余额是利和善，符合"两害相权取其轻"的道德原则，因而是一种必要恶，是道德的、应该的、善的、具有正价值。只有到生产高度发展、思想觉悟普遍提高的时候，私有制、阶级和剥削才是有害无益的纯粹恶，才是纯粹不公平、不道德、具有负价值的东西。只有在这时，才应该废除私有制、消灭阶级和剥削、实行社会主义和共产主义。只有在这时实行社会主义和共产主义，才既能消除阶级和剥削，又能保障公有制经济高效率发展：生产高度发展是消灭阶级和剥削的根本条件。

因此，阶级和剥削的产生及其存在具有不依人的意志而转移的一定的历史必然性。一方面，在生产力极其低下，以致一个人用全部时间劳动也只能生产勉强维持自己生存的生活资料的历史条件下，不可能有阶级和阶

### 第十六章 阶级与剥削:基于经济形态不同的六种国家制度之价值

级剥削;能够创造剩余产品的生产力是阶级和阶级剥削产生的必要条件。另一方面,在生产力还不够发达,还不能达到满足社会全体成员的需要的条件下,阶级和剥削必然存在而不可能消灭;在这种历史条件下进行消灭阶级和剥削的任何活动,不但必定导致效率低下,而且必定导致更恶的阶级和剥削:生产力高度发达是消灭阶级和剥削必要条件。因此,恩格斯说:"社会分裂为剥削阶级和被剥削阶级、统治阶级和被压迫阶级,是以前生产不大发展的必然结果。当社会总劳动所提供的产品除了满足社会全体成员起码的生活需要以外只有少量剩余,因而劳动还占去社会大多数成员的全部或几乎全部时间的时候,这个社会就必然划分为阶级。"[1]

诚然,生产力高度发达是阶级和剥削消灭的必要条件,仅仅意味着,只有生产力高度发达才能够消灭阶级和剥削,因而在生产力还不够发达的条件下,阶级和剥削的存在具有历史必然性。但是,生产力高度发达是阶级和剥削消灭的必要条件,并不意味着,只要生产力高度发达就会消灭阶级和剥削,因而在生产力高度发达的条件下,阶级和剥削的消灭具有历史必然性。那么,在生产力高度发达的条件下,阶级和剥削的消灭是否具有历史必然性?答案是肯定的。因为只是在生产力还不够发达的条件下,私有制、阶级和剥削才因其能够避免更大的恶——全权垄断的阶级和剥削以及效率低下——而是必要恶;而在生产力高度发达的条件下,消灭私有制、阶级和剥削,则既能真正消除阶级和剥削,又能保障经济高效率发展,因而私有制、阶级和剥削便由必要恶而演进为纯粹恶。那时,消灭私有制、阶级和剥削,从而实现无阶级无剥削的社会主义和共产主义的时代便必然到来了。因为阶级和剥削就其自身来说都是恶,都是恶的、不公正的、不道德的。人类之所以生活其中,只是因其能够避免更大的恶——全权垄断的阶级和剥削以及效率低下——而是必要恶。当阶级和剥削已经不再是必要恶而是纯粹恶的时候,它们的消灭就具有了历史必然性。因为人类社会发展的历史大趋势无疑是进步而不是倒退。正如人类不可能长久在一种纯粹错误的思想指导下生存一样,人类不可能长久——更不可能永远——生活于一种纯粹恶的制度,而或迟或早必然要消灭这种纯粹恶——而不再是必要恶——的国家制度。

---

[1] 《马克思恩格斯全集》第 20 卷,人民出版社 1971 年版,第 306 页。

更何况，在生产力高度发达的条件下，国民的思想觉悟普遍提高，他们显然绝不可能继续生活于已经变成纯粹恶的阶级和剥削制度，而必然选择消灭这种制度的无阶级无剥削的社会主义和共产主义："生产力高度发达"加上"国民思想觉悟的普遍提高所导致的废除阶级和剥削运动"是阶级和剥削消灭的充分条件。这就是阶级和剥削消灭的历史必然性，这就是社会主义和共产主义的历史必然性。马克思将这种历史必然性归结为一句话："阶级的存在仅仅同生产发展的一定历史阶段相联系。"[①] 因此，不但阶级和剥削的产生及其存在具有历史必然性——生产力高度发达是阶级和剥削消灭的必要条件——而且阶级和剥削的消灭也具有历史必然性："生产力高度发达以及国民思想觉悟的普遍提高所导致的废除阶级和剥削运动"是阶级和剥削消灭的充分条件。

## 四 历史必然性与非普世性：基于经济形态不同的六种国家制度之本性

### 1. 跨越卡夫丁峡谷：资本主义和共产主义国家的历史必然性

阶级和剥削的产生、存在及其消灭具有历史必然性，显然意味着，在以经济形态为划分根据的六种国家中，一方面，阶级和剥削的国家的产生及其存在具有历史必然性；另一方面，无阶级无剥削的国家也具有历史必然性。然而，阶级和剥削国家分为奴隶制国家、封建制国家和资本主义国家：这些国家是否都具有历史必然性？无阶级无剥削国家分为原始国家、社会主义国家和共产主义国家：这些国家是否都具有历史必然性？

原始共产主义国家无疑具有历史必然性，因为任何国家和社会，说到底，无不起源于原始社会，而不可能逾越原始社会：它们的终极源头无疑都是原始国家、原始社会。人类学和考古学的研究表明，在人类历史的百分之九十九以上的时间里，人类都是生活在原始社会，已历经二三百万年。社会主义和共产主义国家也都具有历史必然性。因为阶级和剥削的消灭，意味着权力——经济权力与政治权力——垄断的消灭，因而意味着生产力高度发达（阶级和剥削消灭的必要条件）、公有制（经济权力垄断的

---

[①]《马克思恩格斯选集》第 4 卷，人民出版社 1995 年版，第 547 页。

消灭）和普选制民主或宪政民主（政治权力垄断的消灭）。这样一来，阶级和剥削的消灭具有历史必然性，显然意味着：生产力高度发达的、公有制的和宪政民主或普选制民主的国家具有历史必然性。

这种国家无疑属于社会主义和共产主义国家范畴。因为如前所述，共产主义国家分为两大类型：完全的共产主义国家与不完全的共产主义国家。完全的共产主义国家，乃是完全符合国家制度价值标准——公正与平等以及人道与自由——的理想国家，因而具有六大特征："生产资料公有制"、"高度发达的生产力"、"按劳分配"、"没有政府指挥的市场经济"、"只有一个主权和一个世界政府的全球国家"和"宪政民主"。不完全具备这些特征的共产主义国家，亦即不完全符合国家制度价值标准的共产主义国家，就是不完全的共产主义国家，也就是所谓社会主义国家：公有制是社会主义充分且必要条件。因此，社会主义国家的根本特征，说到底，可以归结为公有制居于支配地位和不完全具备其他五大特征：具备这些特征越少，就越不完善越不发达，就是相对不完善不发达的社会主义；具备这些特征越多，就越完善越发达，就是相对完善发达的社会主义；完全具备这些特征，就超越社会主国家义而进入共产主义国家了。

因此，阶级和剥削的消灭具有历史必然性，意味着：生产力高度发达的公有制的和宪政民主的社会主义国家具有历史必然性。毋庸赘言，一个社会主义国家如果具备"生产力高度发达"、"生产资料公有制"和"宪政民主"三大特征，也就自然具备——或不难具备——"按劳分配"和"没有政府指挥的市场经济"两大特征，最终势必成为"只有一个主权和一个世界政府的全球国家"：完全的共产主义国家具有历史必然性。因为，如前所述，人乃是社会动物，每个人的生存发展需要不但只有通过社会才能够获得满足，而且这些需要的满足程度，显然与社会规模的大小成正比：社会的规模越大，分工协作便越复杂，每个人需要获得满足的程度便越多越高越好。这样一来，人类就其本性而言，便不仅需要和追求社会，而且需要和追求最大的社会，需要和追求最大的国家，需要和追求只有一个主权和一个世界政府的全球国家：追求国家最大化或全球化因而最终追求只有一个主权和一个世界政府的全球国家乃是人类最深刻的本性。

可见，三种无阶级无剥削的国家——原始共产主义和社会主义以及共产主义国家——都具有历史必然性。那么，三种阶级和剥削国家——奴隶制和封建制以及资本主义国家——是否具有历史必然性？不难看出，资本主义国家具有历史必然性。因为如前所述，一方面，资本主义乃是一种交换经济、商品经济或市场经济，是一种使资本或财货能够增值的商品经济或市场经济制度，是目的在于资本或物质财富增值而不是满足消费需要的商品经济或市场经济制度，说到底，是资本通过雇佣劳动而增值的商品经济或市场经济制度。另一方面，人类社会只有一种经济形态，亦即没有政府指挥——但有政府适当干预——的市场经济，符合经济自由原则，因而是自由的、人权的、人道的和高效率的经济形态，是符合国家制度价值标准的经济形态；其他一切经济形态（计划经济和自然经济以及存在政府指挥的市场经济或混合经济）都不符合经济自由原则，因而都是不自由、非人道、无人权和低效率的经济形态，都是违背国家制度价值标准的经济形态。这就是为什么，资产阶级在它不到一百年的阶级统治中所创造的生产力，比过去一切时代创造的全部生产力还要多的缘故。①

那么，是否可以说，只有资本主义才能够创造消灭私有制、阶级和剥削所必需的高度发达的生产力？答案是肯定的。因为，如前所述，在生产力不够发达从而思想品德和政治觉悟不可能普遍提高的条件下，唯有资本主义私有制才有效率；而社会主义公有制则必定无效率：社会主义不可能创造消灭阶级和剥削所必需的高度发达的生产力。

可见，不但奴隶制和封建制不可能，而且社会主义也不可能，而只有资本主义才能够创造消灭私有制、阶级和剥削所必需的高度发达的生产力。因此，马克思论及资本主义的历史作用时曾这样写道："资产阶级历史时期负有为新世界创造物质基础的使命：一方面要造成以全人类互相依赖为基础的普遍交往，以及进行这种交往的工具，另一方面要发展人的生产力，把物质生产变成对自然力的科学统治，资产阶级的工业和商业正为新世界创造这些物质条件，正像地质变革创造了地球表层一样。"②

这样一来，我们就可以得到一个推论：前提1：私有制、阶级和剥削的消灭具有普遍的绝对的历史必然性。前提2：高度发达的生产力是消灭私有制、阶级和剥削的必要条件。前提3：只有资本主义才能够创这种高

---

① 《马克思恩格斯选集》第1卷，人民出版社1995年版，第277页。
② 同上书，第773页。

## 第十六章 阶级与剥削：基于经济形态不同的六种国家制度之价值

度发达的生产力。结论：资本主义具有普遍的绝对的历史必然性。资本主义具有普遍的绝对的历史必然性，显然意味着：资本主义是任何国家都必然要经过的经济形态。任何国家，如果不经过资本主义，或不经过资本主义的充分发展，就直接进入社会主义，那么，该国绝不可能创造消灭阶级和剥削所必需的高度发达的生产力，绝不可能消灭阶级和剥削，绝不可能进入比资本主义更高更好的经济形态。

然而，在马克思看来，俄国在一定历史条件下却有可能跨越资本主义而直接进入更高级的共产主义社会："我们暂且不谈俄国公社所遭遇的苦难，只来考察一下它的可能的发展。它的情况非常特殊，在历史上没有先例。在整个欧洲，只有它是一个巨大的帝国内农村生活中占统治地位组织形式。土地公有制赋予它以集体占有的自然基础，而它的历史环境（资本主义生产和它同时存在）又给予它以实现大规模组织起来的合作劳动的现成的物质条件。因此，它可以不通过资本主义制度的卡夫丁峡谷，而吸收资本主义制度取得的一切肯定成果。它可以借使用机器而逐步以联合耕种代替小土地耕种，而俄国土地的天然地势又非常适合于使用机器。如果它在现在的形式下事先被引导到正常状态，那它就能直接变成现代社会所趋向的那种经济体系的出发点，不必自杀就能获得新的生命。"①

这就是马克思"跨越资本主义卡夫丁峡谷"理论。恩格斯也曾多次赞同马克思的这一理论。他在《共产党宣言》俄文第二版序言中说："在俄国，我们看到，除了盛行起来的资本主义狂热和刚刚开始发展起来的资产阶级土地所有制外，大半土地仍归农民公社占有。那么试问：俄国公社，这一固然已经大遭破坏的原始土地公共占有制形式，是能够直接过渡到高级的共产主义占有制形式呢？或者相反，它还须先经历西方的历史发展所经历的哪个瓦解过程呢？对于这个问题，目前唯一可能的答复是：假如俄国革命将成为西方无产阶级革命的信号而双方相互补充的话，那么现今的俄国土地公社所有制便能成为共产主义发展的起点。"②

在1893年致丹尼尔逊的信里，恩格斯又说："公社，在某种程度上还

---

① 《马克思恩格斯全集》第19卷，人民出版社1963年版，第447页。
② 同上书，第326页。

有劳动组合,都包含了某些萌芽,它们在一定条件下可以发展起来,使俄国不必受资本主义制度的苦难。……实现这一点的第一个条件,是外部的推动,即西欧经济制度的变革,资本主义在最先产生它的那些国家中被消灭。"① 但是,最后,亦即在写于1894年的《论俄国社会问题》跋中,恩格斯否定资本主义可以跨越,认为社会主义只能是资本主义最独特的最后的产物:

较低的经济发展阶段解决只有高得多的发展阶段才产生了的和才能解决的问题和冲突,这在历史上是不可能的。在商品生产和单个交换以前出现的一切形式的氏族公社同未来的社会主义社会只有一个共同点,就是一定的东西即生产资料由一定的集团共同所有和共同使用。但是单单这一个共同特性并不会使较低的社会形式能够从自己本身产生出未来的社会主义社会,后者是资本主义社会的最独特的最后的产物。每一种特定的经济形态都应当解决它自己的、从它本身产生的问题;如果要去解决另一种完全不同的经济形态问题,那是十分荒谬的。这一点对于俄国的公社,也同对于南方斯拉夫人的扎德鲁加、印度的氏族公社、或者任何其他以生产资料公有为特点的蒙昧时期或野蛮时期的社会形式一样,是完全适用的。②

这是恩格斯逝世前一年的最后定论,无疑是正确的。诚然,俄国因其土地公社所有制是占统治地位组织形式,因而在一定历史条件下可以跨越资本主义而直接过渡到社会主义。就这一点来说,马克思的"跨越资本主义卡夫丁峡谷"理论酷似真理;正如列宁关于社会主义可以在生产力不发达的俄国取得胜利的理论酷似真理一样。俄国十月社会主义革命的胜利似乎证实了这一真理。尔后东欧又相继有8个生产力不发达的国家——南斯拉夫、阿尔巴尼亚、保加利亚、匈牙利、荷兰、捷克斯洛伐克、罗马尼亚、东德——走上社会主义道路,似乎更加充分地证实了这一真理。这样一来,似乎就可以断言,资本主义不具有普遍的绝对的历史必然性,就

---

① 《马克思恩格斯选集》第4卷,人民出版社1995年版,第724页。
② 同上书,第442—443页。

可以断言资本主义在俄国不具有历史必然性，就可以断言这些国家可以跨越资本主义，可以不经过资本主义或不经过资本主义充分发展，就能够建立比资本主义更高更好更进步的社会主义。

这是大错特错的。因为不论是马克思的跨越资本主义的社会主义，还是列宁的跨越充分发展资本主义的社会主义，因其生产力不够发达从而人们思想觉悟不可能普遍提高，如前所述，必定一方面导致效率低下，不可能创造消灭阶级和剥削所必需的高度发达的生产力；另一方面则必定导致专制等非民主制，形成全权垄断的阶级和剥削。这种全权垄断的阶级和剥削，就其压迫与剥削程度来说，不但远远恶于资本主义，而且不逊于奴隶制，乃是人类历史上最恶的阶级和剥削之一。因此，这种社会主义国家虽然当时成功地跨越了资本主义或充分发展的资本主义，但或迟或早，必然抛弃社会主义而选择或复辟资本主义：完全和突变地或不完全和渐进地复辟资本主义。因此，资本主义是任何国家都必然要经过的经济形态，是任何国家消灭阶级和剥削的必由之路，是最高最后最好的阶级和剥削制度，因而具有普遍的绝对的历史必然性。苏东九国半个多世纪的社会主义统治最终无一不导致资本主义复辟的事实，充分证明了这一真理。

**2. 跨越奴隶制或封建制：奴隶制与封建制国家的不完全的历史必然性**

不但三种无阶级无剥削的国家——原始共产主义和社会主义以及共产主义国家——都具有历史必然性，而且资本主义国家也具有历史必然性。那么，其他两种阶级和剥削国家——奴隶制和封建制——是否具有历史必然性？答案是肯定的：原始社会不可能跨越奴隶制或封建制而直接进入资本主义国家。因为，如前所述，资本主义与自然经济根本不同，乃是一种交换经济、商品经济或市场经济，是一种使资本或财货能够增值的商品经济形态或经济制度，是目的在于资本或物质财富增值而不是满足消费需要的商品经济形态或经济制度，说到底，是资本通过雇佣劳动而增值的商品经济制度。

诚然，原始社会就存在商品经济，特别是原始社会后期和末期，经过三次社会大分工，商品生产和商品交换进一步发展起来。但是，如所周知，只有当商品经济是一个国家的基础的、核心的、支配的、占统治地位的制度时，该国才堪称商品经济国家，才可能是资本主义国家。商品经济不但不可能在任何原始国家居于支配地位，而且原始国家也不可能直接进入商品经济居于支配地位的国家。因为一个国家的商品经济居于支配地位的必要条件，无疑是大规模的商品生产和广阔的市场：国内市场和世界市场。大规模的商品生产和广阔的市场无疑又以遍布全国的城市和技术革命、工业革命以及机器大工业为必要条件。

因此，商品经济成为一个国家的占统治地位的制度的必要条件，从而资本主义生产方式或资本主义国家建立的必要条件，说到底，就是形成遍布全国的城市和技术革命、工业革命以及机器大工业。这就是为什么，通常说来，资本主义国家或资本主义生产方式是在18—19世纪英、法等国发生的工业革命的基础上确立的。因此，资本主义国家建立的最根本的必要条件，说到底，乃是从15、16世纪以来的技术和工业的改革及革命——如罗盘针、火药、铸铁、机械纺织法的发明等——到18世纪的技术大革命和工业大革命。因此，鲍尔斯说："断定资本主义和技术变迁的大喷发何者出现在先是困难的。无论真相如何，持续的、迅速的、影响深远的科学发现和技术创新差不多与资本主义同时出现。"[1]

显然，没有外来资本主义国家的介入，任何原始国家、原始社会的末期，无论商品经济如何发达，都远远不可能具有这些建立资本主义国家的必要条件，因而不可能直接建立资本主义国家。这是由原始国家晚期的生产力发展水平所必然决定的。原始国家晚期的生产力属于新石器时代，晚期之末出现了铜器。在这种低下的生产力基础上，无论出现了多么伟大的领袖和群众，无论他们怎么努力，显然都不可能建立遍布全国的城市和诞生技术革命、工业革命以及机器大工业，从而不可能建立资本主义国家。在这种低下的生产力基础上，他们显然只可能直接建立与原始国家同样属于自然经济的国家：奴隶制国家或封建制国家。经过奴隶制或封建制国家自然经济的数以千年计的漫长发展，才可能建立遍布全国的城市和诞生技术革命、工业革命以及机器大工业，从而建立资本主义国家。

这样一来，一方面，原始国家和资本主义国家具有历史必然性；另一

---

[1] Samuel Bowles, Richard Edwards and Frank Roosevelt, *Understanding Capitalism: Competition, Command, and Change*, Third Edition, New York: Oxford University Press, 2005, p. 6.

## 第十六章 阶级与剥削:基于经济形态不同的六种国家制度之价值

方面,原始国家不可能直接建立资本主义国家。于是,合而言之,从原始国家过渡到资本主义国家的中间阶段的国家——奴隶制国家或封建制国家——便具有了历史必然性:原始国家必然经过奴隶制或封建制国家才能建立资本主义国家。因此,没有外来社会的介入,继原始国家而起的必然是奴隶制或封建制国家,任何国家或社会都必然要经过奴隶制或封建制阶段:封建制或奴隶制国家具有历史必然性。但是,与原始国家、资本主义国家、社会主义国家和共产主义国家的完全的历史必然性有所不同:奴隶制国家与封建制国家只有合起来才具有完全的必然性;若是分开来,不论是奴隶制国家还是封建制国家都只有半个必然性或不完全必然性,亦即半必然半偶然。换言之,任何原始国家虽然必然经过奴隶制或封建制才可能建立资本主义国家,却既可能只经过奴隶制而跨越封建制;也可能跨越奴隶制而只经过封建制;还可能既经过奴隶制又经过封建制。举例说:

古希腊罗马从原始国家到资本主义国家,如所周知,既经过了奴隶制又经过了封建制;美国跳过封建社会而由奴隶制直接进入资本主义国家;欧洲和亚洲的很多国家,则正如苏联学者所指出,是从原始社会直接进入封建社会,而没有经过奴隶制:"当谈到封建制度在世界历史的范围内产生(起源)的问题时,我们应该注意的是:并不是所有各民族都是通过奴隶制度到达封建制度的。其中有许多是直接从原始公社制度完成这一过渡,并没有经过社会发展的奴隶占有阶段。例如,欧洲的西方斯拉夫人和东方斯拉夫人以及日耳曼部落的大部分(在莱茵河与易北河之间的地区和不列颠)、亚洲的朝鲜人、许多突厥部落联盟和蒙古人,都是走的这样发展道路。"[①]

这是因为,奴隶制和封建制不但与原始国家一样,都属于自然经济形态,而且同样是超经济强制的自然经济形态。只不过,奴隶制的超经济强制是人身占有;封建制的超经济强制是人身依附罢了。这样一来,封建制虽然比奴隶制优良、进步和高级,却与奴隶制一样,完全可能建立在原始国家末期生产力水平之上。试想,在原始国家末期的铜器生产力和自然经济的基础上,难道只能建立奴隶制的人身占有自然经济?岂不也可以建立

---

[①] 苏联科学院主编:《世界通史》第3卷,生活·读书·新知三联书店1961年版,第4页。

封建制的人身依附的自然经济？答案是肯定的。马克思亦曾指出，原始社会公社制度既可以转化为奴隶制，也可以转化为农奴制，因而其瓦解为奴隶制和封建制的诞生提供了同样的可能性："以部落制为基础的所有制，其最基本的条件是作部落的成员，这就使得那被本部落所侵占所征服的其它部落丧失财产，而把那个部落本身变成本部落无机的再生产条件，看成是归它所有的东西。所以，奴隶制和农奴制只不过是那以部落为基础的所有制的必然的一贯的产物。"①

确实，原始国家末期的铜器生产力和自然经济所必然决定的，只是不可能建立商品经济国家，而只可能建立自然经济国家。至于究竟建立什么样的自然经济国家，是奴隶制还是封建制，是人身占有还是人身依附，显然与原始国家末期的铜器生产力和自然经济形态没有必然联系。否则，试问，究竟能有什么理由说，在原始国家铜器生产力和自然经济的基础上所建立的国家，劳动者只能是奴隶而不能是农奴或农民？难道只有奴隶才能使用——而农民或农奴则不能——铜器生产工具？难道只有奴隶才能进行——而农民或农奴则不能——以铜器生产工具为基础的自然经济劳动？

显然，在原始国家末期，究竟建立奴隶制还是封建制，与原始国家末期的铜器生产力和自然经济形态没有必然联系，而完全取决于当时社会的具体的特殊的——因而也是偶然的——情况。其中最重要的情况，恐怕就是战争俘虏：这种情况显然更容易导致奴隶制而不是封建制。因为战争胜利者或权力垄断集团握有对俘虏的生杀予夺权力，可以随意处置俘虏。他们无疑更愿意使俘虏成为自己的一种私有财产，亦即完全占有俘虏人身，使其沦为奴隶；而不是仅仅使其人身依附自己，成为农民或农奴。这就是为什么在没有外来社会介入的情况下，原始社会大都直接演进为奴隶制而不是封建制国家的缘故。

可见，奴隶制与封建制具有历史必然性，只不过不是完全的历史必然性，而是不完全或半个历史必然性：人类社会的发展可以跨越其一而不可能全部跨越。不但此也！奴隶制与封建制的历史必然性还是相对的，是相对的历史必然性。所谓相对的历史必然性，亦即有条件的历史必然性，这个条件就在于是否有外来社会的介入或影响。只有在没有外来社会介入或

---

① 马克思：《资本主义生产以前各形态》，人民出版社1956年版，第40页。

影响的条件下，奴隶制或封建制才是人类社会发展的必经阶段，因而其历史必然性是有条件的、相对的。如果没有这个条件，或者说，如果有外来社会介入或影响，某些原始国家就可能完全跨越奴隶制和封建制，而直接进入资本主义国家。这些国家如此之多，以致王和写道："大约二分之一以上地域的人类社会（包括南北美洲、非洲和澳洲的绝大部分地域，以及亚洲的部分地域），直至近代以前始终处于以部族结构为基本特征的原始社会，到工业革命以后才因受其他文明的影响而逐步地直接跨入近代，先后具有资本主义因素或发展为资本主义。"①

这是奴隶制或封建制与资本主义的历史必然性的根本不同之处。因为无论有无外来社会介入或影响，资本主义都是人类社会发展的不可跨越的必经阶段。那么，为什么在外来社会介入或影响的条件下，可能跨越奴隶制和封建制，却不可能跨越资本主义呢？事实表明，在外来社会——如资本主义国家——介入或影响的条件下，原始国家能够逐步获得资本主义的生产力，因而成功跨越奴隶制和封建制而直接成为商品经济居于统治地位的资本主义国家。相反地，一个国家，不论原始国家还是奴隶制抑或封建制，如果要跨越资本主义或充分发展的资本主义，从而直接建立社会主义国家，那么，如上所述：

在这种生产力不够发达从而思想觉悟不可能普遍提高的条件下，一方面，唯有私有制才有效率，而公有制则必定无效率，因而这种社会主义不可能创造资本主义所能够创造的高度发达的生产力；另一方面，则必定导致专制等非民主制，从而形成比资本主义坏的多的阶级和剥削：全权垄断的阶级和剥削。因此，这种国家虽然能够跨越资本主义或充分发展的资本主义而直接建立社会主义，但或迟或早，必然抛弃社会主义而选择或复辟资本主义。

这就是为什么，资本主义乃是任何国家无论有无外来社会介入和影响都必然要经过的经济形态，因而具有绝对的历史必然性。三种公有制国家——原始国家和社会主义国家以及共产主义国家——的历史必然性显然也是如此。因为无论如何，任何国家无疑都绝对必然地从原始国家而来；

---

① 王和：《实事求是是唯物史观的基本原则》，叶文宪等主编《中国封建社会再认识》，中国社会科学出版社2009年版，第14页。

绝对必然向共产主义国家而去；绝对必然要经过不完全不完善的共产主义国家——亦即社会主义国家——才可能达到完全的完善的共产主义国家。

可见，以经济形态为划分根据的六种国家——原始国家、奴隶制国家、封建制国家、资本主义国家、社会主义国家和共产主义国家——都具有历史必然性，都是人类社会发展的必经阶段。只不过，一方面，奴隶制国家与封建制国家只有半个必然性或不完全必然性：人类社会的发展可能跨越其一而不可能全部跨越。反之，原始国家、资本主义、社会主义和共产主义则都是人类社会的发展所不可能跨越的必然阶段，因而都具有完全的历史必然性。另一方面，只有在没有外来社会介入的条件下，奴隶制或封建制才是人类社会发展的必经阶段，因而其历史必然性是有条件的、相对的。反之，无论有无外来社会的介入和影响，原始国家、资本主义、社会主义和共产主义都是人类社会发展的必经阶段，因而其历史必然性是无条件的、绝对的。

### 3. 生产力决定经济形态：六种国家历史必然性之原因

我们无疑应该进一步追问：为什么六种国家——原始国家、奴隶制国家、封建制国家、资本主义国家、社会主义国家和共产主义国家——程度不同地都具有历史必然性？答案显然在于：这六种国家划分的根据是经济形态。倘若不是以经济形态而是以政体的性质为划分根据，那么，所划分的国家，如专制国家与民主国家等，便不具有历史必然性。因为如前所述，一个国家究竟实行何种政体，直接取决于该国争取最高权力的人们的斗争的具体的、特殊的、偶然的情况，如领袖们的人格、才能和贡献以及国民的人格、传统习俗和思想家们的理论等。在这些具体的、特殊的、偶然的情况下，人们争夺最高权力的斗争无疑既可能使最高权力无限制地被一个人所掌握（君主专制）；也可能使最高权力受限制地被一个人所掌握（君主立宪）；还可能使最高权力被少数公民所掌握（寡头共和）；也可能使最高权力被多数或全体公民所掌握（民主共和）。于是，一个国家实行何种政体并不具有历史必然性，不是必然的、不可选择的、不可避免的；而是充满各种可能，是偶然的、可以自由选择的。这就是为什么，世界史告诉我们，任何国家——原始国家、奴隶国家、封建国家和资本主义国家以及社会主义国家——都既可能实行或选择民主政体，也可能实行或选择专制等非民主政体：以政体性质为划分根据的各种国家——君主专制和君主立宪以及寡头共和与民主共和等——都不具有历史必然性。

相反地，以经济形态为划分根据的六种国家则都程度不同地具有历史必然性。这是由于，一个国家实行何种经济形态——亦即何种经济形态居于统治地位——具有历史必然性。因为所谓经济，如所周知，就是人们关于物质财富的活动总和，分为生产、交换、分配和消费四种活动。所谓交换、分配和消费，抽象和孤立地看，固然可以是对一切物质财富的交换、分配和消费；但是，作为经济分类中的交换、分配和消费，则都是与生产并列的子项，因而都是对离开生产过程而成为生产结果的产品的交换、分配和消费：生产是对物质财富的创造；交换和分配是对产品的交换和分配；消费则只是对产品中的消费品的消费。如果不是对产品——而是对于生产出产品的属于生产过程中的生产资料和劳动力——的交换、分配和消费（使用或消耗），则都属于生产范畴。因此，虽然生产、交换、分配和消费相互作用、互为因果，但是，分配、交换和消费都是对生产的结果——产品——所进行的活动，亦即对产品的分配、交换和消费，显然意味着：生产是始源，是决定性和支配性的东西；而分配、交换和消费则是派生物，是被决定被支配的东西。因此，马克思在逐一论述交换、分配和消费都产生和决定于生产之后，这样总结道："一定的生产决定一定的消费、分配、交换和这些不同要素相互间的一定的关系。"①

可是，生产又产生和决定于什么呢？正如生孩子产生和决定于生孩子的能力一样，生产显然产生和决定于生产能力，产生和决定于创造物质财富的能力，说到底，产生和决定于生产力。因为所谓生产力，无疑是生产能力，也就是创造物质财富的能力，亦即改造自然界从而创造物质财富的能力。于是，生产、交换、分配和消费，归根结底，便都产生和决定于生产力。换言之，一个国家的经济究竟如何，该国究竟实行何种经济形态，说到底，取决于该国的生产力发展水平究竟如何。问题的关键，正如马克思所指出，一个国家的生产力发展水平究竟如何，绝非偶然的、可以自由

---

① 《马克思恩格斯选集》第 2 卷，人民出版社 1995 年版，第 17 页。

选择的、依人的意志而转移的；而是历史的、必然的、不依人的意志而转移和不可自由选择的：

> 人们不能自由选择自己的生产力——这是他们的全部历史的基础，因为任何生产力都是一定的既得的力量，是以往的活动的产物。可见，生产力是人们应用能力的结果，但是这种能力本身决定于人们所处的条件，决定于先前已经获得的生产力，决定于在他们以前已经存在、不是由他们创立而是由前一代人创立的社会形式。①

因此，一个国家究竟实行何种经济形态，取决于该国的生产力发展水平究竟如何，因而具有历史必然性，是历史的、必然的、不依人的意志而转移和不可自由选择的。试想，原始共产主义经济形态是当时人们自由选择的结果吗？决不是。在人类历史的百分之九十九以上的时间里，亦即二三百万年的漫长岁月里，之所以全部人类都同样实行共产主义经济形态，显然是因为其时生产力发展水平极端低下，因而不实行共产主义，人类就会饿死灭绝。所以，原始共产主义并不是人们自由选择的，而是被极端低下的生产力必然决定的。从原始国家过渡到奴隶制或封建制国家，归根结底，岂不也是因为原始社会生产力水平逐渐提高，以致出现了剩余产品？否则，在生产力水平极端低下而没有剩余产品的条件下，即使全人类都为建立奴隶制或封建制国家而奋斗，也绝不可能建立奴隶制或封建制国家。所以，奴隶制或封建制国家具有历史必然性，是被生产力的发展水平必然决定的：能够造成剩余产品的生产力是奴隶制或封建制国家诞生的最根本的必要条件。

奴隶制或封建制国家的诞生必然决定于生产力发展水平，还在于，原始社会末期，即使出现了最为杰出的领袖和群众，即使他们万众一心致力于建立资本主义国家，也只能建立奴隶制或封建制国家，而不可能直接建立资本主义国家。因为，如上所述，商品经济在一个国家占统治地位的必要条件，从而资本主义生产方式或资本主义国家建立的必要条件，乃是形成遍布全国的城市和技术革命、工业革命以及机器大工业。原始国家晚期

---

① 《马克思恩格斯选集》第 4 卷，人民出版社 1995 年版，第 532 页。

的生产力属于新石器时代,晚期之末出现了铜器。在这种低下的生产力基础上,无论如何,显然都不可能建立遍布全国的城市和诞生技术革命、工业革命以及机器大工业,从而不可能建立资本主义国家。在这种低下的生产力基础上,他们显然只可能直接建立与原始国家同样属于自然经济的国家:奴隶制国家或封建制国家。

因此,与原始国家一样,资本主义、奴隶制和封建制国家之所以具有历史必然性,归根结底,都是生产力的产物,因而皆被生产力的发展水平所必然决定。至于社会主义和共产主义国家的历史必然性,以及奴隶制和封建制国家只具有不完全的历史必然性,而原始国家、资本主义、社会主义和共产主义国家具有完全的历史必然性,如前所述,皆决定于生产力,毋庸赘言。于是,总而言之,可知一个国家究竟实行何种经济形态,亦即何种经济形态占据统治地位,说到底,六种经济形态——原始共产主义、奴隶制、封建制、资本主义、社会主义和共产主义——中的何种经济形态占据统治地位,皆取决于该国的生产力发展水平究竟如何,因而具有历史必然性,是历史的、必然的、不依人的意志而转移和不可自由选择的。这就是为什么以经济形态为划分根据的六种国家——原始国家、奴隶制国家、封建制国家、资本主义国家、社会主义国家和共产主义国家——具有历史必然性的缘故。因此,马克思说:

> 人们能否自由选择某一社会形式呢?绝不能。在人们的生产力发展的一定状况下,就会有一定的交换和消费形式。在生产、交换和消费发展的一定阶段上,就会有相应的社会制度,相应的家庭、等级或阶级组织,一句话,就会有相应的市民社会。有一定的市民社会,就会有不过是市民社会的正式表现的相应的政治国家。①

然而,菲顿却讥笑马克思的历史必然性理论说:"如果说社会主义按照规律是一定要实现的,那么就没有要求它的必要了。如果说社会主义真的是社会进化中不可避免的下一个阶段,那么就不需要社会主义理论,更

---

① 《马克思恩格斯选集》第 4 卷,人民出版社 1995 年版,第 532 页。

不需要社会主义政党。没有什么人会为了使春天和夏天到来而建立政党。"① 鲍尔斯亦如是说："马克思号召、组织和推动自己的信徒为社会主义而奋斗，同时又竭力表明社会主义是不可避免的。然而，为了一种已经注定如此的事物而工作和牺牲，又有什么意义呢？"②

殊不知，社会或国家发展的这种不以人的意志而转移的历史必然性或客观规律，与自然界或物理世界发展的客观规律和必然性根本不同：自然是无意识无目的的，因而无所谓自由，亦即不可能按照自己的意志进行活动；社会是有意识有目的的，因而有所谓自由，亦即能够按照自己的意志进行活动。这样一来，自然界与人类社会的必然性或规律的最显著的区别就在于：自然界无所谓自由，因而万事万物必定遵循自然规律和必然性而发展变化，而决不可能出现违背自然规律或必然性的活动；人类社会有所谓自由，因而未必遵循社会规律和必然性而发展变化，很可能出现违背社会规律或必然性的活动。试想，无论如何，物理世界岂不都不可能出现违背牛顿力学和爱因斯坦量子力学规律或必然性的现象？无论如何，岂不都不可能违反四季的必然顺序，而出现秋—春—冬—夏的现象？相反地，人类社会违背规律或必然性的活动比比皆是。如秦始皇唐太宗寻求长生不老药而违背"人必有一死"的规律或必然性；苏东九国的社会主义模式违背"充分发展的资本主义"不可跨越的历史必然性等。

然而，任何规律或必然性都决不会因其被违背而不成其为规律或必然性。因为违背规律或必然性的自由活动必定受到规律或必然性的惩罚，必定达不到目的而失败；只有遵循和利用规律或必然性的自由活动，才能够达到目的获得成功。违背规律或必然性的人们要想达到目的获得成功，必须改正违背规律和必然性的错误的认识和活动，从而正确认识、遵循和利用规律或必然性。错误和失败，是正确和成功之母，是通向正确和成功的必经阶段。因此，违背规律或必然性的人们必定会改正错误，从而遵循规律或必然性，最终达到目的获得成功。这就是为什么，国家或社会的客观规律和历史必然性，决不会因其被违背而不成其为规律或必然性之真谛：

---

① 康斯坦丁诺夫主编：《马克思主义哲学原理》，人民出版社1959年版，第405页。
② 同上。

违背规律不过是遵循规律的一段弯路而已。

诚然,一个人能否改正违背规律和必然性的错误,从而遵循规律或必然性,最终达到目的获得成功,可能是偶然的。因为个人生命短暂,可能来不及改正错误就因违背规律和必然性而死,如秦始皇和唐太宗之流。但是,一个国家或迟或早必定会改正违背规律和必然性的错误,从而遵循规律或必然性,最终达到目的获得成功。因此,任何国家或社会,虽然可能错误地违背自身发展的客观规律和历史必然性,但终因受到规律或必然性的惩罚,必定改正错误,从而遵循自身发展的客观规律和历史必然性。苏东九国的社会主义模式违背"充分发展的资本主义不可跨越"的历史必然性,尽管长达半个多世纪之久,结果终因遭受这一历史必然性的严重惩罚,而无不改正错误,退回资本主义。这岂不足以证明:一个国家或迟或早必定会改正违背规律和必然性的错误,从而遵循规律或必然性?这样一来,人类社会岂不就与自然界一样,必定遵循自身发展变化的规律或必然性?只不过人类社会因拥有自由而往往要走上一段任意违背规律或必然性的弯路罢了。

### 4. 基于经济形态不同的六种国家制度:不具有普世性和普世价值

一个国家究竟实行何种经济形态,如上所述,皆取决于该国的生产力发展水平究竟如何,因而具有历史必然性,是历史的、必然的、不以人的意志而转移和不可自由选择的:这就是为什么以经济形态为划分根据的六种国家——原始国家、奴隶制国家、封建制国家、资本主义国家、社会主义国家和共产主义国家——制度具有历史必然性的缘故。这样一来,随着生产力不断发展,经济形态或经济制度便会发生相应的变化,便会由原来适应和促进生产力发展,变成阻碍和不适应生产力发展。那时,经济形态或经济制度变革的时代就到来了。随着经济形态或经济制度的变革,以其为划分根据的国家制度也会发生相应的变革。这原本是马克思所发现的唯物史观的基本原理:

> 社会的物质生产力发展到一定阶段,便同它们一直在其中运动的现存生产关系或财产关系(这只是生产关系的法律用语)发生矛盾,于是这些关系便由生产力的发展形式变成生产力的桎梏。那时社会革

命的时代就到来了。随着经济基础的变更,全部庞大的上层建筑也或慢或快地发生变革。①

因此,以经济形态为划分根据的六种国家制度都不具有普世性和普世价值,它们都因时因地而异,只可能和只应该实行于一定的国家、一定的社会、一定的时代;而不可能和不应该实行于一切国家一切社会一切时代。当一种经济形态或经济制度适应和促进生产力发展的时候,就是好的、应该的和具有正价值的;相应地,基于此种的国家制度也是好的、应该的和具有正价值的。可是,随着生产力的发展,当同一种经济形态或经济制度阻碍和不适应生产力发展的时候,它就是坏的、不应该的和具有负价值的了;相应地,基于此种的国家制度也是坏的、不应该的和具有负价值的。

试想,奴隶制岂不仅仅对于它所取代的原始社会来说才是好的、应该的和具有正价值的?岂不仅仅在原始社会生产力水平逐渐提高以致出现了剩余产品的时代才是好的、应该的和具有正价值的?而对于其他任何时代任何社会岂不都是最坏的制度?资本主义是不好的不应该的制度,岂不仅仅对于生产力高度发达的社会才能成立?对于生产力不够发达的社会,资本主义岂不是最好的制度?共产主义是最美好的制度,岂不也仅仅对于生产力高度发达的社会才能成立?而对于生产力不够发达的国家来说,实行共产主义岂不意味着莫大的灾难?因此,以经济形态为划分根据的六种国家——原始国家、奴隶制国家、封建制国家、资本主义国家、社会主义国家和共产主义国家——制度都只应该实行于一定的社会一定的时代而不应该实行于一切社会一切时代,都是历史的时代的,而不是超历史超时代的,因而都不具有普世性和普世价值。

可见,一方面,以经济形态为划分根据的六种国家——原始共产主义、奴隶制、封建制、资本主义、社会主义和共产主义——制度都不具有普世价值,都仅仅对于一定发展水平的生产力、一定国家、一定社会、一定时代,才是应该的、善的、好的和具有正价值的;而对于另一定发展水平的生产力及其国家、社会和时代则是不应该的、恶的、坏的和具有负价

---

① 《马克思恩格斯选集》第 2 卷,人民出版社 1995 年版,第 32 页。

值的。另一方面，以经济形态为划分根据的六种国家之所以都仅仅适用于一定历史时代而不具有普世价值，只是因为一个国家实行何种经济形态具有历史必然性，是被生产力的发展水平所必然决定的。

这个道理，原本是黑格尔名言"凡是现实的都是合理的"之真谛。恩格斯在解释这一名言时说得好："在黑格尔看来，绝不是一切现存的都无条件地也是现实的。在他看来，现实性这种属性仅仅属于那同时是必然的东西：'现实性在其展开过程中表明为必然性'。"[1] 从此出发，恩格斯进一步阐明，凡是具有历史必然性的现实，就其所必然发生的那个时代和条件来说，都是合理的、应该的和具有正价值的；而对于新的时代和更高的条件来说，则是不合理的、不应该的和具有负价值的：

> 一切依次更替的历史状态都只是人类社会由低级到高级的无穷发展进程中的暂时阶段。每一个阶段都是必然的，因此，对它发生的那个时代和那些条件来说，都有它存在的理由；但是对它自己内部逐渐发展起来的新的、更高的条件来说，它就变成过时的和没有存在理由了；它不得不让位于更高的阶段，而这个更高的阶段也要走向衰落和灭亡。[2]

---

[1]《马克思恩格斯选集》第4卷，人民出版社1995年版，第215页。
[2]《马克思恩格斯选集》第4卷，人民出版社1995年版，第217页。